SAS.®

Sébastien Ringuedé

Préface de Christophe Bonnefoux

SAS®

Introduction au décisionnel :
du data management au reporting

4e édition

ÉDITIONS EYROLLES
61, bd Saint-Germain
75240 Paris Cedex 05
www.editions-eyrolles.com

Base SAS®, SAS®9, SAS® 9.1.3, SAS® 9.2, SAS® 9.3, SAS® 9.4, SAS® Data Integration Studio, SAS® Integration Technologies, SAS® Data Integration Server, SAS® Enterprise Data Integration Server, SAS® Enterprise Guide®, SAS® Enterprise Miner™, SAS® Forecast Server, SAS/Insight®, SAS OnlineDoc® documentation, SAS® University Edition, SAS® Windowing Environment, SAS/ACCESS®, SAS/CONNECT®, SAS/ETS®, SAS/GRAPH®, SAS/IML®, SAS/IML® Studio, SAS/OR®, SAS/QC®, SAS/STAT®, SAS® Viya®, SAS® Data Preparation, SAS® Data Quality, SAS® Decision Manager, SAS® Econometrics, SAS® In-Database Products, SAS® Model Manager, SAS® Optimization, SAS® Visual Analytics, SAS® Visual Statistics, SAS® Visual Data Mining and Machine Learning, SAS® Visual Forecasting et SAS® Workflow Manager sont des marques déposées de SAS Institute inc., Cary, North Carolina, USA.

Tous les autres noms de produits ou de marques cités dans cet ouvrage sont des marques déposées par leurs propriétaires respectifs.

Le nom SAS désignera, en fonction du contexte, le produit, le langage ou la société qui commercialise le progiciel SAS. SAS se prononce « sass », comme un nom, et non comme un sigle.

Le propos de cet ouvrage n'engage que son auteur et en aucun cas SAS Institute s.a.s, filiale de SAS Institute Inc., ni SAS Institute Inc.

Remerciements

Je tiens à remercier une nouvelle fois SAS France et plus particulièrement Ariane Liger-Belair, directeur académique SAS France pour le soutien apporté à cet ouvrage.

Cet ouvrage n'aurait pas pu voir le jour sans l'aide de relecteurs. Pour cette 4e édition, mes remerciements vont tout particulièrement à : Christophe Bonnefoux, Chief Data Officer, BNPP Asset Management, Andrei Costache, Consultant Support Clients, SAS France, Jean-François Derenty, Consultant Expert, Clément Juillet, SAS North EMEA Fraud & Risk Consultant, Grégoire de Lassence, Responsable Pédagogie et Recherche, SAS France, Corentin Masson, Data Scientist, Oak Branch, Pierre Maupu, Research Analyst, Banque Centrale Européenne et Jérémy Noël, Consultant Implémentation Solutions, SAS France et, bien entendu, pour Eyrolles, à Anne Bougnoux, Alexandre Habian et Armelle Mancini.

Cet ouvrage doit beaucoup aux étudiants du master ESA (Économétrie et Statistique Appliquée) de l'université d'Orléans qui, par leurs questions et leurs remarques depuis 2004, ont enrichi au fil du temps cet ouvrage qui n'était au départ que le support de mon cours d'introduction à SAS.

www.univ-orleans.fr/deg/masters/ESA/

Les erreurs et imprécisions qui pourront apparaître dans cet ouvrage restent miennes.

Les demandes d'éclaircissements et les suggestions seront toujours les bienvenues :

sebastien.ringuede@univ-orleans.fr

Le site compagnon de cet ouvrage est un élément indispensable à votre apprentissage de SAS :
www.sas-sr.com

Merci, une nouvelle fois, à Gilbert Colletaz, Christophe Hurlin et Solange Siegwald pour leur patience…

À Laurence, Léonie, Marceau et Lucien qui ne connaissent de SAS que le temps que j'ai passé à la rédaction des première, deuxième, troisième et quatrième éditions de cet ouvrage…

Préface

Je tiens tout d'abord à remercier l'auteur de cet ouvrage, Sébastien Ringuedé, maître de conférences en sciences économiques à l'université d'Orléans, et Ariane Liger-Belair, directrice académique SAS France de m'avoir proposé de rédiger cette préface.

Dans quel contexte s'inscrit cet ouvrage ? Il arrive au bon moment !

Alors que l'ensemble des acteurs du marché de la Data, les éditeurs, les cabinets de conseils, les journalistes lors d'interviews, ne parlent actuellement que des sujets autour de l'Intelligence Artificielle, le machine-learning, le deep-learning, l'IoT, les ChatBots, le Natural Language Processing, le Voice-to-Text, les crypto-monnaies, la BlockChain… il m'apparaît important de rappeler que, sans les fondements, les bases du métier de la Data, rien de tout cela ne serait possible.

En tant que Chief Data Officer (CDO) de BNPP Asset Management, et certainement au nom de bon nombre d'autres CDO que je côtoie, je peux vous confirmer que l'ensemble des organisations recherchent des profils ayant des compétences en Ingénierie Data et en Data Management.

La vague de la Data Science est passée. Face à la pénurie européenne des profils de Data Scientists, le marché propose et pousse actuellement des solutions pour permettre au plus grand nombre d'être des « cliqueurs » d'algorithmes, et non des « codeurs ». Cela est nécessaire en effet pour délivrer la valeur des données et obtenir le ROI tant attendu. Mais cela demande aux organisations de se doter de compétences en Master Data Management, en Data Quality Management et de renforcer leur Data Governance.

Depuis 2011-2012, le monde de la Data au sein des entreprises évolue de plus en plus vite, principalement en raison du phénomène Open Source, ce qui s'est traduit par l'accès, par le plus grand nombre, à des centaines d'algorithmes (librairies) jusqu'alors réservés à des ingénieurs de Grandes Écoles ou à des experts.

Aujourd'hui en 2019, les collégiens codent avec Scratch, les lycéens en Python et/ou Open R, les plates-formes DataSciences foisonnent (DreamQuark, DataKeen, Dataiku, IBM DSX, SAS Viya, RapidMiner…). Demain, l'ensemble des algorithmes seront disponibles sous forme d'API et auront une valeur marchande.

Par conséquent, compte tenu du passage en Run des plates-formes Big Data, et du socle technique, actuellement disponible pour gérer la qualité des données dans ces nouveaux environnements technologiques, tous les professionnels de la Data s'entendent à dire que le métier d'**Ingénieur Data** devient l'un des « Best Jobs in the World ».

Dans ce monde de la Data, cet ingénieur Data a trois objectifs :

- Le 1er est de savoir répondre à la question suivante : quelles sont les données nécessaires et utiles pour résoudre tel ou tel cas d'usage proposé par les Métiers ?
- Le 2e objectif est de s'assurer de l'intégrité, de la qualité des données et de respecter les règles de protection des données personnelles.
- Le 3e est de savoir coder au moins 20 des 100 algorithmes de Data Sciences connus.

Il est donc primordial pour lui **d'apprendre à se poser les bonnes questions et de développer son esprit critique** dès la phase de collecte des données. Dans la vie des entreprises, **une base de données parfaite, c'est-à-dire intègre, fiable, sans doublon ni champ vide, n'existe pas.**

Quelles sont les qualités fondamentales de cet ouvrage ?

Cet ouvrage est essentiel. Il permet de comprendre les bases et fondements de l'univers des sciences de la donnée. Comment prétendre devenir Data Scientist ou expert en Intelligence Artificielle sans se poser les questions de Data Management, d'intégrité et de qualité des données ?

Cet ouvrage est unique. Pour en faire l'expérience tous les jours, il est très difficile de se doter d'une bibliothèque de livres de référence dans le domaine des sciences de la donnée et du Data Management. Il existe d'excellents ouvrages en Statistiques et Probabilités, en Data Sciences, mais ils n'abordent pas les sujets qui occupent 80 % du temps des professionnels de la Data lors du traitement de la donnée.

Cet ouvrage permet de progresser dans l'apprentissage de la « langue Data ». Chaque sujet est illustré, les procédures techniques sont détaillées et directement applicables.

Cet ouvrage s'adresse à tous. Les étudiants, les professionnels en recherche de reconversion (les besoins en ressources en Data Management ne sont pas couverts), à tous ceux qui ont envie de parfaire leurs connaissances en Data Management, à tous ceux qui souhaitent élargir leur champ de compétences.

Le jugement humain aura toujours une longueur d'avance sur les algorithmes et l'Intelligence Artificielle en ce qui concerne le choix, la validation des facteurs explicatifs *(patterns)*, des leviers permettant d'obtenir le ROI d'un dispositif Advanced Analytics. L'auditabilité des algorithmes et la déontologie des professionnels de la Data sont des enjeux majeurs.

Sébastien Ringuedé s'inscrit donc dans la longue liste des professeurs passionnés dont la vocation est de transmettre et de diffuser le savoir. Par cette préface, je voulais lui adresser ma plus sincère admiration et amitié.

Christophe Bonnefoux
Chief Data Officer BNPP Asset Management

Table des matières

CHAPITRE 3
Modifier les tables 151

CHAPITRE 4
Combiner les tables SAS 235

Chapitre 5

Travailler efficacement sous SAS 263

Chapitre 6

Maîtriser les procédures de base 327

CHAPITRE 7
Produire des graphiques 391

CHAPITRE 10

Programmer sous SAS avec le langage macro 569

Introduction

Présentation de l'ouvrage

Cet ouvrage s'adresse à tout utilisateur des progiciels SAS devant recourir à la programmation Base SAS. S'il a été conçu avant tout à destination des utilisateurs novices, il permettra aux utilisateurs de niveau intermédiaire et expert d'approfondir et d'affiner leurs connaissances sur cet outil particulièrement complet qu'est le système SAS. Le présent ouvrage peut être consulté aussi bien par des professionnels que par des étudiants en statistique, économie, informatique, mathématiques appliquées, biostatistique, pharmacie, gestion, marketing, des étudiants préparant par exemple un DUT STID, un master, un diplôme de MIAGE ou encore des étudiants en écoles d'ingénieur et de commerce.

L'objectif de ce livre est de présenter le socle de connaissances fondamentales et transversales nécessaires à la programmation SAS, et commun à tous les utilisateurs quel que soit leur usage de SAS. Il offre une présentation des outils que les utilisateurs de SAS peuvent mobiliser pour construire, modifier, gérer, explorer et présenter leurs données.

Pour cette nouvelle édition, nous avons conservé une organisation très proche de celle adoptée dans les trois premières éditions. Les chapitres 1 et 2 sont consacrés à la phase de construction des tables SAS. Il s'agit de deux chapitres essentiels, puisque nous y présentons l'ensemble des outils que vous devrez exploiter pour construire des tables SAS à l'image exacte de vos données. Cependant, même placées dans une table SAS, vos données n'auront jamais directement une forme qui permette leur exploitation : vous aurez très souvent besoin de construire de nouvelles variables ou de sélectionner des observations présentant certaines caractéristiques. Le chapitre 3, après avoir détaillé les caractéristiques du fonctionnement de SAS qui conditionnent votre programmation, vous présente les outils (opérateurs, fonctions, instructions et procédures) qui vous permettront de construire les tables contenant les variables requises par votre analyse. Nous examinerons ensuite, dans le chapitre 4, les outils mis à disposition par le langage Base SAS pour combiner vos tables. Il s'agit d'une phase importante, car il vous faudra très souvent mobiliser plusieurs sources pour construire la table dont vous avez besoin.

Le chapitre 5 vous présente les nombreux outils qui vont vous permettre de travailler efficacement sous SAS. Ces outils concernent aussi bien l'organisation de votre espace de travail et l'optimisation de vos ressources que la présentation de vos tables, des variables et de leurs modalités.

Les tables SAS ont bien entendu vocation à être exploitées : puisque notre objet est la présentation des connaissances transverses à l'ensemble des utilisateurs SAS, nous présenterons dans cet ouvrage les procédures de primo-exploitation des tables et les outils qui permettent de retransmettre vos résultats. À ce titre, nous examinons dans le chapitre 6 les procédures qui vous seront nécessaires pour explorer, connaître et comprendre vos données. On ne peut en effet analyser ou présenter des données que si on les connaît bien. Ces outils d'exploration des tables vous seront utiles dans la phase de retransmission de vos résultats : même si votre finalité première est l'analyse économétrique ou statistique, vous aurez très souvent besoin de présenter au moyen de tableaux les données qui servent de base à votre analyse.

Nous traitons dans le chapitre 7 les procédures graphiques ODS Graphics qui peuvent, ici encore, être utiles lors des phases d'exploration et de restitution de vos résultats.

L'*Output Delivery System* (ODS) livré avec SAS est étudié dans le chapitre 8. Grâce à cette fonctionnalité de SAS, vous avez la possibilité de produire en quelques instructions des documents attrayants aux formats HTML, PDF, RTF, PPTX et XLSX.

Le chapitre 9 vous propose ensuite une introduction au langage SQL et détaille la procédure PROC SQL que beaucoup d'utilisateurs de SAS mobilisent pour explorer les données contenues dans les bases de données relationnelles.

Le langage macro n'est traité qu'au chapitre 10 car, pour percevoir son intérêt, il faut avoir une certaine expérience de SAS et être conscient que votre travail comprend des phases répétitives, ou qu'il suffit de modifier quelques instructions pour qu'un programme dédié au traitement d'une table spécifique puisse aussi analyser une autre table. Enfin, nous présentons dans le chapitre 11 un cas pratique mobilisant les connaissances acquises au cours des dix premiers chapitres.

Les nouveautés de la présente édition

Cette nouvelle édition est le fruit de discussions que nous avons pu avoir aussi bien avec SAS France qu'avec des étudiants, des enseignants ou des utilisateurs professionnels de SAS, lecteurs des trois premières éditions, et nous espérons qu'elle comblera leurs attentes.

Si peu de différences apparaissent entre le plan de la présente édition et celui de la troisième édition, de nombreuses sections de la présente édition ont fait l'objet d'une réécriture et d'une réorganisation. De nouveaux développements, de nouveaux exemples et de nouveaux exercices ont très souvent été introduits.

Il n'est pas possible de répertorier l'ensemble des nouveautés de cette édition, mais citons-en quelques-unes :

* Présentation des spécificités propres à la programmation au moyen de l'ensemble des plate-formes SAS : SAS Windowing Environment, SAS Enterprise Guide, SAS Studio et SAS University Edition. Nous ne présentions dans les précédentes éditions que la plate-forme SAS Windowing Environment.

- Refonte complète, dans le chapitre 2, de la section consacrée à l'importation de fichiers Excel et l'exportation des tables vers Excel ou d'autres destinations.
- Toujours dans le chapitre 2, refonte complète de la section dédiée au débogage des programmes SAS.
- Introduction, dans le chapitre 5, d'une nouvelle section dédiée à l'optimisation des ressources mobilisées par vos programmes SAS.
- Mise à jour importante du chapitre 7, consacré aux procédures ODS Graphics, rendue nécessaire en raison des nouvelles possibilités offertes par la procédure PROC SGPLOT.
- Mise à jour importante du chapitre 8, dédié à ODS, afin d'effectuer une présentation complète d'ODS EXCEL, la nouvelle destination ODS introduite avec SAS 9.4M3.
- Introduction d'une nouvelle section dans le chapitre 9 traitant de la création et la gestion des tables au moyen de PROC SQL.

Enfin, cette quatrième édition, en plus de couvrir le programme de la certification **SAS Base Programming for SAS 9**, couvre maintenant le programme de la certification **Advanced Programming for SAS 9** ainsi que celui de la certification **SAS Certified Specialist: Base Programming Using SAS 9.4**.

Progresser dans votre connaissance de SAS

Cet ouvrage ne saurait prétendre à l'exhaustivité mais il aborde les problèmes les plus courants et vous donne les outils qui vous aideront à les résoudre. Si les bases de chaque thème sont traitées le plus complètement possible, des extensions vous seront toujours proposées, et vous trouverez tout au long de ce livre de très nombreux liens vers des documents vous permettant d'approfondir vos connaissances sur des aspects plus avancés. Nous y faisons de très nombreuses références à l'aide SAS, et précisons en annexe comment utiliser les entrées de l'aide citée dans l'ouvrage.

Chaque chapitre commence par expliquer les concepts de base avant d'aborder des notions plus complexes. Ainsi, dans l'exposé d'une procédure, il y aura peu de rapport entre les résultats simples que nous proposerons dans un premier temps et les derniers résultats. Ces derniers résultats ne peuvent cependant pas être compris sans les premières parties dans lesquelles nous exposons les principaux concepts avant de les mettre en pratique.

C'est pour cette même raison que les chapitres consacrés à SQL et au langage macro sont présentés à la fin de l'ouvrage : ils mobilisent en effet l'ensemble des connaissances abordées dans les huit premiers chapitres.

Nous traiterons peu les interfaces graphiques proposées par SAS qui permettent en quelques clics de réaliser un graphique, d'importer des données, de créer des tableaux, etc. Ces interfaces, certes conviviales, ont pour principale fonction d'écrire le programme à votre place, mais elles ne vous dispensent absolument pas de connaître les outils de la programmation SAS. En effet, ces interfaces ne peuvent exploiter 100 % des outils de programmation offerts par les procédures qu'elles émulent. Si votre demande s'éloigne des cas standards et si vous n'avez aucune connaissance des outils de la programmation SAS, vous ne pourrez pas comprendre le programme créé par votre interface et le modifier de manière qu'il produise le résultat souhaité. C'est par une compréhension fine de la programmation

SAS que vous pourrez appréhender de manière rapide n'importe quelle interface proposée par SAS. C'est aussi grâce à la maîtrise de la programmation SAS que l'on exploite pleinement les fonctionnalités offertes par ces interfaces et qui permettent de programmer plus rapidement et plus efficacement sous SAS.

Les Certifications SAS

Cet ouvrage couvre l'intégralité du programme de la Certification **Base Programming for SAS 9** tel que présenté par l'ouvrage suivant :

SAS Certification prep guide, Base programming for SAS® 9, 4th edition, Cary, NC: SAS Institute Inc., December 2017.

Cette certification sera progressivement remplacée au cours du premier semestre 2019 par la certification **SAS Certified Specialist: Base Programming Using SAS® 9.4**. Cet ouvrage couvre aussi le programme de cette certification tel que présenté par l'ouvrage suivant :

SAS® Certified Specialist Prep Guide: Base Programming Using SAS® 9.4, Cary, NC: SAS Institute Inc., February 2019.

Il couvre enfin le programme de la certification **Advanced Programming for SAS 9** tel que présenté par cet ouvrage :

SAS Certification prep guide, Advanced programming for SAS® 9, 4th edition, Cary, NC: SAS Institute Inc., December 2014.

Cette dernière certification sera remplacée, courant 2019-début 2020 par une nouvelle certification : **SAS Certified Specialist: Advanced Programming Using SAS® 9.4**. Au moment où est rédigée cette introduction, les informations à notre disposition concernant cette nouvelle certification nous indiquent que cet ouvrage couvre déjà le programme de celle-ci. Nous informerons nos lecteurs plus précisément sur son contenu dès que possible via le site compagnon de cet ouvrage : www.sas-sr.com.

Ces programmes, établis par SAS en lien avec le monde professionnel, constituent le socle de connaissances indispensables que tout utilisateur de SAS doit maîtriser pour utiliser efficacement le système très complet qu'est SAS.

Difficiles à obtenir parce qu'elles nécessitent une réelle compréhension du fonctionnement de Base SAS, ces certifications sont reconnues sur le plan international et sont particulièrement appréciées des recruteurs. Elles témoignent d'une compétence rare et constituent un vrai plus dans un *curriculum vitae*.

En ce qui concerne la certification Base programming for SAS 9, l'épreuve, d'une durée de 110 minutes (120 minutes pour la certification Advanced Programming for SAS 9), prend la forme d'un QCM sur ordinateur comprenant entre 60 et 65 questions en anglais. Pour chaque question, 4 réponses sont proposées. Si vous avez au moins 70 % de bonnes réponses, vous obtenez la certification Base Programming for SAS 9 (65 % pour la certification Advanced Programming for SAS 9). Pendant le temps de l'épreuve, vous ne disposez pas de SAS.

Vous ne pouvez passer l'examen de certification Advanced Programming for SAS 9 que si vous êtes titulaire de la certification Base Programming for SAS 9.

En ce qui concerne les nouvelles certifications **SAS Certified Specialist**, l'organisation de l'examen est très différente. En effet, vous disposez de SAS au travers d'une interface afin de répondre, dans un premier temps, à une série de questions courtes basées sur des projets qui vous seront soumis. Dans un second temps, des questions plus classiques vous seront posées.

Si vous faites partie du monde professionnel, vous pouvez passer ces certifications dans un des centres de tests Pearson VUE. Le centre de formation SAS propose quant à lui une offre associant une journée de préparation à la certification, un manuel d'entraînement et l'examen.

www.sas.com/fr_fr/training/home.html

Si vous êtes étudiant, le site compagnon de cet ouvrage, en association avec SAS France et son département académique, peut vous aider à passer la certification Base Programming for SAS 9 et la certification SAS Certified Specialist: Base Programming Using SAS® 9.4.

www.sas.com/fr_fr/academic.html

Si votre formation est partenaire SAS et si elle présente un nombre suffisant de candidats, une session de certification peut être organisée dans votre établissement et un tarif spécial vous est proposé.

Vous aurez la possibilité, une dizaine de jours avant le passage de cet examen, d'accéder à un des maxi-quiz du site compagnon de cet ouvrage.

Ces maxi-quiz vous permettent d'évaluer votre niveau de connaissance et votre degré de préparation aux examens de certification Base. Un maxi-quiz comprend 70 questions en français extraites d'une banque de questions couvrant l'intégralité des programmes de ces certifications. Vous disposerez de deux heures pour répondre à ce questionnaire. Vous n'avez besoin que d'un ordinateur et d'une connexion à Internet pour y participer.

Attention, ces quiz sont des outils d'évaluation de vos connaissances et ne doivent pas être considérés comme des outils de formation. Vous ne disposerez pas des réponses aux questions, mais un récapitulatif par grands thèmes vous sera proposé : il vous permettra d'orienter vos dernières révisions et d'optimiser ainsi vos chances d'obtenir votre certification.

L'accès à cette application est soumis à deux conditions : vous devez être étudiant et inscrit à un examen de certification.

Depuis sa mise en place en avril 2009, **plus de sept cents étudiants** ont obtenu la certification Base Programming For SAS 9 après être passés par un maxi-quiz : alors, pourquoi pas vous ?

Afin de vous former à SAS, vous pouvez aussi vous inscrire au programme SCYP proposé par SAS.

www.sas.com/scyp

Le programme SCYP permet à tout étudiant d'accéder à un environnement gratuit et complet pour se former en e-learning à la préparation des certifications SAS et de les passer.

Pour plus de renseignements sur les certifications SAS et les conditions d'accès aux maxi-quiz, vous pouvez consulter la section Certification du site compagnon de cet ouvrage. Vous trouverez aussi dans cette section un premier mini-quiz de 10 questions.

En ce qui concerne les certifications Advanced, au moment où cette introduction est rédigée (février 2019), le site compagnon de cet ouvrage ne propose pas de maxi-quiz de préparation à ces examens.

Enfin, quelques points au programme de la certification Advanced programming for SAS 9 n'ont pas pu être intégrés au présent ouvrage et font l'objet de suppléments téléchargeables gratuitement sur le site compagnon (section *Certification*).

Les pictogrammes

Afin de vous aider dans votre apprentissage de SAS, nous avons défini des pictogrammes particuliers que vous rencontrerez dans le sommaire de chaque chapitre et en marge des intitulés de section :

SB : le point évoqué dans la section est au programme de la certification SAS Certified Specialist : Base Programming Using SAS 9.4.

B : le point évoqué dans la section est au programme de la certification Base Programming for SAS 9.

A : le point évoqué dans la section est au programme de la certification Advanced Programming for SAS 9.

+ : le point abordé dans la section constitue un approfondissement qui, bien que n'étant pas au programme d'une certification, constitue, à notre avis, une connaissance que doit avoir tout utilisateur de SAS.

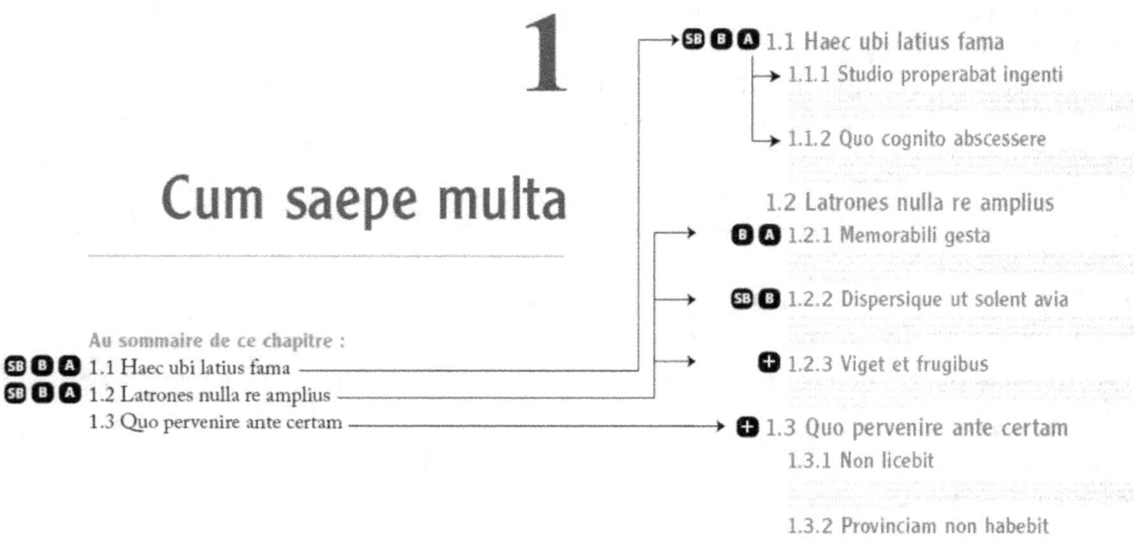

Figure 0–1 Pictogrammes dans les sommaires de chapitres et dans le corps du texte

Ces approfondissements ne sont pas forcément traités de manière complète, mais vous trouverez toujours des références de documents qui doivent vous permettre d'aller plus loin si le sujet vous intéresse particulièrement.

Dans les sommaires des chapitres, seuls les pictogrammes **SB** **B** **A** sont repris. Il vous indique que la section contient des éléments au programme de ces certifications. Dans le chapitre lui-même, si une section principale est marquée d'un pictogramme, toutes les sous-sections sont concernées par celui-ci. Si la section ne présente pas de pictogramme, c'est que les sous-sections sont de divers niveaux : chaque sous-section sera alors associée à un pictogramme. La figure 0-1 reprend et illustre notre propos.

Comment travailler avec cet ouvrage

Le site compagnon de cet ouvrage est le complément indispensable à votre travail d'apprentissage de SAS. Vous retrouverez ce site à l'adresse suivante :

www.sas-sr.com

Ce site vous offre :

* un forum de discussions grâce auquel vous pouvez dialoguer directement avec l'auteur ;
* tous les programmes proposés dans l'ouvrage ;
* toutes les sorties générées par ces programmes, y compris celles qui ne sont pas reproduites dans cet ouvrage ;
* tous les fichiers nécessaires à la reproduction des exemples et aux exercices mis à disposition ;
* les solutions aux exercices donnés ;
* des compléments à cet ouvrage ;
* l'ensemble des liens vers des sites Internet proposés dans cet ouvrage ;
* les liens vers l'aide de SAS en ligne pour toutes les entrées citées dans cet ouvrage ;
* l'ensemble des liens vers les documents cités dans l'ouvrage et qui doivent vous permettre d'approfondir certains points ;
* une section erratum puisque, malgré le soin apporté à la rédaction de cet ouvrage, il y aura toujours des coquilles…

Tout au long des chapitres, des exercices sont proposés. N'attendez pas d'avoir lu l'intégralité d'un chapitre pour les effectuer : ils sont indispensables à la compréhension des notions abordées et constituent généralement des passerelles entre les différents concepts.

Ne consultez les solutions qu'au terme d'une réelle réflexion ! C'est en commettant des erreurs que vous progresserez et que vous affinerez vos techniques de programmation.

Nous vous invitons à reproduire l'intégralité des nombreux exemples de programmation afin de bien comprendre l'effet de chacune des instructions et options utilisées. N'hésitez pas à en retirer certaines et à en introduire d'autres pour bien saisir leur impact.

Même si vous connaissez déjà un peu SAS, commencez votre lecture par le chapitre 1 et consacrez le temps nécessaire à la compréhension de chaque concept exposé. La profonde compréhension des concepts est indispensable à une maîtrise de SAS. Si vous ne les comprenez pas, vous ne pourrez rien apprendre d'un programme offrant plus de cinq instructions. Vous maîtriserez les concepts lorsqu'avant même d'exécuter un programme vous aurez une idée précise de la structure du résultat produit.

Disposer du système SAS

Si vous êtes actuellement dans une université ou une école, il se peut que la formation que vous suivez soit inscrite au programme académique de SAS[1]. L'inscription à ce programme permet à votre formation de bénéficier d'un certain nombre de licences SAS à un coût tout à fait intéressant ; elle autorise l'installation sur votre ordinateur personnel de SAS pendant la durée de votre formation initiale contre une inscription au Club Academic de SAS et la signature d'un contrat de licence. Pour tous renseignements sur le programme académique de SAS, vous pouvez consulter le site suivant : www.sas.com/fr_fr/academic.html.

Un contrat de licence spécial est de plus proposé aux étudiants qui souhaitent disposer de SAS pendant leur stage.

www.sas.com/fr_fr/academic/form-cpps/register.html

Pour toute personne désirant se former sous SAS, il existe, depuis juillet 2014, une version entièrement gratuite du progiciel SAS : SAS University Edition.

Cette version de SAS inclut SAS Studio, Base SAS, SAS/STAT, SAS/IML, SAS/ACCESS et un certain nombre de procédures appartenant au module SAS/ETS. Elle est le compagnon indispensable de toute personne souhaitant se former sous SAS.

www.sas.com/fr_fr/software/university-edition.html

Les différentes plates-formes de SAS

Le progiciel SAS, pour ce qui concerne la programmation, peut être présent sur votre ordinateur sous différentes formes :

- SAS Windowing Environment (ou Display Manager)
- SAS Enterprise Guide
- SAS Studio
- SAS University Edition

La licence proposée dans le cadre des partenariats que SAS France a avec un grand nombre de formations en France inclut les trois premières plates-formes.

Ces différentes interfaces ne doivent pas être comprises comme des progiciels différents. Certaines fonctionnalités leur sont propres mais les fondamentaux de la programmation, objet de cet ouvrage, sont les mêmes. Il n'y a, derrière ces interfaces, qu'un seul et même moteur : SAS V9.

---

1. Environ 150 établissements et 300 diplômes sont actuellement partenaire SAS au travers du programme académique de SAS.

Tout au long de cet ouvrage, nous consacrerons certains développements à telle ou telle plate-forme afin d'en présenter certaines particularités dans le cadre qui est le nôtre. Il ne s'agit en aucun cas, surtout si vous débutez sous SAS, de vous former simultanément sur toutes les plates-formes SAS. Choisissez une plate-forme, formez-vous à la programmation SAS et, une fois ceci fait, si vous devez changer de plate-forme, vous verrez que l'adaptation se fait en quelques heures.

Les versions de SAS

Les versions de SAS Windowing Environment, SAS Enterprise Guide, SAS Studio et SAS University Edition à notre disposition pour préparer cet ouvrage faisaient tous appel au moteur SAS 9.4M5.

Seul le chapitre 7 consacré à la production de graphiques peut vous poser des difficultés si vous utilisez des versions plus anciennes de SAS.

Le système SAS est conçu de telle manière qu'un programme qui fonctionne dans une version donnée fonctionnera aussi dans les versions ultérieures de SAS. Certaines fonctions anciennes, remplacées depuis par des fonctions plus puissantes, même si elles ne sont plus documentées, continuent et continueront à pouvoir être utilisées. Le passage d'une version à une autre n'est donc pas synonyme d'un complet réapprentissage de SAS : ce que vous apprenez aujourd'hui sera encore valable demain.

SAS est loué par votre employeur, votre école ou votre université : il n'y a pas de coût supplémentaire demandé au client SAS lorsqu'une nouvelle version apparaît. Seules les contraintes propres aux clients (version de l'OS ou d'outils tiers comme MS Office) peuvent expliquer le maintien d'une version relativement ancienne de SAS. Vous comprenez donc que différentes versions de SAS peuvent coexister à un moment donné.

SAS 9.2 a commencé à être déployé et distribué au printemps 2008. Son déploiement complet s'est terminé avec la livraison de la révision 3 (SAS 9.2 TS2M2) en avril 2010. La distribution de SAS 9.3 a débuté en juillet 2011 et celle de SAS 9.4 en juillet 2013. SAS 9.4M5 – version de SAS principalement utilisée lors de la rédaction de cet ouvrage – est la sixième évolution de SAS 9.4.

SAS Windows, Unix, z/OS

Cet ouvrage traitera exclusivement de SAS sous environnement Microsoft Windows (de XP à Windows 10)[2]. En effet, si vous débutez sous SAS, il y a de très fortes chances pour que la version de SAS à votre disposition soit une version Microsoft Windows. Si, par la suite, vous êtes appelé à travailler dans un autre environnement que Windows, vous découvrirez que les différences entre votre SAS Windows et SAS dans un autre environnement résident dans :

- la façon de démarrer une session SAS ;

---

2. Veuillez noter que les versions de SAS sont conçues pour **un fonctionnement optimal sous les éditions professionnelles** du système d'exploitation Windows. Il n'est pas conseillé d'installer SAS sur des ordinateurs disposant d'une édition familiale de Windows, même si c'est notamment possible avec la licence proposée aux formations partenaire académique de SAS.

- l'adressage des fichiers externes à SAS ;
- l'existence de quelques options spécifiques à votre environnement ;
- la présentation différente des fenêtres du progiciel.

Mises à part ces différences, les fondamentaux de la programmation SAS sont les mêmes quel que soit votre système d'exploitation.

Conventions typographiques

Vous pouvez employer minuscules et majuscules dans les programmes (instructions, options, noms de variables, noms de tables, etc.) que vous écrivez dans SAS. Seules les valeurs prises par les modalités des variables caractères doivent respecter la casse. Nous avons cependant utilisé dans cet ouvrage les majuscules et les minuscules afin de vous aider au mieux à comprendre les nombreux programmes proposés.

Tous les mots clés propres au langage SAS apparaissent en majuscules dans les programmes et dans le corps du texte. Les mots écrits en gras dans les programmes sont les instructions qui commencent et terminent une étape (ici, DATA et RUN). Les constantes numériques peuvent aussi apparaître en gras. À l'intérieur du programme, les instructions, fonctions et options propres au langage SAS apparaissent en majuscules (SET, IF, THEN, DO, RANUNI, etc.). Les FORMAT et les INFORMAT sont aussi présentés en majuscules. Les noms des tables et des variables dans un programme sont systématiquement écrits en minuscules.

```
DATA test2;
   SET test;
   FORMAT date DDMMYY.;
   ATTRIB x FORMAT=8.4
            LABEL="Variable analysée";
   IF x<15 THEN DO;
      x7=RANUNI(234);
      x9=x2+x12;
   END;
RUN;
```

Dans le corps du texte, les noms des instructions, fonctions et options, comme ceux des variables, des tables, des FORMAT, des INFORMAT, etc., seront systématiquement repris en majuscules.

Les programmes seront indentés afin de vous permettre de mieux suivre et de mieux comprendre leur finalité. Il y a toujours au moins un niveau d'indentation, parfois plusieurs. Dans le cas du programme présenté ici, pour l'instruction ATTRIB, nous indentons une seconde fois pour signifier au lecteur que l'option LABEL est un élément de l'instruction ATTRIB. Nous indentons une seconde fois après l'instruction IF pour indiquer au lecteur que les deux instructions permettant de définir les variables X7 et X9 ne s'appliquent pas à toutes les observations (cette construction est en fait conditionnée au respect de la condition énoncée après l'instruction IF). L'instruction CARDS et les données qui la suivent ne seront pas indentées.

Il n'est pas forcément nécessaire d'organiser les programmes de cette manière, mais au fur et à mesure que les programmes que vous rédigerez s'allongeront, vous constaterez qu'une telle organisation facilite grandement la compréhension.

À l'exception de certains programmes très courts, les programmes proposés dans l'ouvrage sont numérotés, ce qui vous permet de les retrouver facilement sur le site compagnon.

Un peu d'histoire

Le logiciel SAS est le fruit du travail d'un groupe de chercheurs de la North Carolina State University qui a commencé en 1966. En 1967, James H. Goodnight, actuel CEO de SAS Institute, rejoint le projet et travaille à la stabilité du logiciel et à la création des procédures. À partir de 1971, le logiciel connaît un grand succès aussi bien auprès de la communauté universitaire qu'auprès des industries pharmaceutique et agricole, en raison notamment de sa capacité à gérer d'une part les données manquantes, d'autre part des tables de très grandes dimensions.

En 1976, l'entreprise SAS Institute est créée notamment par James H. Goodnight et John P. Sall. SAS s'est depuis imposé comme le leader mondial de l'informatique décisionnelle et des solutions de *business analytics*. Il est aujourd'hui présent dans 96 des 100 premières entreprises du classement Fortune Global 500® et sur près de 83 000 sites clients répartis dans 148 pays. SAS Institute a réalisé un chiffre d'affaires de 3,24 milliards de dollars en 2017, dont 26 % ont été réinvestis en recherche et développement.

SAS signifiait à l'origine *Statistical Analysis System*. La signification de l'acronyme a depuis été perdue, marquant ainsi le fait que SAS couvre toute la chaîne du traitement de l'information, du traitement des données jusqu'à la restitution métier, l'analytique étant au cœur de chaque profession.

Les personnes intéressées par l'histoire de SAS pourront consulter la page suivante :

https://www.sas.com/fr_fr/company-information/profile.html

Le module Base SAS

Le système SAS est composé de différents modules ayant tous une fonctionnalité propre. Le module Base SAS constitue le cœur de votre système SAS – il est nécessaire au fonctionnement des autres produits SAS et c'est ce module que nous étudions dans le présent ouvrage.

Il permet l'exécution des étapes DATA, du langage macro, de PROC SQL, des outils offerts par ODS *(Output Delivery System)*, ainsi que des analyses statistiques simples ou des procédures utilitaires comme PROC CONTENTS, PROC PRINT ou PROC SORT. Depuis SAS 9.3, Base SAS intègre aussi les outils de production de graphiques offerts par les procédures ODS Graphics. Dans SAS 9.2, ces procédures faisaient partie du module SAS/GRAPH.

Le langage SAS est un langage dit de quatrième génération (L4G). Il s'agit, comme nous allons le découvrir au travers de ces pages, d'un langage peu technique, très proche de la syntaxe naturelle.

Présentation succincte d'autres modules de SAS

Nous n'exposons ci-après que les modules principaux du système SAS – il en existe bien d'autres. Vous trouverez des descriptifs complets des produits et solutions proposés par le système SAS sur le site de SAS Institute :

www.sas.com/en_us/software/all-products.html

Un certain nombre de modules se caractérisent par une mise à disposition de procédures spécifiques. La présence du signe / indique qu'il s'agit d'un module qui dispose de sa propre programmation. Ces modules peuvent être embarqués dans des interfaces utilisateurs spécifiques émulant du code SAS.

Un premier ensemble est dédié à l'analytique. Il couvre bien plus que la statistique et comprend, entre autres, les modules suivants :

SAS/STAT : outils dédiés à l'analyse statistique (inférentielle, descriptive) et aux calculs probabilistes comme l'analyse de variance, les modèles mixtes, les différentes familles de régressions, l'analyse multivariée, l'analyse bayésienne, la statistique non paramétrique, les modèles de survie, les outils de modélisation propres aux données massives… Pour une description exhaustive, vous pouvez consulter la page suivante :

www.sas.com/en_us/software/analytics/stat.html

SAS/ETS *(Econometrics and Times Series)* : outils destinés à l'économétrie des séries temporelles et à la prévision (ARIMA, VARMAX, TIMESERIES…).

www.sas.com/en_us/software/analytics/ets.html

Ces deux modules proposent un ensemble de procédures dites *High-Performance*. La technologie SAS HP permet depuis 2010 la combinaison de trois technologies : In-Memory, In-Database et Grid. En 2013 sortait la troisième génération de la plate-forme HP en MPP *(Massively Parallel Processing)*. Les procédures HP s'exécutent sur des architectures hautes performances spécifiques mais aussi sur de simples PC. Leur syntaxe est similaire aux processus de référence. On transforme donc un programme SAS classique en ajoutant HP devant le nom des procédures. D'un point de vue pratique, sur un simple PC avec plusieurs cœurs, la procédure HP utilisera simultanément tous les cœurs.

www.sas.com/en_us/software/high-performance-analytics.html

SAS/IML *(Interactive Matrix Language)* correspond au langage matriciel. Véritable « laboratoire mathématique de SAS », il permet de concevoir vos propres algorithmes selon une approche statistiques-mathématiques et d'exploiter vos calculs vectoriels et matriciels en recourant à de nombreuses fonctions et routines (optimisation non linéaire, filtre de Kalman, transformées de Fourier…) pour les appliquer directement en production sur vos données. IML est un langage de prototypage qui vous permet donc de concevoir vos propres algorithmes, selon une approche plus proche de l'algèbre linéaire. IML est également le langage de choix pour communiquer avec d'autres environnements (Matlab, R…).

www.sas.com/en_us/software/iml.html

SAS/OR *(Operational Research)* regroupe des procédures avancées dédiées à la recherche opérationnelle traitant de l'optimisation mathématique (programmation linéaire, non linéaire, variables entières et/ou mixtes), de métaheuristique (algorithmes génétiques) comme de la résolution d'optimisation par la théorie des graphes.

www.sas.com/en_us/software/or.html

Un deuxième ensemble de modules est dédié à l'accès aux données et à leur gestion. Il comprend les modules suivants :

SAS/ACCESS donne accès aux données produites par d'autres logiciels, de les exploiter dans SAS et même de créer à partir de SAS des fichiers dans des formats externes. Ses différents modules permettent une intégration à différents Systèmes de gestion de base de données relationnelles (SGBDR) ou NoSQL du marché et à certains progiciels de gestion intégrée (PGI ou ERP – *Enterprise Resource Planning*). Voici une liste d'exemples non exhaustive : SAS/ACCESS Interface to SAP BW, to Teradata, to DB2, to MySQL, to Haddop, to ODBC, to OLE DB, to ORACLE, to PC Files (Microsoft Excel, Microsoft Access, Lotus 1-2-3, DBF), to PeopleSoft, etc.

www.sas.com/en_us/software/access.html

SAS/CONNECT permet de connecter des ordinateurs sur lesquels est installé SAS. Vous partagerez au moyen de cette application vos tables de données ; des programmes écrits sur un ordinateur pourront être exécutés sur un second. Les applications de *Grid Computing* de SAS nécessitent SAS/CONNECT.

http://support.sas.com/software/products/connect_share/

D'autres modules mettent à votre disposition des interfaces graphiques :

SAS Enterprise Miner est l'interface historique de SAS dédiée au *data mining* depuis 1997. SAS considère le *data mining* comme une discipline à part entière, et notons ici que les algorithmes embarqués sont bien différents de ceux plus classiquement utilisés en statistique. Cette interface permet une industrialisation de l'exploitation intensive de gigantesques bases de données. Il s'agit donc d'une interface experte, qui va bien au-delà de la statistique, aux croisements du *statistical learning* et du *machine learning*. Les procédures embarquées sous SAS EM sont spécifiques à la discipline (DMREG : *Data Mining Regressions*), ce qui les distingue d'une approche statistique « classique ». La licence proposée par SAS aux formations avec qui elle est en partenariat inclut la version *stand alone*, qui peut être installée sur un simple PC : **SAS Enterprise Miner For Desktop**.

www.sas.com/en_us/software/enterprise-miner.html

SAS Data Integration Studio est une interface cliente Java de la plate-forme décisionnelle SAS dédiée à l'ETL *(Extract, Transform, Load)*. Elle fait notamment partie des packages « SAS Data Integration Server » et « SAS Enterprise Data Integration Server ».

http://support.sas.com/software/products/etls/

SAS Forecast Server est une application d'aide à la production de prévisions qui existe aussi en version *stand alone* : **SAS Forecast for Desktop**.

https://www.sas.com/en_us/software/forecast-server.html

SAS/IML Studio est une interface experte avancée pour le statisticien maîtrisant l'exploration graphique comme la programmation SAS. Elle permet de recourir à la statistique exploratoire tout en se concentrant sur le développement de nouveaux algorithmes (approche « statistiques-mathématiques ») et nécessite la maîtrise de la programmation SAS/STAT et SAS/IML. SAS/IML Studio embarque le langage objet IML+. Historiquement, SAS/IML Studio est le résultat de la fusion de SAS/Insight et d'IML Workshop.

http://support.sas.com/rnd/app/studio/index.html

Enfin, citons :

SAS NLS *(National Language Support)*, qui n'est pas un module en tant que tel mais une application qui permet à SAS de fonctionner au mieux sur des systèmes non américains.

SAS Viya

La plate-forme SAS Viya est une nouvelle architecture de SAS dédiée à l'intégration et la gestion des données, l'analyse haute performance, le machine learning, l'optimisation, la prévision, la gestion de l'industrialisation des modèles et à la visualisation. Lancée au SAS Global Forum d'avril 2016, elle complète la plate-forme SAS 9.4 mais ne la remplace pas.

Cette plate-forme, ouverte et adaptée au *Cloud Computing*, autorise le calcul partagé en mémoire. Il s'agit donc d'une plate-forme particulièrement flexible et puissante.

Dans l'ADN de SAS, on retrouve la rigueur scientifique au travers notamment d'une documentation précise. L'ouverture est aussi un des piliers de SAS : Viya ne déroge pas à cette règle puisque cette plate-forme propose une intégration plus directe avec des langages comme Python, R ou Lua.

C'est la seconde fois depuis 1966 que SAS est redéveloppé complètement. En 1985, SAS, basé à l'époque sur du Cobol, du Fortran et du PL/1, a été redéveloppé en C. Cette fois, SAS Viya est une toute nouvelle architecture en micro-service afin d'être plus facilement déployable dans le nuage public et privé.

SAS Viya propose un ensemble de solutions comme SAS Data Preparation, SAS Data Quality, SAS Decision Manager, SAS Econometric, SAS Visual Investigator, SAS Model Manager, SAS Optimization, SAS Visual Analytics, SAS Visual Statistics, SAS Visual Data Mining and Machine Learning, SAS Visual Forecasting et SAS Workflow Manager.

www.sas.com/fr_fr/software/viya.html

Comme toujours, le code SAS n'est pas loin et dès que l'on souhaite des choses spécifiques, il est nécessaire de revenir par exemple dans SAS Studio. Coder en SAS sur Viya présente pour le moment un certain nombre de spécificités mais les fondamentaux restent.

1

Faire connaissance avec votre environnement SAS

Ce premier chapitre a pour objectif de vous aider dans vos débuts avec SAS. Il s'agit plus particulièrement de vous présenter l'environnement de développement SAS, certaines caractéristiques propres aux différentes plates-formes et de vous apprendre à créer vos premières tables.

1.1 Premiers pas avec SAS

Le progiciel SAS peut être présent sur votre ordinateur sous de multiples formes. Si vous êtes étudiant, inscrit dans une formation partenaire de SAS Académique, vous pouvez disposer, au travers d'une licence gratuite, de SAS Windowing Environment, de SAS Enterprise Guide et de SAS Studio. Alternativement, l'éditeur met à disposition de toute personne souhaitant se former une version gratuite de son progiciel, SAS University Edition, téléchargeable depuis le site de SAS.

Ces différentes formes ne doivent pas être comprises comme des progiciels différents. Il existe certes des fonctionnalités qui varient selon l'interface, mais les fondamentaux de la programmation, objet de cet ouvrage, sont les mêmes. Derrière ces différentes interfaces, il n'y a qu'un seul et même moteur : SAS.

1.1.1 SAS Windowing Environment

Si le progiciel est installé sur votre ordinateur, sous Windows, vous devriez voir apparaître une des deux icônes suivantes dans le dossier SAS (menu *Démarrer*, puis dossier *SAS*) :

Vous observerez la première icône si vous disposez de SAS Windowing Environment 9.4 (SAS 9.4 dans la suite de cet ouvrage). La seconde est caractéristique des versions 9.3 et antérieures. Au démarrage de SAS, l'écran de la figure 1-1 apparaît.

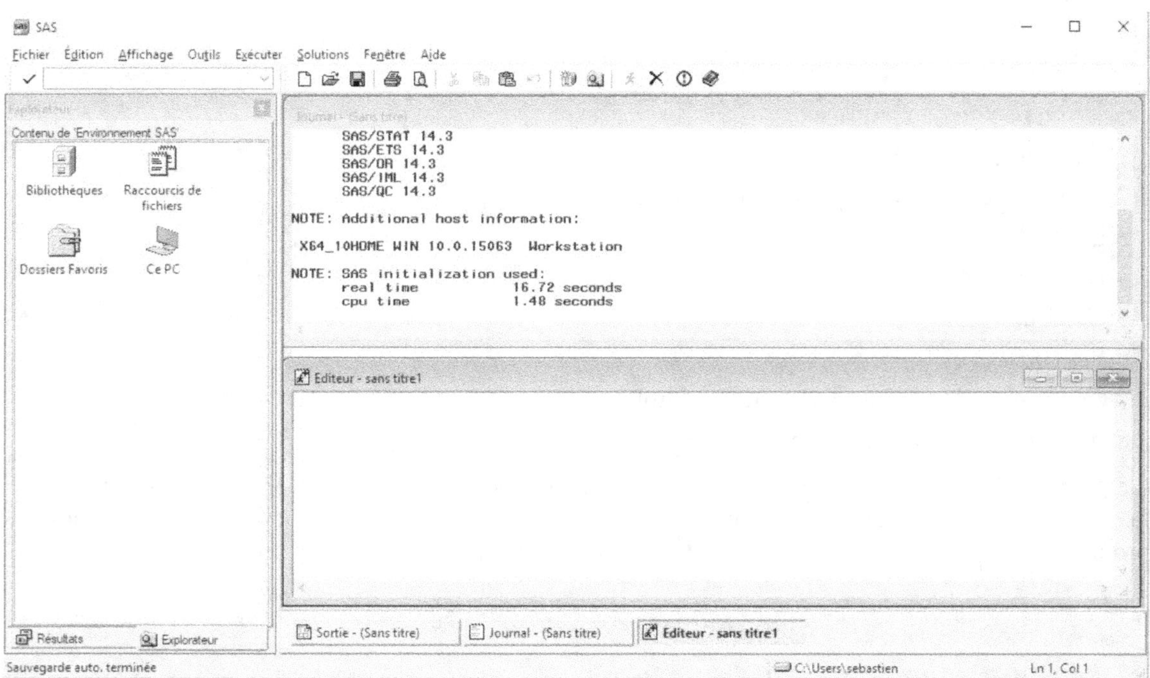

Figure 1–1 Écran d'accueil SAS 9.4 Windows

Cet écran, typique des versions 8 et 9 de SAS Windows, est désigné sous le terme de *Display Manager System* (DMS). Il se compose de six éléments principaux que l'on peut présenter en deux sous-ensembles.

Un premier sous-ensemble est dédié à l'aide au développement et comprend :

- **La fenêtre** *Éditeur*. Elle permet de saisir les programmes et d'en demander l'exécution. Dans l'éditeur amélioré qui s'affiche à l'écran, les instructions que vous saisissez s'affichent en diverses couleurs, dont la signification sera précisée plus loin dans ce chapitre.
- **La fenêtre** *Journal*. C'est là que s'affichent les commentaires de SAS sur les programmes que vous exécuterez. Il s'agit d'une fenêtre extrêmement importante puisque c'est en lisant les informations qui y sont données que vous comprendrez ce que SAS a fait de vos programmes.
- **La fenêtre** *Sortie*. Si vous disposez de SAS 9.2 ou d'une version antérieure, les sorties demandées par vos programmes seront dirigées par défaut vers cette fenêtre.
- **La fenêtre** *Results viewer* (absente de la figure 1-1 et à l'ouverture de votre session). Depuis SAS 9.3, les sorties demandées par vos programmes sont dirigées par défaut vers cette fenêtre au format HTML.

Un second sous-ensemble est dédié à la gestion du développement :

- **L'onglet** *Explorateur*. Comme l'explorateur de votre ordinateur, cet onglet vous permet de naviguer dans vos diverses bibliothèques (voir section 1.4) et votre poste de travail. Vous retrouvez dans *Dossiers favoris* les dossiers *Mes documents* et le *Bureau*. Dans *Raccourcis de fichiers*, vous pouvez créer des raccourcis vers différents fichiers de votre disque dur. N'hésitez pas à personnaliser le contenu de ces dossiers de façon à organiser au mieux votre travail.
- **L'onglet** *Résultats*. Il permet de naviguer entre les divers résultats qui s'affichent et d'effacer certaines sorties pour ne conserver que les plus utiles.

D'autres fenêtres peuvent apparaître, comme *VIEWTABLE* (voir section 1.3), *FSLIST* (voir section 2.3.1) ou *Options du système SAS* (voir section 5.6.3).

En fonction de la fenêtre active (celle qui s'affiche avec les outils de gestion de fenêtre – voir figure 1-1), le menu peut différer de celui représenté à la figure 1-2 (fenêtre *Éditeur* active). En effet, SAS 9.4 fonctionne en mode contextuel : les menus et barres d'outils sont ainsi adaptés et vous offrent les outils dont vous pourriez avoir besoin en fonction de la fenêtre active.

Figure 1–2 SAS 9.4 : le menu, la fenêtre Commande et la barre d'outils (fenêtre Éditeur active)

Voici les fonctionnalités des différents items du menu lorsque la fenêtre *Éditeur* est active :

- *Fichier* permet d'ouvrir ou de sauvegarder un programme, d'importer ou d'exporter une table, d'imprimer ou de terminer une session SAS.
- *Édition* propose les commandes d'édition habituelles : *Annuler/Rétablir*, *Copier*, *Coller*, *Rechercher*, *Remplacer*, *Sélectionner tout*, *Effacer* la sélection ou la fenêtre. Ce menu permet également d'afficher les programmes dans leur forme réduite ou développée.

- *Affichage* sert à naviguer entre les diverses fenêtres, en ouvrir de nouvelles, rouvrir des fenêtres que vous aviez fermées.
- *Outils* donne l'accès à différentes tâches (requêtes, éditeur de tables, de graphiques ou de rapports). C'est dans ce menu que vous accédez aux commandes de personnalisation de la barre d'outils et à différentes options propres à cet environnement.
- *Exécuter* vous permet de demander l'exécution de votre programme et de vous connecter si votre SAS fonctionne en mode client-serveur.
- *Solutions* donne accès à un ensemble d'outils d'analyse (assez anciens et peu utilisés).
- *Fenêtre* propose un ensemble d'options relatives à l'organisation des fenêtres sur votre écran. À partir de ce menu, vous pouvez aussi passer d'une fenêtre à une autre.
- *Aide* fournit des renseignements sur le fonctionnement et les commandes de SAS.

Dans la barre d'outils, vous disposez d'une fenêtre *Commande* que vous utiliserez par exemple pour activer l'éditeur *FSLIST* (voir section 2.3.1). Les icônes situées à droite de cette zone de commande sont les outils dont vous disposez quand la fenêtre *Éditeur* est active. Ils ont respectivement les fonctions suivantes : *Nouveau, Ouvrir, Enregistrer, Imprimer, Aperçu avant impression, Couper, Copier, Coller, Annuler, Nouvelle bibliothèque, Explorateur SAS, Soumettre, Supprimer tout, Interrompre, Aide SAS*. Une info-bulle vous indique la fonction de l'icône lorsque vous passez le pointeur de votre souris dessus.

1.1.2 SAS Enterprise Guide

SAS Enterprise Guide (SAS EG dans la suite de cet ouvrage) est une interface de SAS disponible uniquement sous Windows, au moyen de laquelle vous pouvez demander l'exécution de programmes par un moteur SAS présent soit en local, soit sur un serveur distant (Windows ou Unix). Vous en disposez si, dans vos applications SAS, vous observez l'icône suivante, commune à toutes les versions de SAS EG depuis la 4.2 :

Lorsque vous démarrez SAS EG, la fenêtre suivante apparaît :

Figure 1–3
Ouverture de SAS EG

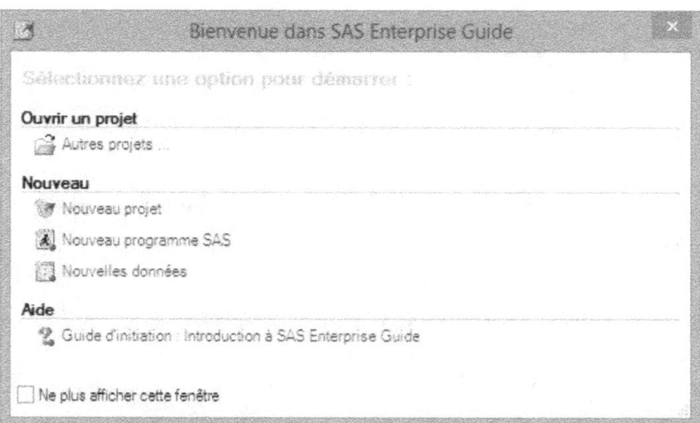

Sélectionnez *Nouveau programme SAS* et vous verrez alors devant vous l'écran reproduit à la figure 1-4.

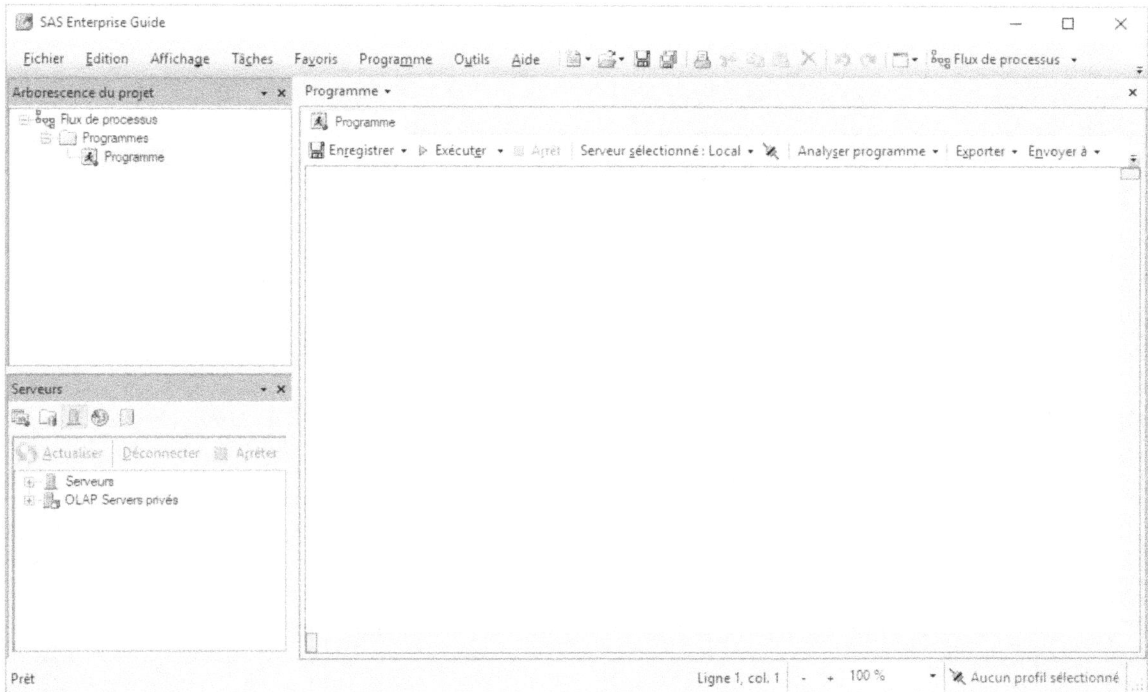

Figure 1–4 SAS EG

L'environnement se compose de trois zones :

- Dans l'*Arborescence du projet* s'afficheront les flux de processus, les données, les différentes tâches, les programmes et les notes de votre projet.
- Dans l'*Espace de travail* s'afficheront les données, les programmes, le journal, les résultats et vos flux de processus. La fenêtre *Programme* qui apparaît dans l'espace de travail est équivalente à la fenêtre *Éditeur* de SAS 9.4.
- Le volet *Ressources* vous permet d'accéder aux tâches, aux dossiers, à la liste des serveurs (onglet actif à la figure 1-4), au gestionnaire d'invites et à l'historique des explorations de données.

Vous pouvez demander l'affichage de deux volets supplémentaires :

- L'*État des tâches* affiche l'état d'avancement, la position dans la file d'attente et le serveur sur lequel sont exécutées les tâches en cours.
- Le *Journal du projet* affiche un journal agrégé de l'intégralité du projet.

De plus, vous disposez d'une barre d'outils par défaut (figure 1-5), dans laquelle figurent les fonctions élémentaires. Une info-bulle vous précise l'action de chacun des boutons.

Figure 1–5 SAS EG : barre d'outils par défaut

Deux boutons vous seront particulièrement utiles :

* ▢▾ vous permet de réorganiser votre espace de travail.
* ▯Flux de processus ▾ sert à revenir à l'affichage du flux de processus actif ou à changer celui sur lequel vous travaillez.

Une barre d'outils contextuelle vous est aussi proposée dans l'espace de travail. Ses options sont adaptées au contenu de ce dernier. Si la fenêtre *Programme* est active, vous avez ainsi la possibilité d'enregistrer votre code, de demander son exécution ou son arrêt, de choisir le serveur de travail, etc. Si la fenêtre *Résultats* est active, vous aurez la possibilité d'actualiser votre résultat, de l'exporter, de l'envoyer par e-mail ou vers une application externe (Word, Excel, PowerPoint), etc.

Dans la fenêtre *Programme*, vous pouvez demander l'exécution de vos codes de la même manière que dans l'environnement SAS 9.4. Vous disposez aussi des fenêtres *Journal* et *Résultats*.

Vous remarquerez que, lorsque vous saisissez un programme, en plus de l'éditeur amélioré, vous disposez d'une aide à la saisie par autocomplétion, sous la forme d'un menu déroulant qui vous propose des instructions, des noms de tables, ou des noms de variables en fonction des caractères déjà saisis. Dans le cas des instructions et options, en plaçant votre souris sur un des termes proposés, une fenêtre d'aide s'affiche. En appuyant sur la barre *Espace* de votre clavier, le mot sélectionné par l'autocomplétion s'écrit dans l'éditeur.

SAS EG est orienté gestion de projet : tous vos programmes, résultats et références aux données sont organisés en flux de processus (figure 1-6) et enregistrés dans un unique fichier projet. Vous disposez d'un analyseur de programme, qui génère un diagramme représentant les différentes parties de vos programmes pour montrer comment elles s'articulent.

Figure 1–6
SAS EG : un flux de processus

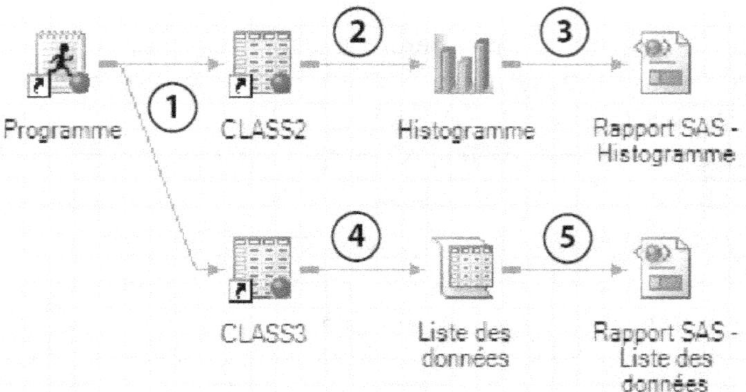

Pour obtenir ce flux de processus, nous avons dans un premier temps rédigé dans la fenêtre *Programme* un code créant deux tables appelées CLASS2 et CLASS3. En cliquant sur les boutons *Exécuter*, puis

Flux de processus pour revenir à cette fenêtre, les flèches 1 (figure 1-6) et les icônes représentatives de tables sont apparues, signifiant que le programme a généré les deux tables. Nous avons ensuite sélectionné la table CLASS2 puis, dans le menu *Tâches>Graphiques*, nous avons demandé la production d'un histogramme. L'histogramme demandé a été construit et le flux de processus s'est enrichi (flèches 2 et 3). Nous avons ensuite sélectionné la table CLASS3 puis, à partir du menu *Tâches>Décrire*, nous avons demandé une *Liste des données*. En cliquant une nouvelle fois sur le bouton *Flux de processus*, nous avons constaté l'apparition des flèches 4 et 5 et les icônes correspondant aux résultats associés aux différentes tâches.

Une fois le flux de processus créé, vous pouvez à tout moment accéder aux différents éléments qui le composent. En double-cliquant sur le rapport ou les tables, ceux-ci s'afficheront ; en double-cliquant sur *Histogramme* ou *Liste des données*, vous accéderez aux programmes qui génèrent les rapports et vous pourrez les modifier pour qu'ils produisent un résultat plus proche de celui que vous souhaitez obtenir.

Vous devez comprendre à ce stade qu'utiliser SAS EG ne vous dispense pas d'apprendre la programmation SAS : les tâches que nous avons évoquées dans notre description d'un flux de processus sont des interfaces que vous devez renseigner et qui écriront les programmes à votre place (émulation de code). Vous ne pourrez pas rapidement saisir le fonctionnement de ces interfaces sans une bonne connaissance de la programmation SAS. En fait, si vous êtes capable d'écrire, sans interface, le programme qui génère le résultat, alors c'est à ce moment que l'interface présente tout son intérêt : elle vous permettra de travailler beaucoup plus rapidement sous SAS.

Les interfaces écrivent pour vous des programmes génériques que vous aurez très souvent besoin de modifier. Sans une connaissance de la programmation, vous serez dans l'incapacité de le faire.

Une fois que vous maîtriserez la programmation SAS, le passage à SAS EG se fera quasi naturellement, en quelques jours. C'est la maîtrise du langage SAS, objet de cet ouvrage, qui peut, elle, prendre plus de temps…

Une dernière précision : lorsqu'une tâche ou un programme est exécuté(e) à nouveau, une fenêtre vous demandant si vous souhaitez supprimer les résultats de l'exécution précédente s'affiche. Pour éviter ce comportement, allez dans le menu *Outils>Options>Résultats* et, dans le cadre *Gestion des résultats*, choisissez l'option *Remplacer sans demander*. Vous n'observerez alors dans la fenêtre *Résultats* que ce qui est produit par le dernier programme exécuté.

Pour une présentation complète de l'environnement, vous pouvez consulter l'aide en français de SAS EG (menu *Aide>Guide d'initiation*). Le site support.sas.com vous propose aussi un tutoriel en anglais : http://support.sas.com/documentation/onlinedoc/guide/index.html.

1.1.3 SAS Studio

SAS Studio est une application web, accessible depuis votre navigateur Internet, qui se connecte à un serveur SAS hébergé soit dans un environnement de type Cloud, soit sur un serveur présent dans votre entreprise, soit tout simplement sur votre propre ordinateur. C'est au moyen de SAS Studio que vous pouvez accéder à la nouvelle plate-forme analytique SAS Viya (non présentée dans cet ouvrage). Dans vos applications SAS, Studio est représenté par l'icône suivante :

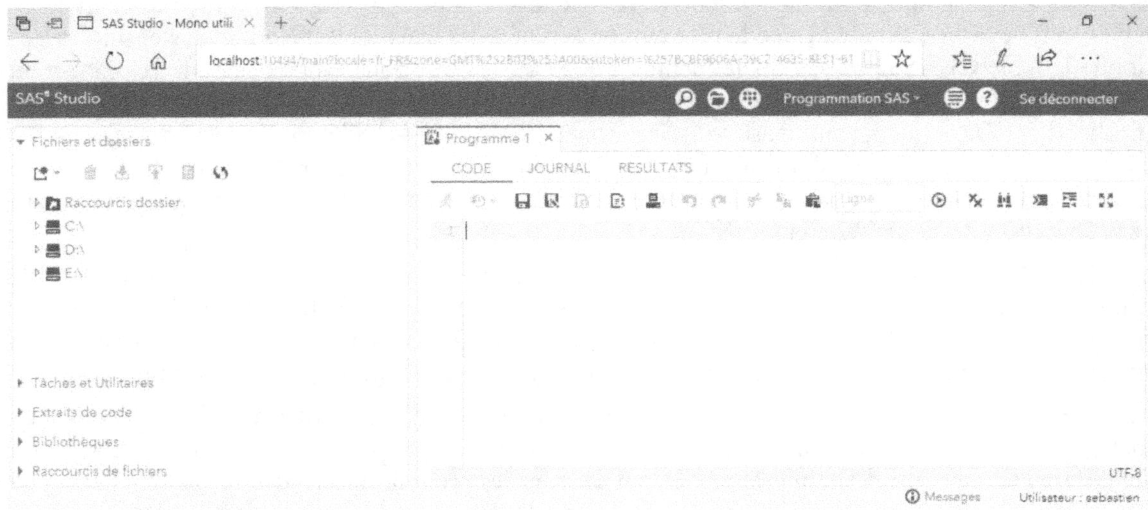

Figure 1–7 SAS Studio

Figure 1–8 SAS Studio : la barre d'outils par défaut

Au moyen de cette barre d'outils, vous pouvez activer la recherche, demander l'ouverture d'un fichier programme ou autre[1], demander un nouveau programme, une nouvelle importation de données, une nouvelle requête, passer du mode *Programmation SAS* au mode *Programmation visuelle*, accéder aux options de l'application, accéder à l'aide et fermer votre session (*Se déconnecter*).

Le mode *Programmation visuelle* de Studio ne sera pas détaillé dans cet ouvrage, mais retenez qu'il permet de travailler en flux de processus de manière similaire à SAS EG.

Vous observez à gauche de la figure 1-7 un volet de navigation et, sur la droite, un espace de travail.

Le volet de navigation présente cinq sections : trois d'entre elles (*Fichiers et dossiers*, *Bibliothèques* et *Raccourcis de fichiers*) sont identiques, dans leur objets, aux icônes *Ordinateur*, *Bibliothèques* et *Raccourcis de fichiers* de l'onglet *Explorateur* de SAS 9.4.

La section *Tâches et Utilitaires* vous donne accès à un ensemble d'interfaces qui, tout comme dans SAS EG, permettent de réaliser en quelques clics des tâches courantes : exploration de tables, construction d'un graphique, analyse multivariée, analyse de classification, analyse statistique ou économétrique... Les tâches qui vous sont proposées dépendent de votre version de SAS mais, dans tous

---

1. Si, par exemple, vous demandez *via* ce bouton l'ouverture d'un fichier Excel, l'utilitaire d'importation des données est automatiquement activé et votre fichier est transformé en une table SAS.

les cas, le principe de ces interfaces est ici aussi d'écrire le programme à votre place, que vous personnaliserez ensuite au besoin[2].

La sous-section *Utilitaires* vous offre des interfaces pour importer des données ou écrire des requêtes et vous fournit des fenêtres *Programme* supplémentaires.

Dans la section *Extraits de code*, vous retrouverez dans différentes sous-sections des exemples de programmes à utiliser/modifier en fonction de vos besoins. Imaginons que vous souhaitiez créer une table SAS à partir d'un classeur Excel. Dans la section *Tâches et Utilitaires*, ouvrez la sous-section *Données*, puis double-cliquez sur *Importer un fichier XLSX*. Un nouveau fichier programme s'ouvre et vous avez face à vous le programme 1-1, dans lequel vous n'aurez qu'à ajouter le chemin vers votre fichier Excel et une instruction SHEET pour préciser que c'est le second onglet de cette feuille que vous souhaitez importer (programme 1-2).

Programme 1-1

```
/** Import an XLSX file. **/

PROC IMPORT DATAFILE="<Your XLSX File>"
            OUT=WORK.MYEXCEL
            DBMS=XLSX
            REPLACE;
RUN;

/** Print the results. **/

PROC PRINT DATA=WORK.MYEXCEL; RUN;
```

Programme 1-2

```
PROC IMPORT DATAFILE="C:\intro_SAS\fichiers\candy.xlsx"
            OUT=WORK.MYEXCEL
            DBMS=XLSX
            REPLACE;
        SHEET="Feuil2";
RUN;
```

Ainsi que nous l'avons vu avec SAS EG, ces extraits de code ne feront gagner du temps que si vous connaissez bien la programmation SAS.

En ce qui concerne maintenant l'espace de travail (partie droite de l'écran reproduit à la figure 1-7), vous disposez des fenêtres *Code* (équivalente à la fenêtre *Éditeur* de SAS 9.4), *Journal* et *Résultats*. Contrairement à SAS 9.4, les résultats ne s'agrègent pas les uns à la suite des autres : chaque exécution efface ceux de la précédente.

Tout comme dans l'éditeur de SAS EG, la saisie est facilitée par l'autocomplétion. Une première fenêtre vous propose différents mots-clés en fonction de ce que vous avez déjà saisi ; une seconde fenêtre affiche l'aide relative au mot-clé actif.

---

2. Les tâches existent aussi sous SAS EG, accessibles via le menu *Tâches*. Les programmes générés par leur biais peuvent être différents, pour un même objet, de ceux générés par SAS Studio.

Pour chacune des fenêtres possibles de l'espace de travail, une barre d'outils contextuelle vous est proposée.

Attention : les sessions Studio se ferment automatiquement au bout d'un certain temps d'inactivité (une heure par défaut). N'oubliez pas de sauvegarder régulièrement votre travail.

Pour une présentation complète de l'environnement Studio, veuillez consulter le document *SAS Studio : User's Guide* propre à votre version : http://support.sas.com/documentation/onlinedoc/sasstudio/index.html.

1.1.4 SAS University Edition

Depuis 2014, SAS met à la disposition de la communauté une version gratuite de son outil : SAS University Edition (SAS UE). Cette dernière peut être installée au sein d'une machine virtuelle ou utilisée dans le Cloud d'Amazon Web Services.

Cette version est en fait quasiment identique au Studio 3.7 standard (au moment où ces lignes sont écrites).

Si vous utilisez SAS UE, les chemins vers les fichiers et tables que nous utiliserons dans cet ouvrage auront la forme suivante :

```
/folders/myfolders/
```

Au lieu de :

```
C:\
```

Pour un utilisateur français, la principale différence entre Studio et SAS UE est la manière dont les caractères seront codés dans les variables, qui implique des différences de fonctionnement assez importantes lorsque vous créez vos tables à partir de fichiers de données externes à SAS. Nous y reviendrons, principalement au cours des chapitres 2 et 3. Nous verrons aussi (chapitre 3) que ces différences de codage vous obligeront à utiliser des fonctions particulières lorsqu'il sera question de manipuler les modalités des variables caractères.

1.2 Deux étapes distinctes : DATA et PROC

Utiliser SAS, c'est avant tout rédiger des programmes.

Un programme SAS est généralement composé de deux types d'étapes : les DATA (données) et les PROC (procédure). C'est une caractéristique essentielle de la « philosophie » SAS, pour laquelle la gestion des données est indissociable de leur exploitation (statistique, économétrique).

La figure 1-9 propose un programme présentant deux étapes DATA et deux étapes PROC. Il comprend aussi trois instructions globales (LIBNAME, TITLE et OPTIONS) que nous traiterons par la suite.

Figure 1–9
Étapes DATA et PROC

```
étape DATA
    DATA work.test;
        INFILE "c:\intro_sas\fichiers\données.txt";
        INPUT prenom $ nom $ date_naiss DDMMYY10.
               salaire EUROX10.;
    RUN;

    LIBNAME lib "c:\intro_sas";

étape PROC
    PROC SORT DATA=work.test OUT=lib.test2;
        BY salaire;
    RUN;

    TITLE "Quelques statistiques descriptives";

    OPTIONS NOCENTER;

étape PROC
    PROC MEANS DATA=lib.test2;
        WHERE date_naiss>='01jan1970'd;
        VAR salaire;
    RUN;

étape DATA
    DATA work.test3;
        SET work.test;
        age=2014-YEAR(date_naiss);
    RUN;
```

Les étapes DATA de *data management* ont généralement pour objectif :

- soit de créer, à partir d'un fichier de données (ASCII ou en provenance d'autres logiciels), une table SAS exploitable par la suite (voir la première étape DATA de la figure 1-9) ;
- soit de modifier une table SAS existante ou, à partir d'une table existante, de créer une nouvelle table SAS (voir la seconde étape DATA de la figure 1-9).

Les étapes PROC exploitent les données contenues dans des tables SAS par l'application de protocoles préécrits et propres à chaque procédure. Ces étapes peuvent conduire à :

- la production d'une nouvelle table SAS (table de résultats – voir la première étape PROC de la figure 1-9) ;
- la production d'un rapport *(reporting)* dans la fenêtre *Résultats* (voir la seconde étape PROC de la figure 1-9).

Utiliser SAS consistant avant tout à exécuter des programmes que vous aurez écrits ou qui auront été générés par une interface SAS, il convient de vous fournir quelques éléments de langage (figure 1-10).

Figure 1–10
Éléments de langage

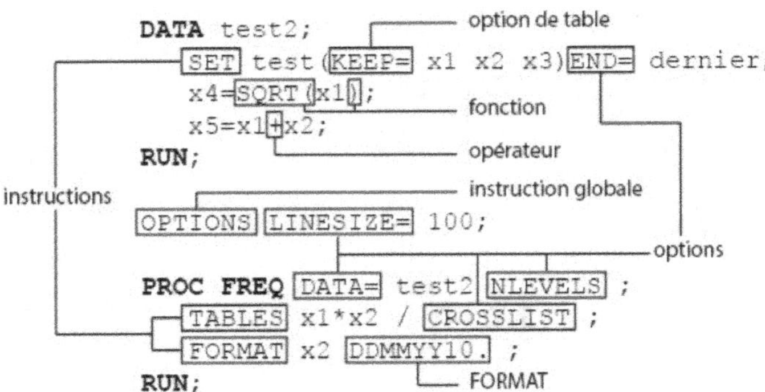

Dans les étapes DATA ou PROC, il est nécessaire de distinguer les différents éléments au centre de la programmation. Les éléments de définition qui suivent sont extrêmement importants. Nous les développerons tout au long de cet ouvrage, mais nous vous invitons à accorder dès maintenant la plus grande attention à ce qui suit :

- Les **instructions** mobilisent des variables ou des tables. Le mot-clé de l'instruction débute la ligne et l'action de l'instruction prend fin avec le point-virgule qui suit.
- Les **options** accompagnent les instructions, parfois précédées du signe /, parfois suivies d'un signe égal, auquel cas vous devrez préciser leur valeur. Les options précisent généralement comment l'instruction doit être exécutée.

Toutes les instructions de SAS se terminent par un point-virgule. Si vous oubliez ce dernier, le programme, au mieux, ne s'exécutera pas. Il peut, en cas d'exécution, produire un résultat erroné. Au début, 80 % des erreurs de programmation que vous rencontrerez seront liées à des oublis de ce symbole.

Attention : tout ce qui n'est pas une instruction, un nom de variable ou de table n'est pas forcément une option. Ainsi, DDMMYY10. est, dans la figure 1-10, un **FORMAT** et, dans la première étape DATA de la figure 1-9, un **INFORMAT**. Les noms des FORMAT et INFORMAT contiennent *toujours un point* :

- Un **FORMAT** est un filtre de présentation des modalités d'une variable présente dans une table SAS. Il permet par exemple d'afficher la modalité 0.1 sous la forme 10 %.
- Un **INFORMAT** s'utilise au moment de la création d'une table SAS à partir de données externes. Il indique comment transformer une donnée externe (un champ) en une modalité de variable SAS.

Pour construire de nouvelles variables, vous pouvez faire appel à :

- des **fonctions** (par exemple, SQRT pour le calcul de la racine carrée), *toujours suivies de parenthèses* entre lesquelles sont présentés un ou plusieurs **arguments** (valeurs, variables, combinaisons de variables) séparés par des virgules ;
- ou des **opérateurs**, *toujours suivis* d'un nom de variable, d'une constante numérique, d'une chaîne de caractères ou d'une fonction. Par exemple, + est l'opérateur qui demande l'addition.

Vous pouvez agir sur les tables que vous souhaitez manipuler au moyen d'**options de table**. Celles-ci sont *toujours présentées entre parenthèses*, immédiatement après le nom d'une table. Dans la figure 1-10 par exemple, l'option de table KEEP= demande à SAS de ne conserver de la table TEST que les variables X1, X2 et X3.

Vous pouvez enfin agir sur votre environnement au moyen d'**instructions globales**, comme OPTIONS, LIBNAME ou TITLE, généralement présentées en dehors des étapes DATA et PROC.

1.3 Les tables

Dans le vocabulaire SAS, le terme « table » indique le fichier dans lequel sont stockées les données que vous allez analyser. Une table SAS présente trois caractéristiques :

* Elle est toujours présente dans une **bibliothèque** SAS (voir section 1.4).
* Elle contient des **données** organisées sous la forme d'un tableau dans lequel les colonnes présentent des **variables** (ex. âge, sexe, diplôme) et les lignes des **observations** (ex. individus, périodes).
* Elle contient aussi des informations qui la décrivent : les **métadonnées** (ex. type des variables, longueur de celles-ci, nombre d'observations).

En ce qui concerne la dimension « données » d'une table SAS, si vous ne regardez qu'une colonne, vous verrez l'ensemble des **modalités** que peut prendre une variable au sein de votre population. Sur une ligne, vous verrez les modalités prises par toutes les variables pour une observation donnée.

Afin de mieux comprendre la structure d'une table, nous avons ouvert avec SAS 9.4 la table CLASS, proposée nativement avec SAS et présente dans la bibliothèque SASHELP (la bibliothèque d'aide du progiciel). Pour ouvrir cette table, allez dans l'onglet *Explorateur*, double-cliquez sur *Bibliothèques*, puis sur *Sashelp* et, enfin, sur *Class* (figure 1-11).

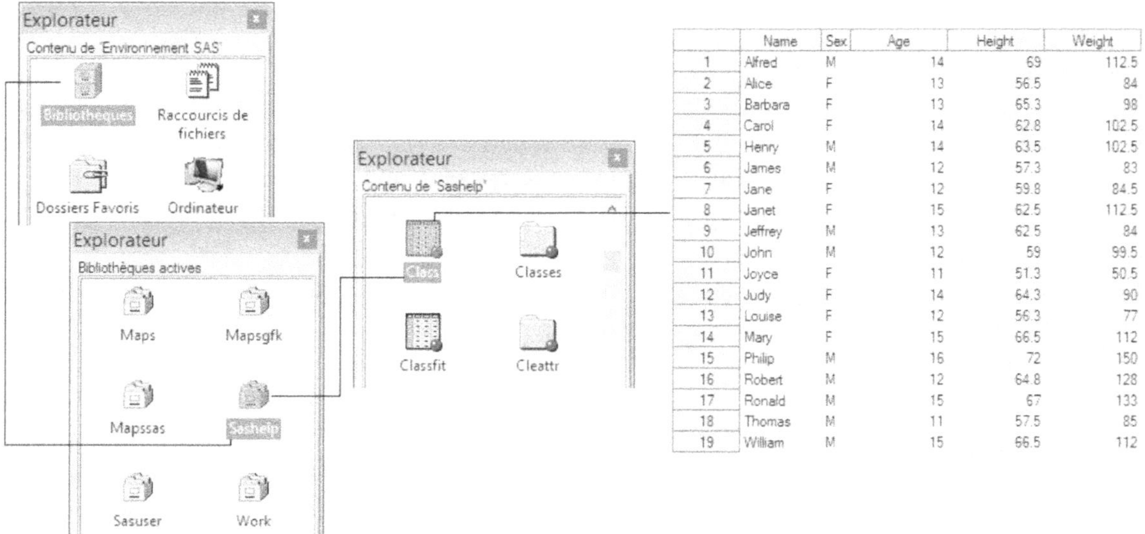

	Name	Sex	Age	Height	Weight
1	Alfred	M	14	69	112.5
2	Alice	F	13	56.5	84
3	Barbara	F	13	65.3	98
4	Carol	F	14	62.8	102.5
5	Henry	M	14	63.5	102.5
6	James	M	12	57.3	83
7	Jane	F	12	59.8	84.5
8	Janet	F	15	62.5	112.5
9	Jeffrey	M	13	62.5	84
10	John	M	12	59	99.5
11	Joyce	F	11	51.3	50.5
12	Judy	F	14	64.3	90
13	Louise	F	12	56.3	77
14	Mary	F	15	66.5	112
15	Philip	M	16	72	150
16	Robert	M	12	64.8	128
17	Ronald	M	15	67	133
18	Thomas	M	11	57.5	85
19	William	M	15	66.5	112

Figure 1–11 SAS 9.4 : ouvrir une table

Cette table peut aussi être ouverte avec SAS EG. Allez pour cela dans la fenêtre *Serveurs* et double-cliquez sur *Serveurs>Local>Bibliothèques>SASHELP*. Retrouvez alors dans le menu déroulant la table CLASS puis double-cliquez dessus (figure 1-12).

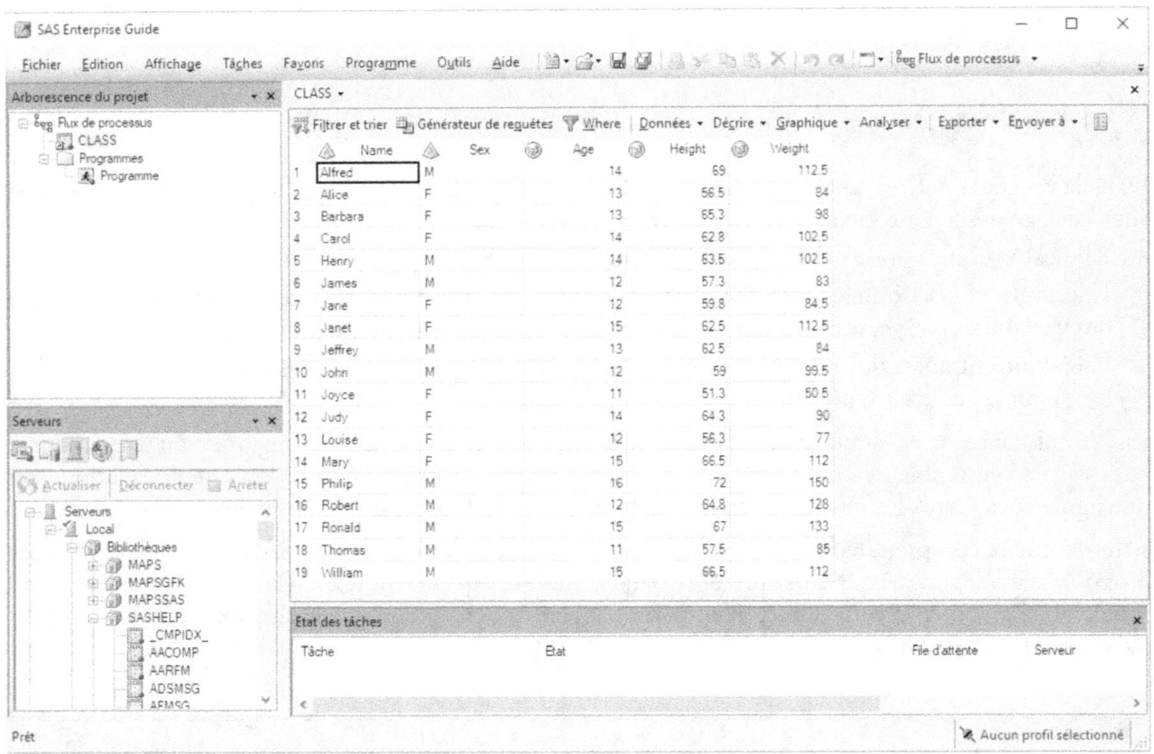

Figure 1–12 SAS EG : ouvrir une table

Avec Studio ou SAS UE, ouvrez le volet *Bibliothèques*, puis *SASHELP*. Retrouvez alors la table CLASS et double-cliquez dessus. Vous aurez alors face à vous l'écran reproduit à la figure 1-13.

Cette table, dans tous les cas, contient les variables NAME, SEX, AGE, HEIGHT et WEIGHT. Elle a 19 observations.

Avec SAS EG/Studio/UE, vous observez des icônes associées aux variables, qui vous indiquent si la variable est caractère (NAME, SEX) ou numérique (AGE, HEIGHT, WEIGHT). Avec SAS 9.4, il n'y a pas d'icônes particulières.

Quelle que soit la façon dont vous avez ouvert la table CLASS, *vous ne disposez pas d'un tableur*. Ce que vous allez pouvoir faire avec dépend de votre environnement.

Avec SAS 9.4 et sa fenêtre *VIEWTABLE*, vos possibilités d'action sont assez limitées : éditer votre table afin de la trier en fonction des modalités d'une variable préalablement sélectionnée ou modifier « à la main » les modalités prises par telle ou telle variable pour telle ou telle observation. Les modifications que vous intenterez seront automatiquement sauvegardées.

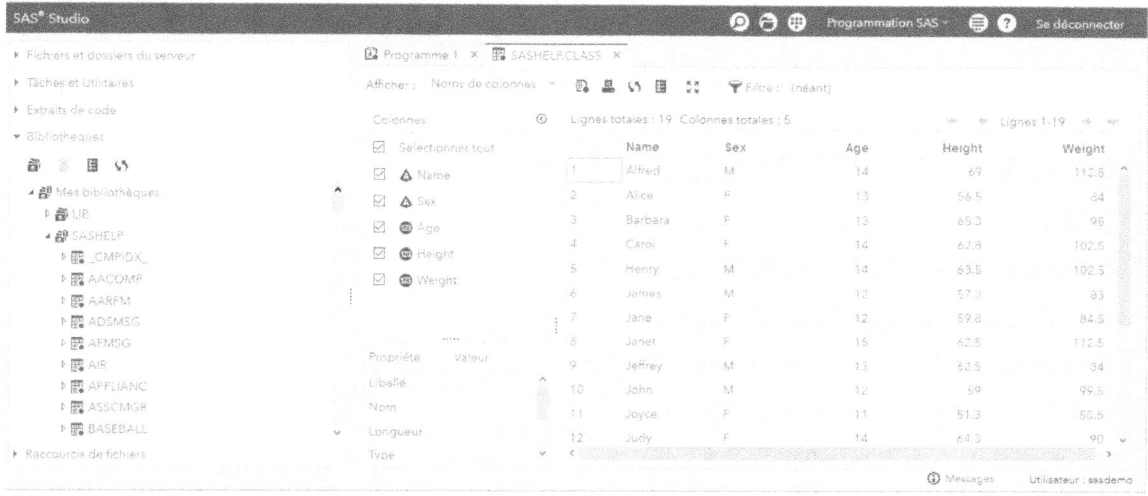

Figure 1–13 SAS Studio/UE : ouvrir une table

Avec SAS Studio/UE, au moyen du cadre *Colonnes*, vous pouvez choisir les variables que vous souhaitez masquer et, en cliquant sur le nom d'une variable, vous voyez apparaître dans le cadre immédiatement en-dessous des informations relatives à cette colonne (libellé, nom, longueur, type). Dans le cadre qui présente la table proprement dite, vous pouvez cliquer sur le nom d'une variable pour trier la table en fonction de ses valeurs. Au moyen du bouton *Filtrer*, vous limitez les observations à présenter au moyen de conditions. À titre d'illustration, cliquez sur ce bouton et entrez la condition `Age=15` pour ne plus voir apparaître que les élèves de 15 ans. Vous ne pouvez pas ici éditer la table et modifier les valeurs prises par telle ou telle variable. Les filtres et tris que vous imposerez ne modifient pas la table proprement dite ; ils ne créent pas non plus une nouvelle table. Si votre objet est de créer une nouvelle table basée sur vos tris et filtres, vous disposez du bouton ▣ (à droite de la fenêtre *Noms de colonnes*), qui fournit automatiquement le code adéquat.

Avec SAS EG, les actions qui vous sont proposées sont nettement plus nombreuses puisque vous pouvez, à partir de la fenêtre qui présente les données de la table, accéder à l'ensemble des tâches livrées avec le logiciel. Réorganiser vos données est bien entendu possible avec le bouton *Filtrer et trier* ; votre table originale ne sera pas modifiée, mais vous en créerez une nouvelle et alimenterez ainsi votre flux de processus.

Retenez qu'éditer une table comme nous l'avons fait n'autorise pas de modification majeure : vous devrez passer par une étape DATA et donc par l'écriture d'un programme dans la fenêtre *Éditeur*.

Il y a plusieurs façons d'accéder à la **zone descriptive** (aux **métadonnées**) d'une table :

* SAS 9.4 : allez dans l'onglet *Explorateur* et cliquez-droit sur l'icône de la table pour demander ses propriétés ;
* SAS EG : si votre table apparaît dans un flux de processus, cliquez-droit sur son icône et demandez ses propriétés ; si la table est ouverte, cliquez sur l'icône *Propriétés* (à droite des tâches, figure 1-12).

- SAS Studio/UE : dans la barre au-dessus de la table, cliquez sur le bouton *Propriétés de la table* ; sinon, à partir de la table présentée dans le volet *Bibliothèques*, cliquez-droit pour demander l'affichage des propriétés.

- Dans tous les cas, à partir de la fenêtre *Éditeur*, vous accéderez aux propriétés de la table en demandant l'exécution d'un PROC CONTENTS (voir section 1.5.5.b).

SB B A 1.4 Les bibliothèques

Dans la section précédente, nous avons indiqué qu'une table appartenait nécessairement à une bibliothèque. La table CLASS appartient ainsi à la bibliothèque SASHELP.

Vous pouvez considérer une bibliothèque comme un dossier dans lequel sont présents des fichiers SAS, par exemple des tables. Pour accéder à une table déjà présente sur votre ordinateur, vous devrez nécessairement associer une bibliothèque à son emplacement sur votre disque dur.

Lorsque débute votre session SAS, vous disposez déjà d'un certain nombre de bibliothèques. Pour les observer avec SAS 9.4, allez dans l'onglet *Explorateur*. Si vous avez ouvert la table CLASS au moyen de la fenêtre *VIEWTABLE*, remontez dans l'arborescence grâce au bouton ⬆.

Celui-ci est présent dans la barre d'outils lorsque la fenêtre *Explorateur* est active. Vous devez alors arriver sur une fenêtre *Bibliothèques actives* (voir figure 1-14).

Figure 1–14
SAS 9.4 : les bibliothèques

Notre installation de SAS 9.4 présente six bibliothèques : WORK, SASHELP, SASUSER, MAPS, MAPSGFK et MAPSSAS.

Les bibliothèques MAPS, MAPSGFK et MAPSSAS contiennent des fonds de cartes utilisables, par exemple, dans la procédure graphique GMAP. Ces trois bibliothèques peuvent être absentes de votre installation de SAS. En revanche, *vous disposerez toujours de SASHELP, SASUSER et WORK*. Avec SAS Studio/UE, vous disposerez aussi toujours de la bibliothèque **WEBWORK**.

La bibliothèque SASHELP contient les tables qui vous permettent de reproduire les exemples proposés dans l'aide, ainsi qu'un certain nombre de fichiers nécessaires au bon fonctionnement de SAS. Contrairement à SASUSER et WORK, vous ne pouvez rien écrire dans cette bibliothèque.

La bibliothèque SASUSER contient les informations propres à l'utilisateur. Il s'agit, tout comme SASHELP, d'une **bibliothèque permanente** : les fichiers SAS que vous y placerez pourront être consultés d'une session à l'autre.

WORK est la **bibliothèque temporaire** ou **bibliothèque de travail**. Si vous y placez une table, *elle sera détruite quand prendra fin votre session SAS*. Si vous souhaitez conserver cette table pour une utilisation ultérieure, vous devez nécessairement la placer dans une bibliothèque permanente pour laquelle vous disposez d'une autorisation d'écriture : SASUSER ou une que vous aurez vous-même définie.

WEBWORK est une bibliothèque temporaire uniquement disponible avec SAS Studio/UE dans laquelle seront par défaut placées les tables créées si vous exécutez SAS en mode interactif. Pour plus d'informations sur le mode interactif, consultez le document *SAS® Studio 3.7 : user's guide*.

Avant de voir comment enregistrer une table créée dans une bibliothèque, voyons déjà comment examiner des tables existantes mais absentes des bibliothèques déjà définies.

Un grand nombre de fichiers ont été placés dans une archive compressée que vous avez dû télécharger depuis le site support de cet ouvrage (www.sas-sr.com), puis décompresser sur votre disque dur. Admettons que vous ayez procédé à cette opération, comme je vous y invite, à la racine C: de votre disque dur.

```
C:\intro_SAS\fichiers
```

Si vous utilisez SAS UE, vous avez dû placer le dossier **intro_SAS** dans *myfolders*. Les fichiers sont donc à l'emplacement suivant :

```
/folders/myfolders/intro_SAS/fichiers
```

Pour explorer avec SAS les fichiers présents à cet emplacement, vous devez créer une bibliothèque au moyen de l'**instruction globale LIBNAME**. Celle-ci associe le nom de votre bibliothèque avec son chemin physique.

Le nom d'une bibliothèque ne doit pas excéder huit caractères. Vous pouvez utiliser toutes les lettres *non accentuées* et le signe _. Le nom peut contenir des chiffres, mais pas en première position. Le chemin physique doit impérativement être présenté entre quotes (simples ou doubles).

Programme 1-3

```
LIBNAME lib "C:\intro_SAS\fichiers";
```

Si vous exécutez ce programme (sélectionnez l'instruction, puis appuyez sur la touche F3 de votre clavier), vous constaterez l'apparition dans l'onglet *Explorateur* d'une bibliothèque supplémentaire appelée LIB (voir figure 1-15).

Figure 1–15
SAS 9.4 : création d'une nouvelle bibliothèque et exploration de son contenu

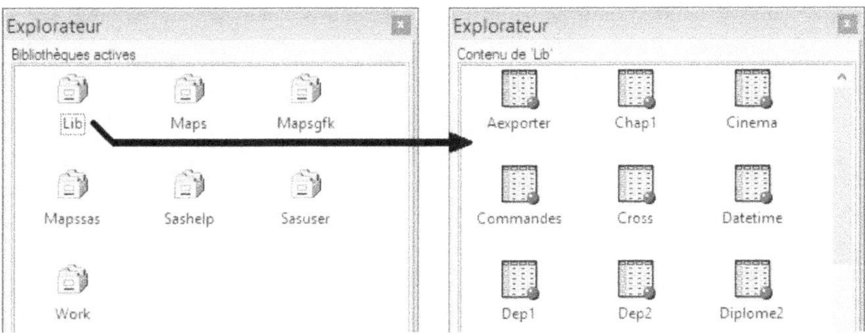

Si vous double-cliquez dessus, vous accédez à l'ensemble des tables SAS qu'elle contient et que vous pouvez ouvrir avec VIEWTABLE.

Attention, si vous indiquez dans votre instruction LIBNAME un chemin incorrect, le message suivant apparaîtra dans la fenêtre *Journal* :

```
28   LIBNAME lib "C:\intro_SAS\dossier qui n'existe pas";
NOTE: La biblio. LIB n'existe pas.
```

De façon générale, **SAS est insensible à la casse** : dans vos programmes, vous pouvez employer indifféremment minuscules et majuscules pour écrire les instructions, options, noms de variable, noms de bibliothèque, noms de table, etc. WORK.TEST et work.test sont ainsi, aux yeux de SAS, une même table.

Il est possible d'attribuer plusieurs emplacements à une bibliothèque :

Programme 1-4

```
LIBNAME lamar ('d:\mes documents\sas exemple' 'c:\mes documents');
```

Avec SAS 9.4, vous pouvez aussi créer une bibliothèque en utilisant l'icône *Nouvelle bibliothèque* (voir figure 1-16) de la barre d'outils.

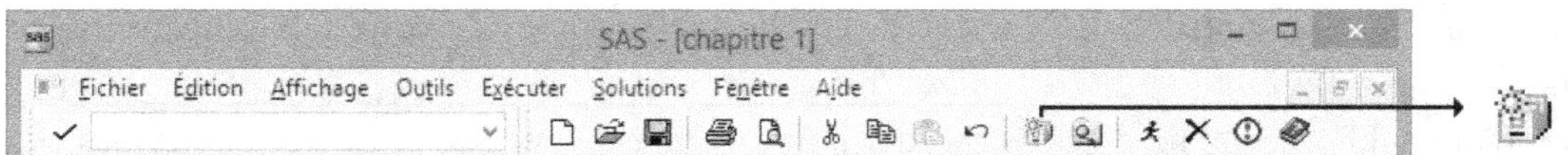

Figure 1–16 SAS 9.4 : le bouton Nouvelle bibliothèque

Autre possibilité : cliquez-droit dans l'onglet *Explorateur* actif, puis sélectionnez *Nouveau*. Dans les deux cas, la fenêtre présentée à la figure 1-17 apparaîtra.

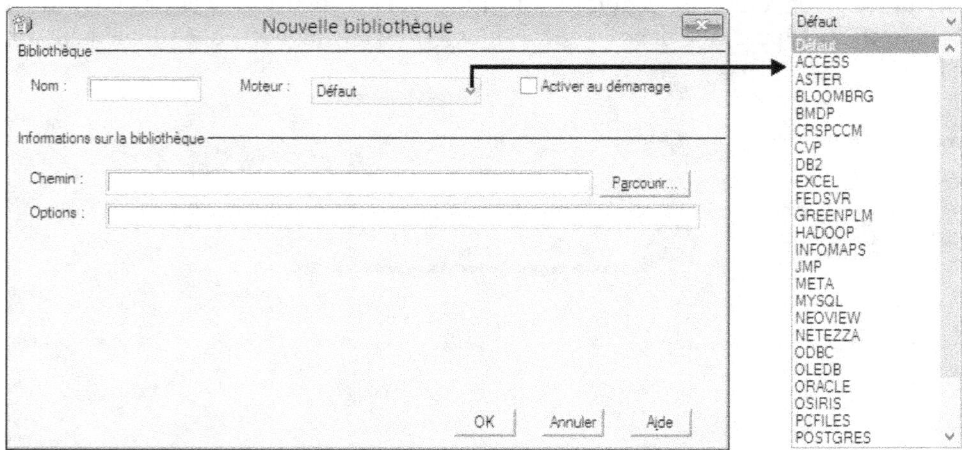

Figure 1–17 SAS 9.4 : création d'une nouvelle bibliothèque

Vous devez alors préciser le nom, le moteur et le chemin physique de votre bibliothèque. En spécifiant un **moteur,** vous indiquez à SAS quel type de fichiers il va trouver à l'emplacement physique que vous lui indiquez.

Regardez de nouveau la figure 1-15 : seules des tables SAS semblent être présentes dans cette bibliothèque. Le dossier contient pourtant de très nombreux autres fichiers (ex. TXT, tables Excel), qui n'apparaissent pas. Une instruction LIBNAME crée certes une association entre un nom de bibliothèque et un emplacement physique, mais elle indique aussi, à travers la notion de moteur, *le type de fichiers que SAS doit rencontrer à cet emplacement et aussi celui qu'il devra y enregistrer.* Le moteur par défaut de SAS 9.4 est V9 (pour SAS, version 9)[3], raison pour laquelle seules les tables SAS s'affichent lorsque l'on explore le contenu de la bibliothèque LIB.

Si vous avez à spécifier un moteur particulier, précisez-le dans l'instruction LIBNAME.

```
LIBNAME old V6 'C:\intro_SAS\tables V6 de SAS';
```

Parmi les moteurs possibles présentés à la figure 1-17, vous avez sans doute remarqué la présence d'Excel. Vous devinez donc qu'il est possible de lire et d'écrire directement des fichiers Excel au moyen de SAS[4].

Sur la fenêtre reproduite à la figure 1-17, en cochant *Activer au démarrage*, la bibliothèque que vous créez sera systématiquement définie à chaque début de session. Si vous ne cochez pas cette case, la bibliothèque sera détruite à la fin de votre session SAS. Attention, cela ne signifie pas que toutes les tables que vous y aurez créées seront détruites, mais que l'association entre le nom de votre bibliothèque et son emplacement physique sur votre disque dur sera perdue. Vous aurez toujours la possibilité, au cours d'une session ultérieure, de réallouer à cet emplacement physique une bibliothèque, de même nom ou pas, et d'analyser de nouveau vos tables sauvegardées.

Si vous souhaitez connaître les caractéristiques d'une bibliothèque déjà définie, vous utilisez l'option LIST de LIBNAME :

```
LIBNAME lib LIST ;
```

Les caractéristiques s'afficheront dans la fenêtre *Journal*. Pour fermer une bibliothèque, utilisez l'option CLEAR :

```
LIBNAME lib CLEAR ;
```

Avec SAS EG, en plus de l'instruction globale LIBNAME, vous pouvez aller dans le menu *Outils>Affecter une bibliothèque de projet.* Le moteur par défaut dans ce cadre s'appelle BASE ; il est identique au moteur V9 de SAS 9.4.

Avec SAS Studio/UE, cliquez sur le bouton *Nouvelle bibliothèque* qui apparaît lorsque le volet *Bibliothèques* est ouvert. Comme avec SAS 9.4, V9 est le moteur par défaut.

---

3. Les moteurs dont vous disposez dépendent des caractéristiques des modules SAS/Access de votre installation. Le moteur V9 peut lire des tables créées par les versions 7, 8 et 9 de SAS.

4. Nous traiterons du moteur Excel dans les sections 2.7.1 et 2.7.3.

⬤ 1.5 Créer une table

La phase de création des tables SAS est une étape extrêmement importante puisqu'elle conditionne votre résultat final : votre table doit absolument être le reflet exact des données dont vous disposez actuellement en dehors de SAS. Si tel n'était pas le cas, les analyses que vous pourriez mener par la suite n'auraient aucune valeur.

Nous allons voir dans cette section comment, dans le cas le plus simple, créer une table SAS à partir de données brutes. Soit ces dernières existent déjà dans un fichier informatique, soit elles sont sur une feuille de papier et vous devez les saisir dans la fenêtre *Éditeur*.

C'est ce dernier cas que nous présentons en premier, en raison de sa simplicité – mais vous le rencontrerez très rarement. Vous allez cependant vous familiariser avec les tables et comprendre comment SAS interprète les données qui lui sont soumises.

Au-delà de la création d'une première table, il s'agit aussi d'approfondir notre connaissance du fonctionnement du progiciel et de son environnement. L'exécution de notre premier programme va nous familiariser avec l'éditeur et avec la démarche qui devra être la vôtre lorsque vous construirez vos premières tables.

1.5.1 Notre première table

Le programme 1-5 crée notre première table.

Programme 1-5

```
DATA work.test;
    INPUT x1 x2 x3 x4 x5 $;
    CARDS;
78 5 5 1161 ABÉLIEN
35 6 3 1336 ALMÉRIC
82 1 5 1499 ANIEL
;RUN;
```

Précisons un point de terminologie avant de commencer l'analyse de ce programme : notre objectif vise à construire une table qui indiquera, pour chaque **observation (ligne)**, les **modalités (valeurs)** prises par diverses **variables (colonnes)**. Nous partons pour cela de données brutes comprenant des enregistrements présents soit à l'écran, soit dans un fichier externe à SAS. Un **enregistrement** correspond à une ligne dans votre fichier (ou sur votre écran) et se compose de **champs**, distingués au moyen des **séparateurs de champs**. L'**espace** est le séparateur de champs par défaut.

La figure 1-18 (page suivante) résume notre propos.

Nous allons maintenant analyser le programme 1-5 instruction par instruction et préciser certains points.

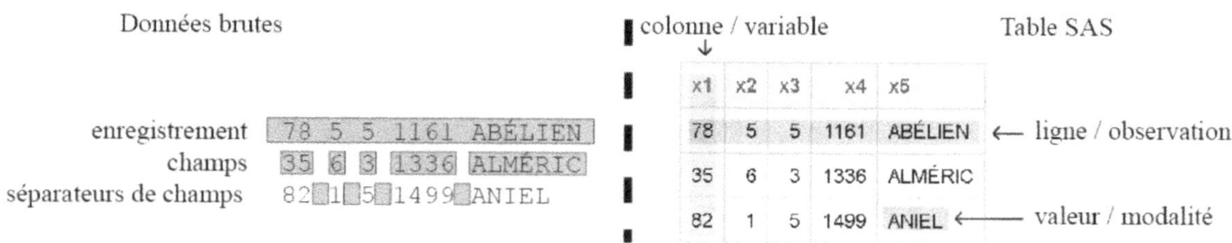

Figure 1–18 Terminologie

Instruction DATA

```
DATA work.test;
```

L'instruction DATA demande la création d'une table. Immédiatement après, il faut spécifier à la fois le nom de la bibliothèque et celui de la table à créer au moyen d'une référence **BIBLIOTHEQUE. TABLE**. Dans notre exemple, la table s'appelle TEST et devra être enregistrée dans la bibliothèque de travail WORK : elle sera donc détruite à la fin de la session SAS.

Si vous souhaitez sauvegarder votre table pour une utilisation ultérieure lors d'une nouvelle session, enregistrez-la dans une bibliothèque permanente définie au préalable. Par exemple :

```
DATA lib.test;
```

ou

```
DATA sasuser.test;
```

ou

```
DATA lamar.test;
```

La bibliothèque LAMAR, créée par le programme 1-4, est à double chemin. Dans ce cas, la table sera physiquement écrite dans le premier répertoire cité par l'instruction globale LIBNAME qui a créé cette bibliothèque.

Deux tables peuvent parfaitement porter le même nom si elles sont placées dans deux bibliothèques pointant vers deux emplacements physiques différents. L'instruction DATA suivante créera deux tables TEST dans deux bibliothèques distinctes :

```
DATA lib.test work.test;
```

Si votre instruction DATA est de la forme suivante :

```
DATA test;
```

La table sera créée et enregistrée dans la bibliothèque de travail WORK, même si la bibliothèque n'est pas citée.

Le nom d'une table ne doit pas excéder 32 caractères. Vous pouvez utiliser toutes les lettres *non accentuées* et le signe _. Le nom peut contenir des chiffres, mais pas en première position[5].

La mise en forme du programme n'a aucune importance : vous pouvez ajouter autant d'espaces ou de sauts de ligne que vous le souhaitez entre, par exemple, les termes DATA et WORK.TEST[6].

Instruction INPUT

```
INPUT x1 x2 x3 x4 x5 $;
```

L'instruction INPUT indique que, dans la table TEST, on comptera cinq variables. X1, X2, X3 et X4 sont des **variables numériques**, alors que X5 est une **variable caractère** – ce qu'on indique en ajoutant le signe $ après son nom. $ est un **INFORMAT**.

Sans spécification d'INFORMAT (X1 à X4), les variables créées sont numériques. Elles ont pour modalités des nombres qui pourront être manipulés ensuite en tant que tels. Elles sont enregistrées par défaut sur huit octets.

Les variables caractères ont pour modalités des chaînes composées de lettres, chiffres et signes spéciaux (en fait, n'importe quel caractère possible). Elles ne peuvent pas être manipulées numériquement[7]. Une variable caractère peut comprendre jusqu'à 32 767 caractères.

Avec SAS 9.4/EG/Studio, la taille en octets d'une variable caractère est directement reliée au nombre d'éléments de la chaîne (un octet par caractère). Nous verrons qu'avec SAS UE, les choses sont un peu plus compliquées puisque certains caractères, notamment avec accent, sont stockés sur plusieurs octets. Nous attirerons votre attention le moment venu tout au long de cet ouvrage sur les différences de fonctionnement que cela implique.

SAS propose de très nombreux INFORMAT pour créer, à partir de champs, des variables aussi bien numériques que caractères. Ceux qui concernent les variables caractères débutent *tous* par le signe $.

Sans spécification particulière, vous pouvez faire comprendre à SAS les champs suivants comme modalités d'une variable numérique :

```
23      23.2      -23      00023      2.3E1      2.3E01      230E-1
```

---

5. SAS EG/Studio/UE autorisent des noms de tables qui ne respectent pas ces consignes, en raison d'une valeur différente de l'option globale VALIDVARNAME= (ANY au lieu de V7 avec SAS 9.4). Nous reviendrons sur cette option, mais nous invitons les utilisateurs de SAS EG/Studio/UE à respecter les consignes présentées ici.

6. Bien entendu, vous ne pouvez pas introduire d'espaces ou de sauts de ligne entre, par exemple, DA et TA de DATA...

7. Vous ne pouvez pas, par exemple, calculer une moyenne avec des chiffres enregistrés dans une variable caractère.

Si vos champs a priori numériques présentent une autre forme, vous devrez utiliser des INFORMAT numériques, filtres qui expliquent à SAS comment ces champs doivent être traités. Ce sera notamment le cas pour les champs ayant la forme suivante :

```
12%      21/05/2014      3,14      $125,000.00
```

Si vous tentez de faire « entrer » ce type de champ dans une variable numérique, vous observerez dans votre *Journal* un message tel que :

```
317   DATA toto;
318   INPUT x;
319   CARDS;
NOTE: Données incorrectes pour x à la ligne 320 1-4.
REGLE :      ----+----1----+----2----+----3----+----4----+----5----+----6----+
320          3,14
x=. _ERROR_=1 _N_=1
```

Ce message indique qu'entre les colonnes 1 et 4 se trouve un champ que SAS ne peut pas interpréter tel quel pour le placer dans une variable numérique. La règle ajoutée dans ce message vous montre que, dans le champ `3,14`, se trouve un élément que SAS ne comprend pas : c'est bien entendu la virgule, puisque *le séparateur décimal par défaut pour SAS est le point.*

INPUT est donc une instruction essentielle puisqu'elle permet à SAS de comprendre la structure des enregistrements qu'il va devoir transformer en observations qui, in fine, constitueront une table SAS.

Les variables d'une table peuvent prendre à peu près n'importe quel nom mais celui-ci ne doit pas dépasser 32 caractères. Avec SAS 9.4, il peut contenir des lettres *non accentuées*, des chiffres (sauf en première position) et le signe _. Les signes %, $, !, *, &, # et @ sont en revanche à proscrire.

Avec SAS EG/Studio/UE, en raison d'une valeur particulière de l'option globale VALIDVARNAME= (ALL au lieu de V7 avec SAS 9.4), tous les signes et lettres accentuées sont utilisables pour les noms de vos variables[8]. Toutefois, *nous vous le déconseillons fortement.* L'instruction INPUT suivante sera parfaitement acceptée :

```
input année "ma variable"n "5x"n "x@5"n ;
```

Si votre nom de variable débute par un chiffre, contient un espace ou un signe particulier, vous devez le présenter entre quotes suivi d'un N indiquant à SAS la présence d'un caractère spécial. Les noms de variables contenant des lettres accentuées ne nécessitent aucun traitement particulier[9].

Si, au moment où vous créez une table, vous déclarez la création d'une variable ToTo, SAS écrira systématiquement ToTo dans les sorties. Dans vos programmes, vous pourrez cependant appeler cette variable sans aucune difficulté au moyen de toto, TOTO, tOtO, TotO, etc.

---

8. L'option globale VALIDVARNAME= sera traitée plus complètement dans la section 2.7.4.c.

9. Bien entendu, lorsque vous citerez votre variable dans d'autres programmes, vous devrez de nouveau préciser son nom entre quotes suivi d'un N.

Depuis la version 9 de SAS, il n'existe aucune limite quant au nombre de variables et d'observations dans une table SAS. Seules les capacités de votre ordinateur seront limitantes.

Instruction CARDS

```
CARDS;
```

Au moyen de cette instruction, vous indiquez à SAS que les enregistrements vont débuter. L'instruction DATALINES est parfaitement équivalente à CARDS.

```
78 5 5 1161 ABÉLIEN
35 6 3 1336 ALMÉRIC
82 1 5 1499 ANIEL
```

Nous disposons de trois enregistrements qui vont être transformés en trois observations. Nous sommes ici dans le cas standard : au moyen d'un enregistrement, nous devons créer une observation. Pour le premier individu, les variables $X1$, $X2$, $X3$, $X4$ et $X5$ sont respectivement égales à 78, 5, 5, 1161 et ABÉLIEN. C'est lorsque SAS rencontre le séparateur de champs (ici l'espace) qu'il sait que le champ est terminé. Il transforme alors ce dernier en une modalité de variable et continue ensuite sa lecture.

Il est extrêmement important de comprendre que SAS ne traite qu'*un enregistrement à la fois*. Lorsque nous aborderons l'étape DATA de modification des tables, nous verrons que SAS, lorsqu'il exécute un programme, ne traite aussi qu'*une observation à la fois*. Si votre programme comporte plusieurs instructions, celles-ci sont exécutées *dans l'ordre dans lequel elles apparaissent dans le programme, les unes après les autres*. Nous analyserons plus particulièrement ce principe de fonctionnement séquentiel au cours du chapitre 3 et nous verrons qu'il conditionne fortement votre façon de programmer sous SAS.

Dans le cas du programme présenté ici, vous devez donc comprendre que, puisqu'au moyen de trois enregistrements nous devons construire une table de trois observations, le programme sera en fait exécuté trois fois[10].

Instruction RUN

```
;RUN;
```

Nous avons déjà indiqué qu'une instruction SAS prend fin avec un ;. Lorsque l'on construit une table, il est important de situer le point-virgule qui marque la fin des données *sur la ligne qui suit le dernier enregistrement*. Si, au lieu de :

```
82 1 5 1499 ANIEL
;RUN;
```

---

10. Ce résultat simple ne doit pas être généralisé : nombre d'enregistrements, d'exécutions et d'observations peuvent être différents.

Vous entrez :

```
82 1 5 1499 ANIEL;
RUN;
```

Vous perdrez ce dernier enregistrement.

Vous remarquerez que, dans ce cas, le fond jaune caractéristique des plages de saisie des données dans l'éditeur a disparu et que les données numériques apparaissent en sarcelle (bleu-vert moyen) et en gras. En général, SAS n'accorde aucune importance aux sauts de ligne ; faites cependant attention dans les parties de programmes où sont présentés les enregistrements. Dans certains cas, vous pourriez avoir une table différente de vos données originales.

L'instruction RUN n'est pas obligatoire si vous utilisez CARDS. Votre programme sera parfaitement exécuté sans elle (mais le point-virgule placé sur la ligne immédiatement après la zone de données est obligatoire). De façon générale, l'instruction RUN indique à SAS que tous les éléments propres à l'étape sont maintenant définis et que, en cas de demande d'exécution, il doit exécuter les tâches demandées par l'étape.

1.5.2 L'éditeur SAS : une aide à la programmation

Les fenêtres *Éditeur* de SAS 9.4, *Programme* de SAS EG et *Code* de SAS Studio/UE ne sont qu'une seule et même chose : une fenêtre dans laquelle vous saisissez vos programmes, au moyen de l'éditeur amélioré de SAS.

Avant de demander l'exécution de notre premier programme, penchons-nous sur cet éditeur et l'aide qu'il peut apporter en colorant certains mots. Il est important d'être attentif aux couleurs que prennent les différents éléments du code puisqu'elles peuvent, avant même que vous ne soumettiez votre programme, vous indiquer si celui-ci a des chances d'être exécuté correctement ou pas.

La lecture seule de ce livre en noir et blanc ne vous éclairera pas beaucoup quant aux différentes couleurs que vous rencontrerez. Merci de reproduire dans votre éditeur SAS le programme suivant[11].

Programme 1-6

```
* programme de création de la table test;
/* le programme */
DATA test;
    INPUT x1 8.4 x2 DDMMYY.;
    INFILE 'c:\mes documents\test.txt';
    VAR x1;
    IMPUT x2;
    IF x1=1 THEN z1="texte";
    FORMAT x1 8.4;
```

---

11. Vous retrouverez ce programme sur le site compagnon de cet ouvrage : www.sas-sr.com. Il est proposé à titre d'illustration. Il n'a en fait aucun sens.

```
    CARDS;
1 2
3 4
;RUN;

PROC PRINT DATA=test;
    VAR x1;
RUN;
```

En vert apparaissent les commentaires que vous avez saisis dans vos programmes. Ils sont encadrés :

- soit entre un astérisque * et un point-virgule ;
- soit entre les chaînes /* et */.

Les mots-clés ouvrant et fermant les étapes (DATA/RUN, PROC/RUN) apparaissent en bleu et en gras. Les instructions et options propres à une étape sont reconnues par l'éditeur et s'affichent en bleu clair (INPUT, INFILE, IF, THEN, FORMAT, CARDS pour l'étape DATA ; DATA et VAR pour l'étape PROC PRINT). Les instructions VAR et IMPUT de l'étape DATA apparaissent en rouge car elles ne sont pas reconnues par l'éditeur (VAR parce qu'elle n'est pas possible dans cette étape et IMPUT parce qu'elle n'existe pas – les erreurs de frappe dans les noms des instructions sont ainsi facilement repérées).

Les chaînes de caractères entre quotes, simples ou doubles, sont reprises en violet. Elles indiquent soit un chemin vers un fichier externe, soit la modalité d'une variable caractère. **Attention**, une chaîne de caractères introduite par une quote simple (resp. double) devra impérativement être fermée par une quote simple (resp. double). Si plusieurs instructions de votre programme apparaissent en violet, c'est qu'une chaîne n'a pas été fermée correctement (à titre d'illustration, retirez n'importe quelle quote, simple ou double, du programme 1-6).

Si la chaîne de caractères reprend une modalité, la casse est extrêmement importante : la modalité Texte est différente de TEXTE, texte, TExtE, etc.

La zone de saisie des données est présentée sur un fond jaune. Les noms des INFORMAT (DDMMYY.), des FORMAT et des constantes numériques (1 dans l'instruction débutant par IF) apparaissent en sarcelle (bleu-vert moyen). Les constantes numériques apparaissent de plus toujours en gras ; c'est également le cas de certains FORMAT et INFORMAT (de type W.D : 8.4).

Les autres éléments des étapes DATA et PROC apparaissent en noir : il s'agit des noms des tables créées ou utilisées (TEST) et de ceux des variables (X1, X2, Z1).

Il est donc important d'observer les couleurs que prend le texte. Si une instruction de votre programme apparaît en rouge[12] et, plus généralement, si certaines instructions, options ou paramètres de votre programme n'apparaissent pas avec la couleur attendue, il est parfaitement inutile de soumettre celui-ci.

---

12. Cette règle connaît cependant quelques exceptions, notamment quand l'instruction ou l'option vient juste d'être introduite dans le langage SAS.

1.5.3 Demander l'exécution d'un programme

Une fois le programme saisi et vérifié dans l'éditeur, il convient de demander à SAS de l'exécuter. Vous devez au préalable le sélectionner, de la même manière que vous sélectionnez des paragraphes dans votre traitement de texte. Ensuite, vous avez plusieurs possibilités pour l'exécuter :

- appuyez sur la touche *F3* de votre clavier ;
- cliquer sur l'icône 🏃 située dans la barre d'outils ;
- cliquer-droit dans la zone de l'éditeur et choisir *Soumettre sélection* ou *Soumettre tout* ;
- sélectionner la commande *Soumettre* du menu *Exécuter* (SAS 9.4) ;

Avec SAS 9.4, pour les programmes qui utilisent beaucoup de ressources, vous pouvez également demander une exécution en mode Batch (voir figure 1-19). Vous devez saisir votre programme, puis l'enregistrer sur votre disque dur. Quittez SAS puis, via l'explorateur Windows, retrouvez votre programme sur votre disque dur. Cliquez-droit dessus et sélectionnez *Soumettre un batch avec SAS 9.4*.

Figure 1–19
SAS 9.4 : l'exécution d'un
programme en mode Batch

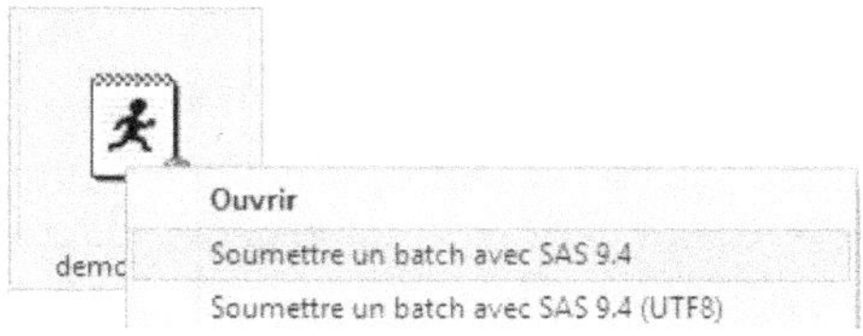

Si vous demandez une exécution sans sélectionner le programme, toutes les lignes de code saisies dans la fenêtre *Éditeur* seront exécutées (même les parties que vous ne voulez pas exécuter).

Avec SAS 9.4, si, pour une raison ou une autre, vous souhaitez interrompre le programme, appuyez simultanément sur *Ctrl* et *Pause*, ou bien cliquez sur le bouton ⊙ dans la barre d'outils. Dans tous les cas, l'écran n°1 présenté à la figure 1-20 apparaîtra.

Figure 1–20
SAS 9.4 : interrompre
un programme SAS

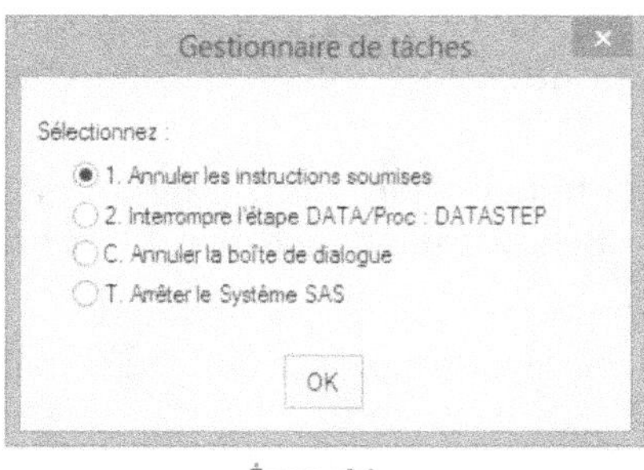
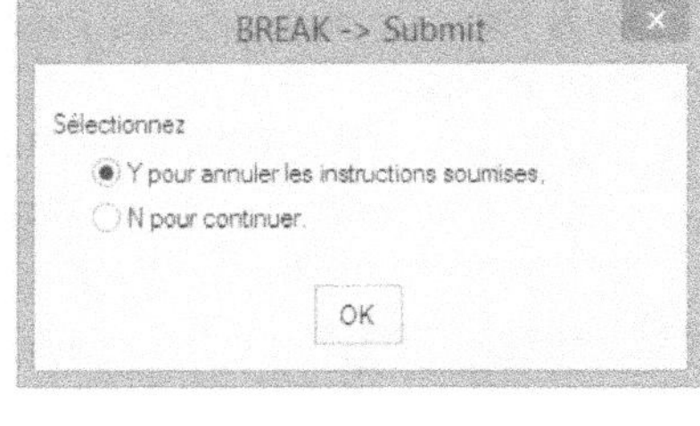

Écran n° 1 Écran n° 2

Le fait de cliquer sur *OK* sur le premier écran ouvre le second pour confirmer l'action.

Avec SAS EG, vous disposez d'un bouton *Arrêt*. Avec SAS Studio/UE, une fenêtre s'ouvre pour indiquer que le programme est en exécution, dans laquelle s'affiche un bouton *Annuler*.

Vous pouvez à présent soumettre à SAS le programme 1-5 présenté précédemment.

1.5.4 Lire le journal

Avec SAS 9.4, si vous soumettez le programme 1-5, rien ne semble se produire : c'est une fausse impression. Passez dans la fenêtre *Journal* si elle ne s'affiche pas automatiquement et vous devriez normalement pouvoir lire les informations reprises par le résultat 1-1[13].

Résultat 1-1 (fenêtre Journal)

```
1     DATA test;
2        INPUT x1 x2 x3 x4 x5 $;
3     CARDS;

NOTE: La table WORK.TEST a 3 observation(s) et 5 variable(s).
NOTE: L'étape DATA a utilisé (Durée totale du traitement) :
      temps réel           0.59 secondes
      temps UC             0.04 secondes
```

Avec SAS EG/Studio/UE, immédiatement après l'exécution de l'étape DATA, vous basculez dans une fenêtre *Données en sortie* (SAS Studio/UE) ou *Données de sortie* (SAS EG) et pouvez observer la table créée. Allez dans la fenêtre *Journal* pour observer le résultat 1-1.

Les commentaires qui s'affichent dans le journal sont extrêmement importants. Il convient de *toujours* les lire et, par conséquent, de ne *jamais* fermer cette fenêtre. Ils s'affichent au moyen de quatre couleurs :

* Le programme que vous avez soumis est en noir.
* Des commentaires (NOTE), qui vous indiquent généralement que le programme a été exécuté, s'affichent en bleu avec SAS 9.4/Studio/UE et en vert avec SAS EG. Attention : cela ne signifie pas que la table est à l'image exacte de vos données. Il vous revient de lire avec attention les commentaires affichés, voire de vérifier, de visu, que votre table a été correctement construite.
* Les avertissements (WARNING), qui vous indiquent que SAS a rencontré une difficulté dans l'exécution du programme, s'affichent en vert avec SAS 9.4/Studio/UE et en bleu avec SAS EG. Ils doivent être traités avec attention et sont parfois symptomatiques de problèmes plus graves.
* Les erreurs (ERROR), qui vous indiquent que votre programme n'a pas pu être compilé, s'affichent en rouge. Vous devez impérativement modifier votre programme puisque celui-ci ne fonctionne pas.

Reprenez le programme 1-5 et ajoutez l'instruction suivante immédiatement après INPUT :

```
VAR x1;
```

---

13. Si vous exécutez le programme avec SAS EG, votre journal présentera ce même message noyé au milieu de beaucoup d'autres que, pour l'instant, vous pouvez ne pas prendre en compte. Avec SAS Studio/UE, quelques lignes supplémentaires peuvent apparaître ; n'en tenez pas compte non plus. Les extraits de la fenêtre *Journal* reproduits dans cet ouvrage seront systématiquement ceux proposés par SAS 9.4.

Soumettez ensuite ce nouveau programme. Votre journal devrait indiquer les commentaires suivants.

Résultat 1-2 (fenêtre Journal)

```
8      DATA test;
9         INPUT x1 x2 x3 x4 x5 $;
10        VAR x1;
          ---
          180
ERROR 180-322: Instruction incorrecte ou mal utilisée.

11     CARDS;
NOTE: Le Système SAS a interrompu le traitement de cette étape en raison d'erreurs.
WARNING: La table WORK.TEST est peut-être incomplète.  Lorsque cette étape
a été stoppée, il y avait 0 observation(s) et 5 variable(s).
WARNING: Table WORK.TEST non remplacée car cette étape a été interrompue.
```

Vous devez impérativement lire le *Journal du haut vers le bas* : les avertissements que vous lisez dans le résultat 1-2 ne sont pas compréhensibles si vous ne tenez pas compte de l'erreur indiquée plus haut. On constate ici une erreur lors de la compilation du programme[14] parce que vous avez utilisé une instruction qui n'a pas lieu d'être dans une étape DATA. L'avertissement vous indique que, en raison de cette erreur, SAS n'a pas pu créer la table TEST, mais que celle-ci existait déjà (puisque vous avez soumis une première fois le programme 1-5) et qu'elle n'a donc pas été remplacée.

SAS EG/Studio/UE présentent, en ce qui concerne le journal, une caractéristique très intéressante : une fenêtre *Résumé du journal* qui vous sera particulièrement utile lorsque vous soumettrez des programmes longs.

Avec SAS EG, pour bénéficier de cette aide, vous devez cliquer, fenêtre *Journal* active, sur le bouton *Résumé du journal*. Une nouvelle fenêtre s'affiche sur laquelle vous allez voir les notes, avertissements et erreurs provoqués par votre programme. En cliquant-droit, par exemple sur une erreur, vous avez la possibilité de voir surlignée, dans la fenêtre *Journal* ou dans la fenêtre *Programme*, la ligne où elle apparaît (figure 1-21).

Avec SAS Studio/UE, ce résumé du journal apparaît automatiquement en haut de votre fenêtre *Journal*. Les nombres d'erreurs, d'avertissements et de notes sont indiqués. En cliquant sur l'icône à gauche, les messages d'erreurs sont repris. Si vous cliquez sur un message, la ligne correspondante dans le journal est immédiatement surlignée et affichée (figure 1-22).

Apprendre à utiliser SAS, c'est aussi apprendre à lire les informations données dans le journal.

Dans votre utilisation du progiciel, vous commettrez beaucoup d'erreurs et c'est normal. Même après quelques années d'expérience, vous orthographierez incorrectement certaines options ou instructions, ou ferez appel à des options ou instructions invalides. Vous oublierez aussi des points-virgules à la fin de vos instructions… Dans tous les cas, c'est en lisant votre journal *du haut vers le bas* que vous trouverez la solution. Nous reviendrons sur l'importance du journal dans les sections 2.8.2 et 2.8.3.

---

14. Nous décrirons plus loin en détail la phase de compilation.

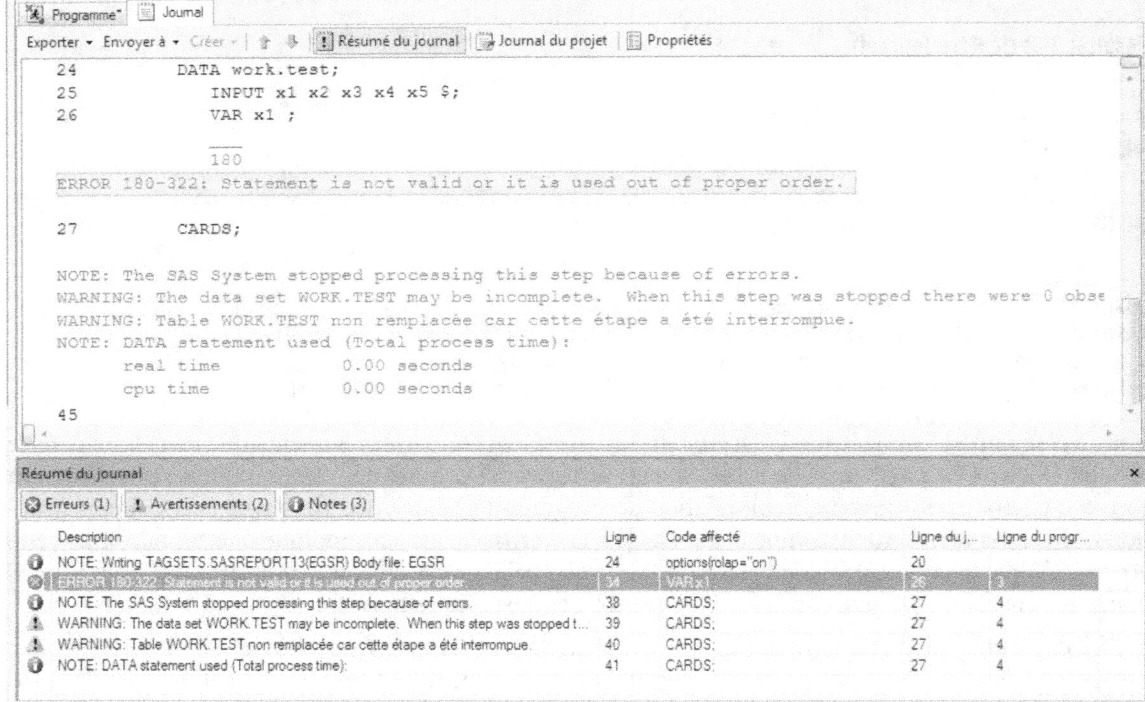

Figure 1–21 SAS EG : la fenêtre Résumé du journal

Figure 1–22
SAS Studio/UE :
le résumé du journal

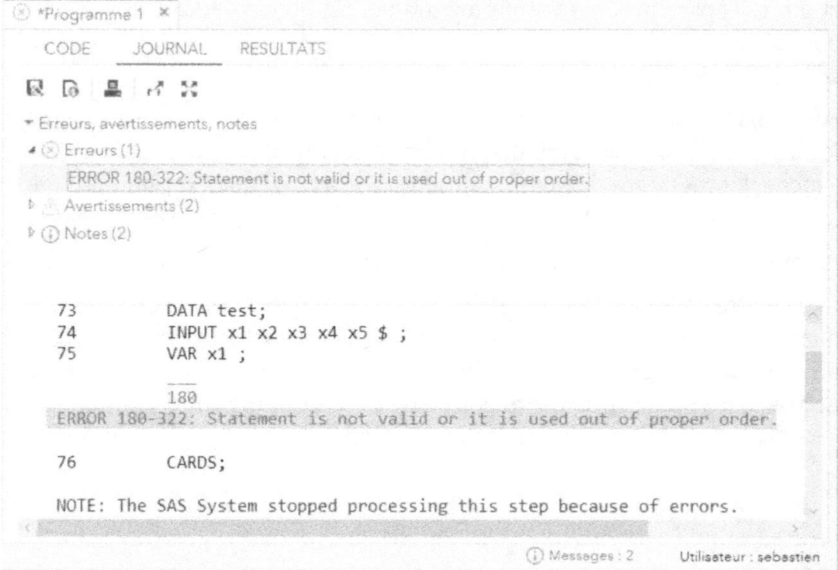

1.5.5 Examiner la table créée

Examiner la table créée revêt deux dimensions : vous devez non seulement examiner vos données, mais aussi les métadonnées de votre table.

a. Examiner les données

Si votre programme semble avoir été correctement exécuté, vous devez alors systématiquement vérifier que votre table est bien conforme aux données originales. Avec SAS EG/Studio/UE, la table créée s'affiche automatiquement dans une fenêtre *Données en sortie* ou *Données de sortie* (uniquement les cent premières observations pour SAS Studio/UE). Avec SAS 9.4, ce n'est pas le cas ; si votre table ne comprend que peu d'observations, vous pouvez utiliser la procédure PROC PRINT pour la visualiser. Vous obtiendrez alors le résultat 1-3.

Programme 1-7

```
PROC PRINT DATA=test;
RUN;
```

Résultat 1-3

Obs.	x1	x2	x3	x4	x5
1	78	5	5	1161	ABÉLIEN
2	35	6	3	1336	ALMÉRIC
3	82	1	5	1499	ANIEL

Dans le programme 1-7, il n'est pas obligatoire d'indiquer, au moyen de l'option DATA=, la table sur laquelle vous voulez exécuter cette procédure. C'est alors la dernière table créée qui sera prise en compte.

Dans le résultat 1-3, vous voyez une colonne *Obs.* Il ne s'agit pas ici d'une variable de la table TEST, mais de la présentation par défaut des tables au moyen de PROC PRINT.

Pour limiter le nombre d'observations (imaginez ce qui se passerait si votre table en comportait quelques millions), spécifiez, au moyen de l'option de table OBS=, combien vous voulez en imprimer dans la fenêtre *Résultats*.

```
PROC PRINT DATA=test(OBS=10);
RUN;
```

Dans le cas présent, les dix premières observations seront envoyées dans votre résultat. Vous pouvez aussi préciser le point de départ avec l'option de table FIRSTOBS=.

```
PROC PRINT DATA=test(FIRSTOBS=9990 OBS=10000);
RUN;
```

Vous imprimez ainsi les observations 9 990 à 10 000 (soit 11 observations). La valeur donnée à OBS= est nécessairement supérieure à celle donnée à FIRSTOBS=. Il ne s'agit pas là d'options de PROC PRINT, mais d'**options de table** *(Data set options)*. Ces dernières apparaissent entre parenthèses, immédiatement après le nom d'une table SAS. Vous pouvez y recourir dès qu'un nom de table est cité, aussi bien dans une procédure que dans une étape DATA[15].

15. Pour plus de détails sur les options de table, voir l'aide SAS, entrée *Data Set Options by Category*. En annexe de cet ouvrage, voir comment utiliser le texte de l'entrée pour retrouver cette page de l'aide.

L'examen de la table créée pourra vous révéler que votre programme n'a pas tout à fait eu l'impact escompté. Il vous appartiendra alors de revenir sur votre code pour le modifier. Un simple examen peut cependant ne pas révéler certains problèmes. Vous devrez alors aussi mobiliser des procédures comme PROC FREQ, PROC MEANS ou PROC UNIVARIATE (voir section 2.8.4).

b. Examiner les métadonnées

L'examen des données d'une table n'est qu'une première étape. Nous avons précisé dans la section 1.3 qu'une table contenait en outre des informations descriptives appelées métadonnées. Il est particulièrement intéressant de les consulter, par exemple lorsqu'une table vous est transmise.

Nous avons précisé que les variables d'une table SAS pouvaient être de deux types : caractères ou numériques. Vous aurez très souvent besoin de connaître le type de vos variables et serez tenté de le déterminer simplement en regardant leurs modalités dans la fenêtre *Résultats*. Ce n'est pas une méthode correcte, car les apparences sont généralement trompeuses : vous avez en effet la possibilité d'imposer des **FORMAT** à vos variables, qui vont agir sur leur présentation. Ce n'est pas parce que les modalités d'une variable ne contiennent que des chiffres que celle-ci est forcément numérique. Ce n'est pas parce que les modalités d'une variable contiennent des caractères qu'elle est forcément de type caractère.

Voici par exemple une table sur laquelle nous avons demandé l'exécution de la procédure PROC PRINT :

Résultat 1-4

Obs.	date	somme	miss	virgule
1	21/04/2014	€1.234,50	A	1234,50
2	31/05/2014	€2.345,60	5	2345,60

Malgré la présence des caractères / dans date, € dans somme, de la virgule dans somme et virgule et A dans miss, ces variables sont toutes numériques.

Pour connaître avec certitude le type de chacune des variables contenues dans une table, consultez les métadonnées de cette dernière au moyen de PROC CONTENTS. Le résultat 1-5 reprend un extrait des informations obtenues au moyen du programme 1-8.

Programme 1-8[16]

```
PROC CONTENTS DATA=lib.typevar;
RUN;
```

Résultat 1-5 (extrait)

Liste alphabétique des variables et des attributs				
N	Variable	Type	Long.	Format
1	date	Num.	8	DDMMYY10.
3	miss	Num.	8	
2	somme	Num.	8	EUROX10.2
4	virgule	Num.	8	NUMX10.2

---

16. La table TYPEVAR est présente parmi les tables et fichiers que vous avez dû télécharger depuis le site support de cet ouvrage. Vous pouvez exécuter le programme 1-8 si la bibliothèque LIB a été définie au préalable (voir programme 1-3).

Dans la table TYPEVAR présentée ici, les vraies modalités de DATE sont 19834 et 19874 : il s'agit du nombre de jours séparant les dates affichées du 1ᵉʳ janvier 1960. C'est parce que nous avons associé à la variable DATE le FORMAT d'affichage DDMMYY10. qu'on obtient le résultat 1-4.

Si vous explorez le contenu d'une table avec SAS EG/Studio/UE, le type de vos variables est signifié au moyen d'icônes particulières : 123 pour les numériques et A pour les caractères.

Exercice 1.1 – Voici des données à entrer dans une table SAS :

```
1 t 2 3 a
4 abc 5 6 b
7 z 8 9 c
10 rt 11 12 d
```

Combien de champs avez-vous ? Combien d'enregistrements ? Rédigez le programme qui créera votre table. Vérifiez ensuite que votre table est bien à l'image des données présentées ici.

Ajoutez l'instruction suivante entre INPUT et CARDS, puis demandez à nouveau l'exécution de votre programme.

```
surprise=PUT(1,1.);
```

Examinez votre table au moyen de PROC PRINT. De quel type est la variable SURPRISE créée par cette instruction ? Examinez les métadonnées de la table et répondez à nouveau à la question précédente.

Exercice 1.2 – Parmi les fichiers qui accompagnent cet ouvrage et que vous avez téléchargés depuis www.sas-sr.com *puis décompressés à un emplacement sur votre disque dur, il apparaît une table CHAP1.*

1. Réalisez un PROC PRINT sur cette table.

2. Examinez les métadonnées.

3. Selon votre déclinaison de SAS, examinez cette table comme dans la section 1.3.

4. Si vous n'arrivez pas à répondre aux questions 1 à 3, essayez d'accéder à la table CHAP1 en passant :

  - avec SAS 9.4, par l'onglet Explorateur puis par Poste de travail ;

  - avec SAS EG, par la fenêtre Serveurs, Serveurs>Local>Fichiers ;

  - avec SAS Studio/UE, par le volet Fichiers et dossiers du serveur.

Le contenu de la table CHAP1 vous fournira des informations qui vous permettront de répondre aux questions posées.

B A 1.6 Les sorties

Le programme 1-7 a produit notre première sortie. Nous souhaitons ici attirer votre attention sur ce qu'est une sortie. Il s'agit essentiellement de comprendre qu'elle est envoyée vers une destination et que certaines instructions globales comme OPTIONS, TITLE ou ODS, parce qu'elles modifient votre environnement SAS, peuvent modifier l'allure de votre sortie. La section suivante est essentiellement dédiée aux sorties dans SAS 9.4. Si vous avez choisi de travailler avec une autre plate-forme, prenez tout de même le temps de la lire puisqu'elle précise certains points qui concernent aussi SAS EG/

Studio/UE. Ces trois dernières versions seront traitées dans la section d'après. Nous examinerons ensuite quelques options qui influenceront la présentation de vos sorties.

1.6.1 Les destinations de vos sorties

L'*Output Delivery System* (ODS) gère les sorties SAS obtenues au moyen de procédures et les dirige vers des **destinations**.

Si vous avez exécuté le programme 1-7, vous avez dû voir s'afficher un des deux résultats suivants :

Résultat 1-6 (SAS ≤ 9.2 – destination LISTING, fenêtre Sortie)

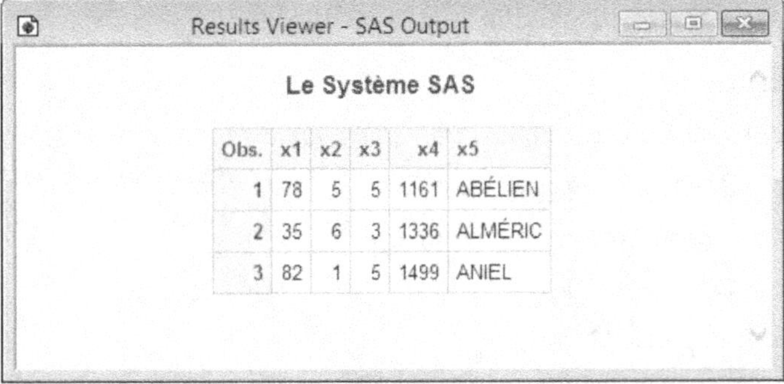

Résultat 1-7 (SAS ≥ 9.3 – destination HTML, fenêtre Results Viewer)

Avec SAS ≤ 9.2, le résultat de votre PROC PRINT est envoyé par ODS sous la forme d'un texte utilisant une police spécifique (SASFONT) dans la fenêtre *Sortie*. Il s'agit là de la destination LISTING, qui a été, jusqu'à SAS 9.2, la destination par défaut des sorties demandées par vos programmes.

Depuis SAS 9.3, les sorties ne sont plus envoyées par défaut dans la fenêtre *Sortie* mais, en HTML, vers la fenêtre *Results Viewer*.

Ces deux fenêtres correspondent à des **destinations de sortie** : LISTING (fenêtre *Sortie*) et HTML (fenêtre *Results Viewer*). Elles s'ouvrent ou se ferment au moyen d'instructions globales ODS :

Programme 1-9

```
ODS LISTING;
ODS HTML CLOSE;
```

Le programme 1-9 demande l'ouverture de la destination LISTING et la fermeture de la destination HTML. Les sorties que vous pourrez demander s'agrégeront désormais, les unes à la suite des autres, dans la fenêtre *Sortie*.

Programme 1-10

```
ODS HTML;
```

Le programme 1-10 demande ensuite la réouverture de la destination HTML. Un nouveau fichier HTML sera alors créé et les résultats que vous produirez s'y agrégeront, les uns après les autres. Vous pourrez toujours accéder aux anciens résultats présents dans le premier fichier HTML via l'onglet *Résultats*.

Bien entendu, puisque la destination LISTING n'est pas close, vos résultats seront aussi envoyés dans la fenêtre *Sortie*.

Attention à ne pas clore toutes vos destinations de sortie. Si vous demandez ensuite la production d'un rapport, vous n'aurez bien entendu aucun résultat et observerez dans le journal le message suivant :

```
WARNING: Aucune destination de sortie active
```

Si votre fenêtre *Sortie* contient trop d'éléments, un clic-droit la videra complètement (fenêtre *Sortie* active), *Édition>Effacer tout*. Il ne sera plus possible ensuite d'accéder aux sorties LISTING que vous aurez effacées.

Pour supprimer définitivement toutes vos sorties, allez dans l'onglet *Résultats*, remontez tout en haut de la fenêtre, cliquez-droit sur l'icône *Résultats*, puis sur *Supprimer*.

Dans tous les cas, sauf si vous avez explicitement demandé à les sauvegarder (voir chapitre 8), les résultats seront tous supprimés lorsque vous terminerez votre session SAS.

Les sorties en HTML sont mises en forme au moyen d'un style ODS appelé Htmlblue (par défaut). De nombreux autres styles sont livrés avec SAS. Pour modifier l'affichage, allez dans le menu *Outils>Options>Préférences>Résultats*.

Vous pourrez alors choisir un autre style. À titre d'illustration, nous reproduisons à la figure 1-23 le résultat du programme 1-7 présenté au moyen des styles Journal et Harvest.

Figure 1–23
Styles ODS Journal et Harvest
appliqués à une même sortie

Obs.	x1	x2	x3	x4	x5
1	78	5	5	1161	ABÉLIEN
2	35	6	3	1336	ALMÉRIC
3	82	1	5	1499	ANIEL

Obs.	x1	x2	x3	x4	x5
1	78	5	5	1161	ABÉLIEN
2	35	6	3	1336	ALMÉRIC
3	82	1	5	1499	ANIEL

Nous reviendrons sur les styles ODS au cours de la section 7.6 ainsi qu'au cours du chapitre 8.

LISTING et HTML ne sont pas les seules destinations possibles de vos sorties : avec SAS 9.4, nous verrons au chapitre 8 que nous pouvons envoyer nos sorties vers un ensemble de destinations comme PDF, RTF, Excel, PowerPoint, etc.

De façon plus immédiate, à partir de la fenêtre *Results Viewer*, en cliquant-droit sur votre résultat, vous pouvez demander qu'il soit *Exporté vers Microsoft Excel*.

1.6.2 Les sorties de SAS EG/Studio/UE

Dans les autres plates-formes de SAS, la destination LISTING n'existe pas et vos résultats sont envoyés dans une fenêtre *Résultats* en HTML.

Figure 1–24
SAS EG :
fenêtre Résultats

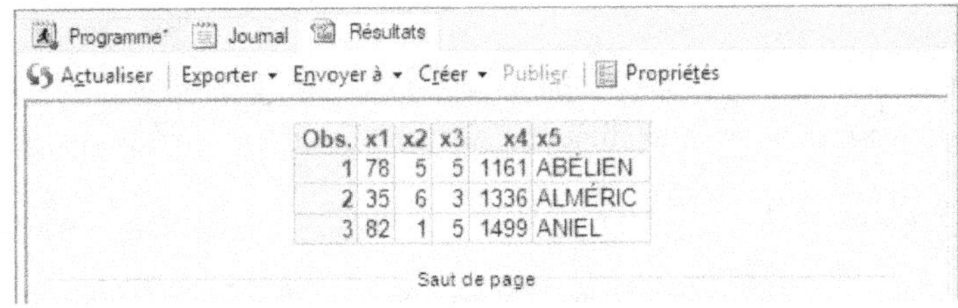

Obs.	x1	x2	x3	x4	x5
1	78	5	5	1161	ABÉLIEN
2	35	6	3	1336	ALMÉRIC
3	82	1	5	1499	ANIEL

Figure 1–25
SAS Studio/UE :
fenêtre RESULTATS

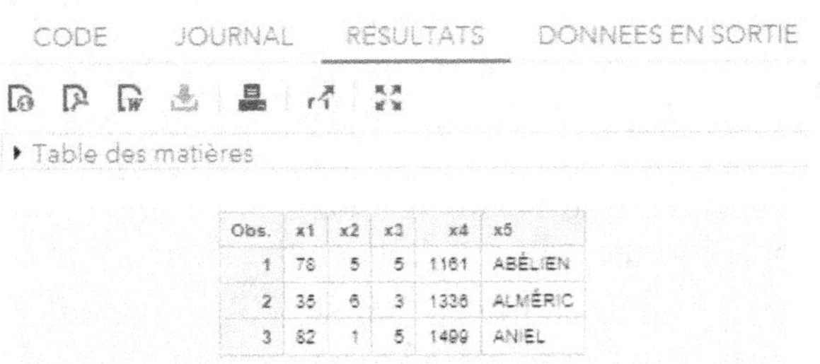

Obs.	x1	x2	x3	x4	x5
1	78	5	5	1161	ABÉLIEN
2	35	6	3	1336	ALMÉRIC
3	82	1	5	1499	ANIEL

Dans la fenêtre *Résultats* de SAS EG, plusieurs menus et boutons vous sont proposés :

- *Actualiser* : modifiez votre programme (ajoutez par exemple une instruction VAR X1 X2; dans le programme 1-7) et revenez ensuite à la fenêtre *Résultats*. En cliquant sur *Actualiser*, votre rapport sera immédiatement mis à jour.
- *Exporter* : permet d'enregistrer votre rapport (formats SRX, HTML, XML ou PDF).
- *Envoyer à* : envoie votre rapport par e-mail via Outlook ou le convertit en fichier Excel, Word ou PowerPoint (nécessite l'installation du module SAS *Add-in for Microsoft Office*).
- *Publier* : permet la mise en forme de votre rapport au moyen de divers outils (en-tête, pied de page, insertion d'image).
- *Propriétés* : vous donne quelques informations sur votre rapport et vous permet surtout de changer le style ODS adopté pour sa présentation.

Dans la fenêtre *Résultats* de SAS Studio/UE, les boutons proposés servent respectivement à :

- envoyer votre résultat vers une nouvelle page HTML que vous pouvez ouvrir dans votre navigateur et enregistrer ;
- envoyer votre résultat dans un fichier PDF ;
- envoyer votre résultat dans un fichier RTF lisible par Word ;
- télécharger les données générées ;
- imprimer votre résultat ;
- ouvrir le résultat dans un nouveau volet du navigateur ;
- agrandir la fenêtre *Résultats* en masquant le volet d'exploration.

Si vous souhaitez modifier le style ODS, cliquez sur le bouton *Autres options de l'application* 🖩 puis *Préférences>Résultats*. Vous déterminerez l'apparence de la fenêtre *Résultats*, mais aussi celle des documents RTF et PDF automatiquement produits par SAS Studio/UE puisque les styles ODS s'appliquent aussi aux documents produits pour les autres destinations.

1.6.3 OPTIONS et TITLE

Les options sont des paramètres dont on peut changer les valeurs pour modifier le fonctionnement de SAS jusqu'à la fin de la session. Nous traiterons de leur gestion au chapitre 5, mais présentons d'ores et déjà quelques options parmi les plus courantes, qui affectent, dans une certaine mesure, la mise en forme de vos sorties vers les destinations LISTING et HTML.

La modification des options passe par l'instruction globale OPTIONS.

Tableau 1–1 Quelques options globales affectant les sorties

OPTIONS	LISTING	HMTL	action
CENTER/NOCENTER	X	X	centre (défaut) / ne centre pas le résultat
NUMBER/NONUMBER	X		affiche (défaut) / n'affiche pas les numéros de page
DATE/NODATE	X		affiche (défaut) / n'affiche pas date et heure du début de la session SAS
PAGENO=n	X		commence la numérotation des pages à n
LINESIZE=n	X		largeur (en caractères) d'une page de la fenêtre Sortie ($64 \leq n \leq 256$)
PAGESIZE=n	X		nombre de lignes que contient une page ($15 \leq n \leq 32\ 767$)

Dans la fenêtre *Sortie*, si vos résultats sont envoyés vers cette destination, vous observez en haut à droite une heure et une date, puis un numéro de page (voir résultat 1-6). L'heure et la date indiquent le moment où vous avez débuté votre session SAS. Si vous demandez l'exécution de l'instruction globale suivante :

```
OPTIONS NODATE NONUMBER ;
```

Aucun des résultats de la fenêtre *Sortie* demandés ensuite ne présentera ces informations : vous devez ici comprendre qu'une fois qu'une instruction globale est soumise, son action est pérenne pour la durée de votre session SAS.

Les options globales DATE/NODATE et NUMBER/NONUMBER n'affectent pas les sorties en HTML, quelle que soit la plate-forme utilisée.

Contrairement à ce que pourrait laisser croire ce tableau, l'option globale CENTER/NOCENTER n'est pas la seule dont nous disposions pour paramétrer les résultats en HTML. Nous ne traitons ici que des options globales qui modifient votre environnement SAS : le résultat, en lui-même, est influencé par les options et instructions qui apparaîtront dans le programme qui mobilise la procédure utilisée (voir chapitre 6). L'ODS de SAS vous offre quant à lui les outils de mise en forme de ce résultat (voir chapitre 8).

Avec SAS 9.4, notons enfin que, parmi les éléments qui composent votre sortie, vous observez aussi bien dans la fenêtre *Sortie* que dans la fenêtre *Results Viewer* la présence d'un titre au-dessus de vos résultats :

```
Le Système SAS
```

Pour modifier ce titre par défaut, il faut mobiliser une autre instruction globale : TITLE.

```
TITLE "Mon titre" ;
```

Puisqu'il s'agit d'une instruction globale, ce titre s'imposera à toutes les sorties, quelle que soit la destination, jusqu'à ce qu'une nouvelle instruction globale TITLE définisse un nouveau titre[17].

⬤⬤⬤⬤ 1.7 Compréhension approfondie du cas simple

Le programme 1-5 qui nous a permis de construire notre première table constitue ce que nous appellerons un cas simple. Notre code demande en effet la création d'une table comprenant cinq variables à partir d'enregistrements contenant tous cinq champs séparés par des espaces (séparateurs de champs par défaut).

Les données que vous aurez à transformer en table n'auront pas toujours cette forme simple. Il est ainsi indispensable de bien appréhender le fonctionnement par défaut de SAS avant de voir comment l'adapter pour permettre, en toute circonstance, la création d'une table, image exacte de vos données, pour l'instant extérieures au progiciel.

Il s'agit de bien comprendre que ce qui suit votre instruction INPUT conditionne votre résultat, avant de voir que ce sont vos données et leur organisation qui conditionnent les instructions de création de la table. Nos différents exemples nous permettront aussi d'aborder la gestion des valeurs manquantes dans une table SAS.

---

17. Nous examinerons plus en détail l'instruction globale TITLE au chapitre 6.

Programme 1-11

```
DATA test;
    INPUT x1 x2 x3 x4 x5;
    CARDS;
1 2 3 4 5
6 7 8 9 10
11 12 13 14 15
16 17 18 19 20
21 22 23 24 25
;RUN;
```

Résultat 1-8

Obs.	x1	x2	x3	x4	x5
1	1	2	3	4	5
2	6	7	8	9	10
3	11	12	13	14	15
4	16	17	18	19	20
5	21	22	23	24	25

Le programme 1-11 représente le cas standard : par enregistrement, nous avons cinq champs – cinq variables sont déclarées au moyen de l'instruction INPUT.

Programme 1-12

```
DATA test;
    INPUT x1 x2 x3;
    CARDS;
 1  2  3  4  5
 6  7  8  9 10
11 12 13 14 15
16 17 18 19 20
21 22 23 24 25
;RUN;
```

Résultat 1-9

Obs.	x1	x2	x3
1	1	2	3
2	6	7	8
3	11	12	13
4	16	17	18
5	21	22	23

Dans le programme 1-12, nous indiquons qu'il y a trois variables à saisir. Au cours d'une exécution, SAS lit les trois premiers champs de l'enregistrement et néglige les autres. Lors de l'exécution suivante, il traite l'enregistrement suivant. L'organisation des données a aussi été légèrement modifiée par l'introduction d'espaces (séparateurs de champs) supplémentaires. Qu'un ou plusieurs séparateurs de champs apparaissent n'a, ici, aucune importance.

Programme 1-13[18]

```
DATA test;
    INPUT x1 x2 x3 x4 x5;
    CARDS;
1
2
3
4
...
...
...
24
25
;RUN;
```

Résultat 1-10

Obs.	x1	x2	x3	x4	x5
1	1	2	3	4	5
2	6	7	8	9	10
3	11	12	13	14	15
4	16	17	18	19	20
5	21	22	23	24	25

---

18. Ce programme comporte, dans sa version complète non reproduite ici, 25 enregistrements avec, chacun, un champ allant de 1 à 25.

Dans le programme 1-13, nous avons indiqué à SAS qu'il avait cinq variables à saisir. S'il ne trouve pas l'information dans l'enregistrement, il passe à la ligne suivante, et donc à l'enregistrement suivant, pour rechercher cette information.

À partir de ces deux exemples, vous devez comprendre ceci : si, dans votre instruction INPUT, vous avez spécifié un nombre excessif ou insuffisant de variables par rapport aux champs contenus dans un enregistrement, vous vous exposez à certains problèmes, comme le montre le programme 1-14.

Programme 1-14

```
DATA test;
   INPUT x1 x2 x3 x4 x5 x6;
   CARDS;
 1  2  3  4  5
 6  7  8  9 10
11 12 13 14 15
16 17 18 19 20
21 22 23 24 25
;RUN;
```

Résultat 1-11

Obs.	x1	x2	x3	x4	x5	x6
1	1	2	3	4	5	6
2	11	12	13	14	15	16

Pour construire la première observation, SAS lit autant de champs que l'on compte de variables déclarées dans l'instruction INPUT, quitte à exploiter les champs de l'enregistrement suivant. Lorsque, pour une observation, il pense avoir connaissance des modalités de toutes les variables, il cesse de lire l'enregistrement et commence à construire l'observation suivante au moyen de l'enregistrement suivant.

SAS utilise donc les deux premiers enregistrements pour construire la première observation et les deux suivants pour la deuxième observation. On peut alors se demander ce qu'il a fait des informations présentées sur la cinquième ligne de données.

SAS a commencé à construire une troisième observation, mais elle n'apparaît pas dans votre table parce qu'il n'a pas trouvé assez de champs pour remplir les variables. Dans la fenêtre *Journal*, il vous indique bien qu'il a rencontré un problème :

```
NOTE: CARTE PERDUE.
REGLE :     ----+----1----+----2----+----3----+----4----+----5----+----6----+
152         ;RUN;
x1=21 x2=22 x3=23 x4=24 x5=25 x6=. _ERROR_=1 _N_=3
NOTE: SAS est passé à la ligne suivante lorsque l'instruction INPUT
      a atteint la fin d'une ligne.
NOTE: La table WORK.TEST a 2 observation(s) et 6 variable(s).
```

La note CARTE PERDUE (LOST CARD) vous indique que la troisième observation n'a pas pu être construite puisque SAS n'a pas trouvé de champ à associer à X6. Lorsque vous construirez vos tables, vérifiez que cette note n'apparaît pas : elle est généralement symptomatique d'un problème grave dans votre programme et vous pouvez être certain que votre table n'est pas le reflet exact de vos données – c'est bien le cas ici.

Voyons à présent ce qui se produit dans le programme 1-15 : on compte bien cinq variables à saisir, mais, pour le troisième enregistrement, il n'apparaît pas de cinquième champ : la modalité de la variable X5 est manquante.

Programme 1-15

```
DATA test;
   INPUT x1 x2 x3 x4 x5;
CARDS;
 1  2  3  4  5
 6  7  8  9 10
11 12 13 14
16 17 18 19 20
21 22 23 24 25
;RUN;
```

Résultat 1-12

Obs.	x1	x2	x3	x4	x5
1	1	2	3	4	5
2	6	7	8	9	10
3	11	12	13	14	16
4	21	22	23	24	25

L'information CARTE PERDUE ne figurera pas dans la fenêtre *Journal* puisque SAS dispose de cinq modalités pour la dernière observation. Vous n'obtiendrez cependant que quatre observations dans votre table – pour la troisième observation, la modalité de X5 aurait en fait dû être associée à X1 pour une observation qui n'a pas été créée.

Il est ainsi extrêmement important de bien comprendre le fonctionnement par défaut de SAS lors de la phase de création d'une table. Un certain nombre d'options permettent de modifier ce fonctionnement par défaut – comme nous le verrons incidemment dans la section suivante –, mais elles ne peuvent être appréhendées que si le fonctionnement par défaut est bien compris.

1.8 Introduction de valeurs manquantes

Dans les tables que vous allez construire, certaines de vos variables ne seront pas renseignées pour certaines observations. Nous venons d'étudier un cas dans lequel seules les modalités de la dernière variable peuvent être des valeurs manquantes (voir programme 1-15). Ce problème se résout aisément par l'introduction de l'option MISSOVER dans l'instruction INFILE.

L'instruction INFILE indique à SAS qu'il va recevoir les données d'un fichier extérieur (voir chapitre 2). Il n'y a cependant pas de fichier extérieur à lire ici mais on souhaite utiliser une option de cette instruction INFILE. Comme les données arrivent par la fenêtre *Éditeur*, vous ajoutez à côté de cette instruction l'option CARDS, puis l'option souhaitée (ici, MISSOVER).

Programme 1-16

```
DATA test;
   INFILE CARDS MISSOVER;
   INPUT x1 x2 x3 x4 x5;
   CARDS;
 1  2  3  4  5
 6  7  8  9 10
11 12 13 14
16 17 18 19 20
21 22 23 24 25
;RUN;
```

Résultat 1-13

Obs.	x1	x2	x3	x4	x5
1	1	2	3	4	5
2	6	7	8	9	10
3	11	12	13	14	.
4	16	17	18	19	20
5	21	22	23	24	25

Cette option MISSOVER indique à SAS qu'il ne doit pas rechercher dans l'enregistrement suivant si, dans l'enregistrement courant, il observe moins de champs qu'il n'a de variables déclarées dans l'instruction INPUT. C'est une option intéressante puisqu'elle vous garantit que la table contiendra autant d'observations que d'enregistrements dans vos données initiales. Attention cependant, car l'option MISSOVER ne règle les problèmes que si c'est la dernière variable indiquée par l'instruction INPUT qui pose un problème.

Programme 1-17

```
DATA test;
   INFILE CARDS MISSOVER;
   INPUT x1 x2 x3 x4 x5;
   CARDS;
 1  2  3     5
 6     8  9 10
    12 13 14 15
    17 18 19 20
21 22    24 25
;RUN;
```

Résultat 1-14

Obs.	x1	x2	x3	x4	x5
1	1	2	3	5	.
2	6	8	9	10	.
3	12	13	14	15	.
4	17	18	19	20	.
5	21	22	24	25	.

Vous constatez ici que votre table n'est pas à l'image de vos données originales. L'introduction de l'option MISSOVER ne règle en rien votre problème de valeurs manquantes pour les variables X1 à X4. Aucune des modalités de X5 ne manque, contrairement à ce que vous observez dans le résultat 1-14. Ce dernier s'explique par le fait qu'une suite d'espaces, séparateurs de champs, n'a, ici, aucune influence particulière.

Il est impératif que les valeurs manquantes soient marquées dans les enregistrements. Dans le cadre simple qui est le nôtre actuellement (les champs sont séparés par des espaces), retenez que le point est la notation habituelle des valeurs manquantes dans les enregistrements mobilisés pour construire une table.

Programme 1-18

```
DATA test;
   INPUT x1 $ x2 x3 x4 x5;
   CARDS;
 1  2  3  .  5
 6  .  8  9 10
 . 12 13 14 15
 . 17 18 19 20
21 22  . 24 25
;RUN;
```

Résultat 1-15

Obs.	x1	x2	x3	x4	x5
1	1	2	3	.	5
2	6	.	8	9	10
3		12	13	14	15
4		17	18	19	20
5	21	22	.	24	25

X1 est une variable caractère puisque nous avons ajouté l'INFORMAT $ dans l'instruction INPUT. Vous constatez que les points qui apparaissent sur cette variable pour les enregistrements 3 et 4 ont été remplacés par un « vide » (signe des valeurs manquantes des variables caractères). Pour les variables numériques, le point est conservé comme signe de valeur manquante.

Exercice 1.3 – *Dans l'état actuel de vos connaissances, de quel type peuvent être les variables de la table MISS suivante ?*

Obs.	z1	z2	z3	z4	z5	z6
1	1	4		10	A	5
2	2	.		11	B	
3	3	.		12	C	.
4	A	.		13	D	7

Cette table est présente parmi les fichiers et tables que vous avez téléchargés depuis le site support de cet ouvrage. Consultez ses métadonnées et voyez si vos réponses étaient, en partie, exactes…

Ce premier chapitre nous a donné l'occasion de faire connaissance avec les environnements SAS, de construire notre première table, puis de commencer à approfondir nos connaissances quant à la construction des tables. Il nous a aussi permis de définir un ensemble de termes que nous vous présentons ici par ordre alphabétique :

Bibliothèque	INFORMAT	Option
Champ	Instruction	Option de table
Destination	Instruction globale	Séparateur de champs
Donnée brute	Métadonnée	Table
Enregistrement	Modalité	Variable
Fonction	Observation	Variable caractère
FORMAT	Opérateur	Variable numérique

Ces termes font maintenant partie de votre vocabulaire et il est important, avant de poursuivre votre lecture, de vous assurer de les comprendre tous.

N'hésitez pas à relire ce chapitre si vous avez le moindre doute…

2

Aller plus loin dans la création de tables SAS

Les données que vous utiliserez pour créer une table SAS n'auront pas toujours la forme indiquée dans le premier chapitre. Nous décrivons ici les outils de programmation utiles pour traiter des situations s'éloignant du cas simple.

2.1 La création d'une table SAS à partir d'un fichier de données brutes[1]

Les fichiers de données brutes que nous utilisons pour cet ouvrage sont enregistrés dans un format ASCII. Nous travaillerons essentiellement avec des fichiers TXT, mais vous pouvez aussi traiter des DAT ou CSV au moyen des outils de programmation présentés[2].

SB B A 2.1.1 Principes

Imaginons que vous ayez 100 000 enregistrements à faire entrer dans votre table et qu'ils se trouvent dans un fichier au format TXT sur votre disque dur. Dans ce cas, vous ne pouvez pas passer par une instruction CARDS et lister vos données sur votre écran. Vous devez employer l'instruction INFILE avant de présenter votre INPUT.

Nous souhaitons créer une table au moyen des données contenues dans le fichier TEST21.TXT. Dans ce dernier, chaque enregistrement présente cinq champs séparés par des espaces : quatre sont appelés à devenir modalités d'une variable numérique, alors que le dernier alimentera une variable caractère. Nous transformons ce fichier TXT en une table SAS comme ci-après.

Programme 2-1

```
DATA test;
   INFILE 'C:\intro_SAS\fichiers\test21.txt';
   INPUT x1 x2 x3 x4 x5 $;
RUN;
```

Gardez bien à l'esprit que l'écriture d'un programme incluant le couple d'instructions INFILE/INPUT nécessite une parfaite connaissance de la structure des données à transformer en une table. Si les données ne sont pas à l'écran, nous les présenterons dans ce chapitre au moyen de l'éditeur FSLIST livré avec SAS 9.4 (voir section 2.3.1). Avec SAS EG/Studio/UE, cet outil n'est pas proposé, mais vous pouvez tout de même éditer vos fichiers TXT :

- Studio/UE : à partir du volet *Fichiers et dossiers* (les problèmes d'affichage qui peuvent apparaître avec cet éditeur sont traités à la section 2.3.6.a).
- SAS EG : à partir de la fenêtre *Serveurs, Serveurs>Local>Fichiers*, ou alors à partir du menu *Fichier>Ouvrir>Autre...*

Dans les deux cas, retrouvez sur votre disque dur/serveur le fichier que vous souhaitez visualiser et double-cliquez sur son nom.

Après l'instruction INFILE, vous devez préciser entre quotes le chemin d'accès à votre fichier. Il est possible de limiter le nombre d'enregistrements à traiter au moyen des options OBS= et FIRSTOBS=.

---

1. Tous les fichiers de données utilisés dans les programmes de ce chapitre sont téléchargeables depuis le site compagnon de cet ouvrage : www.sas-sr.com

2. L'instruction INFILE présentée dans cette section peut aussi gérer d'autres formats d'enregistrement des données. Consultez l'aide SAS pour plus d'informations.

OBS= précise jusqu'à quel enregistrement SAS doit lire le fichier TXT, alors que FIRSTOBS= indique l'ordre du premier enregistrement à considérer. Ces options vous seront utiles si vous souhaitez tester votre programme sur un nombre limité d'enregistrements, ou si votre fichier TXT contient, au début ou à la fin, des informations qui ne vous sont pas utiles.

Dans le cas du fichier TEST22.TXT présenté à la figure 2-1, des données inutiles occupent les deux premières lignes ainsi que la dernière. Vous pourrez exécuter le programme 2-2 et créer ainsi une table de 47 observations (49-3+1).

Programme 2-2

```
DATA test;
    INFILE 'C:\intro_SAS\fichiers\test22.txt'
           FIRSTOBS=3 OBS=49;
    INPUT x1 x2 x3 x4 x5 $;
RUN;
```

```
00001  inutile
00002  inutile
00003  1  2  3  4  début_3
00004  5  6  7  8  SAS
00005  9 10 11 12  SAS

(enregistrements 6 à 46 non reproduits)

00047 177 178 179 180 SAS
00048 181 182 183 184 SAS
00049 185 186 187 188 fin_49
00050  inutile
```

Figure 2–1 SAS 9.4 : éditeur FSLIST – Fichier TEST22.TXT

Il est possible que certains enregistrements du fichier soient particulièrement longs. Par défaut, les versions antérieures à SAS 9.4 considèrent une longueur maximale de 256 caractères, espaces compris. Cette limite a été portée à 32 767 depuis SAS 9.4. Si au moins un enregistrement compte un nombre plus important de caractères que ne l'autorise votre version de SAS, il faut modifier cette longueur maximale des enregistrements via l'option LRECL= de l'instruction INFILE.

Une fois de plus, la lecture du journal vous sera d'une grande aide afin de savoir si vous devez modifier la valeur de cette option. Lorsque vous créez une table à partir d'un fichier TXT, donc en mobilisant l'instruction INFILE, vous aurez, parmi les messages affichés dans le journal, les trois lignes suivantes :

```
NOTE: 4154 records were read from the infile "C:\intro_SAS\fichiers\xxx.txt".
      The minimum record length was XX.
      The maximum record length was YY.
```

Si vous disposez de SAS ≤ 9.3 et si YY est égal à 256, cela signifie pour vous l'obligation de modifier la valeur de l'option LRECL= jusqu'à ce que vous observiez une valeur de YY **strictement inférieure** à celle que vous avez donnée.

Avec SAS 9.4, si YY est égal à 32 767, il vous faut de la même manière augmenter la valeur de l'option LRECL= jusqu'à ce que YY **soit strictement inférieur** à la valeur donnée.

L'utilisation de l'instruction INFILE oblige pour l'instant à écrire le chemin complet vers le fichier que vous souhaitez voir transformé en une table. Même en utilisant l'explorateur Windows pour copier-coller ce chemin dans l'éditeur, ceci peut être fastidieux si, au cours d'une même session, vous devez créer de nombreuse tables. L'instruction globale FILENAME peut simplifier votre travail. Comme l'instruction globale LIBNAME, FILENAME agit sur votre environnement et doit donc être exécutée en dehors des étapes DATA ou PROC.

```
FILENAME brut 'C:\intro_SAS\fichiers';
```

L'instruction FILENAME présente de multiples usages. Elle permet ici de créer une association entre un mot-clé (brut) et un dossier dans lequel sont stockés les fichiers que vous souhaitez transformer en tables SAS. Vous pouvez ensuite directement faire référence à ce dossier au moyen de la programmation suivante :

```
DATA test;
   INFILE brut(test_A.txt);
...;
RUN;
```

L'instruction FILENAME peut aussi faire référence à un fichier (et non pas à un emplacement physique) :

```
FILENAME fichier 'C:\intro_SAS\fichiers\test_B.txt';
```

L'étape de création de votre table commencera alors de la manière suivante :

```
DATA test;
   INFILE fichier;
...;
RUN;
```

L'écriture du chemin complet dans l'instruction INFILE n'est pas obligatoire, comme le montre le programme suivant :

Programme 2-3

```
DATA test;
   INFILE 'test25.txt';
   INPUT x1 x2 x3 x4 x5 $;
RUN;
```

Ce programme peut créer une table si le fichier de données se trouve à l'emplacement par défaut. Ce dernier est indiqué au bas de votre écran : normalement à droite (voir figure 2-2), mais il peut apparaître à gauche si vous avez fait disparaître la ligne de message.

Figure 2–2
SAS 9.4 : emplacement
par défaut

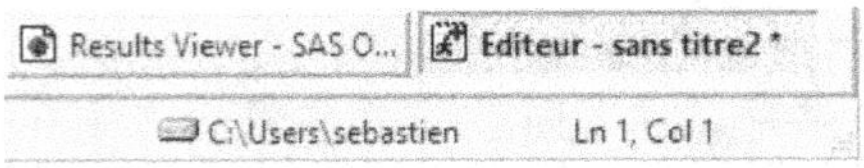

En double-cliquant sur l'emplacement par défaut, vous pouvez le modifier et indiquer, par exemple, le dossier qui contient vos fichiers de données : ainsi, lorsque vous créerez vos tables, seul le nom du fichier sera nécessaire[3]. Cet emplacement par défaut existe aussi avec SAS EG/Studio/UE, même s'il

---

3. Cette modification n'est valable que pour la durée de votre session. L'emplacement par défaut reviendra à sa valeur initiale à la session suivante. Pour le modifier de façon permanente, vous devez le spécifier avec l'option globale SASINITIALFOLDER=, qui ne peut être invoquée qu'au moyen du fichier de configuration de SAS (voir chapitre 5).

n'est pas directement visible. Contrairement à SAS 9.4, vous ne pouvez pas facilement modifier temporairement son emplacement.

2.1.2 L'INPUT BUFFER

Avant de poursuivre, il est important de comprendre que les données, pour l'instant extérieures à SAS, transitent dans une zone de mémoire appelée INPUT BUFFER[4] avant d'être envoyées dans une seconde zone de mémoire, le PROGRAM DATA VECTOR, ou PDV), puis dans la table que vous créez. Nous précisons dans cette section le fonctionnement de l'INPUT BUFFER.

C'est l'instruction INPUT qui charge les données extérieures à SAS (via CARDS ou INFILE) dans l'INPUT BUFFER. Par défaut, SAS charge **un seul enregistrement à la fois.**

Il est extrêmement important de comprendre que SAS traite les données séquentiellement (« à la volée ») : à chaque exécution de votre programme, SAS prend un enregistrement et exécute le code que vous avez écrit uniquement sur cet enregistrement. **Une fois celui-ci traité, le programme est à nouveau exécuté et demandera le chargement d'un nouvel enregistrement.**

Seconde caractéristique essentielle du fonctionnement de SAS tout aussi importante et sur laquelle nous reviendrons principalement dans le chapitre 3 : lorsque SAS traite une observation, par défaut, **il n'a aucune information sur la donnée suivante ni sur celles qu'il a déjà traitées.**

Le recours à l'INPUT BUFFER n'intervient qu'au moment de la création d'une table à partir d'un fichier extérieur à SAS – il n'est pas utilisé lorsque vous modifiez une table ou la créez à partir d'une autre table.

Partez de l'idée que les enregistrements présents dans l'INPUT BUFFER sont absolument incompréhensibles tels quels. Vous allez devoir donner à SAS un ensemble de clés qui lui permettront de comprendre comment les champs présents dans les enregistrements doivent être interprétés pour être transformés en modalités de variables. Dans les sections qui suivent, nous traitons un certain nombre d'éléments nécessaires à l'interprétation de l'enregistrement pour l'instant situé dans l'INPUT BUFFER.

Pour interpréter un enregistrement, SAS doit en effet :

* connaître le séparateur de champs : l'espace, un autre caractère ou une chaîne de caractères ? (voir section 2.2) ;
* savoir où et comment, dans l'INPUT BUFFER, en l'absence de séparateurs de champs, il retrouvera les champs des variables à saisir (voir section 2.3) ;
* comprendre l'organisation des données : un enregistrement pour une observation (cas général) ou une autre organisation ? (voir section 2.4) ;
* comprendre les signes de valeurs manquantes (voir section 2.5) ;
* savoir s'il doit interpréter tel ou tel champ pour construire la modalité SAS ; cette interprétation passera alors par des INFORMAT (voir section 2.6).

---

4. C'est la valeur de l'option LRECL qui définit la taille de l'INPUT BUFFER, c'est-à-dire le nombre maximum de caractères que cette zone de mémoire va pouvoir stocker.

Ce sont essentiellement les contenus des instructions **IN**PUT et **IN**FILE et les **IN**FORMAT qui vont donner à SAS ces différentes clés permettant la transformation des enregistrements de ce fichier entrant (**IN**) en une table. Si vous ne fournissez pas les bonnes clés, le progiciel ne pourra pas interpréter correctement vos données et votre table ne sera pas l'image exacte de celles-ci.

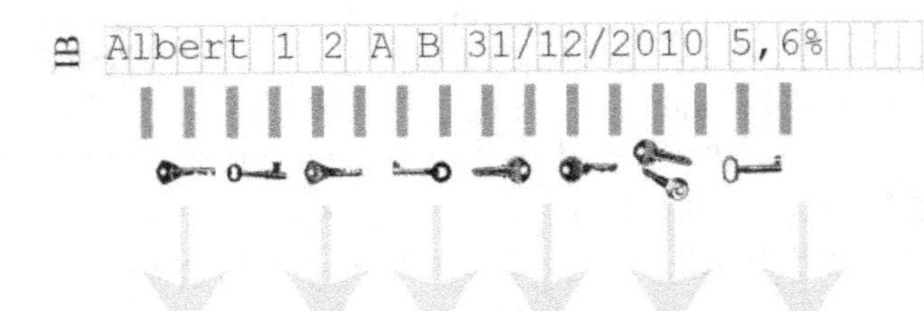

Figure 2–3
L'Input Buffer et le Program Data Vector (PDV)

Une fois interprétés au moyen des différentes clés indiquées, les champs présents dans les enregistrements deviendront des modalités de variables. Celles-ci seront placées dans le PDV avant d'être versées dans la table à créer lorsque le programme sera intégralement exécuté sur l'enregistrement courant. Nous reviendrons sur le fonctionnement du PDV au début du chapitre 3.

Si les sections 2.2 à 2.6 présentent les outils de programmation à votre disposition pour créer une table SAS, vous disposez aussi d'interfaces d'importation et d'exportation des données, que nous présenterons dans la section 2.7. La dernière section sera quant à elle consacrée au débogage des programmes.

⊕ 2.1.3 Le codage des caractères[5]

Les utilisateurs de SAS UE doivent lire cette section avec la plus grande attention.

Au vu de la figure 2-3, vous pourriez avoir l'impression que les caractères présents dans vos enregistrements sont présentés, tels quels, dans l'INPUT BUFFER. Ce n'est pas tout à fait exact : les caractères lus dans vos enregistrements sont codés selon une norme et transformés en une suite de 0 et de 1. Le « A » de « Albert » est ainsi enregistré dans un octet de l'INPUT BUFFER sous la forme suivante :
01000001.

La question de la norme de codage est très importante. Dans tous les pays qui utilisent des langues basées sur l'alphabet latin, celle qui est livrée par défaut avec SAS est WLATIN1 (pour Windows Latin-1 ; il s'agit en fait du codage Windows-1252 que vous trouverez aussi appelé codage ANSI). Cette norme est dite SBCS *(Single-Byte Character Set)* : un caractère est systématiquement enregistré sur un octet. Bien entendu, puisque, dans un octet, vous ne pouvez avoir que huit 0 ou 1, le nombre de caractères représentables est limité à $2^8 = 256$. Il est en fait moindre puisque certaines combinaisons sont réservées à des caractères de contrôle.

---

5. Le problème traité dans cette section est aussi quelquefois appelé « encodage ». Ce dernier terme est cependant un anglicisme et nous lui préférerons le terme « codage ».

La table suivante vous présente l'ensemble des caractères qui peuvent être codés par la norme WLATIN1 et qui, par conséquent, vont pouvoir apparaître dans les modalités de vos variables caractères si votre installation de SAS adopte la norme de codage WLATIN1.

Tableau 2–1 Les 216 caractères du codage WLATIN1

!	"	#	$	%	&	'	(	)	*	+	,	-	.	/	0	1	2	3	4	5	6	7	8	9	:	;	<	=	>
?	@	A	B	C	D	E	F	G	H	I	J	K	L	M	N	O	P	Q	R	S	T	U	V	W	X	Y	Z	[	\
]	^	_	`	a	b	c	d	e	f	g	h	i	j	k	l	m	n	o	p	q	r	s	t	u	v	w	x	y	z
{	|	}	~	€	‚	ƒ	„	…	†	‡	ˆ	‰	Š	‹	Œ	Ž	'	'	"	"	•	–	—	˜	™	š	›	œ	ž
Ÿ	¡	¢	£	¤	¥	¦	§	¨	©	ª	«	¬		®	¯	°	±	²	³	´	µ	¶	·	¸	¹	º	»	¼	½
¾	¿	À	Á	Â	Ã	Ä	Å	Æ	Ç	È	É	Ê	Ë	Ì	Í	Î	Ï	Ð	Ñ	Ò	Ó	Ô	Õ	Ö	×	Ø	Ù	Ú	Û
Ü	Ý	Þ	ß	à	á	â	ã	ä	å	æ	ç	è	é	ê	ë	ì	í	î	ï	ð	ñ	ò	ó	ô	õ	ö	÷	ø	ù
ú	û	ü	ý	þ	ÿ																								

Avec le codage WLATIN1, 216 caractères différents peuvent être codés[6]. Si vous tentez de faire rentrer dans une variable caractère un caractère non reconnu, vous obtiendrez un point d'interrogation.

Cette façon de coder peut être problématique puisque, dans un monde globalisé, vous pourriez tout à fait avoir besoin de tables contenant des caractères latins, mais aussi des cyrilliques ou arabes, des idéogrammes japonais, chinois ou coréens… Évidemment, la norme WLATIN1 ne pourra pas vous aider à construire de telles tables.

Une norme de codage plus universelle est ainsi apparue, UTF-8, qui permet la saisie de tous les caractères du « répertoire officiel des caractères codés ». Bien entendu, cette norme n'est pas SBCS, mais MBCS *(Multi-Bytes Characters Set)* : un caractère donné peut utiliser jusqu'à 4 octets pour son codage.

SAS UE fonctionne avec UTF-8 et il n'est pas possible de changer de codage. Ainsi, le nombre d'octets dont vous aurez besoin pour stocker dans une variable une chaîne de caractères n'est pas égal à son nombre de caractères.

Avec le codage UTF-8, certains caractères codés sur un octet avec la norme WLATIN1 continuent à être enregistrés sur un octet. Ils sont présentés sur fond blanc dans le tableau 2-1.

Les caractères présentés sur fond gris sont codés, avec la norme UTF-8 sur deux octets. Ceux présentés sur fond noir sont codés sur trois octets.

Tous les caractères accentués de la langue française, ainsi que ç, æ et œ, sont codés sur plus d'un octet. Vous remarquez aussi la présence du signe euro €.

Pour les utilisateurs de SAS UE, ce codage via la norme UTF-8 a des répercussions importantes sur la phase de création des tables. Il expliquera pourquoi ces utilisateurs auront quelquefois des résultats différents de certains de ceux présentés tout au long de ce chapitre. Nous offrirons à ces utilisateurs des approches alternatives pour obtenir le résultat souhaité et consacrerons plus particulièrement la section 2.3.6 à la création de tables avec SAS UE au moyen d'enregistrements formatés en colonnes.

---

6. Il y a en fait 217 caractères puisque l'espace, absent de ce tableau, peut aussi être considéré comme un caractère.

2.2 Autres indicateurs de séparation des champs

Nous avons vu que le séparateur de champs par défaut est l'espace et qu'il indique à SAS quand prend fin un champ. Vous rencontrerez très certainement des fichiers utilisant un autre séparateur de champs. Des options d'INFILE vous aideront à les traiter parfaitement. Si vous affichez vos données dans la fenêtre *Éditeur*, vous pourrez toujours mobiliser les options d'INFILE via l'instruction suivante :

```
INFILE CARDS votre_option;
```

2.2.1 Champs séparés par un caractère quelconque

Vous rencontrerez des fichiers dans lesquels un séparateur de champs particulier est utilisé lorsque les champs présents dans vos enregistrements contiennent des espaces et que les enregistrements ne sont pas formatés en colonnes (voir section 2.3).

SAS ne peut pas comprendre la différence entre l'espace au sein du champ et celui qui sépare les champs de deux variables distinctes.

Le programme 2-4 propose un exemple. La variable X2 est numérique et vaut forcément 1 ; le texte avant le 1 est à mettre dans la variable caractère X1.

Programme 2-4

```
DATA test;
   INPUT x1 $ x2;
CARDS;
aa 1
aa a 1
aa a a 1
;RUN;
```

Dans le cas présent, vous ne pourrez pas créer simplement votre table SAS. Vous devez absolument créer une distinction entre le séparateur de champs et l'espace qui intervient dans la modalité. Il s'agira en fait d'introduire un autre séparateur de champs, lequel conduira SAS à considérer l'espace comme un caractère quelconque. Vous utiliserez alors l'option DLM= de l'instruction INFILE et indiquerez entre quotes le ou les caractère(s) à considérer comme séparateur(s) de champs.

Programme 2-5

```
DATA test;
   INFILE CARDS DLM='#';
   INPUT x1 $ x2;
CARDS;
aa#1
aa a#1
aa a a#1
;RUN;
```

Le programme 2-6 précise le fonctionnement de l'option DLM=.

Programme 2-6

```
DATA test;
   INFILE CARDS DLM='@#';
   INPUT email $ com $;
CARDS;
a@esa.fr@#A
;RUN;
```

Les enregistrements sont composés d'une adresse e-mail (variable EMAIL) et d'une seconde variable COM. Si vous exécutez ce programme, vous constaterez que ces variables ont pour modalités respectives a et esa.fr.

Via l'option DLM=, vous offrez à SAS **une liste des séparateurs de champs possibles**. Si votre séparateur est une chaîne d'au moins deux caractères, comme dans le programme 2-6, vous devez utiliser l'option DLMSTR= au lieu de DLM=.

Imaginons enfin que vous ayez des données pour lesquelles le séparateur de champs est le signe £. Si vous utilisez SAS UE et que vous mobilisez l'option DLM=, ça ne fonctionnera pas. Le signe £ est en effet, avec la norme UTF-8, codé sur deux octets : pour créer votre table, vous devrez utiliser l'option DLMSTR=.

Programme 2-7 (SAS 9.4/EG/Studio)

```
DATA test;
   INFILE CARDS DLM='£';
   INPUT x1 $ x2;
CARDS;
aa£1
aa a£1
aa a a£1
;RUN;
```

Programme 2-8 (SAS UE)

```
DATA test;
   INFILE CARDS DLMSTR='£';
   INPUT x1 $ x2;
CARDS;
aa£1
aa a£1
aa a a£1
;RUN;
```

Si l'espace apparaît dans les champs appelés à devenir modalités de variables SAS et s'il est aussi séparateur de champs, vous disposez tout de même d'une solution **si deux espaces au moins** séparent les champs.

Programme 2-9

```
DATA test;
   INPUT x1 & $ x2;
CARDS;
aa  1
aa a  1
aa a a  1
;RUN;
```

Le & placé entre X1 et son INFORMAT $ indique à SAS qu'il doit attendre de voir au moins deux séparateurs de champs consécutifs avant de passer à l'enregistrement de la variable suivante.

2.2.2 Champs séparés par un point-virgule

Si vos données sont dans un fichier, une instruction INFILE accompagnée de l'option `DLM=';'` suffira (vous pouvez essayer avec le fichier d'accompagnement POINTVIRGULE.TXT). S'il vous faut inclure les données dans votre programme, vous devrez utiliser conjointement DLM= et l'instruction CARDS4 ou DATALINES4.

Programme 2-10

```
DATA test;
   INFILE CARDS DLM=';';
   INPUT x1 x2 x3 x4 x5;
CARDS4;
1;2;3;4;5
1;2;3;4;5
;;;;
RUN;
```

Insérez « ;;;; » avant votre RUN habituel afin d'indiquer à SAS que la plage de données à saisir est terminée. Les instructions CARDS4 ou DATALINES4 pourront aussi être mobilisées lorsque votre séparateur de champs n'est pas le point-virgule, mais que vos champs en contiennent.

2.2.3 Champs séparés par des tabulations

Imaginons que les champs soient séparés par des tabulations (ce sera le cas dans votre fenêtre *Éditeur* si vous copiez-collez depuis Excel). Si vous passez par une instruction CARDS ou DATALINES, avec SAS 9.4 uniquement, cela ne posera aucun problème : votre programmation ne changera pas et la table sera parfaitement créée.

Programme 2-11

```
DATA test;
   INPUT x1 x2 x3 x4 x5 $;
CARDS;
78      5       5       1161    ABÉLIEN
35      6       3       1336    ALMÉRIC
82      1       5       1499    ANIEL
;RUN;
```

En revanche, si vous cherchez à créer une table à partir d'un fichier externe au progiciel ou si vous exécutez le programme 2-11 avec SAS EG/Studio/UE sans mobiliser les options que nous allons présenter dans cette section, votre table ne sera pas construite correctement et vous obtiendrez dans la fenêtre *Journal* le message suivant :

Résultat 2-1 (fenêtre Journal – extrait)

```
NOTE: Données incorrectes pour x2 à la ligne 2 1-2.
REGLE :     ----+----1----+----2----+----3----+----4----+----5----+----6----+

2    CHAR  aa a.1 6
     ZONE  662603
     NUMR  110191
x1=aa       1 x2=. _ERROR_=1 _N_=1
```

La présence dans le journal du triplet CHAR/ZONE/NUMR doit vous faire comprendre que, dans votre fichier TXT ou dans la zone de données qui suit CARDS, la tabulation est le séparateur de champs. Nous avons obtenu ce résultat en exécutant le programme suivant :

Programme 2-12

```
DATA test;
   INFILE 'C:\intro_SAS\fichiers\tabu.txt';
   INPUT x1 $ x2;
RUN;
```

Le fichier TABU.TXT reprend les données présentées par le programme 2-11 et utilise la tabulation comme séparateur de champs.

Pour construire une table à partir d'un tel fichier, vous pouvez une nouvelle fois mobiliser l'option DLM= de l'instruction INFILE.

Programme 2-13

```
DATA test;
   INFILE 'C:\intro_SAS\fichiers\tabu.txt' DLM='09'x;
   INPUT x1 $ x2;
RUN;
```

Le programme 2-13 créera parfaitement la table souhaitée : '09'x est la codification en ASCII de la tabulation si vous êtes sous Windows ou Unix.

Utilisateur de SAS EG/Studio/UE, pour que le programme 2-11 crée votre table, vous devez ajouter, avant l'instruction INPUT, l'instruction suivante :

```
INFILE CARDS DLM='09'x
```

L'option EXPANDTABS de l'instruction INFILE vous offre une seconde possibilité. Elle demande le remplacement des tabulations par des espaces, mais l'espace continuera à être considéré comme le séparateur de champs. L'option EXPANDTABS ne permettra donc pas de construire correctement une table à partir du fichier TABU.TXT, susceptible de contenir des espaces dans les premiers champs de chaque enregistrement. L'option EXPANDTABS ne pourra fonctionner que dans certaines circonstances. Nous vous recommandons donc d'utiliser la première solution évoquée dans cette section qui, elle, fonctionnera toujours.

2.3 Les enregistrements formatés en colonnes

Deux principaux formats d'organisation existent : les enregistrements formatés en colonnes (COLUMN INPUT) et ceux qui ne sont pas formatés (LIST INPUT). Nous verrons que les premiers présentent plusieurs avantages, notamment la possibilité de saisir des modalités caractères contenant des espaces, puisque vous n'avez plus besoin de séparateurs de champs. Les exemples que nous proposons fonctionneront quelle que soit votre plate-forme. Nous consacrons plus particulièrement la section 2.3.6 aux problèmes que vont rencontrer les utilisateurs de SAS UE.

B A 2.3.1 Cas général

La figure 2-4 propose un exemple d'enregistrements formatés en colonnes. Les données avec lesquelles nous allons construire une table sont relatives aux six derniers longs-métrages réalisés par John Huston entre 1980 et 1987 ; elles sont présentées dans le fichier HUSTON.TXT.

Figure 2–4

SAS 9.4 : éditeur FSLIST
– Capture d'écran du fichier
HUSTON.TXT

```
----|----10---|----20---|----30---|----40---|----50---|----60---|----70
                  Phobia Phobia                1980 Paul Michael Glaser    94mn
      A nous la victoire Escape to Victory      1981 Sylvester Stallone   116mn
                   Annie Annie                  1982 Aileen Quinn         126mn
      Au-dessous du volcan Under the Volcano    1984 Albert Finney        112mn
      L'honneur des Prizzi Prizzi's Honor       1985 Jack Nicholson       130mn
            Gens de Dublin The Dead             1987 Anjelica Huston       83mn
```

Avant de créer une table à partir d'un fichier TXT, quelle que soit votre plate-forme, vous êtes invité à toujours examiner votre fichier. Avec SAS 9.4, utilisez par exemple l'éditeur FSLIST. Pour l'activer, tapez son nom dans la fenêtre *Commande*.

Figure 2–5

SAS 9.4 : fenêtre Commande
– Ouverture de l'éditeur FSLIST

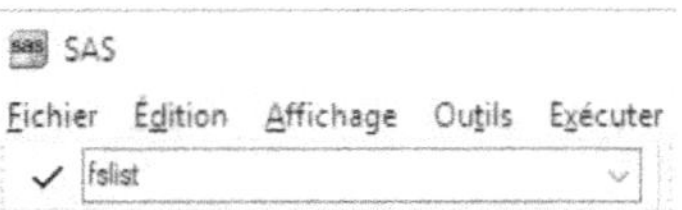

Appuyez ensuite sur la touche *Entrée* de votre clavier et une fenêtre *Ouvrir* apparaîtra. Dans le menu déroulant, sélectionnez *Types de fichiers*, puis *Tous les fichiers (*.*)*. Retrouvez ensuite, sur votre disque dur, le fichier que vous souhaitez examiner (HUSTON.TXT dans notre cas), sélectionnez-le, puis cliquez sur *Ouvrir*.

Ensuite, dans la fenêtre *Commande*, tapez l'instruction COLS puis *Entrée*. Une règle s'affichera alors et vous aurez face à vous la fenêtre de la figure 2-4[7].

La règle ne fait pas partie des données, mais permet de lire les positions des divers champs. Les données apparaissent donc ici en colonnes : vous avez la possibilité de tracer des lignes verticales qui vont parfaitement séparer les différents champs que vous avez à saisir (figure 2-6).

---

7. Si vous souhaitez numéroter vos enregistrements de la même façon que pour la figure 2-1, utilisez l'instruction NUMBER.

Figure 2–6
Les enregistrements formatés
en colonnes

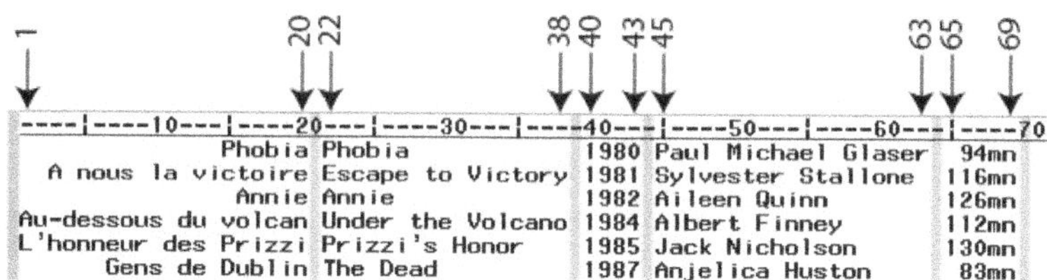

Si les données du fichier HUSTON.TXT devaient être présentées sous une forme LIST INPUT, vous obtiendriez la figure 2-7 (fichier HUSTON4.TXT).

Figure 2–7
SAS 9.4 : éditeur FSLIST
– Enregistrements LIST INPUT

```
----|----10---|----20---|----30---|----40---|----50---|----60---|--
Phobia Phobia 1980 Paul Michael Glaser 94mn
A nous la victoire Escape to Victory 1981 Sylvester Stallone 116mn
Annie Annie 1982 Aileen Quinn 126mn
Au-dessous du volcan Under the Volcano 1984 Albert Finney 112mn
L'honneur des Prizzi Prizzi's Honor 1985 Jack Nicholson 130mn
Gens de Dublin The Dead 1987 Anjelica Huston 83mn
```

En raison des espaces qui interviennent par exemple dans les titres des films, il vous sera impossible de créer une table avec ces données.

L'examen du fichier HUSTON.TXT conduit aux constations suivantes : on trouve le titre français entre les colonnes 1 et 20, le titre original de 22 à 38, l'année de sortie du film de 40 à 43, le nom de l'acteur principal de 45 à 63 et la durée du film de 65 à 69.

Si vous devez saisir vos données dans la fenêtre *Éditeur* (et donc au moyen de l'instruction CARDS), une petite fenêtre dans le coin inférieur droit vous indique la ligne (Ln) sur laquelle vous vous trouvez, ainsi que le numéro de la colonne (Col) qui suit votre curseur (voir figure 2-2). Vous pouvez ainsi repérer facilement les colonnes qui définiront vos champs.

Avec SAS EG/Studio/UE, les éditeurs sont moins riches. Pour lire les emplacements de vos champs, je vous invite à copier-coller quelques enregistrements dans la fenêtre *Programme*, qui affiche en bas à droite, quelle que soit votre plate-forme, l'emplacement ligne/colonne du curseur. L'éditeur de fichier TXT de SAS Studio/UE peut aussi connaître des problèmes d'affichage (nous y reviendrons section 2.3.6.a).

Dans tous les cas, nous ne pouvons pas créer de table à partir du fichier HUSTON.TXT avec les outils vus jusqu'à maintenant. En effet, il faudrait saisir des champs particuliers qui contiennent des espaces ; or, jusqu'ici, l'espace est considéré comme séparateur de champs. Essayons tout de même…

Programme 2-14

```
DATA huston;
   INFILE "c:\intro_sas\fichiers\huston.txt";
   INPUT titre_fra $ titre_ori $ annee acteur $ duree $;
RUN;
```

Le résultat 2-2 reprend les résultats obtenus du PROC PRINT.

Résultat 2-2

Obs.	titre_fra	titre_ori	annee	acteur	duree
1	Phobia	Phobia	1980	Paul	Michael
2	A	nous	.	victoire	Escape
3	Annie	Annie	1982	Aileen	Quinn
4	Au-desso	du	.	Under	the
5	L'honneu	des	.	Prizzi's	Honor
6	Gens	de	.	The	Dead

L'instruction INPUT, en raison de sa structure, indique que les champs sont séparés par des espaces. SAS enregistre donc, dans la variable TITRE_FRA, ce qu'il voit jusqu'à ce qu'il rencontre un espace ; il enregistre pour TITRE_ORI le deuxième champ de la ligne, puis le champ suivant, ne contenant pas forcément des données numériques, en tant que modalité pour la variable ANNEE, etc.

Puisque les enregistrements sont ici formatés en colonnes, nous allons adapter notre programmation et spécifier les emplacements colonnes des champs. La ligne INPUT devient :

```
INPUT titre_fra $ 1-20 titre_ori $ 22-38 annee acteur $ 45-63 duree 65-67;
```

Votre table SAS sera ainsi parfaitement créée et vous obtiendrez le résultat 2-3.

Résultat 2-3

Obs.	titre_fra	titre_ori	annee	acteur	duree
1	Phobia	Phobia	1980	Paul Michael Glaser	94
2	A nous la victoire	Escape to Victory	1981	Sylvester Stallone	116
3	Annie	Annie	1982	Aileen Quinn	126
4	Au-dessous du volcan	Under the Volcano	1984	Albert Finney	112
5	L'honneur des Prizzi	Prizzi's Honor	1985	Jack Nicholson	130
6	Gens de Dublin	The Dead	1987	Anjelica Huston	83

Il n'est pas utile de préciser l'emplacement de la variable ANNEE, puisque les champs qui lui correspondent ne comprennent pas d'espaces. Lorsque SAS a terminé de saisir TITRE_ORI, il passe systématiquement les espaces qui peuvent suivre et n'entame la saisie de la variable ANNEE que lorsque celle-ci commence effectivement. Des enregistrements formatés en colonnes ne vous obligent donc pas à préciser systématiquement les emplacements colonnes de chaque champ. Nous spécifions l'emplacement de DUREE pour éviter le `mn` ; c'est ici obligatoire pour enregistrer ces valeurs dans une variable numérique.

Lorsque vous réalisez un PROC PRINT, les variables s'affichent suivant l'ordre dans lequel elles sont créées (et donc dans lequel elles apparaissent dans l'instruction INPUT). Tant que vos données sont de type COLUMN INPUT, il est tout à fait possible de procéder autrement. La ligne d'INPUT suivante organise les variables dans votre table selon un ordre qui vous sera peut-être plus utile :

```
INPUT annee 40-43 titre_ori $ 22-38 titre_fra $ 1-20 duree 65-67 acteur $ 45-63;
```

Exercice 2.1 – Créez les deux tables ci-après à l'aide des données suivantes (fichier EXO21.TXT) :

```
----:----10--
123456789abc
987654321def
253698741ghi
879654321jkl
324578961lmn
524169387opq
```

Obs.	x1	x2	x3	x4
1	123	45	6789	abc
2	987	65	4321	def
3	253	69	8741	ghi
4	879	65	4321	jkl
5	324	57	8961	lmn
6	524	16	9387	opq

Obs.	z1	z2	z3	z4	z5
1	abc	3456	12	9a	8
2	def	7654	98	1d	2
3	ghi	3698	25	1g	4
4	jkl	9654	87	1j	2
5	lmn	4578	32	1l	6
6	opq	4169	52	7o	8

Exercice 2.2 – Regardez à nouveau le programme 1-17. Pour créer la table reproduite au résultat 1-15, nous avons remplacé les espaces par des points aux endroits où, visuellement, on constatait des valeurs manquantes. Reprenez le programme et modifiez-le de façon à obtenir la table du résultat 1-15 sans intervenir dans la zone de données.

2.3.2 Le pointeur +X

Pour indiquer à SAS la position de vos champs, vous pouvez soit préciser les colonnes qui contiennent les champs (positionnement absolu), soit utiliser le pointeur +X (positionnement relatif). L'instruction suivante utilise ce pointeur afin d'éviter le champ contenant le nom de l'acteur principal :

```
INPUT titre_fra $ 1-20 titre_ori $ 22-38 annee 40-43 +21 duree $;
```

Rappel de l'organisation de l'enregistrement :

```
----:----10---:----20---:----30---:----40---:----50---:----60---:----70
A nous la victoire Escape to Victory 1981 Sylvester Stallone  116mn
```

Le +21 qui apparaît après l'indication de position 40-43 est un **pointeur**. Il permet un déplacement dans l'enregistrement de l'INPUT BUFFER. Après avoir lu les champs correspondant aux variables TITRE_FRA et TITRE_ORI, nous demandons à SAS de lire entre les colonnes 40 et 43 la modalité de ANNEE, puis de se déplacer de 21 colonnes pour débuter l'enregistrement de la variable DUREE (qui ici est caractère puisque nous souhaitons enregistrer les caractères mn). La valeur 21 est obtenue ainsi : le champ correspondant à la durée débute en colonne 65, le champ relatif à l'année de sortie se termine en colonne 43, il faut donc passer les colonnes 44 à 64 soit 21 colonnes.

En réalité, il n'est pas nécessaire de recourir au pointeur +X pour les enregistrements utilisés ici, mais cet exemple va nous aider à en comprendre la « dangerosité ». Concentrons-nous sur la saisie des variables ANNEE et DUREE :

```
INPUT ... annee 40-43 +21 duree $;
```

Pour saisir ANNEE, vous précisez que le champ est placé entre les colonnes 40 et 43 (incluses). SAS n'a pas besoin d'un séparateur de champs (l'espace par défaut) pour clore cette saisie puisque vous indiquez précisément l'emplacement du champ à lire. +21 demande un déplacement de 21 colonnes (SAS passe donc à la colonne 65) et ANNEE peut être lue.

Si aucune notation colonne n'est précisée pour ANNEE, SAS a besoin de l'espace (séparateur de champs) qui suit ce champ pour savoir que ce dernier est terminé ; il lit donc l'espace présent en colonne 44. Si vous lui indiquez alors +21, SAS se déplacera en colonne 66 et le film « À nous la victoire » durera, dans votre table, seulement 16 minutes. Pour obtenir un résultat correct, votre instruction INPUT doit donc être la suivante :

```
INPUT ... annee +20 duree $;
```

Par conséquent, si vous souhaitez utiliser le pointeur +X au sein de l'instruction INPUT, vous devrez toujours vous demander si SAS a besoin de l'espace qui suit le champ pour en clore la saisie et pourrez déterminer le nombre de colonnes à sauter.

Enfin, rappelons que l'utilisation des +X ne se justifie pas ici. Cette procédure présente un réel intérêt quand, par exemple, une partie de l'enregistrement est à négliger et qu'elle est d'une longueur constante.

Exercice 2.3 – Au moyen des données suivantes (fichier AZERTY.TXT), créez la table SAS ci-après :

```
----|----10---|----
a A ERTY IOP 12
aa AZE TYUIOP 13
aaa AZERTYUIOP 14
aaaa AZ RT UI P 15
```

Obs.	x1	x2
1	a	12
2	aa	13
3	aaa	14
4	aaaa	15

Une fois que vous aurez rédigé le programme qui vous offre le bon résultat, vous augmenterez ou diminuerez la valeur de votre +X de 1 et vous verrez que, dans un des deux cas, votre programme continue à offrir le bon résultat. Pourquoi ?

2.3.3 Le pointeur @X

Il existe une seconde manière de se déplacer à l'intérieur d'enregistrements formatés en colonnes :

```
INPUT @40 annee titre_fra $ 1-20 titre_ori $ 22-38 @65 duree $;
```

Le pointeur @X indique à SAS qu'il doit se positionner en X^e colonne pour lire la variable dont le nom suit. Cette instruction évite les calculs nécessaires à l'utilisation du pointeur +X pour passer d'un champ à un autre ou les notations de colonnes si vous souhaitez, comme ici, enregistrer vos variables dans un ordre différent de celui de vos champs. Vous devez uniquement connaître la position à laquelle le champ débute.

Les données sur lesquelles nous nous appuyons dans ce chapitre ne nécessitent absolument pas le recours aux pointeurs @X. Ces derniers servent notamment à écarter des champs lors de la construction de la table. Cela dit, l'utilisation seule de @X ne règle pas les cas pour lesquels un espace doit apparaître dans la modalité que vous souhaitez saisir, si l'espace est aussi séparateur de champs. Enfin, comme le montre notre exemple, ce type de programmation permet également de « revenir en arrière » en ne lisant pas les enregistrements forcément de la gauche vers la droite[8].

---

8. Il est aussi possible de revenir « en arrière » avec le pointeur +X : –X n'existe pas mais +(–X) est autorisé.

2.3.4 Une seconde application de @X : @'texte'

Imaginons que nous disposions des données suivantes (fichier ATPRENOM.TXT).

Figure 2–8

SAS 9.4 : fenêtre FSLIST
– Fichier ATPRENOM.TXT

```
----|----10---|----20---|----30---|----40---|----50---|----60---|----70
prénom: Sophie mljfpé"nv,)àé"'j,mlcé")à fié"'jh)ç pojé' remarque: BB
   jpze fpi'fp    prénom: Hélène  remarque: A
efz prénom: Julie ,^éap,n ofpihé    remarque: CCC
pojjrprénom: Marie jpoujpojerf rj,opj  remarque: AB
     rfopj fpojp^zed é")j,prénom: Erwan jjzperfhn npzepîkremarque: AC
      prénom: Emilie jpojef' feiohefp   remarque: DDD
  prénom: Valérie remarque: CC f,pzeiojfpoze fepifhpzef
hfoiez foeifhpi poopop   prénom: Sylvain morf5rf5zeffoi   remarque: AC
      prénom: Marie remarque: BB  efiherfioe' foé"'pbh
 oihrfiophr p^çj" dfprénom: Claire remarque: A pou")é"'n )')uhnç)uç'h
```

Un bogue informatique a créé ce fichier dans lequel apparaissent sur chaque ligne un prénom et une remarque. Vous pouvez malgré tout en faire une table en profitant des récurrences `prénom:` et `remarque:` qui précèdent systématiquement les champs contenant l'information à saisir.

Programme 2-15[9]

```
DATA test;
   INFILE "c:\intro_sas\fichiers\atprenom.txt";
   INPUT @'prénom:' eleve :$10. @'remarque:' attitude $;
RUN;
```

Nous avons ici une seconde application du pointeur @ dans une instruction INPUT. `@'prénom:'` ELEVE demande à SAS d'avancer dans l'enregistrement et de trouver la chaîne `prénom:` pour ensuite lire la variable ELEVE (:$10. est un INFORMAT – voir section 2.6).

Exercice 2.4 – Essayez cette manœuvre dans le fichier ABCD.TXT. Est-ce que le nombre d'enregistrements du fichier est bien égal au nombre d'observations de votre table ? Modifiez votre code de façon que votre table soit fidèle à votre fichier de départ.

Exercice 2.5 – @X vous sera particulièrement utile lorsque vous construirez des tables au moyen de données contenues dans des pages HTML, par exemple. Vous trouverez à l'adresse suivante une feuille HTML contenant des données que l'on voudrait bien utiliser pour construire une table :

http://www.sas-sr.com/files/bluenote1.html

Nous avons édité le code source de cette page et l'avons enregistré dans le fichier texte BLUENOTE.TXT. Les enregistrements que nous souhaitons mobiliser pour construire une table ressemblent à ce qui suit (ils ne sont pas formatés en colonnes) :

```
<li>BST 84212  <a href="../#bst-84212" name="bst-84212">Lee Morgan - The Gigolo</a>
<li>BLP 4213  <a href="../#blp-4213" name="blp-4213">Bobby Hutcherson - Components</a>
```

Vous n'avez pas à rédiger de programme (pour l'instant... voir exercice 2.16, section 2.6.2) destiné à construire une table. Vous devez simplement examiner ce fichier afin de comprendre comment les enregistrements sont organisés et de voir quels éléments permettront à SAS de repérer le début des champs correspondant à la référence du disque (`BST 84212` *ou* `bst-84212`*), au nom de l'artiste (*`Lee Morgan`*) et à celui de l'album (*`The Gigolo`*).*

---

9. Les utilisateurs de SAS UE doivent impérativement ajouter l'option `ENCODING=WLATIN1` à l'instruction INFILE pour que ce programme fonctionne (voir section 2.3.6.b). Cette remarque est aussi valable pour l'exercice 2.4.

ⓑⓐ 2.3.5 Cas particulier : le dernier champ est de longueur variable

Imaginons que notre fichier de départ ait la forme présentée par la figure 2-9.

Figure 2–9
SAS 9.4 : éditeur FSLIST
– Capture d'écran du fichier
HUSTON2.TXT

```
----|----10---|----20---|----30---|----40---|----50---|----60---|----70
               Phobia Phobia              1980  94mn Paul Michael Glaser
    A nous la victoire Escape to Victory 1981 116mn Sylvester Stallone
                Annie Annie              1982 126mn Aileen Quinn
  Au-dessous du volcan Under the Volcano 1984 112mn Albert Finney
    L'honneur des Prizzi Prizzi's Honor  1985 130mn Jack Nicholson
        Gens de Dublin The Dead          1987  83mn Anjelica Huston
```

Vous pourriez penser qu'il n'existe aucune différence et que nous devrions pouvoir recourir au même type de programmation. Cela ne fonctionne pas, comme vous le montre l'exercice 2.6.

Exercice 2.6

1. *Transformez les données précédentes en table SAS – données sur votre écran, vous passez donc par un CARDS.*

2. *Adaptez votre programme en retirant CARDS et les lignes de données. Vous passez donc par un INFILE. (Fichier à utiliser ici : HUSTON2.TXT.).*

À l'issue de cet exercice, vous devez constater que le premier point ne pose aucun problème. En revanche, la création de la table au moyen du fichier TXT ne se passe pas bien. Pour répondre aux questions posées, l'instruction INPUT que vous avez écrite est la suivante :

```
INPUT titre_fra $ 1-20 titre_ori $ 22-38 annee 40-43 duree 45-47 acteur $ 51-69;
```

Cette instruction fonctionne parfaitement si vous avez vos données à l'écran (CARDS), mais ce n'est pas le cas si vous utilisez l'instruction INFILE.

Pour définir les colonnes entre lesquelles vous devez lire le nom de l'acteur principal, vous prenez le nom le plus long et constatez qu'il occupe les colonnes 51 à 69. SAS comprend l'indication 51-69 comme l'obligation de considérer un champ de 19 caractères consécutifs (69-51+1). Dans votre fichier, toutes les modalités d'ACTEUR ne prennent pas forcément 19 caractères. SAS, pour remplir ces variables, considère alors l'enregistrement suivant. Cela vous explique pourquoi, lorsque vous demandez un PROC PRINT, vous observez le résultat 2-4.

Résultat 2-4

Obs.	titre_fra	titre_ori	annee	duree	acteur
1	Phobia	Phobia	1980	94	Paul Michael Glaser
2	A nous la victoire	Escape to Victory	1981	116	Anni
3	Au-dessous du volcan	Under the Volcano	1984	112	L'honneur des Prizz

En fait, lorsque vous passez par un INFILE sans son option TRUNCOVER, si le dernier champ de chaque enregistrement est de longueur variable, SAS pourra forcer la lecture de données présentes dans l'enregistrement suivant.

L'option TRUNCOVER d'INFILE indique à SAS qu'il ne doit pas rechercher dans l'enregistrement suivant lorsqu'on lui demande de lire un certain nombre de caractères pour une variable et qu'il ne trouve pas exactement ce nombre. Attention : si cette option est souvent utile lors d'un passage par une instruction INFILE pour créer une table, elle vous sera parfaitement inutile lorsque vous passerez par un CARDS : dans ce cas, SAS ne force la lecture sur l'enregistrement suivant que s'il ne rencontre **aucun** caractère.

La raison de ce comportement différent est... historique. Bien avant que les disques durs soient inventés, SAS existait déjà et les données étaient très souvent stockées sur des cartes perforées de 80 colonnes. L'instruction CARDS ordonnait à cette époque la lecture de ces cartes perforées. De nos jours, par défaut, SAS traite les enregistrements présentés sous l'instruction CARDS comme il le faisait avec les cartes perforées en complétant si besoin l'enregistrement au moyen d'espaces jusqu'en 80e colonne. Si l'enregistrement fait plus de 80 colonnes, vous pouvez considérer que CARDS le complétera par des espaces jusqu'en 160e colonne[10].

Pour créer une table correcte au moyen des données du fichier HUSTON2.TXT, vous pouvez aussi mobiliser l'option PAD de l'instruction INFILE, qui demande que, dans l'INPUT BUFFER, l'enregistrement soit complété par des espaces. Par défaut, l'option NOPAD est active et aucun caractère ne complète l'enregistrement.

➕ 2.3.6 SAS UE et les enregistrements formatés en colonnes

Tous les exemples que nous avons proposés jusqu'à maintenant fonctionnent avec SAS UE. Nous avons en effet pris grand soin de ne pas présenter de caractères accentués dans nos exemples...

Or, ces caractères peuvent poser deux types de problèmes :

- un problème d'affichage, qui est facile à régler, lorsque vous ouvrez un fichier TXT avec SAS Studio/UE et qui, en tant que tel, ne pose pas de réel problème ;
- un problème plus grave avec SAS UE uniquement : si vos données contiennent des lettres accentuées, les outils de programmation vus dans cette section dédiée aux enregistrements formatés en colonnes ne fonctionneront pas forcément.

a. L'affichage des fichiers TXT avec SAS Studio/UE

Nous vous avons invité (voir section 2.1.1) à systématiquement regarder au moyen d'un éditeur le contenu d'un fichier TXT afin de bien en comprendre la structure et ainsi rédiger un programme parfaitement adapté à cette structure.

Si vous avez des lettres accentuées dans votre fichier TXT, il est possible que vous connaissiez des problèmes d'affichage nuisibles à votre compréhension du fichier. Les fichiers DICO_ANSI.TXT et DICO_UTF8.TXT vont illustrer ce point.

Ces deux fichiers ont été enregistrés avec les codages ANSI (Windows-1252, identique au WLATIN1 de SAS) et UTF-8 respectivement. L'éditeur de SAS Studio/UE utilise aussi un codage pour lire les

---

10. Par défaut, l'option globale CARDIMAGE qui explique ce comportement, est active. Si vous souhaitez qu'avec CARDS les enregistrements soient traités de la même manière que ceux présentés dans des fichiers TXT externes à SAS, utilisez l'option globale NOCARDIMAGE.

fichiers TXT puisqu'il est proposé dans une fenêtre de votre navigateur Internet. Si les codages du fichier et de l'éditeur ne sont pas en accord, vous aurez des problèmes d'affichage (figure 2-10).

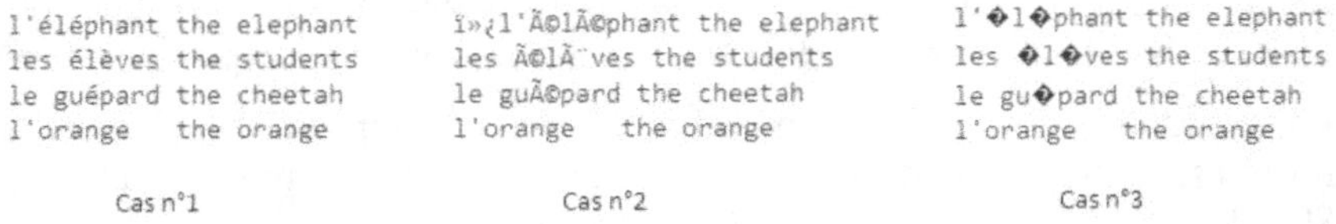
l'éléphant the elephant
les élèves the students
le guépard the cheetah
l'orange the orange
Cas n°1
ï»¿l'Ã©lÃ©phant the elephant
les Ã©lÃ¨ves the students
le guÃ©pard the cheetah
l'orange the orange
Cas n°2
l'�l�phant the elephant
les �l�ves the students
le gu�pard the cheetah
l'orange the orange
Cas n°3

Figure 2–10 SAS Studio/UE : affichage des fichiers TXT

Dans le cas n°1, les codages du fichier et de lecture coïncident. Vous constatez que les données sont formatées en colonnes. Dans le cas n°2, le fichier est codé en UTF-8 alors que la lecture se fait en Windows-1252. Dans le cas n°3, le fichier est codé en ANSI (Windows-1252) et la lecture utilise l'UTF-8. Dans les cas n°2 et 3, il est impossible de voir que les données sont formatées en colonnes.

Pour résoudre ce problème d'affichage, il faut faire coïncider les deux codages. Pour cela, cliquez sur le bouton *Autres options de l'application* (icône à droite de *Programmation SAS* dans la barre d'outils), puis *Préférences* et enfin *Général* (figure 2-11).

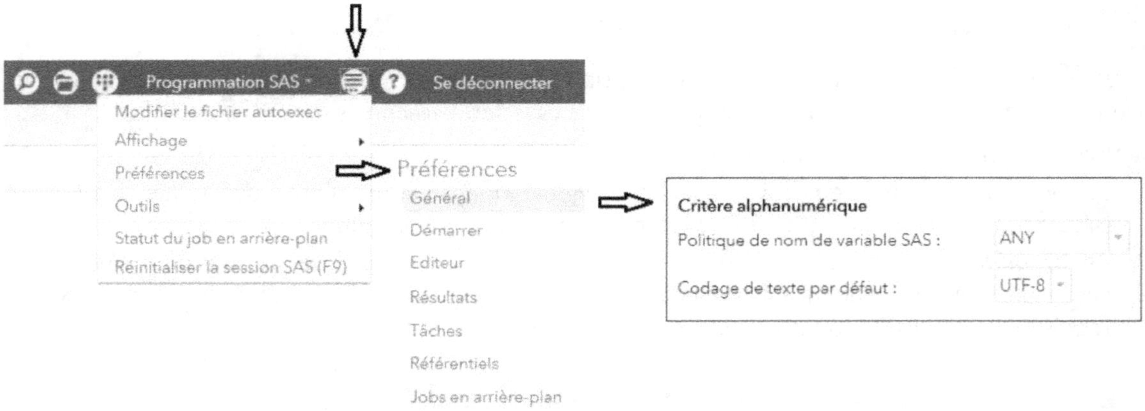
Programmation SAS
Se déconnecter
Modifier le fichier autoexec
Affichage
Préférences
Outils
Statut du job en arrière-plan
Réinitialiser la session SAS (F9)
Préférences
Général
Démarrer
Editeur
Résultats
Tâches
Référentiels
Jobs en arrière-plan
Critère alphanumérique
Politique de nom de variable SAS :
ANY
Codage de texte par défaut :
UTF-8

Figure 2–11 SAS Studio/UE : modification du codage de lecture des fichiers TXT

Parmi les préférences de la section *Général*, vous trouverez la sous-section *Critère alphanumérique*. Pour régler le cas n°3, vous devez sélectionner Windows-1252 ; pour le cas n°2, UTF-8. Demandez ensuite à *Enregistrer* la modification (en bas de la fenêtre d'option), puis *Actualiser l'affichage* (icône ⟲) de la fenêtre dans laquelle vous avez édité votre fichier TXT. Votre affichage sera alors correct.

Avec FSLIST (SAS 9.4) ou avec l'éditeur de SAS EG, le fichier s'affiche sans aucun problème quel que soit son codage.

b. SAS UE : que faire avec des enregistrements formatés en colonnes ?

Avec les données des fichiers DICO, puisque les enregistrements sont formatés en colonnes, vous pourriez être tenté d'écrire le programme 2-16 afin de créer une table.

Programme 2-16

```
DATA dico;
   INFILE "c:/intro_sas/fichiers/dico_ansi.txt" TRUNCOVER;
   INPUT french $ 1-10 english $ 12-23;
RUN;
```

Ce programme fonctionne parfaitement avec SAS 9.4/EG/Studio, que ce soit avec le fichier DICO_ANSI.TXT ou DICO_UTF8.TXT. Avec ce dernier fichier, vous constaterez que SAS a reconnu le codage puisque vous avez dans le journal le message suivant :

```
NOTE: A byte-order mark in the file "c:\intro_sas\fichiers\dico_UTF8.txt"
      (for fileref "#LN00144") indicates that the data is encoded in "utf-8".
      This encoding will be used to process the file.
```

Le programme 2-17 est une adaptation du précédent pour l'environnement SAS UE.

Programme 2-17

```
DATA dico;
  INFILE "/folders/myfolders/intro_sas/fichiers/dico_ansi.txt" TRUNCOVER;
  INPUT french $ 1-10 english $ 12-23;
RUN;
```

Vous obtenez le résultat 2-5 avec le fichier DICO_ANSI.TXT et le résultat 2-6 avec DICO_UTF8.TXT.

Résultat 2-5

	french	english
1	l'◆l◆phant	the elephant
2	les ◆l◆ves	the students
3	le gu◆pard	the cheetah
4	l'orange	the orange

Résultat 2-6

	french	english
1	l'élépha	t the elepha
2	les élèv	s the studen
3	le guépar	the cheetah
4	l'orange	the orange

Le premier problème à régler est celui des points d'interrogation qui s'affichent à la place des lettres accentuées. Ils vous indiquent que, dans le fichier, la codification en binaire selon la norme ANSI de la lettre « é » (11101001) ne correspond à rien dans la norme UTF-8.

Par défaut, SAS considère que le codage du fichier TXT est identique à celui que lui va utiliser pour créer la table. Pour traiter le fichier DICO_ANSI.TXT, vous devez indiquer à SAS UE le codage utilisé pour ce fichier au moyen de l'option ENCODING=[11]. L'instruction INFILE devient alors :

```
INFILE "/folders/myfolders/intro_sas/fichiers/dico_ansi.txt" ENCODING='wlatin1' TRUNCOVER;
```

Vous obtenez alors à nouveau le résultat 2-6.

---

11. Ceci n'est pas obligatoire si le fichier extérieur à SAS est codé en UTF-8. Ainsi que nous l'avons montré précédemment, SAS est capable de reconnaître un fichier codé en UTF-8 et adapte automatiquement la valeur de l'option ENCODING=.

Si au lieu de recourir à INFILE, vous copiez/collez vos enregistrements dans votre programme pour utiliser l'instruction CARDS, vous obtiendrez aussi le même résultat.

Pour maintenant comprendre le résultat 2-6, il faut vous souvenir (voir section 2.1.3) que, en UTF-8, certains caractères sont codés sur plus d'un octet (deux octets dans le cas des lettres accentuées). Dans notre instruction INPUT, nous demandons à lire les positions 1 à 10 pour la variable FRENCH. S'il ne faut qu'un octet par caractère, SAS a bien 10 caractères en lisant les 10 premiers octets de l'INPUT BUFFER. S'il faut plus d'un octet pour certains caractères, les 10 premiers octets dans l'INPUT BUFFER ne contiendront pas forcément 10 caractères.

Ainsi, le champ l'éléphant compte bien 10 caractères mais, pour le coder en UTF-8, vous avez besoin de 12 octets : 1 octet par lettre non accentuée ainsi que l'apostrophe et 2 × 2 octets pour les deux « é ». Si ce champ est codé en UTF-8 et si vous ne lisez que 10 octets, vous obtiendrez l'élépha.

La conséquence immédiate de ce codage en UTF-8 est que les enregistrements qui semblent formatés en colonnes ne le sont en réalité pas s'ils contiennent des lettres accentuées. La figure 2-12 montre l'organisation des enregistrements qui vont transiter dans l'INPUT BUFFER. Les lettres accentuées ont été remplacées par deux espaces soulignés.

Figure 2–12
Codage UTF-8 et réalité de la structure des enregistrements

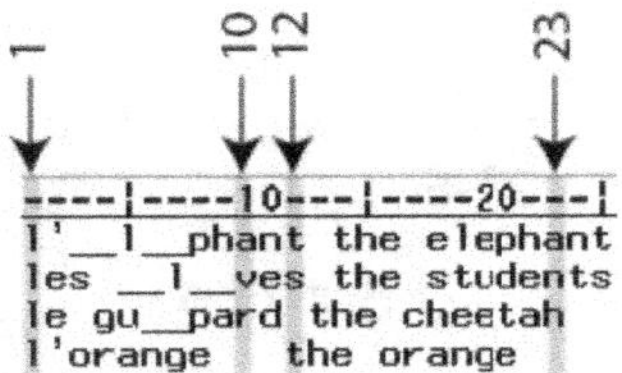

Il reste bien entendu possible de construire une table SAS correcte, mais avec des outils de programmation que nous ne verrons que dans la suite de cet ouvrage.

Nous allons nous servir, dans une certaine mesure, du programme 2-17 qui aurait dû fonctionner sans ce problème de codage.

Programme 2-18

```
FILENAME dico "/folders/myfolders/intro_sas/fichiers/dico_utf8.txt" ;

                                **rappel : Programme 2-17 ;
DATA dico2;                     DATA dico1;
   INFILE dico;                   INFILE dico TRUNCOVER;
   INPUT;                         INPUT french $ 1-10 english $ 12-23;
   LENGTH french english $ 20 ;  RUN;
   french=KSUBSTR(_INFILE_,1,10);
   english=KSUBSTR(_INFILE_,12,12);
RUN;
```

Le principe du programme 2-18 est le suivant. L'instruction INPUT charge l'enregistrement dans l'INPUT BUFFER. Nous attribuons ensuite, via l'instruction LENGTH, une longueur suffisante aux variables FRENCH et ENGLISH. Pour ensuite construire les modalités de ces variables, nous utilisons la fonction KSUBSTR, version particulière de SUBSTR.

SUBSTR(X,d,n) extrait n caractères de la chaîne X, à partir du d^e caractère[12].

Cette fonction est adaptée à un environnement SBCS *(Single-Byte Character Set)* et, par conséquent, si votre codage est le WLATIN1, c'est cette fonction que vous devez utiliser. Si votre codage est l'UTF-8, vous devez utiliser la fonction KSUBSTR, qui réalise la même chose **quel que soit le nombre d'octets nécessaires au codage de chaque caractère.**

INFILE est une variable automatique créée par SAS lorsque votre programme contient l'instruction INFILE. Elle a pour valeur le contenu de l'INPUT BUFFER, que nous pouvons donc explorer en utilisant _INFILE_ comme premier argument de la fonction KSUBSTR. Notre analyse des fichiers DICO nous indique que le premier champ commence en 1re colonne. Si nous pouvions compter sur des enregistrements formatés en colonnes, nous devrions lire les 10 premières (pour 10 caractères dans un environnement SBCS). 10 reste le nombre de caractères à lire et est le troisième argument de la fonction KSUBSTR. Cette dernière nous garantit que nous extrairons bien 10 caractères à partir du 1er caractère, quel que soit le nombre d'octets nécessaires pour les coder.

Pour la variable ENGLISH, nous explorons toujours le contenu de l'INPUT BUFFER et demandons à extraire 12 caractères à partir du 12e, quel que soit le nombre d'octets nécessaires à leur codage et à celui des 11 premiers.

Vous obtenez ainsi la table présentée au résultat 2-7.

Résultat 2-7

	french	english
1	l'éléphant	the elephant
2	les élèves	the students
3	le guépard	the cheetah
4	l'orange	the orange

Le programme 2-18 crée une table image exacte de vos données avec le fichier DICO_ANSI.TXT si vous ajoutez à l'instruction INFILE l'option ENCODING= suivante :

```
ENCODING='wlatin1'
```

Exercice 2.7 – Les fichiers DICO_UTF8.TXT et DICO_ANSI.TXT ne contiennent que des champs appelés à devenir modalités de variables caractères. DICO_EXO.TXT contient, lui, quatre champs supplémentaires destinés à remplir quatre variables numériques. Cet exercice doit être réalisé avec SAS UE, mais nous avons édité la table au moyen de l'éditeur FSLIST de SAS 9.4.

```
----|----10---|----20---|----30---|----40---|----50
l'éléphant  the elephant   $1 000.00  1€   €12   1€
les élèves  the students   $2 000.00 11€   €13   10€
le guépard  the cheetah    $3 000.00 21€   €14   100€
l'orange    the orange     $4 000.00 40€   €15   1000€
```

(Le troisième champ est bien, pour le premier enregistrement $1 000.00 *(colonnes 26 à 34).*

---

12. La fonction SUBSTR fera l'objet d'une présentation plus complète dans la section 3.2.7.

1. *Rédigez le programme qui doit, lorsque le codage est WLATIN1, créer une table contenant 2 variables caractères et 4 variables numériques.*

2. *Avec SAS UE, rédigez le programme qui vous permettra de construire cette même table. Pour créer les variables numériques, vous aurez sûrement besoin de la fonction INPUT (voir section 3.2.6), peut être aussi d'autres fonctions K que KSUBSTR (voir section 3.2.7.c). Attention au signe € (codé sur trois octets en UTF-8) ; nous verrons en effet que les INFORMAT EUROw.d et EUROXw.d dédiés à la gestion des sommes en euros (voir section 2.6.4.b) ne fonctionnent pas avec SAS UE. L'INFORMAT NLMNYw.d fonctionne quant à lui sans problème avec SAS UE.*

Vous devez arriver au résultat 2-8.

Résultat 2-8

Obs.	french	english	x1	x2	x3	x4
1	l'éléphant	the elephant	1000	1	12	1
2	les élèves	the students	2000	11	13	10
3	le guépard	the cheetah	3000	21	14	100
4	l'orange	the orange	4000	40	15	1000

Ne tentez pas de faire cet exercice (difficile…) si c'est votre première lecture de l'ouvrage.

2.4 Plusieurs enregistrements pour construire une observation

Dans toutes les tables construites jusqu'à maintenant, chaque observation a toujours été obtenue au moyen d'un enregistrement unique. Nous allons voir dans cette section des cas dans lesquels un même enregistrement produira plusieurs observations et d'autres dans lesquels il faudra combiner plusieurs enregistrements pour construire une observation.

2.4.1 N enregistrements pour une observation

Imaginons que nous ayons dans un fichier les données présentées à la figure 2-13 et que nous devions les transformer en table (fichier HUSTON3.TXT).

Figure 2–13
SAS 9.4 : éditeur FSLIST
– Capture d'écran du fichier
HUSTON3.TXT

```
----|----10---|----20
Phobia
Phobia
1980 94mn
Paul Michael Glaser
A nous la victoire
Escape to Victory
1981 116mn
Sylvester Stallone
```

Il faut ici utiliser quatre enregistrements pour chaque observation. Le programme 2-19 construit la table souhaitée et nous aide à mieux comprendre l'instruction INPUT.

Programme 2-19

```
DATA huston;
    INFILE "C:/intro_sas/fichiers/huston3.txt" TRUNCOVER;
    INPUT titre_fra $ 1-18;
    INPUT titre_ori $ 1-17;
    INPUT annee duree 6-8;
    INPUT acteur $ 1-19;
RUN;
```

Les emplacements colonnes précisés dans ce programme ont été déterminés au moyen des champs les plus longs : pour capturer le titre français du premier film, vous avez uniquement besoin de lire les colonnes 1 à 6 du premier enregistrement, mais ce titre n'est pas le plus long ; c'est donc la longueur du champ `A nous la victoire` qu'il faut considérer. Nous avons bien entendu aussi besoin de l'option TRUNCOVER (ou de PAD) puisque les titres ou les acteurs peuvent être d'une longueur variable.

Lors de l'exécution du programme, lorsque SAS rencontre une instruction INPUT, celle-ci a pour effet de charger un enregistrement dans l'INPUT BUFFER. Ce qui suit l'instruction précise ce qu'il faut faire avec cet enregistrement. Si, dans la suite du programme, SAS rencontre une nouvelle instruction INPUT, il charge un nouvel enregistrement en remplacement du précédent dans l'INPUT BUFFER.

Vous obtiendrez exactement le même résultat au moyen du programme 2-20 :

Programme 2-20

```
DATA huston;
  INFILE "C:/intro_sas/fichiers/huston3.txt" TRUNCOVER;
  INPUT titre_fra $ 1-18 / titre_ori $ 1-17 / annee duree 6-8 / acteur $ 1-19;
RUN;
```

L'argument / de l'instruction INPUT indique à SAS de retirer l'enregistrement courant de l'INPUT BUFFER et d'en charger un nouveau. Vous avez aussi, pour obtenir un résultat identique, la possibilité d'utiliser l'argument #X. Attention cependant, le fonctionnement interne est différent.

Programme 2-21

```
DATA huston;
  INFILE "C:/intro_sas/fichiers/huston3.txt" TRUNCOVER;
  INPUT titre_fra $ 1-18 #2 titre_ori $ 1-17 #3 annee duree 6-8 #4 acteur $ 1-19;
RUN;
```

Lorsque SAS analyse votre programme en vue de sa compilation, s'il rencontre l'argument #, il regarde la valeur la plus élevée qui suit cet argument (ici 4) et sait alors que, pour construire une observation, il doit mobiliser quatre enregistrements. Le fonctionnement du programme 2-21 est différent de celui du programme 2-20 parce que, si vous utilisez l'argument #, vous pouvez « naviguer » entre vos divers enregistrements comme vous le montre la programme 2-22.

Programme 2-22

```
DATA huston;
   INFILE "C:/intro_sas/fichiers/huston3.txt" TRUNCOVER;
   INPUT titre_fra $ 1-18 #2 titre_ori $ 1-17 #3 annee duree 6-8 #4 acteur $ 1-19
        #1 premier_mot $;
RUN;
```

Dans le programme 2-22, nous complétons l'instruction INPUT en demandant à SAS de revenir sur le premier enregistrement pour saisir, dans la variable PREMIER_MOT, le début du titre français du film. Si vous complétez de la même manière le programme 2-20, vous aurez dans le journal le message d'erreur suivant :

```
ERROR: Old line 1 wanted but SAS is at line 4.
       Use: INFILE N=X; , with a suitable value of x.
```

L'argument / ne permet pas un retour en arrière à moins que vous ne donniez une valeur de 4 à l'option N= de l'instruction INFILE[13].

Exercice 2.8 – Dans le fichier SGTPEPPER.TXT, vous trouverez la liste des chansons qui composent l'album Sgt Pepper's lonely hearts club band, *des Beatles. Le fichier est organisé de la manière suivante :*

```
----|----10---|----20---|----30---|----40
1  Sgt. Pepper's Lonely Hearts Club Band
Lennon  McCartney  2:02  A
```

Sur une première ligne, vous observez l'ordre dans l'album et le titre de la chanson, sur une seconde, le premier compositeur, le second, la durée du titre et la face du disque 33 tours.

Créez une table à partir de ce fichier (sans copier-coller les données dans votre éditeur).

2.4.2 Un enregistrement, plusieurs observations : @@

Exercice 2.9 – Dans le fichier FLORIDE.TXT, vous disposez des précipitations observées en Floride depuis plus d'un siècle dans les 22 stations d'observation de cet État. Malheureusement, nous avons fait une mauvaise manipulation en préparant ce fichier : les champs sont bien séparés d'un espace, mais il n'y a aucun saut de ligne.

Exemple : 80211 1903 –9999 80211 1904 2507 80211 1905 4876 80211 1906 5023 80211 1907 6356...

Sur cette ligne, 80211 est le numéro de la base, 1903, 1904... sont les années d'observation, –9999 désigne une valeur manquante et les autres valeurs sont les précipitations annuelles.

Créez une table avec ces données. Il y a 2 299 observations. L'enregistrement que vous avez à traiter comprend un peu moins de 38 000 caractères.

Vous ne disposez pas encore des outils nécessaires pour répondre aux questions posées dans cet exercice – l'important, ici, est de comprendre pourquoi le programme que vous allez rédiger ne fonctionne pas.

Nous avons vu que, par défaut, lorsque SAS analyse un enregistrement, c'est ce qui suit INPUT et les options qui complètent INFILE qui déterminent sa façon de lire les différents champs. Parmi les éléments du fonctionnement par défaut, nous avons ainsi vu que, lorsque SAS a donné une modalité à

---

13. Par défaut N=1 ; au moyen de l'instruction INPUT, SAS ne charge qu'un enregistrement à la fois.

toutes les variables définies par INPUT, il cesse de lire l'enregistrement. Dans le cas de l'exercice 2.9, il faut lui demander de continuer, au cours des exécutions suivantes, à explorer le même enregistrement jusqu'à ce que tous les champs qu'il contient aient été lus. Cela se fera au moyen de l'option @@ de l'instruction INPUT. Le programme 2-23 traitera correctement le fichier FLORIDE.TXT.

Programme 2-23

```
DATA floride;
    INFILE 'C:\intro_SAS\fichiers\floride.txt' LRECL=38000;
    INPUT base annee pluie @@;
    IF pluie=-9999 THEN pluie=.;
RUN;
```

Puisque la longueur de l'enregistrement dépasse 32 767 caractères, vous devez spécifier un LRECL suffisamment important[14]. Notre programme présente aussi une instruction conditionnelle IF...THEN (voir section 3.4.2) qui nous sert à remplacer -9999 par une valeur manquante numérique. Ce programme vous montre aussi, incidemment, qu'au cours d'une étape DATA, vous pouvez créer **et** modifier une table.

Au moyen de l'option @@, l'enregistrement est conservé dans l'INPUT BUFFER entre chaque exécution. Le programme est exécuté autant de fois que nécessaire, en fait 2 299 fois puisque notre programme crée une table de 2 299 observations.

Exercice 2.10 – Vous trouverez dans le fichier ORLEANS.TXT les températures journalières maximales observées entre le 1ᵉʳ janvier 2005 et fin juillet 2009 sur Orléans[15]. Les données sont présentées sur 168 lignes, contenant chacune dix données de températures. Chaque température est précédée de l'année d'observation, puis du mois et enfin du jour. Avant de rédiger le programme qui construira votre table, examinez bien le fichier TXT au moyen de FSLIST.

L'exercice 2.10 ne pose pas de difficultés réelles, mais doit vous faire comprendre que l'utilisation de @@ ne se limite pas aux fichiers de données ne contenant qu'une seule ligne. Vous devez aussi comprendre au moyen de cet exercice que, avec l'option @@, un enregistrement est conservé d'une exécution à l'autre jusqu'à ce que SAS en ait terminé la lecture. C'est alors qu'un nouvel enregistrement est chargé, ce qui peut se produire au cours d'une même exécution, comme vous le montre le programme 2-24.

Programme 2-24

```
DATA test;
    INPUT x1 x2 x3 @@;
CARDS;
1 2 3 4 5 6 7
8
9
;
```

Résultat 2-9

Obs.	x1	x2	x3
1	1	2	3
2	4	5	6
3	7	8	9

14. Si vous disposez d'une version antérieure à SAS 9.4, le problème est encore plus net puisque votre INPUT BUFFER n'est que de 256 octets.

15. Source : Klein Tank, A. M. G. *et al.*, 2002, « Daily dataset of 20th-century surface air temperature and precipitation series for the European Climate Assessment », *Int. J. of Climatol.*, vol. 22, n°12, 1441-1453, http://www.ecad.eu

À la première exécution, SAS charge le premier enregistrement et lit les trois premiers champs. Comme l'enregistrement n'est pas terminé, il est conservé dans l'INPUT BUFFER et continue à être exploité lors de la deuxième exécution (4 5 6). Lorsque débute la troisième exécution, l'enregistrement est encore présent dans l'INPUT BUFFER ; SAS lit un premier champ (7) et constate que l'enregistrement ne contient plus rien. Il va alors charger le second enregistrement, lire un nouveau champ (8), puis charger le troisième enregistrement pour lire le troisième champ.

2.4.3 Les données hiérarchisées : @

La figure 2-14 reprend les informations du fichier NFAMILLE.TXT, qui constitue un exemple de données hiérarchisées. Le résultat 2-10 vous présente la table que nous souhaitons construire.

```
----|----10---|-
1 famille Dupont
2 Pierre        38
2 Sophie        37
2 Lucien         6
2 Marcelline     5
1 famille Dubois
2 Marceau       42
2 Michelle      37
2 Marie         11
1 famille Durand
2 Jean          53
1 famille Dufour
2 Gaston        78
2 Marie         75
```

Figure 2–14 SAS 9.4 : fenêtre FSLIST
– Fichier NFAMILLE.TXT

Résultat 2-10

Obs.	nom	prenom	age
1	Dupont	Pierre	38
2	Dupont	Sophie	37
3	Dupont	Lucien	6
4	Dupont	Marcelline	5
5	Dubois	Marceau	42
6	Dubois	Michelle	37
7	Dubois	Marie	11
8	Durand	Jean	53
9	Dufour	Gaston	78
10	Dufour	Marie	75

Il s'agit certes ici de mobiliser plusieurs enregistrements pour construire une observation, mais notre démarche devra être différente de celle exposée dans la section 2.4.1. Nos données, typiques des recensements, sont de deux natures différentes : les enregistrements qui présentent en premier champ la valeur 1 nous donnent le nom de la famille qui va être décrite dans les enregistrements qui suivent et qui ont en premier champ la valeur 2.

En fonction de la valeur observée dans le premier champ, nous allons donc faire des choses différentes :

- S'il vaut 1, le programme doit lire un nom de famille.
- S'il vaut 2, le programme doit lire un prénom et un âge.

Il faut donc que nous apprenions à SAS à lire un champ, puis à interrompre la lecture pour agir en fonction de ce qu'il aura lu : c'est ce que permet l'option @.

Les programmes 2-25 et 2-26 vont vous montrer l'intérêt que peut présenter cette option.

Programme 2-25

```
DATA test;
   INPUT x1;
   INPUT x2;
   INPUT x3;
CARDS;
1 2 3 4
5 6 7 8
4 3 2 1
;
```

Résultat 2-11

Obs.	x1	x2	x3
1	1	5	4

Programme 2-26

```
DATA test;
   INPUT x1 @;
   INPUT x2 @;
   INPUT x3 @;
CARDS;
1 2 3 4
5 6 7 8
4 3 2 1
;
```

Résultat 2-12

Obs.	x1	x2	x3
1	1	2	3
2	5	6	7
3	4	3	2

Le résultat 2-11 issu du programme 2-25 ne doit pas vous étonner. La première instruction INPUT charge un premier enregistrement et le premier champ rencontré devient modalité de la variable X1. Le deuxième INPUT charge un nouvel enregistrement et affecte la valeur de son premier champ à la variable X2. Le dernier INPUT en fait de même avec le troisième enregistrement.

Le programme 2-26 mobilise l'option @ et le résultat 2-12 qui en est issu est nettement différent. Lorsque SAS rencontre la première instruction INPUT, il charge un enregistrement et lit le premier champ. L'option @ lui demande d'interrompre sa lecture mais de conserver cet enregistrement dans l'INPUT BUFFER. Lorsque le deuxième INPUT intervient, SAS reprend la lecture de l'enregistrement là où il s'était arrêté et lit le deuxième champ.

Au cours d'une exécution donnée, avec le programme 2-26, SAS ne chargera donc qu'un seul enregistrement. Nous avons ajouté une option @ à la troisième instruction INPUT : c'est ici parfaitement inutile, car cette option ne sert pas à conserver un enregistrement dans l'INPUT BUFFER d'une exécution à l'autre. C'est l'option @@ qui le permet.

Revenons maintenant à nos données hiérarchisées. Le programme 2-27 crée la table FAMILLE (résultat 2-10). Nous présentons à nouveau le contenu du fichier NFAMILLE.TXT en regard du code, pour vous aider à bien comprendre le déroulement du programme, lequel mobilise des outils qui ne seront abordés que plus tard dans cet ouvrage.

Programme 2-27

```
DATA famille (DROP=cle);
   INFILE "c:/intro_sas/fichiers/nfamille.txt";
   RETAIN nom;
   INPUT cle @;
   IF cle=1 THEN INPUT @11 nom $;
   ELSE DO;
      INPUT prenom $12. age;
      OUTPUT;
   END;
RUN;
```

```
----|----10---|-
1 famille Dupont
2 Pierre       38
2 Sophie       37
2 Lucien        6
2 Marcelline    5
1 famille Dubois
2 Marceau      42
2 Michelle     37
2 Marie        11
1 famille Durand
2 Jean         53
1 famille Dufour
2 Gaston       78
2 Marie        75
```

L'instruction INPUT charge l'enregistrement et le premier champ est enregistré dans la variable CLE. Au moyen de @, nous signifions que nous allons reprendre plus tard dans le programme, la lecture de cet enregistrement.

L'instruction suivante indique que si (IF) CLE vaut 1, alors (THEN) il faut reprendre la lecture (INPUT) de l'enregistrement pour lire, en 11e colonne (@11), un champ qu'il associera à la variable NOM. Si ce n'est pas le cas (ELSE), alors nous demandons à SAS de faire (DO – voir section 3.5.1) deux choses :

- reprendre la lecture de l'enregistrement (INPUT) et lire un prénom qui peut prendre jusqu'à 12 caractères ($12.) puis un âge ;
- puis écrire (OUTPUT) une observation dans la table que nous souhaitons créer.

L'instruction END qui suit (obligatoire lorsque vous utilisez DO) lui indique que les tâches à effectuer si CLE ne vaut pas 1 sont terminées.

L'instruction OUTPUT peut vous paraître étrange puisque, jusqu'à maintenant, la production d'observations se faisait sans recours à cette instruction. Elle précise à SAS quand il doit produire une observation ; ainsi, certaines exécutions en produiront (cle=2) et d'autres non (cle=1).

Il nous reste une petite difficulté que va résoudre l'instruction suivante :

```
RETAIN nom;
```

L'instruction RETAIN (voir section 3.6.1) demande à SAS de se souvenir, entre deux exécutions, de la valeur donnée à la variable, ici NOM.

Lorsque SAS exécute le programme pour la première fois, il charge le premier enregistrement, constate que CLE vaut 1 et lit donc le nom de famille (Dupont). Au moyen de RETAIN, nous lui enjoignons de s'en souvenir au cours des exécutions suivantes. Le reste du programme n'est pas considéré pour cette première exécution.

À la seconde exécution, puisque CLE vaut 2 ; SAS lit un prénom (Pierre) puis un âge (38). À ce moment-là, puisqu'il se souvient du nom de famille, il dispose de toutes les informations nécessaires pour construire une observation dans la table FAMILLE : OUTPUT permet alors de produire la première observation. De la troisième à la cinquième exécution, SAS continue à se souvenir du nom de famille.

Passons maintenant à la sixième exécution : CLE vaut de nouveau 1. SAS lit un nouveau nom de famille (Dubois) dont il se souviendra jusqu'à ce qu'il rencontre encore une fois cle=1.

L'instruction RETAIN est ici très importante : si vous la retirez du programme 2-27, la modalité de NOM sera systématiquement valeur manquante puisque NOM, PRENOM et AGE ne sont pas déterminés au cours d'une même exécution.

Exercice 2.11 – Le fichier BEATLES.TXT a une structure très proche de celle de SGTPEPPER.TXT, sauf qu'il s'agit ici de traiter non plus un, mais quatre albums des Beatles.

```
----|----10---|----20---|----30---|----40---|
0 1967 Sgt. Pepper's Lonely Hearts Club Band
1  Sgt. Pepper's Lonely Hearts Club Band
Lennon  McCartney  2:02  A
```

La ligne débutant par 0 donne l'année de sortie de l'album ainsi que son titre ; les lignes suivantes (>0) reprennent, dans le même ordre et avec la même structure que dans le fichier SGTPEPPER.TXT, le numéro d'ordre de la chanson, son titre, puis, sur la ligne suivante, le premier compositeur, le deuxième compositeur, la durée (minutes, secondes) et la face sur le 33 tours original. Vous devez obtenir une table, dont voici un extrait :

Obs.	annee	album	ordre	titre	compo1	compo2	duree_m	duree_s	face
51	1969	Abbey Road	8	Because	Lennon	McCartney	2	45	B

Exercice 2.12 – Reprenez le fichier NFAMILLE.TXT pour construire la table reproduite par le résultat 2-13, qui indique le nombre de membres que contient chaque famille (exercice difficile – lisez le chapitre 3 avant de tenter de le résoudre).

Résultat 2-13

Obs.	fam	membre
1	Dupont	4
2	Dubois	3
3	Durand	1
4	Dufour	2

2.4.4 Champs multiples pour un même identifiant

Le fichier ORLEANS01_18.TXT (voir figure 2-15) présente une structure différente de celles évoquées jusqu'à maintenant. Afin de créer, au moyen des données de ce fichier, la table que nous présentons au résultat 2-14, nous allons aussi devoir recourir à l'option @.

```
----|----10---|----20---|----30---
sem1  7.3 5.8 8.8 11.6 9.3 6.8 6.7
sem2  6.3 5.6 7.1 6.6 5.2 2.9 2.5
sem3  6.1 8.4 5.3 8.9 4.7 8.1 8.8
sem4  10.8 9.1 11.5 8.2 4.9 2.4 6.1
sem5  9 9.1 7.6 . . . .
```

Figure 2–15
Fichier ORLEANS01_18.TXT

Résultat 2-14 (extrait)

Obs.	sem	jour	temp
1	sem1	1	7.3
2	sem1	2	5.8
3	sem1	3	8.8
⋮	⋮	⋮	⋮
7	sem1	7	6.8
8	sem2	1	6.3
⋮	⋮	⋮	⋮

Ce fichier reprend les températures moyennes observées à Orléans en janvier 2018. Il comprend 5 enregistrements, chacun composé de 8 champs. Le premier champ joue le rôle d'identifiant et vous indique la semaine d'observation des températures précisées dans les sept champs suivants. La première température du premier enregistrement a été observée le lundi 1er janvier 2018, la deuxième correspond au mardi 2 ; la dernière température est donc celle du dimanche 7 janvier 2018.

Au moyen d'un enregistrement, vous devez donc construire sept observations. Si vous avez compris le fonctionnement de l'option @ et de l'instruction OUTPUT, vous pouvez écrire le programme illustré par la figure 2-16.

Préalablement à l'exécution de ce programme, nous avons demandé celle de l'instruction suivante :

```
FILENAME orl "c:/intro_sas/fichiers/orleans01_18.txt";
```

INPUT BUFFER   **PROGRAM DATA VECTOR**

```
DATA Orleans;
   INFILE orl;
   INPUT sem $ @;
   jour=1;
   INPUT temp @;
   OUTPUT;
   jour=2;
   INPUT temp @;
   OUTPUT;
   jour=3;
   INPUT temp @;
   OUTPUT;
   jour=4;
   INPUT temp @;
   OUTPUT;
   jour=5;
   INPUT temp @;
   OUTPUT;
   jour=6;
   INPUT temp @;
   OUTPUT;
   jour=7;
   INPUT temp ;
   OUTPUT;
RUN;
```

_N_	SEM	JOUR	TEMP
1	sem1	.	.
1	sem1	1	.
1	sem1	1	7.3
1	sem1	1	7.3
1	sem1	2	7.3
1	sem1	2	5.8
1	sem1	2	5.8
1	sem1	3	5.8
1	sem1	3	8.8
1	sem1	3	8.8
1	sem1	4	8.8
1	sem1	4	11.6
1	sem1	4	11.6
1	sem1	5	11.6
1	sem1	5	9.3
1	sem1	5	9.3
1	sem1	6	9.3
1	sem1	6	6.8
1	sem1	6	6.8
1	sem1	7	6.8
1	sem1	7	6.7
1	sem1	7	6.7

Figure 2–16 Construction de la table ORLEANS – INPUT BUFFER et PDV

La figure 2-16 montre, instruction après instruction, la première exécution du programme qui va créer la table ORLEANS.

Pour cela, nous représentons l'INPUT BUFFER en précisant, après chaque instruction INPUT, le champ lu au moyen d'une zone grisée et l'endroit où s'interrompt la lecture de l'enregistrement au moyen d'une flèche verticale.

Nous présentons à droite le contenu du *Program Data Vector (PDV)*, dont nous détaillerons le fonctionnement au chapitre 3. Vous voyez ainsi, instruction après instruction, les modalités que connaît SAS des variables SEM, JOUR et TEMP. La conséquence de chaque instruction sur le contenu du PDV est indiquée au moyen d'une zone grisée. Lorsque SAS rencontre l'instruction OUTPUT, c'est tout le contenu du PDV (hormis la variable automatique _N_), qui est versé dans la table ORLEANS.

Vous remarquerez que, si le contenu de l'INPUT BUFFER ne connaît pas de variations au cours de la première exécution du programme, le contenu du PDV, lui, change après chaque instruction. Enfin, puisque le programme présente sept instructions OUTPUT, une exécution sur un enregistrement donné produira sept observations.

Le programme présenté à la figure 2-16 n'est cependant pas optimisé. Vous obtiendrez exactement le même résultat au moyen du programme 2-28 qui fait appel à une boucle DO (voir section 3.5.2).

Programme 2-28

```
DATA Orleans;
   INFILE orl;
   INPUT sem $ @;
   DO jour=1 TO 7;
      INPUT temp @;
      OUTPUT;
   END;
RUN;
```

Notre programme profite ici du fait que chaque enregistrement présente le même nombre de champs. Que se passe-t-il si ce n'est pas le cas ?

Pour répondre à cette question, nous allons utiliser les données du fichier PPJ.TXT (voir figure 2-17) afin de créer la table présentée au résultat 2-15.

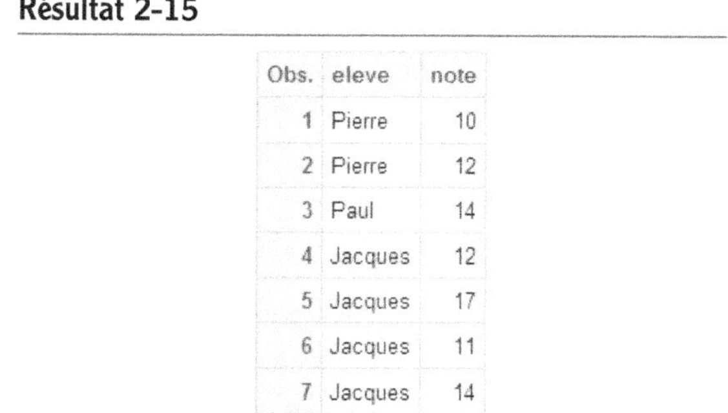

Figure 2–17
Le fichier PPJ.TXT

Résultat 2-15

Obs.	eleve	note
1	Pierre	10
2	Pierre	12
3	Paul	14
4	Jacques	12
5	Jacques	17
6	Jacques	11
7	Jacques	14

Le fichier PPJ.TXT indique, pour trois étudiants, les notes qu'ils ont obtenues. Le nombre de notes n'est pas constant.

Dans le programme 2-28, une boucle DO fait évoluer la variable JOUR de 1 jusqu'à 7 parce que chaque enregistrement contient sept champs représentatifs de températures. Dans le cas des données du fichier PPJ.TXT, puisque le nombre de champs n'est pas constant, il va nous falloir le calculer pour chaque enregistrement.

Programme 2-29

```
FILENAME ppj "c:/intro_sas/fichiers/ppj.txt";
DATA ppj(DROP=i nbnotes);
   INFILE ppj;
   INPUT eleve $ @;
   nbnotes=COUNTW(_INFILE_," ")-1;
   DO i=1 TO nbnotes;
      INPUT note @;
      OUTPUT;
   END;
RUN;
```

Une fois lu le premier champ qui correspond au prénom de l'élève, nous interrompons la lecture de l'enregistrement et faisons appel à la fonction COUNTW (voir section 3.2.7.a) pour calculer le nombre de champs dans l'enregistrement courant (la variable automatique _INFILE_ donne le contenu de l'INPUT BUFFER à la fonction COUNTW). Puisque le séparateur de champs est l'espace, nous l'utilisons en second argument de COUNTW. Le nombre de notes est alors égal au nombre de champs diminué de 1 puisque le premier champ correspond au prénom. La boucle DO « tournera » de 1 à 2 pour le premier enregistrement, de 1 à 1 pour le second et de 1 à 4 pour le dernier. L'option de table DROP= (voir section 3.3.1) évite de conserver dans la table produite les variables I et NBNOTES.

2.5 La gestion des valeurs manquantes

Précédemment, nous avons indiqué que vous deviez noter les valeurs manquantes dans vos données au moyen d'un point, quel que soit le type de la variable – numérique ou caractère.

SAS vous donne la possibilité, d'une part, de gérer plus finement ces valeurs manquantes et, d'autre part, de noter la présence d'une valeur manquante dans vos données même si celle-ci n'est pas repérée au moyen du point habituel.

➕ 2.5.1 L'instruction globale MISSING

Imaginons le cas suivant : vous disposez d'un fichier de données qui reprend les résultats d'une enquête effectuée auprès de consommateurs sur les caractéristiques de leur abonnement auprès des opérateurs de téléphonie mobile. La première question posée est : « Quel est le nom de votre opérateur de téléphonie mobile ? »

Certains consommateurs n'ont pas répondu parce qu'ils ne le souhaitaient pas ; d'autres, parce qu'ils n'étaient pas concernés par la question (« Je n'ai pas de téléphone portable »). Dans votre fichier, deux caractères représentent les valeurs manquantes : . pour le premier cas et x pour les personnes ayant déclaré ne pas avoir de téléphone portable. Nous construisons une table qui reprend une partie de ces données dans le programme 2-30 (fichier PORTABLE.TXT).

Programme 2-30	Résultat 2-16

```
DATA portable;
   INPUT ope x1 $;
CARDS;
1 abc
X def
2 ghi
1 jkl
. mno
2 pqr
;
```

Obs.	ope	x1
1	1	abc
2	.	def
3	2	ghi
4	1	jkl
5	.	mno
6	2	pqr

La variable OPE est numérique et la valeur x, a priori non numérique, est refusée lors de la création de la table. Le message habituel apparaît dans le journal :

```
NOTE: Données incorrectes pour ope à la ligne 713 1-1.
REGLE :     ----+----1----+----2----+----3----+----4----+----5----+----6
713         X def
ope=. x1=def _ERROR_=1 _N_=2
```

Votre x a été transformé en valeur manquante, mais vous avez tout de même perdu une information : maintenant, vous ne pouvez plus donner la raison de cette non-réponse. Vous gérez ce genre de problème au moyen de l'instruction globale MISSING, qui sert à déclarer des valeurs manquantes spéciales. Le programme 2-31 l'illustre.

Programme 2-31

```
MISSING X;
DATA portable;
    INPUT ope x1 $;
CARDS;
1 abc
X def
2 ghi
1 jkl
. mno
2 pqr
;
MISSING;
```

Résultat 2-17

Obs.	ope	x1
1	1	abc
2	X	def
3	2	ghi
4	1	jkl
5	.	mno
6	2	pqr

Au terme du programme 2-31, nous revenons au fonctionnement par défaut de SAS via l'instruction globale MISSING. Vous constatez (résultat 2-17) que le X est conservé – la variable OPE est bien numérique.

La première instruction globale MISSING demande ici que X soit considéré comme symbole de valeur manquante. Dans cette instruction, vous pouvez indiquer soit une lettre (A-Z) soit le tiret bas (_) et affecter plusieurs symboles aux valeurs manquantes :

```
MISSING A B C;
```

Cette instruction indique à SAS qu'il doit considérer A, a, B, b, C et c – la casse est insensible – comme symboles possibles de valeurs manquantes. Une autre façon (sans utiliser MISSING) d'imposer qu'une lettre saisie comme telle soit considérée ensuite comme valeur manquante d'une variable numérique consiste à la faire précéder d'un point.

Programme 2-32

```
DATA portable;
    INPUT x0 x1 $;
CARDS;
1       abc
2       def
.A      ghi
.b      jkl
.ccc    mno
2       pqr
;
```

Résultat 2-18

Obs.	x0	x1
1	1	abc
2	2	def
3	A	ghi
4	B	jkl
5	.	mno
6	2	pqr

Vous remarquez de plus, dans le programme 2-32, que les valeurs manquantes spéciales sont toujours affichées en majuscules ; par ailleurs, vous devez impérativement utiliser une seule lettre précédée d'un point pour indiquer une valeur manquante spéciale.

2.5.2 Les valeurs manquantes non notées par un quelconque caractère

Lorsque les enregistrements sont formatés en colonnes, vous n'êtes pas obligé de noter les valeurs manquantes avec un point ou un autre caractère (voir exercice 2.2). En effet, si vous demandez à SAS de lire un champ entre telle et telle colonne et s'il ne trouve rien, il en conclut que la modalité est manquante.

En revanche, si vos enregistrements sont de type LIST INPUT, l'absence de symbolisation des valeurs manquantes peut devenir un problème ; les fichiers CSV présentent très souvent cette caractéristique. Nous étudions ce point au moyen des données ci-après (fichier MISSING1.TXT).

<table>
<tr><td>

Données

```
----|----10---|
a;b;c;1;2;3
d;e;f;4;5;6
g;h;i;7;8;9
k;l;m;10;11;12
```

</td><td>

Programme 2-33

```
DATA test;
    INFILE 'C:\intro_SAS\fichiers\missing1.txt' DLM=';';
    INPUT x1 $ x2 $ x3 $ n1 n2 n3;
RUN;
```

</td></tr>
</table>

La table TEST est créée sans problème au moyen du programme 2-33. En revanche, si vos données ont la forme suivante (fichier MISSING2.TXT) et si vous exécutez le même programme, attendez-vous à des surprises…

Données

```
----|----10-
a;b;c;1;2;3
;e;f;4;5;6
g;;i;7;8;9
k;l;;10;;12
```

Résultat 2-19

Obs.	x1	x2	x3	n1	n2	n3
1	a	b	c	1	2	3
2	e	f	4	5	6	.

Dans le fichier MISSING2.TXT apparaissent des valeurs manquantes non représentées par des points : le résultat que vous obtenez est directement lié à cette caractéristique de vos données. Si vous voulez construire une table à l'image de vos données sans avoir à intervenir dans le fichier TXT, vous pouvez employer l'option DSD :

Programme 2-34

```
DATA test;
    INFILE 'C:\intro_SAS\fichiers\missing2.txt' DLM=';' DSD;
    INPUT x1 $ x2 $ x3 $ n1 n2 n3;
RUN;
```

Résultat 2-20

Obs.	x1	x2	x3	n1	n2	n3
1	a	b	c	1	2	3
2		e	f	4	5	6
3	g		i	7	8	9
4	k	l		10	.	12

L'option DSD indique à SAS qu'il doit considérer deux séparateurs de champs consécutifs comme symbolisant une valeur manquante. Au moyen de DLM=, nous précisons que le séparateur est le point-virgule.

Si vous ne spécifiez pas de valeur à l'option DLM=, DSD considère par défaut que le séparateur de champs est la virgule. Deux virgules consécutives seront donc considérées comme marque d'une valeur manquante.

2.6 Les INFORMAT

Le signe $ que vous devez ajouter après le nom d'une variable caractère est un INFORMAT. Il a pour objet, comme tous les INFORMAT, de dire à SAS comment traiter le contenu d'un champ pour le transformer en une modalité de variable. Il existe beaucoup d'INFORMAT et cette section vise à évoquer les plus courants pour comprendre leur fonctionnement et leur utilisation[16].

2.6.1 Les INFORMAT des variables caractères

En ce qui concerne les variables caractères, $w. et $CHARw. sont les deux principaux INFORMAT. Le programme 2-35 en illustre le fonctionnement.

Programme 2-35[17]

```
DATA huston;
   INPUT titre_fra $char20. @22 titre_ori $17. @40 acteur $18.;
CARDS;
           Phobia Phobia           Paul Michael Glaser
  A nous la victoire Escape to Victory  Sylvester Stallone
           Annie Annie                   Aileen Quinn
;*--+----1----+----2----+----3----+----4----+----5----+----6;
```

Résultat 2-21 (SAS 9.4 - Fenêtre Sortie)

```
      Obs.        titre_fra         titre_ori              acteur

       1              Phobia    Phobia               Paul Michael Glase
       2    A nous la victoire  Escape to Victory    Sylvester Stallon
       3               Annie    Annie                Aileen Quin
```

Un INFORMAT doit être présenté immédiatement après le nom de la variable qu'il va contribuer à créer. Avec une variable caractère, son nom débute toujours par le signe $ et se termine toujours par un point[18]. **La partie W de l'INFORMAT indique ici le nombre de caractères qu'il faut lire et enregistrer dans la variable.** Notre instruction INPUT demande donc que l'on lise **exactement** 20 caractères pour déterminer la modalité de TITRE_FRA. Il faut ensuite se rendre à la colonne 22 (@22) pour saisir les 17 caractères suivants comme modalité de la variable TITRE_ORI. Puis on passe en colonne 40 et on saisit les 18 caractères qui suivent.

---

16. Voir l'aide SAS, entrée *Informats by Category*.

17. Les valeurs sont présentes dans le fichier HUSTON5.TXT. La règle qui apparaît sous les données a été ajoutée par nos soins.

18. Cela permet à SAS de faire la différence entre nom de variable et INFORMAT.

Au moyen des outils exposés dans la section 2.3, nous aurions pu écrire l'instruction INPUT suivante pour créer une table à partir de ces données :

```
INPUT titre_fra $ 1-20 titre_ori $ 22-38 acteur $ 40-58;
```

Puisque vous spécifiez ici les colonnes à lire, vous n'avez plus besoin des pointeurs @X. Attention cependant : les deux instructions INPUT traitées ici sont proches (mais pas parfaitement équivalentes), mais **vous ne pouvez pas** indiquer, pour une même variable, un INFORMAT autre que $ et les colonnes dans lesquelles SAS doit lire un champ.

À la lecture du résultat 2-21, vous remarquez que SAS fait exactement ce que vous lui avez demandé. Pour enregistrer la variable ACTEUR, vous avez indiqué la lecture de 18 caractères : il a lu 18 caractères, ce qui n'était pas suffisant, et a « coupé », oubliant ainsi la dernière lettre de chacun des noms de famille. Notez aussi que la présence d'espaces au sein des champs n'arrête pas la lecture des W caractères que vous lui avez indiqués.

Enfin, cet exemple montre la différence entre ces deux INFORMAT.
- $CHARw. saisit une chaîne de caractères et ne lui fait subir aucun traitement.
- $w. élimine les espaces qui peuvent apparaître en début de champ (alignement à gauche).

Un INFORMAT transforme donc le contenu d'un champ en quelque chose de peut-être différent dans votre table finale. Vous pouvez les comprendre comme des **routines de transformation** des données en modalités de variables SAS.

Un dernier mot quant au résultat 2-21 : c'est pour vous montrer les différences entre les INFORMAT $w. et $CHARw. que nous avons repris la table créée au moyen du résultat d'un PROC PRINT dans la fenêtre *Sortie* de SAS 9.4 : dans les sorties en HTML, les espaces qui précèdent les modalités sont éliminés à l'affichage (même s'ils sont toujours présents dans la modalité). De plus, si deux espaces ou plus apparaissent au sein des modalités, vous n'en verrez qu'un seul à l'affichage dans la fenêtre HTML[19].

Exercice 2.13 – Transformez le fichier ACTEURS.TXT en table SAS. Il contient les données suivantes :

Sans modifier quoi que ce soit dans cette liste, constituez une table de deux variables (prénom et nom). Ne passez pas trop de temps sur cet exercice, car vous ne disposez pas des outils nécessaires à son achèvement. Tentez cependant de le résoudre afin de comprendre pourquoi cela ne fonctionne pas. Voyez dans un premier temps si vous avez besoin d'un autre INFORMAT que le $ que nous utilisons depuis le début.

```
----|----10---|----20--
Tahar Rahim
Eric Elmosnino
Omar Sy
Jean-Louis Trintignant
Guillaume Gallienne
Pierre Niney
Vincent Lindon
Gaspard Ulliel
```

L'exercice 2.13 est important parce qu'il aide à comprendre l'INFORMAT $ et la raison pour laquelle il vous faudra très souvent utiliser des INFORMAT particuliers pour saisir les modalités des variables caractères.

Si vous exécutez le programme 2-36, vous obtenez le résultat 2-22.

---

19. Cette représentation des modalités dans une sortie en HTML peut entraîner des confusions… Dans la section *Suppléments* de www.sas-sr.com, vous trouverez un exercice qui devrait vous en convaincre…

Programme 2-36

```
DATA acteurs;
   INFILE 'C:\intro_SAS\fichiers\acteurs.txt';
   INPUT prenom $ nom $;
RUN;
```

Résultat 2-22

Obs.	prenom	nom
1	Tahar	Rahim
2	Eric	Elmosnin
3	Omar	Sy
4	Jean-Lou	Trintign
5	Guillaum	Gallienn
6	Pierre	Niney
7	Vincent	Lindon
8	Gaspard	Ulliel

Au moyen de cet exemple, vous comprenez que l'INFORMAT $ présente les caractéristiques suivantes :

- Vous ne pouvez pas saisir plus de huit caractères.
- Après avoir lu huit caractères, SAS passe ceux qui suivent jusqu'à ce qu'il rencontre un séparateur de champs. Il commence alors l'enregistrement de la variable suivante[20].
- La fin de l'enregistrement est comprise comme un séparateur de champs : si un champ présente moins de huit caractères (`Rahim`), SAS ne charge pas un nouvel enregistrement.

Attention, $8. et $ ne sont pas équivalents ! Dans le programme 2-36, remplacez $ par $8. : vous obtiendrez le résultat 2-23. Si vous utilisez ensuite $10. pour PRENOM (le prénom le plus long compte 10 caractères) et $11. pour NOM (longueur du nom le plus long), vous obtiendrez le résultat 2-24.

Résultat 2-23

Obs.	prenom	nom
1	Tahar Ra	Eric Elm
2	Jean-Lou	is Trint
3	Guillaum	e Gallie
4	Pierre N	Vincent

Résultat 2-24

Obs.	prenom	nom
1	Tahar Rahi	Eric Elmosn
2	Jean-Louis	Trintignan
3	Guillaume	Pierre Nine
4	Vincent Li	Gaspard Ull

Exercice 2.14 – Expliquez pourquoi vous n'obtenez que quatre observations dans les résultats 2.23 et 2.24. Expliquez l'origine de la note CARTE PERDUE/LOST CARD observée lorsque vous reproduisez le résultat 2-23.

Lorsque vous utilisez un INFORMAT $w., comme indiqué plus haut, vous saisissez exactement W caractères. $ est donc différent puisqu'il va saisir **jusqu'à huit caractères** et que la saisie cessera si SAS rencontre un séparateur de champs.

Vous avez donc besoin, pour traiter correctement le fichier ACTEURS.TXT, d'un INFORMAT capable de saisir jusqu'à W caractères (W=10 pour PRENOM et 11 pour NOM), mais qui cesse la saisie lorsqu'il rencontre un séparateur de champs : il s'agit de :$w.[21].

---

20. Autrement dit : avec l'INFORMAT $, SAS ne conserve d'un champ délimité par des séparateurs de champs que les huit premiers caractères.

21. Il est possible d'ajouter un espace juste après le signe deux-points – c'est d'ailleurs ainsi qu'est présenté ce modifieur dans la documentation SAS. Nous préférons ici la forme :INFORMAT.

Si votre instruction INPUT devient la suivante, vous obtiendrez le résultat 2-25 :

```
INPUT prenom :$10. nom :$11.;
```

Résultat 2-25

Obs.	prenom	nom
1	Tahar	Rahim
2	Eric	Elmosnino
3	Omar	Sy
4	Jean-Louis	Trintignant
5	Guillaume	Gallienne
6	Pierre	Niney
7	Vincent	Lindon
8	Gaspard	Ulliel

L'INFORMAT **$** est en fait parfaitement équivalent à :$8. Ainsi, :$w. est capable :
- d'enregistrer **jusqu'à** W caractères ;
- de cesser la saisie si un séparateur de champs apparaît ;
- de cesser la saisie s'il arrive en fin de ligne ;
- si le champ comprend plus de caractères que W, d'aller jusqu'au prochain séparateur de champs pour passer à la variable suivante.

Exercice 2.15 – Quelles options d'INFILE pouvez-vous utiliser pour vous passer du ':' de l'INFORMAT de NOM ?

⬤⬤⬤ 2.6.2 Autres INFORMAT caractères

Il existe d'autres INFORMAT permettant la création de variables caractères. Pour une liste complète, consultez l'aide SAS[22]. Le tableau 2-2 vous en présente quelques-uns.

Tableau 2–2 INFORMAT des variables caractères

Champ	INFORMAT appliqué	Modalité dans SAS
"bourvil"	$QUOTE9.	bourvil
'fernandel'	$QUOTE11.	fernandel
"SAS 9'4"	$QUOTE9.	SAS 9'4
Bourvil	$UPCASE3.	BOU
Bourvil	$UPCASE7.	BOURVIL
01010110	$BINARY.	V
01101110	$BINARY.	n

22. Entrée *Informats by Category*.

Exercice 2.16 – *Vous disposez à ce stade de toutes les connaissances nécessaires au traitement du fichier BLUENOTE.TXT (voir exercice 2.5). Créez deux tables à l'aide de ce fichier. La première doit présenter de la manière suivante les 100 références du catalogue BLUE NOTE citées dans ce fichier :*

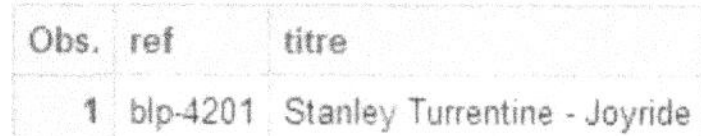

La seconde table devra les présenter comme suit :

L'exercice est difficile… Regardez à présent les tables que vous avez réussi à créer (avec un peu de persévérance). Vous voyez apparaître quelques « scories » : des " *ou des* quot;*, des* /a>*… Nous reviendrons sur ces tables dans un nouvel exercice, afin de corriger cela.*

2.6.3 Longueur des variables caractères

Il est extrêmement important de comprendre les incidences de la partie W des INFORMAT.

- Sur variable caractère, ce W indique le nombre de caractères à lire dans l'enregistrement, information nécessaire si votre champ en compte plus de huit ou contient un espace.
- Avec SAS 9.4/EG/Studio et le codage WLATIN1, W indique le nombre d'octets à utiliser pour enregistrer la variable dans la table et, donc, **le nombre maximal de caractères** qui pourront être enregistrés pour cette variable. **Vous devez toujours avoir à l'esprit que, dans ce cadre, pour enregistrer un caractère dans une variable, il faut un octet.**
- Si vous utilisez SAS UE et donc l'UTF-8, certains caractères usuels en français nécessitent deux voire trois octets. W continue à vous donner le nombre d'octets à réserver pour la variable, mais le nombre de caractères stockés dépend directement des caractères proprement dits. Par exemple, le mot « variable » contient 8 lettres non accentuées et peut être enregistré avec 8 octets ; le mot « témérité » contient lui aussi 8 lettres dont trois accentuées et nécessite 11 octets. Si vous enregistrez ce dernier mot sur seulement 8 octets, avec SAS UE et son codage UTF-8, la modalité que vous obtiendrez sera téméri.

Bien entendu, dans tous les cas, si vous avez une variable caractère de longueur W, jamais vous ne pourrez lui donner une modalité contenant plus de W caractères. Nous reviendrons sur ce point dans la section 3.1.

2.6.4 Les INFORMAT des variables numériques

Vous n'avez pas besoin de spécifier un INFORMAT si le champ que vous avez à transformer en une modalité de variable se présente sous une des formes suivantes :

```
23   23.2   -23   00023   2.3E1   2.3E01   230E-1
```

Les données numériques ont cependant parfois des formes qui ne conviennent pas à SAS. Nous avons ainsi vu que le séparateur décimal reconnu était le point. Si l'on essaie d'entrer des données avec des virgules, SAS ne comprend pas et crée des valeurs manquantes dans la table. Les INFORMAT numériques permettent de gérer ce type de difficulté.

a. Principes

Les INFORMAT des variables numériques fonctionnent quelque peu différemment de ceux des caractères, car le statut du W n'est pas le même.

En ce qui concerne les variables numériques, le W ne spécifie pas le nombre d'octets à utiliser pour enregistrer la modalité dans la table[23]. Il ne sert qu'à indiquer le nombre de caractères à lire dans l'enregistrement : une variable numérique, lorsqu'elle est créée, est systématiquement enregistrée sur 8 octets Ensuite, contrairement aux variables caractères, SAS ne limite pas sa lecture à huit caractères[24]. Par conséquent, sauf cas particuliers, les INFORMAT numériques sont pour la plupart de la forme :INFORMAT.

IMPORTANT : lorsque l'INFORMAT est numérique et sous la forme :INFORMAT, vous n'avez plus besoin de spécifier le W.

Vous devez prendre garde à la spécification de votre W uniquement lorsque vos enregistrements sont formatés en colonnes et que vos champs contiennent des espaces.

Vous pouvez par conséquent utiliser des :INFORMAT sans préciser W (ou en lui donnant une valeur quelconque) :

- s'il n'y a pas d'espace dans les champs ;
- si des espaces apparaissent dans les champs mais ne sont pas séparateurs de champs.

Le programme 2-37 aide à préciser certains points.

Programme 2-37

```
DATA illustration;
   INFORMAT x1 PERCENT25.;
   INPUT x1 (x2 x3) (:COMMAX1.) x4 :NUMX.;
CARDS;
12.25% $1 $2.000,00 1,1
4.5% $1.000,00 $2,0 11,1
3% $1,00 $4.000.000 1111,1
;
```

Résultat 2-26

Obs.	x1	x2	x3	x4
1	0.1225	1	2000	1.1
2	0.0450	1000	2	11.1
3	0.0300	1	4000000	1111.1

Vous pouvez préciser l'INFORMAT d'une variable en dehors d'une instruction INPUT via une instruction INFORMAT[25]. Dans ce cas, il sera de type :INFORMAT et le W ne sera pas considéré :

---

23. Vous pouvez tout de même fixer le nombre d'octets utilisés pour stocker une modalité numérique (voir section 3.1.3) mais cela n'est pas possible avec l'instruction INPUT.

24. Pour vous en convaincre, rédigez un programme de création de table incluant une instruction CARDS et indiquez des champs composés de 20, 30, 50, 100, 200 chiffres…

25. Vous pouvez aussi déclarer un INFORMAT pour une variable au moyen de l'instruction ATTRIB (voir section 5.3.1.b). Il est alors de type :INFORMATw.d.

vous remarquez en effet que 25 caractères ne sont pas lus pour remplir la variable X1 – la lecture de l'enregistrement pour X1 s'arrête au premier séparateur de champs.

Ce programme montre aussi comment imposer le même INFORMAT à plusieurs variables. Pour cela, vous devez regrouper ces dernières entre parenthèses, de même que l'INFORMAT à appliquer. Vous pouvez donner n'importe quelle valeur à W et même ne rien préciser : il n'est en fait jamais considéré si vous utilisez le signe deux-points.

Exercice 2.17 – w.d est l'INFORMAT numérique le plus basique (le D est optionnel et expliqué plus loin). Il est très peu utilisé mais, afin de bien comprendre son fonctionnement, nous le mobilisons dans le programme 2-38, alors que les données (fichier INFORMATW.TXT) ne nécessitent aucun INFORMAT.

Programme 2-38	**Résultat 2-27**

```
DATA test;
    INPUT x1 1. x2 2. x3 3. x4 4.;
    CARDS;
1 23 456 7890
2 34 567 8901
3 45 678 9012
;
```

Obs.	x1	x2	x3	x4
1	1	2	.	.
2	2	3	.	.
3	3	4	.	.

*Le résultat 2-27 présente la table construite à l'aide de ce programme ; expliquez-le. En utilisant **uniquement des INFORMAT** de type w.d sans signe deux-points et sans prendre en compte le fait que les enregistrements sont formatés en colonnes, construisez la table correspondant à vos données. Une nouvelle lecture de la section 2.3.2 vous aidera sûrement pour cet exercice…*

b. Quelques INFORMAT sur variables numériques

Les nouvelles versions de SAS sont toujours l'occasion d'introduire de nouveaux INFORMAT. Pour connaître la liste complète de ceux qui sont disponibles dans votre version, consultez l'aide[26]. Nous ne présenterons ici que les plus courants, avec la notation utilisée par l'aide, à savoir INFORMATw.d. Vous les utiliserez le plus souvent sous leur forme :INFORMAT. Généralement, un INFORMATw.d demande la lecture de W caractères exactement et la multiplication par 10^{-D} de la donnée lue si celle-ci est entière. **Attention, si la donnée est décimale, la multiplication par 10^{-D} ne sera pas effectuée.**

Lorsque vous recourez à un :INFORMATw.d, SAS prend en compte la partie D, mais pas la W. Si vous souhaitez utiliser uniquement D, vous pouvez indiquer n'importe quelle valeur pour W ou bien ne pas le préciser.

NUMXw.d interprète des champs contenant le séparateur décimal (virgule).

:NUMX. transforme `896,48` (champ) en `896.48` (modalité SAS).

Exercice 2.18 – À partir du fichier MARDI.TXT que vous ouvrirez auparavant au moyen d'un éditeur de texte quelconque, créez une table SAS.

---

26. Entrée *Informats by Category*.

PERCENTw.d supprime les points, les blancs, les signes $, les tirets, les parenthèses droites et transforme les parenthèses gauches en signe – (s'il n'y a pas de signe – entre les parenthèses).

Champ	INFORMAT	Modalité SAS
1%	:PERCENT.	0.01
1.6%	:PERCENT.	0.016
(1%)	:PERCENT.	-0.01
(-1%)	:PERCENT.	-0.01
1 %	PERCENT3.	0.01
-1%$	:PERCENT.	-0.01
1	:PERCENT.	1
1)	:PERCENT.	1

Si le signe % n'apparaît pas, la donnée présentée dans le champ n'est pas divisée par 100. Pour le champ `1 %`, vous devrez préciser le nombre de caractères à lire étant donné qu'un espace apparaît entre le 1 et le signe %.

Exercice 2.19 – Créez deux tables au moyen des fichiers TAUX.TXT et TAUXV.TXT. Vous aurez quelques difficultés avec le second fichier… Recherchez dans l'aide des informations sur l'INFORMAT NLPCTw.d.

COMMAw.d traite les champs dans lesquels les valeurs sont présentées « à l'américaine » : $1,000,000.

`:COMMA.` transforme `$1,000,000` (champ) en `1000000` (modalité SAS).

COMMAw.d supprime les signes $, les blancs, les pourcentages, les virgules, les tirets, les parenthèses droites et transforme les parenthèses gauches en signes –. La transformation par 10^{-D} est aussi possible.

Exercice 2.20 – Appliquez l'INFORMAT COMMAw.d aux champs suivants que vous aurez, au préalable, replacés dans une seule colonne.

```
1,000,000  $1,000,000  1 000 000  1-000-000  1 000 000% (1,000,000)  (-1,000.00)
€1.000.000
```

Retirez les valeurs présentant des espaces pour vérifier que :COMMA. traite les autres valeurs, sauf la dernière…

COMMAXw.d réalise les mêmes transformations, sauf qu'elles s'appliquent aux champs de type `$1.000.000`, séparateur décimal virgule.

EUROw.d retire les virgules et les signes € dans les valeurs en euros présentées à l'américaine.

`:EURO.` transforme `€1,000,000` (champ) en `1000000` (modalité SAS).

EUROXw.d réalise les mêmes transformations sur les montants saisis avec un séparateur décimal virgule.

`:EUROX.` transforme `€1.000.000` (champ) en `1000000` (modalité SAS).

Attention : lorsque le codage est UTF-8, les INFORMAT EUROw.d et EUROXw.d ne fonctionnent pas.

Si les champs reprenant une somme en euros sont présentés de la façon suivante : `€12,34`, `€12.34`, `12.34€`, `12,34€`, `€1 234.56`, `€1 234,56`, `1 234.56€` ou `1 234,56€`, vous pourrez utiliser l'INFORMAT **NLMNYw.d** (il faut alors que la valeur de l'option globale LOCALE= soit French) ou l'INFORMAT **NLMNLEURw.d** quelle que soit la valeur de l'option globale LOCALE=. Contrairement aux INFORMAT EUROw.d et EUROXw.d, ces INFORMAT fonctionnent parfaitement avec SAS UE.

Exercice 2.21 – Dans le fichier PABLO.TXT, vous trouverez un extrait du catalogue des disques PABLO[27].

Les disques de ce label ont fait l'objet de rééditions (collection OJC) en disques vinyles 33 tours et étaient encore, il y a quelques années, distribués par deux sociétés : Fantasy aux États-Unis et ZYX en Allemagne. Dans ce fichier sont indiqués, dans l'ordre, la référence PABLO du disque, l'artiste, le titre de l'album, si Fantasy le vend au format vinyle (fantasy/no), la référence OJC en cas de vente par Fantasy, le prix Fantasy en dollars, si ZYX le vend au format vinyle (ZYX/no) et le prix ZYX en euros.

Créez une table à partir des données de ce fichier et, surtout, étudiez la structure du fichier PABLO au moyen de FSLIST avant d'exécuter un quelconque programme.

Exercice 2.22 – Construisez une table en utilisant le fichier PABLO2.TXT (catalogue complet) – la structure du fichier diffère très nettement :

```
----|----10---|----20---|----30---|----40---|
2308223 Ella Fitzgerald/Count Basie/Joe Pass
Digital III at Montreux   fantasy
OJC-996 $9.98 ZYX €11,49
```

Réservez 48 caractères pour l'artiste (la variable artiste peut prendre jusqu'à 95 caractères : vous allez donc la tronquer) et 40 pour le titre de l'album (qui peut en compter jusqu'à 70).

2.6.5 Des variables numériques particulières : les dates et heures

Les dates et heures sont des variables numériques. Si par exemple un champ apparaît dans votre enregistrement sous la forme `01JAN2018`, vous devez, lors de la création de votre table, faire comprendre à SAS qu'il s'agit bien d'une date, par le biais d'un INFORMAT. Sinon, en enregistrant cette modalité dans une variable caractère, vous ne pourrez pas, par exemple, regrouper les observations relatives à un même mois, trier par ancienneté ou calculer un temps entre deux observations consécutives.

a. Qu'est-ce qu'une date ?

SAS stocke une date sous la forme d'une variable numérique qui indique le nombre de jours séparant la date en question du 01/01/1960 : un chiffre négatif indique donc une date antérieure au 1er janvier 1960. SAS gère n'importe quelle date entre le 1er janvier 1582 (année d'imposition du calendrier grégorien) et le 31 décembre 20000.

La gestion des dates par SAS est pour partie automatisée.

---

27. Label de jazz des années 1970 créé par Norman Granz, créateur du label Verve.

Programme 2-39

```
DATA _NULL_;
   date="01JAN2018"d;
   ecart="01JAN2018"d-"01JAN2017"d;
   PUTLOG date= ecart=;
RUN;
```

L'instruction PUTLOG (voir section 2.8.3) utilisée ici montre dans la fenêtre *Journal* le résultat suivant :

```
date=21185 ecart=365
```

C'est ici le seul résultat attendu du programme et il n'est pas réellement utile de créer une table SAS contenant les variables DATE et ECART. L'instruction DATA _NULL_ est alors utilisée : elle sert à tirer profit de tous les outils de programmation de l'étape DATA sans pour autant créer une table.

Normalement, quand dans un programme vous attribuez une modalité à une variable caractère, vous présentez cette modalité entre quotes. Ici, en ajoutant la lettre « d » juste après la quote fermante, nous indiquons à SAS qu'il a affaire à une date et qu'il doit l'interpréter comme telle. Cette interprétation est visible dans le résultat proposé : il y a 21 185 jours du 1er janvier 1960 au 1er janvier 2018 et l'année 2017 comptait bien 365 jours.

Pour être interprétable, une date entre quotes doit être présentée dans un FORMAT DATE9. (`01JAN2011`) ou DATE7. (`01JAN11`)[28].

Pour rendre une date, nombre de jours depuis le 1er janvier 1960, plus parlante, vous pouvez lui appliquer un FORMAT qui précise la forme que devront prendre ses modalités à l'affichage[29].

Programme 2-40

```
DATA test;
   date1="14jul2018"d;
   date2=date1;
RUN;

PROC PRINT DATA=test;
   FORMAT date2 DDMMYY10.;
RUN;
```

Résultat 2-28

Obs.	date1	date2
1	21379	14/07/2018

Dans la table TEST créée par le programme 2-40, les variables DATE1 et DATE2 ont la même modalité. Pour rendre plus lisible la valeur `21379` dans le résultat offert par PROC PRINT, nous lui appliquons le FORMAT DDMMYY10. via l'instruction FORMAT. La date s'affiche alors sous la forme jours (D pour day), mois (M pour month), année (Y pour Year) sur 10 caractères : l'année est présentée avec 4 chiffres, une barre oblique est insérée entre les différents éléments.

---

28. Les mois doivent être saisis sur trois lettres – il s'agit impérativement des abréviations anglaises des mois, soit JAN, FEB, MAR, APR, MAY, JUN, JUL, AUG, SEP, OCT, NOV, DEC. Attention au YEARCUTOFF si vous n'indiquez que deux chiffres pour signifier l'année (voir section 2.6.5.c).

29. Nous traiterons des FORMAT plus en détail dans la section 5.3.

b. L'utilisation des INFORMAT de dates

Lors de la phase de création de votre table, vous pouvez aussi demander, via des INFORMAT (voir les plus courants dans le tableau 2-3), l'interprétation des champs représentatifs de dates dans vos enregistrements.

Le programme 2-41 vous propose un exemple. Nous avons imaginé un cas dans lequel la date du 1er décembre 1960 apparaîtrait sous la forme suivante : 01/12/1960. Pour interpréter un champ de cette nature, vous devez mobiliser l'INFORMAT DDMMYYw..

Programme 2-41

```
DATA date3;
   INPUT date :DDMMYY.;
CARDS;
01/12/1960
02/12/1960
13/12/1960
;RUN;
```

Assurez-vous de spécifier le bon INFORMAT : ici, les dates sont bien 1er décembre 1960, 2 décembre 1960, 13 décembre 1960 et vous devez obtenir les modalités 335, 336 et 347. Dans le meilleur des cas, si vous vous trompez d'INFORMAT, SAS ne comprendra pas votre champ et votre modalité sera valeur manquante. Il demeure possible qu'il interprète malgré tout votre champ. Si au lieu de :DDMMYY., vous utilisez :MMDDYY., SAS comprendra les deux premières dates « à l'américaine » et les codifiera en interne comme étant les 12 janvier 1960 et 12 février 1960. Les modalités seront respectivement égales à 11 et 42. Pour la dernière modalité, vous aurez une valeur manquante puisqu'il n'y a pas de 13e mois dans une année : un INFORMAT est « intelligent » et créera une valeur manquante si le champ ne peut pas correspondre à une date.

Les INFORMAT sont relativement souples et savent interpréter des dates écrites dans des formes voisines. :DDMMYY. interprétera correctement tous les champs précisés dans le programme 2-42.

Programme 2-42[30]

```
DATA test_d;
   INPUT x :DDMMYY. @@;
CARDS;
01102018 011018 01-10-2018 01-10-18 01/10/2018 01/10/18 01.10.2018 01.10.18 01:10:2018
01:10:18 1102018 011018 1-10-2018 1-10-18 1/10/2018 1/10/18 1.10.2018 1.10.18 1:10:2018
1:10:18
;RUN;
```

---

30. Les données sont reprises dans le fichier APPLIDDMMYY.TXT.

Tableau 2–3 Liste des INFORMAT de dates les plus courants (1er octobre 2018)

Champ dans votre fichier	INFORMAT dédié	Forme générale
1OCT18	DATE7.	:DATE.
1OCT18	DATE.	
01OCT18	DATE7.	
01OCT2018	DATE9.	
01-OCT-18	DATE9.	
011018	DDMMYY6.	:DDMMYY.
01 10 18	DDMMYY8.	
01/10/18	DDMMYY8.	
01/10/2018	DDMMYY10.	
18274	JULIAN.	:JULIAN.
2018274	JULIAN7.	
100118	MMDDYY.	:MMDDYY.
100118	MMDDYY6.	
10/01/18	MMDDYY8.	
10/01/2018	MMDDYY10.	
Oct18	MONYY.	:MONYY.
Oct2018	MONYY7.	
181001	YYMMDD6.	:YYMMDD.
181001	YYMMDD.	
18-10-01	YYMMDD8.	
18 10 01	YYMMDD8.	
2018-10-01	YYMMDD10.	
18Q4	YYQ.	:YYQ.
2018Q4	YYQ6.	

Attention : ce tableau étant loin d'être complet, consultez l'aide SAS[31] pour connaître les INFORMAT de dates disponibles pour votre version du logiciel.

---

31. Entrée *Informats by Category*.

Vous pouvez également inclure des dates saisies en français ou dans d'autres langues. Voici celles comprises depuis SAS 9.2 :

Afrikaans AFR	Finnish FIN	Macedonian MAC	Slovenian SLO
Catalan CAT	French FRA	Norwegian NOR	Spanish ESP
Croatian CRO	German DEU	Polish POL	Swedish SVE
Czech CSY	Hungarian HUN	Portuguese PTG	Swiss_French FRS
Danish DAN	Italian ITA	Russian RUS	Swiss_German DES
Dutch NLD			

Vous aurez pour cela recours aux INFORMAT suivants : EURDFDEw. (version internationale de DATEw.) et EURDFMYw. (version internationale de MONYYw.). Vous pouvez les utiliser dans la forme internationale en spécifiant une option de langue (option DFLANG=) – ou simplement modifier le préfixe :

Programme 2-43[32]

```
DATA date4;
   INPUT date :FRADFDE. @@;
CARDS;
01JAN60 01FEV60 01MAR60 01AVR60 01MAI60 01JUN60
01JUL60 01AOU60 01SEP60 01OCT60 01NOV60 01DEC60
;RUN;

OPTIONS DFLANG=french;
DATA date4;
   INPUT date :EURDFDE. @@;
CARDS;
01JAN60 01FEV60 01MAR60 01AVR60 01MAI60 01JUN60
01JUL60 01AOU60 01SEP60 01OCT60 01NOV60 01DEC60
;RUN;
```

Exercice 2.23 – Vous trouverez, parmi les fichiers de l'archive que vous avez téléchargée depuis www.sas-sr.com, *un fichier EXO2XXX.TXT contenant dix variables. Examinez-le attentivement. Construisez à partir de ce fichier une table SAS dans laquelle il ne doit y avoir aucune valeur manquante.*

c. L'option YEARCUTOFF=

Soit la date suivante qui apparaît dans un champ : 01/01/18. Que cache-t-elle exactement : le 1er janvier 2018, 1918, 1818… ?

---

32. JUI n'est jamais une abréviation correcte – employez JUN pour juin et JUL pour juillet.

Par défaut, la date sera comprise (et recodée) comme étant le 1ᵉʳ janvier 2018. Dans le cas où `18` signifie en fait 1918, vous devez spécifier une nouvelle valeur à l'option globale YEARCUTOFF=.

```
OPTIONS YEARCUTOFF=yyyy;
```

Elle sert à préciser la période de 100 ans dans laquelle sont impérativement placées les dates pour lesquelles les années sont désignées avec deux chiffres.

Par défaut, avec SAS ≤ 9.3, le YEARCUTOFF est égal à 1920 : toute date présentant l'année avec deux chiffres sera placée dans l'intervalle 1ᵉʳ janvier 1920 – 31 décembre 2019.

Avec SAS 9.4, le YEARCUTOFF est par défaut égal à 1926.

Figure 2–18
L'option globale YEARCUTOFF
(1926 avec SAS 9.4)

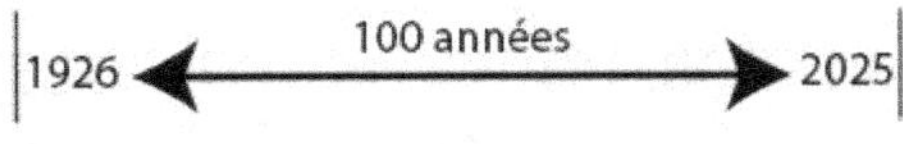

Pour SAS, quelle que soit sa version, 01/01/10 correspond forcément au 1ᵉʳ janvier 2010 et 01/01/19 au 1ᵉʳ janvier 2019. 01/01/20 sera traduit en 01/01/1920 par SAS 9.3 et en 01/01/2020 par SAS 9.4. Si vous souhaitez que SAS 9.3 l'interprète comme le 01/01/2020, vous devez donner à YEARCUTOFF une valeur supérieure à 1920. Cette option globale n'intervient bien entendu pas si l'année est précisée avec quatre chiffres.

Exercice 2.24 – Quel YEARCUTOFF faut-il spécifier pour que 14/07/89 soit traité par SAS comme étant le 14 juillet 1789 ?

d. Les INFORMAT d'heures

Le principe des variables d'heures est identique à celui des variables de dates. Les mesures du temps stockées par SAS correspondent au nombre de secondes qui séparent minuit de l'heure considérée. Ainsi, `23:59:59.9`, soit un dixième de seconde avant minuit, sera enregistré par SAS sous la forme 86399.9 (0.9 + 59 + 59 × 60 + 23 × 60 × 60).

L'INFORMAT TIMEw. permet de gérer des champs présentés ainsi :

```
hh:mm<:ss.ss> <AM | PM>
```

Les parties secondes, centièmes de seconde et AM|PM présentées entre crochets sont optionnelles. Ainsi, le champ `12:34` sera compris comme 12 heures et 34 minutes ; il aura `45240` pour modalité dans votre table (12 × 60 × 60 + 34 × 60).

Si vous avez un champ de la forme `2:30` pour « 2 minutes et 30 secondes », vous ne pouvez pas recourir à TIMEw. car celui-ci l'interprétera comme « 2 heures et 30 minutes ». Vous utiliserez alors l'INFORMAT STIMERw..

Vous avez aussi la possibilité de faire directement référence à des heures dans vos programmes – vous emploierez à cet effet le suffixe t :

Programme 2-44

```
DATA _NULL_;
   heure="12:34"t;
   heure2="12:34:28"t;
   heure3="0:34:28.87 PM"t;
   PUTLOG heure= heure2= heure3=;
RUN;
```

Ce programme affiche le résultat suivant dans la fenêtre *Journal* :

```
heure=45240 heure2=45268 heure3=45268.87
```

e. Les dates DATETIME

Vous trouverez assez souvent des dates saisies sous la forme suivante : `01JAN2014:01:23:45`. Afin de saisir correctement ce champ dans une table, employez l'INFORMAT DATETIMEw. Il sera alors recodé par SAS comme un nombre de secondes écoulées entre la date en question et le 1er janvier 1960, 00 h 00.

Dans vos programmes, vous utiliserez le suffixe dt pour faire appel à des dates ainsi codées.

Programme 2-45

```
DATA _NULL_;
   date="01JAN2018:00:00:00"dt;
   ecart="01JAN2018:01:23:45"dt-date;
   PUTLOG date= ecart=;
RUN;
```

Ce programme affiche le résultat suivant dans la fenêtre *Journal* :

```
date=1830384000 ecart=5025
```

Afin que DATETIMEw. puisse la gérer, la partie date doit être présentée sous la forme DATE7. (`01JAN18`) ou DATE9. (`01JAN2018`). Vous pouvez utiliser l'espace ou n'importe quel caractère sauf un chiffre pour séparer la partie date de la partie heure. Cette dernière doit être notée de la façon suivante :

```
hh:mm<:ss.ss>
```

Vous n'êtes pas obligé de préciser ss.ss, mais les heures et minutes (hh:mm) sont indispensables. AM (am) et PM (pm) peuvent suivre votre date, séparée ou non par un espace.

Si votre date n'a pas exactement cette forme, il existe d'autres INFORMAT (YMDDTTMw.d, MDYAMPMw.d et les INFORMAT ISO8601 – voir l'aide SAS[33]), ainsi qu'une version internationale de DATETIMEw. (EURDFDTw.), laquelle fonctionne selon les mêmes principes que les INFORMAT internationaux de dates.

---

33. Entrée *Informats by Category*.

2.6.6 Créons notre propre INFORMAT[34] !

Il vous arrivera très certainement d'avoir à traiter des champs pour lesquels vous aurez besoin d'un INFORMAT qui n'existe pas. SAS vous offre la possibilité de le créer vous-même grâce à la procédure PROC FORMAT.

Prenons un exemple. Votre entreprise a réalisé une enquête et a saisi de la manière suivante les réponses aux questions posées : `oui/non/ne sait pas`. Elle a cependant sous-traité la saisie des réponses aux questionnaires papier à une entreprise qui a bâclé le travail : les réponses contenues dans votre fichier sont de la forme `oui/OUI/Oui`, `non/NON/Non`, `ne sait pas/Ne Sait Pas/NE SAIT PAS`. Elle avait cependant prévu qu'un problème se poserait et a fait insérer deux espaces entre chaque champ dans le fichier. Pour créer votre INFORMAT, vous avez ici le choix entre deux méthodes : une simple et une plus compliquée qui vous sortira de cas beaucoup plus ardus que celui exposé ici.

SB B A   ### a. Cas simples

Un cas est simple lorsque vous n'avez que quelques champs possibles à transformer en une modalité de variable SAS. Ainsi, dans l'exemple présenté ici, nous avons neuf champs (réponses) possibles que nous allons transformer en trois modalités (`1`, `2` et `3`). Dans ce cas simple, vous pouvez passer directement par PROC FORMAT et son instruction INVALUE.

Programme 2-46

```
PROC FORMAT;
   INVALUE enq
          'OUI','Oui','oui'=1
          'NON','Non','non'=2
          'NE SAIT PAS', 'ne sait pas', 'Ne Sait Pas'=3;
RUN;
```

Le programme présenté ici construit un INFORMAT numérique (puisque les modalités prises par la variable réponse seront par la suite `1`, `2` et `3`). On pourrait construire un INFORMAT caractère de la même manière :

Programme 2-47

```
PROC FORMAT;
   INVALUE $enq
          'OUI','Oui','oui'='O'
          'NON','Non','non'='N'
          'NE SAIT PAS', 'ne sait pas', 'Ne Sait Pas'='NSP';
RUN;
```

L'INFORMAT défini ici est mobilisé par le programme 2-48. Le résultat 2-29 présente la table créée.

---

34. Attention : cette section fait appel à des notions que nous n'avons pas encore évoquées. Si vous lisez cet ouvrage pour la première fois, vous pouvez la passer et y revenir par la suite. Nous n'évoquerons pas ici la sauvegarde pour utilisation ultérieure des INFORMAT. Ce point sera plus particulièrement traité dans la section 5.3.5.c.

Programme 2-48

```
DATA test;
   INPUT nom & $10. (rep1 rep2 rep3)(& $enq.);
CARDS;
Jean  oui  OUI  Oui
Pierre  non  NON  Non
Paul  ne sait pas  NE SAIT PAS  Ne Sait Pas
;RUN;
```

Résultat 2-29

Obs.	nom	rep1	rep2	rep3
1	Jean	O	O	O
2	Pierre	N	N	N
3	Paul	NSP	NSP	NSP

Les remarques qui suivent sont valables que vous créiez un INFORMAT ou un FORMAT[35] :

- L'instruction de création d'un INFORMAT (FORMAT) est INVALUE (VALUE).
- Le nom de l'INFORMAT (FORMAT) ne doit pas prendre plus de 31 caractères.
- L'INFORMAT (FORMAT) est caractère si les modalités, **à droite (à gauche) du signe égal**, sont précisées entre quotes (cas du programme 2-47)[36].
- Le nom d'un INFORMAT (FORMAT) caractère doit commencer par le signe $.
- Vous ne pouvez pas prendre pour nom celui d'un INFORMAT (FORMAT) existant.
- Le nom de votre INFORMAT (FORMAT) ne peut se terminer par un chiffre.

Dans le cas des INFORMAT caractères, les modalités que vous allez associer à certains champs sont susceptibles de compter jusqu'à 32 767 caractères depuis SAS 9. Pour spécifier les champs à associer à une modalité, vous pouvez les saisir comme :

- une valeur unique (ex. `4` ou `'A'` ou `'OUI'`) ;
- une liste de valeurs de même type séparées par des virgules (ex. `4,5,12,23` ou `'A','B','Z','OUI'`) ;
- un intervalle de valeurs caractères (ex. pour toute lettre comprise entre M et Z : `'M'-'Z'`) ;
- un intervalle de valeurs numériques (ex. pour toute valeur numérique comprise entre 1 et 50 : `1-50`).

Pour spécifier des intervalles numériques, vous pouvez aussi indiquer :

- `low-13` : inférieur ou égal à 13.
- `low-<13` : strictement inférieur à 13.
- `25-high` : supérieur ou égal à 25.
- `25<-high` : strictement supérieur à 25.
- Si vous spécifiez mal vos intervalles et s'ils se chevauchent comme dans `14-25` et `25-high`, le second intervalle sera traité comme « strictement supérieur à 25 ».
- Le terme OTHER est possible pour associer une modalité à tout champ non évoqué par les intervalles. OTHER doit cependant intervenir en dernier.

---

35. Voir la section 5.3.5.

36. Dans le cas des FORMAT, les modalités sont précisées à gauche du signe égal et les valeurs que vous voulez voir affichées sont à droite. Le FORMAT est caractère si les modalités sont précisées entre quotes.

Que se passe-t-il si vous oubliez de préciser une association champ/modalité (par exemple, si la réponse « non » a été saisie NON pour un individu) ?

Si l'INFORMAT que vous avez créé est de type caractère, dans la mesure où le champ ne prend pas plus de caractères que la plus longue des modalités finales, la réponse NON est reprise telle quelle dans votre table ; cela vous permettra de retravailler la définition de votre INFORMAT et de la compléter avec les champs oubliés.

Si votre INFORMAT est numérique, la modalité associée dans la table sera valeur manquante, ce qui est beaucoup plus problématique. Lorsque vous créez une table en utilisant un INFORMAT que vous avez construit, vous devez absolument lire votre fenêtre *Journal*. En effet, si SAS rencontre des champs non évoqués lors de la construction de l'INFORMAT, il vous l'indique de la manière suivante :

```
NOTE: Données incorrectes pour rep en ligne 521 1-11.
RÈGLE :     ----+----1----+----2----+----3----+----4----+----5----+----6-
521         oUi
rep=. _ERROR_=1 _N_=3
```

À partir de cette remarque, vous saurez comment compléter votre PROC FORMAT des associations champ/modalité pour l'instant manquantes.

SB A b. La création d'un INFORMAT via une table CNTLIN

Au lieu d'écrire directement les champs possibles et les modalités à associer, vous aurez souvent intérêt à utiliser une table qui résumera toutes ces associations. Reprenons avec cette méthode l'exemple développé dans la section précédente.

Programme 2-49

```
DATA infmt;
   INPUT start $11. @13 label $;
   fmtname="enq";
   type='J';
CARDS;
oui         O
Oui         O
OUI         O
non         N
NON         N
Non         N
ne sait pas NSP
NE SAIT PAS NSP
Ne Sait Pas NSP
;RUN;


PROC FORMAT CNTLIN=infmt;
RUN;

DATA test;
   INPUT nom & $10. (rep1 rep2 rep3)(& $enq.);
CARDS;
Jean  oui  OUI  Oui
Pierre  non  NON  Non
Paul  ne sait pas  NE SAIT PAS  Ne Sait Pas
;RUN;
```

Vous créez dans un premier temps une table dans laquelle vous résumez votre INFORMAT. Il est important que cette table contienne des variables appelées :

- START (dans laquelle vous saisirez vos champs à interpréter) ;
- LABEL (modalités à donner après le passage par l'INFORMAT) ;

- FMTNAME (qui aura pour modalité le nom de votre INFORMAT) ;
- TYPE (='J' pour INFORMAT caractère).

PROC FORMAT demande la création de l'INFORMAT au moyen des observations contenues dans la table INFMT (option CNTLIN=). Nous l'utilisons ensuite pour créer la table TEST.

Pour un INFORMAT, la variable TYPE prend la valeur J (caractère) ou I (numérique). Vous pourrez aussi créer des FORMAT avec ce type de programme (section 5.3.5) : TYPE vaudra alors C (pour créer un FORMAT caractère) ou N (numérique)[37].

Exercice 2.25 – On vous a transmis un fichier CHARTE.TXT contenant des informations sur une charte graphique que vous devrez appliquer. Sur chaque ligne, vous disposez du nom d'un élément de cette charte graphique (ele1, ele2…) et d'une couleur notée par un code X11[38]. Créez un INFORMAT qui remplacera ces noms X11 (« Gainsboro », « Lemon chiffon », « Dark Slate Grey »…) par les codes hexadécimaux correspondants au moment de la création de la table CHARTE à partir du fichier CHARTE.TXT. Vous aurez très certainement besoin du fichier COULEURS.CSV dans lequel les 455 couleurs X11 sont chacune reliées à leur équivalent en code RGB et en code hexadécimal.

2.7 SAS, Excel, importation et exportation de tables

Il vous arrivera souvent d'utiliser SAS pour analyser les données contenues dans des fichiers issus d'autres logiciels ou pour créer un fichier lisible par un autre logiciel. Dans cette section, nous traiterons essentiellement des outils que SAS met à disposition pour importer des données, puis des outils d'exportation de tables. L'exportation des résultats de procédures sera quant à elle traitée dans le chapitre 8.

Notre propos sera essentiellement tourné vers l'importation de fichiers Excel et l'exportation de tables vers ce même tableur. Les outils dont vous disposez dépendent cependant de votre ordinateur, de la version de SAS qui y est installée et, dans une certain mesure, de votre version d'Excel.

Pour transformer les données d'un classeur Excel en une table SAS, vous disposez principalement de deux outils : la procédure PROC IMPORT et l'instruction globale LIBNAME.

Pour bénéficier de ces outils, vous devez disposer du module **SAS/ACCESS Interface to PC Files**. Il est livré par défaut avec SAS UE mais le programme 2-50 vous aidera à vérifier qu'il fait partie de votre environnement (le résultat s'affiche dans la fenêtre *Journal*).

Programme 2-50

```
PROC SETINIT;
RUN;
```

---

37. Un INFORMAT est caractère (resp. numérique) lorsqu'il transforme une donnée contenue dans un champ en une chaîne de caractères (resp. une donnée numérique). Un FORMAT est numérique (resp. caractère) lorsqu'il est appliqué à une variable numérique (resp. caractère).

38. Voir Wikipédia, entrée *Noms de Couleur X11*.

Si vous ne disposez pas de ce module, vous pourrez toujours utiliser l'assistant d'importation de SAS EG (section 2.7.4.c) ou importer votre fichier Excel via un fichier CSV (section 2.7.5).

🆂🅱 🅱 2.7.1 La procédure PROC IMPORT

Avant d'importer des données contenues dans une feuille Excel, **il est impératif que celle-ci ne soit pas ouverte dans le tableur.** Si vous tentez d'importer un fichier ouvert par ailleurs, vous observerez par exemple dans votre journal le message d'erreur suivant[39] :

```
ERROR: Physical file does not exist, C:\intro_SAS\fichiers\client2018.
```

Le programme 2-51 vous présente la syntaxe principale de la procédure PROC IMPORT en cas d'importation de fichier Excel.

Programme 2-51

```
PROC IMPORT OUT=      REPLACE
            DATAFILE=
            DBMS=;
   RANGE=;
   SHEET=;
   SCANTEXT=;
   USEDATE=;
   SCANTIME=;
RUN;
```

Au moyen de l'option OUT=, vous précisez le nom de la table que vous souhaitez créer. Sans option REPLACE, votre PROC IMPORT n'écrira pas la table que vous souhaitez créer si celle-ci existe déjà. Vous aurez en effet dans le journal le message suivant :

```
NOTE: Import cancelled.  Output dataset WORK.IMPORT already exists.
      Specify REPLACE option to overwrite it.
```

L'option DATAFILE= précise le chemin physique vers le classeur. PROC IMPORT considère que la première ligne de la feuille que vous allez importer contient les noms des variables.

Au moyen de DBMS=, vous spécifiez le moteur à utiliser pour effectuer votre importation. Cette option est extrêmement importante.

Concernant les fichiers Excel, vous disposez de cinq moteurs[40]. Le tableau 2-4 vous en précise les caractéristiques.

---

39. D'autres messages d'erreurs peuvent apparaître.

40. Deux autres moteurs sont en réalité possibles : EXCEL4 et EXCEL5. Ils sont dédiés à l'importation de fichiers créés par des versions très anciennes du tableur : Excel 4.0, 5.0 et 7.0 (95).

Tableau 2–4 Les moteurs DBMS de PROC IMPORT

Moteur DBMS PROC IMPORT	Format de fichier	Limite	Plate-forme
EXCEL	.xls .xlsx .xlsm .xlsb	ACE	Windows
EXCELCS	.xls .xlsx .xlsm .xlsb	SAS PC Files Server	Windows
PCFS	.xls	SAS PC Files Server	Windows, Linux, Unix
XLS	.xls		Windows, Linux, Unix
XLSX	.xlsx	SAS 9.4 M2 minimum	Windows, Linux, Unix

Le moteur EXCEL mobilise le pilote ACE de Microsoft. Pour qu'il fonctionne, il faut, si vous disposez d'une version 64 bits (resp. 32 bits) de SAS, avoir installé sur votre ordinateur une version 64 bits (resp. 32 bits) d'Excel. Dans le cas contraire, vous aurez le message d'erreur suivant dans le journal.

```
ERROR: Connect: Classe non enregistrée
ERROR: Error in the LIBNAME statement.
ERROR: Connection Failed.  See log for details.
```

En ce qui concerne les moteurs EXCELCS et PCFS, vous devez disposer de SAS PC Files Server. Lorsqu'il n'est pas installé mais que vous disposez de SAS/ACCESS Interface to PC Files, il est toujours possible de le télécharger sur support.sas.com (section *downloads and hot fixes*). Ces moteurs vous permettront d'importer des fichiers dans une configuration SAS 64 bits/Excel 32 bits. Avec PCFS, vous pourrez aussi importer dans SAS sous Unix ou Linux des fichiers Excel placés sur un serveur Windows. Cette dernière possibilité est aussi offerte par XLS et XLSX. Ces moteurs sont utilisables même dans une configuration SAS 64 bits/Excel 32 bits. Le moteur XLSX n'est disponible que depuis SAS 9.4 M2.

Une dernière limite doit être précisée : quelle que soit l'extension de votre classeur (.xls, .xlsx, .xlsb, .xlsm), avec les moteurs EXCEL, EXCELCS, PCFS et XLS, vous n'en importerez au maximum que les premières 255 colonnes. Seul le moteur XLSX peut aller au-delà et créer des tables contenant jusqu'à 16 384 variables (nombre maximum de colonnes d'un fichier XLSX).

En ce qui concerne le nombre de lignes, rappelons qu'un fichier .xls contient au maximum 65 536 lignes (1 048 576 lignes dans les .xlsx, .xlsb et .xlsm).

Le programme 2-51 présente un ensemble d'instructions communes aux différents moteurs que nous présentons ici. En fonction du moteur que vous utiliserez, vous disposerez aussi d'autres instructions. Pour tout détail supplémentaire, n'hésitez pas à consulter l'aide SAS en ligne[41].

---

41. http://documentation.sas.com/?docsetId=acpcref&docsetTarget=titlepage.html&local=fr&docsetVersion=9.4

Afin de présenter le fonctionnement de PROC IMPORT, nous allons mobiliser le classeur CLIENT2018.XLSX (présent dans l'archive à télécharger depuis www.sas-sr.com) dont il nous faut préciser les caractéristiques.

	A	B	C	D	E	F	G	H	I
1	client	num	rue	CP	Ville	facture	date	nombre d'articles	total
2	Agnès	64	rue de Maredsous	33410	Bedrieux-les-Plumeurs	N001	02/06/2018	21	6 892,54 €
3	Apollinaire	5	rue Pierre-Joseph Redouté	01630	Cornillard-sur-Flanche	N002	03/06/2018	11	3 610,38 €
4	Edwige	2	rue Joseph Court	07920	Vichebro	N003	04/06/2018	21	6 892,54 €
5	Oni	93	place Polyvalente	11640	Maroufle	N004	04/06/2018	18	5 907,89 €
6	Hamid	39	rue du Pont de l'Arquet	33410	Bedrieux-les-Plumeurs	N005	04/06/2018	18	5 907,89 €
7	Grégoire	20	place du Puddleur	04250	Mouflard	N006	06/06/2018	26	8 533,62 €
8	Barnabé	32	rue Robert Schuman	14110	Guingois	N007	07/06/2018	31	10 174,70 €
9	Barthélémy	6	rue François de Civille	56460	Mufflins	N008	08/06/2018	9	2 953,95 €
10	Ama	12	rue Louis Braille	07090	Vidoncle-en-Plouviard	N009	10/06/2018	14	4 595,03 €
11	Lucille	44	rue Maladrerie	28670	Bistouilly	N010	10/06/2018	14	4 595,03 €
12	Farouk	23	place du Boulingrin	07920	Vichebro	N011	10/06/2018	22	7 220,76 €
13	Eulalie	59	desserte Thomas More	54420	Prainpoil	N012	12/06/2018	19	6 236,11 €
14	Yves	48	rue Alain Blanchard	69840	Grugny	N013	12/06/2018	24	7 877,19 €
15	Rosette	56	rue du Gros Chêne	56460	Mufflins	N014	13/06/2018	16	5 251,46 €
16	Aude	24	rue Joseph Hanse	93980	Larfeuille-les-Riflards	N015	14/06/2018	11	3 610,38 €

juin / juillet / test1 / test2

Figure 2–19 Feuille JUIN – Classeur CLIENT2018.XLSX

Ce classeur présente quatre feuilles. Sur les feuilles JUIN et JUILLET, on observe les achats effectués durant le mois correspondant par un certain nombre de clients. Les données de la colonne CP sont présentées au moyen du format Excel spécial « code postal » en cinq chiffres. Les colonnes DATE et TOTAL mobilisent respectivement pour leur présentation les formats date et monétaire d'Excel. Dans la feuille JUIN, nous avons aussi défini une plage nommée SELECT[42] et qui contient les données grisées de la figure 2-19.

Les feuilles TEST1 et TEST2 ont une structure reprise à la figure 2-20.

Dans TEST1, les données sont présentées sur la plage C4:D14. Dans TEST2, elles débutent à la cinquième ligne.

Nous ne disposons pas d'Excel 64 bits mais disposons de SAS PC Files Server. Notre fichier est un XLSX et, puisqu'aucune feuille ne comprend plus de 256 colonnes, nous avons le choix entre les moteurs XLSX et EXCELCS pour créer nos tables.

Le programme 2-52 crée la table IMPORT1 à partir des données de la feuille JUILLET.

---

42. Pour créer une plage nommée dans Excel, sélectionnez les cellules contenant vos données, puis cliquez-droit et choisissez *Nommer une plage*.

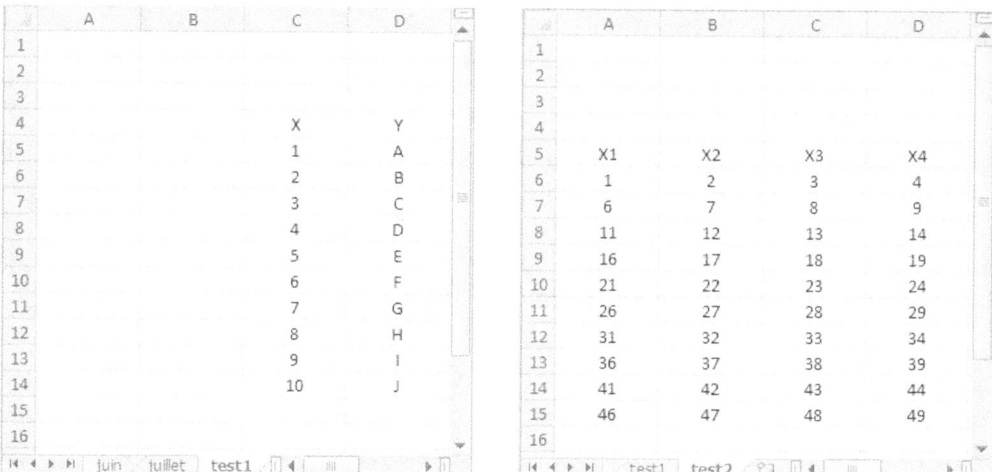

Figure 2–20 Feuilles TEST1 et TEST2 – Classeur CLIENT2018.XLSX

Programme 2-52

```
PROC IMPORT DATAFILE="C:/intro_SAS/fichiers/client2018.xlsx"
    DBMS=XLSX
    OUT=WORK.IMPORT1;
  SHEET="juillet";
RUN;
```

Nous employons l'instruction SHEET= pour préciser la feuille que nous souhaitons importer. Le nom de cette dernière doit être précisé entre quotes. Alternativement, nous aurions aussi pu utiliser l'instruction RANGE= de la manière suivante :

```
RANGE="juillet$0:0";
```

Dans RANGE=, vous devez faire suivre le nom de la feuille d'un signe $. Si vous souhaitez considérer toutes les données de la feuille et si vous utilisez le moteur XLSX, il est impératif d'ajouter la définition de plage 0:0. Avec le moteur EXCELCS, ceci n'est pas obligatoire : le nom de la feuille suivi d'un signe $ suffit.

Précisons ce que sont les définitions de plage avec les feuilles TEST1 et TEST2. Dans la première, la plage de données commence à la case C4 (la case contenant des données la plus en haut à gauche) et se termine à la case D14 (la case contenant des données la plus en bas à droite). Pour importer les données, votre instruction RANGE= devra avoir la structure suivante :

```
RANGE="test1$c4:d14";
```

Dans la feuille TEST2, la plage de données débute à la ligne 5, colonne A. L'instruction RANGE= aura alors la structure suivante :

```
RANGE="test2$a5:0";
```

Le « 0 » de cette instruction indique à SAS qu'il doit considérer l'ensemble des colonnes. La définition de plage 0:0 vue précédemment signifie par conséquent « considère toutes les lignes et les colonnes de cette feuille ».

Le classeur contient aussi une plage nommée SELECT. Pour créer une table SAS avec les données d'une plage nommée, vous utiliserez aussi l'instruction RANGE= .

```
RANGE="select";
```

Vous n'avez pas besoin de citer la feuille puisque, dans un classeur Excel, il ne peut exister qu'une seule plage portant un certain nom.

Le programme 2-51, qui reprend une partie de la syntaxe de PROC IMPORT vous présente d'autres instructions dont voici l'action :

- **SCANTEXT=YES/NO** – Par défaut, SCANTEXT=YES : lorsque vous avez une variable caractère, SAS lui attribue la longueur de la modalité la plus longue, en explorant toutes les données contenues dans la colonne. Si vous utilisez SCANTEXT=NO, la longueur des variables caractères sera fixe et égale à 255.

- **SCANTIME=YES/NO** – Si SCANTIME=YES, les colonnes sont toutes explorées à la recherche de modalités représentatives de dates et d'heures. SAS applique le format TIME. s'il rencontre dans une même colonne uniquement des valeurs représentant des heures. Lorsque SCANTIME=NO (valeur par défaut), SAS représentera les valeurs au moyen du FORMAT DATE9 même si la colonne, dans Excel, ne contient que des modalités d'heures. Cette option est nécessaire car dates et heures ne font pas l'objet de codifications distinctes dans Excel, contrairement à SAS. Pour Excel, une heure correspond à la partie décimale d'un nombre de jours depuis le 1er janvier 1900[43], alors que, pour SAS, c'est un nombre de secondes depuis l'heure de minuit précédente.

- **USEDATE=YES/NO** – Par défaut, USEDATE=YES et les dates/heures sont affichées au moyen de DATE9. ; si vous choisissez USEDATE=NO, les dates et heures seront affichées via un FORMAT DATETIMEw. et les dates de votre feuille Excel seront donc réinterprétées en un nombre de secondes depuis le 1er janvier 1960.

- L'instruction **GETNAMES=** n'est pas citée par le programme 2-51. Cette instruction n'est en effet pas autorisée avec les moteurs EXCELCS et PCFS. Elle l'est en revanche avec les moteurs EXCEL, XLS et XLSX.

  Par défaut, GETNAMES=YES et SAS considère que la première ligne de la feuille Excel ou de la plage de données contient les noms des variables. Si vous précisez GETNAMES=NO, la première ligne sera considérée au même titre que les autres et SAS la traitera comme conte-

---

43. Depuis le 0 janvier 1900 pour être plus précis, puisque le 1er janvier 1900 est codé 1 dans Excel.

nant des données. Des noms de variables seront automatiquement attribués (A, B, C… ou F1, F2, F3… en fonction du moteur utilisé et de votre version de SAS).

Examinons maintenant un extrait de la table créée par le programme 2-52. Comme nous vous avons invité à le faire dès le premier chapitre, nous examinons les données de notre table via PROC PRINT et les métadonnées au moyen de PROC CONTENTS.

Résultat 2-30

Obs.	client	num	rue	CP	Ville	facture	date	nombre_d_articles	total
1	Mathilde	45	rue du Chemin neuf	35950	Chichigneux	N031	07/05/2018	26	8 533.72
2	Frédéric	94	chemin de Florival	48850	Grelon	N032	07/05/2018	15	4 923.30
3	Subira	40	rue du Basnage	56460	Mufflins	N033	07/10/2018	36	11 815.92
4	Ghislaine	13	place et rue Cauchoise	27190	Egrillard	N034	07/10/2018	23	7 549.06
5	Claudine	84	rue des Ajoncs	35950	Chichigneux	N035	07/11/2018	30	9 846.60
6	Claudiu	55	rue du Rempart Martainville	73210	Grugny	N036	07/11/2018	23	7 549.06
7	Maximilien	12	quai de la Bourse	7920	Vichebro	N037	07/12/2018	20	6 564.40
8	Musa	12	rue Saint-Exupéry	4780	Grolux	N038	07/12/2018	36	11 815.92

Résultat 2-31

				Liste alphabétique des variables et des attributs		
#	Variable	Type	Long.	Format	Informat	Libellé
4	CP	Num.	8	BEST.		CP
5	Ville	Texte	23	$23.	$23.	Ville
1	client	Texte	10	$10.	$10.	client
7	date	Num.	8	MMDDYY10.		date
6	facture	Texte	4	$4.	$4.	facture
8	nombre_d_articles	Num.	8	BEST.		nombre d'articles
2	num	Num.	8	BEST.		num
3	rue	Texte	27	$27.	$27.	rue
9	total	Num.	8	COMMA15.2		total

Dans le processus d'importation, un certain nombre de modifications interviennent :

- Avec SAS 9.4, si le nom de la variable contient, dans Excel, un caractère non autorisé, celui-ci est remplacé par un tiret bas dans la table SAS. « nombre d'articles » devient ainsi la variable NOMBRE_D_ARTICLES.
- Avec SAS EG/Studio/UE, l'intitulé de la colonne est conservé et votre variable, dans la table créée, s'appelle « NOMBRE D'ARTICLES »[44].

---

44. Nous expliquons cette différence de fonctionnement dans la section 2.7.4.c.

- Les noms de variables tels qu'ils sont observés dans Excel sont conservés dans les libellés des variables (LABEL, section 5.2.1).
- Les formats imposés dans Excel sont, dans une certaine mesure, réinterprétés par SAS qui utilisera lui aussi des FORMAT pour présenter les variables (section 5.3). Ainsi, DATE est présentée au moyen du FORMAT MMDDYY10. (notation à l'américaine des dates : mois/jours/année), TOTAL avec un FORMAT COMMA15.2 (notation à l'américaine : séparateur décimal point et séparateur des milliers virgule).
- Le format Excel « code postal » n'a pas d'équivalent livré par défaut avec SAS. CP est alors présentée, comme toutes les autres variables numériques, avec le FORMAT BEST..
- Les variables caractères sont présentées au moyen du FORMAT $w.. Le w est égal à la longueur de la modalité la plus longue.

Les FORMAT imposés sont propres au moteur utilisé : avec EXCELCS, DATE sera présentée au moyen du FORMAT DATE9. et TOTAL avec le FORMAT DOLLAR23.2. Les autres variables numériques ne seront pas présentées au moyen d'un FORMAT.

Vous remarquerez aussi que des INFORMAT sont précisés. Ils ont pour origine le processus d'importation.

2.7.2 PROC IMPORT et l'importation de fichiers texte

Nous avons présenté dans la section précédente les options et instructions de PROC IMPORT que vous pouvez mobiliser pour importer des classeurs Excel.

PROC IMPORT peut aussi être utilisé pour créer des tables SAS à partir de fichiers de données brutes. Le programme 2-53 vous présente les options et instructions de PROC IMPORT utiles dans ce cadre.

Programme 2-53

```
PROC IMPORT OUT=      REPLACE
            DATAFILE=
            DBMS=;
   DELIMITER=;
   GETNAMES=;
   DATAROW=;
   GUESSINGROWS=
RUN;
```

L'option DBMS= peut être prendre trois valeurs.

- DLM si les champs sont séparés par un caractère particulier (vous devrez le préciser entre quotes au moyen de l'instruction DELIMITER=).
- TAB si les champs sont séparés par des tabulations. Vous devrez, dans ce dernier cas, tout de même utiliser l'instruction DELIMITER= et lui donner la valeur `'09'x` (si vous êtes sous Windows).
- CSV si vous disposez d'un fichier CSV « américain » dans lequel le séparateur de champs est la virgule.

Si les noms de vos variables sont indiqués dans la première ligne de votre fichier de données brutes, vous devez le renseigner au moyen de l'instruction GETNAMES=yes. (Par défaut, GETNAMES=no avec les moteurs DLM, TAB et CSV.)

L'instruction DATAROW= permet de préciser la ligne à partir de laquelle, dans votre fichier TXT, débute les données. Par défaut, DATAROW=1 si GETNAMES=NO et DATAROW=2 si GETNAMES=YES.

Pour déterminer le type et la longueur d'une variable, PROC IMPORT considère par défaut les 20 premières lignes de données. Une variable est numérique si SAS observe, sur ces 20 premières lignes, exclusivement des données numériques compréhensibles par SAS sans recours à un INFORMAT. Le champ 3,14 sera dans ce cadre considéré comme un champ caractère. La longueur d'une variable caractère sera égale au plus long des champs observés sur les 20 premières lignes. Si une colonne contient des données mixtes ou si les champs les plus longs sont présentés après ces 20 premières lignes, vous risquez de perdre des informations. Vous devrez alors modifier la valeur de GUESSINGROWS= pour que SAS examine un plus grand nombre de lignes afin de déterminer le type et la longueur des variables. Vous spécifiez soit un nombre de lignes à considérer, soit la valeur MAX pour que SAS examine l'ensemble des lignes.

De façon générale, vous ne pourrez recourir à PROC IMPORT pour créer une table SAS au moyen d'un fichier texte que dans des cas très particuliers. PROC IMPORT présente en effet des limites qu'il convient de bien avoir en tête.

PROC IMPORT ne peut être mobilisé que pour des fichiers de données brutes dans lesquels les champs sont séparés par un délimiteur et dans lesquels un enregistrement correspond à une observation. Vous ne pourrez pas créer une table SAS au moyen de PROC IMPORT si vos données sont formatées en colonnes (voir section 2.3). Vous ne pourrez pas construire une table correcte avec PROC IMPORT si vous disposez de fichiers dans lesquels vous devez combiner N enregistrements pour construire une observation, dans lesquels un enregistrement peut produire plusieurs observations et dans lesquels vos données sont hiérarchisées (voir section 2.4).

Si votre fichier TXT ne présente pas en première ligne les noms de vos variables, des noms automatiques seront attribués (VAR1, VAR2, VAR3…). Une fois votre table créée, vous devrez très certainement renommer vos variables via l'option de table RENAME= au cours d'une nouvelle étape DATA (voir section 4.1) ou de l'instruction RENAME de PROC DATASETS (voir section 5.4.4).

Les champs a priori numériques, qui ont besoin d'un INFORMAT pour être transformés en modalités d'une variable numérique dans une table SAS, seront systématiquement compris comme des données caractères et placés dans des variables caractères. Pour créer des variables numériques à partir de ces variables caractères, vous devrez, au cours d'une étape DATA supplémentaire, mobiliser la fonction INPUT (voir section 3.2.6).

Il nous faut enfin préciser que les fichiers de données dans lesquels les enregistrements sont d'une longueur importante sont mal gérés par PROC IMPORT.

2.7.3 LIBNAME XLSX et PCFILES

Parmi les moteurs que nous avons évoqués dans la section précédente, trois peuvent être utilisés dans une instruction globale LIBNAME : EXCEL, XLSX et PCFILES. Ce dernier, non disponible avec

PROC IMPORT, cumule les possibilités de EXCELCS et PCFS : il est multi-plate-forme et peut gérer tout type de fichier Excel. Il est livré avec SAS PC Files Server.

Avec LIBNAME, au lieu d'importer votre fichier Excel, vous avez la possibilité de considérer votre classeur comme une bibliothèque, chaque feuille ou plage nommée étant alors considérée comme une table.

Le moteur LIBNAME EXCEL connaît les mêmes limitations que PROC IMPORT EXCEL : vous ne pouvez pas l'utiliser dans une configuration SAS 64 bits/Excel 32 bits. Nous concentrons notre présentation sur LIBNAME XLSX et PCFILES puisqu'il s'agit des moteurs que vous êtes le plus susceptible d'utiliser.

Le moteur PCFILES donne accès aux données de tout type de fichier Excel, quelle que soit sa version (Excel 32 ou 64 bits, classeur .xls, .xlsx, .xlsb ou .xlsm) et quelle que soit votre installation de SAS (32 ou 64 bits, Windows, Unix, Linux). C'est aussi le cas du moteur XLSX, mais ce dernier ne peut traiter que les fichiers XLSX. Ce moteur reste tout de même intéressant puisqu'il est beaucoup plus rapide que PCFILES.

Le programme 2-54 mobilise le moteur PCFILES.

Programme 2-54

```
LIBNAME test PCFILES PATH="C:/intro_SAS/fichiers/client2018.xlsx";
```

Immédiatement après le nom de la bibliothèque (TEST), vous devez indiquer que vous utilisez le moteur PCFILES, puis préciser par l'option PATH= le chemin vers le fichier Excel que vous souhaitez traiter. Vous remarquerez qu'il ne s'agit pas ici, contrairement à l'instruction globale LIBNAME habituelle (section 1.4), de pointer vers un dossier, mais bien de pointer vers un classeur Excel.

Vous observerez, une fois le programme 2-54 exécuté, l'apparition d'une nouvelle bibliothèque (figure 2-21).

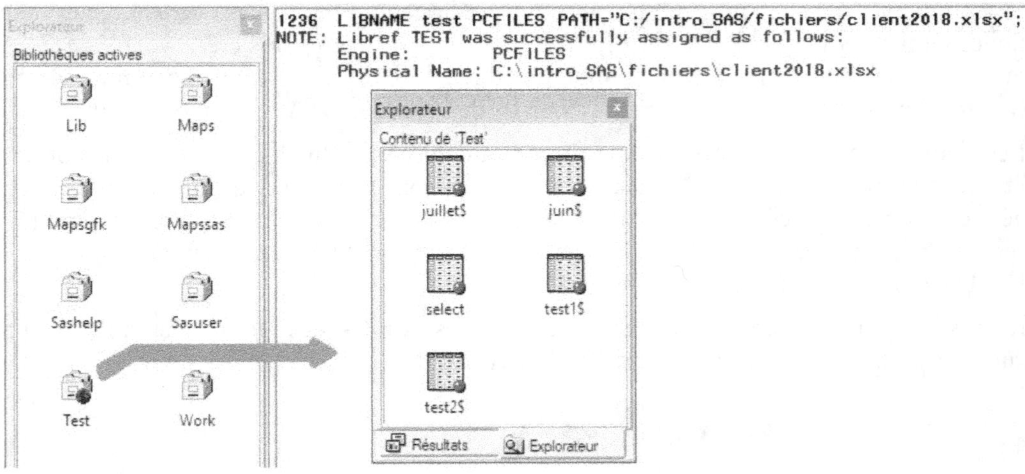

Figure 2–21 SAS 9.4 : LIBNAME PCFILES

Vous constatez la présence de cinq tables dans votre bibliothèque TEST. Les quatre dont le nom se termine par le signe $ correspondent aux feuilles du classeur Excel. La table SELECT correspond à notre plage nommée.

Vous pouvez examiner ces tables comme n'importe quelle table, au moyen de PROC PRINT (programme 2-55).

Programme 2-55	**Résultat 2-32 (extrait)**

```
PROC PRINT DATA=test."test1$"n;
RUN;
```

Obs.	X	Y
1	1	A
2	2	B
3	3	C

Comme vous le montre le résultat 2-32, la table issue de la feuille TEST1 est parfaitement construite bien que les données ne débutent pas en première ligne/première colonne. Ce résultat est lié au fait que les cellules autour de la plage contenant les données sont vides. Si ce n'est pas le cas, ouvrez au moyen d'Excel votre classeur et nommez la plage qui contient les données.

Puisque le nom de la table contient le signe $ alors que par défaut ce n'est pas autorisé, vous devez présenter ce nom encadré par deux quotes (simples ou doubles) et suivi de la lettre n (majuscule ou minuscule). Ce n autorise la présence du signe $ (et de tout autre caractère spécial) à l'intérieur d'un nom de table.

Si, au lieu de PCFILES, vous utilisez le moteur XLSX, votre instruction globale LIBNAME devient :

Programme 2-56

```
LIBNAME test XLSX "C:/intro_SAS/fichiers/client2018.xlsx";
```

L'instruction globale LIBNAME présente une structure plus classique. Vous devez impérativement préciser le moteur XLSX. Sinon, SAS utilisera le moteur EXCEL et si votre tableur est en 32 bits alors que SAS est en 64 bits, vous aurez le message d'erreur suivant :

```
ERROR: Connect: Classe non enregistrée
ERROR: Error in the LIBNAME statement.
```

Comme pour le moteur PCFILES, une nouvelle bibliothèque est ajoutée à votre environnement. Si vous examinez les noms des tables qu'elle contient, vous constaterez l'absence du signe $ (voir figure 2-22).

Figure 2–22
SAS 9.4 : moteur LIBNAME XLSX – contenu de la bibliothèque TEST

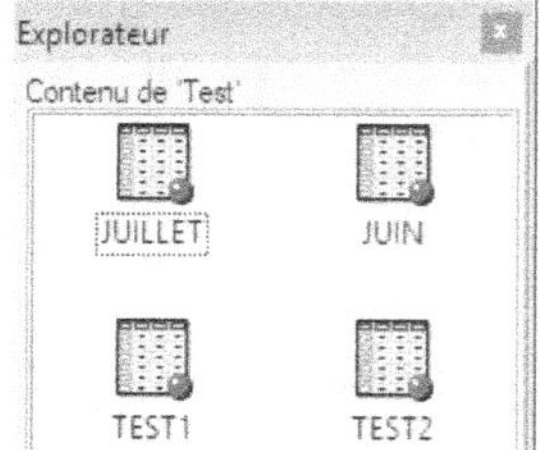

Vous ne verrez pas non plus de table contenant les données de la plage nommée SELECT. Enfin, si vous demandez un PROC PRINT sur la table TEST1 ou TEST2, vous observerez qu'elles ne sont pas correctement construites : le moteur XLSX considère systématiquement que la zone de données commence dans la cellule A1, en haut, à gauche. Vous obtiendrez alors le résultat 2-33 (extrait d'un PROC PRINT réalisé sur la table TEST1).

Résultat 2-33

Obs.	A	B	C	D
1				
2				
3			X	Y
4			1	A
5			2	B

Vous devez comprendre que le moteur XLSX, certes plus rapide que PCFILES, ne peut être utilisé que dans le cas où vos données présentent la structure tabulaire des tables SAS et débutent dès la case A1. Sur la première ligne, vous devez aussi impérativement avoir les noms de vos variables ; si des valeurs y sont présentées, elles seront transformées en noms de variables SAS et vous aurez perdu une observation.

En ce qui concerne le moteur PCFILES, ici aussi, la première ligne doit impérativement contenir les noms de vos variables.

Il nous faut citer une autre difficulté que vous rencontrerez sûrement. Dans Excel, une colonne ne contient pas forcément que des données numériques ou caractères. Certaines colonnes sont dites « mixtes ». Avec le moteur XLSX, les colonnes mixtes sont systématiquement transformées en variables caractères. Avec le moteur PCFILES, par défaut, les huit premières valeurs sont examinées et le type de la variable est déterminé « à la majorité » : si vous avez une majorité de données numériques (resp. caractères), alors la variable sera numérique (resp. caractère). Ce fonctionnement peut être problématique si votre colonne mixte est transformée en variable numérique puisque toutes les données caractères qu'elle contient seront transformées dans votre table SAS en valeur manquante. Avec le moteur PCFILES, vous ne disposez pas d'option pour forcer la création d'une variable caractère en cas de colonne mixte dans Excel.

Enfin, il est important de noter que, si vous utilisez l'instruction globale LIBNAME, les tables SAS qui en résultent ne sont pas comme celles vues jusqu'à maintenant : elles demeurent des feuilles Excel utilisables comme des tables SAS. Vous pouvez les exploiter au moyen de procédures ou créer de nouvelles tables à partir de ces « feuilles Excel tables » mais **elles ne sont pas modifiables.** Si vous tentez de modifier une feuille existante en ayant accédé à votre classeur Excel via PCFILES, vous aurez dans votre journal le message suivant :

```
ERROR: La ODBC table juin$ a été ouverte en SORTIE. Cette table existe déjà,
       ou bien il y a un conflit de nom avec un objet existant. Cette table
       ne sera pas remplacée. Ce moteur ne prend pas en charge l'option
       REPLACE.
```

Si vous avez utilisé le moteur XLSX, il n'y a aucun message d'erreur, mais le risque de voir votre feuille Excel intégralement vidée de toutes ses données est très important.

2.7.4 Les assistants d'importation

Quelle que soit votre plate-forme SAS, vous disposez d'un assistant qui propose d'écrire à votre place le programme d'importation de vos données dans SAS. Ainsi que dans la section précédente, nous concentrerons notre présentation sur l'importation de fichiers Excel.

a. L'assistant d'importation de SAS 9.4

L'assistant d'importation est accessible à partir du menu *Fichier* (voir figure 2-23).

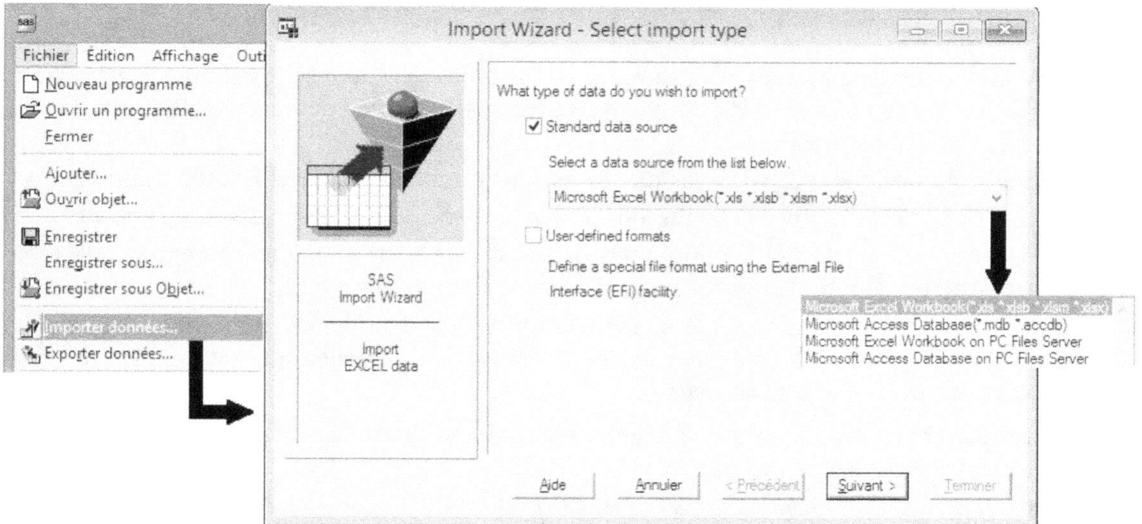

Figure 2–23 L'assistant d'importation

Au moyen de cet assistant, vous pouvez importer des fichiers créés par Excel, Access, dBase, JMP, SPSS, Stata, Paradox et Lotus 1-2-3, ainsi que des fichiers CSV et TXT.

Si Excel apparaît plusieurs fois dans le menu déroulant, c'est que l'importation peut mobiliser plusieurs moteurs différents. Nous reprenons dans le tableau 2-5 ces différentes entrées, précisons les moteurs concernés et leurs limites.

Tableau 2–5 Les moteurs DBMS de l'assistant d'importation SAS 9.4

Entrée dans le menu déroulant	Moteur DBMS PROC IMPORT	Limite
Microsoft Excel Workbook (.xls, .xlsb, .xlsm, xlsx)	EXCEL	ACE
Microsoft Excel Workbook on PC Files Server	EXCELCS	SAS PC Files Server
Microsoft Excel 5 or 95 Workbook (.xls)	EXCEL5	
Microsoft Excel 4 Spreadsheet (.xls)	EXCEL4	

Sans parler d'obsolescence, il y a peu de chance pour que vous ayez un jour à utiliser les deux dernières entrées du tableau 2-5. Excel 4 date de 1992 et Excel 5 de 1993.

En ce qui concerne la première entrée, vous ne pourrez la mobiliser que si SAS et Excel sont tous les deux soit en 32 bits, soit en 64 bits. Vous ne disposez de la seconde entrée que si SAS PC Files Server est installé.

Si SAS et Excel fonctionne tous les deux en mode 64 bits, vous sélectionnez par conséquent *Microsoft Excel Workbook (*.xls *.xlsb *.xlsm *.xlsx)*. En cliquant sur *Suivant*, différents écrans s'afficheront au fur et à mesure de vos actions. Vous aurez dans l'ordre :

* Premier écran : naviguez sur votre disque dur et sélectionnez le classeur Excel à importer.
* Deuxième écran : sélectionnez la feuille à importer (vous ne pouvez en importer qu'une à la fois).
* Troisième écran : précisez la bibliothèque dans laquelle vous souhaitez enregistrer la table créée par votre procédure d'importation, ainsi que le nom de cette table.
* Dernier écran : nommez, si vous le souhaitez, un fichier dans lequel sera enregistré le programme PROC IMPORT créé par l'assistant. Via *Browse*, naviguez sur votre disque dur afin de préciser l'endroit où il sera sauvegardé.

Si vous devez passer par PC Files Server, l'écran de sélection du classeur est un peu différent, mais vous avez juste à choisir le classeur à importer.

Exercice 2.26 – Importez la première feuille du classeur HEURES.XLSX, que vous trouverez dans l'archive téléchargée depuis www.sas-sr.com. *Sauvegardez le programme PROC IMPORT. Comparez ce que vous obtenez dans la table créée avec les données présentées dans la feuille 1 du classeur Excel.*

Si vous avez fait cet exercice, et si SAS et Excel fonctionnent sous le même mode, vous avez obtenu le programme 2-57. Si vous êtes passé par SAS PC Files Server, vous avez obtenu le programme 2-58.

Programme 2-57

```
PROC IMPORT OUT=WORK.TEST256
        DATAFILE="C:\intro_SAS\fichiers\heures.xlsx"
        DBMS=EXCEL REPLACE;
    RANGE="Feuil1$";
    GETNAMES=YES;
    MIXED=NO;
    SCANTEXT=YES;
    USEDATE=YES;
    SCANTIME=YES;
RUN;
```

Programme 2-58

```
PROC IMPORT OUT=WORK.TEST257
            DATAFILE="C:\intro_SAS\fichiers\heures.xlsx"
            DBMS=EXCELCS REPLACE;
      RANGE="Feuil1$";
      SCANTEXT=YES;
      USEDATE=YES;
      SCANTIME=YES;
RUN;
```

À ce stade, il est très important de comprendre le principe de cet assistant : **il ne fait qu'écrire un programme SAS à votre place.**

Si vous demandez l'exécution du programme (2-57 ou 2-58, selon votre situation), vous obtiendrez exactement le même résultat qu'avec l'assistant d'importation. La production du programme finalement utilisé pour importer votre feuille Excel peut être intéressante, car vous constaterez de temps en temps que l'importation ne s'est pas bien déroulée. Vous devrez alors repartir du programme généré par l'assistant et le modifier au moyen des outils de programmation évoqués dans la section 2.7.1, pour ensuite en demander une nouvelle exécution.

À titre d'exemple, si vous avez réalisé l'exercice 2.26, vous avez dû constater que la variable DATE1 a été interprétée de façon imparfaite. Au lieu de :

```
03/02/2011 12:26
```

pour la première observation dans Excel, vous obtenez dans SAS :

```
03FEB2011
```

La partie « heure » de la date est perdue.

Pour la retrouver à partir des programmes 2-57 ou 2-58, il faut remplacer la valeur de l'option USEDATE= par NO.

Autre exemple : dans la feuille 3 du classeur HEURES.XLSX, les données que l'on souhaite importer (identiques à celles de la feuille 1) sont « noyées » dans la feuille et affichées dans les cellules C5:E15 (des valeurs ont été ajoutées dans les cellules alentour). Pour importer uniquement ces données, il suffit de modifier la valeur de l'option RANGE= en :

```
RANGE="Feuil3$C5:E15";
```

b. L'assistant d'importation de SAS Studio/UE

Pour activer l'assistant d'importation de SAS Studio/UE, vous devez ouvrir la section *Tâches et Utilitaires*, puis la sous-section *Utilitaires*. Double-cliquez alors sur *Importer les données* (voir figure 2-24).

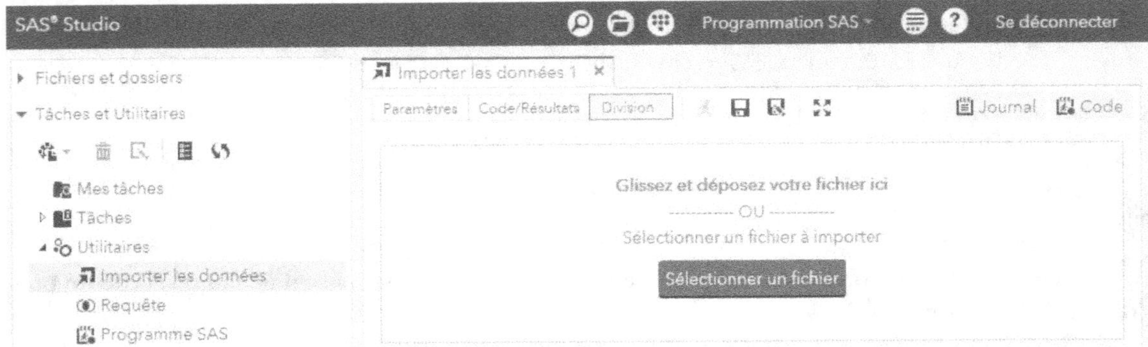

Figure 2–24 SAS Studio/UE : l'assistant d'importation

Ouvrez ensuite la section *Fichiers et dossiers*, puis naviguez jusqu'à l'emplacement du fichier désiré et faites-le glisser dans la fenêtre *Importer les données* (voir figure 2-25).

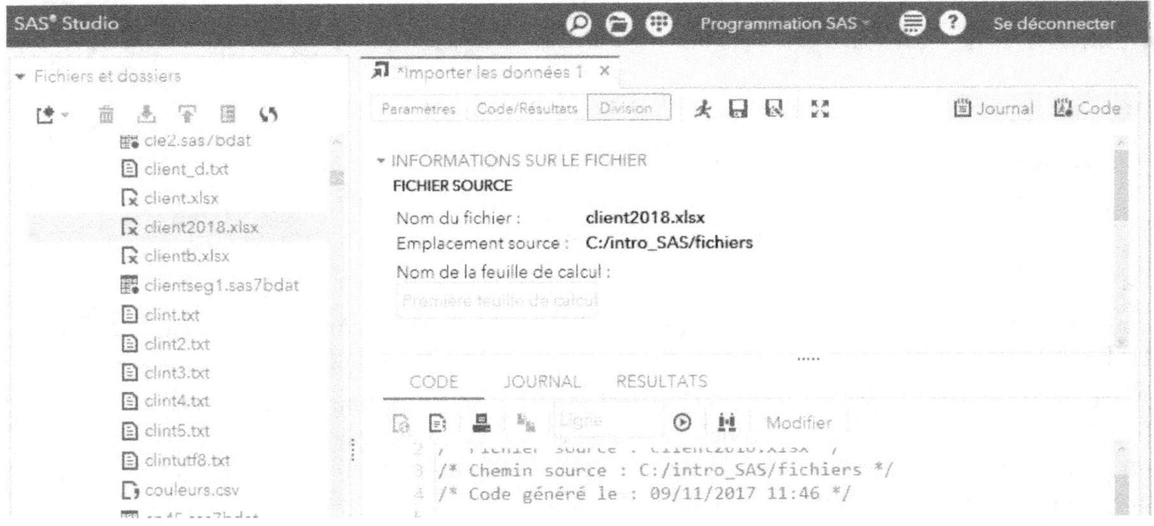

Figure 2–25 SAS Studio/UE : génération du code d'importation

Automatiquement, un programme sera généré et s'affichera dans la fenêtre *Code*. Par défaut, c'est la première feuille du classeur sélectionné qui est importée. Pour en choisir une autre, il vous suffit d'entrer son nom dans la case placée sous *Nom de la feuille de calcul* puis de cliquer à côté de cette case. Le code est alors automatiquement mis à jour.

Nous avons demandé à importer la feuille JUILLET du classeur CLIENT2018.XLSX et ainsi obtenu le programme 2-59[45].

Programme 2-59

```
FILENAME REFFILE "C:/intro_SAS/fichiers/client2018.xlsx";

PROC IMPORT DATAFILE=REFFILE
    DBMS=XLSX
    OUT=WORK.IMPORT;
    GETNAMES=YES;
    SHEET="Juillet";
RUN;
```

Le moteur DBMS mobilisé pour importer un fichier .xlsx (resp. .xls) est XLSX (resp. XLS).

Pour demander l'exécution du code généré par l'assistant, vous disposez d'un bouton *Exécuter* dans la fenêtre *Importer les données*. Au besoin, vous êtes libre d'adapter le programme affiché dans la fenêtre *Code* en cliquant sur *Modifier*.

La table créée par le programme 2-59 est identique à celle que l'on aurait pu créer au moyen du moteur LIBNAME XLSX avec SAS 9.4, à une petite différence près que nous montre le résultat de la procédure PROC CONTENTS.

Résultat 2-34

Liste alphabétique des variables et des attributs						
#	Variable	Type	Long.	Format	Informat	Libellé
4	CP	Num.	8	BEST.		CP
5	Ville	Texte	23	$23.	$23.	Ville
1	client	Texte	12	$12.	$12.	client
7	date	Num.	8	MMDDYY10.		date
6	facture	Texte	4	$4.	$4.	facture
8	nombre d'articles	Num.	8	BEST.		nombre d'articles
2	num	Num.	8	BEST.		num
3	rue	Texte	28	$28.	$28.	rue
9	total	Num.	8	COMMA15.2		total

La variable qui mesure le nombre d'articles achetés par nos clients s'appelle NOMBRE D'ARTICLES. Or, si l'on suit les règles (voir section 1.5.1), ce nom utilise deux caractères non autorisés : l'espace et l'apostrophe. Nous reviendrons sur ce petit problème dans la section suivante.

---

45. Nous avons retiré du programme produit les commentaires, l'appel d'exécution d'un macro programme et une demande d'exécution d'un PROC CONTENTS sur la table créée par l'importation.

c. L'assistant d'importation de SAS EG

L'importation de classeurs Excel au moyen des outils présentés jusqu'à maintenant nécessite de disposer de certains modules (SAS/ACCESS Interface to PC Files, PC Files Server) ou de certaines versions de SAS (moteur XLSX disponible depuis SAS 9.4M2 seulement), qui ne font peut-être pas partie de votre environnement. Si c'est votre cas et si vous disposez de SAS EG, vous pourrez tout de même importer vos fichiers Excel puisque l'assistant est propre à SAS EG et qu'il ne mobilise aucun des moteurs évoqués jusqu'à maintenant.

Cet assistant procède d'une logique tout à fait différente puisque les données de votre feuille Excel vont transiter par un fichier au format TXT avant de devenir données d'une table SAS.

Comme avec les autres assistants d'importation, vous ne pouvez traiter qu'une feuille à la fois. Pour importer un fichier Excel, ouvrez SAS EG puis, sur l'écran d'accueil, demandez un nouveau programme SAS (voir section 1.1.2).

Allez ensuite dans *Fichier*, puis *Importer des données*. Retrouvez l'emplacement où est enregistré le classeur à importer et cliquez sur *Ouvrir*.

Vous aurez alors devant vous l'écran reproduit à la figure 2-26.

Figure 2–26
SAS EG : importation d'une
feuille Excel – Écran n°1

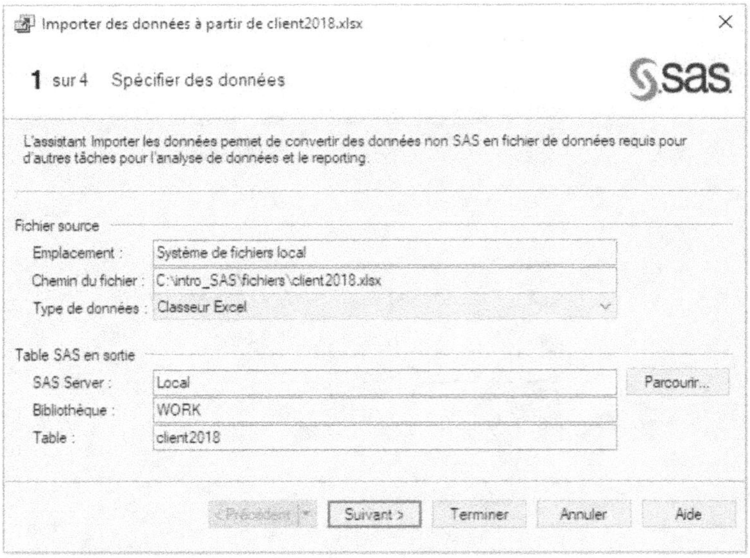

La table importée sera placée dans la bibliothèque de travail WORK. Si vous préférez une bibliothèque permanente, cliquez sur *Parcourir* pour la sélectionner. Le nom de la table est attribué automatiquement mais est modifiable au besoin. Cliquez ensuite sur *Suivant*. Vous accédez alors à l'écran reproduit à la figure 2-27.

Figure 2–27
SAS EG : importation d'une
feuille – Écran n°2

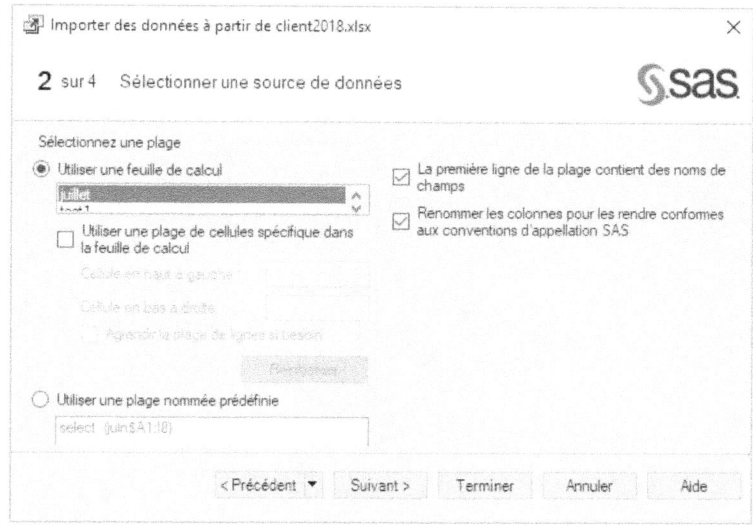

Sur cet écran, sélectionnez la feuille qui vous intéresse et cochez l'option *Renommer les colonnes pour les rendre conformes aux conventions d'appellation SAS*. Vous pourriez cliquer sur *Terminer* puisque notre fichier Excel ne nécessite aucun traitement particulier, mais il nous semble important de présenter les écrans suivants puisqu'ils servent, par exemple, à régler les problèmes liés aux colonnes mixtes.

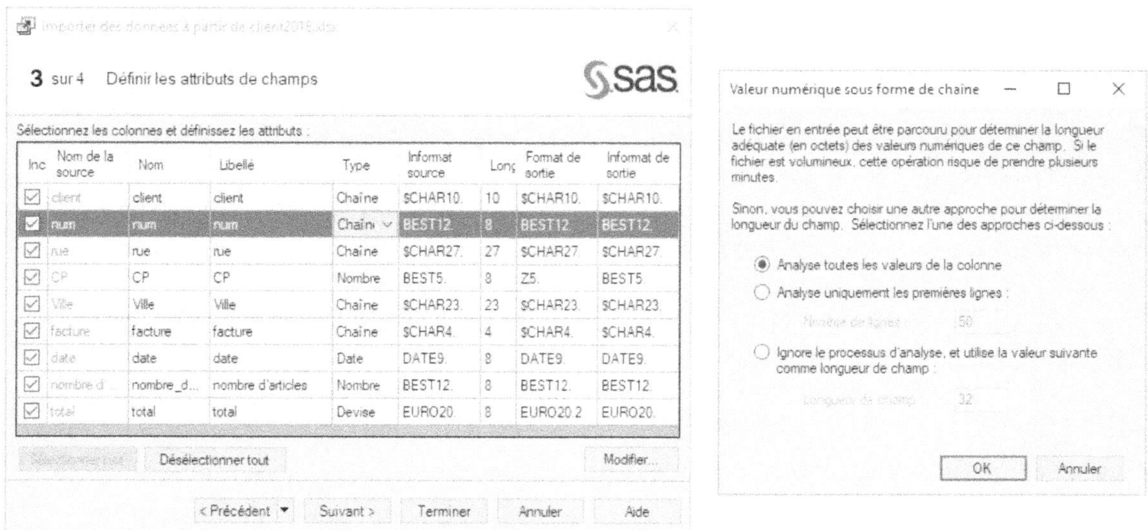

Figure 2–28 SAS EG : importation d'une feuille Excel – Écran n°3

Sur le troisième écran, vous choisissez les colonnes à conserver et modifiez leur nom ou leur type. À titre d'exemple, SAS vous propose de créer une variable numérique NUM, mais vous pouvez au besoin la remplacer par une variable caractère (type « chaîne » dans cet assistant d'importation). L'écran à droite de la figure 2-28 s'ouvre alors et vous propose différentes façons d'attribuer une longueur à cette variable caractères. Nous cliquons sur **OK** sans rien modifier.

Figure 2–29
SAS EG : importation d'une
feuille Excel – Écran n°4

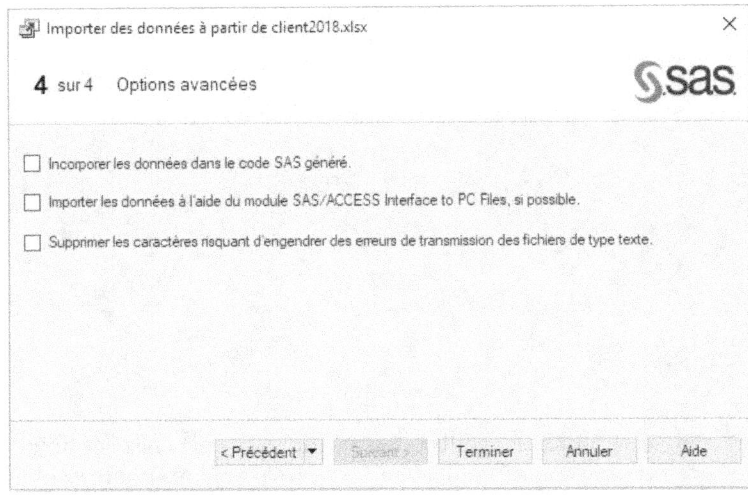

Différentes options vous sont proposées ; nous ne modifions rien ici et cliquons sur *Terminer*.

L'importation s'effectue et SAS EG vous donne le code que l'assistant a écrit à votre place. Vous constatez alors que les données de votre feuille Excel ont été écrites dans un fichier TXT temporaire et que votre table est en fait créée au moyen d'une étape DATA.

Nous vous avons invité à sélectionner l'option *Renommer les colonnes...* dans l'écran de la figure 2-27. Si vous ne le faites pas, vos variables pourraient recevoir des noms non autorisés par les conventions SAS (voir section 1.5.1).

Dans les fichiers d'accompagnement de cet ouvrage, vous trouverez la table CLIENTSEG2018. Elle a été construite au moyen d'une importation de la feuille JUIN du classeur CLIENT2018.XLSX. L'option *Renommer les colonnes...* n'a pas été activée lors de l'importation.

Si vous demandez un PROC PRINT sur cette table, avec SAS 9.4, vous obtiendrez le message suivant dans votre fenêtre *Journal* :

```
75      proc print data=lib.clientseg2018;
76      run;
ERROR: La valeur nombre d''articles n'est pas un nom SAS valide.
```

Si vous exécutez le même programme aves SAS EG/Studio/UE, vous n'aurez pas ce problème dont il faut comprendre l'origine.

Il existe une colonne « nombre d'articles » dans notre classeur. Si vous utilisez SAS 9.4 pour l'importation, le nom de cette variable est modifié pour respecter les conventions SAS relatives aux noms de variables, en NOMBRE_D_ARTICLES. Cette transformation n'est pas assurée par défaut lors d'une importation via SAS EG/Studio/UE.

En fait, l'option globale VALIDVARNAME= n'a pas la même valeur dans SAS 9.4 et SAS EG/Studio/UE.

Vous pourrez tout de même demander l'impression dans SAS 9.4 d'une table présentant des noms de variables non autorisés, à la condition de mobiliser l'option globale VALIDVARNAME=ANY (valeur par défaut dans SAS EG/Studio/UE). Ensuite, si vous devez citer la variable, il vous faut aussi adopter une notation particulière.

Programme 2-60

```
OPTIONS VALIDVARNAME=any ;
PROC PRINT DATA=lib.clientseg1;
   VAR "nombre d'articles"n;
RUN;
```

La variable dont le nom ne respecte pas les conventions usuelles doit être citée entre quotes suivie de la lettre N. Attention : le nom réel de la variable peut être quelquefois difficile à voir. Regardez de nouveau le message d'erreur présenté plus haut : il semble vous dire que votre variable s'appelle :

```
nombre d''articles
```

Ce n'est pas le cas. De plus, puisque ce nom de variable contient une quote simple, vous devez impérativement, lorsque vous citez cette variable, l'encadrer au moyen de quotes doubles, comme nous l'avons fait dans le programme 2-60.

Pour revenir au fonctionnement par défaut de SAS, vous devez soumettre l'instruction globale suivante :

```
OPTIONS VALIDVARNAME=v7;
```

Si, dans SAS Studio/UE, vous souhaitez, au moment de l'importation, que vos noms de variables soient transformés de façon à ne contenir que des caractères autorisés, c'est cette même option que vous devez activer avant l'exécution du PROC IMPORT généré par l'assistant d'importation. Cette option peut aussi être modifiée via la fenêtre *Options* de SAS Studio/UE (figure 2-11, option *Politique de nom de variable SAS*).

Exercice 2.27 – Le classeur 300VARIABLES.XLSX contient, comme son nom l'indique, 300 variables. Tentez de l'importer avec le module d'importation de SAS 9.4, puis de LIBNAME (moteur XLSX puis moteur PCFILES). Que constatez-vous ? Importez-le ensuite au moyen du module d'importation de SAS EG. Quelles différences constatez-vous ?

✚ 2.7.5 Importer un fichier Excel via un fichier CSV

Si vous ne disposez ni du module SAS/ACCESS to PC Files, ni de SAS EG, ni de SAS UE (livré avec le module SAS/ACCESS Interface to PC Files), les solutions évoquées jusqu'à maintenant ne peuvent pas être mises en œuvre. Il reste cependant une dernière solution (mais il faut tout de même que vous disposiez d'Excel ou d'OpenOffice…). Cette dernière solution consiste à exporter via Excel votre feuille au format CSV, puis à l'importer par SAS.

Ouvrez dans Excel le classeur CLIENT2018.XLSX et affichez à l'écran la feuille que vous souhaitez transformer en une table SAS. Cliquez sur l'icône OFFICE (ou menu *Fichier* dans les versions plus anciennes), puis *Enregistrer sous>Autres formats>CSV(séparateur : point-virgule)*.

Donnez un nom au fichier CSV, puis ouvrez-le au moyen de FSLIST (figure 2-30).

```
----|----10---|----20---|----30---|----40---|----50---|----60---|----70---|----80---|----90---|---
client;num;rue;CP;Ville;facture;date;nombre d'articles;total
Agnès;64;rue de Maredsous;33410;Bedrieux-les-Plumeurs;N001;02/06/2018;21;6 892,54 €
Apollinaire;5;rue Pierre-Joseph Redouté;01630;Cornillard-sur-Flanche;N002;03/06/2018;11;3 610,38 €
Edwige;2;rue Joseph Court;07920;Vichebro;N003;04/06/2018;21;6 892,54 €
Oni;93;place Polyvalente;11640;Maroufle;N004;04/06/2018;18;5 907,89 €
Hamid;39;rue du Pont de l'Arquet;33410;Bedrieux-les-Plumeurs;N005;04/06/2018;18;5 907,89 €
```

Figure 2–30 SAS 9.4 : fenêtre FSLIST – feuille JUIN du classeur CLIENT2018.XLSX – exportation en CSV (extrait)

La première ligne du fichier reprend les noms des colonnes tels qu'ils apparaissent dans Excel. À ce stade :

- Soit vous rédigez le programme SAS qui mobilisera les outils présentés dans ce chapitre pour construire une table à partir d'un fichier ASCII.
- Soit vous utilisez un des assistants d'importation.

Les assistants sont également capables d'importer des fichiers CSV.

Exercice 2.28 – Le fichier CLIENT2018.CSV qui reprend les données de la feuille JUIN du classeur CLIENT2018.XLSX est présent dans le dossier Fichiers de l'archive téléchargée sur www.sas-sr.com. Mobilisez l'assistant d'importation pour créer une table SAS, image exacte, des données de ce fichier CSV.

Attention…

Utilisateurs de SAS 9.4 : vous utiliserez sûrement l'entrée Comma Separated Values (.csv) du premier écran de l'assistant d'importation et constaterez que ça ne fonctionne pas. Essayez alors avec l'entrée Delimites Files (*.*) et, une fois que vous aurez sélectionné le fichier sur le second écran, cliquez sur Options…*

Utilisateurs de SAS Studio/UE : une fois le fichier glissé-déposé, si vous descendez dans la fenêtre Importer les données, vous verrez que SAS se prépare à baser l'importation sur l'extention du fichier (section Options, type de fichier : DEFAUT (basé sur l'extention du fichier)). L'importation ne se fera pas correctement si vous ne modifiez pas cette option. Essayez DLM (Fichier Délimité) et regardez l'option immédiatement en dessous…

Utilisateurs de SAS EG : ce sera nettement plus simple pour vous…

2.7.6 Exporter vos tables SAS

Nous examinons dans cette section les moyens qui vous sont offerts pour exporter vos tables. Comme dans les sections précédentes, nous concentrons notre présentation sur Excel. Nous verrons que, tout comme pour l'importation, vous pouvez recourir à une procédure (PROC EXPORT), à un assistant d'exportation (SAS 9.4 ou SAS EG) ou à une instruction globale LIBNAME.

🆂🅱 a. La procédure PROC EXPORT

Le programme 2-61 vous présente la syntaxe de la procédure PROC EXPORT que vous mobiliserez pour créer un fichier Excel.

Programme 2-61

```
PROC EXPORT DATA=
     OUTFILE=        REPLACE
     DBMS=           LABEL;
  SHEET=;
RUN;
```

Au moyen de l'option DATA= de PROC EXPORT, vous précisez la table à exporter. Vous devez ensuite préciser avec l'option OUTFILE=, entre quotes simples ou doubles, le nom du fichier et son emplacement sur le disque dur. Si un fichier du même nom existe déjà à cet emplacement, PROC EXPORT ne le remplacera pas à moins que vous n'activiez l'option REPLACE. L'option DBMS= précise le moteur que SAS devra utiliser pour effectuer l'exportation. Il s'agit des mêmes moteurs que pour l'importation, avec les mêmes caractéristiques et limites. Si vous avez associé des libellés (option LABEL – voir section 5.2.1) à vos variables, vous pouvez les indiquer au lieu des noms en première ligne du fichier créé. Lors de l'exportation d'une table SAS dans un fichier Excel, seules les options DATA=, OUTFILE= et DBMS= sont obligatoires.

L'instruction SHEET= sert à définir le nom de la feuille qui contiendra vos données dans le classeur. Sans elle, le nom sera automatiquement déterminé par SAS.

À titre d'exemple, le programme 2-62 se propose d'exporter vers Excel la table CLASS présente dans la bibliothèque SASHELP. Nous disposons d'un Excel 32 bits et d'une version 64 bits de SAS. Nous ne pouvons par conséquent pas mobiliser le moteur EXCEL. Puisque nous souhaitons créer un fichier .xlsx, nous avons le choix entre EXCELCS et XLSX.

Programme 2-62

```
PROC EXPORT DATA=sashelp.class
     OUTFILE='c:/intro_sas/fichiers/class.xlsx'
     DBMS=EXCELCS;
  SHEET="la table CLASS";
RUN;
```

Si vous exécutez le programme 2-62, qui mobilise le moteur EXCELCS, vous constaterez que le classeur créé contient deux feuilles :

- « _SAS_empty_ » dans laquelle vous observerez une invitation à examiner l'autre feuille (_empty_(CHECK_OTHER_SHEET)) ;
- « la_table_CLASS » qui contient les données.

Vous devez ici comprendre que, dans les noms de feuilles, avec le moteur EXCELCS, les espaces sont remplacés par des tirets bas.

Fermez le classeur CLASS.XLSX et exécutez à nouveau le programme 2-62. Puisque celui-ci ne mobilise pas l'option REPLACE, vous obtiendrez dans votre journal le message suivant :

```
NOTE: Export cancelled.  Output table  already exists.
      Specify REPLACE option to overwrite it.
```

Modifiez maintenant le nom de la feuille (instruction SHEET=) et exécutez à nouveau le programme 2-62. Vous constaterez alors dans le journal que l'exportation n'a posé aucun problème et que, dans votre fichier Excel, vous disposez d'une feuille supplémentaire reprenant une nouvelle fois les données de la table CLASS.

L'option REPLACE ne s'applique donc pas au classeur créé, mais à la feuille de calcul. Incidemment, au moyen de plusieurs PROC EXPORT citant toujours le même classeur (option OUTFILE=), vous pouvez créer dans ce dernier plusieurs feuilles si vous modifiez à chaque exécution la valeur de l'instruction SHEET=.

Le fonctionnement du moteur XLSX est très proche de celui d'EXCELCS. Cependant, dans les noms de feuille spécifiés au moyen de l'instruction SHEET=, les espaces ne sont pas remplacés par des tirets bas.

➕ b. Exporter une table depuis SAS EG

Lorsqu'une table est ouverte dans SAS EG au moyen de l'éditeur de table (voir figure 1-12), cliquez sur le menu *Exporter* propre à cette fenêtre (voir figure 2-31).

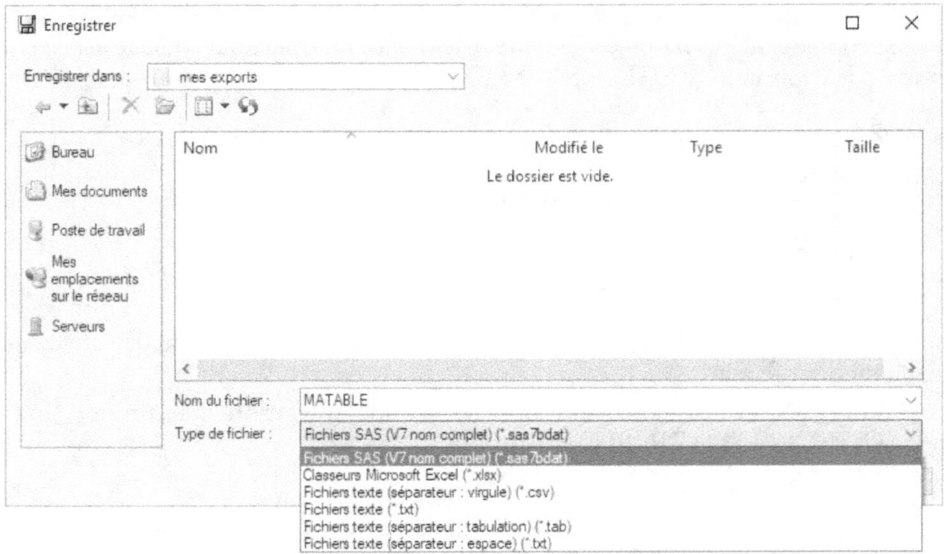

Figure 2–31 SAS EG : exporter une table

Au moyen de *Type de fichier*, vous exportez votre table vers un classeur Excel ou différents types de fichiers TXT.

➕ c. Exporter une table avec SAS Studio/UE

Vous ne disposez pas à proprement parler d'une interface d'exportation de table avec SAS Studio/UE. Vous trouverez cependant, dans la section *Extraits de code* (volet à gauche de votre écran), sous-section *Données*, un extrait de code qui vous permettra d'exporter votre table en format CSV (séparateur virgule).

➕ d. L'assistant d'exportation de SAS 9.4

Pour accéder à l'assistant d'exportation de SAS 9.4, vous passez par le menu *Fichier*, puis *Exporter données*.

Vous devez alors indiquer la table à exporter puis choisir un format. Si on exclut les formats Excel 4 et Excel 5, vous retrouvez les deux entrées *Microsoft Excel Workbook (.xls, .xlsb, .xlsm, xlsx)* (moteur EXCEL) et *Microsoft Excel Workbook on PC Files Server* (moteur EXCELCS).

Si SAS et Excel fonctionnent sur le même mode (32 ou 64 bits), vous pouvez utiliser EXCEL et les différents écrans qui se succèdent vous demandent de préciser :

* la table SAS à exporter ;
* le type de fichier souhaité : Excel, Access, CSV, TXT, dBase, JMP, SPSS, Stata, Paradox et Lotus 1-2-3 ; pour cet exemple, nous créerons un classeur Excel et, puisque SAS et Excel fonctionnent sur le même mode, sélectionnerons *Microsoft Excel Workbook (*.xls *.xlsb etc.)* ;
* sur l'écran suivant, le nom du classeur Excel et l'emplacement de sauvegarde sur votre disque dur ;
* puis, s'il s'agit d'un classeur Excel, le nom de la feuille qui accueillera vos données ;
* enfin, le nom du fichier de programme SAS dans lequel sera sauvegardée la syntaxe du PROC EXPORT produite par l'assistant d'exportation.

Exercice 2.29 – Exportez dans un classeur Excel les observations de la table SAS construite lors de l'exercice 2.26 ; sauvegardez le programme PROC EXPORT produit par l'interface d'exportation. Vous ne pouvez faire cet exercice que si SAS et Excel fonctionnent sur le même mode.

À l'issue de l'exercice 2.29, vous avez face à vous le programme 2-63.

Programme 2-63

```
PROC EXPORT DATA=WORK.TOTO262
            OUTFILE="C:\intro_SAS\fichiers\test.xlsx"
            DBMS=EXCEL REPLACE;
     SHEET="mes données";
RUN;
```

Si SAS et Excel ne fonctionnent pas sur le même mode, vous pourriez être tenté d'utiliser le module d'exportation en demandant de créer un fichier via *Microsoft Excel Workbook on PC Files Server*, sauf que l'exportation ne peut être faite que dans un classeur déjà existant. Nous préférons vous inviter à exporter vos tables en utilisant une instruction globale LIBNAME.

e. L'exportation de vos tables via LIBNAME

Pour exporter CLASS de la bibliothèque SASHELP dans un classeur Excel, vous pouvez exécuter le programme 2-64.

Programme 2-64

```
LIBNAME exp PCFILES TYPE=EXCEL PATH="c:\intro_sas\fichiers\exporttab.xlsx";
PROC DATASETS NOLIST;
   COPY IN=sashelp
        OUT=exp;
   SELECT class;
QUIT;
```

L'instruction globale LIBNAME permet de créer un classeur Excel vide. Avec l'instruction COPY de PROC DATASETS (voir section 5.4.5.b), nous demandons la copie de la table CLASS depuis la bibliothèque SASHELP vers la bibliothèque EXP, qui correspond en fait au classeur Excel vide créé précédemment par l'instruction globale LIBNAME.

Si l'instruction globale LIBNAME permet de lire des données contenues dans un classeur Excel comme s'il s'agissait d'une table SAS, elle sait aussi exporter vos données vers Excel.

Rappelons déjà que les feuilles Excel lues par SAS ne sont pas des tables SAS à part entière : en effet, vous ne pouvez pas en modifier le contenu. Le programme 2-64 vous montre comment créer, au moyen de LIBNAME, un nouveau classeur vers lequel vous exporterez les données d'une table. Le programme 2-65 vous montre que, partant d'un classeur Excel existant, vous pouvez utiliser les données contenues dans une feuille de ce classeur pour créer une nouvelle feuille. Nous mobilisons à nouveau le classeur CLIENT2018.XLSX pour cet exemple.

Programme 2-65

```
LIBNAME cli XLSX "c:/intro_sas/fichiers/client2018.xlsx";

DATA cli.nouveau;
   SET cli.juin;
   pu=total/nombre_d_articles;
RUN;
LIBNAME cli CLEAR;
```

Après l'exécution du programme 2-65, vous êtes invité à fermer la bibliothèque CLI afin d'ouvrir, en toute sécurité, à partir d'Excel le classeur CLIENT2018.XLSX. Vous constaterez qu'il contient une feuille supplémentaire appelée NOUVEAU, reprenant les données de la feuille JUIN, ainsi qu'une colonne supplémentaire PU, résultat de la division de la colonne TOTAL par le nombre d'articles[46].

---

46. Ce programme peut ne pas fonctionner si vous utilisez SAS EG/Studio/UE puisque, si l'option globale VALIDVANAME=V7 n'a pas été activée, la variable représentative du nombre d'articles s'appelle NOMBRE D'ARTICLES. Pour que ce programme fonctionne, vous devez appeler la variable par son nom, soit "nombre d'articles"n;

Contrairement aux feuilles JUIN, JUILLET, TEST1 et TEST2 pré-existantes, les feuilles d'un classeur Excel créé par SAS sont ensuite modifiables à partir de SAS **si vous avez utilisé le moteur XLSX**[47]. Ainsi, le programme 2-66 change le contenu de la feuille NOUVEAU sans aucune difficulté.

Programme 2-66

```
LIBNAME cli XLSX "c:/intro_sas/fichiers/client2018.xlsx";

DATA cli.nouveau;
   SET cli.nouveau(DROP=pu);
   remise_alea=ROUND(RANUNI(123)*0.15,0.01);
RUN;

LIBNAME cli CLEAR;
```

Ce programme demande la suppression de la variable PU créée par le programme 2-65 et la construction d'une nouvelle variable REMISE_ALEA.

En revanche, la feuille une fois créée ne peut pas être complètement supprimée au moyen par exemple de PROC DELETE (voir section 5.4.5.c).

Exercice 2.30 – En utilisant le moteur PCFILES, créez une nouvelle feuille dans le classeur CLIENT2018.XLSX reprenant les données présentées dans l'onglet Juillet. Vous ajouterez une nouvelle colonne PU_AUG égal au prix unitaire (programme 2-65) auquel vous aurez appliqué une augmentation de 20 %. Essayez ensuite, toujours avec SAS, de supprimer cette nouvelle colonne.

2.7.7 La création de fichier TXT via les instructions FILE et PUT

Il est possible de créer, à partir d'une table SAS, un fichier TXT contenant vos données. Cette écriture passe par les instructions FILE et PUT : nous allons voir que cette paire d'instructions fonctionne, dans les grandes lignes, comme le couple INFILE/INPUT.

Le programme 2-67 crée la table que nous allons ensuite transformer en fichier TXT.

Programme 2-67

```
DATA test;
   INPUT prenom $ date_n DATE9. note;
   FORMAT date_n DDMMYY10. note NUMX8.1;
CARDS;
Lucie 25OCT1995 12.2
Malaury 05APR1996 14.6
Maxime 25DEC1997 10.2
Camille 23SEP1997 8.9
;
```

Résultat 2-35

Obs.	prenom	date_n	note
1	Lucie	25/10/1995	12.2
2	Malaury	05/04/1996	14.6
3	Maxime	25/12/1997	10.2
4	Camille	23/09/1997	8.9

Des FORMAT (voir section 5.3) ont été introduits dans la table sur les variables DATE_N et NOTE, afin d'en présenter plus lisiblement les modalités : la date sous une forme JJ/MM/AAAA, la variable numérique NOTE avec un séparateur décimal virgule.

---

47. La modification n'est pas possible avec le moteur LIBNAME PCFILES.

Le programme 2-68 crée, au moyen des instructions FILE et PUT, un premier fichier TXT.

Programme 2-68	**Résultat 2-36 (fenêtre FSLIST)**

```
DATA _NULL_;
   SET test;
   FILE "c:/temp/test1.txt";
   PUT prenom date_n note;
RUN;
```

```
----|----10---|----20--
Lucie 25/10/1995 12,2
Malaury 05/04/1996 14,6
Maxime 25/12/1997 10,2
Camille 23/09/1997 8,9
```

Notre étape DATA n'a pas pour objet la création d'une table mais d'un fichier TXT : nous utilisons donc DATA _NULL_. Avec l'instruction FILE, vous précisez le chemin et le nom du fichier TXT. L'instruction PUT liste les variables à y inclure. À la lecture du résultat, vous constatez que les FORMAT imposés aux variables ont été conservés et qu'un espace sépare les modalités.

Vous avez bien entendu la possibilité de choisir le FORMAT de présentation de vos différentes variables.

Programme 2-69	**Résultat 2-37 (fenêtre FSLIST)**

```
DATA _NULL_;
   SET test;
   FILE "c:/temp/test2.txt";
   PUT prenom date_n :DATE9.
      note :5.1;
RUN;
```

```
----|----10---|----20--
Lucie 25OCT1995 12.2
Malaury 05APR1996 14.6
Maxime 25DEC1997 10.2
Camille 23SEP1997 8.9
```

Lorsque vous précisez des FORMAT dans votre instruction PUT, il est impératif de les faire précéder du signe « : » si vous souhaitez qu'un espace apparaisse entre les différents champs.

L'option DLM= de FILE sert à spécifier un séparateur de champs différent de l'espace.

Programme 2-70	**Résultat 2-38 (fenêtre FSLIST)**

```
DATA _NULL_;
   SET test;
   FILE "c:/temp/test3.txt" DLM="#";
   PUT prenom date_n note;
RUN;
```

```
----|----10---|----20--
Lucie#25/10/1995#12,2
Malaury#05/04/1996#14,6
Maxime#25/12/1997#10,2
Camille#23/09/1997#8,9
```

Si vous souhaitez que vos champs soient séparés par des tabulations, vous utiliserez DLM='09'X.

L'option DSD de FILE impose la virgule comme séparateur de champs. Elle demande aussi que les champs qui contiendraient des virgules soient placés entre quotes.

Programme 2-71	**Résultat 2-39 (fenêtre FSLIST)**

```
DATA _NULL_;
   SET test;
   FILE "c:/temp/test4.txt" DSD;
   PUT prenom date_n note;
RUN;
```

```
----|----10---|----20---|-
Lucie,25/10/1995,"12,2"
Malaury,05/04/1996,"14,6"
Maxime,25/12/1997,"10,2"
Camille,23/09/1997,"8,9"
```

Si vous utilisez l'option DSD et précisez un délimiteur particulier au moyen de DLM=, ce sont les champs qui contiennent ce délimiteur qui seront placés entre quotes.

Enfin, en utilisant le pointeur @x dans l'instruction PUT, vous créerez des fichiers TXT dans lesquels les champs seront formatés en colonnes :

Programme 2-72	**Résultat 2-40 (fenêtre FSLIST**

```
DATA _NULL_;
   SET test;
   FILE "test4.txt";
   PUT prenom @10 date_n @22 note;
RUN;
```

```
----|----10---|----20---|-
Lucie    25/10/1995  12,2
Malaury  05/04/1996  14,6
Maxime   25/12/1997  10,2
Camille  23/09/1997  8,9
```

Exercice 2.31 – Parmi les fichiers d'accompagnement de cet ouvrage, vous trouverez une table SAS appelée AEX-PORTER. Exportez-la via FILE et PUT de sorte qu'Excel la comprenne parfaitement.

Exercice 2.32 – Utilisez l'assistant de SAS 9.4 pour exporter la table AEXPORTER au format CSV. Demandez ensuite son ouverture par Excel. L'objectif de l'exercice est de comprendre la différence entre un fichier CSV américain et un fichier CSV français…

2.8 Le débogage des programmes de création de table

La procédure de création d'une table à partir d'un fichier extérieur à SAS est un exercice délicat. En effet, il est absolument essentiel que votre table soit bien l'image exacte du fichier dont vous disposez. Une mauvaise spécification de votre ligne INPUT ou un mauvais jeu d'options dans l'instruction INFILE vous conduiront immanquablement à créer des tables n'ayant qu'un rapport au mieux lointain avec votre fichier original. L'objet de cette dernière section est de vous donner quelques conseils qui vous aideront à vérifier que votre table est bien l'image exacte de vos données.

2.8.1 Regarder et comprendre votre fichier

Il est absolument impossible de créer une table si l'on ne comprend pas la structure du fichier externe à SAS, l'organisation des enregistrements et comment distinguer les différents champs.

Pour examiner votre table, vous avez le choix entre un traitement de texte extérieur ou l'éditeur de fichiers ASCII livré avec SAS : FSLIST pour SAS 9.4 ou les éditeurs de SAS EG/Studio/UE (voir section 2.3.1).

Une fois que vous avez bien compris l'organisation de votre fichier externe, rédigez un premier programme : écrivez votre instruction INFILE et précisez les options nécessaires à une bonne compréhension par SAS. Écrivez ensuite votre instruction INPUT en présentant la liste des variables que vous allez créer, puis réfléchissez aux INFORMAT que vous devez appliquer.

Si la taille de votre fichier externe est importante, ne tentez pas immédiatement de créer votre table à partir du fichier complet : travaillez plutôt sur un échantillon d'environ 1 000 à 2 000 enregistrements en mobilisant l'option OBS= d'INFILE. Vous pourrez alors soumettre votre programme.

2.8.2 Lire la fenêtre Journal

Les utilisateurs débutants oublient très souvent de consulter la fenêtre *Journal*. C'est pourtant là que vous lirez les informations nécessaires pour comprendre si l'exécution de votre programme s'est bien déroulée et si votre table a bien été construite. Le journal doit être lu **du haut vers le bas** : remontez dans votre fenêtre *Journal* jusqu'à l'apparition du programme que vous venez de soumettre. **Vous n'apprendrez rien du journal si vous commencez par la fin** Si vous utilisez SAS EG/Studio/UE, n'hésitez pas à vous servir de la fenêtre *Résumé du journal* (voir section 1.5.4).

a. Les erreurs de syntaxe et les erreurs sémantiques

Vous devez traiter dans un premier temps les erreurs de syntaxe et les erreurs sémantiques puisqu'elles empêchent la compilation et donc l'exécution de votre programme.

Les principales erreurs de syntaxe sont dues à :

- un point-virgule oublié ;
- une instruction RUN manquante ;
- l'absence d'une quote.

Dans le programme 2-73, nous avons oublié un point-virgule. Si vous l'exécutez, vous observerez le message ci-après.

Programme 2-73

```
DATA test;
   INFILE "c:/intro_sas/fichiers/test21.txt"
   INPUT x1 x2 x3 x4 x5 $;
RUN;
```

```
930   DATA test;
931      INFILE "c:/intro_sas/fichiers/test21.txt"
932      INPUT x1 x2 x3 x4 x5 $;
         -----
         23
ERROR 23-2: Invalid option name INPUT.
```

Lorsque, entre deux instructions, vous oubliez un point-virgule, le mot-clé de la seconde instruction sera considéré comme une option de la première. Ceci vous explique la nature du message d'erreur observé : SAS vous indique en effet que l'option INPUT de l'instruction INFILE n'existe pas. Pour corriger ce type d'erreur, il vous suffit d'ajouter le point-virgule manquant et de soumettre à nouveau votre programme.

Dans le programme 2-74, nous avons omis deux instructions RUN :

Programme 2-74

```
DATA test;
   INFILE "c:/intro_sas/fichiers/test21.txt";
   INPUT x1 x2 x3 x4 x5 $;
PROC PRINT DATA=TEST;
```

L'instruction RUN de clôture de l'étape DATA est manquante, mais ceci ne provoque pas d'erreur : dans les programmes composés de plusieurs étapes, l'instruction RUN provoque l'exécution de l'étape qu'elle vient clore, mais les instructions PROC ou DATA provoquent aussi cette exécution. L'étape DATA du programme 2-74 est ainsi parfaitement exécutée. En revanche, il n'y a pas d'instruction RUN de clôture du PROC PRINT et, avec SAS 9.4, le résultat demandé ne s'affiche pas. Pour l'obtenir, il vous suffit de soumettre une simple instruction RUN suivie d'un point-virgule.

SAS EG/Studio/UE fonctionnent ici différemment puisque l'absence du RUN de clôture du PROC PRINT n'empêche pas la production du résultat souhaité.

Dans le programme 2-75, une quote a été omise :

Programme 2-75

```
DATA test;
   INFILE "c:/intro_sas/fichiers/test21.txt";
   INPUT x1 x2 x3 x4 x5 $;
   IF x5="SAS;
RUN;
PROC PRINT DATA=TEST;
   VAR x1 x2 x3 x4 x5;
RUN;
```

Déjà, vous auriez dû remarquer que la partie du code que nous avons surlignée était en violet dans l'éditeur. Vous n'auriez ainsi pas soumis ce programme (voir section 1.5.2). Ce type d'erreur peut vous expliquer la présence dans le journal du message repris ci-après (et qui, très souvent, intrigue les personnes débutant sous SAS) :

```
NOTE: The quoted string currently being processed has become more than 262
      characters long.  You might have unbalanced quotation marks.
```

Si vous observez ce message et s'il n'est suivi d'aucune note, avertissement ou message d'erreur, votre compilateur de langage SAS est bloqué. Pour le débloquer, demandez l'exécution de l'instruction suivante :

```
";RUN CANCEL;
```

Si, à la suite de cette demande d'exécution, vous ne voyez pas le message suivant dans le journal :

```
WARNING: DATA step not executed at user's request.
NOTE: DATA statement used (Total process time):
      real time           13:20.22
      cpu time            2.28 seconds
```

Alors exécutez cette seconde instruction :

```
';RUN CANCEL;
```

Le message devrait alors apparaître. Corrigez votre programme en ajoutant la quote fermante. L'instruction RUN CANCEL permet ici de clore une étape sans que le programme soit exécuté.

Enfin, lorsque votre programme utilise une instruction ou une option mal orthographiée ou qui n'est pas autorisée, vous réalisez une erreur sémantique.

Programme 2-76

```
PROC PRINT DATA=TEST nobs lebal;
   VAR x1 x2 x3 x4 x5;
RUN;
```

Le programme 2-76 contient deux erreurs sémantiques : les options NOBS et LEBAL de PROC PRINT n'existent pas (mais les options NOOBS et LABEL existent). Vous observez dans le journal le message suivant :

```
1057   PROC PRINT DATA=TEST nobs lebal;
                             ----  -----
                              1    22
                                   202
WARNING 1-322: Assuming the symbol NOOBS was misspelled as nobs.
ERROR 22-322: Erreur de syntaxe, l'une des valeurs suivantes est attendue :
              ;, BLANKLINE, CONTENTS, DATA, DOUBLE, GRANDTOTAL_LABEL,
              GRANDTOT_LABEL, GRAND_LABEL, GTOTAL_LABEL, GTOT_LABEL,
              HEADING, LABEL, N, NOOBS, NOSUMLABEL, OBS, ROUND, ROWS, SPLIT,
              STYLE, SUMLABEL, UNIFORM, WIDTH.
ERROR 202-322: The option or parameter is not recognized and will be ignored.
```

Ce message vous montre que certaines erreurs sémantiques sont automatiquement corrigées par SAS (NOBS). Cependant, dans la plupart des cas, votre erreur sémantique empêchera l'exécution du programme.

Si le terme problématique est compris par SAS comme étant une option d'une instruction qu'il a reconnue, vous disposerez comme ici de la liste des options autorisées pour l'instruction.

Si l'erreur sémantique porte sur un nom de procédure que SAS ne reconnaît pas, vous aurez dans le journal le message suivant :

```
ERROR: Procedure PRONNT not found.
```

Enfin si l'erreur sémantique porte sur une instruction que SAS ne reconnaît pas ou qu'il n'autorise pas au sein de l'étape (par exemple, une instruction VAR au sein d'une étape DATA), vous aurez le message suivant :

```
ERROR 180-322: Statement is not valid or it is used out of proper order.
```

b. Les erreurs propres à la phase de création d'une table

Même si votre programme ne contient ni erreur de syntaxe, ni erreur sémantique, vous pouvez tout à fait obtenir une table non conforme à vos données brutes. Au cours d'une étape DATA, vos problèmes seront immanquablement liés à une mauvaise spécification de vos instructions INPUT et INFILE.

La lecture de votre journal va, une fois de plus, vous aider à déterminer la cause de cette non-conformité. Vous devez systématiquement vérifier les points suivants :

* Le nombre d'enregistrements lus est en rapport avec le nombre d'observations créées. Si, par exemple, votre programme demande la lecture d'un enregistrement pour créer une observation, les deux nombres doivent coïncider comme dans le message du journal repris ci-après :

```
NOTE: 8 records were read from the infile "c:/intro_sas/fichiers/acteurs.txt"
      The minimum record length was 7.
      The maximum record length was 22.
NOTE: The data set WORK.TEST has 8 observations and 2 variables.
```

* La longueur maximale des enregistrements est strictement inférieure à la valeur de l'option LRECL. Si ce n'est pas le cas, augmentez cette dernière.
* Aucune note CARTE PERDUE n'apparaît dans votre journal. Si vous voyez cette note, soit votre instruction INPUT cite plus de variables qu'il n'y a de champs dans vos enregistrements, soit le dernier champ de vos enregistrements est de longueur variable.
* Aucune note DONNEES INCORRECTES comme la suivante n'apparaît :

```
NOTE: Données incorrectes pour x en ligne 323 1-4.
RÈGLE :     ----+----1----+----2----+----3----+----4----+----5----+----6----+
323        3,14
x=. _ERROR_=1 _N_=1
```

Si vous observez un nombre important d'erreur de ce type[48], il y a de très fortes chances pour qu'un de vos INFORMAT soit incorrectement spécifié.

Même si votre table n'est pas correctement construite, examinez-la (ne regardez qu'une dizaine d'observations) au moyen d'un PROC PRINT. **Il faut impérativement regarder les variables** (et leurs modalités), une à une, dans l'ordre de leur création et donc, sur votre écran, **de la gauche vers la droite**.

Il s'agit ici de regarder si la première variable est construite correctement. Si c'est le cas, passez à la deuxième variable puis à la troisième. Lorsque vous constatez que l'une d'entre elles n'est pas créée correctement, regardez attentivement **son INFORMAT et celui de la variable précédente**. Vous noterez très certainement une erreur.

Il est parfaitement inutile de tenter de régler un problème sur la 8e variable créée, par exemple, si des erreurs apparaissent sur les précédentes.

Les difficultés que nous venons de citer (et que vous rencontrerez immanquablement) sont d'ordre systémique : elles proviennent d'une mauvaise spécification de vos instructions INFILE et INPUT. Vous constaterez cependant qu'une erreur ne vient jamais seule : une mauvaise spécification d'un INFORMAT peut provoquer une note CARTE PERDUE, une note DONNEES INCORRECTES, ainsi qu'une absence de corrélation entre nombre d'enregistrements et nombre d'observations.

Procédez alors avec ordre et méthode. Grâce aux outils présentés dans ce chapitre, vous vous en sortirez dans 99 % des cas.

---

48. SAS, par défaut, affiche au maximum 20 erreurs de ce type.

Pour les quelques autres cas, présentez votre problème dans le forum de discussion de www.sas-sr.com. Ensemble, nous trouverons une solution !

2.8.3 Faire parler votre journal

Il est un dernier cas qu'il nous faut évoquer et qui est certainement le plus complexe à résoudre : les erreurs de logique.

En très grande majorité, les problèmes que vous rencontrerez lors de la création de table donnent lieu à des messages dans le journal. Ce n'est pas le cas des erreurs de logique. Vous constaterez simplement que le résultat que vous obtenez est manifestement faux.

Illustrons notre propos au moyen d'un exemple : le 5 octobre 2018, votre correspondant John, de l'antenne de Los Angeles, vous a transmis un fichier TXT contenant des noms de clients de votre entreprise. Deux catégories de dates sont indiquées dans ce fichier, correspondant les unes à des commandes et les autres à des livraisons. Vous souhaitez étudier les délais entre les commandes et les livraisons.

Le programme 2-77 crée une table à partir du fichier DELAIS18.TXT qui vous a été transmis. Une instruction supplémentaire crée une variable DELAI, différence entre les dates de livraison et de commande.

Programme 2-77

```
DATA delais;
    INFILE "c:/intro_sas/fichiers/delais18.txt";
    INPUT client :$10.
          (commande livraison) (:DDMMYY.);
    delai=livraison-commande;
RUN;

PROC PRINT DATA=delais;
    FORMAT commande livraison DATE9.;
RUN;
```

Résultat 2-41

Obs.	client	commande	livraison	delai
1	Lucienne	12JAN2017	12MAR2017	59
2	Ama	01DEC2018	06NOV2018	-25
3	Crina	08JUL2018	08SEP2018	62
4	Frédérique	04JUL2017	05MAR2017	-121

Le résultat 2-41 correspond à la table créée par le programme, lequel a été parfaitement exécuté – aucune erreur ne s'affiche dans le journal. Un problème apparaît cependant : des délais de livraison négatifs indiquent une livraison intervenue avant même que la commande ne soit passée.

Pour en trouver l'explication, nous allons ajouter des instructions PUTLOG afin de suivre l'exécution du programme. Le programme 2-77 devient :

Programme 2-78

```
DATA delais;
   INFILE "c:/intro_sas/fichiers/delais18.txt";
   INPUT client :$10.
         (commande livraison) (:DDMMYY.);
   delai=livraison-commande;
   IF delai<0 THEN PUTLOG "ERROR: " _INFILE_ /
                          (commande livraison)(:DDMMYY.) delai=;
RUN;
```

Nous demandons, en cas de délai négatif, qu'un message de deux lignes soit inscrit dans le journal. Sur une première ligne, en rouge (parce que nous avons indiqué la chaîne de caractères `"ERROR: "`), nous demandons, via la variable automatique _INFILE_ que soit présenté le contenu de l'INPUT BUFFER.

La barre oblique fait passer à la ligne. Nous affichons ensuite les dates de commande et de livraison au moyen du FORMAT :DDMMYY. ainsi que la modalité de la variable DELAI.

Vous observez dans le journal le message suivant :

Résultat 2-42 (fenêtre journal)

```
ERROR: Ama 011218 061118
01/12/18 06/11/18 delai=-25
ERROR: Frédérique 040717 050317
04/07/17 05/03/17 delai=-121
```

Les deux premières lignes vous indiquent déjà que la commande et la livraison d'Ama sont intervenues après octobre 2018, date à laquelle le fichier vous a été transmis… Vous comprendrez en fait très vite votre erreur de logique en vous souvenant que votre collègue John travaille aux États-Unis et que les dates dans le fichier ont donc un format américain : 011218 ne correspond pas au 1er décembre 2018 mais au 12 janvier 2018. L'INFORMAT utilisé dans l'instruction INPUT ne doit pas être :DDMMYY. mais :MMDDYY..

L'instruction PUTLOG aide à enrichir de façon très intéressante votre fenêtre *Journal*. Quelques options de mise en forme facilitent la lecture. Elles sont résumées dans le tableau 2-6.

Tableau 2–6 L'instruction PUTLOG

Instruction	Résultat	Couleur
`PUTLOG "texte";`	`Texte`	en noir
`PUTLOG "NOTE: texte";`	`NOTE: texte`	en bleu
`PUTLOG "WARNING: texte";`	`WARNING: texte`	en vert
`PUTLOG "ERROR: texte";`	`ERROR: texte`	en rouge
`PUTLOG "ERROR: " X1;`	`ERROR: modalité de X1`	en rouge
`PUTLOG "ERROR: " X1=`	`ERROR: X1=modalité de X1`	en rouge

Vous bénéficiez en outre des options de mise en forme vues pour l'instruction PUT (voir section 2.7.7) : barre oblique pour sauter une ligne, @x pour faire débuter le texte qui suit en x^e colonne…

Vous trouverez de nombreux exemples sur Internet et même dans la documentation SAS utilisant l'instruction PUT pour demander la production de messages particuliers dans le journal au moment de l'exécution de votre programme. Nous préférons vous recommander l'instruction PUTLOG et vous inviter à utiliser PUT uniquement associée à FILE lorsque vous souhaitez créer un fichier TXT.

2.8.4 Examiner votre table

L'examen de votre table vous permettra très souvent de comprendre les erreurs systémiques et logiques. Il doit cependant être poursuivi puisqu'il vous fera détecter certaines erreurs dans vos données dont votre programmation n'est pas responsable.

Nous avons jusqu'à maintenant utilisé la procédure PROC PRINT pour examiner nos tables, mais d'autres procédures vous aideront à juger de la qualité de vos données.

Les variables de votre table peuvent être regroupées en deux catégories :
- les variables continues numériques, qui présentent un grand nombre de modalités distinctes ;
- les variables catégorielles, numériques ou caractères, qui présentent un nombre limité de modalités.

Pour les variables continues, il est important de vérifier qu'elles ne prennent pas des valeurs « anormales ». La procédure PROC UNIVARIATE est alors d'une grande aide.

Programme 2-79

```
PROC UNIVARIATE DATA=floride2;
   VAR pluie;
RUN;
```

La table FLORIDE2 mobilisée par le programme 2-79 est identique à la table FLORIDE construite par le programme 2-23 sauf que nous avons omis l'instruction qui remplace la modalité -9999 par une valeur manquante.

La sortie proposée par PROC UNIVARIATE se compose de cinq tableaux : *Moments*, *Mesures statistiques de base*, *Tests de tendance centrale*, *Quantiles* et *Observations extrêmes*. Nous reproduisons les deux derniers au résultat 2-43.

Résultat 2-43

Quantiles (Définition 5)	
Quantile	Valeur estimée
100Max 100%	10785
99%	8818
95%	7525
90%	6908
75% Q3	5866
50% Médiane	4693
25% Q1	-9999
10%	-9999
5%	-9999
1%	-9999
0% Min	-9999

Observations extrêmes			
La plus petite		La plus grande	
Valeur	Obs	Valeur	Obs
-9999	2284	9807	447
-9999	2283	9885	2100
-9999	2282	10162	1832
-9999	2212	10408	2101
-9999	2183	10785	2097

Plus de 25 % des observations présentent des niveaux de pluie égaux à -9999 : il est impératif ici de corriger ces valeurs en les remplaçant, par exemple, par des valeurs manquantes. Sans correction, les analyses que vous pourriez tenter n'auraient aucune valeur.

Le remplacement des valeurs anormales par des valeurs manquantes n'est pas la seule solution à vos problèmes de données ; c'est même la solution à n'envisager qu'en dernier recours. Le statisticien dispose en effet de méthodes nettement plus intéressantes : remplacement par la moyenne ou la médiane[49], techniques de lissage, etc. N'hésitez pas à consulter l'ouvrage suivant, très complet, dédié à ce sujet :

📖 CODY, Ron, *Cody's data cleaning techniques using SAS®, Third edition*, Cary, NC : SAS Institute Inc., 234 pages, ISBN 978-1-63526-069-0, March 2017

En ce qui concerne maintenant les variables catégorielles, numériques ou caractères, présentant un nombre limité de modalités, utilisez la procédure PROC FREQ (voir section 6.5).

Programme 2-80

```
PROC FREQ DATA=enquete NLEVELS;
   TABLE sexe;
RUN;
```

Résultat 2-44

Nombre de niveaux de variables	
Variable	Niveaux
sexe	3

sexe	Fréquence	Pourcentage	Fréquence cumulée	Pourcentage cumulé
F	53518	47.55	53518	47.55
H	58483	51.96	112001	99.52
f	544	0.48	112545	100.00

L'instruction TABLE demande la production d'un tableau de fréquences. Au moyen de l'option NLEVELS, SAS vous indique le nombre de valeurs distinctes prises par la (ou les) variable(s) citée(s) par l'instruction TABLE.

À la lecture du résultat 2-44, vous devez comprendre qu'une correction est nécessaire : la modalité f doit être corrigée et remplacée par F.

---

49. Nous présentons dans la section 10.5.2 un programme au moyen duquel les valeurs manquantes sont remplacées par des médianes.

Enfin, vous remarquerez que, très souvent, vos variables présentent des valeurs manquantes. Les problèmes liés à ces dernières apparaîtront plus clairement lors des phases de modification des tables puisque, parmi les messages qui s'afficheront dans votre fenêtre *Journal*, vous risquez d'obtenir le suivant :

```
NOTE: Des valeurs manquantes ont été générées à la suite
      d'une opération sur des valeurs manquantes.
      Chaque endroit est défini par : (Nombre de fois)
      dans (Ligne):(Colonne).
      100 dans 23:5
```

Il est important de comprendre l'origine de vos valeurs manquantes puisque, si votre variable de départ présente des valeurs manquantes, les variables construites à partir de celle-ci risquent d'en présenter aussi.

Tout au long de la dernière section de ce deuxième chapitre, nous vous avons invité à toujours examiner avec attention la table que vous veniez de construire. Ainsi, non seulement vous vous assurez qu'elle reflète bien vos données initiales, mais vous constatez aussi l'éventuelle distance entre vos variables et celles qui vous sont nécessaires pour produire vos premiers résultats. La table issue de l'étape de création est rarement prête à l'analyse : vous devrez la modifier et construire de nouvelles variables. C'est là l'objet du prochain chapitre.

3

Modifier les tables

Vous disposez à ce stade d'une table, copie fidèle de vos données stockées jusqu'à maintenant dans un fichier externe à SAS. Vous allez maintenant devoir la modifier parce que les variables telles que vous les souhaitez n'existent pas encore. Il est possible, dès la phase de création de la table, de créer de nouvelles variables à partir des variables listées dans l'instruction INPUT ou de modifier celles-ci. Votre programme aura alors une des deux structures suivantes :

```
DATA test;
    INPUT x1 x2...;
** instructions de modification;
** et de construction de variables;
CARDS;
vos données
;RUN;
```

```
DATA test;
    INFILE "chemin vers votre fichier";
    INPUT x1 x2...;
    ** instructions de modification;
    ** et de construction de variables;
RUN;
```

Certains programmes présentés au cours du chapitre 2 adoptaient cette structure, mais nous vous conseillons, dans un premier temps et si cela est possible, de ne pas mélanger les étapes DATA **de création de table** avec celles **de modification de table**. Chacune présente des difficultés qui lui sont propres et les questions auxquelles elles devront répondre sont différentes.

Au terme d'une étape DATA de création, vous devrez vous demander si votre table est bien fidèle à vos données initiales. Au terme de la phase de modification, vous devrez, entre autres, vous demander si le programme que vous avez soumis a bien construit ce que vous souhaitiez.

À la lecture du chapitre précédent, vous avez dû comprendre qu'une étape DATA **de création de table** se caractérisait par la présence du couple d'instructions INPUT/CARDS ou INFILE/INPUT.

Une étape DATA **de modification de table** se caractérise par la présence d'une instruction SET, qui permet l'utilisation d'une table pour en créer une autre.

3.1 L'exécution par SAS de vos programmes

Le point traité dans cette section est extrêmement important puisqu'il doit vous aider à comprendre pourquoi, dans certains cas et malgré l'apparente cohérence de votre programmation, SAS ne construit pas exactement la table que vous souhaitez. Il s'agit plus particulièrement de préciser ici comment SAS analyse et exécute les programmes que vous lui soumettez et de voir les conséquences de ce fonctionnement sur votre programmation. Bien que cette section introduise le chapitre, elle fait appel à des éléments de programmation que nous détaillerons plus loin dans l'ouvrage.

Nous avons précisé au début du chapitre 2 (voir section 2.1.2) que les données extérieures à SAS transitaient par une zone de mémoire appelée INPUT BUFFER avant d'être envoyées dans une seconde zone de mémoire (PROGRAM DATA VECTOR, ou PDV), puis dans la table que vous souhaitez créer.

Nous traiterons ici du fonctionnement du PDV, car il conditionne en très grande partie les programmes que vous écrirez pour modifier votre table. C'est en ayant compris son fonctionnement que vous saisirez celui de certains programmes. Nous prenons comme base la table créée par le programme 3-1 et présentée par le résultat 3-1.

Programme 3-1

```
DATA new;
    INFILE "C:\intro_SAS\fichiers\IB.txt";
    INPUT ind $ x1 x2 x3 :$3.;
RUN;
```

Résultat 3-1

Obs.	ind	x1	x2	x3
1	Albert	1	2	A
2	René	3	3	A
3	Gino	2	3	A
4	Alberto	2	2	B
5	Guido	0	3	B
6	Renato	1	2	C

Le programme 3-2 crée une table NEW2 à partir de NEW ; il mobilise pour cela l'instruction SET. C'est ce programme que nous allons étudier afin de comprendre le fonctionnement du PDV et ses incidences. Le résultat 3-2 reproduit la table NEW2.

Programme 3-2

```
DATA new2 (KEEP=x4 x5 x1 ind);
   SET new (RENAME=(x3=x4) DROP=x2);
   IF x1>=1 THEN x5="Groupe n°1";
   IF x1>=2 THEN x5="Groupe n°2";
   IF x1>=3 THEN x5="Groupe non défini";
   x1=10/x1;
   x4='1234'||x4;
RUN;
```

Résultat 3-2

Obs.	ind	x1	x4	x5
1	Albert	10.0000	123	Groupe n°1
2	René	3.3333	123	Groupe non
3	Gino	5.0000	123	Groupe n°2
4	Alberto	5.0000	123	Groupe n°2
5	Guido		123	
6	Renato	10.0000	123	Groupe n°1

Lorsque vous soumettez un programme, SAS réalise une phase de compilation au cours de laquelle votre code est analysé. Cette analyse a plusieurs objectifs :

- SAS vérifie si le programme ne contient pas d'erreurs de syntaxe. S'il en trouve, la compilation en langage machine ne se réalise pas : il y a des **erreurs de compilation**, qui apparaissent en rouge dans votre journal.
- Dans le même temps, SAS analyse votre programme pour créer deux zones logiques[1] nécessaires à la création de votre table :
  - Une première zone rassemble les **métadonnées** : les informations générales sur votre table (date et heure de création, nom de la table, version de SAS utilisée) et les variables qu'elle contient (nombre, type, longueur de l'enregistrement, etc.). C'est la « zone descriptive » (ou zone de description). Ce sont ces informations que vous consultez lorsque vous exécutez la procédure PROC CONTENTS.
  - Une seconde zone logique est créée, appelée PROGRAM DATA VECTOR (PDV), dans laquelle vont transiter les données issues de la table précisée par l'instruction SET.

Concernant cette seconde zone logique, l'analyse par SAS de votre programme au cours de la phase de compilation va avoir pour objet de lui donner sa structure.

3.1.1 La structuration du PDV

Pour donner sa structure au PDV, la zone de mémoire par laquelle vont transiter vos données, il faut des informations sur :

- les variables (leur nom) ;
- leur type (numérique ou caractère) ;
- leur longueur (stockage en octets) ;
- leur position dans l'enregistrement.

La règle essentielle de cette structuration du PDV est la suivante :

« C'est le premier qui a parlé qui a raison. »

---

1. L'INPUT BUFFER, qui est aussi une zone logique, n'est présent que dans les phases de création de tables à partir de données externes à SAS.

SAS examine le programme instruction après instruction. Dès qu'il en trouve une permettant de structurer le PDV, il l'utilise pour donner une ou plusieurs caractéristiques à ce dernier. Vous ne pouvez pas revenir sur ces caractéristiques une fois qu'elles sont fixées.

L'instruction DATA n'a qu'une incidence sur le PDV : la création des variables automatiques _N_ (numéro de l'exécution) et _ERROR_ (égale à 0 si l'observation traitée n'a pas provoqué d'erreur d'exécution et à 1 dans le cas contraire[2]).

La figure 3-1 présente la structure du PDV une fois l'instruction DATA examinée.

```
DATA new2 (KEEP=x4 x5 x1 ind);
    SET new (RENAME=(x3=x4) DROP=x2);
    IF x1>=1 THEN x5="Groupe n°1";
    IF x1>=2 THEN x5="Groupe n°2";
    IF x1>=3 THEN x5="Groupe non défini";
    x1=10/x1;
    x4='1234'||x4;
RUN;
```

_N_	_ERROR_		variable
num	num		type
8	8		longueur
VA	VA		position

Figure 3–1 Le PDV – Étape 1

L'instruction SET qui suit fournit un ensemble d'informations résumées à la figure 3-2.

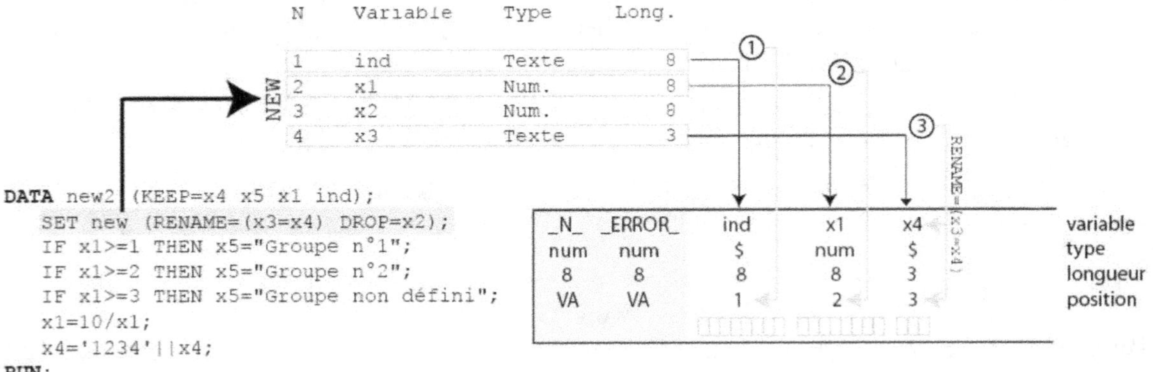


```
DATA new2 (KEEP=x4 x5 x1 ind);
    SET new (RENAME=(x3=x4) DROP=x2);
    IF x1>=1 THEN x5="Groupe n°1";
    IF x1>=2 THEN x5="Groupe n°2";
    IF x1>=3 THEN x5="Groupe non défini";
    x1=10/x1;
    x4='1234'||x4;
RUN;
```

_N_	_ERROR_	ind	x1	x4	variable
num	num	$	num	$	type
8	8	8	8	3	longueur
VA	VA	1	2	3	position

Figure 3–2 Le PDV – Étape 2

Pour construire la nouvelle table NEW2, SET demande à utiliser NEW. Comme le montre la figure 3-2, toutes les informations relatives aux variables issues de NEW et conservées dans NEW2 sont reprises. IND était la première variable dans NEW : elle sera aussi placée en première position dans NEW2 – elle conserve ses attributs (caractère, de longueur 8). X1 est reconduite de la même

---

2. Rappelons que _ERROR_=1 en cas d'erreur d'exécution de votre programme sur une observation, non en cas d'erreur dans votre programme lui-même. _ERROR_=1 si, par exemple, vous tentez de faire entrer un chiffre avec séparateur décimal virgule dans une variable numérique sans utiliser d'INFORMAT ou s'il existe une erreur mathématique, comme avec le programme 3-2 pour l'observation GUIDO (division par zéro) – voir figure 3-6.

manière. Ensuite, puisque X2 n'est pas reconduite dans NEW2, X3 – qui change de nom (X4) dans NEW2 – est enregistrée en troisième position ; X4 reprend les autres attributs de X3 (type et longueur). Pour renommer X3 en X4, nous utilisons l'option de table RENAME=.

Dans l'instruction suivante, illustrée à la figure 3-3, une variable non encore citée fait son apparition.

```
...x5="Groupe n°1";
```

donne les informations suivantes : la nouvelle variable s'appelle X5 ; elle est de type caractère puisque la modalité est encadrée par des quotes et suivie d'un point-virgule[3], elle est de longueur 10 parce qu'il y a 10 caractères entre les quotes. Avec SAS UE, elle est de longueur 11 parce qu'il faut 11 octets pour coder les 10 caractères (le caractère « ° » est codé sur deux octets en UTF-8).

```
                                              x5="Groupe n°1";

DATA new2 (KEEP=x4 x5 x1 ind);
   SET new (RENAME=(x3=x4) DROP=x2);
   IF x1>=1 THEN x5="Groupe n°1";
   IF x1>=2 THEN x5="Groupe n°2";
   IF x1>=3 THEN x5="Groupe non défini";
   x1=10/x1;
   x4='1234'||x4;
RUN;
```

_N_	_ERROR_	ind	x1	x4	x5	variable
num	num	$	num	$	$	type
8	8	8	8	3	10	longueur
VA	VA	1	2	3	4	position

Figure 3–3 Le PDV – Étape 3

SAS examine la suite du programme mais, comme aucune autre nouvelle variable n'est citée, il termine la structuration du PDV (voir figure 3-4).

```
DATA new2 (KEEP=x4 x5 x1 ind);
   SET new (RENAME=(x3=x4) DROP=x2);
   IF x1>=1 THEN x5="Groupe n°1";
   IF x1>=2 THEN x5="Groupe n°2";
   IF x1>=3 THEN x5="Groupe non défini";
   x1=10/x1;
   x4='1234'||x4;
RUN;
```

_N_	_ERROR_	ind	x1	x4	x5	variable
num	num	$	num	$	$	type
8	8	8	8	3	10	longueur
VA	VA	1	2	3	4	position

Figure 3–4 Le PDV – Fin de la structuration

3.1.2 Mode de structuration du PDV et variables caractères

Nous avons précisé (voir section 2.6.3) que la longueur en octets d'une variable caractère correspond au nombre maximum de caractères que l'on peut y enregistrer. Regardons une nouvelle fois le programme 3-2 : nous constatons que les observations pour lesquelles X1 est supérieure ou égale à 3

---

3. Si la double quote fermante avait été suivie des suffixes D, DT ou T (voir sections 2.6.5.a, 2.6.5.d et 2.6.5.e), la variable aurait été numérique.

vont poser problème car, pour écrire « groupe non défini », il faut 17 caractères. Comme la longueur de la variable X5 a déjà été définie, cette modalité ne pourra pas être attribuée dans son intégralité : seuls les dix premiers caractères, soit `groupe non`, seront stockés dans X5[4]. C'est une conséquence de la règle de construction du PDV :

« C'est le premier qui a parlé qui a raison. »

Autrement dit, une fois que les attributs sont fixés, on ne peut plus les modifier.

Si vous souhaitez pouvoir saisir une chaîne de 17 caractères dans la variable X5, il faut donner au PDV cette information avant que SAS, au cours de la phase de compilation, ne lise la première modalité de la variable. L'instruction LENGTH est prévue pour cela :

```
LENGTH x5 $ 17;
```

Vous aurez compris que cette instruction doit intervenir le plus tôt possible dans votre programme : soit immédiatement après l'instruction DATA, soit immédiatement après l'instruction SET. Si vous la positionnez « trop tard » (par exemple, juste avant le RUN final), la fenêtre *Journal* affichera le message suivant :

```
WARNING: Length of character variable x5 has already been set.
         Use the LENGTH statement as the very first statement in the DATA
         STEP to declare the length of a character variable.
```

La syntaxe de l'instruction LENGTH est relativement simple. Si la variable dont vous spécifiez la longueur est caractère, il faut indiquer après son nom le signe \$, puis le nombre d'octets. Avec une seule instruction LENGTH, vous pouvez attribuer des longueurs différentes à des variables différentes.

```
LENGTH x5 x12 $ 17 x6 $ 8 z1-z10 $ 5;
```

Cet exemple impose une longueur de 17 aux variables X5 et X12, de 8 à X6 et de 5 à Z1, Z2... Z10.

Les modalités numériques sont codées différemment afin d'autoriser leur manipulation par la suite[5]. Nous verrons dans la section suivante qu'il est tout à fait possible de modifier le nombre d'octets attribué à une variable numérique au cours d'un programme. C'est impossible avec une variable caractère.

Exercice 3.1 – Une table TEST contient une variable X, de type caractère et de longueur 10. Le programme suivant est exécuté :

```
DATA test2;
   LENGTH x $ 5;
   SET test;
   x='123456789012345';
RUN;
```

---

4. Avec SAS UE, puisque la variable X5 est de longueur 11, l'espace qui suit `groupe non` sera aussi considéré.

5. Par exemple, sur huit octets, si votre variable est caractère, vous pouvez enregistrer n'importe quelle suite de huit caractères ; si votre variable est numérique, vous pouvez enregistrer (sous Windows) n'importe quel entier jusqu'à 9 007 199 254 740 992.

Quelle est la longueur de X dans la table TEST2 ?

Le fait que la longueur d'une variable numérique soit modifiable indique que la règle donnée plus haut n'est pas si stricte que cela. Il vous est cependant **impossible de modifier le type d'une variable** une fois celui-ci fixé.

Exercice 3.2 – Introduisez les instructions suivantes dans le programme 3-2, juste avant le RUN final :

```
RENAME x5=x11;   ** cette instruction signifie : remplace le nom de la;
x5=4;            ** variable X5 par X11;
```

Dans l'instruction DATA, supprimez l'option de table KEEP= placée entre parenthèses. Que constatez-vous dans la table NEW2 créée par ce programme modifié ? Expliquez.

Exercice 3.3 – Regardez de nouveau le programme 3-2, plus particulièrement l'instruction suivante :

```
x4='1234'||x4;
```

Cette instruction mobilise l'opérateur de concaténation || et demande une modification de la modalité de X4. Vous pouvez la comprendre comme suit : je souhaite que la nouvelle modalité de X4 (X4=) soit égale à la chaîne de caractères '1234' à laquelle on concatène l'ancienne modalité de X4 ('1234'||x4). X4 est de longueur 3 ; quel problème allons-nous rencontrer ? Pour le régler, nous aurons besoin d'une instruction LENGTH. Où faut-il la placer ?

3.1.3 La longueur des variables numériques

S'il est impossible de revenir sur la longueur d'une variable caractère une fois celle-ci inscrite dans le PDV, il est en revanche possible, à tout moment, de modifier le nombre d'octets attribué à une variable numérique. Une telle modification doit cependant être envisagée avec la plus grande précaution et uniquement si votre variable n'a pour modalités **que des entiers** ; si elle présente des modalités décimales, vous risquez fort d'en modifier la valeur sans qu'aucune correction ultérieure ne soit possible.

Sous Windows, la longueur d'une variable numérique est obligatoirement comprise entre 3 et 8. Le tableau suivant vous indique les entiers maximum[6] que vous pouvez stocker en fonction du nombre d'octets attribués à la variable (le signe est géré indépendamment en interne par SAS).

Longueur	Valeur maximale	Longueur	Valeur maximale
3	8 192	6	137 438 953 472
4	2 097 152	7	35 184 372 088 832
5	536 870 912	8	9 007 199 254 740 992

Modifier la longueur d'une variable numérique sera intéressant si vous avez des difficultés de stockage de votre table SAS. Nous reviendrons sur ce point dans la section 5.5.2.a.

---

6. Les entiers maximum que vous pouvez stocker sont eux aussi fonction de votre système d'exploitation. Les valeurs indiquées dans ce tableau sont valables pour Windows et Unix.

3.1.4 Détermination du type d'une variable créée par un programme

Nous avons vu avec le programme 3-2 que SAS analyse le code afin de déterminer le type de la variable. La variable X5 a été déclarée caractère parce que sa première modalité est présentée, dans le programme, entre quotes et sans aucun suffixe (DT, D ou T). De façon plus générale, s'il n'y a pas de modalité (numérique ou caractère) attribuée que SAS puisse utiliser directement, le type de la variable est déterminé par la fonction ou l'opérateur mobilisé pour construire la variable. La structure de création au moyen d'une fonction est généralement la suivante :

```
Nouvelle_variable = fonction (ancienne_variable)
```

Une fonction est numérique (resp. caractère) lorsqu'elle crée une variable numérique (resp. caractère). Le type de la variable argument de la fonction n'a aucune influence, même si chaque fonction demande en argument une variable d'un type donné[7]. Certaines (rares) fonctions numériques demandent en argument des variables caractères (ex. LENGTH, voir section 3.2.7.a) et certaines (très rares) fonctions caractères demandent en argument des variables numériques (exemple : FIPNAME, voir l'aide SAS). Cependant, si vous fournissez un argument d'un certain type à une fonction qui demande le type opposé, cela n'influencera pas la nature de la variable créée par la fonction.

Si vous mobilisez un opérateur, vous créerez une nouvelle variable au moyen d'une instruction qui aura la forme générale suivante :

```
Nouvelle variable = ancienne_variable1 operateur ancienne_variable2
```

Nous présenterons dans la section 3.2.1 les opérateurs à votre disposition. Ils sont tous numériques (et créent des variables numériques) à l'exception de l'opérateur de concaténation : ||.

Quel que soit le type des variables utilisées, si l'opérateur est numérique (resp. caractère), vous créerez une nouvelle variable numérique (resp. caractère).

Une variable numérique créée sans spécification de LENGTH aura forcément une longueur de huit octets, quelle que soit la longueur des variables sous-jacentes.

Si la variable créée est caractère, la question de sa longueur est plus délicate. De nombreuses fonctions caractères lui donnent la même longueur que celle de la variable sous-jacente ou une longueur liée à celles des variables sous-jacentes[8].

L'opérateur de concaténation est particulier. Dans le programme 3-2, remplaçons :

```
x4='1234'||x4;
```

par l'instruction suivante :

```
concat='1234'||x4;
```

---

7. La fonction INPUT est l'exception à cette règle (voir section 3.2.6).

8. Certaines fonctions produisent cependant des variables particulièrement longues (200 octets) – nous présentons une liste de ces fonctions particulières dans la section 3.2.7.b. Ces variables « longues » risquent de vous poser quelques problèmes de stockage si votre table contient de nombreuses observations.

La nouvelle variable CONCAT est caractère puisque nous utilisons l'opérateur de concaténation et sera de longueur 7 : 4 (`1234`) + 3 (X4 est caractère de longueur 3). Si X4 est numérique, la modalité numérique doit être convertie en caractères pour que la concaténation s'effectue. Cette conversion implique la transformation de la modalité numérique en une modalité caractère d'une longueur égale, par convention, à 12. Votre variable caractère CONCAT sera alors de longueur 16 (4 + 12).

Ce dernier exemple montre qu'il est ainsi possible d'associer, dans une certaine mesure, une fonction ou un opérateur propre à un type de variable avec des variables de type opposé. Si vous employez des fonctions ou des opérateurs numériques en les associant à des variables caractères, SAS tentera de réaliser, autant que faire se peut, ce que vous lui demandez.

Programme 3-3

```
DATA test;
   INPUT x1 x2 $ x3 $1.;
CARDS;
2172525 1.1 1
2163535 1,1 2
;

DATA test2;
   SET test;
   z1=SUBSTR(x1,4,4);
   z2=x2+10;
   x3=x3+10;
RUN;
```

Résultat 3-3

Obs.	x1	x2	x3	z1	z2
1	2172525	1.1	*	21	11.1
2	2163535	1.1	*	21	

La fonction SUBSTR dont nous avons expliqué le principe section 2.3.6.b demande normalement en premier argument une variable caractère, mais nous en utilisons ici une numérique. Notre souhait était d'obtenir en valeur de Z1 `2525` pour la première observation et `3535` pour la seconde. Le résultat est évidemment tout autre puisque, pour appliquer la fonction SUBSTR, SAS a converti notre donnée numérique en une chaîne de caractères de longueur 12 (5 espaces suivis des chiffres `2172525`). Comme le montre l'illustration ci-après, si vous extrayez 4 caractères à partir du 4ᵉ, vous obtenez `21` précédé de deux espaces invisibles à l'affichage.

Cette conversion d'une donnée numérique en caractère fait l'objet de la note suivante dans le journal :

```
NOTE: Numeric values have been converted to character
      values at the places given by: (Line):(Column).
```

Cette conversion vous explique aussi pourquoi la variable Z1, caractère puisque produite par la fonction SUBSTR, est de longueur 12.

Nous construisons ensuite une nouvelle variable Z2 en mobilisant X2, de type caractère ; or, puisque nous utilisons l'opérateur Somme, Z2 est numérique. Le programme 3-3 montre que SAS va tout de même tenter d'effectuer cette somme. Il va pour cela convertir en numérique la modalité caractère de la variable X2 et renvoyer le message suivant dans le journal :

```
NOTE: Character values have been converted to numeric
      values at the places given by: (Line):(Column).
```

La somme ne peut être effectuée que si la donnée caractère ne nécessite pas d'INFORMAT pour être comprise par SAS comme étant une donnée numérique : par exemple, la conversion de 1.1 ne pose pas de problème, alors que 1,1 entraîne un échec puisque la virgule n'est pas « naturellement » comprise par SAS comme un séparateur décimal. Dans ce dernier cas, vous observerez une erreur d'exécution dans le journal et la valeur de Z2 pour la seconde observation sera valeur manquante.

Nous demandons enfin une modification de la valeur de X3, variable caractère de longueur 1. Une fois la modalité convertie du caractère vers le numérique, la somme peut être calculée, mais la nouvelle modalité obtenue doit être reconvertie pour redevenir de type caractère puisque X3 est une variable caractère. Un octet n'est pas suffisant pour écrire les résultats obtenus (11 et 12) : c'est pour cette raison que vous observez * en modalité de la variable X3.

C'est cette double conversion qui explique pourquoi, dans un programme ne contenant que la seule instruction modifiant la valeur de X3, vous observerez dans le journal les deux notes citées précédemment.

3.1.5 L'attribution des modalités

Afin de comprendre comment SAS attribue les modalités des différentes variables, rappelons en premier lieu qu'il traite les observations séquentiellement : le code sera exécuté autant de fois que nécessaire. Le programme 3-2, une fois compilé, sera ainsi exécuté six fois puisque la table NEW présente six observations.

En second lieu, concernant les modalités, voici la règle qui détermine pourquoi telle variable pour telle observation présente telle modalité :

« C'est le dernier qui a parlé qui a raison. »

Autrement dit : c'est la modalité présente dans le PDV lorsque l'écriture dans la table est demandée qui sera reprise dans la table créée.

Pour comprendre cette règle, nous illustrons à la figure 3-5 les états successifs du PDV après chaque instruction du programme 3-2, chacune étant en effet susceptible de modifier la valeur prise par une ou plusieurs variable(s).

Pour construire les deux premières observations de la table NEW2, le PDV passera par de nombreux états successifs.

Lorsque le PDV vient juste d'être créé (compilation terminée) et avant que le programme ne traite la première observation, les modalités des différentes variables sont toutes en valeurs manquantes. C'est l'**initialisation de l'exécution**. L'instruction SET va ensuite « charger » la première observation et les modalités des variables reprises de NEW. Les instructions qui suivent peuvent alors modifier – ou pas – la modalité prise par une variable. Lors de la première exécution, une fois la modalité de X5 donnée, celle-ci n'est plus modifiée. Les modalités de X1 et X4 seront quant à elles modifiées au cours de l'exécution.

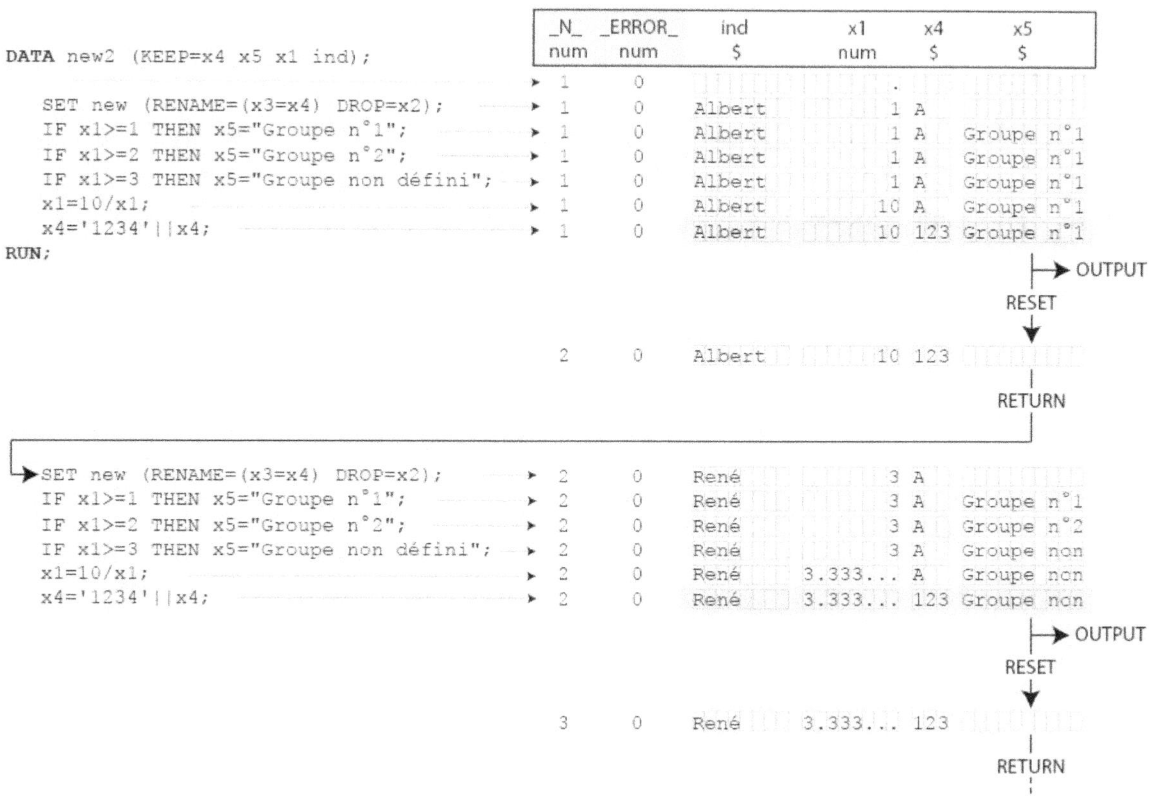

Figure 3–5 L'attribution des modalités (deux premières observations)

Pour la deuxième exécution (deuxième observation René), la variable X5 sera successivement égale à valeur manquante, puis Groupe n°1, puis Groupe n°2 et enfin, après la quatrième instruction, égale à Groupe non et ne plus subir de modification.

Lorsque le programme est intégralement exécuté, le contenu du PDV est versé dans la table à créer : **c'est le dernier qui a parlé qui a raison.**

Cependant, ce versement dans la table à créer (OUTPUT) n'est pas la seule conséquence de cette exécution complète du programme : il y aura ensuite un RESET puis un RETURN. Ces trois actions, implicites, sont « cachées » dans le RUN qui clôt le programme.

Le RESET remet en valeurs manquantes les modalités **des variables créées par le programme** (ici X5), mais pas celles reprises de la table d'origine. Le RETURN qui suit demande à SAS de reprendre le programme depuis le début et de démarrer une nouvelle exécution afin de créer une nouvelle observation.

Les modalités qui subsisteraient sont « chassées » avec l'instruction SET et l'arrivée dans le PDV de celles de la deuxième observation à traiter. Vous comprenez certainement qu'il faut éviter (sauf cas très particuliers – exercice 3.4) de placer des instructions entre DATA et SET.

Exercice 3.4 – Modifiez le programme 3-2 en plaçant entre DATA et SET les instructions suivantes :

```
LENGTH ind2 $ 8;
ind2=ind;
```

Ajoutez IND2 dans les variables conservées via l'option de table KEEP=. Avec un PROC PRINT, regardez la table et expliquez le résultat obtenu (si vous pouvez le faire par écrit, c'est que vous avez compris).

Afin de bien comprendre l'effet et l'importance de RESET, regardons la cinquième exécution du programme 3-2.

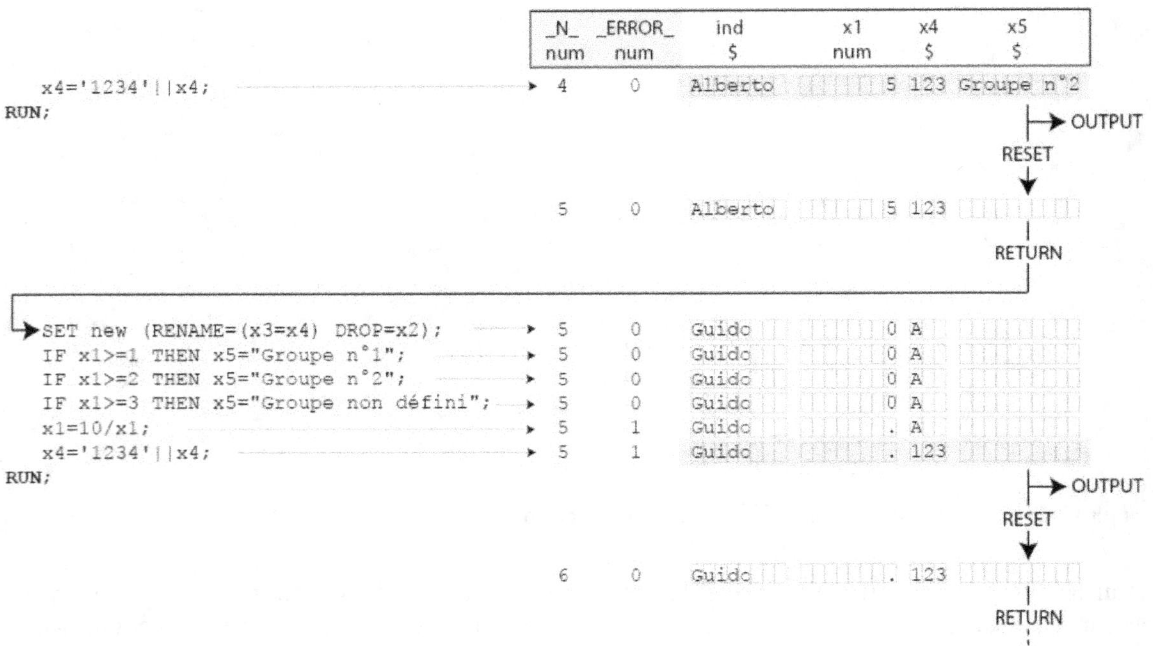

Figure 3–6 L'attribution des modalités (5e observation)

La quatrième exécution vient de se terminer : SAS écrit le contenu du PDV dans la table NEW2. Le RESET intervient et, dans le PDV, la variable X5 est remise en valeur manquante. La cinquième exécution débute alors : on « remonte » en haut du programme (RETURN) pour charger la nouvelle observation en provenance de la table NEW.

Les états successifs du PDV vous indiquent que X5 ne reçoit aucune modalité car, X1 étant égale à 0, aucune des conditions n'est vérifiée.

Le RESET est donc essentiel puisque, s'il n'était pas intervenu, on aurait conservé pour X5 la modalité attribuée lors de la 4e exécution (soit Groupe n°2) ce qui aurait eu peu de sens.

Ce RESET a des conséquences importantes : lorsque SAS traite une observation particulière, à un moment donné de l'exécution du programme, il ne dispose d'aucune information sur les observations qu'il a déjà traitées (**par défaut, au cours d'une étape DATA, SAS n'a pas de « souvenir »**) et n'a aucune informations sur les observations qu'il va devoir traiter ensuite (**SAS n'est pas devin**).

À titre d'illustration sur ce dernier point, lorsque SAS traite la dernière observation de la table NEW, il ne sait pas que c'est la dernière. C'est après le dernier RETURN qu'il constate, au moment de l'instruction SET, que la table NEW ne contient plus rien. Il clôt alors la table créée par le programme 3-2[9].

Il existe cependant des moyens pour donner à SAS la capacité de se souvenir (instruction RETAIN, fonctions LAG et DIF, marqueurs FIRST et LAST – voir section 3.6). Ces outils modifient le fonctionnement du PDV puisqu'il faut que, d'une observation à l'autre, SAS puisse conserver certaines informations.

Enfin, la cinquième observation provoque une erreur d'exécution puisque l'instruction X1=10/X1 demande la division de 10 par 0. Voici le message que vous observez dans votre fenêtre *Journal* :

```
NOTE: Division by zero detected at ligne 6224 colonne 9.
ind=Guido x1=. x4=123 x5=  _ERROR_=1 _N_=5
```

En cas d'erreur d'exécution, le contenu du PDV est imprimé dans le journal. Il s'agit du contenu restant lorsque l'intégralité du programme a été exécutée[10]. Incidemment, si, au cours d'une même exécution, plusieurs erreurs interviennent, vous observerez autant de notes. Si une erreur intervient plusieurs fois, la note qui s'affichera ne fera référence qu'à sa première occurrence.

3.1.6 L'instruction OUTPUT

Lorsqu'un programme est intégralement exécuté sur une observation, au moment où SAS rencontre le RUN, il verse le contenu du PDV dans la table à créer : c'est l'OUTPUT implicite. Vous avez la possibilité de demander à SAS de verser, à tout moment de votre programme, le contenu du PDV dans la table à créer au moyen de l'instruction OUTPUT.

Imaginons le cas suivant : vous souhaitez placer une somme de 1 000 euros au taux de 5 % et savoir combien vous aurez au bout d'un an, de deux, trois et quatre ans :

---

9. Pour vérifier cela, il vous suffit d'ajouter une instruction PUTLOG _ALL_; entre DATA et SET. Vous verrez apparaître dans le journal une ligne reprenant les données de la sixième observation (sauf X5, en valeur manquante) et _N_=7.

10. Puisque, lorsque l'erreur est rencontrée, X4 a, dans le PDV, pour modalité « A » et que c'est « 123 » qui s'affiche.

| Programme 3-4 | Programme 3-5[11] | Résultat 3-4 |

Programme 3-4

```
DATA capital;
   capital=1000;
   annee=0;
   OUTPUT;
   annee=1;
   capital=capital*1.05;
   OUTPUT;
   annee=2;
   capital=capital*1.05;
   OUTPUT;
   annee=3;
   capital=capital*1.05;
   OUTPUT;
   annee=4;
   capital=capital*1.05;
RUN;
```

Programme 3-5[11]

```
DATA capital;
   DO annee=0 TO 3;
       capital=1000*(1.05)**annee;
       OUTPUT;
   END;
   annee=4;
   capital=1000*(1.05)**annee;
RUN;
```

Résultat 3-4

Obs.	annee	capital
1	0	1000.00
2	1	1050.00
3	2	1102.50
4	3	1157.63

Notons déjà que le programme 3-4 permet la création d'une table contenant quatre observations sans faire référence à des données extérieures (pas d'instruction INFILE, ni CARDS, ni SET). En raison de sa structure, ce programme n'est exécuté qu'une fois, mais crée une table de quatre observations.

En spécifiant explicitement l'instruction OUTPUT, vous remarquez que le PDV n'est pas remis à zéro (pas de RESET puisque les modalités continuent à être calculées) et qu'il n'y a pas de RETURN (puisque, pour cette table créée ex nihilo, cela signifierait la fermeture de la table et donc l'arrêt du programme et la création d'une unique observation).

Pour ANNEE=4, les données sont aussi calculées, mais elles ne sont pas versées dans la table finale. En effet, si votre programme contient une instruction OUTPUT, la capacité de RUN à verser le PDV dans la table finale lui est retirée : il n'y a plus d'OUTPUT implicite si votre programme cite l'instruction OUTPUT.

Pour que la donnée relative à la quatrième année apparaisse, vous devez ajouter une nouvelle instruction OUTPUT juste avant le RUN dans les programmes 3-4 et 3-5.

L'instruction OUTPUT permet des modifications intéressantes des dimensions de vos tables. Sans elle, si votre table de départ possède n observations, vous pouvez être certain que la table finale ne pourra pas contenir strictement plus de n observations. Voyons cela à partir de la table créée par le programme 3-6.

Programme 3-6

```
DATA test;
   INPUT nom $ annee1-annee5;
CARDS;
Albert 10 20 30 40 50
Robert 60 70 80 90 100
;RUN;
```

---

11. Le résultat de ce programme est équivalent à celui du programme 3-4 mais fait appel à des outils de programmation que nous n'avons pas encore étudiés pour l'instant (voir section 3.5).

Nous souhaitons obtenir, à partir de TEST, une table possédant trois variables : NOM, ANNEE et X reprenant en colonnes les informations présentées ici en lignes. Cette modification de dimension de la table ne peut être obtenue, au sein d'une étape DATA, qu'au moyen d'instructions OUTPUT dans votre programme :

Programme 3-7

```
DATA test2;
    SET test;
    annee=1;
    x=annee1;
    OUTPUT;
    annee=2;
    x=annee2;
    OUTPUT;
    annee=3;
    x=annee3;
    OUTPUT;
    annee=4;
    x=annee4;
    OUTPUT;
    annee=5;
    x=annee5;
    OUTPUT;
    KEEP nom annee x;
RUN;
```

Résultat 3-5

Obs.	nom	annee	x
1	Albert	1	10
2	Albert	2	20
3	Albert	3	30
4	Albert	4	40
5	Albert	5	50
6	Robert	1	60
7	Robert	2	70
8	Robert	3	80
9	Robert	4	90
10	Robert	5	100

Exercice 3.5 – Reprenez le programme 3-7 et donnez, pour la première observation de la table TEST, après chaque instruction, le contenu du PDV. Cet exercice doit vous aider à bien comprendre comment, à partir de la table créée par le programme 3-6, vous arrivez à celle du résultat 3-5.

3.1.7 Le contrôle des tables de sortie avec l'instruction OUTPUT

Nous avons très rapidement évoqué cette possibilité au cours du chapitre 1 : vous pouvez, au moyen d'une unique étape DATA, créer plusieurs tables SAS. Il vous suffit pour cela d'indiquer plusieurs noms de tables, après l'instruction DATA. L'instruction OUTPUT vous sera ici utile pour « diriger » les observations vers une des tables. À titre d'exemple, imaginons que vous ayez une table contenant des hommes et des femmes et que vous souhaitiez la scinder en fonction du sexe de vos observations. Le programme 3-8 permet d'obtenir ce résultat.

Programme 3-8

```
DATA femme homme;
    SET ensemble;
    IF sexe=1 THEN OUTPUT femme;
    ELSE OUTPUT homme;
RUN;
```

Exercice 3.6 – Vous disposez d'une table TEST de 30 observations. X=1 pour 10 observations, X=2 pour 10 autres observations et X=3 pour celles qui restent.

1. *Écrivez le programme qui va créer trois tables, chacune regroupant les observations présentant les mêmes modalités pour X.*

2. *Si vous exécutez le programme suivant, combien d'observations y aura-t-il pour chacune des tables créées ?*

```
DATA tab1 tab2 tab3;
    SET test;
    IF x=1 THEN OUTPUT tab1;
    IF x=2 THEN OUTPUT tab2;
RUN;
```

3. *Ajoutez une instruction OUTPUT; juste avant le RUN et répondez à nouveau à la question 2.*

3.1.8 L'instruction RETURN

Lorsque SAS rencontre le RUN et qu'il est en train de construire la table, il remonte en haut du code pour traiter l'observation suivante si elle existe. Au cours de votre programme, et avant qu'il ne soit entièrement exécuté, vous avez la possibilité de demander à SAS de remonter au début via l'instruction RETURN.

Une instruction RETURN commande un OUTPUT, puis un RESET.

Programme 3-9

```
DATA test;
    INPUT x @@;
CARDS;
1 2 3 4 5 6
;RUN;

DATA test2;
    SET test;
    y=x*10;
    IF x>3 THEN DO;
        z=x*100;
        RETURN;
    END;
    w=x*1000;
RUN;
```

Résultat 3-6

Obs.	x	y	z	w
1	1	10	.	1000
2	2	20	.	2000
3	3	30	.	3000
4	4	40	400	.
5	5	50	500	.
6	6	60	600	.

Sans instruction RETURN, W serait construit pour l'ensemble des observations de la table. Ici, lorsque X n'est pas strictement supérieure à 3, les instructions qui suivent DO ne sont pas appliquées et, par conséquent, W est calculée. Quand X est strictement supérieure à 3, W n'est pas construite parce que, parmi les instructions que SAS rencontre, se trouve un RETURN qui signifie : « Tu as terminé d'appliquer le programme pour l'observation courante ; tu peux verser le PDV dans la table et retourner en haut du code afin de passer à l'observation suivante ».

Cette instruction sera particulièrement utile dans le cas de programmes très longs sur des tables importantes, pour économiser du temps de calcul par exemple.

3.2 Les opérateurs et les fonctions usuelles de construction et de transformation des variables[12]

SAS fournit des opérateurs et des fonctions pour construire et transformer les variables. Nous présenterons ici les plus usuels. Pour une liste complète des fonctions, consultez l'aide SAS[13]. Nous étudierons d'abord les opérateurs (3.2.1), puis les fonctions numériques usuelles (3.2.2), statistiques (3.2.3), les générateurs de nombres aléatoires (3.2.4) et les fonctions propres aux dates et heures (3.2.5). La section 3.2.6 présente un ensemble d'utilitaires. Les fonctions sur chaînes de caractères feront l'objet de la section 3.2.7. Nous conclurons sur la présentation de PROC FCMP.

3.2.1 Les opérateurs

Ils sont ici énumérés par priorité décroissante :

Priorité 1 (opérateurs arithmétiques)		Priorité 5 (opérateurs de comparaison)	
Puissance	**	Égal	= ou EQ
Changement de signe	+, −	Différent de	^= ou ~= ou NE
Minimum des opérandes	><	Inférieur	< ou LT
Maximum des opérandes	<>	Inférieur ou égal	<= ou LE
Non	not ou ^ ou ~	Supérieur	> ou GT
Priorité 2 (opérateurs arithmétiques)		Supérieur ou égal	>= ou GE
Multiplication	*	Appartient à	IN ex. X IN (v1,v2,v3,…vn) *
Division	/		
Priorité 3 (opérateurs arithmétiques)		**Priorité 6 (opérateurs logiques ou booléens)**	
Addition	+	Et	AND ou &
Soustraction	−	**Priorité 7**	
Priorité 4		Ou	OR ou ! ou |
Concaténation	|| ou !!		

* : depuis SAS 9, vous pouvez aussi utiliser l'opérateur IN de la manière suivante : X IN (v1,v2:v3,v4) – v2:v3 est alors compris comme un intervalle signifiant toute valeur entière située entre v2 et v3 (bornes comprises).

---

12. Les sections 3.2.1 à 3.2.8 sont indiquées comme traitant de points au programme de la certification SAS Base programming for SAS 9 et de la certification SAS Certified Specialist: Base Programming Using SAS 9.4. Toutes les fonctions évoquées dans cette section ne sont cependant pas au programme. Vous trouverez dans la section *Certification* du site compagnon de cet ouvrage une liste de celles qu'il faut maîtriser.

13. Entrée *Functions by Category*.

Les opérateurs de comparaison peuvent être combinés sans faire appel à des opérateurs booléens :

```
IF x>10 AND x<15 THEN …;  est équivalent à IF 10<x<15 THEN…;
IF x<10 OR x>15 THEN …;   est équivalent à IF 10>x>15 THEN… ;
```

IMPORTANT : Les valeurs manquantes **sont inférieures à TOUT**. Ainsi, pour :

```
IF x<4 THEN ok=1;
```

OK est égale à 1 si X est valeur manquante.

3.2.2 Les fonctions numériques usuelles[14]

Sauf mention contraire, ces fonctions interviendront dans vos programmes de la manière suivante : FCT(A), où l'argument A est soit une constante numérique, soit une variable, voire une combinaison de variables impliquant des fonctions et des opérateurs. Si l'argument est valeur manquante, les fonctions présentées ci-après renverront une valeur manquante.

ABS() – Valeur absolue.

EXP() – Exponentielle.

INT() – Partie entière.

FLOOR() – Entier immédiatement inférieur ou égal à l'argument.

CEIL() – Entier immédiatement supérieur ou égal à l'argument.

LOG() – Logarithme népérien.

LOG10() – Logarithme décimal.

MOD() – Modulo. MOD (A,B) donne le reste de la division de A par B.

SIGN() – Signe de l'argument. Renvoie -1 si < 0, 1 si > 0 et 0 si $= 0$.

SQRT() – Racine carrée.

ROUND(nombre <,arrondi à xx près>) – Arrondit par défaut à l'entier le plus proche. Le second argument de la fonction est optionnel (d'où sa présentation entre crochets, comme dans l'aide SAS). Si vous souhaitez un arrondi à quatre chiffres après la virgule, vous devrez utiliser la programmation suivante : `X=ROUND(Y,0.0001)`.

3.2.3 Les fonctions statistiques

Ces fonctions s'appliquent sur plusieurs variables. Vous pouvez déclarer les variables à analyser de la façon suivante :

- **FCT(OF X1-X12)** pour analyser les variables X1, X2, … X12 ;

---

14. L'aide SAS 9.4 (TS1M5) présente 628 fonctions et routines CALL. Elle distingue 31 catégories de fonctions, sans compter les macros, les fonctions spécifiques à votre système d'exploitation ni les NLS *(National Language Support)* – nous n'en présenterons donc ici qu'un nombre très limité. Consultez l'aide SAS pour la liste complète, entrée *Functions by Category*.

- **FCT(X1,X2,X3)** pour analyser les variables X1, X2 et X3 ;
- **FCT(OF X:)** pour analyser toutes les variables dont le nom débute par X.

Vous disposez, entre autres[15], des fonctions statistiques suivantes : MAX (maximum), MIN (minimum des valeurs non manquantes), N (nombre de valeurs non manquantes), NMISS (nombre de valeurs manquantes), MEAN (moyenne des valeurs non manquantes), STD (écart-type des valeurs non manquantes), SUM (somme des valeurs non manquantes), VAR (variance des valeurs non manquantes).

Il s'agit de fonctions « lignes » et non « colonnes » : elles ne vous permettront pas d'obtenir la valeur maximale prise par une variable sur une population considérée. Soit la table suivante :

Obs.	x1	x2	x3	x4
1	4	7		5
2	7	5	6	8
3		9	3	11

Avec la fonction MIN, vous pouvez construire une nouvelle variable au moyen de la ligne suivante au sein d'une étape DATA :

```
test=MIN(x1,x2,x3,x4); ou encore test=MIN(OF x1-x4); ou encore test=MIN(OF x:);
```

TEST, nouvelle variable, prendra les valeurs 4 (observation n°1), 5 (observation n°2) et 3 (observation n°3). Comme précisé plus haut, on calcule la statistique sur les valeurs non manquantes (le fait que les valeurs manquantes soient inférieures à tout n'a pas d'influence sur le résultat).

Trois autres fonctions statistiques, mais d'une syntaxe différente, méritent d'être citées :

LARGEST (k,X1<,X2,X3…>) – Renvoie la k^e valeur plus élevée.

SMALLEST (k,X1<,X2,X3…>) – Renvoie la k^e valeur plus faible (valeurs manquantes exclues).

ORDINAL (k,X1<,X2,X3…>) – Renvoie la k^e valeur plus faible (valeurs manquantes non exclues).

Programme 3-10[16]	Résultat 3-7 (fenêtre Journal)

```
DATA _NULL_;
    x=LARGEST(3,.,-2,-1,0,2,3,4,5);
    y=SMALLEST(3,.,-2,-1,0,2,3,4,5);
    z=ORDINAL(3,.,-2,-1,0,2,3,4,5);
    PUTLOG x= / y= / z=;
RUN;
```

```
x=3
y=0
z=-1
```

Les listes de variables sont acceptées en argument de ces fonctions :

```
z1=LARGEST(3,OF x1-x10);
```

---

15. Il existe en tout 32 fonctions statistiques – voir l'aide SAS.

16. Nous présentons l'instruction DATA _NULL_ dans la section 2.6.5.a.

3.2.4 Les générateurs de nombres aléatoires

SAS propose deux ensembles de générateurs de nombres aléatoires : les fonctions RANxxx et la fonction RAND.

Les fonctions RANxxx sont de la forme `RANloi(s)`, où s est un entier appelé *seed servant* ou *graine* et sert à contrôler l'initialisation du générateur de base :

- Si S <= 0 : initialisation par l'horloge. La séquence n'est pas reproductible.
- Si S > 0 : S est le premier point de la congruence. La séquence est reproductible.

Les fonctions RANxxx sont maintenant dépréciées, mais nous les évoquons parce que vous les retrouverez assez souvent dans des exemples proposés par l'aide SAS et sur Internet. Les deux fonctions les plus couramment citées sont les suivantes :

RANUNI() ou **UNIFORM()** – Loi uniforme sur [0;1].

RANNOR() ou **NORMAL()** – Loi normale N(0,1).

La fonction RAND est à privilégier puisqu'elle possède de meilleures propriétés. En argument, vous devez indiquer entre quotes le nom de la distribution[17] dans laquelle vos nombres aléatoires seront tirés. Les distributions possibles sont les suivantes :

Distribution	Argument	Distribution	Argument	Distribution	Argument
Bernoulli	BERNOULLI	Fisher	F	Poisson	POISSON
Beta	BETA	Gamma	GAMMA	Student	T
Binomiale	BINOMIAL	Géométrique	GEOMETRIC	Tabulée	TABLE
Cauchy	CAUCHY	Hypergéométrique	HYPERGEOMETRIC	Triangulaire	TRIANGLE
χ^2	CHISQUARE	Log-Normale	LOGNORMAL	Uniforme	UNIFORM
Erlang	ERLANG	Binomiale négative	NEGBINOMIAL	Weibull	WEIBULL
Exponentielle	EXPONENTIAL	Normale	NORMAL|GAUSSIAN		

Pour certaines distributions, vous devez indiquer des paramètres entre parenthèses (voir l'aide SAS pour plus de détails). Le programme 3-11 vous propose un exemple d'application des fonctions RANUNI et RAND.

Le programme 3-11 crée une table de cinq observations au moyen d'une boucle DO (voir section 3.5.2). Les modalités de X1 et de X2 sont des tirages dans une loi uniforme. En argument de la fonction RANUNI, vous devez préciser la valeur de la graine qui va initialiser le générateur de nombres aléatoires. Puisque cette graine est positive, si vous exécutez ce programme, vous trouverez exactement les mêmes modalités que celles présentées par le résultat 3-8. Avec la fonction RAND, la graine n'est pas donnée en argument, mais doit être fixée, si vous souhaitez que votre séquence soit reproductible, au moyen de la routine CALL STREAMINIT.

---

17. La casse n'a aucune importance. Les distributions citées dans le tableau sont celles possibles avec SAS 9.2, 9.3 et les premières versions de SAS 9.4. D'autres distributions ont été depuis ajoutées : 29 sont proposées par la fonction RAND de SAS 9.4M6.

Programme 3-11

```
DATA test1(DROP=i);
   CALL STREAMINIT(12345);
   DO i=1 TO 5;
      x1=RANUNI(44457);
      x2=RAND("uniform");
      OUTPUT;
   END;
RUN;
```

Résultat 3-8

Obs.	x1	x2
1	0.88097	0.58330
2	0.23403	0.99363
3	0.98918	0.58789
4	0.08558	0.85747
5	0.68580	0.82469

Pour construire de nouvelles variables dans une table SAS, nous vous présentons dans cette section un ensemble de fonctions. Vous pouvez aussi faire appel à des routines qui fonctionnent à peu près comme des fonctions. La variable à créer ou à modifier fait cependant obligatoirement partie des arguments de la routine[18]. Ces dernières ont généralement une fonction équivalente, mais sont plus rapides. L'application d'une routine débute toujours par l'instruction CALL.

Depuis SAS 9.4M5, vous pouvez choisir le générateur de nombres aléatoires en le précisant en premier argument de la routine CALL STREAMINIT. Les différents générateurs possibles sont : PCG, TF2, TF4, RDRAND, MTHYBRID, MT2002 et MT64. Par exemple, pour sélectionner le générateur PCG (*Permuted Congruential Generator*, O'Neil, 2004), votre routine devient :

```
CALL STREAMINIT("PCG",12345);
```

Pour plus de détails, voir cet article du blog de Rick Wicklin :

https://blogs.sas.com/content/iml/2018/01/29/random-number-generators-sas.html

3.2.5 Les fonctions propres aux dates et aux heures

Dans la section sur les INFORMAT de dates, nous avons vu que, pour SAS, une date est le nombre de jours qui sépare la date en question du 1ᵉʳ janvier 1960. Lors de la création de la table, pour faire comprendre qu'une modalité donnée saisit une date, vous devez entrer l'INFORMAT correct. Au cours d'une étape DATA, vous indiquez aussi (voir section 2.6.5.a) une modalité de date au moyen d'une chaîne de caractères entre guillemets suivie du suffixe « d » :

```
x='13mar2018'd
```

a. Les fonctions sur dates (jours depuis le 01/01/1960)

MDY(MM,JJ,AA) – Convertit en nombre de jours depuis le 1ᵉʳ janvier 1960 une date saisie par son mois (MM), son jour (JJ) et son année (AA). `noel2018=MDY(12,25,2018)` donne ainsi à la variable NOEL2018 la modalité `21543`.

---

18. Vous ne pouvez pas écrire d'instruction X=routine ni utiliser une routine comme argument d'une autre fonction (voir l'aide SAS pour plus de détails, entrée *Definitions of Functions and Call Routines*).

DATE() ou TODAY() – Renvoie la date de l'horloge interne de SAS. Même si cette fonction n'a pas besoin d'argument, il faut indiquer les deux parenthèses.

YEAR(date) – Renvoie l'année d'une date donnée.

QTR(date) – Renvoie le trimestre d'une date donnée (1-4).

MONTH(date) – Renvoie le mois d'une date donnée (1-12).

WEEK(date<,'norme'>) – Renvoie le numéro de la semaine dans une année d'une date donnée en fonction d'une norme de calcul. Trois normes sont possibles :
- U : les semaines sont numérotées de 0 à 53 et débutent le dimanche. Les semaines 0 et 53 peuvent être partielles (contenir moins de sept jours), voire la 52 si la 53 n'existe pas. La semaine 1 est la première de l'année à être entière ; par exemple, le dimanche 1er janvier 2017 appartient à la semaine 1. U est la norme utilisée par défaut.
- V : les semaines sont numérotées de 1 à 53 et débutent le lundi. La semaine 1 est la première de l'année à être entière ; les premiers jours d'une année (jusqu'au premier lundi) sont associés à la semaine 53 (ou 52) de l'année précédente. Ainsi, le dimanche 1er janvier 2017 appartient selon cette norme à la semaine 52.
- W : les semaines sont numérotées de 0 à 53 et débutent le lundi. Les semaines 0 et 53 peuvent être partielles, voire la 52 si la 53 n'existe pas. La semaine 1 est la première de l'année à être entière. Ainsi, le dimanche 1er janvier 2017 appartient selon cette norme à la semaine 0.

DAY(date) – Renvoie le jour dans le mois d'une date donnée.

WEEKDAY(date) – Renvoie le jour dans la semaine d'une date donnée. Attention, pour SAS, le jour 1 d'une semaine est le dimanche.

JULDATE(date) – Transforme l'argument en date julienne (le 14 avril 2018 donnera ainsi 18104 pour le 104e jour de 2018). La fonction JULDATE7 appliquée à la même date vous donnera 2018104.

DATEJUL(date julienne) – Transforme une date julienne en date SAS (nombre de jours depuis le 1er janvier 1960). Si vous l'appliquez à 18104 ou à 2018104, vous obtiendrez 21288 (soit le 14 avril 2018).

b. Les fonctions sur dates DATETIME

Une date DATETIME correspond à un nombre de secondes depuis le 1er janvier 1960 00:00:00.

DHMS(date, heure, minute, seconde) – Renvoie une date DATETIME.

DATETIME() – Transforme la date de l'horloge interne de SAS en nombre de secondes depuis le 1er janvier 1960.

DATEPART(datetime) – Transforme une date DATETIME en un nombre de jours depuis le 1er janvier 1960.

TIMEPART(datetime) – Transforme une date DATETIME en un nombre de secondes depuis minuit du jour considéré.

HOUR(datetime), MINUTE(datetime), SECOND(datetime) – Renvoient respectivement l'heure, la minute, la seconde d'une date DATETIME.

Sur les heures proprement dites, vous disposez en plus de la fonction suivante :

HMS(heure, minute, seconde) – Renvoie le nombre de secondes depuis 00:00:00.

c. Quelques autres fonctions sur dates

Il existe de très nombreuses autres fonctions sur dates (voir l'aide SAS[19]), mais nous ne détaillerons ici que INTNX, INTCK, DATDIF et YRDIF.

INTNX('période',var_date, nbr <,alignement>) – Permet d'avancer ou de reculer une date saisie par VAR_DATE d'un certain nombre (nbr) de périodes, en choisissant éventuellement le jour sur lequel s'aligner (par défaut, le début de la période). Le type de période ('période') doit être spécifié ('day', 'week', 'month', 'qtr', 'year', 'hour', 'minute', 'second'…)[20]. Le programme 3-12 propose un exemple d'application.

Programme 3-12

```
DATA _NULL_;
   date='12jan2018'd;
   date2=INTNX('week',date,-1);
   FORMAT date date2 NLDATEW30.;
   PUTLOG date= / date2=;
RUN;
```

Résultat 3-9 (fenêtre Journal)

```
date=vendredi 12 janvier 2018
date2=dimanche 31 décembre 2017
```

Le programme demande à SAS de mettre dans DATE2 le premier jour de la première semaine avant le 12 janvier 2018. Les dates étant notées comme un nombre de jours depuis le 1er janvier 1960, un FORMAT les affichera de façon lisible (voir section 5.3).

Par défaut, les semaines commencent le dimanche. La semaine précédant celle qui contient le 12 janvier commence le dimanche 31 décembre 2017.

Si vous choisissez 'month' dans cette instruction, SAS vous donnera le premier jour du mois suivant votre date (soit le 1er février 2018) :

```
date2=INTNX('month',date,+1);
```

Si vous demandez 'year', ce sera le premier jour de l'année suivant votre date. Il s'agit là du fonctionnement par défaut de SAS.

Il est possible de modifier ce fonctionnement par défaut en changeant « l'alignement », quatrième argument optionnel de la fonction INTNX. Cet alignement peut prendre les valeurs b *(beginning)*, m *(middle)*, e *(end)* et s *(same)*. L'alignement par défaut est b.

---

19. Entrée *Functions by Category*.

20. Voir l'aide SAS pour plus de définitions de périodes (entrée *About Date and Time Intervals*).

Programme 3-13

```
DATA test;
   date='12jan2018'd;
   date2=INTNX('week',date,-1,'b');
   date3=INTNX('week',date,-1,'m');
   date4=INTNX('week',date,-1,'e');
   date5=INTNX('week',date,-1,'s');
   FORMAT date: NLDATEW26.;
RUN;
```

Vous obtiendrez :

```
DATE2 : dimanche 31 décembre 2017
```

soit le jour qui commence la semaine précédant le 12/01/18.

```
DATE3 : mercredi 3 janvier 2018
```

soit le jour au milieu de la semaine précédant le 12/01/18.

```
DATE4 : samedi 6 janvier 2018
```

soit le jour qui termine la semaine précédant le 12/01/18.

```
DATE5 : vendredi 05 janvier 2018
```

soit le jour situé exactement une semaine avant le vendredi 12 janvier 2018.

INTCK('période', de-la-date, à-la-date <,méthode>) – Calcule le nombre de périodes (type à préciser) entre deux dates. Deux méthodes sont proposées : CONTINUOUS et DISCRETE (méthode par défaut).

Programme 3-14

```
DATA _NULL_;
   datedeb="12jan2018"d;
   datefin="11mar2018"d;
   nb1=INTCK("month",datedeb,datefin,"D");
   nb2=INTCK("month",datedeb,datefin,"C");
   PUTLOG nb1= / nb2=;
RUN;
```

La méthode DISCRETE (D) trouve deux mois, car elle compte le nombre de fins de mois entre les deux dates. Elle trouverait également deux mois entre n'importe quelle date du mois de janvier et n'importe quelle date du mois de mars.

La méthode CONTINUOUS (C), elle, renvoie le nombre de mois entiers entre les deux dates. Il y a un mois entier entre le 12 janvier et le 11 mars, mais il y a deux mois entiers entre le 12 janvier et n'importe quelle date située entre le 12 mars et le 11 avril.

DATDIF et YRDIF(date-de-début, date-de-fin, 'méthode') – Calculent la différence exprimée en années (YRDIF) ou en jours (DATDIF) entre deux dates. Vous devez spécifier à SAS la méthode à utiliser pour calculer les durées des mois et des années. Quatre méthodes sont communes aux deux fonctions :

1 `'ACT/ACT'` utilise le nombre réel de jours dans les mois ou dans les années. Il s'agit en réalité du nombre de jours dans les années de 365 jours divisé par 365, auquel on ajoute le nombre de jours dans les années de 366 jours divisé par 366.

`YRDIF('01mar19'd, '01mar20'd, 'act/act')` donne 1.00229 année. 366 jours séparent ces deux dates : 306 jours sur 2019 et 60 jours sur 2020, soit 1.00229 année = 306/365 + 60/366.

`DATDIF('01mar19'd, '01mar20'd, 'act/act')` donne 366 jours.

2 `'30/360'` force le nombre de jours par mois à 30 et le nombre de jours dans l'année à 360.

`YRDIF('01mar19'd, '01mar20'd, '30/360')` donne 1 année puisqu'il y a exactement 12 mois de 30 jours entre les deux dates et qu'une année dure 360 jours.

`DATDIF('01mar19'd, '01mar20'd, '30/360')`donne 360 jours.

3 `'ACT/360'` utilise le nombre réel de jours dans les mois et force le nombre de jours dans une année à 360.

`YRDIF('01mar19'd, '01mar20'd, 'act/360')` donne 366 / 360 = 1.01667 année.

`DATDIF('01mar19'd, '01mar20'd, 'act/360')` donne 366 jours.

4 `'ACT/365'` utilise le nombre réel de jours dans les mois et force le nombre de jours dans une année à 365.

`YRDIF('01mar19'd, '01mar20'd, 'act/365')` donne 366 / 365 = 1.00274 année.

`DATDIF('01mar19'd, '01mar20'd, 'act/365')` donne 366 jours.

La fonction YRDIF dispose d'une cinquième méthode : AGE.

Programme 3-15

```
DATA _NULL_;
   age1=("20mar2018"d-"21mar2011"d)/365;
   age2=YRDIF("21mar2011"d ,'20mar2018'd,'age');
   PUTLOG age1= age2=;
RUN;
```

Le petit Pierre est né le 21 mars 2011 et l'on souhaite connaître son âge le 20 mars 2018. Vous obtenez dans la fenêtre *Journal* le résultat suivant :

```
age1=7.002739726 age2=6.997260274
```

Une division par 365 du nombre de jours entre le 20 mars 2018 et le 21 mars 2011 n'est pas une mesure correcte de l'âge puisque les années ne font pas toutes 365 jours (2012 et 2016 étaient bissextiles). Seule la fonction YRDIF et la méthode AGE[21] calculent un âge exact : le petit Pierre n'a pas encore 7 ans. Pour calculer un âge entier correct, utilisez la fonction INTCK et la méthode CONTINUOUS.

Exercice 3.7 – Créez une table à partir du fichier DATENAISS18.TXT, lequel contient des informations concernant des étudiants (leurs prénom et date de naissance sous forme julienne). Calculez l'âge entier de ces étudiants à ce jour (si vous êtes né le 15 avril 2000, vous avez 19 ans le 14 avril 2020 et 20 ans le 15 avril 2020). Calculez le nombre de jours, semaines, mois et trimestres entiers qui séparent aujourd'hui de la date de naissance de ces personnes.

Chaque étudiant souhaite organiser une fête le dimanche qui suit sa millième semaine entière de présence sur terre. Calculez pour chacun la date de cette fête. Vérifiez que le résultat indique bien un dimanche ; vérifiez que votre programme fonctionne aussi si vous recherchez le premier dimanche qui suit leur première semaine de vie (si la personne est née un dimanche, alors sa « fête » aura lieu le dimanche suivant).

3.2.6 D'autres fonctions utiles

MISSING(variable) – Renvoie 1 si la variable est valeur manquante et 0 sinon, quel que soit le type de la variable et quelle que soit la codification retenue pour noter la valeur manquante.

L'évocation de cette fonction MISSING nous conduit à préciser ce qui suit. Lorsque, dans un programme, vous voulez faire référence à une modalité valeur manquante d'une variable numérique, alors votre instruction devra être de la forme suivante :

```
IF x=. THEN ...;
```

Cependant, s'il y a des valeurs manquantes spéciales (voir section 2.5.1), X=. ne sera pas vraie.

Si votre variable est caractère, alors votre programmation devra être de la forme suivante :

```
IF y='' THEN ...;
```

La fonction MISSING évite que l'on se trompe :

```
IF MISSING(z)=1 THEN ...;
```

CALL MISSING (variable) – met en valeur manquante une ou plusieurs variable(s).

```
CALL MISSING(x1);
CALL MISSING(x1,x2,x3);
CALL MISSING(OF x1-x12);
CALL MISSING(OF x:);
```

Si vous indiquez plusieurs variables, celles-ci doivent être listées et séparées par des virgules. Vous pouvez aussi utiliser les listes de variables comme avec les fonctions statistiques (voir section 3.2.3).

---

21. Si vous ne spécifiez pas de troisième argument à la fonction YRDIF, c'est la méthode AGE qui sera utilisée.

CONSTANT('constante') – Permet d'utiliser dans vos expressions les constantes *pi* ou *e* par exemple (avec 14 chiffres après la virgule)[22].

Deux fonctions particulières concernent les séries temporelles :

DIFn() – Différence d'ordre N. Exemple : `DIF2(Z)` vous donnera $Z_t - Z_{t-2}$.

LAGn() – Retard d'ordre N. Exemple : `LAG5(Z)` vous donnera Z_{t-5}.

Si *n* n'est pas spécifié, il est égal à 1. Nous évoquerons les particularités de ces fonctions plus en détail dans la section 3.6.3.

Deux fonctions servent pour les conversions :

PUT(variable,FORMAT) – Crée une variable caractère égale à la représentation de la variable au moyen du FORMAT spécifié.

Programme 3-16

```
DATA test;
    date="14jul2018"d;
    FORMAT date DDMMYY10.;
    date2=date+25;
    x1=PUT(date,DATE9.);
    x2=PUT(date,FRADFWKX27.);
    x3=x2+25;
RUN;
```

Résultat 3-10

Obs.	date	date2	x1	x2	x3
1	14/07/2018	21404	14JUL2018	Samedi 14 juillet 2018	.

La variable DATE est numérique : vous pouvez donc lui ajouter 25 sans aucun problème. Les variables X1 et X2, puisqu'elles sont construites au moyen de la fonction PUT, sont caractères ; quand vous tentez d'ajouter 25 à X2, bien évidemment, vous obtenez valeur manquante.

Exercice 3.8 – Quelles sont les longueurs des variables caractères X1, X2 et X3 ?

INPUT(variable,INFORMAT) – Crée une nouvelle variable égale à la modalité d'une variable existante lue au moyen de l'INFORMAT spécifié.

De temps en temps, lorsque vous créerez une table SAS, vous aurez des difficultés avec certains champs : ces derniers devraient être traités au moyen d'un INFORMAT afin de construire dans votre table des variables numériques, mais vous ne vous souvenez pas du nom de l'INFORMAT nécessaire. Vous décidez alors d'enregistrer vos champs « tels quels » dans une variable caractère. Le programme 3-17 vous propose un exemple :

Programme 3-17

```
DATA test;
    INPUT date1 :$10. date2 :$10. somme1 :$9. somme2 :$9.;
CARDS;
17/12/2017 26/06/2018 14.235,25 16.227,87
;RUN;
```

---

22. Voir l'aide SAS, entrée *CONSTANT function*.

Si vous souhaitez maintenant connaître le nombre de jours qui séparent DATE1 de DATE2, ainsi que la moyenne de SOMME1 et SOMME2, vous êtes coincé : vos variables dans la table TEST sont caractères et le calcul d'un écart ou d'une moyenne est impossible.

Si vous retrouvez les noms des INFORMAT nécessaires à la conversion des champs en modalités numériques, sans créer à nouveau la table, vous pouvez utiliser la fonction INPUT :

Programme 3-18

```
DATA test2;
   SET test;
   daten1=INPUT(date1,DDMMYY10.);
   daten2=INPUT(date2,DDMMYY10.);
   ecart=daten2-daten1;
   moyenne=MEAN(INPUT(somme1,COMMAX9.),INPUT(somme2,COMMAX9.));
RUN;
```

Les variables DATEN1 et DATEN2 auront pour valeur les modalités de DATE1 et DATE2 respectivement, lues avec l'INFORMAT DDMMYY10.. Puisque ce dernier est numérique, les deux variables seront numériques et vous serez en mesure d'en calculer l'écart.

Comme vous le montre la construction de la variable MOYENNE, la conversion au préalable de vos variables n'est pas obligatoire. Il est cependant impératif, quand vous utilisez la fonction INPUT de faire très attention à la partie W de votre INFORMAT puisqu'il n'est pas possible d'utiliser la forme :INFORMAT..

Si, dans le programme 3-18, votre W est inférieur à la longueur de la modalité à convertir, vous risquez de mal interpréter ou de tronquer votre donnée. Le plus simple, pour ne pas se tromper, est de fixer un W égal à la longueur de la variable à convertir.

La fonction INPUT crée ici des variables numériques parce que nous citons en second argument un INFORMAT numérique. Si vous citez un INFORMAT caractère, la variable créée sera bien entendu une variable caractère.

Exercice 3.9 – Dans le programme 3-18, remplacez les INFORMAT DDMMYY10. et COMMAX9. par DDMMYY8. et COMMA5. respectivement. Expliquez les modalités obtenues pour ECART et MOYENNE.

Exercice 3.10 – Quelle est la longueur des variables DATEN1, DATEN2, ECART et MOYENNE construites par le programme 3-18 ? Que deviennent ces longueurs si vous modifiez les INFORMAT comme vous êtes invité à le faire dans l'exercice 3.9 ?

Exercice 3.11 – Dans la table DOLLAR2018 présente dans l'archive à télécharger sur www.sas-sr.com*, vous trouverez deux variables qui, hélas, sont de type caractère. Transformez-les en variables numériques. Les modalités que vous devez obtenir sont 21235 et 6231.45 pour la première observation.*

3.2.7 Les fonctions sur variables caractères

Nous présentons dans un premier temps des fonctions sur variables caractères parmi les plus couramment utilisées. Ensuite, nous exposerons plus particulièrement la concaténation des modalités de variables caractères. Nous préciserons enfin les fonctions à privilégier si vous utilisez SAS UE et son codage UTF-8.

a. Les fonctions usuelles

L'argument des fonctions caractères (noté X par la suite) peut être une variable du même type, une chaîne de caractères saisie entre quotes (simples ou doubles) ou une expression mobilisant d'autres fonctions caractères. Les fonctions citées ici créent pour la plupart des variables de même longueur que l'argument. Certaines créent cependant des variables d'une longueur de 200 octets (voir sous-section suivante).

RIGHT(X), LEFT(X) – Alignent la chaîne de caractères à droite ou à gauche. Elles n'agissent que si votre chaîne contient des espaces à droite et/ou à gauche.

STRIP(X) – Aligne à gauche, puis supprime les espaces à droite.

TRIM(X) – Supprime les espaces à droite.

LENGTH(X) – Retourne la longueur de la chaîne X.

Le programme 3-19 propose une illustration du fonctionnement de la fonction LENGTH et introduit les fonctions LENGTHN et LENGTHC.

Programme 3-19

```
DATA _NULL_;
   x="     toto ";
   y="";
   x1=LENGTH(x);
   x2=LENGTH(y);
   x3=LENGTH(LEFT(x));
   x4=LENGTHN(y);
   x5=LENGTHC(x);
   PUTLOG x1= / x2= / x3= / x4= / x5=;
RUN;
```

Résultat 3-11 (fenêtre Journal)

```
x1=9
x2=1
x3=4
X4=0
X5=10
```

La modalité de X comprend cinq espaces, puis `toto`, puis un espace. Elle est donc de longueur 10.

LENGTH ne prend pas en compte les espaces à droite de la chaîne de caractères et renvoie la valeur 1 lorsque la variable est valeur manquante.

LENGTHN se comporte de la même façon que LENGTH, sauf qu'elle renvoie la valeur 0 en cas de valeur manquante.

LENGTHC compte les espaces de chaque côté de la chaîne : elle indique donc la longueur d'une variable caractère.

UPCASE(X) ; LOWCASE(X) ; PROPCASE(X<,délimiteur(s)>) – Convertissent respectivement en majuscules, en minuscules et l'initiale de chaque mot (en majuscule, les autres lettres en minuscules). Pour PROPCASE, sont considérés comme séparateurs de mots par défaut l'espace et les caractères « / - (. ». Vous pouvez aussi lister vos propres délimiteurs entre quotes.

COMPBL(X) – Compresse plusieurs espaces consécutifs en un seul.

COMPRESS(X <,caractères><,modifieurs>) – Supprime certains caractères d'une chaîne. Si vous ne spécifiez ni caractères ni modifieurs, seuls les espaces sont supprimés. Les caractères à supprimer doivent être précisés entre quotes et, si l'espace n'est pas indiqué parmi eux, il ne sera plus éliminé. Il existe 17 modifieurs (voir l'aide SAS[23]), parmi lesquels : A (pour retirer toute lettre), D (tout chiffre), P (marques de ponctuation), L (minuscules), etc. Ces modifieurs constituent des listes de caractères qui s'ajoutent à celle du deuxième argument. Le modifieur K (pour *Keep*) conserve certains caractères plutôt que de les retirer.

Programme 3-20

```
DATA _NULL_;
   nom="Oscar E. Peterson 1925-2007";
   x1=COMPRESS(nom);
   x2=COMPRESS(nom,'-','d');
   x3=COMPRESS(nom,'.','a');
   x4=COMPRESS(nom,,'kd');
   PUTLOG nom= / x1= / x2= / x3= / x4=;
RUN;
```

Résultat 3-12 (fenêtre Journal)

```
nom=Oscar E. Peterson 1925-2007
x1=OscarE.Peterson1925-2007
x2=Oscar E. Peterson
x3=1925-2007
x4=19252007
```

Pour la variable X4, au moyen des deux modifieurs, nous demandons que seuls les chiffres (D) soient conservés (K).

Exercice 3.12 – Vous trouverez dans la table TELEPHONE[24], une variable CLIENT qui a pour modalité le nom des clients d'une entreprise suivi de leur numéro de téléphone. Créez une variable CLIENT2, qui ne reprendra que les prénoms et noms des clients, et une variable TELEPHONE, qui reprendra les numéros de téléphone sous une forme normalisée (résultat 3–13).

Résultat 3-13

Obs.	client	client2	telephone
1	Jean Dupont 02 38 00 00 01	Jean Dupont	0238000001
2	Paul Duparc 0 238 000 002	Paul Duparc	0238000002
3	Pierre d'Aubert 0238000003	Pierre d'Aubert	0238000003
4	Sophie De La Moinerie 02.38.00.00.04	Sophie De La Moinerie	0238000004
5	Jean-Pierre Durand 02/38/00/00/05	Jean-Pierre Durand	0238000005

SUBSTR(X,d <,n>) – Il existe deux utilisations possibles de cette fonction. Vous pouvez extraire (SUSBTR « à droite ») de la chaîne X une sous-chaîne de longueur n en commençant au d^e caractère. Avec un SUBSTR « à gauche », vous intégrez une sous-chaîne dans une chaîne de caractères, à un emplacement donné.

SCAN(X,n <,délimiteur>) – Explore la chaîne de caractères X et renvoie le n^e élément (pas forcément un caractère unique), les éléments étant séparés par le délimiteur que vous pouvez spécifier (ce n'est pas obligatoire) entre quotes.

---

23. Entrée *COMPRESS function*.

24. Merci d'exécuter le programme 6-1 pour disposer de cette table dans votre bibliothèque WORK.

Programme 3-21

```
DATA _NULL_;
   x='aaa123';
   y=SUBSTR(x,1,3);      *<- SUBSTR à droite;
   SUBSTR(x,1,3)='bbb';  *<- SUBSTR à gauche;
   PUTLOG x= / y=;
RUN;
```

Résultat 3-14 (fenêtre Journal)

```
x=bbb123
y=aaa
```

Programme 3-22

```
DATA _NULL_;
   x1=SCAN("j'utilise la fonction scan",3);
   x2=SCAN('a b,c d,e f,g',3);
   x3=SCAN('a b,c d,e f,g',3,',');
   x4=SCAN('a b,c d,e f,g',3,' ,');
   x5=SCAN('a b,c d,e f,g',-3);
   PUTLOG x1= / x2= / x3= / x4= / x5=;
RUN;
```

Résultat 3-15 (fenêtre Journal)

```
x1=fonction
x2=c
x3=e f
x4=c
x5=e
```

Si vous ne spécifiez pas de délimiteur, SAS considérera par défaut les signes suivants :

```
Espace . < ( + | & ! $ * ) ; ^ - / , %
```

Lorsque vous spécifiez un délimiteur, seul celui-ci sera considéré pour saisir le n^e élément que vous recherchez. Ainsi, X3 sera égal à e f. Pour X4, deux délimiteurs ont été spécifiés : l'espace et la virgule ; X4 est donc égale à c.

Si le chiffre indiqué est positif, SCAN analyse la chaîne en partant de la gauche ; s'il est négatif, il part de la droite. Ainsi, X5 est égale à e.

Les variables construites au moyen de la fonction SCAN ont, par défaut, une longueur égale à 200 octets. Utilisez une instruction LENGTH pour, au besoin, les limiter.

FIND(X, chaîne recherchée <,modifieur>) – Renvoie la position dans la variable de la chaîne de caractères recherchée (seulement la première occurrence rencontrée).

Programme 3-23

```
DATA _NULL_;
*        ----+----1----+----2----+;
   chaine='abc  abc DEF ghiabc abc';
   x1=FIND(chaine,'abc');
   x2=FIND(chaine,'def');
   x3=FIND(chaine,'def','i');
   x4=FIND(chaine,'ghi');
   x5=FIND(chaine,'abc',8);
   x6=FIND(chaine,'abc abc    ');
   x7=FIND(chaine,'abc abc    ','t');
   PUTLOG x1= /x2= /x3= /x4= /x5= /x6= /x7=;
RUN;
```

Résultat 3-16

```
x1=1
x2=0
x3=10
x4=14
x5=17
x6=0
x7=17
```

Pour X1, on recherche la position de la première chaîne de caractères abc dans la modalité de la variable CHAINE. On obtient 1. La chaîne def n'est pas présente, donc X2 vaut 0. Pour que la recherche ne soit pas sensible à la casse, ajoutez le modifieur 'i' *(insensitive)* ; X3 est alors égale à 10.

La chaîne ghi est bien détectée et débute en 14e position (la fonction FIND ne recherche donc pas un mot, encadré par des délimiteurs, mais une chaîne de caractères). Pour X5, nous demandons de ne rechercher la chaîne abc qu'à partir du 8e caractère ; X5 est par conséquent égale à 17. X6 vaut 0 parce que la chaîne 'abc abc   ' (avec six espaces) n'est pas présente. Cependant, si vous ajoutez le modifieur 't' *(trailing blanks)*, les espaces situés à droite de la chaîne recherchée et de celle à explorer sont supprimés : X7 est alors égale à 17.

INDEX, fonction proche de FIND, s'en différencie par les aspects suivants :

- Vous ne pouvez pas rechercher une chaîne de caractères sans prendre en compte sa casse (pas de modifieur 'i').
- Vous ne pouvez pas éliminer les espaces à droite risquant d'intervenir dans les chaînes de caractères à explorer et à rechercher (pas de modifieur 't').
- INDEX regarde obligatoirement de gauche à droite à partir du premier caractère : vous ne pouvez pas demander une recherche à partir du n^e caractère.

Tout ce que vous pouvez faire avec INDEX peut aussi l'être avec FIND. Il est recommandé d'utiliser cette dernière.

TRANSLATE(X, ce-caractère, remplace-celui-ci) – Remplace un caractère par un autre dans une variable ou une chaîne.

Programme 3-24

```
DATA _NULL_;
   x="ABCDEF";
   w=TRANSLATE(x,"2","B");
   y=TRANSLATE(x,"2","B","4","D");
   z=TRANSLATE(x,"24","BD");
   PUTLOG w= / y= / z=;
RUN;
```

Résultat 3-17 (fenêtre Journal)

```
w=A2CDEF
y=A2C4EF
z=A2C4EF
```

Pour construire la variable W, nous demandons que le caractère 2 remplace le caractère B.

Avec une seule fonction TRANSLATE, il est possible de demander plusieurs substitutions à effectuer les unes à la suite des autres (2 doit remplacer B, 4 doit remplacer D – variable Y) ou indiquer en une seule fois tous les remplacements à effectuer, comme nous l'avons fait pour construire la variable Z.

TRANWRD(X, extrait-à-trouver, à-remplacer-par) – Remplace une chaîne de caractères par une autre dans une chaîne ou dans les modalités d'une variable.

Programme 3-25

```
DATA test;
   chaine='abc  abc DEF ghiabc abc';
   chaine2=TRANWRD(chaine,'abc','00000');
RUN;
```

Dans cet exemple, la chaîne abc est remplacée par 00000. La variable CHAINE2 à l'issue du programme a donc pour modalité : 00000 00000 DEF ghi00000 00000.

COUNTW(chaîne<, délimiteurs><,modifieur(s)>) – Compte le nombre de mots d'une chaîne de caractères ou d'une modalité d'une variable.

Programme 3-26	Résultat 3-18 (fenêtre Journal)

```
DATA _NULL_;
   x1=COUNTW("la cigale et la fourmi");
   x2=COUNTW("la cigale et l'abeille");
   x3=COUNTW("la cigale et l'abeille","' ");
   x4=COUNTW("SAS/DATA/SAS GRAPH/PROC PRINT/ODS");
   x5=COUNTW("SAS/DATA/SAS GRAPH/PROC PRINT/ODS",,'p');
   PUTLOG x1= /x2= /x3= /x4= /x5=;
RUN;
```

```
x1=5
x2=4
x3=5
x4=7
x5=5
```

X1 est égale à 5, ce qui est juste, et X2 à 4, ce qui est faux. Si votre ordinateur utilise des caractères ASCII, les délimiteurs de mots par défaut sont les suivants :

```
espace ! $ % & ( ) * + , - . / ; < ^ |
```

Pour la chaîne de caractères la cigale et l'abeille, il faut aussi considérer l'apostrophe comme un délimiteur : cela est possible si vous le spécifiez vous-même. La construction de la variable X3 utilise cette possibilité en spécifiant l'apostrophe et l'espace (*blank*) comme seuls délimiteurs admissibles. Pour X4, puisque l'espace et la barre oblique sont considérés comme des délimiteurs par défaut, COUNTW comptera 7 mots. En ce qui concerne la variable X5, nous demandons, via le modifieur 'p', que seuls les caractères de ponctuation (et donc '/') soient considérés comme des délimiteurs : X5 est donc égale à 5. Si vous souhaitez exploiter les possibilités offertes par les modifieurs, attention à bien les spécifier en troisième position : pour X5, si vous retirez une virgule, vous demandez en fait que seul le caractère 'p' soit considéré comme un délimiteur de mots (et vous obtiendrez 1).

'p' est le seul modifieur mobilisé par notre exemple, mais il en existe 19 autres pour la fonction COUNTW (voir l'aide SAS).

ANYALNUM, ANYALPHA, ANYDIGIT, ANYSPACE, ANYUPPER, ANYLOWER, ANYPUNCT(chaîne<, position>) – Ces fonctions renvoient la position, dans une chaîne de caractères ou une variable, du premier caractère ou chiffre (ANYALNUM), de la première lettre (ANYALPHA), du premier chiffre (ANYDIGIT), du premier espace (ANYSPACE), de la première lettre en majuscule (ANYUPPER), de la première lettre en minuscule (ANYLOWER) ou du premier signe de ponctuation (ANYPUNCT). Si vous spécifiez l'option position, la recherche ne se fait qu'à partir de la position indiquée ; si cette dernière est négative, la chaîne est explorée de la droite vers la gauche.

Programme 3-27

```
DATA _NULL_;
*       ----+----1----+----2----+;
   x="?/! ABC 123 @_n_567 ZZ";
   x1=ANYALNUM(x);
   x2=ANYSPACE(x);
   x3=ANYSPACE(x,8);
   x4=ANYDIGIT(x,-99);
   PUTLOG x1=/x2=/x3=/x4=;
RUN;
```

Résultat 3-19 (fenêtre Journal)

```
x1=5
x2=4
x3=8
x4=19
```

La première lettre ou le premier chiffre est ici en position 5 (A) ; le premier espace est en position 4. Le premier espace situé à partir de la 8e position est justement en 8e position (entre C et 1). Pour construire X4, nous indiquons une position de –99. Notre chaîne de caractères ne présente pas 99 caractères mais, en fixant une valeur arbitrairement élevée, vous obtenez la position du dernier chiffre (7 est en 19e position) : lorsque le paramètre de position est négatif, la recherche se fait de la droite vers la gauche.

Si le paramètre de position est fixé à zéro, la fonction renvoie obligatoirement la valeur 0. Vous observerez cette même valeur si la fonction ne trouve pas dans la chaîne le type de caractère recherché.

Pour ANYPUNCT, en ASCII, on considère les caractères suivants comme des signes de ponctuation :

```
! " # $ % & ' ( ) * + , - . / : ; > = < ? @ [ \ ] ` { | } ~
```

Il existe également les fonctions « inverses » : NOTALNUM, NOTALPHA, NOTDIGIT… NOTDIGIT, par exemple, renvoie la position du premier caractère qui, dans la chaîne explorée, n'est pas un chiffre.

Exercice 3.13 – Parmi les fichiers que vous avez téléchargés depuis www.sas-sr.com*, vous disposez d'une table ADRESSES dont voici un extrait[25] :*

Résultat 3-20 (Extrait)

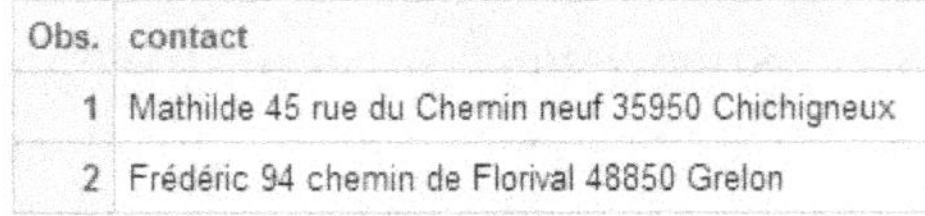

Obs.	contact
1	Mathilde 45 rue du Chemin neuf 35950 Chichigneux
2	Frédéric 94 chemin de Florival 48850 Grelon

La variable CONTACT a pour modalité des adresses complètes à partir desquelles vous devez construire cinq nouvelles variables : NOM, NUMERO, RUE, CP et VILLE. Vous aurez très certainement besoin des fonctions ANYxxx que nous venons d'évoquer, ainsi que d'autres fonctions comme SUBSTR, INDEX, SCAN ou TRANWRD…

b. La concaténation de variables caractères

La concaténation des variables caractères n'est pas sans poser de difficultés. Nous utilisons dans un premier temps l'opérateur ||.

---

25. Merci d'exécuter le programme 6-1 pour disposer de cette table dans votre bibliothèque WORK.

Programme 3-28

```
DATA test;
   INPUT (x y z) ($);
   c=x||','||y||','||z;
CARDS;
a   abc c
ab  ab  f
abc a   i
;RUN;
```

Résultat 3-21 (sortie LISTING)[26]

Obs.	x	y	z		c	
1	a	abc	c	a	,abc	,c
2	ab	ab	f	ab	,ab	,f
3	abc	a	i	abc	,a	,i

Vous auriez plutôt souhaité un résultat de la forme a,abc,c. Le résultat actuel est lié à la forme particulière de l'enregistrement des variables caractères (voir figure 3-7). X, Y et Z ont la longueur par défaut, soit huit caractères. Leurs modalités sont placées à gauche dans l'enregistrement en raison de l'INFORMAT $, ce qui explique l'aspect de la variable c.

Figure 3–7
Organisation de l'enregistrement
des variables caractères

Pour obtenir le résultat a,abc,c souhaité, vous devez demander à SAS d'effacer les espaces à droite des modalités : c'est l'objet de la fonction TRIM.

Programme 3-29

```
DATA test2;
   SET test(DROP=c);
   cb=TRIM(x)||','||TRIM(y)||','||z;
RUN;
```

Résultat 3-22 (sortie LISTING)

Obs.	x	y	z	cb
1	a	abc	c	a,abc,c
2	ab	ab	f	ab,ab,f
3	abc	a	i	abc,a,i

Cette fonction TRIM n'a d'intérêt que dans une phase de concaténation : elle sert non pas à placer la modalité à droite, mais à ne pas considérer les espaces à droite en cas de concaténation. La fonction CATX systématise ces concaténations en retirant les espaces à droite ou à gauche et insère les séparateurs de votre choix. Le programme 3-30 (variable CC) équivaut au programme 3-29 (variable CB).

Programme 3-30

```
DATA test3;
   SET test(DROP=c);
   cc=CATX(',',x,y,z);
   cd=CATX(',',x,'@',y,'123 456',z);
RUN;
```

Résultat 3-23 (sortie LISTING)

Obs.	x	y	z	cc	cd
1	a	abc	c	a,abc,c	a,@,abc,123 456,c
2	ab	ab	f	ab,ab,f	ab,@,ab,123 456,f
3	abc	a	i	abc,a,i	abc,@,a,123 456,i

---

26. Pour les résultats de cette section consacrée à la concaténation, nous préférons reproduire les sorties obtenues dans la fenêtre Sortie (destination LISTING de SAS 9.4) puisque, dans les sorties présentées en HTML, un ensemble d'espaces consécutifs est toujours remplacé par un seul espace.

Il faut indiquer le séparateur en premier. Ensuite, vous précisez les variables à concaténer, ou directement des chaînes de caractères, comme pour la construction de la variable CD. Les fonctions de concaténation acceptent aussi les listes de variables :

```
z=CATX(",",OF x1-x10);
```

Les fonctions CAT, CATS et CATT sont relativement proches de CATX, sauf que vous ne pouvez pas spécifier de séparateurs. CAT concatène sans retirer les espaces, CATS en les retirant à droite et à gauche et CATT ne retire que les espaces à droite.

Les fonctions de concaténation, lorsqu'elles sont utilisées pour créer de nouvelles variables créent ces dernières de longueur 200, ce qui peut être problématique si votre table est déjà de taille importante. Il conviendra d'ajouter des instructions LENGTH. Nous listons ici d'autres fonctions qui construisent par défaut des variables de longueur 200 :

CAT	CHOOSEC	NLITERAL	SPEDIS	URLENCODE
CATS	COALESCEC	QUOTE	SUBPAD	UUIDGEN
CATQ	COLLATE	REPEAT	**SYMGET**	
CATT	**IFC**	**RESOLVE**	TRANSTRN	
CATX	MD5	SOUNDEX	**TRANWRD**	

Les fonctions qui apparaissent en gras ont fait l'objet de développements dans cette section[27].

Exercice 3.14 – Parmi les fichiers présents dans l'archive téléchargée depuis www.sas-sr.com, *on trouve une table appelée FABLE[28]. Elle contient 18 observations parce que la fable en question* (Le Corbeau et le Renard) *contient 18 vers. Elle contient aussi 12 variables, M1 à M12, ne contenant chacune qu'un seul mot :*

Obs.	m1	m2	m3	m4	m5	m6	m7	m8	m9	m10	m11	m12
1	Maître	Corbeau	sur	un	arbre	perché,						

1. *Créez une variable VERS dans laquelle vous allez reconstituer les différents vers de cette fable.*

2. *Avant cet exercice, vous avez lu une remarque relative à la longueur des variables créées au moyen de certaines fonctions. Est-ce que votre réponse à la question 1 ne crée pas une variable trop longue au regard des vers de cette fable ? Calculez le nombre de caractères de chacun des vers et déterminez quelle longueur donner à la variable VERS si l'on veut qu'elle soit la plus petite possible tout en ne tronquant aucun des vers de la fable. Modifiez votre programme en conséquence.*

3. *Créez une variable VERS2 qui va reprendre la modalité de VERS, mais dans laquelle vous allez remplacer le mot « corbeau » par « beaucor », « renard » par « nardre » et « fromage » par « ouvrage d'intro-*

---

27. Nous présentons la fonction IFC dans la section 3.4.2.c, SYMGET et RESOLVE dans la section 10.3.3.

28. Merci d'exécuter le programme 6-1 pour disposer de cette table dans votre bibliothèque WORK.

duction à SAS ». Est-ce que la nouvelle variable que vous venez de créer n'est pas ici aussi trop longue ? Modifiez votre programme pour lui donner la longueur correcte.

4. *Modernisons cette fable : créez une variable VERS3 qui remplacera, si le vers se termine par une marque de ponctuation, cette dernière par « (LOL !) ». Attention, si le vers se termine par une virgule ou un point (ponctuation simple) ou par une ponctuation double (deux points, point d'exclamation…), il faudra un espace entre le dernier mot et « (LOL !) ».*

5. *Créez une variable MOT2 qui reprendra le second mot de chaque vers, puis remplacez ce mot par son « inverse » dans une variable VERS4. « Corbeau » devra ainsi être remplacé par « uaebroC ». (Nous avons oublié de parler de la fonction REVERSE – Cet exercice sera l'occasion de la découvrir…)*

6. *Créez une variable COMPTE qui vous indiquera le nombre de lettres compris dans chaque vers, espaces et signes de ponctuation exclus.*

Pour répondre aux problèmes posés, vous aurez très souvent besoin d'imbriquer différentes fonctions. Nous avons présenté la fonction SUBSTR de la manière suivante : **SUBSTR(X,d,n)='texte'**. Ici, dans la modalité de X, SAS remplace les *n* caractères à partir du *d*ᵉ par `texte`. Vous découvrirez grâce à cet exercice que la variante **SUBSTR(X,Y,Z)=W**, dans laquelle Y, Z et W sont des variables, est possible. Vous remplacez alors dans la modalité de X les *n* caractères (modalité de Z), à partir du *d*ᵉ (modalité de Y), par le texte enregistré comme modalité de W. Cette possibilité est aussi valable pour les autres fonctions caractères.

Exercice 3.15 – Au terme de l'exercice 2.16 (section 2.6.2), vous avez construit une table dans laquelle des modalités contiennent un ensemble de caractères étranges (", quot;, /a>…). Reprenez cette table et corrigez ces modalités.

➕ c. Fonctions caractères et codage UTF-8 : les fonctions K

Dans la section 2.3.6.b, nous avons présenté un programme en vous signalant qu'il ne fonctionnerait pas avec SAS UE en raison du codage en UTF-8. Nous l'avons adapté en remplaçant SUBSTR par KSUBSTR. Parmi les fonctions que nous avons présentées, certaines (et parmi elles, SUBSTR) ne sont pas adaptées à un environnement MBCS *(Multi-Bytes Characters Set)* et il conviendra alors d'utiliser des fonctions K.

Lorsqu'une fonction caractère est présentée dans l'aide SAS, vous avez systématiquement une information quant à l'environnement dans lequel elle est utilisable. Voici par exemple le commentaire que vous trouvez dans l'aide quant à la fonction SUBSTR (à droite du signe égal) :

```
This function is assigned an I18N Level 0 status, and is designed for
SBCS data. Do not use this function to process DBCS or MBCS data.
```

Les fonctions caractères peuvent avoir trois statuts :
- I18N level 0 : à utiliser uniquement dans un environnement SBCS.
- I18N level 1 : à éviter (si possible) dans un environnement MBCS. Dans certaines circonstances, vous pourriez obtenir des résultats inattendus.
- I18N level 2 : utilisables dans un environnement aussi bien SBCS que MBCS.

Parmi les fonctions citées dans cette section, les suivantes ont un statut I18N level 0 : COMPRESS, COUNTW, FIND, INDEX, SCAN, SUBSTR et TRANSLATE. Avec SAS UE, vous devrez impérativement utiliser les fonctions K équivalentes (KCOMPRESS, KCOUNTW, etc.).

Certaines autres ont un statut I18N level 2, mais elles disposent aussi d'une fonction K : LEFT, LENGTH, LENGTHC, LOWCASE, PROPCASE, RIGHT, STRIP, TRIM et UPCASE.

Elles fonctionnent dans un environnement MBCS UTF-8, mais les résultats obtenus pourraient vous surprendre. Le programme 3-31 vous propose un exemple et vous reprécise les difficultés associées à ce codage. Nous utilisons SAS UE et la table DICO2 créée par le programme 2-18.

Programme 3-31

```
DATA dico3;
   SET dico2;
   x1=LENGTH(french);
   x2=KLENGTH(french);
RUN;
```

Résultat 3-24

Obs.	french	english	x1	x2
1	l'éléphant	the elephant	12	10
2	les élèves	the students	12	10
3	le guépard	the cheetah	11	10
4	l'orange	the orange	8	8

La fonction LENGTH, lorsque le codage est UTF-8, vous donne le nombre d'octets utilisés par votre modalité. La fonction KLENGTH vous donne quant à elle le nombre de caractères utilisés. Dans un environnement SBCS, les deux valeurs sont identiques, mais avec un codage UTF-8, puisque certains caractères sont codés sur plus d'un octet, vous observerez forcément une différence.

Pour obtenir une liste complète des fonctions K (38 avec SAS 9.4M5), consultez l'aide SAS, entrée *Internationalization Compatibility for SAS String Functions*.

❹ 3.2.8 La création d'une fonction avec PROC FCMP

Il se peut que, malgré les centaines de fonctions livrées avec SAS, vous ne trouviez pas celle dont vous avez besoin. PROC FCMP vous permet de la créer. La procédure est cependant complexe et demande une bonne maîtrise de SAS. Si vous lisez cet ouvrage pour la première fois, vous pouvez passer cette section et y revenir plus tard.

Notre objectif ici n'est pas de vous présenter la procédure complète, mais de vous donner les premiers éléments pour construire vos propres fonctions.

Programme 3-32

```
PROC FCMP OUTLIB=SASUSER.FUNCS.TEMP;
   FUNCTION divise(num,deno) $;
      RETURN(COMPBL(num||" / "||deno||" = "||INT(num/deno)||
             " reste "||ABS(MOD(num,deno))));
   ENDSUB;
RUN;
```

L'objet de ce programme est de créer une fonction DIVISE qui reprend les termes de la division, donne la partie entière (fonction INT), puis la valeur absolue du reste (fonctions ABS et MOD). En fait, vous souhaitez obtenir dans une variable une chaîne de caractères comme suit :

```
25 / 4 = 6 reste 1
```

Vous devez indiquer, via OUTLIB, le nom d'une table dans laquelle votre fonction sera sauvegardée. Ce nom est à trois niveaux et spécifie la bibliothèque (SASUSER), la table (FUNCS), puis le nom de l'entrée (TEMP).

L'instruction FUNCTION sert à définir le nom de la fonction (DIVISE), ses arguments (NUM et DENO) et son type ($ pour caractère). Elle prend fin avec ENDSUB. Entre FUNCTION et ENDSUB, vous spécifiez la caractéristique de votre fonction : dans ce premier cas, les choses sont très simples puisque nous présentons uniquement une instruction RETURN, laquelle définit la modalité à retourner en fonction des valeurs prises par NUM et DENO.

La fonction ainsi créée risque cependant de poser problème lorsque NUM et DENO seront valeurs manquantes ou si DENO est égale à 0 : la fenêtre *Journal* affichera des messages (division par zéro, opération sur valeurs manquantes…) que vous aimeriez sans doute éviter.

Programme 3-33

```
PROC FCMP OUTLIB=SASUSER.FUNCS.TEMP;
   FUNCTION divisee(num,deno) $ 60;
      IF NMISS(num,deno)>0 OR deno=0 THEN RETURN("non applicable");
      ELSE RETURN(COMPBL(num||" / "||deno||" = "||INT(num/deno)||
           " reste "||ABS(MOD(num,deno))));
   ENDSUB;
RUN;
```

La structure IF THEN ELSE est identique à celle que vous utilisez dans une étape DATA (voir section 3.4.2.a). Vous remarquez de plus, dans l'instruction FUNCTION, un 60 qui suit le $. Il précise le nombre d'octets à attribuer à la variable qui sera par la suite créée avec la fonction DIVISEE. Si vous ne procédez pas ainsi, comme dans l'étape DATA, c'est la longueur de la première modalité RETURN qui sera considérée (et les 14 caractères de non applicable seront insuffisants pour un affichage correct).

Pour ensuite utiliser votre fonction, vous devez spécifier, via l'option globale CMPLIB=, le chemin vers la table contenant la définition de la fonction. Vous pourrez alors exploiter cette dernière comme n'importe quelle autre :

Programme 3-34

```
OPTIONS CMPLIB=SASUSER.FUNCS;
DATA _NULL_;
   x1=25; x2=0; x3=39; x4=4;
   z1=DIVISEE(x1,x2);
   z2=DIVISEE(x3,x4);
   PUTLOG z1= / z2=;
RUN;
```

Résultat 3-25 (fenêtre Journal)

```
z1=non applicable
z2=39 / 4 = 9 reste 3
```

Exercice 3.16 – Parmi les fichiers présents dans l'archive téléchargée depuis www.sas-sr.com, *vous trouverez une table TAILLEPEOPLE. Celle-ci contient deux variables caractères : PEOPLE et TAILLE. On connaît donc la taille de 132 personnes médiatisées, mais elle est mesurée en pieds et pouces : Al Pacino mesure par exemple cinq pieds, sept pouces. Construisez une première fonction qui convertira ces tailles en centimètres (un pied = 30,48 cm, un pouce = 2,54 cm). Construisez-en une seconde qui donnera la taille de chaque personne en pouces (il faut 12 pouces pour faire un pied).*

Pour aller plus loin, vous pouvez consulter les documents suivants :

📖 CARPENTER, Arthur L., « Using PROC FCMP to the fullest : getting started and doing more », *Proceedings of the SAS Global Forum Conference*, 2013, 139-2013, http://support.sas.com/resources/papers/proceedings13/139-2013.pdf

📖 EBERHARDT, Peter, « A cup of coffee and PROC FCMP : I cannot function without them », *Proceedings of the SAS Global Forum Conference*, 2009, 147-2009, http://support.sas.com/resources/papers/proceedings09/147-2009.pdf

📖 GARCIA, Christina, « The power of the function compiler : PROC FCMP », *Proceedings of WUSS 2016 Conference*, 2016, 2016-118, http://www.lexjansen.com/wuss/2016/118_Final_Paper_PDF.pdf

📖 SECOSKY, Jason, « User-written DATA step functions », *Proceedings of the SAS Global Forum Conference*, 2007, 008-2007, http://www2.sas.com/proceedings/forum2007/008-2007.pdf

3.3 Construire une table SAS « allégée »

Vous disposez à ce stade d'une table dans laquelle vous créerez de nouvelles variables. Vous souhaitez cependant disposer d'une version de travail de votre table, plus compacte et plus légère, ne présentant que certaines observations ou un nombre limité de variables. Les instructions spécifiques que nous présentons ici vous y aideront.

Gardez bien à l'esprit que vous ne devez jamais porter atteinte à vos données. Il s'agira toujours de créer une nouvelle table, version de travail, à partir d'une ancienne table ne devant subir aucune modification.

3.3.1 Effacer ou conserver uniquement certaines variables

Si, pour des raisons pratiques, vous souhaitez créer une table contenant une certaine partie de vos variables (« on enlève des colonnes »), vous passerez par les instructions DROP ou KEEP. Nous disposons ici d'une table GROS que nous allons utiliser (SET) pour construire une table PETIT. Le programme 3-35 conserve uniquement les variables X1 et X2 de la table GROS ; à l'inverse, le programme 3-36 les retire.

Programme 3-35

```
DATA petit;
   SET gros;
   KEEP x1 x2;
RUN;
```

Programme 3-36

```
DATA test;
   SET gros;
   DROP x1 x2;
RUN;
```

Le type de programmation présenté dans les programmes 3-35 et 3-36 consomme beaucoup de ressources. En effet, il fait transiter dans le PDV l'intégralité des variables contenues dans la table GROS pour ne verser ensuite dans la table PETIT que certaines d'entre elles. Les programmes 3-37 et 3-38 exposent des programmations plus économes en ressources.

Programme 3-37

```
DATA petit;
   SET gros (KEEP=x1 x2 x3);
RUN;
```

Programme 3-38

```
DATA petit;
   SET gros (DROP=x1 x2 x3);
RUN;
```

L'option de table KEEP= mobilisée par le programme 3-37 ne fait passer par le PDV que les variables listées. L'option de table DROP= conduit à ne faire passer dans le PDV que les variables non listées. L'économie de ressources est flagrante lorsque l'on gère des tables comprenant quelques millions d'observations et quelques milliers de variables.

Les options de table DROP= et KEEP= sont applicables aussi bien à la table DATA qu'à la table SET. Attention cependant :

```
DATA test2(DROP=x1 x2);
   SET test1(DROP=x3 x4);
    ..programme de modification de la table..;
RUN;
```

Ici, SAS part de la table TEST1, de laquelle il écarte les variables X3 et X4 : vous ne pouvez donc pas utiliser ces dernières dans le programme de modification de la table. L'option de table DROP= associée à TEST2 indique qu'il faudra écarter les variables X1 et X2, mais elles restent cependant disponibles dans le corps du programme : vous pouvez y faire appel pour en construire de nouvelles.

3.3.2 Écarter ou ne conserver que certaines observations : IF, WHERE et SELECT

Si vous souhaitez travailler sur une table contenant seulement une certaine partie de vos observations (« on enlève des lignes »), vous avez le choix entre les instructions suivantes :

- IF ou IF/THEN OUTPUT ou IF/THEN DELETE ;
- WHERE ;
- SELECT/WHEN/OTHERWISE.

a. IF

Imaginons que nous disposions d'une table dans laquelle le sexe des individus est saisi au moyen d'une variable égale à 0 si l'individu est un homme et 1 s'il s'agit d'une femme. Nous ne souhaitons effectuer des analyses que sur la population féminine. Les programmes 3-39, 3-40 et 3-41 fournissent cette table particulière[29].

---

29. Attention cependant : si ces trois programmes offrent le même résultat, ils ne fonctionnent pas tout à fait de la même manière. Cette différence devient importante si vous avez des instructions de construction/modification de variables à la suite de l'instruction de sélection. Avec les programmes 3-39 et 3-40, ces instructions seront appliquées et leurs résultats seront bien présents dans la table créée ; avec le programme 3-41, elles seront appliquées, mais n'auront aucune incidence dans la table créée puisqu'une instruction OUTPUT est présente (voir section 3.1.6).

Programme 3-39	**Programme 3-40**	**Programme 3-41**

```
DATA femme;
   SET ensemble;
   IF sexe=0 THEN DELETE;
RUN;
```

```
DATA femme;
   SET ensemble;
   IF sexe=1;
RUN;
```

```
DATA femme;
   SET ensemble;
   IF sexe=1 THEN OUTPUT;
RUN;
```

La forme du programme de sélection/écart d'observations à employer dépend de la nature de la variable définissant l'éligibilité : si elle n'a que deux modalités possibles, toutes les formes sont envisageables, s'il y en a plus, certaines formes vous sembleront plus fastidieuses à écrire.

L'instruction IF, spécifique à l'étape DATA, dispose dans SAS d'un statut particulier puisque vous pouvez aussi bien l'utiliser pour la construction de nouvelles variables (voir section 3.4.2) que pour la sélection d'observations au sein d'une table existante. Tous les opérateurs et fonctions présentés dans la section 3.2 sont exploitables avec une instruction IF.

b. WHERE

La sélection d'observations au moyen de WHERE (instruction ou option de table) est celle qui consomme le moins de ressources.

Programme 3-42	**Programme 3-43**

```
DATA femme;
   SET ensemble(WHERE=(sexe=1));
RUN;
```

```
DATA femme;
   SET ensemble;
   WHERE sexe=1;
RUN;
```

Bien entendu, les conditions d'éligibilité à la table finale peuvent être combinées. Par exemple, si vous disposez d'une variable saisissant la couleur des cheveux des individus (1 : blond, 2 : brun, 3 : châtain, 4 : autre) et si vous souhaitez uniquement travailler sur les femmes blondes, vous écrirez :

Programme 3-44	**Programme 3-45**

```
DATA femme;
   SET ensemble
     (WHERE=(sexe=1 AND cheveux=1));
RUN;
```

```
DATA femme;
   SET ensemble;
   WHERE sexe=1 AND cheveux=1;
RUN;
```

Le programme 3-44 utilise l'option de table WHERE= et le programme 3-45 l'instruction WHERE. Avec cette instruction, que vous pouvez mobiliser dans de très nombreuses procédures SAS, le traitement ne sera effectué que sur une partie de votre table. A contrario, IF est une instruction spécifique à l'étape DATA.

En plus de l'universalité de l'instruction WHERE, il existe d'autres caractéristiques importantes qu'il convient de préciser. WHERE et IF ne sont pas strictement équivalentes. Les instructions de type WHERE sont traitées en priorité et conditionnent le passage dans le PDV : si la condition définie n'est pas remplie, l'observation n'est pas versée dans le PDV[30].

---

30. Et cela, que vous utilisiez l'option de table WHERE= dans l'instruction SET ou l'instruction WHERE dans le corps du programme.

Ce fonctionnement a trois conséquences :

- Une instruction WHERE ne peut pas intervenir dans une étape DATA de création de table via les instructions INFILE ou CARDS.
- Une instruction WHERE ne peut mobiliser que des variables présentes dans la table citée après l'instruction SET.
- Une instruction WHERE consomme moins de ressources qu'une instruction IF.

Par conséquent, si la taille de votre table est importante, essayez d'utiliser WHERE dans vos phases de sélection d'observations. Cela ne devrait pas poser de problème si vos conditions d'appartenance à la table sont simples. Cependant, si les conditions sont multiples et si elles se combinent, il ne sera peut-être pas facile d'écrire une seule instruction WHERE ; or, vous n'en avez droit qu'à une seule dans une étape DATA. Si vous en spécifiez deux, seule la dernière sera considérée.

Les conditions d'éligibilité que vous spécifiez au moyen de l'instruction WHERE mobilisent les opérateurs de comparaison (=, ^=, >, <, >=, <= et leurs équivalents mnémoniques, soit respectivement EQ, NE, GT, LT, GE, LE). De part et d'autre de ces opérateurs, vous pouvez citer des variables, des nombres, des chaînes de caractères entre quotes ou des fonctions du langage SAS. Les opérateurs arithmétiques (+, −, *, /, **, <>, ><), ainsi que celui de concaténation ||, serviront pour combiner ces différents éléments. Les instructions WHERE suivantes sont ainsi parfaitement valables :

```
WHERE x=1;                      WHERE SUBSTR(z,1,3)="ABC";
WHERE SQRT(x)=2;                WHERE SUBSTR(z,1,1) IN ('A','B','C');
WHERE 3+SQRT(x)<=y;             WHERE x IN (1,2,3);
WHERE 3+SQRT(x) NE ABS(y)**3;   WHERE NMISS(x1,x2,x3)=0;
```

Les variables X, Y, X1, X2 et X3 citées par ces instructions doivent impérativement être numériques puisqu'elles sont mobilisées dans des expressions citant opérateurs et/ou fonctions numériques. La variable Z doit quant à elle impérativement être caractère. Voici quelques messages d'erreurs que vous observerez si vous ne respectez pas ces obligations :

```
ERROR: La fonction SUBSTR requiert une expression alphanumérique en tant
       qu'argument 1.
ERROR: L'opérateur de la clause WHERE requiert des var. compatibles.
ERROR: La fonction SQRT requiert une expression numérique en tant
       qu'argument 1.
```

Ces exemples nous conduisent aussi à préciser que, si vous mobilisez l'opérateur IN[31] pour construire votre condition, vous devez, à droite de l'opérateur, indiquer des modalités séparées par des virgules. Vous ne pouvez pas, à l'intérieur des parenthèses qui suivent IN, utiliser des fonctions SAS, des opérateurs ou même citer des variables.

---

31. Opérateur « appartient à » (section 3.2.1).

Si vous souhaitez utiliser une des fonctions statistiques présentées dans la section 3.2.3, vous devez impérativement lister vos variables en les séparant par une virgule. Vous ne pouvez pas utiliser les listes de variables introduites par OF. L'instruction WHERE suivante génère une erreur de syntaxe :

```
WHERE NMISS(OF x1-x3)=0;
```

Si vous avez plusieurs conditions à préciser, elles devront être séparées par les opérateurs booléens (ou opérateurs logiques) : AND (&), OR (|), NOT. AND est prioritaire sur OR, mais des parenthèses peuvent être utilisées pour préciser l'ordre dans lequel les conditions devront être évaluées.

```
WHERE sexe=1 AND (cheveux=1 OR taille>180);
WHERE (sexe=1 AND cheveux=1) OR taille>180;
WHERE sexe=1 AND cheveux=1 OR taille>180;
```

La première instruction WHERE sélectionne les individus de sexe 1 et qui ont soit des cheveux 1, soit une taille supérieure à 180. La deuxième instruction retient les individus qui sont soit de sexe 1 et de cheveux 1, soit d'une taille supérieure à 180.

Avec la première instruction, vous n'aurez aucune personne ayant SEXE égal à 2 dans votre table. Avec la seconde, vous pourrez en avoir, à la condition qu'elles soient d'une taille supérieure à 180.

La troisième instruction ne mobilise pas de parenthèses mais, le AND étant prioritaire sur le OR, elle est parfaitement équivalente à la deuxième.

Vous disposez aussi, pour définir vos conditions d'appartenance, d'opérateurs spécifiques à l'instruction WHERE.

BETWEEN – AND

```
WHERE x BETWEEN 10 AND 20;
```

Cette condition ne conserve dans la table que les observations pour lesquelles X (variable numérique) est supérieure ou égale à 10 et inférieure ou égale à 20. Pour exclure les observations pour lesquelles X est comprise entre 10 et 20, vous utiliserez NOT BETWEEN 10 AND 20.

CONTAINS ou ?

```
WHERE x CONTAINS 'ville';
WHERE x ? 'ville';
```

X est une variable caractère. Seules les observations dans lesquelles la chaîne ville est observée dans la modalité de X seront conservées. Pour exclure ces mêmes observations, vous utiliserez NOT CONTAINS, ^CONTAINS, NOT ? ou ^ ?.

IS NULL ou IS MISSING

```
WHERE x IS NULL;
WHERE x IS MISSING;
```

On ne conserve ici que les observations pour lesquelles X est valeur manquante. Le type de la variable n'a pas d'importance. Pour exclure les observations pour lesquelles X n'est pas valeur manquante, vous utiliserez IS NOT NULL, IS ^NULL, IS NOT MISSING ou IS ^MISSING.

LIKE

```
WHERE x LIKE 'F%';
WHERE x LIKE 'F_e%';
WHERE x LIKE 'F_e_';
WHERE x LIKE 'F_e__';
```

La première instruction WHERE ne conserve que les observations pour lesquelles la modalité de X, variable caractère, commence par 'F'. La deuxième ne conserve que celles pour lesquelles la modalité commence par 'F' et dont la troisième lettre est 'e'. La troisième ne conserve que celles pour lesquelles la modalité est de longueur 4, la première lettre est 'F' et la troisième 'e'. La quatrième conserve celles pour lesquelles la modalité est écrite avec 5 lettres, commençant par 'F' et dont la troisième lettre est 'e'. Si vous souhaitez exclure ces observations, utilisez NOT LIKE ou ^LIKE.

```
=*       (ressemble phonétiquement à)
```

Cet opérateur permet la sélection des observations à partir d'une modalité d'une variable caractère qui se prononce en anglais comme la chaîne que vous avez indiquée. Cet opérateur utilise un algorithme particulier appelé SOUNDEX – il n'en existe pas de version francisée.

Exemple repris de l'aide SAS : si votre variable X prend les valeurs Schmitt, Smith, Smithson, Smitt, Smythe,

```
WHERE x=*'Smith';
```

conserve uniquement les observations pour lesquelles X est égale à Schmitt, Smith, Smitt et Smythe. Pour exclure ces observations, utilisez ^ =* ou NOT =*.

c. SELECT/WHEN/OTHERWISE

Pour sélectionner des observations dans une table en fonction de certains critères, il est aussi possible de passer par des instructions SELECT/WHEN/OTHERWISE. Celles-ci ont une logique quelque peu différente des instructions vues jusqu'à présent.

Soit l'exemple suivant : vous disposez d'une table reprenant des informations sur des clients situés en France et vous souhaitez envoyer à chaque direction régionale des tables ne reprenant que les informations relatives aux clients de la région dont elle a la charge.

Programme 3-46

```
DATA reg1 reg2 reg3 reg4 reg5 reg6 autre;
   SET France;
   SELECT (dep);
      WHEN (45,37,36,41,18,28) OUTPUT reg1;
      WHEN (10,52,51) OUTPUT reg2;
```

```
      WHEN (62,59) OUTPUT reg3;
      *.suite du programme..;
      OTHERWISE OUTPUT autre;
   END;
RUN;
```

La première instruction WHEN indique que, si la variable DEP prend les modalités listées entre parenthèses, alors l'observation doit être envoyée vers la table REG1. L'instruction OTHERWISE n'est pas obligatoire si les WHEN traitent toutes les modalités possibles de votre variable. Si ce n'est pas le cas, sans OTHERWISE, vous aurez une erreur et vos tables ne seront pas construites. Cette instruction sert à regrouper les observations sur lesquelles aucune condition WHEN n'a été vérifiée. Vous devez ensuite clore votre ensemble SELECT par END.

Si vos conditions d'appartenance portent sur plusieurs variables, vous ne pouvez plus citer de variables après l'instruction SELECT. Vos conditions devront être alors de la forme présentée par le programme 3-47.

Programme 3-47

```
DATA lot1 lot2;
   SET ensemble;
   SELECT;
      WHEN sexe=1 AND cheveux=1 OUTPUT lot1;
         OTHERWISE OUTPUT lot2;
   END;
RUN;
```

Nous aborderons à nouveau les instructions SELECT/WHEN/OTHERWISE dans la section 3.4.2.d, consacrée à la construction de nouvelles variables sous conditions.

3.3.3 Sélectionner des observations avec l'option POINT=

L'option POINT= de l'instruction SET accède directement à une observation particulière dans une table SAS. Son utilisation est cependant délicate, car il est nécessaire de l'associer à d'autres instructions.

Vous disposez par exemple d'une table à partir de laquelle vous souhaitez en construire une autre ne conservant que le 8e individu. Vous pouvez alors recourir à un programme employant l'option POINT= :

Programme 3-48

```
DATA test10;
   sel=8;
   SET test POINT=sel;
      OUTPUT;
      STOP;
RUN;
```

Avant que l'instruction SET n'intervienne, vous devez définir une variable qui vous indiquera le rang de l'observation à conserver. Dans SET, vous associez à POINT le nom de cette variable. L'option POINT= doit impérativement être associée à une instruction STOP, sinon vous entrez dans une boucle infinie. En effet, lorsque vous utilisez l'option POINT=, SAS va directement à l'observation que vous lui avez spécifiée : il ne voit donc pas le marqueur qui lui indique qu'il est en fin de table. La rencontre avec ce marqueur commande la fermeture de la table ordonnée par DATA et la fin du programme. Sans instruction STOP, la table n'est pas écrite et votre programme continue à s'exécuter. Dans le même temps, nous avons vu que l'écriture dans la table ordonnée par DATA s'effectuait lorsque SAS rencontrait l'instruction RUN. Ici, puisque le STOP interrompt l'exécution du programme, le RUN ne commande pas l'écriture de la table et vous devez ajouter une instruction OUTPUT avant le STOP.

Cette option POINT= est utile si vous souhaitez, par exemple, créer une table qui ne reprendra qu'une observation sur dix (programme 3-49) ou une qui sélectionnera au hasard et avec remise 1 000 individus dans une table de 10 000 observations (programme 3-50).

Programme 3-49

```
DATA test10;
   DO sel=1 TO 1000 BY 10;
      SET test POINT=sel;
      OUTPUT;
   END;
   STOP;
RUN;
```

Programme 3-50

```
DATA test_sub;
   DO i=1 TO 1000;
      sel=CEIL(RANUNI(-4)*10000);
      SET toto POINT=sel;
      OUTPUT;
   END;
   STOP;
RUN;
```

3.4 Construire de nouvelles variables au sein d'une table

Partant d'une table existante, vous aurez nécessairement besoin de construire de nouvelles variables en vous fondant généralement sur celles déjà présentes. Nous exposons les outils à votre disposition pour construire des variables, sans condition dans la section 3.4.1 et avec conditions dans la section 3.4.2.

3.4.1 La construction sans condition

Pour construire des variables sans condition, vous utiliserez les différents opérateurs et fonctions indiqués dans la section 3.2. Voici quelques exemples basés sur une table fictive contenant la variable X1 :

Programme 3-51

```
DATA testdd2;
   SET testdd;
   x2=x1**2;
   x3=x1*56;
   x4=x1/RANUNI(8);
   x5=EXP((x4+x2)/x3);
   x6=SUM(x1,x3,x4)/MAX(x2,x5)**(MIN(OF x1-x4));
RUN;
```

La syntaxe est toujours identique : la variable à créer est une fonction d'autres variables dont vous connaissez la modalité au moment où est saisie la ligne de programme. À l'inverse, le programme 3-52 n'a pas de sens, même s'il ne pose pas de problème quand vous demandez son exécution.

Programme 3-52

```
DATA testdd2;
   SET testdd;
   x6=SUM(x1,x3,x4)/MAX(x2,x5)**(MIN(OF x1-x4));
   x2=x1**2;
   x3=x1*56;
   x4=x1/RANUNI(8);
   x5=EXP((x4+x2)/x3);
RUN;
```

Si, au départ, vous disposez dans la table de X1 au moment où X6 est définie, SAS ne sait pas ce que sont X3, X4 et X5. X6 sera alors valeur manquante et vous observerez dans le journal le message suivant :

```
NOTE: Missing values were generated as a result of performing an operation
      on missing values.
```

Sont également valides les instructions qui, des deux côtés du signe égal, vous présentent la même variable[32] :

```
x2=x2**2;     ** la nouvelle valeur de X2 est égale;
              ** à l'ancienne valeur élevée au carré;
```

Elles ont pour objet de modifier la modalité prise par une variable de la table.

Exercice 3.17 – Soit une table TEST dans laquelle est présente une variable X qui prend comme modalités 1, 2, 3 et 4. Vous exécutez le programme suivant :

Programme 3-53

```
DATA test2;
  SET test;
  y=x+3;
  x=x**2;
RUN;
```

Quelles sont les modalités des variables X et Y dans la table TEST2 ? Si vous deviez donner une mauvaise réponse, n'hésitez pas à relire avec la plus grande attention la section 3.1.5.

Il est enfin possible de construire des variables par incrémentation. Les instructions de ce type ne présentent pas de signe égal :

Programme 3-54

```
DATA test3;
   SET test;
   x7+x;
   t+1;
   n+x**2;
RUN;
```

---

32. Voir par exemple les programmes 3-2, 3-3 et 3-4.

Le programme 3-54 va créer une nouvelle variable (X7), somme cumulée des X.

*Exercice 3.18 – Quelles sont les variables qui seront créées par t+1 et par n+x**2 ? Quelles modalités prendront-elles ? La table TEST utilisée par le programme 3-54 est celle décrite à l'exercice 3.17.*

Normalement, lorsque vous construisez une variable comme une fonction d'autres variables dont au moins une est valeur manquante, elle est valeur manquante aussi. Les variables construites par incrémentation fonctionnent différemment.

Imaginons par exemple que nous disposions d'une table reprenant les notes obtenues par des étudiants à un examen. Nous avons oublié le nom de la procédure qui calcule une moyenne et tentons donc de calculer cette dernière uniquement au moyen d'une étape DATA. Le programme 3-55 crée une table fictive[33] :

Programme 3-55

```
DATA note_etudiant;
    DO etu=1 TO 100;
        note=ROUND(RANUNI(123)*RANUNI(234)*20+2,1);
        exc=RANUNI(234);
        IF note>20 THEN note=20;
        IF exc<0.15 THEN note=.;
        OUTPUT;
    END;
RUN;
```

Certains étudiants sont défaillants (15 % d'entre eux). Le programme 3-56 présente l'étape DATA qui calcule la moyenne. Nous ne conservons que la dernière ligne de la table en faisant appel à l'option END= dans l'instruction SET. Cette option crée un marqueur[34,35] (appelé DERNIER dans le programme 3-56) qui vaudra 1 si c'est la dernière observation de la table traitée dans le PDV et 0 sinon. L'instruction IF DERNIER=1 nous permet ainsi de ne conserver que la dernière observation de la table NOTE_ETUDIANT_M qui, autrement, contiendrait autant d'observations que la table NOTE_ETUDIANT.

Programme 3-56

```
DATA note_etudiant_M;
    SET note_etudiant END=dernier;
    somme_note+note;
    nb_etudiant+1;
    moyenne=somme_note/nb_etudiant;
    IF dernier=1;
    KEEP moyenne;
RUN;
```

---

33. La construction de ce fichier fictif fait appel à des notions de programmation que nous développerons dans les sections suivantes : nous vous invitons à revenir sur ce programme par la suite.

34. Cette notion de marqueur est importante, nous y reviendrons dans les sections 3.6.2 et 4.2.4.

35. L'option END= est aussi possible avec l'instruction INFILE. Elle permet la création d'un marqueur valant 1 lorsque SAS traite le dernier enregistrement d'un fichier de données brutes.

Vous obtenez 6.64 de moyenne – c'est évidemment très peu. Retirez les deux dernières lignes du programme et regardez la table complète. Qu'observez-vous ?

Résultat 3-26 (extrait)

Obs.	etu	note	exc	somme_note	nb_etudiant	moyenne
26	26	6	0.19986	153	26	5.88462
27	27	2	0.99949	155	27	5.74074
28	28	.	0.02290	155	28	5.53571
29	29	.	0.01336	155	29	5.34483
30	30	.	0.11700	155	30	5.16667
31	31	16	0.95227	171	31	5.51613

La variable SOMME_NOTE n'est pas valeur manquante bien que, pour la calculer, vous ajoutiez des notes et des valeurs manquantes (qui sont donc considérées ici comme égales à zéro). La moyenne calculée est ainsi forcément fausse, puisque c'est la somme des points obtenus par les individus présents à l'examen divisée par le nombre d'individus convoqués à l'examen. Lorsque vous construirez des variables incrémentées, vous prendrez donc garde aux valeurs manquantes qui pourraient très vite vous conduire à des résultats non souhaités.

3.4.2 La construction sous conditions

Nous allons examiner dans cette section les outils dont vous disposez pour construire des variables qui auront leurs modalités liées au respect d'au moins une condition.

a. Les instructions IF/THEN/ELSE

Soit une variable CHEVEUX valant 1, 2, 3 ou 4, à partir de laquelle nous souhaitons créer quatre indicatrices : BLOND, CHATAIN, BRUN et AUTRE.

Programme 3-57

```
DATA test;
   INPUT cheveux @@;
   CARDS;
1 2 3 4
;
DATA test2;
   SET test;
   IF cheveux=1 THEN blond=1;ELSE blond=0;
   IF cheveux=2 THEN brun=1;ELSE brun=0;
   IF cheveux=3 THEN chatain=1;ELSE chatain=0;
   IF cheveux=4 THEN autre=1;ELSE autre=0;
RUN;
```

Programme 3-58

```
DATA test;
   INPUT cheveux @@;
   CARDS;
1 2 3 4
;
DATA test2;
   SET test;
   blond=(cheveux=1);
   brun=(cheveux=2);
   chatain=(cheveux=3);
   autre=(cheveux=4);
RUN;
```

Dans le programme 3-57, IF est suivi d'une condition. Si celle-ci est remplie, alors on applique ce qui suit l'instruction THEN. Si elle n'est pas remplie, on applique ce qui suit l'instruction ELSE. Cette dernière n'est pas obligatoire mais, si vous l'utilisez, il faut **impérativement** la placer **immédiatement** après la ligne contenant l'instruction IF.

Si votre programme ne présente pas d'instruction ELSE :

```
IF cheveux=1 THEN blond=1;
```

Pour les individus blonds, on observera bien BLOND égale à 1 mais, pour les autres, cette variable sera valeur manquante.

Ce qui suit le THEN peut rester vide, mais vous devrez toujours indiquer le THEN. Si vous rentrez la ligne suivante :

```
IF cheveux=1 THEN; ELSE blond=0;
```

Vous obtiendrez BLOND égale à 0 pour tous les non-blonds et valeur manquante pour les blonds.

Attention : mettre un IF sans THEN/ELSE est problématique puisque, comme nous l'avons vu dans la section 3.3.2. :

```
IF cheveux=1;
```

a le même impact que :

```
IF cheveux ^=1 THEN DELETE;
```

Le programme 3-58 présente une construction alternative de ces mêmes variables indicatrices. Dans ce programme, (CHEVEUX=1) est considéré comme une condition qui vaudra 1 si l'observation la remplit et 0 sinon. Ce type de construction est à privilégier pour des indicatrices, mais vous pouvez aussi l'utiliser dans d'autres circonstances. Imaginons le cas suivant : nous souhaitons pouvoir créer, à partir de la variable NOTE présente dans la table du programme 3-55, une nouvelle variable qui vaudra 0 si l'étudiant n'a pas eu de note, 1 si l'étudiant a eu moins de 5 (inclus), 2 si la note est comprise entre 5 et 10 inclus, 3 si elle est entre 10 et 15 inclus, 4 si elle est supérieure à 15. Vous pourriez exécuter un programme comme le suivant :

Programme 3-59

```
IF MISSING(note)=1 THEN notegrp=0;
IF 0<=note<=5 THEN notegrp=1;
IF 5<note<=10 THEN notegrp=2;
IF 10<note<=15 THEN notegrp=3;
IF note>15 THEN notegrp=4;
```

La ligne suivante offrira le même résultat :

```
notegrp=(note>=0)+(note>5)+(note>10)+(note>15);
```

Les conditions précisées entre parenthèses sont également mobilisables lorsque vous construisez des variables incrémentées. Nous avons vu dans le programme 3-56 que la moyenne était mal calculée parce que le nombre d'étudiants ayant une note n'était pas égal au nombre d'étudiants convoqués. Retirez l'instruction qui construisait la variable NB_ETUDIANT et remplacez-la par la suivante :

```
nb_etudiant+(note>=0);
```

ou encore :

```
nb_etudiant+(MISSING(note)=0);
```

Vous obtiendrez, sur la dernière ligne de la table, le nombre de personnes qui ont passé l'examen (et la variable MOYENNE sera correctement calculée). Vous obtiendrez un résultat identique avec l'instruction suivante :

```
IF note>=0 THEN nb_etudiant+1;
```

b. Les instructions IF/THEN/ELSE IF/THEN

Nous repartons de la table NOTE_ETUDIANT créée par le programme 3-55 et souhaitons créer des commentaires à partir de la note obtenue :

Programme 3-60

```
DATA note_etudiant2;
   SET note_etudiant;
   LENGTH conclusion $ 20;
   IF note<5 THEN conclusion='aucun travail';
   ELSE IF note<10 THEN conclusion='peu de travail';
   ELSE IF note<13 THEN conclusion='bases acquises';
   ELSE IF note<16 THEN conclusion='bon travail';
   ELSE conclusion='excellent';
RUN;
```

Exercice 3.19 – (Rappel) Pourquoi la ligne suivante est-elle indispensable[36] ?

```
LENGTH conclusion $ 20;
```

Attention, si vous ne mettez pas les ELSE, les seuls commentaires que vous obtiendrez seront « bon travail » et « excellent ».

Programme 3-61

```
DATA note_etudiant3;
   SET note_etudiant;
   LENGTH conclusion $ 20;
   IF note<5 THEN conclusion='aucun travail';
   IF note<10 THEN conclusion='peu de travail';
   IF note<13 THEN conclusion='bases acquises';
```

---

36. Voir section 3.1.2 pour la réponse.

```
   IF note<16 THEN conclusion='bon travail';
   ELSE conclusion='excellent';
RUN;
```

En effet, une personne qui a une note de 3 respecte la condition NOTE<16 – elle respecte aussi les autres conditions, mais seule la dernière compte puisque, en ce qui concerne la fixation des modalités (voir section 3.1.5), **c'est le dernier qui a parlé qui a raison.** Pour avoir les bons commentaires sans utiliser l'instruction ELSE, il faudrait être beaucoup plus complet sur les spécifications du IF en réalisant des encadrements ou en ajoutant une condition de valeur manquante :

```
IF note<13 AND MISSING(conclusion)=1 THEN conclusion='bases acquises';
```

Exercice 3.20 – À partir de la table NOTE_ETUDIANT créée par le programme 3-55, écrivez le programme complet qui construira correctement la variable CONCLUSION sans utiliser ELSE IF. Rappel : les valeurs manquantes sont inférieures à tout.

Si vous ne prenez pas en compte ce rappel, vous recueillerez pour les étudiants défaillants le commentaire « aucun travail », ce qui est inexact. Adaptez votre programmation pour leur affecter une modalité spécifique.

Exercice 3.21 – Dans le fichier EXAMEN.TXT, vous retrouvez les informations suivantes séparées par des espaces :

H Damien 17/6/1986 3 5 7,2 6,9 5 5,4

Sexe / prénom / date de naissance / groupe de td / note1 / note2 / note3 / note4 / note5

Révision : créez la table EXAMEN à partir des données de ce fichier TXT.

1. Créez une seconde table dans laquelle vous aurez la moyenne obtenue par chaque étudiant et, basé sur cette moyenne, le résultat à l'examen (<10 : recalé, >=10 : reçu). Construisez aussi une variable indiquant sa mention : AB s'il a entre 12 et 14, B s'il a entre 14 et 16 et TB s'il a plus de 16.

2. Créez une troisième table, basée sur celle de la question n° 1, dans laquelle vous n'aurez que les variables suivantes : sexe, prénom, date de naissance (lisible), groupe de TD, moyenne, résultat et mention.

3. Créez une quatrième table, basée sur celle de la question n° 2, destinée à l'affichage selon les principes des jurys du bac (seuls les admis sont mentionnés dans la liste).

4. Créez une cinquième table dans laquelle apparaîtront le nombre de reçus, le pourcentage de réussites, de mentions Très Bien et, par groupe de TD, le nombre de reçus et le pourcentage de réussites. Vous aurez sûrement besoin de l'option END= de l'instruction SET…

5. Pour répondre aux questions 1 à 4 de cet exercice, vous avez rédigé quatre étapes DATA créant vos tables. Construisez maintenant ces quatre tables au moyen d'une unique étape DATA.

c. Les fonctions IFN et IFC

Apparues dans SAS 9.1, les fonctions IFN et IFC facilitent la construction de variables sous conditions :

- **IFN(condition, valeur-numérique-si-condition-vraie, valeur-numérique-si-condition-fausse)** ;
- **IFC(condition, texte-si-condition-vraie, texte-si-condition-fausse).**

Programme 3-62

```
DATA note_etudiant4;
   SET note_etudiant;
   LENGTH resultat2 $ 10;
   resultat=IFN(note>=10,1,0);
   resultat2=IFC(note>=10 ,'reçu','recalé');
RUN;
```

La variable RESULTAT vaut 1 si la note est supérieure ou égale à 10 et 0 sinon. RESULTAT2, variable caractère, a pour modalité reçu ou recalé. Le lecteur attentif constate que les étudiants défaillants ont la même modalité que ceux qui ont passé l'examen et ont obtenu moins de 10. Pour créer une troisième modalité défaillant, la programmation imbrique deux IFN/IFC :

Programme 3-63

```
DATA note_etudiant5;
   SET note_etudiant;
   LENGTH resultat2 $ 10;
   resultat=IFN(MISSING(note),-1,IFN(note>=10,1,0));
   resultat2=IFC(MISSING(note),'défaillant',IFC(note>=10 ,'reçu', 'recalé'));
RUN;
```

Attention à la fonction IFC : comme indiqué dans la section 3.2.7.b, elle crée des variables d'une longueur égale à 200. Cela explique la présence de l'instruction LENGTH dans les programmes 3-62 et 3-63.

d. Les instructions SELECT/WHEN/OTHERWISE

L'instruction SELECT, grâce à laquelle nous avons construit plusieurs tables à partir d'une seule en fonction de critères sur au moins une variable (voir section 3.3.2.c), sert aussi à la construction de nouvelles variables sous conditions. Vous pouvez réécrire le programme 3-60 avec une instruction SELECT.

Programme 3-64

```
DATA note_etudiant2;
   SET note_etudiant;
   LENGTH conclusion $ 20;
   SELECT;
      WHEN (note<5)  conclusion='aucun travail';
      WHEN (note<10) conclusion='peu de travail';
      WHEN (note<13) conclusion='bases acquises';
      WHEN (note<16) conclusion='bon travail';
      OTHERWISE conclusion='excellent';
   END;
RUN;
```

Cet exemple montre en quoi la logique de ce type d'instruction est différente de la logique de fonctionnement interne à SAS telle que décrite dans la section 3.1. Ici, la construction de la variable est parfaitement effectuée, alors qu'on aurait pu s'attendre à n'avoir que les deux modalités bon travail et excellent. En fait, dès qu'une observation est traitée par une condition spécifiée par WHEN, les instructions qui viennent ensuite ne sont pas examinées pour cette observation.

3.5 Les boucles DO

Plusieurs versions de DO existent dans SAS mais elles se terminent toujours par END. Chaque instruction DO a son propre objet et est développée dans une section subséquente :

DO – DO simple suivi d'un ensemble d'instructions qui seront exécutées en cas de respect d'une condition.

DO I=1 TO 10 BY 1 – DO itératif (BY 1 indique le pas) : exécute un ensemble d'instructions un certain nombre de fois.

DO X=3,5,12 – Réalise les instructions qui suivent avec X=3, X=5 et X=12.

DO WHILE(expression) – Les instructions qui suivent doivent être exécutées tant que l'expression est vraie.

DO UNTIL(expression) – Les instructions qui suivent doivent être exécutées jusqu'à ce que l'expression soit vraie.

DO sur ARRAY – Applique un ensemble d'instructions à des variables regroupées dans un tableau au moyen d'une instruction ARRAY préalable.

Vous avez de plus la possibilité de combiner ces différents types de DO :

```
DO i=1 TO 1000 WHILE (sum < 100);
```

3.5.1 Le DO simple

Le DO simple, généralement associé à un IF/THEN, exécute un ensemble d'instructions.

Programme 3-65

```
DATA test;
   SET test;
   IF x1>15 THEN DO;
      x2=x4+5;
      x7=x3**6;
      x8=sqrt(x1);
   END;
RUN;
```

Ici, le DO exécute plusieurs instructions si la condition du IF est vérifiée.

3.5.2 Le DO itératif

Imaginons que vous souhaitiez créer une table dans laquelle apparaîtraient 100 nombres tirés au hasard (loi uniforme). Le DO itératif facilite cette création :

Programme 3-66

```
DATA test;
   DO i=1 TO 100;
      x1=RAND('uniform');
      OUTPUT;
   END;
RUN;
```

Dans votre table TEST, vous retrouverez une variable I variant de 1 à 100 et une variable X1. L'instruction OUTPUT est ici obligatoire. Si vous la retirez, SAS construira bien vos 100 tirages, mais la table créée ne contiendra pas vos 100 observations puisque SAS y placera uniquement ce qu'il a dans le PDV au moment du RUN (OUTPUT implicite) : il n'y aura donc qu'une observation.

Exécutez malgré tout ce programme en retirant l'instruction OUTPUT. Vous constatez que la table créée présente bien une seule observation, mais aussi que la variable I est égale à 101. La raison en est que son incrémentation se fait au niveau de l'instruction END qui clôt la boucle. C'est parce que la valeur 101 est strictement supérieure à la borne précisée après TO que la boucle cesse de tourner[37].

N'oubliez pas que vous avez ici une étape DATA dans laquelle une instruction OUTPUT existe. Il est inutile d'écrire des lignes de programmes entre END et RUN : bien que parfaitement comprises et exécutées par SAS, elles n'auront aucune influence sur la table produite (voir section 3.1.6).

Voici d'autres possibilités d'itérations :

```
DO I=1 TO n;
DO I=n TO 1 BY -1;
DO I=k+1 TO n-1;
DO I=1 TO k-1,k+1 TO n;
DO I=.1 TO .9 BY .1, 1 TO 10 BY 1, 20 TO 100 BY 10;
```

Vous pouvez par ailleurs lister les valeurs sur lesquelles vous souhaitez que certaines instructions soient effectuées :

```
DO i=2,5,8,345;
```

Ce type de boucle accepte aussi les chaînes de caractères :

```
DO i='A','c','D','F','g','t';
```

Les boucles itératives (TO/BY) sur chaînes de caractères ne sont pas autorisées.

---

37. Retirez l'OUTPUT du programme 3-66 et ajoutez une instruction X=I avant le END. Vous constaterez que la variable X vaut bien 100.

3.5.3 Les boucles DO UNTIL

Les boucles DO UNTIL exécutent des instructions jusqu'à ce qu'une condition (à spécifier entre parenthèses après UNTIL) soit vraie.

Programme 3-67

```
DATA huston_act;
    INFILE "c:/intro_sas/fichiers/huston.txt";
    INPUT acteur $ 45-63;
RUN;

DATA huston_act2;
    SET huston_act;
    n=1;
    DO UNTIL (SCAN(acteur,n)="");
        n+1;
    END;
    n=n-1;
RUN;
```

Résultat 3-27

Obs.	acteur	n
1	Paul Michael Glaser	3
2	Sylvester Stallone	2
3	Aileen Quinn	2
4	Albert Finney	2
5	Jack Nicholson	2
6	Anjelica Huston	2

Avec le programme 3-67, nous cherchons à connaître le nombre de mots composant les noms des acteurs principaux des six derniers longs-métrages de John Huston[38]. La condition précisée après DO UNTIL indique à SAS qu'il va devoir exécuter l'instruction N+1 jusqu'à ce que SCAN renvoie une valeur manquante.

Lorsque SAS traite une observation, N est au départ fixée à 1. Pour la première observation, la condition impliquant SCAN renvoie la valeur Paul, premier mot de la modalité de la variable ACTEUR. Puisqu'il ne s'agit pas d'une valeur manquante, N est augmentée de 1 et la condition renvoie Michael. N est à nouveau augmentée de 1, la condition n'est toujours pas respectée (Glaser) et N est une dernière fois augmentée de 1 pour être égale à 4. Puisqu'il n'y a pas de 4e mot dans la modalité de la variable ACTEUR, la condition renvoie valeur manquante. SAS sait alors que la boucle est terminée : il peut exécuter l'instruction placée après la boucle, N=N-1, et vous obtenez 3 pour la première observation. Le programme est maintenant entièrement exécuté pour la première observation : OUTPUT, RESET, RETURN et SAS traite ensuite la seconde observation de la table HUSTON_ACT.

Attention lorsque vous spécifierez vos conditions puisque, si elles ne sont jamais observées (conditions de type « jusqu'à ce que les poules aient des dents »), vous rentrerez dans une boucle infinie (pour interrompre un programme en cours d'exécution, voir la section 1.5.3).

3.5.4 Les boucles DO WHILE

Les boucles DO WHILE exécutent des instructions tant qu'une condition (à spécifier entre parenthèses après le WHILE) est vraie.

Exemple : pour différentes valeurs du taux d'intérêt, nous souhaitons savoir après combien d'années un capital initial est doublé.

---

38. Nous pourrions employer la fonction COUNTW mais elle n'existe que depuis SAS 9.2.

Programme 3-68

```
DATA capital;
   DO taux=1,2,2.5,3,4,5,10;
      annee=0;
      capital=1;
         DO WHILE (capital < 2);
            capital=capital*(1+taux/100);
            annee+1;
         END;
      OUTPUT;
   END;
   KEEP taux annee;
RUN;
```

Résultat 3-28

Obs.	taux	annee
1	1.0	70
2	2.0	36
3	2.5	29
4	3.0	24
5	4.0	18
6	5.0	15
7	10.0	8

Lorsque le programme débute, SAS prend la première valeur de TAUX, fixe ANNEE à 0 et CAPITAL à 1. La boucle DO WHILE débute alors et la condition (`CAPITAL<2`) est vraie. À l'intérieur, le capital est recalculé en appliquant le taux d'intérêt et ANNEE augmente de 1. La boucle tournera jusqu'à ce que la modalité de CAPITAL soit supérieure à 2 : c'est alors la fin de la boucle DO WHILE. L'instruction OUTPUT demande le versement du contenu du PDV dans la table créée – SAS passe ensuite à la seconde valeur du taux.

Voici la condition à spécifier en utilisant DO UNTIL pour obtenir exactement le même résultat :

```
DO UNTIL (capital > 2);
```

🅱🅰 3.5.5 Les boucles DO sur ARRAY

Le principe des boucles sur ARRAY est d'effectuer des traitements identiques sur un ensemble de variables. Avant d'en illustrer le fonctionnement, intéressons-nous aux principes des ARRAY.

a. Principes

L'instruction ARRAY regroupe un certain nombre de variables pour la durée d'une étape DATA et forme ce que l'on appelle un **tableau**. Ce regroupement autorise ensuite des traitements groupés et simplifie beaucoup vos programmes. Il existe plusieurs types d'ARRAY et il convient de bien comprendre leurs différences.

Une instruction ARRAY peut regrouper des variables déjà présentes dans une table.

La structure de l'instruction est la suivante :

```
ARRAY nom{5} x1 x2 x3 x4 x5;
```

Le tableau NOM comprend cinq membres : X1, X2, X3, X4 et X5.

Vous n'êtes pas obligé de spécifier le nombre d'éléments que contient votre tableau (sa **dimension**) si vous énumérez les variables à y ranger. L'instruction suivante est parfaitement valable :

```
ARRAY nom{*} x1 x2 x3 x4 x5;
```

Nous précisons systématiquement la dimension du tableau entre accolades, mais les parenthèses et les crochets sont également valables. Vous utilisez l'astérisque (*) lorsque vous ne connaissez pas la dimension de votre tableau. Voici un exemple :

```
ARRAY num{*} _NUMERIC_;
```

Avec la précédente instruction, nous regroupons l'ensemble des variables numériques de la table dans un tableau appelé NUM. Vous pouvez aussi appeler _CHARACTER_ et toutes les possibilités d'appels de listes de variables (X1-X10, X:). La liste _ALL_ ne peut pas être utilisée si votre table contient à la fois des variables numériques et des caractères ; en effet, dans un tableau, les variables doivent être de même type.

Si vous spécifiez à la fois la dimension de votre tableau et les variables que vous souhaitez y regrouper, il faut impérativement que les deux informations concordent. Si votre instruction ARRAY est de la forme suivante :

```
ARRAY x{10} x1-x5 ;
```

Il y aura erreur de compilation et vous lirez dans votre journal le message suivant :

```
ERROR: Too few variables defined for the dimension(s) specified
       for the array x.
```

Si la dimension de votre tableau est inférieure au nombre de variables énumérées, vous lirez dans votre journal le message suivant :

```
ERROR: Too many variables defined for the dimension(s) specified
       for the array x.
```

La déclaration des variables qui composent le tableau n'est pas obligatoire mais, dans ce dernier cas, vous devez impérativement spécifier la dimension de votre tableau. Vous aurez ainsi des instructions de la forme suivante :

```
ARRAY x{5};
```

S'il existe déjà des variables X1 à X5 dans votre table, SAS les placera dans le tableau X. Dans le cas contraire, la simple déclaration de l'ARRAY créera ces variables.

Une instruction ARRAY peut créer de nouvelles variables.

Si votre instruction ARRAY a pour objectif la création de variables, il convient de préciser si elles sont caractères ou numériques. Dans le cas précédent, si les variables X1 à X5 n'existent pas, elles sont créées et sont numériques. L'instruction suivante créera des variables caractères de longueur 8 :

```
ARRAY x{5} $;
```

Vous pouvez affecter des valeurs initiales aux variables que vous créez.

Une instruction ARRAY peut créer des variables de type RETAIN.

Si vous créez des variables au moyen d'une instruction ARRAY et si vous leur attribuez des valeurs initiales, elles seront de type RETAIN (voir section 3.6.1).

```
ARRAY bloc1{*} $ 3 x1-x5 ('a' 'b' 'c' 'd' 'e');
```

Ces valeurs initiales doivent être indiquées entre parenthèses, séparées par des virgules ou des espaces, entre quotes si vos variables sont caractères. Ici, nous avons souhaité créer des variables caractères d'une longueur égale à 3.

Pour donner des valeurs initiales aux variables créées avec une instruction ARRAY, vous n'êtes pas obligé de spécifier toutes les valeurs les unes à la suite des autres. Les deux instructions qui suivent sont parfaitement équivalentes :

```
ARRAY bloc2{*} y1-y5 (1,2,3,4,5);
ARRAY bloc2{*} y1-y5 (1:5);
```

Le signe deux-points demande une incrémentation (le pas est forcément de 1) et l'astérisque demande la reproduction pour un certain nombre de variables d'une même valeur. Cela va grandement faciliter la spécification des valeurs initiales. Le tableau 3-1 résume les possibilités offertes par ces deux symboles.

Tableau 3–1 Initialisation des tableaux de variables

Instruction	X1	X2	X3	X4	X5	X6
ARRAY x{6} (1:6);	1	2	3	4	5	6
ARRAY x{6} (1:10);	1	2	3	4	5	6
ARRAY x{6} (6*1);	1	1	1	1	1	1
ARRAY x{6} (1*6);	6	.	.	.	.	.
ARRAY x{6} (3*1 3*4);	1	1	1	4	4	4
ARRAY x{6} (3*(1 4));	1	4	1	4	1	4
ARRAY x{6} (3*1 3*4:6);	1	1	1	4	5	6
ARRAY x{6} (3*1 10 2*4);	1	1	1	10	4	4

À gauche de l'astérisque, vous indiquez le nombre de variables du tableau concernées par la modalité placée à droite du signe : 6*1 signifie que six variables auront pour modalité 1 et 1*6 qu'une seule variable aura pour modalité 6. Dans ce dernier cas, l'instruction ARRAY ne spécifie pas assez de valeurs initiales et vous aurez dans votre journal le message suivant :

```
WARNING: Partial value initialization of the array x.
```

Si vous spécifiez trop de valeurs initiales (seconde ligne du tableau 3-1), vous aurez dans le journal le message suivant :

```
WARNING: Too many values for initialization of the array x.
         Excess values are ignored.
```

Une instruction ARRAY peut créer des variables temporaires.

L'instruction suivante :

```
ARRAY x{5} _TEMPORARY_;
```

crée des variables à placer dans un tableau sans pour autant les conserver dans votre table finale. Ce type de programmation vous sera utile lors des étapes DATA, pour combiner des variables intermédiaires afin de construire celles à garder dans la table.

Les tableaux créés par une instruction ARRAY peuvent être de dimension multiple.

Dans ce cas, pour un tableau à deux dimensions, on déclare les ARRAY ainsi :

```
ARRAY mult{3,12} ca1-ca36;
```

À travers un exemple, nous verrons dans la section suivante l'intérêt de ce type de tableau.

b. Exemples d'application

Voyons un premier exemple simple avec le programme 3-69. Le fichier ENQUETE.TXT contient un identifiant et les réponses à 100 questions (Q1-Q100) posées lors d'une enquête.

Programme 3-69

```
DATA enquete;
   INFILE 'C:\intro_SAS\fichiers\enquete.txt';
   INPUT personne $ (q1-q100) ($);
   ARRAY ques{100} q1-q100;
      DO index=1 TO DIM(ques);
         IF MISSING(ques{index})=1 THEN DELETE;
      END;
RUN;
```

Nous créons une table dans laquelle restent uniquement les individus qui ont répondu à toutes les questions posées[39]. L'instruction ARRAY crée ici un tableau regroupant des variables existantes. On peut ensuite faire référence à l'une d'elles par sa position dans le tableau : QUES{1} va donc correspondre à la première variable du tableau, soit Q1, QUES{78} à la 78ᵉ variable du tableau, soit Q78.

---

39. Si les variables Q1-Q100 avaient été numériques, vous pouviez supprimer toutes les observations pour lequelles vous observez au moins une valeur manquante au moyen de l'instruction suivante : IF NMISS(OF Q1-Q100)>0 THEN DELETE ; La fonction NMISS qui vous renvoie le nombre de valeurs manquantes n'admet en argument que des variables numériques.

Nous utilisons ainsi, dans le programme 3-69, une boucle DO qui fait évoluer la valeur d'INDEX de 1 à 100 : pour obtenir le résultat souhaité, la boucle DO vous épargne ainsi l'écriture de 100 lignes :

```
IF MISSING(q1)=1 THEN DELETE;
IF MISSING(q2)=1 THEN DELETE;
```

Vous remarquez dans le programme 3-69 que la boucle DO va de 1 à DIM(QUES). La fonction DIM admet en argument le nom d'un tableau et renvoie le nombre de variables qu'il contient. Nous n'en avons pas vraiment besoin ici puisque nous connaissons sa dimension (100 variables). Cette fonction vous sera cependant utile lorsque vous définirez vos tableaux, par exemple au moyen de l'instruction suivante[40] :

```
ARRAY num{*} _NUMERIC_;
```

Pour les exemples suivants, nous allons utiliser la table CA_GL présente dans l'archive téléchargée depuis www.sas-sr.com. Elle contient des informations sur les chiffres d'affaires mensuels (variables CA1 à CA36) qu'ont réalisés pendant trois ans les 27 établissements d'une chaîne de magasins (variable MAGASIN). CA1 mesure le chiffre d'affaires le 1er mois d'observation, CA36 celui du dernier mois : les chiffres d'affaires sont donc présentés dans un ordre chronologique.

Le résultat 3-29 présente un extrait de cette table :

Résultat 3-29 (extrait)

Obs.	magasin	ca1	ca2	ca3	ca4	ca5	ca6	ca7	ca8
1	StaracVilleNouvelle	242.8	242.0	244.0	247.5	252.9	253.0	260.7	262.3
2	Larfeuille-les-Riflards	441.6	452.9	471.4	465.9	465.3	466.3	467.8	469.2
3	Vichebro	432.8	433.4	443.8	439.3	447.0	449.4	450.6	448.7

Nous souhaitons, dans un premier temps, connaître pour chaque magasin le mois au cours duquel on a observé le chiffre d'affaires le plus élevé. Sans les possibilités offertes par ARRAY, votre programme présenterait 36 instructions similaires à celles qui suivent :

```
IF ca1=MAX(OF ca1-ca36) THEN mois_max_ca=1;
IF ca2=MAX(OF ca1-ca36) THEN mois_max_ca=2;
etc.
```

Vous obtenez le même résultat avec un tableau.

Programme 3-70

```
LIBNAME lib "c:/intro_sas/fichiers";
DATA temp;
   SET lib.ca_gl;
   ARRAY ca{36};
```

---

40. Si votre tableau est multidimensionnel (voir section suivante), DIM1 vous donnera la valeur de la première dimension, DIM2 celle de la deuxième dimension, etc.

```
DO i=1 TO 36;
    IF ca{i}=MAX(OF ca{*}) THEN mois_max=i;
END;
RUN;
```

En argument de la fonction MAX, nous citons le tableau sous sa forme CA{*}. Vous pouvez en effet utiliser le nom d'un ARRAY comme une liste de variables, mais uniquement en argument de fonction ; c'est impossible dans une instruction KEEP ou DROP.

Nous souhaitons maintenant créer 35 nouvelles variables qui mesureront les taux de croissance mensuels des chiffres d'affaires. Sans les possibilités offertes par ARRAY, vous devriez écrire un programme composé de 35 instructions similaires :

```
txca2=(ca2-ca1)/ca1;
txca3=(ca3-ca2)/ca2;
etc.
```

Pour calculer ces 35 taux de croissance, il est bien entendu préférable d'utiliser les tableaux. Nous allons avoir besoin ici de deux ARRAY : le premier regroupera les 36 variables CA déjà dans la table, le second créera les 35 variables correspondant aux taux de croissance mensuels du chiffre d'affaires.

Programme 3-71

```
DATA temp;
    SET lib.ca_gl;
    ARRAY ca{36};
    ARRAY taux{2:36} tx2-tx36;
    DO index=2 TO 36;
        taux{index}=(ca{index}-ca{index-1})/ca{index-1};
    END;
RUN;
```

Le programme 3-71 présente la principale difficulté que vous rencontrerez lorsque vous rédigerez vos premiers codes mobilisant les ARRAY. Vous obtiendrez en effet très souvent le message suivant dans votre journal :

```
ERROR: Array subscript out of range at ligne 2293 colonne 7.
```

Ce message apparaît lorsque, dans votre programme, vous faites référence à un indice d'ARRAY qui n'existe pas. Le programme suivant retourne cette erreur :

Programme 3-72

```
DATA temp;
    SET lib.ca_gl;
    ARRAY ca{36};
    ARRAY taux{35} tx2-tx36;
    DO index=2 TO 36;
        taux{index}=(ca{index}-ca{index-1})/ca{index-1};
    END;
RUN;
```

Pour bien comprendre pourquoi ce programme ne fonctionne pas, plusieurs éléments doivent être précisés.

Si INDEX est égal à 2, soit la première valeur envisagée dans la boucle DO, l'équivalent de l'instruction présentée à l'intérieur de la boucle est :

```
Taux{2}=(ca{2}-ca{1})/ca{1};
```

TAUX{2} correspond à la seconde variable du tableau TAUX, soit TX3. CA{2} (resp. CA{1}) est la seconde (resp. première) variable du tableau CA, soit CA2 (resp. CA1). Pour INDEX égale à 2, vous allez donc calculer :

```
tx3=(ca2-ca1)/ca1;
```

TX3 devait normalement calculer le taux de croissance entre le deuxième et le troisième mois. Le calcul peut quand même être effectué, mais la valeur obtenue ne sera pas la bonne puisqu'elle aurait dû être associée à la variable TX2.

Que va-t-il se passer lorsqu'INDEX sera égale à 36 :

```
taux{36}=(ca{36}-ca{35})/ca{35};
```

TAUX{36} correspond à la 36e variable du tableau TAUX… qui n'en compte que 35. Il y a donc une erreur qui se traduit par le message du journal repris plus haut.

Dans le programme 3-71, nous avons déclaré le tableau TAUX comme suit :

```
ARRAY taux{2:36} tx2-tx36;
```

Ainsi, TAUX{2} est associée à la première variable de l'ARRAY (soit TX2) parce que 2 est dorénavant la borne basse du tableau. TAUX{36} sera alors bien associée à la 35e variable du tableau (soit TX36).

L'instruction ARRAY fautive dans le programme 3-72 est équivalente à la suivante :

```
ARRAY taux{1:35} tx2-tx36;
```

Dans ce cas, TAUX{2} est associée à la seconde variable de l'ARRAY (soit TX3) parce que la borne basse est égale à 1.

Dans la section suivante, nous étudierons les possibilités offertes par les tableaux multidimensionnels. Nous vous invitons à la passer si c'est votre première lecture de cet ouvrage. Revenez-y plus tard, lorsque vous aurez une bonne habitude de la programmation sous SAS et que vous aurez rédigé quelques programmes mobilisant l'outil ARRAY.

Exercice 3.22 – Modifiez le programme que vous avez écrit dans l'exercice EXAMEN.TXT (exercice 3.21, section 3.4.2.b) pour calculer les résultats par groupes de TD, en utilisant les boucles DO sur ARRAY.

Exercice 3.23 – À partir de la table créée par le programme 3-6, rédigez, en utilisant les ARRAY, le code pour obtenir une table identique à celle présentée au résultat 3-5.

Exercice 3.24 – À partir de la table CA_GL, construisez les 24 taux de croissance annuels glissants du chiffre d'affaires. Chaque taux de croissance devra être calculé en utilisant la formule suivante :

$$TXG_t = (CA_t - CA_{t-12})/CA_{t-12}$$

Exercice 3.25 – Parmi les fichiers de l'archive téléchargée depuis www.sas-sr.com, *vous trouverez une table appelée LESUN. Le résultat 3-30 en présente un extrait.*

Résultat 3-30 (Extrait)

Obs.	s1	s2	s3	s4	s5	s6	s7	s8	s9	s10	s11
1	1	1	1	1	1	1	1	1	1	1	3
2	1	1	1	1	2	1	3	1	4	4	2
3	1	1	1	3	2	1	1	4	1	2	1

Cette table contient 30 variables S1-S30.

- *Construisez une première variable qui vous indiquera le nombre de fois où vous observez la valeur 1 sur les 30 variables.*

- *Construisez une seconde variable qui vous indiquera le nombre de 1 consécutifs à partir du premier observé en S1. Pour la première observation, vous devez trouver 10, pour la seconde 4 et, pour la troisième, 3.*

c. Les tableaux multidimensionnels

Dans la section précédente, nous avons simplement indiqué que l'on pouvait déclarer un tableau multi-dimensionnel de la façon suivante :

```
ARRAY mult{3,12} ca1-ca36;
```

Il peut sembler compliqué de manipuler des tableaux à plusieurs dimensions, mais vous constaterez en fait assez souvent que vos dimensions « ont une signification », ce qui vous aidera dans votre programmation.

Ainsi, puisque, dans la table CA_GL, les chiffres d'affaires mensuels CA1-CA36 sont présentés dans l'ordre chronologique, en déclarant un tableau MULT{3,12}, nous demandons un partage de nos variables en 3 périodes de 12 mois : la variable associée à MULT{2,7} correspondra alors au chiffre d'affaires du 7e mois de la deuxième année, soit CA19. Le tableau 3-2 vous résume l'organisation des variables dans ce cas.

Tableau 3–2 Variables CA1-CA36 en cas de déclaration d'un tableau {3,12}

		Dimension 2 (mois)										
	1	**2**	**3**	**4**	**5**	**6**	**7**	**8**	**9**	**10**	**11**	**12**
1	CA1	CA2	CA3	CA4	CA5	CA6	CA7	CA8	CA9	CA10	CA11	CA12
2	CA13	CA14	CA15	CA16	CA17	CA18	CA19	CA20	CA21	CA22	CA23	CA24
3	CA25	CA26	CA27	CA28	CA29	CA30	CA31	CA32	CA33	CA34	CA35	CA36

(Dim. 1 (année))

Si maintenant, vous déclarez un tableau MULT{12,3}, vous partagerez vos variables en 12 périodes de 3 mois. La variable associée à MULT{7,2} correspondra au chiffre d'affaires du deuxième mois du 7e trimestre soit, une nouvelle fois, CA19.

Exercice 3-26 : Construisez le tableau équivalent au tableau 3-2 et qui vous présentera l'organisation des variables CA1-CA36 dans un tableau {12,3}.

Notre exemple permet d'envisager un tableau à trois dimensions :

```
ARRAY mult{3,2,6} ca1-ca36;
```

Nous demandons ici un partage en 3 années (première dimension), chaque année est partagée en 2 semestres (deuxième dimension) de 6 mois chacun (troisième dimension).

Les programmes 3-73 et 3-74 vous proposent un exemple d'application mobilisant un tableau multidimensionnel. Nous souhaitons, à partir de la table CA_GL, calculer des chiffres d'affaires annuels.

Programme 3-73	Programme 3-74

<pre>DATA temp;
  SET lib.ca_gl;
  ARRAY ca{3,12};
  ARRAY aca{3};
  DO annee=1 TO 3;
    aca{annee}=0;
    DO mois=1 TO 12;
      aca{annee}=aca{annee}+ca{annee,mois};
    END;
  END;
RUN;</pre>
	<pre>DATA temp;
	  SET lib.ca_gl;
	  ARRAY ca{3,12};
	  ARRAY aca{3};
	  DO annee=1 TO 3;
	    DO mois=1 TO 12;
	      aca{annee}=SUM(aca{annee},ca{annee,mois});
	    END;
	  END;
	RUN;</pre>

Les programmes 3-73 et 3-74 sont parfaitement équivalents. Nous créons un second tableau appelé ACA qui reprendra les chiffres d'affaires annuels. Interviennent ensuite deux boucles : la première porte sur l'année (première dimension du tableau), l'autre sur les mois (seconde dimension du tableau).

Lorsque SAS charge la première observation, pour ANNEE égale à 1, on fixe ACA{1} à 0, puis, au sein de la seconde boucle, on construit ACA{1} au moyen, dans le programme 3-73, de l'instruction suivante :

```
aca{annee}=aca{annee}+ca{annee,mois};
```

Pour MOIS égale à 1, la nouvelle valeur d'ACA{1} est égale à son ancienne valeur (soit 0)[41], à laquelle il faut ajouter CA{1,1}, le chiffre d'affaires du 1er mois de l'année 1. Lorsque MOIS sera égale à 12, on disposera du chiffre d'affaires annuel pour la première année. On remontera donc dans la boucle sur ANNEE pour construire ACA{2}, le chiffre d'affaires de la seconde année.

---

41. Vous devez ici comprendre pourquoi l'instruction ACA{ANNEE}=0 précède la seconde boucle. Sans elle, ACA{ANNEE} est forcément égale à valeur manquante. Lorsque MOIS est égale à 1, la nouvelle valeur d'ACA{ANNEE} sera égale à valeur manquante + chiffre d'affaires du premier mois et vous obtiendrez forcément valeur manquante.

Dans le programmes 3-74, on évite la phase d'initialisation à 0 des variables du tableau ACA en utilisant la fonction SUM. Nous avons souhaité présenter cette phase d'initialisation à 0 parce qu'elle est bien souvent nécessaire et qu'elle ne peut pas toujours être évitée.

Nous sommes pleinement conscients que la manipulation des ARRAY peut sembler très compliquée pour l'utilisateur peu expérimenté de SAS. Il s'agit cependant d'un outil extrêmement puissant, très souvent utilisé dans le monde professionnel. Si vous souhaitez plus d'exemples d'utilisation, n'hésitez pas à consulter la section *beaux mercredis* de www.sas-sr.com. Vous constaterez alors à quel point cet outil est couramment mobilisé.

Exercice 3.27 – Un tableau a été créé au moyen de l'instruction suivante :

```
ARRAY Y{3,3,5};
```

   1. *Combien de variables contient-il ?*

   2. *Quel est le nom de la variable qui correspond aux éléments {1,3,5}, {2,2,4} et {3,3,4} de ce tableau ?*

Exercice 3.28 – Modifiez le programme 3-73 pour calculer des chiffres d'affaires semestriels.

Exercice 3.29 – Modifiez le programme 3-73 pour calculer des chiffres d'affaires trimestriels.

Exercice 3.30 – Le programme 3-73, ainsi que vos réponses aux deux exercices précédents, n'est correct que parce que les variables CA1 à CA36 présentent les chiffres d'affaires mensuels dans leur ordre chronologique. Dans la table CA_GL2, les variables ont été organisées d'une autre manière : MA1 correspond au chiffre d'affaires du mois 1, année 1, MA2 à celui du mois 1, année 2, MA3 à celui du mois 1, année 3, MA4 à celui du mois 2, année 1, etc. À partir de cette table, créez à nouveau les variables qui mesureront les chiffres d'affaires annuels, semestriels et trimestriels.

Exercice 3.31 – Rédigez le programme qui, à partir de la table CA_GL, construit la table CA_GL2.

La difficulté des exercices proposés ici est croissante.

3.6 Donner une mémoire à SAS

Nous avons vu qu'en traitant les observations une par une, au moment d'en traiter une en particulier, SAS n'a aucun souvenir des précédentes (voir section 3.1.5). Il existe cependant certains éléments de programmation qui le forcent à conserver une trace des valeurs établies pour des observations déjà traitées. SAS est donc capable de « se souvenir ». Nous traiterons dans cette section de l'instruction RETAIN (section 3.6.1), des marqueurs FIRST. et LAST. (section 3.6.2) et des fonctions LAG et DIF (section 3.6.3).

3.6.1 L'instruction RETAIN

Cette instruction permet à SAS de se rappeler la modalité prise par une variable donnée pour une observation précédente. Elle modifie le fonctionnement par défaut de SAS en empêchant le RESET (voir section 3.1.5) qui met les variables créées lors du programme en valeur manquante au début de chaque exécution de celui-ci. Le programme 3-75 propose une première illustration.

Programme 3-75

```
DATA test;
   INPUT x @@;
CARDS;
1 2 3 4 5 6 7 8
;
DATA test2;
   SET test;
   RETAIN r1 r2 r3 0;
   IF x=5 THEN r2=2;
   r3=SUM(r3,x);
RUN;
```

Résultat 3-31

Obs.	x	r1	r2	r3
1	1	0	0	1
2	2	0	0	3
3	3	0	0	6
4	4	0	0	10
5	5	0	2	15
6	6	0	2	21
7	7	0	2	28
8	8	0	2	36

Lors de la seconde étape DATA, nous créons trois variables RETAIN au moyen de l'instruction suivante :

```
RETAIN r1 r2 r3 0;
```

Avec RETAIN, vous pouvez aussi donner une valeur initiale à ces variables : ici, avant la première exécution du programme sur la première observation, les variables R1, R2 et R3 ont toutes les trois zéro pour valeur initiale.

Aucune instruction dans le programme ne modifie la valeur de R1 : pour toutes les observations, elle garde donc pour modalité 0. Pour R2, on observe la modalité 0 pour les quatre premières observations. L'instruction :

```
IF x=5 THEN r2=2;
```

modifie la valeur de R2 pour X égale à 5. Pour les observations suivantes, la variable R2 restera égale à 2.

Pour définir R3, nous utilisons l'instruction suivante :

```
r3=SUM(r3,x);
```

La variable R3 est une somme cumulée de X. Si R3 n'avait pas été une variable RETAIN, pour chaque observation, et puisque SUM effectue une somme des valeurs non manquantes, elle aurait eu la même modalité que X. En effet, au début de chaque exécution, sans RETAIN, R3 est remise en valeur manquante dans le PDV en raison du RESET. Si, pour construire R3, nous utilisions l'instruction suivante :

```
r3=r3+x;
```

Et si R3 était de type RETAIN, alors on obtiendrait le résultat 3-31. Si R3 n'était pas de type RETAIN, elle serait valeur manquante pour toutes les observations de notre table.

Exercice 3.32 – Pourquoi ?

Pour le second exemple, nous disposons d'une table dans laquelle sont indiqués, dans une variable, les prénoms d'étudiants. Nous souhaitons créer une nouvelle variable LISTE dans laquelle tous ces prénoms apparaîtront séparés par un espace. Cette liste ne peut être construite que si la table est examinée en intégralité : elle apparaîtra donc forcément sur la dernière ligne d'une table construite à partir de celle de départ.

Programme 3-76

```
DATA test;
INPUT prenom $;
CARDS;
Léa
Frédéric
Subira
Luc
;
DATA test2 (KEEP=liste);
   SET test END=dernier;
   LENGTH liste $ 50;
   RETAIN liste;
   liste=CATX(" ",liste,prenom);
   IF dernier;
RUN;
```

Résultat 3-32

Obs.	prenom	liste
1	Léa	Léa
2	Frédéric	Léa Frédéric
3	Subira	Léa Frédéric Subira
4	Luc	Léa Frédéric Subira Luc

On obtient le résultat 3-32 en retirant l'option de table KEEP= de DATA, ainsi que l'instruction IF DERNIER. La variable LISTE est de type RETAIN : d'une observation à l'autre, SAS se souvient de la modalité donnée à la précédente et peut l'utiliser pour construire la modalité à donner à l'observation traitée dans le PDV : avant que l'instruction LISTE=CATX… n'intervienne par exemple pour Frédéric, LISTE est égale à Léa. La modalité est ensuite égale à Léa Frédéric et est conservée pour le traitement de la troisième observation.

En ce qui concerne la première observation, nous n'avons pas donné de valeur initiale à LISTE : la concaténation ordonnée par CATX relie donc 'valeur manquante' à Léa et donne Léa.

On pouvait donner une valeur initiale à la variable LISTE au moyen de l'instruction suivante :

```
RETAIN liste "Etudiant: ";
```

En l'occurrence, l'instruction LENGTH doit obligatoirement être présentée avant RETAIN (alors que ce n'était pas le cas lorsqu'aucune valeur initiale n'était attribuée à LISTE).

Exercice 3.33 – Pourquoi ?

Exercice 3.34 – Soit le programme suivant (à ne pas exécuter pour répondre à la question posée) :

```
DATA test;
   RETAIN x 1;
   DO i=1 TO 10;
      IF i=5 THEN x+1;
      OUTPUT;
   END;
RUN;
```

En fonction des modalités de I, quelle sera celle de X ?

Dans l'exercice 3.23, nous vous invitions à reprendre la table créée par le programme 3-6 pour rédiger, en utilisant des ARRAY, l'équivalent du programme 3-7 afin d'obtenir la table présentée au résultat 3-5. Nous allons présenter un troisième exemple dans cette section qui aura pour but de réaliser exactement la manœuvre inverse. Il s'agit d'obtenir le résultat 3-34 en partant de la table présentée par le résultat 3-33.

Résultat 3-33

Obs.	nom	annee	x
1	Albert	1	10
2	Albert	2	20
3	Albert	3	30
4	Albert	4	40
5	Albert	5	50
6	Robert	1	60
7	Robert	2	70
8	Robert	3	80
9	Robert	4	90
10	Robert	5	100

Résultat 3-34

Obs.	nom	annee1	annee2	annee3	annee4	annee5
1	Albert	10	20	30	40	50
2	Robert	60	70	80	90	100

Pour construire la première observation de la table présentée par le résultat 3-34, nous devons examiner les cinq premières observations de la table du résultat 3-33 et nous « souvenir », entre chaque observation, de ce que nous avons vu : nous avons donc besoin de RETAIN.

Programme 3-77

```
DATA test3;
   SET test2;
   RETAIN annee1-annee5;
   ARRAY an(5) annee1-annee5;
   an{annee}=x;
   IF annee=5 THEN OUTPUT;
   DROP x annee;
RUN;
```

Programme 3-78

```
DATA test3;
   SET test2;
   ARRAY an(5) annee1-annee5 (5*0);
   an{annee}=x;
   IF annee=5 THEN OUTPUT;
   DROP x annee;
RUN;
```

Les programmes 3-77 et 3-78 conduisent tous deux au résultat souhaité. Le premier pourrait vous surprendre parce qu'il ne présente pas de boucle DO comme tous les programmes de la section 3.5.5 qui mobilisent les tableaux de variables. Regardez de nouveau le résultat 3-33 et vous comprendrez très vite que, en raison de la présence de la variable ANNEE, nous n'en avons pas besoin.

Le programme 3-78 pourrait aussi vous surprendre puisqu'il ne contient pas l'instruction RETAIN, alors que nous savons que nous en avons besoin. En fait, et nous l'avons précisé dans la section 3.5.5, lorsque vous utilisez une instruction ARRAY pour créer de nouvelles variables, **si vous donnez des valeurs initiales à ces variables, alors elles sont de type RETAIN**. Ce programme, puisqu'il vous donne le résultat souhaité, vous le confirme.

Exercice 3.35 – Reprenez le programme 3-77 et construisez un tableau dans lequel vous présenterez le contenu du PDV après chaque exécution du programme sur chacune des observations de la table TEST2. Ce travail doit vous aider à comprendre exactement pourquoi vous obtenez la table présentée au résultat 3-34.

3.6.2 Les marqueurs FIRST. et LAST.

Nous avons vu que, dans l'instruction SET, via l'option END=, vous aviez la possibilité de marquer la dernière observation de la table (voir programme 3-56 pour un exemple d'application). Les marqueurs FIRST. et LAST. ont aussi pour but de marquer certaines observations de votre table. Si FIRST. vous donne la possibilité de « voir en arrière », LAST. offre à SAS des capacités « divinatoires ».

Programme 3-79

```
DATA test;
   INPUT prenom :$9.;
CARDS;
Mathilde
Frédéric
Subira
Frédéric
Subira
Subira
;

PROC SORT DATA=test;
   BY prenom;
RUN;

DATA test2;
   SET TEST;
   BY prenom;
   x1=first.prenom;
   x2=last.prenom;
RUN;
```

Résultat 3-35

Obs.	prenom	x1	x2
1	Frédéric	1	0
2	Frédéric	0	1
3	Mathilde	1	1
4	Subira	1	0
5	Subira	0	0
6	Subira	0	1

Les marqueurs ne sont pas des variables : ce ne sont que des informations sur les observations. Il est tout de même possible de les matérialiser et c'est l'objet de la seconde étape DATA du programme 3-79. Vous ne pouvez recourir à ces marqueurs, qui s'appliquent aux modalités d'une variable, que si votre table est elle-même triée (soit naturellement, soit au moyen d'un PROC SORT – voir section 3.7.1) en fonction de cette même variable. Pour utiliser les marqueurs FIRST. et LAST., vous devez aussi, au sein de l'étape DATA, rappeler la clé de tri via l'instruction BY. Si votre table n'est pas triée en fonction des variables BY indiquées dans l'étape DATA, elle ne sera pas construite et le journal affichera le message suivant :

```
ERROR: BY variables are not properly sorted on data set WORK.TEST.
```

Le marqueur FIRST. vaut 1 si c'est la première fois que SAS rencontre la modalité ; il vaut 0 sinon. Le marqueur LAST. vaut 1 si c'est la dernière fois qu'il voit la modalité (SAS semble donc regarder « en avant ») et 0 sinon. Vous devez donc à présent comprendre le résultat 3-35.

Les marqueurs FIRST. et LAST. vous offrent des possibilités très intéressantes. Le programme 3-80 propose une application simple.

Programme 3-80[42]

```
DATA test3;
   SET test;
   BY prenom;
   IF first.prenom THEN n=1;
   ELSE n+1;
   IF last.prenom;
RUN;
```

Résultat 3-36

Obs.	prenom	n
1	Frédéric	2
2	Mathilde	1
3	Subira	3

Le programme 3-80 calcule le nombre d'occurrences de chacune des modalités de PRENOM. Si SAS rencontre la modalité pour la première fois, N est égale à 1 ; si ce n'est pas le cas, N est augmentée de 1 et seules les observations qui correspondent à la dernière occurrence de chacune des modalités sont versées dans la table TEST3 créée par ce programme.

Exercice 3.36 – Le classeur Excel DIPLÔME.XLSX reprend un ensemble de notes obtenues par des étudiants au cours de leurs deux années de formation. Trois variables sont présentes dans ce fichier : le prénom de l'étudiant, l'année au cours de laquelle il a eu la note et la note proprement dite.

Vous n'utiliserez que des étapes DATA pour répondre aux questions de cet exercice.

1. Construisez une table à partir de ce fichier ; soit en l'important, soit en dupliquant la table à laquelle vous aurez au préalable accédé via un LIBNAME (voir section 2.7.3).

2. Quel est le nombre de notes obtenues par chaque étudiant au cours des deux années de formation ? Calculez une moyenne pour chaque étudiant sur les deux années.

3. Indiquez le nombre de notes obtenues par chaque étudiant pour chaque année et calculez une moyenne par année pour chaque étudiant.

4. Calculez une moyenne générale tous étudiants confondus, par année.

Si vous consultez au préalable la section 3.7.1, vous constaterez qu'il est possible de trier une table en fonction des valeurs prises par deux variables… Cela vous sera très utile puisque vous serez appelé, via cet exercice, à rédiger des programmes qui pourraient ressembler au suivant :

Programme 3-81

```
PROC SORT DATA=test;
   BY x1 x2;
RUN;
DATA test4;
   SET test;
   BY x1 x2;
   IF last.x2...
```

Dans le cas du programme 3-81, le marqueur LAST.X2 sera égal à 1 si, pour une certaine valeur de X1, c'est la dernière fois que vous rencontrez cette valeur de X2[43].

---

42. À la lecture de ce programme, vous devez comprendre que la condition IF FIRST.PRENOM THEN… est équivalente à IF FIRST.PRENOM=1 THEN…
IF LAST.PRENOM; équivaut à IF LAST.PRENOM=1 THEN OUTPUT;.

43. Vous trouverez des développements sur ce point dans la section *Suppléments* du site compagnon de cet ouvrage (www.sas-sr.com).

Exercice 3.37 – Le fichier élection2002.txt, sur quatre colonnes, donne les résultats du premier tour de l'élection présidentielle de 2002. La première variable est le département (codé en deux chiffres ou deux lettres), la deuxième est le département en toutes lettres, suivi du nom du candidat et enfin du pourcentage des votes exprimés pour ce candidat dans le département en question. Le séparateur de champs est le point-virgule.

1. À partir de ce fichier, créez une table SAS (révision).

2. Créez une seconde table qui indiquera, pour chaque candidat, les noms des trois départements dans lesquels il a réalisé les scores les plus importants, ainsi que ces scores.

3.6.3 Faire référence à des valeurs passées

Vous disposez de deux fonctions pour faire référence à des valeurs passées : DIFn et LAGn. La première calcule des différences d'ordre N et la seconde « retarde » une variable de N périodes.

Programme 3-82

```
DATA test2;
    SET test;
    l1=LAG(x);
    l2=LAG2(x);
    d1=DIF(x);
    d3=DIF3(x);
RUN;
```

Résultat 3-37

Obs.	annee	x	l1	l2	d1	d3
1	2006	34	.	.	.	.
2	2007	40	34	.	6	.
3	2008	38	40	34	-2	.
4	2009	41	38	40	3	7
5	2010	44	41	38	3	4
6	2011	44	44	41	0	6
7	2012	48	44	44	4	7
8	2013	47	48	44	-1	3
9	2014	49	47	48	2	5

On dispose au départ d'une table TEST qui contient les variables ANNEE et X. L1 est égale à la série X retardée d'une période (LAG équivaut à LAG1) et L2 à la série X retardée de deux périodes. En pratique, pour 2012, L1 est donc égale à la valeur de X en 2011 et L2 à celle de 2010.

Construite au moyen de la fonction DIF (équivalente à DIF1), la variable D1 est la différence d'ordre 1 sur X : pour 2012, D1 est égale à la différence entre la valeur X observée pour 2012 (48) et celle observée pour 2011 (44). D3 est une différence d'ordre 3 : pour 2012, D3 est la différence entre la valeur X observée en 2012 (48) et celle observée en 2009 (41), soit 7.

Vous observez dans le résultat 3-37 un certain nombre de valeurs manquantes : c'est tout à fait normal. Pour calculer L1, L2, D1 et D3 quand ANNEE vaut 2006, il faut des informations sur des années antérieures, absentes de la table.

Si vous avez compris le fonctionnement du PDV, vous devez vous dire que ces fonctions le modifient profondément puisqu'elles y demandent le maintien de modalités appartenant à des observations passées. Ces modifications seraient trop longues à préciser, mais veuillez noter qu'elles ont une conséquence importante : **vous ne devrez jamais utiliser ces fonctions dans des instructions du type :**

```
IF condition THEN y=LAG(x)
IF condition THEN y=... ; ELSE y=LAG(x);
```

Vous trouverez, dans la section *Suppléments* du site compagnon de cet ouvrage, des explications quant aux conséquences que pourraient avoir de telles instructions.

Si vous souhaitez calculer des moyennes glissantes, vous aurez aussi besoin de la fonction LAG. Pour vous le montrer, nous allons utiliser la table ACTIONSR[44] qui présente, pour l'année 2014, le cours d'une action fictive. Le programme 3-83 calcule, pour chaque date, une variable M5 égale à la moyenne des cours des cinq derniers jours.

Programme 3-83

```
DATA actionsr5;
    SET actionsr;
    courscum+cours;
    cum5=courscum-LAG5(courscum);
    m5=cum5/5;
RUN;
```

Programme 3-84

```
DATA actionsr5;
    SET actionsr;
    courscum+cours;
    m5=DIF5(courscum)/5;
RUN;
```

Résultat 3-38 (extrait)

Obs.	date	cours	courscum	cum5	m5
1	02/01/2014	49.8	49.8	.	.
2	03/01/2014	49.8	99.6	.	.
3	06/01/2014	50.6	150.2	.	.
4	07/01/2014	50.5	200.7	.	.
5	08/01/2014	50.9	251.6	.	.
6	09/01/2014	50.8	302.4	252.6	50.52
7	10/01/2014	51.5	353.9	254.3	50.86

La variable COURSCUM est la valeur cumulée des cours. Pour le 9 janvier 2014, $49.8 + 49.8 + 50.6 + 50.5 + 50.9 + 50.8$ donne 302.4. Nous construisons ensuite une variable CUM5 égale à la différence entre COURSCUM et la 5e valeur retardée de COURSCUM : CUM5 est donc égale à la somme des cinq derniers cours ($302.4 - 49.8 = 252.6$). Pour obtenir votre moyenne glissante (M5), vous n'avez plus qu'à diviser cette somme par cinq. Les programmes 3-83 et 3-84 sont parfaitement équivalents, mais le second est peut-être plus difficile à suivre…

Étant donnée la structure du programme, nous ne calculons pas le cours moyen des cinq derniers jours pour le 8 janvier, alors que nous disposons des informations nécessaires. Avant le RUN, ajoutez l'instruction suivante pour en disposer :

```
IF _N_=5 THEN m5=courscum/5;
```

---

44. La table sera présente dans la bibliothèque WORK après avoir exécuté le programme 6-1.

3.7 Trois procédures pour modifier vos tables

Nous présentons dans cette section trois procédures qui permettent de modifier vos tables : PROC SORT (section 3.7.1) qui offre la possibilité de trier vos tables, PROC RANK (section 3.7.2) qui permet d'ajouter des variables de rang construites à partir d'une ou plusieurs variables numériques et PROC TRANSPOSE (section 3.7.3) qui autorise la transposition des tables.

3.7.1 PROC SORT

La procédure PROC SORT trie une table en fonction des valeurs prises par au moins une variable. Nous y avons déjà eu recours, notamment dans les programmes 3-79 et 3-81.

Programme 3-85

```
PROC SORT DATA=test OUT=test2;
   BY ind DESCENDING x;
RUN;
```

Deux clés de tri sont précisées ici. Le tri est par défaut croissant, ou par ordre alphabétique si votre clé est une variable caractère. Dans le programme 3-85, la table est triée en fonction des modalités de IND dans un ordre ascendant, puis, à égalité de modalité pour IND, par modalité décroissante de X. PROC SORT présente plusieurs options qui peuvent se révéler utiles :

OUT=nom_de_table – Crée une nouvelle table triée – la table de départ n'est pas modifiée. Cette option, exploitée dans le programme 3-85, est à privilégier. Si vous ne l'utilisez pas, c'est la table citée par l'option DATA= qui sera triée.

TAGSORT – Option très utile si votre table est très volumineuse. SAS ne trie dans ce cas que les clés et le numéro de l'observation – il joindra ce pré-tri aux autres données ensuite. TAGSORT ne fait pas forcément gagner du temps, mais économise de la place sur le disque dur[45].

NODUPKEYS – Les observations en double (mêmes valeurs aux modalités de tri) sont effacées ; seule la première observation qui propose un certain jeu de valeurs aux variables de tri est conservée dans la table finale.

DUPOUT=nom_de_table – Enregistre dans la table spécifiée les observations dupliquées.

Depuis SAS 9.2, une nouvelle option très intéressante est proposée :

PRESORTED – SAS analyse votre table afin de voir si elle n'est pas déjà triée. Si elle ne l'est pas, le tri sera effectué. C'est une option intéressante quand les tables sont très volumineuses, car les procédures de tri sont très gourmandes en ressources – et il arrive souvent que l'on ait une table déjà triée.

---

45. OVERWRITE est une autre option possible pour économiser de la place sur le disque dur. Elle efface la table de départ avant que la table triée ne soit écrite. Toutefois, cette option étant extrêmement dangereuse, vous ne devez l'utiliser que si vous avez une copie de secours de votre table. Quand SAS trie une table, il conserve la table de départ : en cas de problème, vous ne perdez pas celle-ci. Avec OVERWRITE, en cas de problème, votre table est perdue.

Lorsque vous triez au moyen de PROC SORT, les informations sont ajoutées dans la zone descriptive de la table. Dans ce cas, un nouveau PROC SORT sur les mêmes clés ne sera pas exécuté et votre journal affichera le message suivant :

```
NOTE: Input data set is already sorted, no sorting done.
```

PRESORTED sera en revanche utile pour des tables « naturellement » triées, mais aussi sur celles créées à partir de tables triées, l'information quant au tri de la table source n'étant pas transmise aux tables créées.

➕ PROC SORT, au travers de son option SORTSEQ=, vous permet de paramétrer plus finement votre tri si l'ordre ASCII ne vous convient pas. Par défaut, voici l'ordre des caractères utilisé pour effectuer un tri sous Windows et Unix[46] :

```
Espace ! " # $ % & ' ( ) * + , - / 0 1 2 3 4 5 6 7 8 9 : ; < = > ? @ A B C D E F G H I J
K L M N O P Q R S T U V W X Y Z [ \ ] _ a b c d e f g h i j k l m n o p q r s t u v w x
y z { } ~ °
```

L'espace est le plus petit caractère. Les chiffres sont placés avant les majuscules qui, elles-mêmes, sont placées avant les minuscules. Le tri ASCII ne vous conviendra pas toujours et le résultat 3-39 vous présente un premier exemple :

Résultat 3-39

	Table de départ		Table triée ASCII		Tri souhaité	
Obs.	**prenom**	**Obs.**	**prenom**	**Obs.**	**prenom**
1	Zoé	1	Paul	1	jean
2	jean	2	Zoé	2	Paul
3	Paul	3	jean	3	pierre
4	pierre	4	pierre	4	Zoé

Notre objectif consiste à obtenir la table triée la plus à droite dans le résultat 3-39. Si vous utilisez un simple PROC SORT, les prénoms qui commencent par une majuscule sont classés en premier, puis viennent ceux qui débutent par une minuscule. Nous souhaitons un tri qui ne prenne pas en compte la casse des caractères (« a » < « B » < « c »). On obtient ce type de tri grâce au programme 3-86.

Programme 3-86

```
PROC SORT DATA=test OUT=test2 SORTSEQ=LINGUISTIC(STRENGTH=PRIMARY);
   BY prenom;
RUN;
```

---

46. Il s'agit ici de l'ordre ASCII pour Windows et SAS français. L'ordre ASCII (anglais) présenté dans l'aide SAS (entrée *PROC SORT Statement*) est légèrement différent.

Voici un second exemple :

Résultat 3-40

Table de départ			Table triée ASCII			TRI souhaité	
Obs.	rue		Obs.	rue		Obs.	rue
1	100 rue blanche		1	1 rue blanche		1	1 rue blanche
2	1 rue blanche		2	10 rue blanche		2	2 rue blanche
3	20 rue blanche		3	100 rue blanche		3	10 rue blanche
4	2 rue blanche		4	2 rue blanche		4	20 rue blanche
5	10 rue blanche		5	20 rue blanche		5	100 rue blanche

Puisque l'espace est le plus petit caractère et que les chiffres sont triés avant les majuscules puis les minuscules, le tri ASCII ne vous donnera pas le résultat escompté. Des chiffres saisis dans des variables caractères seront triés dans un ordre alphabétique et, dans ce cas, 1<10<100<2<20<200[47]. Si vous souhaitez que les chiffres qui apparaissent en début de modalités caractères soient considérés comme des chiffres (1<2<10<20<100<200), vous devez une nouvelle fois mobiliser l'option SORTSEQ=.

Programme 3-87

```
PROC SORT DATA=adresse OUT=adresse2 SORTSEQ=LINGUISTIC(NUMERIC_COLLATION=ON);
   BY rue;
RUN;
```

Toutes les options à votre disposition pour obtenir un tri particulier sont présentées dans l'aide SAS, entrée *PROC SORT Statement*.

N'hésitez pas non plus à consulter les articles suivants :

📖 MEBUST, Scott et BRIDGERS, Michael, « Creating order out of character chaos : collation capabilities of the SAS system », *Proceedings of the SAS Global Forum*, 2007, paper 297-2007
http://www2.sas.com/proceedings/forum2007/297-2007.pdf

📖 MORGAN, Derek, « PROC SORT (then and) NOW », *Proceedings of the Midwest SAS User Group Conference*, 2017, paper SA04
http://www.lexjansen.com/mwsug/2017/SA/MWSUG-2017-SA04.pdf

📖 STROUPE, Jane et JOLLEY, Linda, « Dear miss SAS®answers : a guide to sorting your data », *Proceedings of the SAS Global Forum*, 2010, paper 140-2010
http://support.sas.com/resources/papers/proceedings10/140-2010.pdf

📖 THEUWISSEN, Henri, « Don't waste too many ressources to get your data in a specific sequence », *Proceedings of the SAS Global Forum*, 2011, paper 242-2011
http://support.sas.com/resources/papers/proceedings11/242-2011.pdf

---

47. Pour comprendre ce résultat, dites-vous que si vous comparez 1 à 10, vous comparez en réalité 1 suivi d'un espace avec le caractère 1 suivi d'un 0. Ces chaînes sont triées « alphabétiquement » : à égalité de premier caractère, on regarde le deuxième, au besoin le troisième. Toutes les chaînes qui commencent par 1 sont donc forcément placées avant celles qui commencent par 2.

➕ 3.7.2 PROC RANK

PROC RANK a pour objet d'introduire dans les tables SAS des rangs sur au moins une variable numérique.

a. Principes

Afin d'illustrer les capacités de PROC RANK, nous partons de la table que vous avez construite si vous avez répondu à la question 2 de l'exercice 3.36 (sinon, vous pouvez exploiter la table DIPLOME2[48] de l'archive téléchargée depuis www.sas-sr.com). Dans cette table, les moyennes ont été arrondies à 0.1 près et seules les variables PRENOM, SEXE et MOYENNE subsistent.

Programme 3-88

```
PROC RANK DATA=diplome2
          OUT=diplome2b
          DESCENDING;
   VAR moyenne;
   RANKS rang;
RUN;

PROC RANK DATA=diplome2b
          OUT=diplome2b
          DESCENDING TIES=LOW;
   VAR moyenne;
   RANKS rang_ties_1;
RUN;

PROC SORT DATA=diplome2b;
   BY DESCENDING moyenne;
RUN;
```

Résultat 3-41 (extrait)

Obs.	Prenom	sexe	moyenne	rang	rang_ties_l
1	Frédéric	H	15.3	1.0	1
2	Carole	F	13.6	2.0	2
3	Amaury	H	13.3	3.0	3
4	Ghislaine	F	12.3	4.0	4
5	Maximilien	H	12.2	5.0	5
6	Iulia	F	12.1	6.0	6
7	Vienne	H	11.9	7.0	7
8	Mariette	F	11.0	8.0	8
9	Subira	F	10.9	9.0	9
10	Amin	H	10.7	10.5	10
11	Lazare	H	10.7	10.5	10
12	Costel	H	10.6	12.0	12

L'instruction VAR liste les variables sur lesquelles le rang doit être construit. Au moyen de l'instruction RANKS, vous donnez un nom à la variable qui reprendra les rangs calculés. **Sans RANKS, les rangs calculés remplaceront les modalités de la variable citée par l'instruction VAR.** Au sein de PROC RANK, DATA= indique la table sur laquelle vous souhaitez travailler et OUT= précise celle d'OUTPUT. Si vous ne spécifiez pas de table OUT, SAS créera automatiquement une table ayant pour nom DATAn[49]. Le premier PROC RANK ne modifie pas le contenu de DIPLOME2, mais vous constatez, avec le deuxième PROC RANK, qu'une table peut à la fois être table source et table OUTPUT. Nous utilisons l'option DESCENDING pour que la moyenne la plus élevée soit associée au rang 1.

---

48. Pour disposer d'une copie de la table DIPLOME2 dans votre bibliothèque WORK, exécutez le programme 6-1 (section 6.1.5).

49. Jusqu'à présent (et nous continuerons ainsi), nous avons toujours donné un nom aux tables créées. En réalité, cela n'est pas obligatoire. Prenez n'importe quel programme DATA vu jusqu'alors et retirez le nom de la table créée. Si vous exécutez le programme, vous constaterez dans le journal que SAS attribue automatiquement un nom à votre table, de la forme DATAn. Le N s'incrémente automatiquement : une table DATAn n'efface jamais une autre table DATAn existante.

L'option TIES= spécifie le mode de calcul du rang lorsque des valeurs identiques sont observées. Par défaut, il s'agit de TIES=MEAN. Ainsi, puisque Costel est n° 12 et Subira n° 9, Amin et Lazare doivent se partager les rangs 10 et 11 : ils auront tous les deux un rang égal à 10.5. Si TIES=LOW, Amin et Lazare auront tous deux le même rang : 10. Avec TIES=HIGH, ils auront tous deux le rang 11. Avec ces trois valeurs possibles de TIES, vos rangs seront forcément compris entre 1 et le nombre d'observations non manquantes de votre table (en l'absence d'égalité sur les modalités classées en dernier). Avec TIES=DENSE, les rangs augmentent au plus de un entre chaque observation consécutive et le maximum est donc égal au nombre de valeurs non manquantes distinctes.

Une procédure PROC RANK ne peut construire qu'un seul type de rang à la fois, mais vous disposez de plusieurs types. Vous pouvez ainsi présenter vos résultats sous la forme de pourcentages, via FRACTION ou NPLUS1 (pour des rangs compris entre 0 et 1), ou PERCENT (pour des rangs compris entre 0 et 100). Ils seront égaux aux rangs calculés avec les méthodes TIES, divisés par le nombre d'observations non manquantes de la table (FRACTION), ou augmentés de 1 (NPLUS1) pour TIES=HIGH/LOW/MEAN. Avec TIES=DENSE, le dénominateur est le nombre de valeurs non manquantes distinctes. Des rangs normalisés sont possibles (NORMAL=BLOM/TUKEY/VW), ainsi que des scores sur distributions exponentielles (SAVAGE)[50].

b. Des rangs par modalité de variable BY

Avec l'instruction BY, vous avez la possibilité de construire des rangs pour chaque modalité d'une variable de classification. Vous devrez alors obligatoirement trier au préalable la table en fonction de la variable BY.

Programme 3-89

```
PROC SORT DATA=diplome2;
   BY sexe DESCENDING moyenne;
RUN;

PROC RANK DATA=diplome2
          OUT=diplome2c
          DESCENDING TIES=LOW;
   BY sexe;
   VAR moyenne;
   RANKS r_sexe;
RUN;
```

Résultat 3-42 (extrait)

Obs.	Prenom	sexe	moyenne	r_sexe
1	Carole	F	13.6	1
2	Ghislaine	F	12.3	2
3	Iulia	F	12.1	3
⋮	⋮		⋮	⋮
13	Mathilde	F	5.5	13
14	Frédéric	H	15.3	1
15	Amaury	H	13.3	2
16	Maximilien	H	12.2	3

La procédure, demandant BY SEXE, doit nécessairement être exercée sur une table triée. C'est bien le cas ici : la table est triée en fonction de SEXE et de MOYENNE (cette seconde clé de tri sert essentiellement à présenter le résultat de façon plus compréhensible).

---

50. Voir l'aide SAS pour plus de détails sur ces différents types, entrée *PROC RANK Statement*.

c. Plusieurs rangs (sur plusieurs variables)

Si une procédure PROC RANK est limitée à un seul type de rang, vous pouvez en revanche créer plusieurs rangs en même temps, portant sur des variables différentes. Pour étudier cela, nous travaillons sur une table DIPLOME3 proche de celle que vous avez obtenue au point 3 de l'exercice 3.36.

Exercice 3.38 – En partant de la table construite dans l'exercice 3.36 (3e point), rédigez le programme qui conduira à la table DIPLOME3 utilisée dans le programme 3-90 (variables PRENOM, SEXE, MOY_2010 et MOY_2011). Arrondissez les moyennes à 0.1 près – vous pouvez aussi utiliser la table DIPLOME3 présente dans l'archive téléchargée sur www.sas-sr.com.

Programme 3-90

```
PROC RANK DATA=diplome3
          OUT=diplome3a
          DESCENDING
          TIES=LOW;
   VAR moy_2010 moy_2011;
   RANKS r_10 r_11;
RUN;

PROC SORT DATA=diplome3a;
   BY r_10;
RUN;
```

Résultat 3-43 (extrait)

Obs.	Prenom	sexe	moy_2010	moy_2011	r_10	r_11
1	Ghislaine	F	17.9	4.0	1	24
2	Vienne	H	16.1	9.7	2	15
3	Frédéric	H	15.8	14.4	3	2
4	Carole	F	14.7	6.5	4	20
5	Maximilien	H	14.7	8.9	4	17
6	Lazare	H	13.7	9.9	6	14

d. Le regroupement d'observations

Il nous faut évoquer une dernière option de PROC RANK : GROUP=n. Elle sert à construire une variable qui permettra par la suite de partitionner votre table en *n* parties comprenant normalement chacune autant d'observations. Si vous choisissez GROUP=4, les observations présentant une modalité inférieure au premier quartile auront une variable RANKS égale à 0 ; celles dont la modalité est comprise entre le premier quartile et la médiane auront une variable RANKS égale à 1, etc.

Programme 3-91

```
PROC RANK DATA=diplome2
          OUT=diplome2d
          GROUP=4;
   VAR moyenne;
   RANKS gr_4;
RUN;

PROC SORT DATA=diplome2d;
   BY moyenne;
RUN;
```

Résultat 3-44 (extrait)

Obs.	Prenom	sexe	moyenne	gr_4
1	Mathilde	F	5.5	0
⋮	⋮	⋮	⋮	⋮
6	Mohamed	H	7.2	0
7	Béatrice	F	7.6	1
⋮	⋮	⋮	⋮	⋮
12	Claudiu	H	10.1	1
13	Dumitru	H	10.2	2
⋮	⋮	⋮	⋮	⋮
19	Vienne	H	11.9	2
20	Iulia	F	12.1	3
⋮	⋮	⋮	⋮	⋮
25	Frédéric	H	15.3	3

Notre table contenant 25 observations, le partitionnement en 4 n'est pas aisé… Et vous remarquez que sept observations présentent une modalité de GR_4 égale à 2. Vous avez donc ici une première explication d'une possible inégalité d'effectifs pour les différentes modalités de ce type de variable. Vous aurez aussi des groupes inégaux si vos observations présentent des valeurs identiques aux percentiles forcés par la valeur donnée à GROUP=. Les observations qui présentent les mêmes modalités sont en effet obligatoirement associées à une même modalité de variable RANK.

3.7.3 PROC TRANSPOSE

PROC TRANSPOSE permet des transpositions de tables plus ou moins sophistiquées, qui nécessiteraient des étapes DATA relativement compliquées… Le programme 3-92 propose un exemple de transposition simple, illustrée à la figure 3-8 :

Programme 3-92

```
DATA client_T;
INPUT client :$10. annee ca com;
CARDS;
Frédéric 2009 650 10
Frédéric 2010 900 13
Mathilde 2009 1000 17
Mathilde 2010 1200 19
Mathilde 2011 1300 20
Subira 2010 800 11
;

PROC TRANSPOSE DATA=client_T
               OUT=res1;
RUN;
```

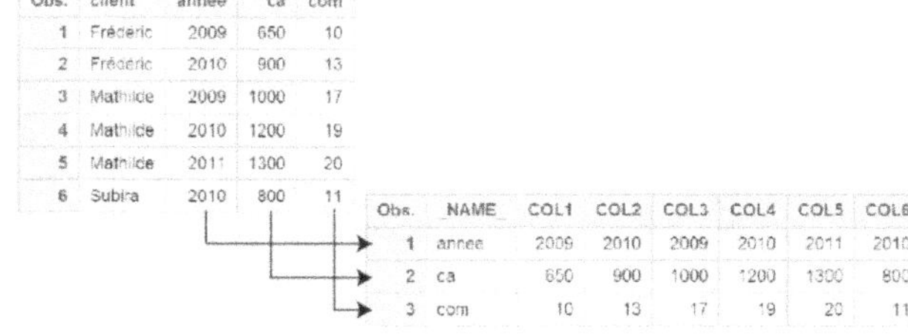

Figure 3–8 Transposition simple

À partir de la table indiquée après DATA=, PROC TRANSPOSE crée une nouvelle table dont vous spécifiez le nom au moyen de OUT=[51]. Dans ce cas de transposition simple, les variables caractères sont éliminées et les « colonnes » de la table DATA deviennent des « lignes » dans la table OUT (RES1 dans le cas présent). Les noms des variables dans la table de départ deviennent modalités de _NAME_. Les variables créées dans la table de résultats ont pour nom COL1-COLn (où n correspond au nombre d'observations de la table d'origine).

PROC TRANSPOSE présente un certain nombre d'options pour modifier ce résultat standard.

NAME= spécifie le nom de la variable qui reprend le nom des variables de la table d'origine (_NAME_ par défaut).

PREFIX= spécifie le préfixe à utiliser pour le nom des variables construites dans la table de destination (COL par défaut).

SUFFIX= spécifie le suffixe à utiliser pour le nom des variables construites dans la table de destination (pas de suffixe par défaut).

---

51. Si vous n'utilisez par l'option OUT=, la table créée s'appellera DATAn : voir section 3.7.2.a, ou l'aide SAS sur la dénomination automatique des tables – entrée *Automatic Naming Convention*.

Les modifications d'organisation des tables peuvent cependant être plus complexes (et c'est même là qu'elles deviennent intéressantes…).

PROC TRANSPOSE dispose de cinq instructions (BY, COPY, ID, IDLABEL et VAR). Nous allons en étudier l'effet à travers quelques exemples.

Programme 3-93

```
PROC SORT DATA=client_T;
   BY client;
RUN;

PROC TRANSPOSE DATA=client_T
               OUT=res2;
   BY client;
   VAR annee CA;
RUN;
```

Résultat 3-45

Obs.	client	_NAME_	COL1	COL2	COL3
1	Frédéric	annee	2009	2010	.
2	Frédéric	CA	650	900	.
3	Mathilde	annee	2009	2010	2011
4	Mathilde	CA	1000	1200	1300
5	Subira	annee	2010	.	.
6	Subira	CA	800	.	.

Avec le programme 3-93, nous effectuons une transposition BY. La table doit être préalablement triée en fonction des modalités de la variable BY. Le résultat affiche, pour chaque client, une première ligne qui reprend les modalités prises par ANNEE et une seconde pour les valeurs de CA. Au moyen de l'instruction VAR, nous indiquons que seules les variables ANNEE et CA sont à transposer.

Le résultat obtenu pourrait cependant être amélioré : en effet, on observe dans COL1 des modalités de CA pour 2009 (Frédéric et Mathilde), ainsi que des modalités pour 2010 (Subira). On pourrait souhaiter avoir dans COL1 uniquement des CA pour 2009, dans COL2 des CA pour 2010 et dans COL3 des CA pour 2011. Ce résultat est possible via l'instruction ID.

Programme 3-94

```
PROC TRANSPOSE DATA=client_T
               OUT=res3
               PREFIX=CA;
   BY client;
   ID annee;
   VAR annee CA;
RUN;
```

Résultat 3-46

Obs.	client	_NAME_	CA2009	CA2010	CA2011
1	Frédéric	annee	2009	2010	.
2	Frédéric	CA	650	900	.
3	Mathilde	annee	2009	2010	2011
4	Mathilde	CA	1000	1200	1300
5	Subira	annee	.	2010	.
6	Subira	CA	.	800	.

En principe, ID demande à créer autant de variables dans la table transposée que la variable ID a de modalités dans la table d'origine. Au besoin, le FORMAT appliqué à la modalité est exploité pour créer le nom de la variable. Si vous ne spécifiez qu'une variable ID, sans instruction BY, elle ne doit présenter que des modalités uniques (dans le cas contraire, une erreur dans le journal indiquera que votre table transposée n'a pas été construite). Si vous spécifiez une variable BY, chaque modalité de ID ne devra apparaître qu'une fois par modalité de cette variable. Si vous spécifiez plusieurs variables ID, ce sont les couples de modalités de ces variables qui ne devront apparaître qu'une fois. Sans l'option PREFIX= de PROC TRANSPOSE, les variables auraient eu pour nom _2009, _2010 et _2011. Vos variables BY seront de nouveau présentes dans la table transposée.

Au moyen de l'instruction VAR, vous listez les variables à transposer. Nous avons vu que, par défaut, toutes les variables numériques étaient transposées ; si vous souhaitez transposer une variable caractère, vous devrez impérativement l'indiquer au moyen de cette instruction.

Il est possible d'ajouter au programme 3-94 une instruction IDLABEL, suivie d'une variable dont les modalités seront reprises pour déterminer le LABEL (voir section 5.2) à associer aux variables de la table créée par PROC TRANSPOSE. Avec l'instruction suivante :

```
IDLABEL annee;
```

Les LABEL 2009, 2010 et 2011 seront respectivement attribués aux variables CA2009, CA2010 et CA2011. Vous constaterez aussi[52] que la variable _NAME_ est automatiquement associée au LABEL « NOM DE L'ANCIENNE VARIABLE ».

Le programme 3-95, sans instruction BY, doit vous aider à mieux comprendre l'effet de l'instruction ID.

Programme 3-95

```
PROC TRANSPOSE DATA=client_T
               OUT=res4;
   ID client annee;
RUN;
```

Résultat 3-47[53]

Obs.	_NAME_	Fr_d_ric2009	Fr_d_ric2010	Mathilde2009	Mathilde2010	Mathilde2011	Subira2010
1	CA	650	900	1000	1200	1300	800
2	com	10	13	17	19	20	11

C'est l'instruction ID qui permet ici de spécifier les variables à créer. Leurs noms sont composés d'une modalité de CLIENT (les caractères non autorisés dans les noms de variables sont remplacés par un tiret bas) et d'une modalité de la variable ANNEE. Vous observez donc dans la table transposée des variables CLIENTANNEE, ainsi que les modalités associées des variables CA et COM de la table d'origine.

Exercice 3.39 – Le programme 3-7 effectue une transposition au moyen d'une étape DATA. Réalisez cette même transposition en utilisant PROC TRANSPOSE. Transposez à nouveau votre table de façon à obtenir la table de départ.

Attention : la procédure PROC TRANSPOSE peut être très gourmande en ressources. Vous trouverez de nombreux articles qui vous présentent des programmations alternatives afin d'obtenir le résultat souhaité. Citons :

📖 TABACHNECK, Arthur S. *et al*, « A better way to flip (transpose) a SAS® dataset », *Proceedings of the SAS Global Forum*, 2013, paper 538-2013
http://support.sas.com/resources/papers/proceedings13/538-2013.pdf

📖 LI, Arthur X., « Sharpening your skills in reshaping data : PROC TRANSPOSE vs. array processing », *Proceedings of the SAS Global Forum*, 2013, paper 082-2013
http://support.sas.com/resources/papers/proceedings13/082-2013.pdf

Avant même de consulter ces articles, vous pourrez déjà optimiser vos programmes mobilisant PROC TRANSPOSE de la manière exposée par le programme suivant :

---

52. Via un PROC CONTENTS (voir section 5.1.1) ou un PROC PRINT mobilisant l'option LABEL (voir section 6.3).

53. Avec SAS Studio/UE/EG, si l'option globale VALIDVARNAME= a pour valeur ANY, vous aurez à la place de FR_D_RIC2009 et FR_D_RIC2010, des variables appelées FRÉDÉRIC2009 et FRÉDÉRIC2010.

Programme 3-96

```
PROC TRANSPOSE DATA=client_T(KEEP=client annee ca)
               OUT=res2;
   BY client;
   VAR annee CA;
RUN;
```

Immédiatement après le nom de la table à transposer, utilisez une option de table KEEP= et énumérez les variables ensuite citées par vos diverses instructions. Cette simple manœuvre entraîne un gain de temps tout à fait appréciable lorsque les dimensions de vos tables à transposer sont importantes.

Les articles suivants proposent de nombreux exemples qui vous permettront d'appréhender au mieux les capacités de PROC TRANSPOSE :

BOISVERT, Daniel et CHOWDHURY, Shafi, « Visualizing PROC TRANSPOSE », *Proceedings of the NorthEast SAS Users Group Conference*, 2007
http://www.lexjansen.com/nesug/nesug07/cc/cc03.pdf

LEIGHTON, Ralph W., « Some uses (and handy abuses) of PROC TRANSPOSE », *Proceedings of the 29th Annual SAS Users Group International Conference*, 2004, paper 267-29
http://www2.sas.com/proceedings/sugi29/267-29.pdf

STUELPNER, Janet, « PROC TRANSPOSE or how to turn it around », *Proceedings of the SouthEast SAS users group conference*, 2005, paper TU-12
http://analytics.ncsu.edu/sesug/2005/TU12_05.PDF

TILANUS, Erik W., « Turning the data around : PROC TRANSPOSE and alternative approaches », *Proceedings of the SAS Global Forum*, 2007, paper 046-2007
http://www2.sas.com/proceedings/forum2007/046-2007.pdf

ZIRBEL, Douglas, « Learn the basics of PROC TRANSPOSE », *Proceedings of the SAS Global Forum*, 2009, paper 060-2009
http://support.sas.com/resources/papers/proceedings09/060-2009.pdf

4

Combiner les tables SAS

Il se peut que les informations nécessaires pour mener votre analyse se trouvent dans plusieurs tables et que vous ayez à les réunir. En l'occurrence, trois cas typiques se présentent :

- Vous souhaitez ajouter des observations (de nouvelles lignes).
- Vous souhaitez ajouter des variables (de nouvelles colonnes).
- Vous souhaitez mettre à jour, modifier, certaines informations.

Il convient de bien savoir ce que vous voulez faire car, comme nous allons le montrer dans les sections qui suivent, le type de programmation à mettre en œuvre dépendra clairement de votre objectif. Nous présentons dans ce chapitre les instructions propres au langage SAS et qui permettent de combiner des tables : les instructions MERGE et UPDATE, ainsi que la procédure PROC APPEND. Nous approfondissons ensuite notre description de l'instruction SET.

Nous proposons dans la dernière section de ce chapitre des outils avancés de combinaison de tables, à mobiliser pour économiser vos ressources (et gagner du temps !) lorsque les tables comprennent quelques millions d'observations et quelques centaines, voire milliers de variables...

Nous n'abordons pas dans ce chapitre les instructions propres à PROC SQL servant à combiner des tables : elles nécessitent en effet au préalable quelques connaissances quant ce langage. Nous présenterons ce dernier dans le chapitre 9.

4.1 Concaténer des tables

Il existe plusieurs façons d'ajouter des observations à une table, chaque méthode ayant ses propres caractéristiques. Nous expliquerons dans cette section l'ajout d'observations au moyen d'une instruction SET impliquant deux tables[1] et de PROC APPEND. Cette dernière méthode ne peut être envisagée que si vos concaténations présentent des caractéristiques que nous préciserons ultérieurement.

4.1.1 Ajouter des observations avec un SET impliquant deux tables

L'ajout d'observations au moyen d'un SET impliquant deux tables est la manière la plus courante de procéder. Prenons un cas simple illustré par la figure 4-1 : vous souhaitez réunir deux tables possédant exactement la même structure – elles présentent les mêmes variables. Les variables de même nom sont du même type et constituent des mesures d'un même caractère ; les deux tables à réunir contiennent des observations différentes (pas de chevauchement). Dans ce cas, la procédure à suivre, présentée dans le programme 4-1, est simple.

Programme 4-1[2]

```
DATA ensemble;
    SET test1 test2;
RUN;
```

TEST1

Obs.	id	x1
1	1	A
2	2	B
3	3	C
4	4	D
5	5	E
6	6	F

TEST2

Obs.	id	x1
1	7	G
2	8	H
3	9	I
4	10	J

ENSEMBLE

Obs.	id	x1
1	1	A
2	2	B
3	3	C
4	4	D
5	5	E
6	6	F
7	7	G
8	8	H
9	9	I
10	10	J

Figure 4–1 Ajouter des observations avec SET

Que se passe-t-il si la table n'a pas la même structure ? Vous disposez d'une variable ID commune, mais la seconde variable, qui pourtant mesure la même chose dans les deux tables, se nomme X1 dans l'une et X2 dans l'autre. En relançant le programme 4-1, vous obtiendrez une table dont la structure est illustrée à la figure 4-2.

Pour résoudre ce problème et retrouver une table ENSEMBLE identique à celle présentée à la figure 4-1, vous devez procéder comme indiqué dans le programme 4-2.

---

1. Vous pouvez tout à fait indiquer un nombre de tables plus élevé ; cela ne pose aucune difficulté. Pour cet ouvrage, nous nous en tiendrons à la concaténation de deux tables.

2. Les programmes présentés dans ce chapitre n'indiquent pas toujours les phases de construction des tables nécessaires à leur exécution. Vous retrouverez ces programmes complets sur le site compagnon : www.sas-sr.com.

Programme 4-2

```
DATA ensemble;
     SET test1
         test2 (RENAME=(x2=x1));
RUN;
```

Programme 4-3

```
DATA ensemble2;
     SET test1 (RENAME=(id=ident))
         test2 (RENAME=(x2=x1 id=ident));
RUN;
```

Figure 4–2 Instruction SET – Variables non communes

Ce dernier demande à SAS de renommer la variable X2 en X1 (`RENAME=(ancien-nom=nouveau-nom)`) dans la table TEST2. Le programme 4-3 (résultat non reproduit) demande de renommer aussi la variable ID (IDENT) dans les deux tables.

Vous pouvez aussi demander, au moment de la réunion des deux tables, que les observations de l'une soient insérées dans la seconde en fonction de la valeur prise par une variable commune aux deux.

Pour réaliser ce type de réunion, il faut au préalable trier les deux tables en fonction de la variable commune (ID dans la figure 4-3). Le résultat obtenu dépend de l'ordre dans lequel les tables sont présentées dans l'instruction SET. Ainsi, le résultat de la figure 4-3 est obtenu via une instruction SET TEST1 TEST2.

Programme 4-4

```
PROC SORT DATA=test1
          PRESORTED;
    BY id;
RUN;

PROC SORT DATA=test2
          PRESORTED;
    BY id;
RUN;

DATA ensemble;
  SET test1 test2;
  BY id;
RUN;
```

Figure 4–3 Instructions SET et BY

SAS lit d'abord les informations de TEST1. Dans TEST2, si une observation contient le même identifiant, il la place à la suite de celle(s) de TEST1. Bien entendu, avec une instruction

SET TEST2 TEST1, le résultat différera un peu : pour une même valeur de ID, les observations en provenance de la table TEST2 seront présentées en premier.

Attention : il ne faut pas confondre un SET impliquant deux tables et les situations dans lesquelles votre programme présente deux instructions SET (voir figure 4-4). Les effets d'un tel programme peuvent sembler étranges a priori, mais ils deviennent évidents quand on a compris le fonctionnement du PDV.

Programme 4-5

```
DATA ensemble;
    SET test1;
    SET test2;
RUN;
```

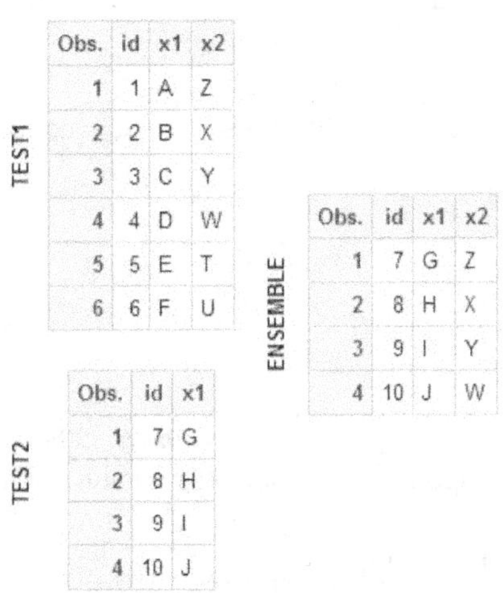

Figure 4–4 Deux instructions SET

Dans le cas décrit à la figure 4-4, le premier SET demande le chargement dans le PDV d'une observation (admettons `ID=1`, `X1='A'` et `X2='Z'`). La seconde instruction SET charge elle aussi la première observation de la table TEST2 : les valeurs de ID et X1 observées dans TEST1 sont donc remplacées par celles de TEST2, alors que la modalité de X2 n'est pas affectée. Il n'y aura que quatre observations dans la table ENSEMBLE : en effet, après la quatrième exécution, SAS constatera l'absence d'une cinquième observation dans la table TEST2. Cette absence lui indiquera qu'il doit clore le programme et, donc, la table ENSEMBLE[3].

Un SET impliquant deux tables fonctionne tout à fait différemment. En l'absence d'une instruction BY, les données de la table TEST1 transitent par le PDV jusqu'à ce que SAS constate qu'il a vu toutes les observations (il atteint le marqueur de fin de table dans TEST1). Puis SAS fait transiter les observations de la table TEST2 dans le PDV.

Avec ce dernier point, vous devez comprendre que combiner plusieurs tables via un SET peut utiliser beaucoup de ressources, car toutes les observations des tables citées vont transiter, les unes après les autres, par le PDV. Il est utile, dans certains cas, de combiner vos tables au moyen d'une procédure plus économe en ressources : PROC APPEND.

---

3. À la lecture de cet exemple, il ne faut cependant pas condamner définitivement les programmes SAS qui présenteraient deux instructions SET : nous montrerons dans le chapitre 6 (programme 6-6) que de tels codes conduisent parfois à des résultats particulièrement intéressants. Vous trouverez aussi deux instructions SET dans le programme 4-25 du présent chapitre.

4.1.2 PROC APPEND

PROC APPEND permet des concaténations verticales, à l'instar d'une instruction SET impliquant deux tables. Il existe cependant quelques particularités qu'il convient de bien saisir pour exploiter cette procédure de manière optimale.

La syntaxe de la procédure est très simple.

Programme 4-6

```
PROC APPEND BASE=maitre
            DATA=ajout <FORCE NOWARN>;
RUN;
```

PROC APPEND ajoute les observations contenues dans une table DATA (ici AJOUT – table de transactions) à celles contenues dans une table BASE (ici MAITRE – table principale). Vous noterez que :

- PROC APPEND ne peut réunir que deux tables à la fois (une table BASE à laquelle on « ajoute » une table DATA).
- Les observations de la table BASE ne sont pas lues (c'est en cela que cette procédure économise des ressources par rapport au SET impliquant deux tables).
- Vous ne pouvez pas modifier les informations de la partie descriptive de la table BASE.
- Vous n'avez besoin d'aucune option particulière si les structures (variables, types des variables, longueurs) des tables BASE et DATA sont parfaitement identiques ou si la table BASE contient plus de variables que la table DATA.
- PROC APPEND n'agit en principe que sur des tables existantes mais, si la table BASE n'existe pas, elle sera créée et aura les caractéristiques de la table DATA.

L'option FORCE permet les concaténations verticales entre deux tables dans les cas suivants :

- si DATA contient des variables absentes de BASE ;
- si DATA contient des variables qui portent un nom identique dans BASE, mais sont de type différent (caractère vs. numérique) ;
- si DATA contient des variables plus longues que les mêmes dans BASE.

Si, par exemple, la table ajoutée (DATA) contient des variables absentes de BASE, votre programmation sera rejetée et aucun ajout ne sera fait à votre table BASE. Les programmes 4-7 et 4-8 offrent deux solutions parfaitement équivalentes à ce problème – bien entendu, la variable Y, présente dans la table AJOUT mais absente de la table MAITRE, ne sera jamais ajoutée à la table BASE.

Programme 4-7

```
PROC APPEND BASE=maitre
            DATA=ajout (DROP=y);
RUN;
```

Programme 4-8

```
PROC APPEND BASE=maitre
            DATA=ajout FORCE;
RUN;
```

Les options DROP=, KEEP=, WHERE=, OBS= et FIRSTOBS=, à préciser entre parenthèses après le nom de la table, sont tout à fait possibles pour la table DATA. Il est cependant parfaitement inutile de préciser de telles options pour BASE puisque celle-ci n'est pas lue (elles ne provoqueront pas d'erreurs, mais seront ignorées).

Vous pouvez mobiliser l'option FORCE si une variable portant le même nom dans les deux tables est de type différent. Cependant, SAS ne les convertit pas automatiquement, comme le montrent le programme 4-9 et le résultat associé.

Programme 4-9	**Résultat 4-1**

```
DATA test1;
   INPUT id x1 $;
CARDS;
1 A
2 B
;

DATA test2;
   INPUT id $ x1 $;
CARDS;
9 I
10 J
;

PROC APPEND BASE=test1
            DATA=test2 FORCE;
RUN;
```

Obs.	id	x1
1	1	A
2	2	B
3	.	I
4	.	J

Si des différences dans la longueur d'enregistrement des variables apparaissent entre les deux tables, c'est la longueur indiquée dans BASE qui sera utilisée, puisque vous ne pouvez pas modifier les informations descriptives de cette table. L'option FORCE est nécessaire si la longueur dans DATA est supérieure à celle observée dans BASE. L'ordre dans lequel sont enregistrées les variables au sein de chaque table est en revanche sans importance.

PROC APPEND retourne de très nombreux avertissements dans la fenêtre *Journal*, même si vous utilisez l'option FORCE. Pour les éviter, vous pouvez employer l'option NOWARN.

Exercice 4.1 – Vous trouverez, dans l'archive téléchargée depuis le site compagnon de l'ouvrage, cinq paires de tables MICAxA et MICAxB. Réunissez-les une à une au moyen de SET impliquant deux tables et de PROC APPEND. Les tables A sont soit des tables BASE avec PROC APPEND, soit des tables à citer en premier avec un SET. Regardez les structures des tables à réunir et celle de la table finale ; expliquez vos résultats.

4.2 Fusionner des tables : MERGE

Prenons un cas dans lequel vous disposez de deux tables présentant des informations différentes pour de mêmes individus, à regrouper en une seule. La fusion des deux tables se fera en fonction d'au moins une variable commune appelée *clé*. On commence toujours par une procédure de tri des tables en fonction de la (les) clé(s). Si vous pensez que vos tables sont déjà naturellement triées, vérifiez-le cependant au moyen d'un PROC SORT mobilisant l'option PRESORTED (voir section 3.7.1).

L'instruction MERGE peut réaliser des fusions de type ONE TO ONE et ONE TO MANY, **mais pas de type MANY TO MANY** (voir figure 4-5).

Figure 4–5
ONE TO ONE, ONE TO MANY
et MANY TO MANY

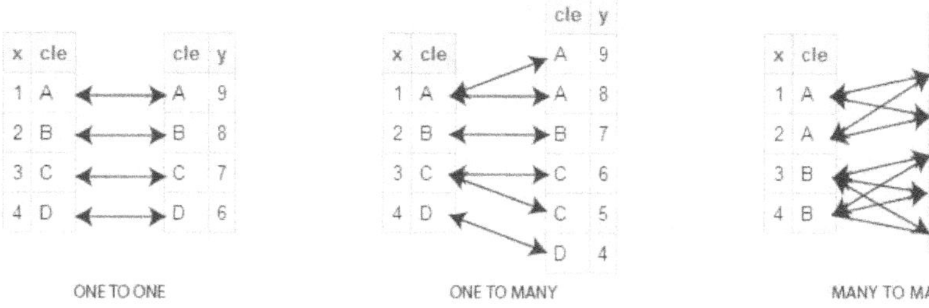

En cas de fusion ONE TO ONE, chaque modalité de la variable CLE est présente, au plus, une fois dans chacune des tables. Dans le cas ONE TO MANY, les modalités de CLE peuvent être dupliquées dans une des deux tables. Dans le cas MANY TO MANY, chaque modalité de CLE peut être dupliquée dans chacune des tables.

Si une fusion MANY TO MANY n'est pas réalisable avec MERGE, c'est essentiellement parce que cette instruction est avant tout liée à une étape DATA. Une union MANY TO MANY nécessite des « retours en arrière » sur des observations déjà passées par le PDV, impossibles avec une étape DATA.

Une fusion avec MERGE impliquant plus de deux tables est envisageable, mais il faut faire attention. Si vous souhaitez fusionner par exemple trois tables, les fusions ONE TO ONE TO ONE et ONE TO ONE TO MANY sont possibles, mais pas les fusions ONE TO MANY TO MANY. Nous reviendrons sur les fusions MANY TO MANY dans la section 4.2.5.c.

4.2.1 MERGE – Cas standard

Le cas standard est résumé par la figure 4-6. La fusion que nous souhaitons réaliser est de type ONE TO ONE : chaque modalité de la variable clé (ici AN) n'est présente au plus qu'une fois dans chacune des tables. Le programme 4-10 précise la démarche que **vous devez scrupuleusement suivre** pour réaliser cette fusion.

	TEST1	
Obs.	an	x1
1	2002	A
2	2004	B
3	2005	C
4	2006	D
5	2007	E
6	2008	F

	TEST2	
Obs.	an	x2
1	2003	1
2	2005	2
3	2007	3
4	2008	4

	ENSEMBLE		
Obs.	an	x1	x2
1	2002	A	.
2	2003		1
3	2004	B	
4	2005	C	2
5	2006	D	.
6	2007	E	3
7	2008	F	4

Figure 4–6 MERGE – Cas standard

Programme 4-10

```
PROC SORT DATA=test1
          PRESORTED;
   BY an;
RUN;

PROC SORT DATA=test2
          PRESORTED;
   BY an;
RUN;

DATA ensemble;
   MERGE test1 test2;
   BY an;
RUN;
```

Il n'est pas possible d'effectuer une fusion avec MERGE si vos tables ne sont pas triées au préalable en fonction de la variable clé commune, ici AN. À la suite de ces tris, la table ENSEMBLE, résultat d'un MERGE entre TEST1 et TEST2, est créée. `BY AN` indique à SAS qu'il doit apparier les informations des deux tables en fonction des modalités prises par la variable clé.

Exercice 4.2 – Créez deux tables au moyen des fichiers TAILLE.TXT et CHEVEUX.TXT. Dans chacun des deux fichiers, le premier champ saisit l'identifiant de l'individu et le second indique la taille (fichier TAILLE.TXT) ou la couleur des cheveux (CHEVEUX.TXT). Réunissez les deux tables ainsi créées.

Si vous oubliez un élément de la programmation, vous risquez de rencontrer de sévères problèmes :

- **Premier cas.** Tout programme contenant un BY doit travailler sur des tables triées au préalable. Si vous oubliez de trier en fonction de vos identifiants : SAS ne réalisera pas le MERGE. Vous aurez dans la fenêtre *Journal* le message suivant :

```
ERROR: BY variables are not properly sorted on data set WORK.TEST1.
```

- **Second cas.** Vous n'incluez pas d'instruction BY dans le programme. SAS réalisera quand même le MERGE, mais vous aurez une probabilité relativement élevée d'obtenir n'importe quoi. Sans instruction BY, MERGE demande à SAS de mettre deux tables « l'une à côté de l'autre ».

Nous reprenons le cas des tables de la figure 4-6 en plaçant les données de la table TEST1 sur un fond gris afin de vous aider à comprendre, dans la table ENSEMBLE, l'origine de chaque modalité.

Figure 4–7
MERGE et oubli
de l'instruction BY

TEST1

Obs.	an	x1
1	2002	A
2	2004	B
3	2005	C
4	2006	D
5	2007	E
6	2008	F

TEST2

Obs.	an	x2
1	2003	1
2	2005	2
3	2007	3
4	2008	4

ENSEMBLE

Obs.	an	x1	x2
1	2003	A	1
2	2005	B	2
3	2007	C	3
4	2008	D	4
5	2007	E	
6	2008	F	

Obtenir un résultat exact sans indiquer de variable BY est possible **uniquement** si, dans les deux tables, vous retrouvez les mêmes individus (ou périodes) dans le même ordre.

Si cette condition n'est pas respectée, le MERGE sera effectué mais le résultat sera toujours hasardeux. Dans le cas de la figure 4-7, la variable AN de la table ENSEMBLE a pour modalité :

- pour les quatre premières observations, les modalités observées dans TEST2 ;
- pour les deux dernières observations, les deux dernières modalités observées dans TEST1.

Les modalités d'AN de TEST1 ont certes été valeurs d'AN dans la table ENSEMBLE, mais uniquement de façon transitoire – celles de TEST2 sont venues « recouvrir » les valeurs initiales.

4.2.2 Clés multiples

Une fusion avec clés multiples correspond à une situation dans laquelle vous devez citer plusieurs variables à la suite de l'instruction BY (voir figure 4-8).

TEST1

Obs.	an	mois	x1
1	2012	1	A
2	2012	2	B
3	2012	3	C
4	2013	1	D
5	2013	2	E
6	2013	3	F

TEST2

Obs.	an	mois	x2
1	2012	1	W
2	2012	2	X
3	2013	1	Y
4	2013	3	Z

ENSEMBLE

Obs.	an	mois	x1	x2
1	2012	1	A	W
2	2012	2	B	X
3	2012	3	C	
4	2013	1	D	Y
5	2013	2	E	
6	2013	3	F	Z

Figure 4–8 MERGE – Présence de clés multiples

Programme 4-11

```
PROC SORT DATA=test1
          PRESORTED;
   BY an mois;
RUN;

PROC SORT DATA=test2
          PRESORTED;
   BY an mois;
RUN;

DATA ensemble;
   MERGE test1 test2;
   BY an mois;
RUN;
```

Bien entendu, vos deux tables devront être triées en fonction des deux variables clés (AN et MOIS dans notre cas). L'instruction BY de l'étape DATA réalisant la fusion devra rappeler, elle aussi, les deux variables clés, dans le même ordre que dans les PROC SORT.

Exercice 4.3 – Vous travaillerez pour cet exercice sur les données des fichiers MAGA1.TXT et MAGA2.TXT. Ils contiennent quatre variables :

Structure du fichier MAGA1.TXT : jours – mois – année – X1

Structure du fichier MAGA2.TXT : jours – mois – année – X2

Créez deux tables au moyen de ces fichiers puis réunissez-les, sachant que vous n'avez pas le droit d'utiliser la fonction MDY.

Pour réaliser cet exercice, vous devrez spécifier plusieurs clés (puisque vous n'avez pas le droit d'utiliser MDY…). Vous constaterez ensuite, si vos observations vous semblent triées étrangement, que vous devez approfondir vos connaissances sur le fonctionnement de PROC SORT…

4.2.3 MERGE ONE TO MANY

Ce type d'union, illustré à la figure 4-9, ne pose aucune difficulté.

Figure 4–9
MERGE – Fusion ONE TO MANY

TEST1

Obs.	an	x1
1	2012	A
2	2012	B
3	2012	C
4	2012	D
5	2013	E
6	2013	F

TEST2

Obs.	an	x2
1	2012	Y
2	2013	Z

ENSEMBLE

Obs.	an	x1	x2
1	2012	A	Y
2	2012	B	Y
3	2012	C	Y
4	2012	D	Y
5	2013	E	Z
6	2013	F	Z

Les modalités de AN sont dupliquées dans la table TEST1 et n'apparaissent qu'une fois dans la table TEST2. Au terme de la fusion, les modalités de X2 (table TEST2) sont reproduites pour chaque année (variable clé).

Exercice 4.4 – Vous travaillerez pour cet exercice sur les données des fichiers EMPLOYE.TXT et ETABLISSEMENT.TXT. Le premier contient des informations sur les salariés qui travaillent dans divers établissements d'une même entreprise. Vous devez intégrer à la table des salariés les informations relatives aux établissements.

Structure du fichier employe.txt : nom – X1 – X2 – établissement.

Structure du fichier ETABLISSEMENT.TXT : établissement – E1 – E2.

Créez les deux tables, puis réunissez-les.

4.2.4 Un outil pratique avec MERGE : les marqueurs IN

Nous avons vu qu'il était possible de marquer certaines observations au moyen de marqueurs : END= pour la dernière observation d'une table, FIRST. et LAST. pour indiquer dans une table triée si une modalité est observée pour la première ou la dernière fois. Les marqueurs de contribution, créés avec l'option de table IN=, saisissent quant à eux l'origine de l'observation dans une table qui vient d'être créée via un MERGE. Attention, les marqueurs ne sont pas des variables « comme les autres » : il s'agit de variables temporaires qui dispensent des informations mobilisables dans le programme qui commande le MERGE ; une fois le programme terminé, elles disparaîtront.

Comme dans la section 3.6.2 consacrée aux marqueurs FIRST. et LAST., nous proposons un premier programme dans lequel nous allons matérialiser ces marqueurs.

Programme 4-12

```
DATA test1;
   INPUT an x1 $;
CARDS;
2002 A
2003 B
2004 C
2006 D
2007 E
2008 F
;

DATA test2;
   INPUT an x2;
CARDS;
2001 1
2003 3
2004 4
2006 6
;

DATA test3;
   MERGE test1 (IN=a) test2 (IN=b);
   BY an;
   orig_test1=a;
   orig_test2=b;
RUN;
```

Résultat 4-2

Obs.	an	x1	x2	orig_test1	orig_test2
1	2001		1	0	1
2	2002	A	.	1	0
3	2003	B	3	1	1
4	2004	C	4	1	1
5	2006	D	6	1	1
6	2007	E	.	1	0
7	2008	F	.	1	0

Aucune procédure de tri n'apparaît dans notre programme parce que les tables TEST1 et TEST2 sont naturellement triées en fonction de AN.

Si SAS a utilisé une observation de TEST1 pour construire une certaine observation dans la table fusionnée, alors le marqueur IN associé vaut 1 (et 0 sinon). Il en va de même si SAS a utilisé une observation de TEST2 : le marqueur IN associé vaudra ici aussi 1.

Les marqueurs ont ici été utilisés pour construire deux variables ORIG_TEST1 et ORIG_TEST2 : la lecture du résultat 4-2 indique que, pour construire les observations 3, 4 et 5, SAS a mobilisé des observations en provenance des deux tables. Pour construire les observations 2, 6 et 7, le progiciel a seulement utilisé des observations de TEST1. Enfin, l'observation 1 a TEST2 pour unique origine.

Ces marqueurs sont particulièrement utiles pour contrôler l'origine des observations que l'on souhaite voir arriver dans la ou les table(s) créée(s) au moyen de MERGE (programme 4-13).

Programme 4-13

```
DATA double simple test2_up;
   MERGE test1 (IN=a) test2 (IN=b);
   BY an;
   IF a AND b THEN OUTPUT double;
            ELSE OUTPUT simple;
   IF b=1 THEN OUTPUT test2_up;
RUN;
```

Résultat 4-3 (table DOUBLE)

Obs.	an	x1	x2
1	2003	B	3
2	2004	C	4
3	2006	D	6

Résultat 4-4 (table SIMPLE)

Obs.	an	x1	x2
1	2001		1
2	2002	A	
3	2007	E	
4	2008	F	

Résultat 4-5 (table TEST2_UP)

Obs.	an	x1	x2
1	2001		1
2	2003	B	3
3	2004	C	4
4	2006	D	6

Le programme 4-13 crée trois tables : une première (DOUBLE) qui ne comprend que les observations pour lesquelles les modalités de AN sont présentes dans TEST1 **et** dans TEST2, une deuxième (SIMPLE) qui contient uniquement les observations pour lesquelles les modalités de AN ne sont présentes que dans une seule table et une troisième (TEST2_UP) qui n'inclut que les observations qui ont pour origine la table TEST2.

À la lecture de ce programme, vous devez bien comprendre que les conditions suivantes sont parfaitement équivalentes :

```
IF a AND b THEN...
IF a=1 AND b=1 THEN ...
```

Exercice 4.5 – Les fichiers SCORES1.TXT et SCORES2.TXT contiennent, pour un ensemble d'individus, les notes obtenues à l'examen d'« économétrie » (scores1) et celles obtenues à l'examen de « statistiques non paramétriques » (scores2). Créez deux tables à partir de ces fichiers TXT. Vous devez ensuite en créer deux autres : dans la première, vous inclurez uniquement les étudiants qui ont eu une note aux deux examens ; dans la seconde doivent se retrouver les individus qui n'ont passé qu'un examen sur les deux.

Structure du fichier SCORES1.TXT : identifiant – note.

Structure du fichier SCORES2.TXT : identifiant – note.

4.2.5 Quelques sources de problèmes avec MERGE

Nous n'avons jusqu'à présent évoqué que des cas d'école. Or, dans la réalité, les situations sont généralement un peu plus compliquées. Les difficultés que vous pouvez rencontrer sont de plusieurs ordres. Retenez déjà que vos programmes de fusion devront être aussi simples que possible : ils doivent se limiter aux instructions vues dans les sections précédentes.

a. Des programmes de fusion aussi simples que possible !

Une première difficulté risque d'apparaître si, au cours de votre étape DATA, vous écrivez d'autres instructions que celles propres à la fusion. Un simple IF peut créer de gros problèmes, comme le prouve le programme 4-14 exécuté sur les données présentées à la figure 4-10.

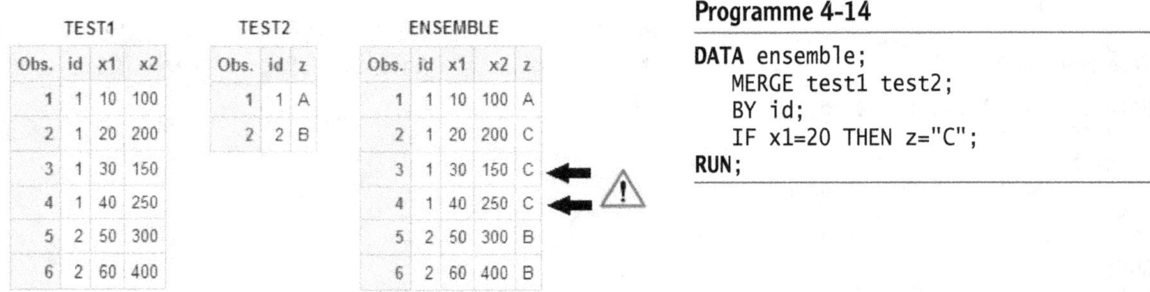

Programme 4-14

```
DATA ensemble;
    MERGE test1 test2;
    BY id;
    IF x1=20 THEN z="C";
RUN;
```

Figure 4–10 MERGE – Insertion d'une instruction IF

Nous souhaitions modifier la modalité de la variable Z dans le cas où X1 était égale à 20, mais la valeur se trouve aussi modifiée pour X1 égale à 30 et 40. Dans la section *Suppléments* du site compagnon de cet ouvrage, vous trouverez des explications complètes sur l'obtention de ce résultat intégralement lié au fonctionnement de SAS et au RETAIN automatique des variables présentes dans les tables en INPUT (ici TEST1 et TEST2).

Retenez que, pour éviter ce genre de difficulté (qui ne donne lieu à aucun message particulier dans la fenêtre *Journal*), vous êtes invité, lorsque vous fusionnez deux tables, à ne présenter dans votre programme **aucune autre instruction que celles nécessaires à votre fusion**.

Vous pourriez aussi rencontrer des difficultés avec vos programmes de fusion si vous deviez faire intervenir une option de table WHERE= sur une des tables à fusionner.

Programme 4-15

```
DATA ensemble;
   MERGE test1(WHERE=(x2=100))
         test2;
   BY id;
RUN;
```

Figure 4–11
MERGE et option de table
WHERE=

TEST1

Obs.	id	x1	x2
1	1	10	100
2	2	20	200
3	3	30	150
4	4	40	250

TEST2

Obs.	id	z
1	1	A
2	1	B
3	2	C
4	3	D
5	4	E

ENSEMBLE

Obs.	id	x1	x2	z
1	1	10	100	A
2	1	10	100	B
3	2	.	.	C
4	3	.	.	D
5	4	.	.	E

Résultat souhaité

Obs.	id	x1	x2	z
1	1	10	100	A
2	1	10	100	B

C'est, ici aussi, le fonctionnement de SAS qui explique le résultat de la figure 4-11 : l'option de table WHERE=, telle qu'elle est placée ici, conditionne l'entrée dans le PDV d'une observation en provenance de TEST1. Cependant, même si elle ne satisfait pas la condition énoncée par WHERE=, le programme est exécuté. Il donne ainsi lieu à la production d'une observation dans la table ENSEMBLE, grâce à des informations en provenance de TEST2. Pour obtenir le résultat souhaité, l'option de table WHERE= doit impérativement être présentée dans l'instruction DATA[4] :

```
DATA ensemble(WHERE=(x2=100));
```

Une instruction WHERE n'est pas non plus possible ici : dans un programme DATA/MERGE, les instructions WHERE ne peuvent porter que sur les variables communes aux deux tables à fusionner. Dans notre cas, cette instruction ne peut porter que sur la variable ID.

Si l'option de table WHERE= risque de créer des difficultés quand elle est associée à une table citée par l'instruction MERGE, les options de table DROP=, KEEP= et RENAME= ne posent, elles, aucun problème.

b. Les problèmes de recouvrement

Une deuxième source de difficultés réside dans la présence, dans vos deux tables, de variables portant exactement le même nom, mais que vous ne pouvez considérer comme des clés de réunion. Puisqu'il ne peut y avoir qu'une variable avec un certain nom dans une table SAS, si vous n'intervenez pas avant de fusionner vos deux tables, il y aura recouvrement et vous perdrez de l'information (programme 4-16, exécuté sur les données présentées à la figure 4-12).

TEST1

Obs.	id	x1	x2
1	1	10	100
2	2	15	200
3	3	20	150
4	4	25	250

TEST2

Obs.	id	z1	x2
1	1	60	12
2	2	55	12
3	3	40	11
4	4	45	14

ENSEMBLE

Obs.	id	x1	x2	z1
1	1	10	12	60
2	2	15	12	55
3	3	20	11	40
4	4	25	14	45

Figure 4–12 MERGE – Le recouvrement

Programme 4-16

```
DATA ensemble;
    MERGE test1 test2;
    BY id;
RUN;
```

4. Contrairement aux options de table WHERE= qui conditionnent habituellement l'entrée dans le PDV parce qu'elles interviennent après le nom d'une table SET, l'option de table WHERE= utilisée ici conditionne la sortie du PDV.

L'exécution du programme 4-16 ne donne lieu à aucun message particulier dans la fenêtre *Journal* lorsque les variables communes aux deux tables sont de même type. En revanche, si ce n'est pas le cas, vous obtiendrez le message suivant :

```
ERROR: Variable x has been defined as both character and numeric.
```

Les variables X2 présentes dans les deux tables mesurent des éléments différents, mais, dans votre table ENSEMBLE, ne subsiste que celle en provenance de TEST2 : vous avez « perdu » une variable.

Pour résoudre le problème, vous devez bien entendu passer soit par l'option de table RENAME=, soit par une option de table DROP= si une des deux variables ne vous intéresse finalement pas.

Une autre difficulté peut provenir de votre clé de fusion elle-même. Vous devinez déjà que celle-ci doit porter un nom identique dans chacune des tables. Elle doit aussi être de même type (numérique ou caractère) et, si elle est caractère, de longueur identique dans les deux tables.

Si, dans la première table citée par MERGE, la longueur de la variable clé – caractère – est inférieure à celle de la clé de la seconde table, vous lirez le message suivant :

```
WARNING: Multiple lengths were specified for the variable x by input
         data set(s). This can cause truncation of data.
```

Intervertissez alors l'ordre des tables et le message disparaîtra.

Exercice 4.6 – Pourquoi cette affirmation est-elle vraie ?

c. MANY TO MANY : que faire ?

L'instruction MERGE ne permet pas de fusionner correctement deux tables dans lesquelles les modalités de la variable clé sont dupliquées. Si vous demandez une telle fusion, une table sera malgré tout créée, mais vous n'aurez pas pour autant un résultat correct. En guise de démonstration, nous exécutons le programme 4-17 sur les données présentées à la figure 4-13.

Programme 4-17

```
DATA ensemble;
   MERGE test1 test2;
   BY cle;
RUN;
```

Figure 4–13
MERGE – Fusion
MANY TO MANY

TEST1

Obs.	cle	x
1	A	1
2	A	2
3	B	3
4	B	4

TEST2

Obs.	cle	y
1	A	9
2	A	8
3	B	7

ENSEMBLE

Obs.	cle	x	y
1	A	1	9
2	A	2	8
3	B	3	7
4	B	4	7

Résultat souhaité

Obs.	cle	x	y
1	A	1	9
2	A	1	8
3	A	2	9
4	A	2	8
5	B	3	7
6	B	4	7

La table ENSEMBLE obtenue est loin de ressembler à celle que l'on doit obtenir si l'on effectue une fusion de type MANY TO MANY : les deux observations pour lesquelles CLE vaut A dans la table TEST1, associées aux deux observations pour lesquelles on observe cette même modalité dans la table TEST2, doivent en effet générer quatre observations.

Si vous tentez ce type de fusion avec MERGE, vous obtiendrez le message suivant dans votre journal :

```
NOTE: MERGE statement has more than one data set with repeats of BY values.
```

Lorsque vous lisez ce message, demandez-vous tout d'abord si vous avez réellement besoin d'une telle fusion. N'avez-vous pas commis une erreur en ne spécifiant pas correctement la clé de fusion entre vos deux tables ? Nous reprenons à la figure 4-14 les données utilisées lors de notre examen des fusions à clés multiples.

Figure 4–14
MERGE – Fusion
MANY TO MANY due à une
mauvaise spécification des clés

TEST1

Obs.	an	mois	x1
1	2012	1	A
2	2012	2	B
3	2012	3	C
4	2013	1	D
5	2013	2	E
6	2013	3	F

TEST2

Obs.	an	mois	x2
1	2012	1	W
2	2012	2	X
3	2013	1	Y
4	2013	3	Z

ENSEMBLE

Obs.	an	mois	x1	x2
1	2012	1	A	W
2	2012	2	B	X
3	2012	3	C	X
4	2013	1	D	Y
5	2013	3	E	Z
6	2013	3	F	Z

```
NOTE: MERGE statement has more than one data set with
      repeats of BY values.
```

Le programme qui fusionne les deux tables TEST1 et TEST2 aurait dû spécifier deux clés : AN et MOIS. En ne spécifiant qu'une des deux variables, vous obtiendrez dans votre fenêtre *Journal* le message vous indiquant que vous avez tenté une fusion MANY TO MANY.

Il est aussi tout à fait possible que, dans l'une de vos tables, des modalités de la clé soient répétées parce que vos observations sont dupliquées. Dans ce cas, il faut d'abord éliminer les doublons de la variable BY avec l'option NODUPKEYS de PROC SORT (voir section 3.7.1).

Plus simplement, si votre clé n'est pas renseignée pour toutes les observations des deux tables, le même message s'affichera dans votre journal. Les clés de fusion doivent impérativement être renseignées pour toutes les observations : si ce n'est pas le cas, c'est généralement que vos tables ont été mal construites… Reprenez les programmes qui les ont construites et n'effacez les observations pour lesquelles les clés sont manquantes que si vous êtes absolument certain que c'est justifié.

Enfin, si vous devez réellement réaliser une fusion MANY TO MANY, nous vous donnons rendez-vous au chapitre 9 dans lequel nous traitons de PROC SQL…

Ⓐ 4.3 Mettre à jour une table : UPDATE

L'instruction UPDATE met à jour une table principale avec les données d'une table de transactions. Ces mises à jour autorisent des modifications de modalités, l'ajout de nouvelles observations et de nouvelles variables dans la table principale.

Nous illustrons les possibilités de l'instruction UPDATE au moyen des tables créées à partir des fichiers UPDATEMASTER.TXT et UPDATEMAJ.TXT :

Résultat 4-6

MASTER

Obs.	numm	mois	ca
1	1	janvier	30
2	2	février	35
3	3	mars	37
4	4	avril	35
5	5	mai	39
6	6	juin	40
7	7	juillet	36

MAJ

Obs.	numm	mois	ca	x
1	5	mai	.	A
2	6	juin	39	A
3	7	juillet	38	A
4	8	août	41	A

Pour mettre à jour la table MASTER avec les informations contenues dans MAJ, nous suivons la procédure présentée par le programme 4-18.

Programme 4-18

```
PROC SORT DATA=master;
   BY numm;
RUN;

PROC SORT DATA=maj;
   BY numm;
RUN;

DATA master2;
   UPDATE master maj;
   BY numm;
RUN;
```

Résultat 4-7 (table MASTER2)

Obs.	numm	mois	ca	x
1	1	janvier	30	
2	2	février	35	
3	3	mars	37	
4	4	avril	35	
5	5	mai	39	A
6	6	juin	39	A
7	7	juillet	38	A
8	8	août	41	A

L'instruction UPDATE MASTER MAJ demande de mettre à jour la table principale (MASTER) avec les informations contenues dans la table de transactions (MAJ). L'ordre dans lequel vos tables sont citées est donc extrêmement important. Afin que SAS apparie correctement les données, vous devez lui indiquer la variable clé via BY. Vous êtes invité à demander des mises à jour uniquement sur les tables dans lesquelles les modalités de la clé ne sont pas dupliquées (voir plus bas). L'instruction BY est obligatoire : il est donc indispensable que vos tables soient triées.

À la lecture du résultat, vous constatez que SAS :

- n'a pas effacé le CA du mois de mai (valeur manquante dans la table MAJ) ;
- a modifié les saisies des mois de juin et juillet ;
- a ajouté les données relatives au mois d'août qui n'apparaissaient pas dans la table initiale ;
- a ajouté la variable X de la table de transactions.

Bien que cela ne s'impose pas dans le cas présent, vous pouvez demander, avec l'option UPDATEMODE=, que les valeurs manquantes apparaissant dans la table de transactions remplacent les modalités de la table principale :

```
UPDATE master maj UPDATEMODE=NOMISSINGCHECK;
```

Les valeurs manquantes spéciales que vous auriez pu spécifier au moyen de l'instruction globale MISSING (voir section 2.5.1) dans la table de transactions s'imposeront cependant, quelle que soit la valeur prise par cette option (égale à MISSINGCHECK par défaut).

Nous vous avons invité à ne pas utiliser UPDATE lorsque des modalités de la clé sont dupliquées dans vos tables. En effet :

- Si les modalités de la clé sont dupliquées dans la table principale, seule la première occurrence sera traitée par la mise à jour.
- Si les modalités de la clé sont dupliquées dans la table de transactions, seule la dernière occurrence apparaîtra dans la table actualisée.

Exercice 4.7 – Vous travaillerez sur les données des fichiers MASTER.TXT, MAJ-A.TXT et MAJ-B.TXT.

Une entreprise dispose de deux établissements A et B, dont elle suit les résultats sur deux variables X1 et X2 dans le fichier MASTER. Les comptables des deux établissements vous font parvenir des données pour mettre MASTER à jour.

Structure du fichier MASTER.TXT : année – établissement – X1 – X2.

Structure du fichier MAJ-A.TXT (informations relatives à l'établissement A) : année – X1 – X2.

Structure du fichier MAJ-B.TXT (informations relatives à l'établissement B) : année – X1 – X2.

Créez les trois tables puis réalisez cette mise à jour – les choses sont moins simples qu'il n'y paraît…

4.4 Techniques avancées de fusion de tables

Au cours de la section 4.2.5, nous avons attiré votre attention sur les difficultés que vous pourriez rencontrer en rédigeant vos premiers programmes de fusion de tables. Il nous faut maintenant évoquer un second ensemble de difficultés, non pas liées à des problèmes de programmation ou de données, mais au fait que vous aurez très souvent à manipuler des tables gigantesques comprenant quelques millions d'observations et quelques centaines, voire milliers, de variables.

Vous pourrez toujours appliquer les techniques de programmation évoquées depuis le début de ce chapitre, mais elles seront quelquefois synonymes d'une consommation très importante de ressources, au premier rang desquelles le facteur temps jouera un grand rôle. Cette section vous présente deux techniques avancées de fusion de tables, dont la maîtrise demande une bonne connaissance de SAS. Nous vous invitons à passer cette section si c'est votre première lecture de cet ouvrage.

Si vous êtes particulièrement intéressé par la problématique des fusions de tables, vous pouvez consulter l'ouvrage suivant, très complet :

📖 BURLEW, Michelle M., *Combining and modifying SAS data sets : examples, second edition*, Cary, NC : SAS Institute Inc., 332 pages, ISBN#978-1-59047-920-9, novembre 2009.

4.4.1 Une utilisation inattendue des FORMAT

Imaginons le cas suivant : vous disposez d'une table très importante (GIGA) et d'une autre plus petite (MINI), contenant simplement des identifiants (variable ID) d'observations que vous souhaitez extraire de GIGA.

Pour ce faire[5], vous pourriez rédiger le programme 4-19 grâce aux outils présentés précédemment :

Programme 4-19

```
PROC SORT DATA=giga;
   BY id;
RUN;

PROC SORT DATA=mini;
   BY id;
RUN;

DATA extrait;
   MERGE giga mini(IN=in1);
   BY id;
   IF in1;
RUN;
```

Programme 4-20

```
DATA mini2;
   SET mini;
   RETAIN fmtname "sel"
          type "C"
          label "*";
   RENAME id=start;
RUN;

PROC SORT DATA=mini2 NODUPKEY;
   BY start;
RUN;

PROC FORMAT CNTLIN=mini2;
RUN;

DATA extrait;
   SET giga(WHERE=(PUT(id,$sel.)="*"));
RUN;
```

Le programme 4-19 est consommateur de ressources puisqu'il implique le tri de la table GIGA puis, lors de l'étape DATA de fusion, le passage par le PDV de l'intégralité de cette table. Le programme 4-20 vous propose une approche alternative, nettement plus économe en ressources.

Nous modifions dans un premier temps la table MINI pour ensuite créer un FORMAT (sections 2.6.6.b et 5.3.5). Pour cela, nous renommons START la variable ID et nous créons les variables FMTNAME, TYPE, LABEL au moyen d'une instruction RETAIN : il s'agit là d'une technique efficace de programmation puisque la programmation alternative :

---

5. Les tables GIGA et MINI sont présentes dans votre bibliothèque WORK si vous avez exécuté le programme 6-1.

```
fmtname="sel";
type="C";
label="*";
```

implique, pour chaque observation, l'exécution de trois instructions. L'instruction RETAIN ne sera, elle, exécutée qu'une fois, immédiatement après la phase de compilation.

Le PROC SORT exécuté ensuite n'a qu'un objectif : éliminer les doublons. Nous ne pouvons pas créer de FORMAT si, au sein de la table MINI2, une même valeur de START apparaît plusieurs fois. L'instruction PROC FORMAT crée le FORMAT. Nous créons ensuite la table EXTRAIT et utilisons à cet effet une option de table WHERE= sur la table GIGA.

```
SET giga(WHERE=(PUT(id,$sel.)="*"));
```

De la table GIGA, nous ne faisons transiter par le PDV que les observations pour lesquelles la modalité de ID présentée avec le FORMAT construit précédemment donne *.

Le résultat du programme 4-20 est exactement identique à celui du programme 4-19 (sauf en ce qui concerne l'ordre des observations). La table GIGA n'a cependant pas été triée et toutes les observations qu'elle contient n'ont pas transité par le PDV : vous avez économisé des ressources (et surtout du temps).

4.4.2 Les tables de hachage

Depuis SAS 9, vous avez la possibilité d'utiliser des tables de hachage au sein de vos étapes DATA. Partez de l'idée qu'une table de hachage ressemble à une table SAS qui serait présente « en mémoire ». C'est une différence importante par rapport à celles que nous manipulons habituellement puisque, si vous avez compris le fonctionnement du PDV, ce que SAS sait d'une table au cours de l'exécution d'un programme se limite à ce dont il dispose, à un moment très précis, dans le PDV, à savoir une observation à la fois. Lorsque la table est en mémoire, SAS peut accéder à n'importe quelle observation lors de n'importe quelle exécution du programme.

Les applications des tables de hachage sont très nombreuses, mais nous ne souhaitons ici proposer qu'une introduction à la programmation *hash* appliquée à des problématiques de fusion de tables. Si vous souhaitez approfondir le sujet, nous vous invitons à consulter l'ouvrage suivant :

BURLEW, Michelle M., *SAS hash object programming made easy*, Cary, NC : SAS Institute Inc, 208 pages, ISBN#978-1-60764-801-7, septembre 2012.

Au sein d'une table de hachage, les variables peuvent avoir deux statuts :

- Clés (KEY) : il s'agira là des variables dont nous nous servirons pour effectuer nos fusions. Si vous avez une variable KEY, chaque modalité ne sera présente qu'une seule fois (pas de doublons) dans votre table de hachage. Si vous avez deux variables KEY, c'est chaque paire de modalités qui sera unique (nous reviendrons sur ce point).
- Données (DATA) : il s'agira là d'informations que nous restituerons sans intervention particulière.

Une table de hachage est définie au cours d'une étape DATA et n'existera que pour la durée de cette étape. Nous ne traiterons dans cette section que de cas pour lesquels nous placerons une table SAS dans une table de hachage. Retenez cependant que vous avez la possibilité de peupler une table de hachage en spécifiant vous-même les données que vous souhaitez y voir.

La table de hachage étant en mémoire, il conviendra qu'elle prenne le moins de place possible : vous devrez systématiquement limiter les observations et les variables à y placer à celles dont vous aurez besoin. Une table d'un million d'observations et de 40 variables ne pose pas de difficultés, mais si votre table devient trop importante, vous pourriez recevoir dans votre journal le message suivant, qui se passe de tout commentaire :

```
ERROR: Hash object added 917488 items when memory failure occurred.
FATAL: Insufficient memory to execute DATA step program.
       Aborted during the EXECUTION phase.
ERROR: The SAS System stopped processing this step because of
       insufficient memory.
```

La construction des tables de hachage s'effectue au moyen d'outils de programmation particuliers, appelés **méthodes**. Celles-ci sont à appliquer à un *hash object* (table de hachage dans les exemples développés ici). Les méthodes admettent des **arguments** qui vont prendre des **valeurs**. La figure 4-15 résume ces points de terminologie.

Figure 4–15
Terminologie des
méthodes Hash

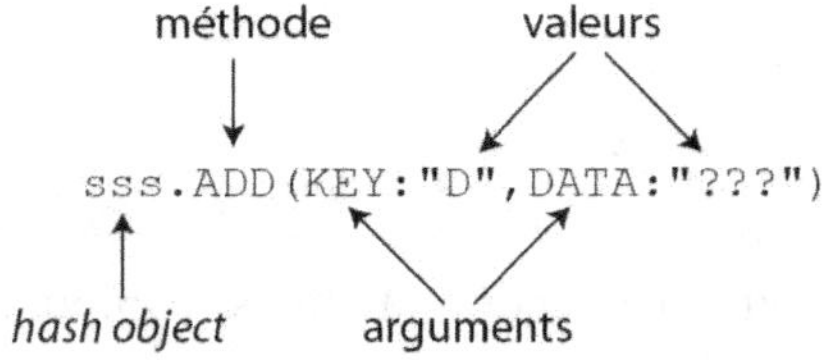

Le nom du *hash object* (que vous définissez) est séparé de celui de la méthode par un point. Les arguments sont ensuite présentés entre parenthèses – s'il n'y en a pas, vous devez tout de même faire suivre la méthode d'une paire de parenthèses. Argument et valeur sont séparés par le signe « : » ; les valeurs sont généralement présentées entre quotes (simples ou doubles). Vous devez mettre une virgule entre deux paires `argument:"valeur"`.

a. La sélection d'observations au moyen d'une table de hachage

Reprenons le cas des tables GIGA et MINI (voir section 4.4.1). La construction de la table EXTRAIT2 est effectuée au moyen du programme 4-21.

Programme 4-21

```
DATA extrait2;
   IF _N_=1 THEN DO;
      DECLARE HASH m(dataset: "work.mini");
         m.DEFINEKEY('id');
         m.DEFINEDONE();
   END;
   SET giga;
   IF m.FIND()=0 THEN OUTPUT;
RUN;
```

Les observations de la table MINI (ID des observations de GIGA que l'on souhaite conserver) sont placées dans une table de hachage. Celle-ci doit être construite avant que les données de GIGA n'arrivent dans le PDV, non pas lors de la compilation du programme, mais lors de la première exécution (`IF _N_=1`).

La construction de la table de hachage M débute par une instruction DECLARE HASH. L'argument qui suit, présenté entre parenthèses, indique que nous peuplons la table de hachage au moyen d'une table SAS (DATASET:) – dont nous indiquons ensuite le nom entre quotes. Si vous devez mobiliser les options de table habituelles de sélection d'observations (WHERE=), de sélection de variables (KEEP=, DROP=) ainsi que RENAME=, elles doivent apparaître, entre parenthèses, à l'intérieur des quotes.

```
DECLARE HASH
      m(dataset: "work.mini(where=(condition) keep=variables)");
```

Il faut ensuite définir le statut des variables présentes dans la table de hachage. ID, unique variable de la table de hachage est ici une clé (KEY) : nous souhaitons en effet rapprocher les valeurs de ID dans la table de hachage avec celles observées dans la table GIGA. La déclaration des variables KEY se fait au moyen d'une instruction qui reprend le nom de la table de hachage suivi d'un point et de la méthode DEFINEKEY. Les variables sont ensuite présentées entre quotes et entre parenthèses, séparées par des virgules :

```
m.DEFINEKEY('id1','id2');
```

La méthode DEFINEDONE clôt l'étape de construction de la table de hachage et vous observez ensuite notre habituelle instruction SET.

L'instruction suivante est alors présentée :

```
IF m.FIND()=0 THEN OUTPUT;
```

La méthode FIND demande à SAS de retrouver dans la table de hachage M une valeur de clé (ID) identique à celle actuellement traitée dans le PDV. FIND renvoie 0 si cette valeur est trouvée et une autre valeur sinon. C'est le simple appel à FIND qui effectue l'appariement. Aucun tri n'est nécessaire et, même si toutes les observations de la table GIGA transitent par le PDV, le passage par une table de hachage offre des gains de traitement très appréciables.

Vous trouverez sur www.sas-sr.com une comparaison des temps d'exécution des différentes méthodes exposées dans ce chapitre pour extraire un sous-échantillon d'une table plus importante. Les temps d'exécution vont du simple au… quintuple.

b. La fusion de tables

Nous allons utiliser, pour ce second exemple, les données des tables HTEST1 et HTEST2 reproduites au résultat 4-8[6].

---

6. Si vous avez exécuté le programme 6-1, vous disposez des tables utilisées pour cette section dans votre bibliothèque de travail WORK (voir section 6.1.5).

Résultat 4-8

	HTEST1				HTEST2		
Obs.	an	x1		Obs.	an	x2	x3
1	2012	A		1	2011	1	Z
2	2011	E		2	2012	6	W
3	2012	H		3	2014	4	X
4	2009	D		4	2013	3	Y
5	2014	C					
6	2010	F					
7	2014	G					
8	2013	B					

Pour fusionner ces deux tables, nous allons transférer les données de HTEST2 dans une table de hachage. La variable KEY sera AN ; chaque modalité y est unique, au contraire de la table HTEST1 :

Programme 4-22

```
DATA htest3;
   LENGTH x2 8 x3 $ 8;
   IF _n_=1 THEN DO;
      DECLARE HASH toto(DATASET:"work.htest2");
         toto.DEFINEKEY("an");
         toto.DEFINEDATA("x2","x3");
         toto.DEFINEDONE();
      CALL MISSING (x2,x3);
   END;

   SET htest1;
   rc=toto.FIND(KEY:an);
RUN;
```

Résultat 4-9

Obs.	x2	x3	an	x1	rc
1	6	W	2012	A	0
2	1	Z	2011	E	0
3	6	W	2012	H	0
4	.		2009	D	160038
5	4	X	2014	C	0
6	.		2010	F	160038
7	4	X	2014	G	0
8	3	Y	2013	B	0

La fusion entre les deux tables s'effectue en plusieurs étapes distinctes.

Le programme 4-22 construit une table appelée HTEST3, ce qui implique la construction d'un PDV au cours de l'étape de compilation (voir section 3.1). Il est indispensable de donner à SAS, via LENGTH, les informations nécessaires à la structuration du PDV concernant les variables qui vont arriver au moyen de la table de hachage. Nous n'en avions pas besoin dans notre premier exemple puisqu'aucune variable de la table de hachage ne se retrouvait dans la table produite.

Comme dans notre premier exemple, la table de hachage est construite dès la première exécution du programme. La variable AN est la clé. Nous utilisons la méthode DEFINEDATA pour indiquer que les autres variables sont DATA.

Vous constatez ensuite la présence de la routine CALL MISSING, qui demande la mise en valeur manquante, dans le PDV, de toutes les variables citées ensuite entre parenthèses et qui proviennent de la table de hachage. Ce travail s'effectue automatiquement lors d'une étape DATA normale[7] au moment de l'initialisation de l'exécution (voir section 3.1).

Vient ensuite notre habituelle instruction SET. Cette dernière cite la table HTEST1.

Nous demandons enfin la création d'une variable RC (pour Return Code) au moyen de l'instruction :

```
rc=toto.FIND(KEY:an);
```

Nous reviendrons sur cette variable RC mais, tout comme dans notre premier exemple, l'appel à la méthode FIND recherche dans la table de hachage une valeur de AN identique, si elle existe, à celle de la variable AN traitée dans le PDV et en provenance de la table HTEST2. Si le rapprochement est fait, alors SAS rapatrie dans le PDV les modalités des variables que vous avez déclarées DATA dans votre table de hachage. Vous obtenez ainsi le résultat 4-9.

RC donne le résultat de la méthode FIND. Si elle est égale à zéro, c'est qu'une valeur de la clé identique à celle de l'observation présente dans le PDV a été trouvée dans la table de hachage et que l'appariement a donc pu être effectué. Si RC prend une autre valeur, c'est que l'appariement n'a pas pu être effectué. À partir de la valeur de RC (égale à ou différente de zéro[8]), vous pouvez choisir de ne conserver dans votre table que les observations pour lesquelles l'appariement a pu être fait, au moyen de l'instruction suivante :

```
IF rc=0 THEN OUTPUT ;
```

Nous utilisons ici la méthode FIND pour construire une nouvelle variable RC, mais c'est l'appel à cette méthode qui permet l'appariement. Sous certaines conditions, vous obtiendrez votre résultat simplement avec l'instruction suivante :

```
toto.FIND(KEY:an);
```

Pour cela, il faut que toutes les modalités de la variable clé dans la table SAS disposent d'un correspondant dans la table de hachage. Si, comme dans notre exemple, il apparaît dans la table SAS une valeur de AN absente de la table de hachage, vous recevrez le message d'erreur suivant :

```
ERROR: Clé introuvable.
```

Votre table ne sera alors pas créée.

c. Une aide à la structuration du PDV

Nous avons vu avec le programme 4-22 qu'il est indispensable, si l'on souhaite utiliser une table de hachage, de donner les informations nécessaires à la structuration du PDV pour les variables en provenance de cette table. Il est aussi recommandé de mettre ces variables en valeur manquante dans le PDV. Cette déclaration devient vite fastidieuse si de nombreuses variables sont concernées. L'instruction LENGTH risque aussi d'être problématique à écrire puisque vous devrez trouver les caractéris-

---

7. Cette étape est recommandée, mais n'est pas obligatoire. En l'absence de cette mise en valeur manquante, des notes s'afficheront dans votre journal.

8. La valeur qui s'affiche dans le résultat 4-9 dépend en fait de votre système et ne doit en aucun cas être utilisée dans un programme.

tiques (type et longueur) de toutes vos variables, sans commettre d'erreurs. À titre d'exemple, si, dans le programme 4-22, vous retirez le $ associé à la variable X3, vous obtiendrez à l'exécution le message suivant :

```
ERROR: Type mismatch for data variable x3 at ligne 2437 colonne 10.
ERROR: Hash data set load failed at ligne 2437 colonne 10.
ERROR: DATA STEP Component Object failure. Aborted during the EXECUTION phase.
```

Votre table n'est alors pas créée.

Le programme 4-23 propose une alternative et nous permet, dans une certaine mesure, de gagner du temps.

Programme 4-23

```
DATA htest4;
   IF _n_=1 THEN DO;
      IF 0 THEN SET work.htest2;
      DECLARE HASH toto(DATASET:"work.htest2");
         toto.DEFINEKEY("an");
         toto.DEFINEDATA(ALL:"YES");
         toto.DEFINEDONE();
   END;

   SET htest1;
   rc=toto.FIND(key:an);
RUN;
```

Résultat 4-10

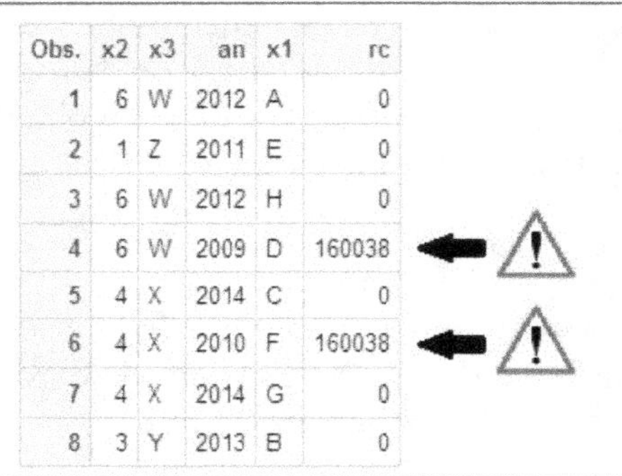

Obs.	x2	x3	an	x1	rc
1	6	W	2012	A	0
2	1	Z	2011	E	0
3	6	W	2012	H	0
4	6	W	2009	D	160038
5	4	X	2014	C	0
6	4	X	2010	F	160038
7	4	X	2014	G	0
8	3	Y	2013	B	0

Le programme 4-23 ne présente pas d'instruction LENGTH et l'absence de CALL MISSING ne se traduit pas par des notes dans le journal. Vous observez cependant l'instruction suivante :

```
IF 0 THEN SET work.htest2;
```

Elle va nous permettre de structurer le PDV grâce aux informations relatives aux variables de la table HTEST2. L'instruction SET pourrait vous effrayer, mais elle ne sera jamais exécutée. Pendant la phase de compilation, SAS reprendra cependant les informations contenues dans HTEST2 et s'en servira pour structurer le PDV.

L'instruction SET ne sera jamais exécutée parce que la condition est « 0 ».

```
IF 0 THEN ...
```

Or, nous avons vu dans la section 4.2.4 qu'une condition exprimée de cette façon était équivalente à :

```
IF 0=1 THEN ...
```

Le fait que nous ayons structuré le PDV de cette façon nous dispense de présenter un appel à la routine CALL MISSING, mais soulève un petit problème dans la table créée, comme le montre le résultat 4-10. En effet, les variables X2 et X3 ne sont pas valeurs manquantes pour les observations pour lesquelles on constate une modalité de RC différente de 0.

Si vous devez conserver ces observations dans votre table, il faut impérativement ajouter, à la suite de l'appel à FIND, une instruction du type :

```
IF rc NE 0 THEN CALL MISSING(x2,x3);
```

Nous attirons votre attention sur notre utilisation de la méthode DEFINEDATA dans le programme 4-23 :

```
toto.DEFINEDATA(ALL:"YES");
```

Cela indique qu'il faut considérer toutes les variables comme des DATA – on évite ainsi de les écrire une par une, entre quotes et séparées par des virgules. Vous n'aurez à lister les variables que si vous devez corriger les modalités des observations pour lesquelles SAS n'a pas trouvé de correspondant dans la table de hachage.

d. Un second exemple de fusion de tables

À partir des trois tables présentées au résultat 4-11, on souhaite obtenir celle du résultat 4-12[9].

Résultat 4-11

ETUNOTE

Obs.	id1	id2	x1	x2
1	A	1	12	15
2	B	1	14	16
3	C	2	18	19
4	C	1	14	11
5	A	3	17	10
6	B	1	14	12
7	D	1	11	12

SUP1

Obs.	id1	a1
1	A	Albert
2	C	Jean
3	B	René
4	C	Pierre

SUP2

Obs.	id2	b1	type
1	1	stat	écrit
2	2	econometrie	oral
3	3	ADD	oral

Résultat 4-12

Obs.	id1	a1	id2	b1	type	x1	x2
1	A	Albert	1	stat	écrit	12	15
2	B	René	1	stat	écrit	14	16
3	C	Jean	2	econometrie	oral	18	19
4	C	Jean	1	stat	écrit	14	11
5	A	Albert	3	ADD	oral	17	10
6	B	René	1	stat	écrit	14	12
7	D	???	1	stat	écrit	11	12

Avant de fusionner ces trois tables, il nous faut faire deux remarques :

- Nous vous avons indiqué que les clés ne peuvent pas être dupliquées dans les tables de hachage. Il ne faut pas comprendre l'absence de doublon comme une obligation (votre table de départ peut contenir des doublons), mais comme un résultat (la table de hachage n'en contiendra pas)[10]. Dans la table SUP1, la clé C (variable ID1) est présente deux fois. Avec ce programme, nous exposerons comment les doublons sont traités dans les tables de hachage.
- À l'examen des tables ETUNOTE et SUP1, nous remarquons aussi que la clé D (variable ID1) n'a pas de correspondance dans la table SUP1.

---

9. Les tables ETUNOTE, SUP1 et SUP2 sont présentes dans la bibliothèque WORK si vous avez exécuté le programme 6-1.

10. En réalité, depuis SAS 9.2, des options et méthodes sont proposées afin de gérer des tables de hachage dans lesquelles des clés seraient dupliquées (Eberhardt, 2011).

Le programme 4-24 présente ce que vous pourriez écrire grâce aux outils de programmation vus au cours de la section 4.2. Le programme 4-25 fournit le même résultat[11] en mobilisant deux tables de hachage.

Programme 4-24

```
PROC SORT DATA=etunote
          OUT=etunote2;
   BY id1;
RUN;

PROC SORT DATA=sup1 NODUPKEY
          OUT=sup1t;
   BY id1;
RUN;

DATA etunote3;
   MERGE etunote2 sup1t;
   BY id1;
RUN;

PROC SORT DATA=etunote3
          OUT=etunote4;
   BY id2;
RUN;

PROC SORT DATA=sup2
          OUT=sup2t;
   BY id2;
RUN;

DATA etunote5;
   MERGE etunote4 sup2t;
   BY id2;
RUN;

DATA etunote6;
   SET etunote5;
   IF MISSING(a1) THEN a1="???";
RUN;
```

Programme 4-25

```
DATA base2(DROP=rc:);
   IF _n_=1 THEN DO;
      IF 0 THEN DO;
         SET work.sup1;
         SET work.sup2;
      END;
      DECLARE HASH sss(DATASET:"work.sup1");
         sss.DEFINEKEY("id1");
         sss.DEFINEDATA("a1");
         sss.DEFINEDONE();
      DECLARE HASH ttt(DATASET:"work.sup2");
         ttt.DEFINEKEY("id2");
         ttt.DEFINEDATA("b1","type");
         ttt.DEFINEDONE();
      sss.ADD(KEY:"D",DATA:"???");
   END;
   SET etunote;
      rc1=sss.FIND(KEY:id1);
      rc2=ttt.FIND(KEY:id2);
RUN;
```

Le programme 4-24 implique quatre PROC SORT et trois étapes DATA, dont deux avec MERGE. Nous appliquons dans ce programme toutes les bonnes pratiques SAS :

- Lorsqu'une table est triée, une option OUT= est systématiquement mobilisée (voir section 3.7.1).
- La table citée après l'instruction DATA est systématiquement nouvelle (voir section 3.3).
- Aucune autre instruction n'est donnée dans nos programmes DATA/MERGE, en dehors de celles nécessaires à la fusion (voir section 4.2.5).

---

11. Les résultats obtenus ne diffèrent que par l'ordre des variables et des observations. Le résultat 4-12 est obtenu au moyen du programme 4-25.

Pour obtenir notre résultat (table ETUNOTE6), nous avons donc créé quatre tables ETUNOTE(2 à 5) à partir d'ETUNOTE et deux tables SUP1T et SUP2T à partir de SUP1 et SUP2. Nos tables sont de petite taille et les différentes étapes nécessaires s'effectuent très rapidement. Si elles avaient été plus grandes, nous vous laissons deviner l'importance des ressources (stockage des tables intermédiaires, temps d'exécution…) qu'il aurait fallu mobiliser pour obtenir le résultat.

Le programme 4-25 donne ce résultat en une seule étape DATA et mobilise deux tables de hachage, mais aucun tri ni table intermédiaire.

Le programme 4-25 et le résultat associé nous renseignent sur la gestion par défaut des doublons dans les tables de hachage : la première occurrence rencontrée de la variable KEY est conservée, ce qui explique pourquoi Jean apparaît dans le résultat. Vous pouvez paramétrer la gestion des doublons de deux autres façons grâce à un attribut supplémentaire dans l'instruction DECLARE HASH :

```
DECLARE HASH sss(DATASET:"work.sup1", DUPLICATE:"E");
```

Si vous donnez à l'attribut DUPLICATE la valeur E, en cas de doublon, vous lirez un message d'erreur dans votre fenêtre *Journal* et votre table ne sera pas construite :

```
ERROR: Duplicate key found when loading data set work.sup1
       at ligne 2500 colonne 10.
NOTE: There were 4 observations read from the data set WORK.SUP1.
ERROR: Hash data set load failed at ligne 2500 colonne 10.
ERROR: DATA STEP Component Object failure
       the EXECUTION phase.
```

Une seconde valeur est possible : R.

```
DECLARE HASH sss(DATASET:"work.sup1", DUPLICATE:"R");
```

En cas de doublon, on conservera la **dernière occurrence** de la modalité de la variable KEY. Dans le résultat 4-12, vous verrez ainsi Pierre au lieu de Jean.

Ce programme nous permet aussi de présenter la méthode ADD. Grâce à elle, vous pouvez ajouter des modalités à votre variable KEY dans la table de hachage :

```
sss.ADD(KEY:"D",DATA:"???");
```

Nous indiquons ici que, dans la table de hachage SSS, il faut ajouter une clé D et lui associer une valeur '???'. L'instruction DEFINEDATA cite la variable concernée : si la clé est égale à D, alors A1 est égale à ???. Si plusieurs variables sont citées dans la méthode DEFINEDATA, ADD devra avoir la structure suivante :

```
ttt.ADD(KEY:"4",DATA:"SAS",DATA:"écrit");
```

L'ordre dans lequel vous entrez les différents attributs DATA doit respecter celui dans lequel vos variables DATA sont citées dans la méthode DEFINEDATA.

Pour aller plus loin :

📖 BLOOM, Janice et SECOSKY, Jason, « Getting started with the DATA step hash object », *Proceedings of the Annual SAS Global Forum*, 2007, paper 271-2007
http://www2.sas.com/proceedings/forum2007/271-2007.pdf

📖 DORFMAN, Paul, M., HENDERSON, Don, « Beyond table lookup : the versatile SAS® hash object », *Proceedings of the Annual SAS Global Forum*, 2017, paper 821-2017
http://support.sas.com/resources/papers/proceedings17/0821-2017.pdf

📖 EBERHARDT, Peter, « The SAS® hash object : it's time to find() your way around », *Proceedings of the Annual SAS Global Forum*, 2011, paper 168-2011
http://support.sas.com/resources/papers/proceedings11/168-2011.pdf

📖 LIU, Ying, « Merging into hash : some practical examples of converting MERGE statements into hash objects », *Proceedings of the Southeast SAS Users Group Conference*, 2010, paper FF-06
http://analytics.ncsu.edu/sesug/2010/FF06.Liu.pdf

📖 SCHACHERER, Chris, « Introduction to SAS hash objects », *Proceedings of the SAS Global Forum, 2015, 3024-2015*
https://support.sas.com/resources/papers/proceedings15/3024-2015.pdf

📖 WARNER-FREEMAN, Jennifer, K., « I cut my processing time by 90 % using hash tables ? You can do it too ! », *Proceedings of the Northeast SAS Users Group Conference*, 2007, paper BB-16
https://www.lexjansen.com/nesug/nesug07/bb/bb16.pdf

Au cours de ce chapitre, nous avons évoqué un premier ensemble d'outils à votre disposition pour fusionner des tables SAS. Nous en donnerons d'autres au chapitre 9, consacré à PROC SQL.

5

Travailler efficacement sous SAS

L'objet de ce chapitre est de vous présenter un ensemble d'outils à votre disposition pour travailler plus efficacement sous SAS. Un travail efficace implique déjà une bonne connaissance de vos tables. Nous présenterons pour cela dans la section 5.1 la procédure PROC CONTENTS évoquée dès le premier chapitre, ainsi que les vues SASHELP qui contiennent toutes les informations relatives à vos tables et à votre environnement SAS en général.

La section 5.2 présente les LABEL associés à vos tables ou à vos variables et la section 5.3 décrit les FORMAT appliqués aux variables. Ces deux outils, LABEL et FORMAT, sont importants aussi bien dans les phases de développement que dans celles de restitution, puisqu'ils faciliteront à la fois votre analyse et la présentation que vous ferez de vos données à vos interlocuteurs.

Travailler efficacement, c'est aussi mobiliser la procédure PROC DATASETS (section 5.4) pour modifier les métadonnées et gérer vos tables (noms, emplacements, suppression).

Votre environnement de développement SAS se caractérise aussi par un ensemble de ressources, terme que nous avons régulièrement évoqué jusqu'à maintenant, toujours accolé au verbe « économiser ». La section 5.5 sera plus spécifiquement consacrée à ces ressources et présentera différents outils pour gérer la mémoire vive et limiter les opérations de lecture/écriture, réduire la taille de vos tables sur le disque dur ou le serveur et accéder plus rapidement à certaines observations.

La section 5.6 sera quant à elle dédiée à la gestion des options globales qui régissent le fonctionnement de SAS. Nous montrerons comment explorer ces options et les modifier.

5.1 Accéder aux métadonnées d'une table

Vous aurez très souvent besoin d'accéder aux métadonnées de vos tables afin, par exemple, de connaître le nombre d'observations, le type et la longueur d'une variable, ou l'ensemble des tables présentes dans une bibliothèque. Bien souvent, le rapport produit par PROC CONTENTS répondra à vos questions, mais il est des cas dans lesquels vous aurez besoin que ces informations soient inscrites dans une table SAS. PROC CONTENTS saura dans une certaine mesure créer cette table, mais vous pourrez aussi consulter les vues dictionnaires de la bibliothèque SASHELP.

5.1.1 La procédure PROC CONTENTS

PROC CONTENTS permet l'édition de la zone descriptive d'une table SAS, ses métadonnées. Vous disposez ainsi d'un ensemble d'informations utiles pour vos traitements. Si vous utilisez très souvent PROC PRINT pour visualiser le contenu de vos tables, vous aurez tout aussi souvent recours à PROC CONTENTS, comme nous vous l'avons conseillé dès le premier chapitre de cet ouvrage.

Programme 5-1[1]

```
PROC CONTENTS DATA=c_illustration;
RUN;
```

Vous observez au résultat 5-1 la présence de trois cadres. Le premier vous donne des informations sur la date de création de la table, sa dernière modification, le moteur, puis à droite :

- le nombre d'observations de la table ;
- le nombre de variables ;
- la présence éventuelle d'index associés à cette table (voir section 5.5.3) ;
- la longueur des observations ;
- si des observations ont été supprimées ;
- si cette table est compressée (voir section 5.5.2.d) ;
- si elle est triée.

Le deuxième cadre, sur lequel nous reviendrons dans la section 5.5.1.a, présente des informations relatives à l'hôte (l'ordinateur) et à votre version de SAS.

---

1. La table C_ILLUSTRATION se trouve dans votre bibliothèque WORK si vous avez exécuté le programme 6-1.

Résultat 5-1

Nom de la table	WORK.C_ILLUSTRATION	Observations	3
Type de membre	DATA	Variables	7
Moteur	V9	Index	0
Créée	27/01/2014 21:24:28	Longueur d'observation	64
Dernière modification	27/01/2014 21:24:28	Observations supprimées	0
Protection		Compressée	NON
Type de table		Triée	NON
Libellé	Ma table Illustration		
Représentation des données	WINDOWS_64		
Codage	wlatin1 Western (Windows)		

Informations dépendantes de la machine/de l'hôte	
Taille de la page	65536
Nombre de pages	1
Première page de données	1
Nb max. d'obs. par page	1021
Obs. sur première page de données	3
Nombre de corrections dans la table	0
ExtendObsCounter	YES
Nom du fichier	C:\Users\SEBAST~1\AppData\Local\Temp\SAS Temporary Files_TD15512_SRPORT_\c_illustration.sas7bdat
Version de création	9.0401M0
Hôte de création	X64_8HOME

Liste alphabétique des variables et des attributs						
#	Variable	Type	Long.	Format	Informat	Libellé
2	date	Num.	8			Date d'octroi
1	x1	Num.	8	PERCENT9.1	PERCENT.	Taux appliqué
3	x2	Num.	8	EURO12.		Somme engagée
4	x3	Num.	8	EURO12.		Mensualité
5	x4	Num.	8			Facteur 1
6	x5	Num.	8			Facteur 2
7	x6	Texte	10			Client

Le dernier cadre donne des informations relatives aux variables contenues dans votre table. Par défaut, celles-ci sont affichées **par ordre alphabétique**. L'ordre dans la table (colonne # ou N en fonction de votre version de SAS), le type (caractère ou numérique) et la longueur sont indiqués pour chaque variable.

Si, au moment de la création de la table, vous avez précisé les INFORMAT au moyen de l'instruction éponyme (voir programme 2-37, section 2.6.4.a), ceux-ci seront indiqués pour information dans ce cadre. Si des FORMAT sont appliqués aux variables de la table (voir section 5.3), cette information sera aussi reprise ici. Enfin, vous constatez dans ce cadre la présence d'une colonne Libellé sur laquelle nous reviendrons dans la section 5.2.

Voici quelques options possibles de cette procédure :

- **POSITION** – Ajoute un classement des variables par position dans l'enregistrement.

```
PROC CONTENTS DATA=c_illustration POSITION;RUN;
```

- **SHORT** – Pour obtenir uniquement une liste de variables.
- **NOPRINT** – Cette option est utile si vous demandez la production d'une table de résultats au moyen de l'option OUT=.

```
PROC CONTENTS DATA=c_illustration OUT=descri_illu NOPRINT;RUN;
```

Cette table de résultat présentera les informations relatives à votre table, notamment des variables qui reprennent le nom des variables de votre table, leur type, leur longueur, etc.

L'instruction suivante vous donne la structure de l'ensemble des tables d'une bibliothèque donnée :

```
PROC CONTENTS DATA=lib._ALL_;RUN;
```

Si vous appliquez PROC CONTENTS afin d'obtenir des informations sur les tables contenues dans une bibliothèque, vous pouvez préciser l'option NODS. Cela produira uniquement la liste des tables au lieu de fournir les rapports complets tels qu'ils sont présentés par le résultat 5-1.

Vous avez aussi la possibilité d'accéder aux informations descriptives de la table via PROC DATASETS. La syntaxe est très proche de celle de PROC CONTENTS :

Programme 5-2

```
PROC DATASETS NOLIST ;
   CONTENTS DATA=c_illustration;
QUIT;
```

Les options évoquées pour PROC CONTENTS fonctionnent aussi avec l'instruction CONTENTS de PROC DATASETS (voir l'aide SAS, entrée *PROC DATASETS CONTENTS Statement*).

5.1.2 Accéder aux vues dictionnaires

Nous avons vu dans la section précédente comment créer, au moyen de l'option OUT= de PROC CONTENTS, une table contenant les informations produites par cette procédure. Vous obtiendrez aussi ces mêmes informations et bien d'autres encore, en explorant le contenu des vues dictionnaires.

a. Qu'est-ce qu'une vue ?

Une vue (view) est une table virtuelle qui contient les informations nécessaires à sa propre construction. Une fois créée, vous pouvez la manipuler comme s'il s'agissait d'une table. Les vues se caractérisent par une icône différente de celle utilisée pour les tables.

Figure 5–1
Icônes des tables et des vues

Dans une vue, seules la partie descriptive de la table et l'origine des données vont être enregistrées. Elle ne contient donc aucune donnée, mais uniquement les informations nécessaires à SAS pour les récupérer afin de les utiliser.

Il existe trois types de vues :
- les *data steps views*, qui contiennent en fait une étape DATA compilée ;
- les vues PROC SQL, dans lesquelles seule la requête SQL et l'origine des données sont enregistrées ;
- les vues SAS/ACCESS contenant la description de données provenant de bases extérieures à SAS.

Le programme 5-3 crée une vue.

Programme 5-3

```
DATA hasard / VIEW=hasard;
   x=ROUND(RAND("uniform")*100);
   y=DATETIME();
   FORMAT y DATETIME.;
RUN;
```

Pour créer une vue, il suffit de lui donner un nom suivi du signe /, de l'option VIEW= et, à nouveau, du même nom.

Lancez un PROC PRINT sur cette vue comme vous le feriez avec une table SAS. Attendez quelques instants et relancez votre PROC PRINT. Vous aurez alors un résultat proche dans l'esprit du résultat 5-2.

Résultat 5-2

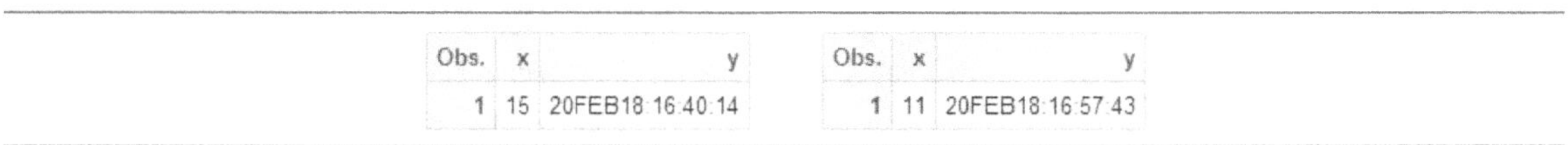

Obs.	x	y	Obs.	x	y
1	15	20FEB18:16:40:14	1	11	20FEB18:16:57:43

Notre vue ne contient aucune donnée, mais juste une étape DATA compilée : dès que vous faites appel à la vue, cette étape DATA est exécutée, ce qui explique la différence entre les deux tableaux du résultat 5-2.

Programme 5-4

```
DATA test / VIEW=test;
   INFILE "chemin vers mon fichier TXT";
   INPUT ...;
```

Au moyen du programme 5-4, vous devez comprendre que si vous créez une vue et si des observations sont ajoutées dans le fichier TXT sous-jacent, tant que la structure des enregistrements ne change pas, vous êtes assurés de toujours utiliser des données à jour.

Le second avantage d'une vue, c'est le gain d'espace de stockage : vous avez besoin, de temps en temps, d'une table de taille très importante, résultat de la fusion de plusieurs autres. Plutôt que de créer cette table et de la stocker sur votre serveur, créez une vue qui vous donnera accès à ces données. Bien entendu, si vous pouvez économiser de l'espace de stockage au moyen d'une vue, ce sera forcément au détriment du temps CPU. Les vues seront à nouveau abordées dans les sections 5.5.2.e et 9.7.

b. Les vues SASHELP

Le nombre de vues SASHELP dépend de votre version du progiciel. Avec SAS 9.4M5, vous disposez de 40 vues de ce type qui, comme leur nom l'indique, sont présentes dans la bibliothèque SASHELP. Elles sont basées sur des tables présentes dans une bibliothèque DICTIONARY[2] que vous ne pouvez exploiter qu'au moyen de PROC SQL.

Les tables de la bibliothèque DICTIONARY (tables dictionnaires) reprennent l'ensemble des informations relatives à votre environnement SAS.

Nous reprenons dans le tableau 5-1 les noms et caractéristiques de certaines de ces vues ainsi que le nom des tables dictionnaires correspondantes.

Tableau 5–1 Quelques tables dictionnaires et vues SASHELP

Tables Dictionnaires	Vues SASHELP	Descriptif
COLUMNS	VCOLUMN	Informations sur les variables des tables connues de SAS
DICTIONARIES	VDCTNRY	Informations sur toutes les tables dictionnaires
FORMATS	VFORMAT	Informations sur tous les FORMAT et INFORMAT connus de SAS
FUNCTIONS	VFUNC	Informations sur toutes les fonctions connues de SAS
LIBNAMES	VLIBNAM	Informations détaillées sur toutes les bibliothèques connues de SAS
MEMBERS	VMEMBER	Informations sur toutes les tables, catalogues, vues etc. connus de SAS
MEMBERS	VSLIB	Informations sur toutes les bibliothèques connues de SAS (nom et chemin)
MEMBERS	VSTABLE	Informations sur toutes les tables connues de SAS
OPTIONS	VOPTION	Informations sur toutes les options globales
TITLES	VTITLE	Informations sur tous les titres et pieds de page connus de SAS
VIEWS	VVIEW	Informations sur toutes les vues connues de SAS

---

2. Vous comptez bien : le nom de cette bibliothèque compte plus de 8 lettres, ce qui n'est normalement pas autorisé, voir section 1.4.

Au cours de la section 5.1.1, nous avons reproduit le résultat d'un PROC CONTENTS réalisé sur la table C_ILLUSTRATION. Le programme 5-5 va de nouveau mobiliser cette table afin d'en voir les informations dans la vue SASHELP VCOLUMN.

Programme 5-5

```
PROC PRINT DATA=sashelp.vcolumn;
    WHERE libname="WORK" AND memname="C_ILLUSTRATION" ;
    VAR libname memname memtype name type length
        npos varnum label format informat ;
RUN;
```

Résultat 5-3

Obs.	libname	memname	memtype	name	type	length	npos	varnum	label	format	informat
1	WORK	C_ILLUSTRATION	DATA	x1	num	8	0	1	Taux appliqué	PERCENT9.1	PERCENT.
2	WORK	C_ILLUSTRATION	DATA	date	num	8	8	2	Date d'octroi		
3	WORK	C_ILLUSTRATION	DATA	x2	num	8	16	3	Somme engagée	EURO12.	
4	WORK	C_ILLUSTRATION	DATA	x3	num	8	24	4	Mensualité	EURO12.	
5	WORK	C_ILLUSTRATION	DATA	x4	num	8	32	5	Facteur 1		
6	WORK	C_ILLUSTRATION	DATA	x5	num	8	40	6	Facteur 2		
7	WORK	C_ILLUSTRATION	DATA	x6	char	10	48	7	Client		

Dans les vues SASHELP et les tables dictionnaires, les noms des bibliothèques et des tables sont systématiquement présentés en majuscules.

La vue VCOLUMN contient plus d'informations que celles reproduites au résultat 5-3. Nous nous sommes limités aux informations déjà présentes dans la dernière partie du résultat 5-1 obtenu du PROC CONTENTS réalisé sur cette table.

Il ne nous est pas possible de présenter dans cet ouvrage le détail du contenu de l'ensemble des vues SASHELP et des tables dictionnaires, mais vous retrouverez sur www.sas-sr.com (section *Suppléments*) un programme qui produit un document de présentation de toutes ces vues et tables. Retenez déjà que si vous avez besoin d'une table dans laquelle vous souhaitez avoir des informations sur votre environnement (ex. variables d'une table, tables d'une bibliothèque, valeur prise par telle ou telle option), vous pourrez la construire à partir des vues SASHELP ou à partir des tables dictionnaires.

Si vous maîtrisez PROC SQL, notez qu'il est plus efficace de travailler avec les tables dictionnaires qu'avec les vues SASHELP. Lorsque vous accédez à une vue, puisqu'il ne s'agit que d'un code compilé, il faut que ce dernier soit exécuté avant que votre programme proprement dit puisse extraire l'information dont vous avez besoin.

5.2 Les LABEL

Les LABEL associent un texte explicatif (ou libellé) à une variable ou à une table.

5.2.1 Les LABEL de variables

Parmi les fichiers présents sur le site compagnon de cet ouvrage, vous trouverez une table VISULABEL. Si vous exécutez un PROC CONTENTS sur cette table, vous obtiendrez, entre autres, la liste des variables et attributs (voir résultat 5-4).

Résultat 5-4

	Liste alphabétique des variables et des attributs			
#	Variable	Type	Long.	Libellé
1	x1	Num.	8	Département de naissance
2	x2	Num.	8	Code de la commune
3	x3	Num.	8	Nombre de versements
4	x4	Num.	8	Dernier versement
5	x5	Texte	8	Prénom

Les LABEL servent à expliciter les variables dont les noms n'évoquent pas grand-chose par eux-mêmes. Ces LABEL réapparaîtront, par exemple, dans vos tableaux croisés, ce qui vous épargnera la saisie de titres. Vous pouvez spécifier des LABEL au moyen d'une étape DATA ou via PROC DATASETS.

Programme 5-6

```
DATA lib.visulabel;
   SET lib.visulabel;
   LABEL x1='Département de naissance'
        x2='Code de la commune'
        x3='Nombre de versements'
        x4='Dernier versement'
        x5='Prénom';
RUN;
```

Programme 5-7

```
PROC DATASETS NOLIST LIBRARY=lib;
    MODIFY visulabel;
        LABEL x1='Département de naissance'
             x2='Code de la commune'
             x3='Nombre de versements'
             x4='Dernier versement'
             x5='Prénom';
QUIT;
```

Les LABEL font partie des métadonnées d'une table et leur attribution à vos variables dans une étape DATA n'est efficace que si vous apportez en même temps des modifications dans la partie données de votre table. Sinon, passez par PROC DATASETS. Le texte d'un LABEL de variable ne peut pas excéder 256 caractères.

Exercice 5.1 – Construisez une table de deux millions de lignes et 200 variables. Attribuez une modalité à chaque variable au moyen de la fonction RAND (voir section 3.2.4). Une fois la table construite, rédigez le programme DATA/SET qui attribuera à une variable le LABEL de votre choix. Rédigez un programme similaire en mobilisant PROC DATASETS. Comparez les temps d'exécution des deux programmes. Félicitations, vous venez de découvrir ce qu'est une programmation efficace !

Exercice 5.2 – Retournons à l'exercice EXAMEN.TXT (exercice 3.21, section 3.4.2.b). Nous avions créé une table qui indiquait le nombre de personnes reçues, le pourcentage de reçus, de mentions Très Bien et, par groupe de TD, le nombre de reçus et le pourcentage de réussites. À coup sûr, cette table, examinée au moyen d'un PROC PRINT, doit être peu lisible. Définissez des LABEL pour rendre les résultats plus explicites.

À la suite de cet exercice, vous remarquerez que, si vous lancez un PROC PRINT, vous ne verrez pas vos LABEL. Pour que ceux-ci apparaissent, exécutez le programme suivant :

```
PROC PRINT DATA=bilan LABEL;
RUN;
```

Résultat 5-5

Obs.	Nombre de personnes reçues	% de reçus, tous groupes confondus	Nombre de mentions très bien	Nbre de reçus groupe TD n° 1	Nbre de reçus groupe TD n° 2	Nbre de reçus groupe TD n° 3	Nbre de reçus groupe TD n° 4	% de reçus, groupe n° 1	% de reçus, groupe n° 2	% de reçus, groupe n° 3	% de reçus, groupe n° 4
1	93	0.29618	13	24	40	18	11	0.31579	0.31008	0.25	0.29730

La procédure PROC PRINT est la seule pour laquelle vous devez utiliser une option LABEL pour que ceux-ci soient présentés dans votre résultat.

L'instruction LABEL existe aussi dans la syntaxe de très nombreuses procédures (ex. programmes 6-22 – section 6.3.2 – et 6-82 – section 6.6.7). Les LABEL spécifiés à l'intérieur d'une procédure ne sont utilisés que pour les sorties générées par cette dernière. Ils ne suppriment pas les LABEL que vous avez pu spécifier au moyen d'une étape DATA ou de PROC DATASETS.

5.2.2 Les LABEL de tables

Le principe du LABEL peut être appliqué à une table elle-même via l'option de table LABEL=.

```
DATA test(LABEL="adresses de nos clients");
```

Cette information est alors ajoutée à la zone descriptive de la table et est visible, par exemple, dans le premier cadre d'une sortie ordonnée par PROC CONTENTS (voir résultat 5-1).

Si votre table est déjà créée et si vous voulez seulement y ajouter un LABEL, il n'est pas efficace de passer par une étape DATA puisque vous n'agissez pas sur la partie données d'une table, mais sur les métadonnées. Mieux vaut dans ce cas recourir à PROC DATASETS.

Programme 5-8

```
PROC DATASETS;
   MODIFY test(LABEL="mon LABEL de table");
QUIT;
```

5.3 Les FORMAT

Attribuer des FORMAT à vos variables rendra vos données plus lisibles. Ils ne transforment pas les modalités à l'intérieur de vos tables, mais ne font que modifier l'affichage des données. Il s'agit donc d'une information qui est ajoutée à la zone descriptive de la table.

De nombreux FORMAT sont livrés avec SAS, mais vous pouvez en créer de nouveaux via PROC FORMAT. Par ailleurs, l'utilisation d'un FORMAT permet aussi de regrouper des modalités sans créer de nouvelles variables (voir sections 5.3.5.f et 6.5).

5.3.1 L'utilisation de FORMAT prédéfinis sur des variables numériques

Nous expliquerons dans cette section les principes des FORMATS, puis verrons comment les attribuer aux variables. Nous préciserons enfin les différences fondamentales qui existent entre les FORMAT et les INFORMAT.

a. Principes des FORMAT

Nous construisons une table dans le programme 5-9 et nous demandons ensuite, à l'intérieur de PROC PRINT, l'application de différents FORMAT.

Programme 5-9

```
DATA test;
   INPUT x y date pct somme;
CARDS;
1.434 9.85 19881    0.05 12.34
1.500 9.99 19881.1 0.06 23.45
1.650 10.1 19881.9 0.10 34.56
1.998 10.2 19881.5 0.12 45.67
;
PROC PRINT DATA=test;
   FORMAT x y 3.1
          date DDMMYY10.
          pct PERCENT6.2
          somme EURO.;
RUN;
```

Résultat 5-6

Obs.	x	y	date	pct	somme
1	1.4	9.9	07/06/2014	5.0%	€12
2	1.5	10	07/06/2014	6.0%	€23
3	1.7	10	07/06/2014	10%	€35
4	2.0	10	07/06/2014	12%	€46

Nous utilisons ici uniquement la possibilité qu'offre les FORMAT de présenter autrement les données. Le FORMAT 3.1 appliqué aux variables X et Y est de type W.D : il demande à SAS de présenter une modalité numérique en utilisant W caractères et D chiffres après la virgule. Pour X, étant donné les modalités prises par cette variable, cela ne pose pas de problème. Vous noterez de plus qu'il ne s'agit aucunement de prendre les W premiers caractères de la modalité : `1.998` est affiché au moyen de sa valeur arrondie à un chiffre après la virgule, soit 2. Cet arrondi est une caractéristique de ce FORMAT, mais pas de tous.

Ainsi, pour la variable DATE, nous demandons l'application d'un FORMAT DDMMYY10. Si `19881` correspond au 7 juin 2014, `19881.9` doit aussi correspondre à ce même jour : il ne convient pas d'arrondir une date. DDMMYY10. n'arrondit pas la modalité : il ne prend que la partie entière et affiche le jour correspondant.

Votre journal affiche à présent le message suivant :

```
NOTE: There were 4 observations read from the data set WORK.TEST.
NOTE: At least one W.D format was too small for the number to be printed.
      The decimal may be shifted by the "BEST" format.
```

Au-delà d'une invitation à utiliser le FORMAT BESTw.[3], SAS vous indique qu'au moins un FORMAT ne peut pas être appliqué aux données de votre table. Par exemple, le FORMAT 3.1 appliqué aux modalités de la variable Y pose des difficultés : pour afficher `10.1` ou `10.2` avec un chiffre après la virgule, il faut non pas trois caractères, mais quatre. Si vous demandez un affichage avec un certain nombre de chiffres après la virgule, veillez à spécifier un nombre de caractères suffisamment grand (et n'oubliez pas que le séparateur décimal compte lui aussi pour un caractère).

Le programme 5-9 et son résultat nous montrent que les FORMAT produisent parfois des résultats curieux. En ce qui concerne la variable PCT, nous avons demandé un affichage au moyen de PERCENT6.2 : nous souhaitons que `0.12` s'affiche comme `12.00%`. Le résultat 5-6 montre que cela n'a pas fonctionné. Pourtant, pour écrire 12.00%, il faut bien six caractères !

En fait, avec PERCENTw.d, il faut toujours ajouter 2 au nombre de caractères nécessaires à l'affichage tel que vous le souhaitez. Ainsi, PERCENT8.2 affichera `12.00%`[4]. Il suffit de le savoir…

Quand vous demandez l'application d'un FORMAT (ex. EURO. imposé à la variable SOMME), vous n'êtes pas obligé de spécifier le W : la modalité sera alors représentée en fonction d'une norme préétablie, la longueur par défaut, renseignée quand vous consultez l'aide SAS relative à un FORMAT particulier (pour EUROw.d, aucun chiffre après la virgule – affichage de six caractères au maximum).

b. L'attribution des FORMAT aux variables

Le programme 5-9 vous a montré comment, au sein d'une procédure, vous décidez de présenter une variable via un FORMAT. Cette instruction est utilisable dans toutes les procédures permettant la représentation de vos données (PROC PRINT, PROC REPORT, PROC TABULATE, PROC FREQ pour les procédures traitées dans cet ouvrage), ainsi que la production de graphiques (procédures SAS/GRAPH, Statistical Graphics ou ODS GRAPHICS).

Vous pouvez aussi associer des FORMAT à vos variables **à l'intérieur des tables,** par exemple à la création des tables, au moment de leur modification ou via PROC DATASETS.

---

3. BESTw. est en fait le FORMAT que SAS utilise par défaut, lorsqu'aucun n'est précisé (voir l'aide SAS, entrée *BESTw. Format*).

4. L'utilisation du FORMAT NLPCTw.d (affichage « à la française » avec un séparateur décimal virgule) ne nécessite pas ce type de calcul.

Programme 5-10 (création d'une table)

```
DATA test;
   INPUT date alpha $;
   FORMAT date DDMMYY10.
          alpha $3.;
CARDS;
19881 abcdefgh
;
```

Programme 5-11 (modification d'une table)

```
DATA test;
   SET test;
   FORMAT date DDMMYY10.
          alpha $3.;
RUN;
```

Programme 5-12 (modification d'une table)

```
PROC DATASETS NOLIST;
   MODIFY test;
      FORMAT date DDMMYY10.
             alpha $3.;
QUIT;
```

Résultat 5-7

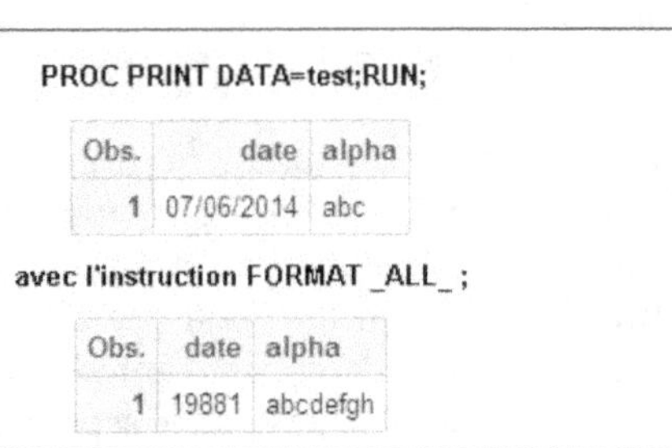

PROC PRINT DATA=test;RUN;

Obs.	date	alpha
1	07/06/2014	abc

avec l'instruction FORMAT _ALL_ ;

Obs.	date	alpha
1	19881	abcdefgh

Plusieurs remarques importantes s'imposent :

- Au moment de la création de la table, veillez à bien indiquer l'instruction FORMAT **après** l'instruction INPUT[5].
- Si les FORMAT doivent être imposés sur une table déjà créée, le programme 5-11, puisqu'il n'implique aucune modification de la partie donnée, n'est pas efficace : préférez-lui le programme 5-12 qui exécute PROC DATASETS.
- Si vous demandez un PROC PRINT sur votre table sans aucune instruction FORMAT, les modalités seront affichées au moyen de ceux que vous avez introduits dans la table. Si vous souhaitez que ces derniers ne s'appliquent pas, incluez dans votre PROC PRINT l'instruction FORMAT _ALL_.
- Au sein des procédures, vous pouvez imposer de nouveaux FORMAT sur vos variables. Ils s'appliqueront uniquement à la sortie générée par la procédure. Les FORMAT imposés au moyen d'une étape DATA ou d'un PROC DATASETS ne seront pas pour autant supprimés de la table.

Outre l'instruction FORMAT, vous pouvez aussi mobiliser l'instruction ATTRIB au sein de vos étapes DATA.

Programme 5-13

```
DATA test2;
   SET test;
   ATTRIB x1 LENGTH=$6 LABEL="Le label" FORMAT=$CHAR3.;
   ** votre programme créant la variable X1;
   ATTRIB date1-date3 FORMAT=DDMMYY10. LABEL="Des dates"
          ca fdr FORMAT=EURO10.2;
RUN;
```

---

5. Pour vous en convaincre, modifiez l'ordre des instructions INPUT et FORMAT dans le programme 5-10 puis demandez un PROC PRINT; FORMAT _ALL_; sur la table créée. Vous verrez à quel genre de problème vous vous exposez si vous ne suivez pas cette recommandation…

Au moyen de l'instruction ATTRIB, vous affectez à vos variables des FORMAT mais aussi des LABEL, les longueurs et, dans des phases de création de table, des INFORMAT au moyen de l'option INFORMAT=.

c. FORMAT ou INFORMAT ?

Il est nécessaire que vous saisissiez les différences importantes qui existent entre les FORMAT et les INFORMAT : même si les noms se ressemblent, il s'agit bien de deux concepts différents.

Prenons un exemple :

- Si 8.4 est un FORMAT, alors vous demandez que la modalité d'une variable SAS soit affichée au moyen de huit caractères et quatre chiffres après la virgule.
- Si 8.4 est un INFORMAT, alors vous demandez de lire dans un enregistrement un champ de huit caractères, de le considérer comme une modalité numérique et de multiplier le résultat obtenu par 10^{-4} si la modalité ne contient pas de séparateur décimal.

Un INFORMAT est une routine qui transforme un champ présent dans un enregistrement (fichier externe à SAS ou via une instruction CARDS) en une modalité d'une variable SAS. Un FORMAT s'applique à une variable contenue dans une table SAS ; il ne modifie pas à proprement parler la modalité, mais la présente autrement.

5.3.2 Quelques FORMAT utiles sur variables numériques

Nous présentons dans le tableau 5-2 quelques FORMAT parmi les plus courants. Dans ce tableau, les parties W, lorsqu'elles sont spécifiées, sont égales à la valeur minimale qui permet un affichage identique à celui que vous voyez dans la colonne de gauche.

Tableau 5–2 Quelques FORMAT sur variables numériques

Modalité SAS	FORMAT (forme générale)	FORMAT appliqué	Affichage
23451.23	COMMAw.d	COMMA9.2	23,451.23
23451.23	COMMAXw.d	COMMAX9.2	23.451,23
23451.23	DOLLARw.d	DOLLAR10.2	$23,451.23
23451.23	DOLLARXw.d	DOLLARX10.2	$23.451,23
23451.23	NLNUMw.d	NLNUM9.2	23 451,23
23451.23	EUROw.d	EURO10.2	€23,451.23
23451.23	EUROXw.d	EUROX10.2	€23.451,23
23451.23	Ew.	E10.	2.345E+04
		E12.	2.34512E+04
0.666666666	FRACTw.	FRACT.	2/3
1	Zw.	Z2.	01
		Z5.	00001

Tableau 5–2 Quelques FORMAT sur variables numériques (suite)

Modalité SAS	FORMAT (forme générale)	FORMAT appliqué	Affichage
0.1	PERCENTw.d	PERCENT5.	10%
−0.1	PERCENTw.d	PERCENT5.	(10%)
−0.1	PERCENTNw.d	PERCENTN5.	−10%
2017	ROMANw.	ROMAN6.	MMXVII
0.11111111	WORDSw.	WORDS26.	zero and eleven hundredths
1.50	WORDFw.	WORDF14.	one and 50/100

Les FORMAT PERCENTw.d, PERCENTNw.d et Ew. nécessitent un W supérieur au nombre de caractères que vous pourriez a priori demander (voir programme 5-9).

Vous trouverez une liste plus complète des FORMAT possibles sur variables numériques dans l'aide SAS (entrée *Formats by Category*). Cette section de l'aide ne présente en fait pas tout : il existe en effet un ensemble de FORMAT dits NLS *(National Language Support)* qui autorisent la représentation de données selon des normes propres à chaque pays ou selon des normes internationales. L'exemple le plus simple est NLPCTw.d, qui affiche les pourcentages selon la norme propre à chaque pays (la valeur donnée à l'option globale LOCALE= est consultée pour savoir quelle norme appliquer – voir tableau 5-6).

Ces FORMAT NLS forment deux catégories :

- représentation des dates et heures (voir l'aide SAS, entrée *International Date and Datetime Formats*, et section 5.3.3.a) ;
- représentation des grandeurs monétaires (voir l'aide SAS, entrée *Currency Representation*).

SB B A 5.3.3 Les FORMAT d'affichage des variables de dates et d'heures

Nous présenterons dans cette section un certain nombre de FORMAT applicables aux variables de date, de type DATETIME et d'heure.

a. Les FORMAT de dates

Nous avons déjà précisé qu'une date est enregistrée dans les tables SAS comme le nombre de jours qui la sépare du 1er janvier 1960. À l'affichage, vous pouvez cependant souhaiter voir, non pas un nombre de jours, mais bien une date. Vous appliquerez donc un FORMAT à votre variable.

Il existe de très nombreux FORMAT de dates. Le 1er octobre 2014 (en fait, 19997) s'affichera ainsi de différentes manières (voir tableau 5-3). Pour chaque FORMAT, nous indiquons les différentes valeurs possibles pour W *(range)*, ainsi que la longueur par défaut (entre parenthèses). S'il n'apparaît pas d'exemple pour des W supérieurs au W par défaut, c'est qu'il n'y a pas de différence entre les résultats produits.

Tableau 5–3 Les FORMAT génériques sur des variables de dates

DATEw.	**range : 5-11 (7)**	**WEEKUw.**	**range : 2-200 (11)**
DATE5.	01OCT	WEEKU2.	39
DATE7.	01OCT14	WEEKU3.	W39
DATE9.	01OCT2014	WEEKU5.	14W39
DATE11.	01-OCT-2014	WEEKU11.	2014-W39-04
DAYw.	**range : 2-32 (2)**	**WEEKVw.**	**range : 2-200 (11)**
DAY2.	1	WEEKV11.	2014-W40-03
DDMMYYw.	**range : 2-10 (8)**	**WEEKWw.**	**range : 2-200 (11)**
DDMMYY2.	1	WEEKW11.	2014-W39-03
DDMMYY4.	0110		
DDMMYY5.	01/10	**WEEKDATEw.**	**range : 3-37 (29)**
DDMMYY6.	011014	WEEKDATE3.	Wed
DDMMYY8.	01/10/14	WEEKDATE9.	Wednesday
DDMMYY10.	01/10/2014	WEEKDATE15.	Wed, Oct 1, 14
		WEEKDATE17.	Wed, October 1, 2014
DOWNAMEw.	**range : 1-32 (9)**	WEEKDATE23.	Wednesday, Oct 1, 2014
DOWNAME1.	W	WEEKDATE29.	Wednesday, October 1, 2014
DOWNAME2.	We		
DOWNAME3.	Wed	**WEEKDAYw.**	**range : 1-32 (1)**
…	…	WEEKDAY1.	4
DOWNAME9.	Wednesday		
		WORDDATEw.	**range : 3-32 (18)**
JULDAYw.	**range : 3-32 (3)**	WORDDATE3.	Oct
JULDAY3.	274	WORDDATE9.	October
		WORDDATE12.	Oct 1, 2014
JULIANw.	**range : 5-7 (5)**	WORDDATE18.	October 1, 2014
JULIAN5.	14274		
JULIAN7.	2014274	**WORDDATXw.**	**range : 3-32 (18)**
		WORDDATX3.	Oct
MMDDYYw.	**range : 2-10 (8)**	WORDDATX9.	October
MMDDYY2.	10	WORDDATX12.	1 Oct 2014
MMDDYY4.	1001	WORDDATX18.	1 October 2014

Tableau 5–3 Les FORMAT génériques sur des variables de dates (suite)

MMDDYY5.	10/01			
MMDDYY6.	100114	**YEARw.**	**range : 2-32 (4)**	
MMDDYY8.	10/01/14	YEAR2.	14	
MMDDYY10.	10/01/2014	YEAR4.	2014	
MMYYw.	**range : 5-32 (7)**	**YYMMw.**	**range : 5-32 (7)**	
MMYY5.	10M14	YYMM5.	14M10	
MMYY7.	10M2014	YYMM7.	2014M10	
MONNAMEw.	**range : 1-32 (9)**	**YYMMDDw.**	**range : 2-10 (8)**	
MONNAME1.	O	YYMMDD2.	14	
MONNAME2.	Oc	YYMMDD4.	1410	
MONNAME3.	Oct	YYMMDD5.	14-10	
…	…	YYMMDD6.	141001	
MONNAME9.	October	YYMMDD8.	14-10-01	
		YYMMDD10.	2014-10-01	
MONTHw.	**range : 1-32 (2)**			
MONTH1.	A	**YYMONw.**	**range : 5-32 (7)**	
MONTH2.	10	YYMON5.	14OCT	
		YYMON7.	2014OCT	
MONYYw.	**range : 5-7 (5)**			
MONYY5.	OCT14	**YYQw.**	**range : 4-32 (6)**	
MONYY7.	OCT2014	YYQ4.	14Q4	
		YYQ6.	2014Q4	
QTRw.	**range : 1-32 (1)**			
QTR1.	4	**YYQRw.**	**range : 5-32 (7)**	
		YYQR5.	14QIV	
QTRRw.	**range : 3-32 (3)**	YYQR7.	2014QIV	
QTRR3.	IV			

Certains FORMAT peuvent être déclinés. Par exemple : DDMMYYCw. (01:10:14), DDMMYYDw. (01-10-14), DDMMYYPw. (01.10.14) et DDMMYYSw. (01/10/14). La lettre précédant le W spécifie le type de séparateur souhaité. Tous les FORMAT utilisant DD, MM ou YY (MMDDYYw., MMYYw., YYMMw., etc. ainsi que YYQw. et YYQRw.) sont déclinables. Les

FORMAT WEEKUw., WEEKVw. et WEEKWw. utilisent les alignements U, V et W évoqués lors de l'examen de la fonction WEEK (voir section 3.2.5.a).

Certains FORMAT disposent de versions NLS et peuvent donc afficher des dates (ou des éléments de dates) en français. Nous en présentons quelques-uns dans le tableau 5-4 en indiquant, s'il existe, le FORMAT général équivalent. Vous voyez ainsi, par comparaison avec le tableau précédent, quels types d'affichage vous obtiendrez en donnant des valeurs particulières au W.

Tableau 5–4 Les FORMAT NLS sur des variables de dates

FORMAT NLS	Équivalent à	Application par défaut (sans spécification de W)
NLDATEw.	WORDDATXw.	01 octobre 2014
NLDATEMNw.	MONNAMEw.	octobre
NLDATEWNw.	DOWNAMEw.	mercredi
NLDATEYMw.	MONYYw.	octobre 2014
NLDATEMDw.	-	01 octobre
NLDATEWw.	WEEKDATEw.	mercredi 1 octobre 2014
NLDATEYQw.	-	T4 2014
NLDATEYRw.	YEARw.	2014
NLDATEYWw.	-	week 40 2014

Pour que vos dates s'affichent en français, veillez à bien spécifier "French" en valeur de l'option globale LOCALE=[6].

```
OPTIONS LOCALE="French";
```

Enfin, vous disposez d'un autre jeu de FORMAT, propre à représenter des dates en français. La forme générale en est EURxxxxxW. Si vous laissez le préfixe EUR, la valeur de l'option globale LOCALE= est utilisée pour savoir quelle langue mobiliser pour l'affichage. En remplaçant le préfixe EUR par FRA, vous obtiendrez un affichage en français si la valeur de votre option globale LOCALE= n'est pas "French".

Tableau 5–5 Les FORMAT EUR sur des variables de dates

FORMAT EUR	Équivalent à	Application par défaut (sans spécification de W)
FRADFDEw.	DATEw.	01oct14
FRADFDWNw.	DOWNAMEw.	Mercredi
FRADFMNw.	MONNAMEw.	octobre

---

6. Si vous disposez d'un SAS français, vous n'avez normalement pas à modifier la valeur de cette option.

Tableau 5–5 Les FORMAT EUR sur des variables de dates (suite)

FORMAT EUR	Équivalent à	Application par défaut (sans spécification de W)
FRADFMYw.	MONYYw.	oct14
FRADFWKXw.	WEEKDATEw.	Mercredi 1er octobre 2014
FRADFDNw.	WEEKDAYw.	3
FRADFWDXw.	WORDDATXw.	1er octobre 2014

Pour présenter des dates dans une autre langue que le français, il suffit de remplacer le préfixe FRA par un autre. Le tableau 5-6 liste les valeurs à donner à l'option globale LOCALE= si vous souhaitez utiliser les FORMAT NLS du tableau 5-3 ou les FORMAT EUR du tableau 5-4 dans une autre langue que le français.

Tableau 5–6 Valeurs pour LOCALE= et préfixe en cas de FORMAT EUR

Valeur pour LOCALE=	Préfixe	Valeur pour LOCALE=	Préfixe	Valeur pour LOCALE=	Préfixe
Afrikaans	AFR	French	FRA	Portuguese	PTG
Catalan	CAT	German	DEU	Russian	RUS
Croatian	CRO	Hungarian	HUN	Slovenian	SLO
Czech	CSY	Italian	ITA	Spanish	ESP
Danish	DAN	Macedonian	MAC	Swedish	SVE
Dutch	NLD	Norwegian	NOR	Swiss_French	FRS
Finnish	FIN	Polish	POL	Swiss_German	DES

Programme 5-14

```
DATA test;
   date="1OCT2014"d;
RUN;

PROC PRINT;
   FORMAT date SLODFWKX.;
RUN;

OPTIONS LOCALE=slovenian;
PROC PRINT;
   FORMAT date NLDATEW26.;
RUN;
```

Résultat 5-8

Obs.	date
1	sreda, 1. oktober 2014

Obs.	date
1	sre., 01. okt. 2014

Exercice 5.3 – La table SAS nommée DATETIME contient une variable DATE présentée sous la forme 28APR2011.

Appliquez à cette date le FORMAT DDMMYY8. (C'est bien moins facile qu'il n'y paraît et vous en conclurez qu'il ne faut jamais faire confiance à ce que l'on voit d'une table SAS lorsque des FORMAT ont été appliqués).

Vous trouverez aussi dans cette table une variable X valant 1, 2, 3 ou 4. Créez une nouvelle variable Y valant 17 si X=1, 83 si X=2, 11 si X=3 et 28 si X=4. Regardez le résultat obtenu et relisez le second paragraphe du texte de cet exercice. Un PROC CONTENTS devrait vous aider à y voir plus clair…

b. Les FORMAT sur des données de type DATETIME

Nous avons vu que les dates pouvaient être mesurées en nombre de secondes qui les séparent du 1er janvier 1960, 00:00:00 : il s'agit du type DATETIME. Ainsi, la modalité 1705148083 correspond au 12 janvier 2014, 12:14:43. Le tableau 5-7 dresse la liste des différents FORMAT possibles pour cette modalité et des formes qu'ils donnent à celle-ci. Pour chacun, nous rappelons les valeurs possibles pour W *(range)*, ainsi que le W par défaut (entre parenthèses).

Tableau 5–7 Les FORMAT sur des variables DATETIME

DATETIMEw.d	range : 7-40 (16)	DATEAMPMw.d	range : 7-40 (19)
DATETIME7.	12JAN14	DATEAMPM7.	12JAN14
DATETIME9.	12JAN2014	DATEAMPM9.	12JAN2014
DATETIME12.	12JAN14:12	DATEAMPM10.	12JAN14:12
DATETIME16.	12JAN14:12:14:43	DATEAMPM13.	12JAN14:12 PM
DATETIME18.	12JAN2014:12:14:43	DATEAMPM16.	12JAN14:12:14 PM
DATETIME21.2	12JAN2014:12:14:43.00	DATEAMPM19.	12JAN14:12:14:43 PM
		DATEAMPM22.	12JAN2014:12:14:43 PM
DTDATEw.	**range : 5-9 (7)**	DATEAMPM22.2	12JAN14:12:14:43.00 PM
DTDATE5.	12JAN	DATEAMPM24.2	12JAN2014:12:14:43.00 PM
DTDATE7.	12JAN14		
DTDATE9.	12JAN2014	**DTWKDATXw.**	**range : 3-37 (29)**
		DTWKDATX3.	Sun
DTMONYYw.	**range : 5-7 (5)**	DTWKDATX9.	Sunday
DTMONYY5.	JAN14	DTWKDATX15.	Sun, 12 Jan 14
DTMONYY7.	JAN2014	DTWKDATX17.	Sun, 12 Jan 2014
		DTWKDATX23.	Sunday, 12 Jan 2014
DTYEARw.	**range : 2-4 (4)**	DTWKDATX29.	Sunday, 12 January 2014
DTYEAR2.	14		
DTYEAR4.	2014		

Tableau 5–7 Les FORMAT sur des variables DATETIME (suite)

DTYYQCw.	range : 4-6 (4)	TODw.d	range : 2-20 (8)
DTYYQC4.	14:1	TOD2.	12
DTYYQC6.	2014:1	TOD5.	12:14
		TOD8.	12:14:43
		TOD10.1	12:14:43.0
		TOD11.2	12:14:43.00

Ce tableau ne reprend pas tous les FORMAT applicables à des données de type DATETIME ; il y manque les FORMAT ISO8601 et les NLS.

TODw.d s'applique non seulement à des variables de type DATETIME, mais également à des mesures d'heures (nombre de secondes depuis l'heure de minuit précédente).

c. Les FORMAT d'heures

Sur des variables saisissant un nombre de secondes depuis minuit (ex. 44083, soit 12:14:43), vous pouvez appliquer les FORMAT repris dans le tableau 5-8.

Tableau 5–8 Les FORMAT sur des variables d'heures

MMSSw.d	range : 2-20 (5)	TIMEAMPMw.d	range : 2-20 (11)
MMSS3.	734	TIMEAMPM2.	PM
MMSS6.	734:43	TIMEAMPM5.	12 PM
MMSS9.2	734:43.00	TIMEAMPM8.	12:14 PM
		TIMEAMPM11.	12:14:43 PM
TIMEw.d	**range : 2-20 (8)**	TIMEAMPM14.2	12:14:43.00 PM
TIME2.	12		
TIME5.	12:14		
TIME8.	12:14:43	**HOURw.d**	**range : 2-20 (2)**
TIME11.2	12:14:43.0	HOUR2.	12
		HOUR10.	12
		HOUR4.1	12.2
HHMMw.d	**range : 2-20 (5)**	HOUR5.2	12.25
HHMM2.	12	HOUR6.3	12.245
HHMM5.	12:14		
HHMM8.2	12:14.72		

Nous n'avons pas indiqué dans ce tableau les FORMAT NLS et ISO 8601 sur heures.

5.3.4 Les FORMAT d'affichage des variables caractères

Les FORMAT d'affichage des variables caractères les plus courants sont \$CHARw. et \$w.

```
FORMAT alpha $CHAR8.;
FORMAT alpha $10.;
```

Il n'apparaît pas de différences entre ces deux FORMAT et vous pouvez y recourir pour limiter le nombre de caractères à afficher pour les variables caractères particulièrement longues. Il existe d'autres FORMAT qui transforment toutes vos minuscules en majuscules (\$UPCASEw.), ou inversent l'ordre des lettres (\$REVERSw. et \$REVERJw.). Pour plus de détails, consultez l'aide SAS (entrée *Formats by Category*).

5.3.5 La création de FORMAT spécifiques

À ce stade, vous avez dû comprendre que les FORMAT servent à afficher lisiblement les modalités prises par une variable. Si SAS en propose beaucoup, vous aurez parfois besoin de créer les vôtres au moyen de la procédure PROC FORMAT, que nous avons évoquée pour la création des INFORMAT spécifiques – section 2.6.6. Consultez à nouveau cette section et, plus particulièrement, l'ensemble des règles existantes : celles qui s'imposent au nom d'un FORMAT, la spécification des intervalles, etc.

a. PROC FORMAT

Nous travaillerons pour cette section sur le fichier CLIENT_D18.TXT, dans lequel vous trouverez une liste de clients d'un magasin de vente en ligne de CD.

Exercice 5.4 – Créez une table CLIENTS à partir de ce fichier (variables à créer : CIVILITE, PRENOM, TYPE, ACHAT et TELEPHONE – Les variables CIVILITE, ACHAT et TELEPHONE doivent être numériques).

Voici un extrait de la table créée.

Résultat 5-9 (extrait)

Obs.	civilite	prenom	type	achat	telephone
1	1	Mathilde	A	43.01	255555514
2	3	Frédéric	B	543.07	194129054
3	2	Subira	C L	186.48	684286414
4	1	Ghislaine	B	354.96	381302915
5	1	Claudine	A	329.46	449354914

Nous allons nous attacher à rendre cette table plus lisible en créant quelques FORMAT.

Programme 5-15

```
PROC FORMAT;
    VALUE civi 1='Mlle'
               2='Mme'
               3='Mr';
    VALUE $typ_c A="Jazz"
                 B="Pop"
                 "C L"="Classique";
    VALUE rgp low-100="faible"
              100-250="moyen"
              250-high="élevé";
RUN;

PROC PRINT DATA=clients;
    VAR civilite prenom type achat;
    FORMAT civilite civi.
           type $typ_c.
           achat rgp. ;
RUN;
```

Résultat 5-10 (extrait)

Obs.	civilite	prenom	type	achat
1	Mlle	Mathilde	Jazz	faible
2	Mr	Frédéric	Pop	élevé
3	Mme	Subira	Classique	moyen
4	Mlle	Ghislaine	Pop	élevé
5	Mlle	Claudine	Jazz	élevé

Vous avez trois possibilités pour utiliser PROC FORMAT :

- via une instruction VALUE s'il s'agit de réaliser des associations entre modalités de variables et valeurs à afficher ;
- via une table CNTLIN= contenant toutes les associations entre modalités et valeurs à afficher (voir sections 2.6.6, 4.4.1 et 5.5.2.c) ;
- via PICTURE s'il s'agit de présenter une modalité existante d'une façon définie (voir section suivante).

Un FORMAT peut prendre n'importe quel nom (jusqu'à 31 caractères – toute lettre non accentuée), mais ne doit ni commencer, ni se terminer par un chiffre. Si vous créez un FORMAT que vous destinez à une variable caractère, il faut mettre un $ au début de son nom, aussi bien dans la phase de création que lorsque vous demanderez son utilisation. Un FORMAT est caractère (resp. numérique) s'il est associé à une variable caractère (resp. numérique). **La nature des valeurs que vous souhaitez voir apparaître n'a aucune importance.**

Lorsque vous créez un FORMAT avec l'instruction VALUE, vous devez placer à gauche du signe égal les modalités existantes dans la table et à droite la valeur à afficher. Pour un FORMAT caractère, la modalité à gauche doit être encadrée par des quotes si elle contient un espace. Sur les valeurs placées à droite du signe égal (et qui vont donc s'afficher à la place des modalités de la table), vous n'avez pas besoin de quotes (même si elles contiennent des espaces)[7].

Enfin, au sein de PROC FORMAT, le nom du FORMAT ne doit pas se terminer par un point. En revanche, il doit se terminer par un point lorsqu'il est attribué à une variable.

---

7. Il est cependant plus sûr de placer entre quotes les différentes modalités et valeurs caractères de part et d'autre du signe égal.

Ⓐ b. PICTURE

Nous mobilisons l'instruction PICTURE dans cette section afin de construire un FORMAT qui affichera lisiblement les numéros de téléphone des clients de notre table. L'instruction PICTURE est extrêmement complète et nous n'en examinerons ici que quelques possibilités. Si vous souhaitez approfondir le sujet, veuillez consulter l'aide SAS (entrée *PROC FORMAT PICTURE Statement*) et les articles suivants :

📖 CROGHAN, Carry W., « PICTURE perfect : in depth look at the PICTURE format », *Proceedings of the 12th SouthEast SAS Users Group Conference*, 2004, TU03

http://analytics.ncsu.edu/sesug/2004/TU03-Croghan.pdf

📖 HAGEMANN, Howard, « SAS formats – Simply powerful », *Proceedings of the South Central SAS User's Group Conference*, 2007

http://www.scsug.org/SCSUGProceedings/2007/papers/report/Report-Hagemann.pdf

📖 HART, Brice, « Picturing your character variables with PROC FORMAT and SAS® 9.3 », *Proceedings of the Northeast SAS User Group*, 2013

https://www.lexjansen.com/nesug/nesug13/80_Final_Paper.pdf

📖 KARP, Andrew H., « Getting in to the PICTURE (format) », *Proceedings of the 31st annual SAS Users Group International Conference*, 2006, 243-31

http://www2.sas.com/proceedings/sugi31/243-31.pdf

Le programme 5-16 propose quelques exemples de construction de FORMAT au moyen de PICTURE.

Programme 5-16

```
PROC FORMAT;
   PICTURE telep
      LOW-HIGH="99 99 99 99 99";
   PICTURE telepa
      LOW-HIGH="99-99-99-99-99"
            (PREFIX="Tel: ");
   PICTURE telepb
      LOW-599999999="99-99-99-99-99"
                (PREFIX="Dom: ")
      OTHER="99-99-99-99-99"
         (PREFIX="Port: ");
RUN;
```

Résultat 5-11

| 194129054 | TELEP. → | 01 94 12 90 54 |
| 684286414 | | 06 84 28 64 14 |

| 194129054 | TELEPA. → | Tel: 01-94-12-90-54 |
| 684286414 | | Tel: 06-84-28-64-14 |

| 194129054 | TELEPB. → | Dom: 01-94-12-90-54 |
| 684286414 | | Port: 06-84-28-64-14 |

Pour le premier FORMAT, nous indiquons, entre quotes ("99 99 99 99 99"), le « modèle » que SAS devra appliquer à nos modalités. Un modèle ne peut pas prendre plus de 40 caractères. Le '9' est un *digit selector* qui renseigne SAS sur ce qu'il doit afficher. Ici, nous demandons l'affichage de 10 chiffres, par blocs de deux séparés par des espaces. S'il manque un chiffre (c'est le cas ici), des '0' sont insérés à gauche de la modalité. Le *digit selector* '0' que nous utiliserons dans le programme 5-17 produit un autre type d'affichage.

Pour le second FORMAT, le séparateur est modifié et nous demandons l'ajout d'un préfixe. Vous pouvez aussi créer, via PICTURE, des FORMAT qui présentent des valeurs conditionnelles à la modalité observée : les numéros de téléphone strictement inférieurs à 06 00 00 00 00 correspondent à des téléphones fixes ; les autres correspondent à des téléphones mobiles.

Programme 5-17

```
PROC FORMAT;
   PICTURE achat_a
      LOW-HIGH="000.000,00"
               (PREFIX="€"
                DECSEP=','
                DIG3SEP='.');
   PICTURE achat_b
      LOW-HIGH="000,009.99"
               (PREFIX="€");
   PICTURE achat_c (ROUND)
      LOW-HIGH="000 000 000 009 IKr"
               (MULT=155.242);
RUN;
```

Résultat 5-12

```
183.55      ACHAT_A.          €183,55
    0             ───►       (         )

183.55      ACHAT_B.          €183.55
    0             ───►          €0.00

183.55      ACHAT_C.        28 495 IKr
    0             ───►            0 IKr
```

Pour ACHAT_A, nous utilisons le *digit selector* '0' : il demande que les zéros qui pourraient apparaître à gauche de la modalité ne soient pas affichés. Cela explique pourquoi, lorsque vous appliquez le FORMAT ACHAT_A., la modalité 0 n'apparaît pas. Toujours pour ce FORMAT, nous demandons avec l'option DECSEP= que le séparateur décimal soit la virgule et avec DIG3SEP= que le séparateur des milliers soit le point. Nous avons donc spécifié le modèle suivant :

```
"000.000,00"
```

Avec ce modèle, les sommes supérieures ou égales à un million ne s'afficheront pas correctement. Une somme de 1 000 001 sera ainsi affichée €1,00. Vous devez donc veiller à ce que votre modèle puisse s'appliquer sans difficulté à vos données puisque donner une valeur plus élevée à W ou tenter de réduire le nombre de décimales avec D sont sans effet sur ce type de FORMAT.

Par défaut, les FORMAT que vous créez affichent les valeurs sur le nombre de caractères que vous observez entre les deux quotes du modèle (donc dix, dans notre cas). Si un préfixe est demandé, sa longueur est ajoutée au nombre de caractères du modèle. Il est possible de modifier la valeur par défaut au moyen de l'option DEFAULT=, à préciser entre parenthèses immédiatement après le nom du FORMAT créé :

```
PICTURE achat_a (DEFAULT=15)
      LOW-HIGH="000.000,00" ...
```

Pour ACHAT_B., nous utilisons les deux *digit selectors* 0 et 9 de façon que le 0 s'affiche €0.00. Cela ne modifie pas l'affichage des autres modalités. Enfin, pour le dernier FORMAT, nous demandons la conversion en couronnes islandaises (1€=155.242 IKr) de la modalité de la variable ACHAT. Lorsque vous avez recours à un multiplicateur, il est recommandé d'utiliser l'option ROUND, pour arrondir à l'unité (sans quoi, le résultat est tronqué à l'unité).

```
183.55*155.242=28494.6691
```

Avec l'option ROUND, vous obtenez 28495 ; sans elle, vous obtenez 28494.

🅑 🅐 c. Exploiter d'une session à l'autre les FORMAT créés

Les FORMAT que nous avons créés ont été utilisés via une instruction FORMAT au sein d'un PROC PRINT, mais vous pouvez les associer aux variables dans la table même, par exemple via PROC DATASETS (voir programme 5-12). Néanmoins, cela ne suffit pas pour les exploiter d'une session à l'autre. En effet, les programmes que nous avons proposés les ont enregistrés de façon temporaire dans la bibliothèque WORK. Pour sauvegarder vos FORMAT dans une bibliothèque permanente, vous devez employer l'option LIBRARY=. :

Programme 5-18

```
LIBNAME malib 'C:\intro_SAS';
PROC FORMAT LIBRARY=malib;
   + reprise des programmes 5-15, 5-16 et 5-17;
RUN;
```

MALIB est la bibliothèque créée au moyen d'une instruction LIBNAME. Si vous spécifiez LIBRARY=MALIB, SAS crée un fichier de type catalogue (CATALOG), appelé FORMATS, que vous utiliserez et compléterez lors de sessions ultérieures. Ces fichiers catalogues servent à SAS pour stocker différents types d'informations – dans notre cas, les FORMAT que vous avez créés.

Vous remarquez que, pour l'instant, la table CLIENTS exploitée au cours des sections précédentes est temporaire. Le programme 5-19 la rend permanente :

Programme 5-19

```
DATA malib.clients;
   SET clients;
   FORMAT civilite civi.
          type $typ_c.
          achat achat_b.
          telephone telepb.;
RUN;
```

Programme 5-20

```
PROC DATASETS LIBRARY=work NOLIST;
   MODIFY clients;
      FORMAT civilite civi.
             type $typ_c.
             achat achat_b.
             telephone telepb.;
   COPY OUT=malib;
      SELECT clients;
QUIT;
```

Si le programme 5-19 accomplit la tâche demandée, il n'est pas efficace : votre étape DATA ne fait qu'attribuer les FORMAT aux variables (il n'y a pas modification des données proprement dites) et transférer la table de WORK à MALIB. Puisque les données de la table ne sont pas modifiées non plus ici, vous avez tout intérêt à utiliser PROC DATASETS[8].

Imaginons maintenant que vous quittiez SAS pour ensuite démarrer une nouvelle session. Vous définissez à nouveau la bibliothèque MALIB pour accéder à votre table. Cependant, si vous réalisez un PROC PRINT, vos FORMAT ne sont pas reconnus et votre table refuse de s'ouvrir. Votre fenêtre *Journal* affiche le message suivant :

---

8. L'instruction COPY de PROC DATASETS est présentée dans la section 5.4.5.b.

Résultat 5-13 (fenêtre Journal)

```
2     proc print data=malib.clients;run;
ERROR: Format CIVI not found or couldn't be loaded for variable civilite.
ERROR: Format $TYP_C not found or couldn't be loaded for variable type.
ERROR: Format ACHAT_B not found or couldn't be loaded for variable achat.
ERROR: Format TELEPB not found or couldn't be loaded for variable telephone.
```

Où sont vos FORMAT ? Pour les utiliser à nouveau, vous devez préciser à SAS l'endroit où il doit les rechercher, au moyen de l'instruction suivante :

```
OPTIONS FMTSEARCH=(malib.formats);
```

Vos FORMAT sont de nouveau disponibles et utilisables lorsque vous exécutez votre PROC PRINT. Vous pouvez aussi simplement indiquer la bibliothèque dans laquelle se trouve votre catalogue de FORMAT, voire spécifier plusieurs bibliothèques :

```
OPTIONS FMTSEARCH=(malib work);
```

Si vous attribuez à votre bibliothèque le nom LIBRARY, plutôt qu'un nom spécifique (ici MALIB), vous n'aurez pas besoin de l'instruction globale OPTIONS : SAS ira de lui-même chercher les FORMAT dont il a besoin. En effet, il recherche par défaut dans les bibliothèques LIBRARY (si elle existe) et WORK. S'il ne trouve pas, il envoie un message d'erreur comme celui du résultat 5-13. Si vous souhaitez que SAS exécute le programme même s'il ne trouve pas les FORMAT que vous avez pourtant pris la peine de sauvegarder quelque part, demandez l'exécution de l'instruction qui suit :

```
OPTIONS NOFMTERR;
```

Cette option demande qu'il n'y ait pas de message d'erreur ni de refus de traitement en cas d'absence de FORMAT. Elle vous sera particulièrement utile si un correspondant vous transmet une table avec des FORMAT spécifiques, mais sans vous communiquer le catalogue dans lequel sont stockées les définitions de ces derniers (FORMATS.SAS7BCAT).

Si vous créez un INFORMAT au moyen de PROC FORMAT et si vous souhaitez l'enregistrer pour une utilisation ultérieure, procédez de même : enregistrez l'INFORMAT en utilisant l'option LIBRARY= et indiquez, via l'option globale FMTSEARCH=, la bibliothèque dans laquelle vous l'avez sauvegardé.

SB B A   d. Quelques options et instructions de PROC FORMAT

Imaginons le cas suivant : un correspondant vient de vous transmettre une table et le fichier catalogue contenant les FORMAT. Pour avoir une idée plus précise des associations entre les modalités réelles de la table et les valeurs affichées, exécutez les programmes qui suivent.

Programme 5-21	**Programme 5-22**

```
PROC FORMAT LIBRARY=malib
            FMTLIB;
RUN;
```

```
PROC FORMAT LIBRARY=malib
            CNTLOUT=test;
RUN;
```

L'option FMTLIB produit, dans la fenêtre *Sortie*, un tableau résumant les caractéristiques du FORMAT spécifique. Pour le FORMAT ACHAT_C créé par le programme 5-17, vous obtenez ainsi le résultat suivant :

Résultat 5-14

```
            FORMAT NAME: ACHAT_C  LENGTH:    19    NUMBER OF VALUES:     1
      MIN LENGTH:    1  MAX LENGTH:  40  DEFAULT LENGTH:   19  FUZZ: STD

  START               END               LABEL   (VER. V7|V8   21MAY2018:17:16:38)

  LOW                 HIGH              000 000 000 009       P   F  M155.242
```

Vous remarquez dans ce tableau la présence de l'information suivante :

```
P    F  M155.242
```

Si un préfixe est utilisé pour ce FORMAT, il est précisé après P. Après F est indiqué le caractère FILL (' ' dans notre cas, caractère par défaut[9]) et après M est indiqué le multiplicateur (155.242).

Avec l'option CNTLOUT=, le programme 5-22 produit un résultat similaire (voire un peu plus complet, puisque le suffixe IKr sera indiqué, contrairement au résultat obtenu avec FMTLIB), sous la forme d'une table dans laquelle vous retrouverez toutes les informations qui vous permettront de recréer, si besoin, le programme à l'origine de ce FORMAT.

Les instructions SELECT et EXCLUDE de PROC FORMAT n'affichent les caractéristiques que de certains FORMAT :

```
SELECT achat_c;
```

Des instructions comme celle qui suit sont aussi possibles :

```
EXCLUDE telep:;
```

Ici, tous les FORMAT seront présentés sauf ceux dont les noms commencent par TELEP. Enfin, si vous souhaitez détruire un FORMAT contenu dans un catalogue, vous devrez passer par PROC CATALOG (voir aide SAS, entrée *Syntax: PROC CATALOG*).

Programme 5-23

```
PROC CATALOG CATALOG=malib.formats;
   DELETE achat_c / ENTRYTYPE=FORMAT;
   CONTENTS;
QUIT;
```

Lorsque vous effacez une entrée dans un catalogue, vous devez impérativement indiquer son type (ici, FORMAT). L'instruction CONTENTS de cet exemple montre le contenu du catalogue FORMATS après l'effacement de ACHAT_C.

---

9. Voir l'aide SAS, entrée *Filling a Picture Format* pour un exemple.

SB B A ## e. Supprimer les FORMAT associés aux variables d'une table

Dans certains cas, vous préférerez que vos FORMAT spécifiques ne se trouvent pas dans votre table SAS et qu'ils soient uniquement présents lorsque vous utilisez telle ou telle procédure (un PROC PRINT, par exemple). Pour ce faire, il faut d'abord retirer les FORMAT de la table, soit en mobilisant PROC DATASETS, soit avec une étape DATA de modification :

Programme 5-24[10]

```
DATA malib.clients2;
    SET malib.clients;
    * instructions;
    FORMAT civilite type
        achat telephone;
RUN;
```

Programme 5-25

```
PROC DATASETS LIBRARY=malib NOLIST;
    MODIFY clients;
        FORMAT civilite type
                achat telephone;
QUIT;
```

Le programme 5-24 n'est pas efficace si le seul objectif de votre étape DATA est la suppression des associations entre les variables et leurs FORMAT. Vous devez lui préférer le programme 5-25.

Si vous réalisez ensuite un PROC PRINT sur votre table, les FORMAT ont bien disparu. Ils n'ont cependant pas été supprimés du catalogue contenant les FORMAT spécifiques – vous pouvez toujours les utiliser au sein des procédures, par exemple.

Programme 5-26

```
PROC PRINT DATA=malib.clients;
    FORMAT civilite civi. type $typ_c.
        achat achat_b. telephone telepb.;
RUN;
```

Une fois de plus, si vous quittez SAS puis démarrez une nouvelle session – même si vous définissez votre bibliothèque via un LIBNAME et si vous exécutez le programme 5-26 –, vous ne pourrez exploiter les FORMAT spécifiques. Vous devrez là encore passer par :

```
OPTIONS FMTSEARCH=(malib);
```

SB B A ## f. Les FORMAT entrelacés

Les FORMAT sont bien plus puissants qu'il n'y paraît. Dans ce chapitre, nous les avons utilisés uniquement pour leur capacité à représenter autrement les modalités d'une variable contenue dans une table. Cependant, ils servent aussi, dans certaines procédures[11], à regrouper les observations[12]. Nous proposons ici un exemple et en profitons pour présenter les FORMAT entrelacés. Nous travaillerons sur le fichier FMTCOMPET.TXT, qui comprend trois variables : un identifiant individuel, le revenu de la personne pour l'année 2018 et l'âge de la personne. Le programme 5-27 crée la table, puis un

---

10. Une instruction FORMAT _ALL_ était tout aussi possible dans ce programme.

11. Parmi celles évoquées dans cet ouvrage, PROC MEANS, PROC FREQ, PROC TABULATE et les procédures de production de graphiques.

12. Voir section 4.4.1 pour un exemple d'utilisation de FORMAT afin de filtrer les observations.

FORMAT entrelacé, grâce à l'option MULTILABEL. Afin de connaître l'effectif et le revenu moyen pour chaque classe d'âge, nous lançons ensuite la procédure PROC MEANS (voir section 6.2).

Programme 5-27

```
DATA fmt;
    INFILE 'C:\intro_SAS\fichiers\fmtcompet.txt';
    INPUT ident revenu age;
RUN;
PROC FORMAT;
    VALUE tac(MULTILABEL NOTSORTED)
         low-19='19 et -'
         20-29='20-29'
         low-29='Moins de 30 ans'
         30-39='30-39'
         40-49='40-49'
         50-59='50-59'
         30-59='Entre 30 et 59 ans'
         60-high='60 et +' ;
RUN;

PROC MEANS DATA=fmt N MEAN ORDER=DATA;
    VAR revenu;
    CLASS age / MLF PRELOADFMT;
    FORMAT age tac.;
RUN;
```

Résultat 5-15

Variable d'analyse : revenu			
age	N obs	N	Moyenne
19 et -	56	56	9458.11
20-29	229	229	8299.69
Moins de 30 ans	285	285	8527.31
30-39	122	122	7992.65
40-49	83	83	8007.52
50-59	47	47	9523.60
Entre 30 et 59 ans	252	252	8283.08
60 et +	52	52	8412.37

La variable à analyser (instruction VAR) est le revenu. L'instruction CLASS permet l'analyse par classe d'âge. L'option MLF *(MultiLabel value FORMAT)* indique que le FORMAT qui s'applique à la variable AGE est entrelacé. Lors de la procédure PROC MEANS, nous associons la variable AGE au FORMAT TAC. Nous obtenons ainsi le résultat 5-15.

L'option NOTSORTED utilisée lors de la création du FORMAT, l'option ORDER=DATA de PROC MEANS, ainsi que l'option PRELOADFMT de l'instruction CLASS, permettent l'ordonnancement particulier des regroupements d'âge.

Sans FORMAT affecté à la variable de classification AGE, les statistiques auraient été calculées pour chaque modalité d'AGE. Vous constatez donc que les FORMAT, au-delà d'une simple représentation des modalités sous une forme plus lisible, servent aussi à regrouper des observations dont les modalités sont présentées de façon identique au moyen d'un FORMAT[13].

Le FORMAT entrelacé utilisé ici produit aussi des statistiques descriptives en fonction de l'âge en utilisant deux jeux de classe d'âges : le revenu d'une personne de 22 ans est utilisé pour calculer la moyenne des personnes ayant entre 20 et 29 ans, mais aussi pour calculer la moyenne des personnes ayant moins de 30 ans.

Exercice 5.5 – Vous trouverez dans la table FACTURE18 incluse dans l'archive téléchargée depuis www.sas-sr.com *les 1 430 factures établies par une entreprise au cours des années 2017 et 2018. Sans créer de variables supplémentaires, indiquez les montants facturés par jour de la semaine puis par mois et par trimestre pour chaque année.*

---

13. Vous trouverez d'autres exemples d'utilisation des FORMAT pour regrouper des observations dans les sections 6.5, 7.2 et 7.3.

Les personnes intéressées par les mises en forme possibles au moyen des FORMAT pourront consulter le très intéressant article suivant :

📖 WILLIAM, Christianna, « SAS® formats top ten », *Proceedings of the SAS Global Forum, 2015, 3155-2015*
https://support.sas.com/resources/papers/proceedings15/3155-2015.pdf

5.4 PROC DATASETS

PROC DATASETS peut être considérée comme une boîte à outils grâce à laquelle vous interviendrez sur vos tables, mais aussi sur d'autres types de fichiers SAS :

- les vues (*View*, voir l'aide SAS, entrée *Differences between Data Files and SAS Views*) ;
- les fichiers PROGRAM (programmes compilés, voir l'aide SAS *Stored Compiled DATA Step Program*) ;
- les catalogues (CATALOG, voir l'aide SAS *SAS Catalogs*) ;
- les fichiers ACCESS ;
- les tables FDB *(File Data Buffer)* et MDDB *(multidimensional database)*.

Notre présentation de PROC DATASETS se limitera pour cet ouvrage aux actions possibles sur les tables. Il s'agit en effet de vous donner de bons réflexes en vous initiant à des outils qui feront partie du quotidien d'un utilisateur professionnel de SAS. Nous allons utiliser dans cet ouvrage PROC DATASETS pour effectuer essentiellement deux types de tâches :

- **modifier les informations enregistrées dans la zone descriptive des tables,**
- **gérer vos tables (transferts d'une bibliothèque à une autre, effacements, modifications de noms…)** : sous Windows, les différentes tâches de gestion des tables sont réalisables via l'explorateur du système et/ou celui de SAS. Toutefois, vous ne travaillerez pas toujours sous Windows et vous n'aurez pas toujours un explorateur à disposition. Vous aurez alors besoin de PROC DATASETS.

5.4.1 Les principes

La syntaxe de PROC DATASETS est particulièrement importante puisqu'elle compte douze instructions principales. Il existe aussi un certain nombre d'instructions subordonnées, qui ne peuvent intervenir qu'après une instruction principale : FORMAT est ainsi une subordonnée de MODIFY (voir programmes 5-12, 5-20 et 5-25).

Nous présentons ici succinctement les instructions principales, en indiquant leur fonction. Celles qui sont présentées en italique ne font pas l'objet de développements dans cet ouvrage. Pour plus de renseignements, consultez l'aide SAS (entrée *DATASETS procedure*).

- *AGE* – Renomme un ensemble de tables reliées les unes aux autres.
- *APPEND* – Similaire dans son action à PROC APPEND (voir section 4.1.2) – leurs syntaxes sont identiques.

- *AUDIT* – Crée et gère des tables d'audit. Ce sont des tables particulières dans lesquelles toutes les modifications apportées à une table sont enregistrées. Le fichier garde la trace des observations ajoutées, effacées ou modifiées, de la personne qui a effectué ces modifications et de la date de celles-ci. Pour plus de détails, voir l'aide SAS (entrée *Understanding an Audit Trail*).
- **CHANGE** – Renomme des tables à l'intérieur d'une bibliothèque (voir section 5.4.5.a).
- **CONTENTS** – Action similaire à celle de PROC CONTENTS (voir section 5.1.1).
- **COPY** – Copie des tables SAS d'une bibliothèque à une autre[14] (voir section 5.4.5.b).
- **DELETE** – Efface des tables SAS (voir section 5.4.5.c).
- **EXCHANGE** – Échange des noms entre deux tables existantes (voir section 5.4.5.d).
- **MODIFY** – Modifie les attributs de certaines variables (nom, FORMAT, INFORMAT, LABEL) et les attributs de tables (LABEL, mots de passe d'accès en lecture, écriture). C'est aussi au sein de cette instruction que vous pouvez créer et gérer les contraintes d'intégrité (voir section 9.8.1) et les index (voir section 5.5.3).
- *REBUILT* – Restaure ou détruit des contraintes d'intégrité ou des index qui ont été désactivés.
- *REPAIR* – Tente de réparer des tables ou des catalogues qui auraient été endommagés.
- **SAVE** – Détruit tous les fichiers SAS d'une bibliothèque sauf ceux listés au moyen de cette instruction (voir section 5.4.5.e).

Si PROC DATASETS agit sur de très nombreux fichiers créés par SAS, certaines des instructions présentées ici ne s'appliquent que sur un nombre restreint de types de fichier (tableau 5-9, repris de l'aide SAS).

Tableau 5–9 Instructions principales et type de fichiers

Instruction	Valeurs possibles de l'option MEMTYPE=	Par défaut
CHANGE	ACCESS, ALL, CATALOG, DATA, FDB, MDDB, PROGRAM, VIEW	ALL
CONTENTS	ALL, DATA, VIEW	DATA
COPY	ACCESS, ALL, CATALOG, DATA, FDB, MDDB, PROGRAM, VIEW	ALL
DELETE	ACCESS, ALL, CATALOG, DATA, FDB, MDDB, PROGRAM, VIEW	DATA
EXCHANGE	ACCESS, ALL, CATALOG, DATA, FDB, MDDB, PROGRAM, VIEW	ALL
MODIFY	ACCESS, DATA, VIEW	DATA
SAVE	ACCESS, ALL, CATALOG, DATA, FDB, MDDB, PROGRAM, VIEW	ALL

L'option MEMTYPE= indique sur quel type de fichier SAS doivent être appliquées les instructions.
- Si vous citez un fichier TEST dans une instruction SAVE sans spécifier d'option MEMTYPE=, tous les fichiers portant le nom TEST, quel que soit leur type, seront par défaut concernés.
- Si vous citez un fichier TEST dans une instruction DELETE, sans spécifier d'option MEMTYPE=, seule la table TEST sera, par défaut, concernée par l'action de DELETE.

---

14. L'instruction COPY a une action similaire à la procédure PROC COPY. Nous ne développerons pas cette dernière dans cet ouvrage, mais retenez qu'elle semble plus rapide que l'instruction COPY de PROC DATASETS. Consultez l'aide SAS, entrée *Overview : COPY Procedure*.

5.4.2 Une procédure différente

PROC DATASETS présente des caractéristiques différentes de celles des procédures étudiées par exemple dans le chapitre 6 de cet ouvrage.

Dans le chapitre 6, les procédures présentées peuvent être comprises comme des « protocoles » à appliquer à vos tables SAS : chacune exécute une tâche bien précise sur une seule table ; les instructions et options que vous spécifiez ne font qu'indiquer à SAS comment ce protocole préécrit doit être appliqué. Pour ces procédures, l'ordre dans lequel vous entrez vos instructions n'a aucune importance et n'influencera jamais votre résultat. Le RUN qui termine ce type de procédure présente deux caractéristiques :

- Il indique à SAS que l'ensemble du paramétrage de la sortie demandée à la procédure est effectué : il doit donc à présent accomplir la tâche demandée.

- Il ferme également la procédure puisque le traitement demandé sur la table analysée est terminé.

Les procédures interactives comme PROC DATASETS (ou PROC SQL – voir chapitre 9) fonctionnent différemment, dans le sens où c'est vous, utilisateur, qui écrivez la suite de commandes à exécuter. Les instructions PROC DATASETS ne sont pas non plus appliquées à une table précise[15], contrairement aux procédures évoquées plus haut, mais peuvent l'être à n'importe quelle table ou ensemble de tables existant au moment où l'instruction est rencontrée.

Dans ce cadre, l'ordre dans lequel vous présentez vos instructions aura une importance considérable, puisque les instructions que vous écrirez seront exécutées, les unes après les autres, comme dans une étape DATA.

L'instruction RUN, si elle provoque l'exécution des instructions principales qui précèdent, ne clôt pas la procédure DATASETS : d'autres instructions propres à cette procédure peuvent ensuite intervenir. Pour quitter PROC DATASETS, vous devrez entrer l'instruction QUIT, démarrer une nouvelle étape DATA ou faire appel à une autre procédure.

5.4.3 Les options de PROC DATASETS

Voici les options principales de l'instruction PROC DATASETS :

- **LIBRARY=** – Définit la bibliothèque par défaut dans laquelle SAS ira chercher les tables sur lesquelles vous souhaitez intervenir au moyen des instructions principales. Si vous ne spécifiez rien, c'est la bibliothèque WORK qui est utilisée par défaut.

- **KILL** – Détruit **TOUS LES FICHIERS SAS** présents dans la bibliothèque de référence, c'est-à-dire **toutes les tables (DATA)**, **toutes les vues (VIEW)**, **tous les programmes compilés (PROGRAM)**, **tous les catalogues (CATALOG)**, **les tables FDB**, **les tables MDDB**, **les fichiers ACCESS.**

- **MEMTYPE=** – Spécifie les types de fichier SAS sur lesquels vous allez intervenir.

---

15. Il n'y a pas d'option DATA= dans la syntaxe de PROC DATASETS.

Programme 5-28

```
PROC DATASETS LIBRARY=lab MEMTYPE=DATA KILL; QUIT;
PROC DATASETS LIBRARY=lab MEMTYPE=(VIEW PROGRAM) KILL; QUIT;
```

Pour détruire uniquement les tables SAS de la bibliothèque LAB, exécutez la première instruction du programme 5-28. Le second PROC DATASETS détruit les vues et les programmes présents dans LAB.

MEMTYPE peut prendre les valeurs ALL, DATA, VIEW, PROGRAM, CATALOG, FDB, MDDB, ACCESS. Par défaut, en option de PROC DATASETS, MEMTYPE=ALL, ce qui explique le caractère « ravageur » de l'option KILL.

Tous les programmes que nous présenterons à partir de maintenant spécifieront systématiquement MEMTYPE=DATA. Cette option apparaît soit dans l'instruction PROC DATASETS, soit après un '/' dans chacune des instructions principales.

- **NOLIST** – PROC DATASETS seul produit un rapport présentant les caractéristiques de la bibliothèque active (WORK, ou celle qui est spécifiée via LIBRARY=). L'option NOLIST empêche la production de ce rapport.

- **DETAILS** – Ajoute des informations concernant les tables (nombre d'observations, de variables, LABEL de table) dans le rapport produit par défaut par PROC DATASETS.

Vous disposez en outre d'options de gestion des erreurs d'exécution (FORCE, NOWARN)[16] que nous ne présenterons pas dans le présent ouvrage.

5.4.4 L'instruction MODIFY

Nous avons employé l'instruction MODIFY de PROC DATASETS tout au long de ce chapitre[17]. Nous proposons dans cette section un bref récapitulatif de sa syntaxe.

Les instructions secondaires de MODIFY relatives aux contraintes d'intégrité ne seront pas présentées dans cet ouvrage. Celles relatives aux index seront présentées dans la section 5.5.3.

Les instructions secondaires de MODIFY décrites dans cette section sont ATTRIB, FORMAT, INFORMAT, RENAME et LABEL. Elles ne présentent pas de difficultés particulières : leur structure est quasi identique à celle de l'étape DATA. Voyez le programme 5-29 en guise d'illustration.

Programme 5-29

```
PROC DATASETS NOLIST LIBRARY=lib;
   MODIFY test ;
      LABEL x1="Label de ma variable" x2= ;  ←── ajout d'un LABEL à X1 et retrait du LABEL à X2
      FORMAT x3-x5 ddmmyy10. x6 ;◄─────────── application d'un FORMAT sur X3-X5, retrait du FORMAT sur X6
      INFORMAT x7 date9. x8 ; ◄───────────── déclaration d'un INFORMAT pour X7, retrait de l'INFORMAT de X8
      RENAME x9=z9 ; ◄─────────────────────── la variable X9 est renommée en Z9
      ATTRIB x10 x11 LABEL="Label des variables"
                FORMAT=ddmmyy10.                ◄─── attribution d'un LABEL, FORMAT et INFORMAT
                INFORMAT=date9. ;                    aux variables X10 et X11.
QUIT;
```

---

16. Voir l'aide SAS, entrée *PROC DATASETS Statement*.

17. Voir programmes 5-2, 5-7, 5-8, 5-12, 5-20 et 5-25.

L'instruction ATTRIB de PROC DATASETS n'est pas capable de modifier la longueur d'enregistrement d'une variable (pas d'instruction LENGTH), car une telle modification oblige un passage par le PDV.

5.4.5 Les instructions de gestion des fichiers SAS

Nous abordons plus précisément dans cette section les instructions CHANGE, COPY, DELETE, EXCHANGE et SAVE. De nombreuses options existent pour ces instructions, mais nous n'en cite-rons que quelques-unes (voir l'aide SAS pour plus de détails[18]). Ayez bien à l'esprit que nous traitons d'instructions permettant la **manipulation de fichiers SAS**. Même si nous fondons exclusivement nos exemples sur les tables, elles s'appliquent aussi bien à des tables qu'à des catalogues, des vues, etc.

a. CHANGE

```
CHANGE table1=table2 table3=table4 / MEMTYPE=DATA;
```

L'instruction CHANGE ancien_nom=nouveau_nom modifie le nom de fichiers contenus dans une même bibliothèque. Si vous ne spécifiez pas de bibliothèque au moyen de l'option LIBRARY= de PROC DATASETS, c'est WORK qui sera considérée. Avec l'instruction présentée ici, puisque nous spécifions MEMTYPE=DATA, seuls les noms des tables seront modifiés. S'il existe par exemple des catalogues de même nom, ils ne seront pas concernés par l'instruction CHANGE.

b. COPY

Programme 5-30

```
PROC DATASETS NOLIST
               MEMTYPE=data;
   COPY IN=lib OUT=lab;
   COPY IN=lib OUT=lub;
      SELECT table3-table5;
   COPY IN=lib OUT=lob MOVE;
      EXCLUDE table5;
QUIT;
```

Programme 5-31

```
PROC DATASETS NOLIST LIBRARY=lib
               MEMTYPE=data;
   COPY OUT=lab;
   COPY OUT=lub;
      SELECT table3-table5;
   COPY OUT=lob MOVE;
      EXCLUDE table5;
QUIT;
```

COPY copie des fichiers SAS d'une bibliothèque vers une autre. Vous spécifiez la bibliothèque d'ori-gine en incluant IN= dans l'instruction ; sinon, c'est la bibliothèque déclarée en option de PROC DATASETS qui est considérée comme origine (et WORK si rien n'est déclaré ici).

Dans nos exemples, quel que soit le programme, la première instruction COPY copie toutes les tables SAS contenues dans la bibliothèque LIB vers la bibliothèque LAB. La deuxième instruction, via l'ins-truction secondaire SELECT, copie TABLE3, TABLE4 et TABLE5[19] dans LUB. La dernière instruc-

---

18. Pour accéder à l'aide de n'importe quelle instruction de cette procédure, recherchez dans *PROC DATASETS _votre intruction_ Statement*.

19. Nous utilisons ici les possibilités qu'offrent les listes de tables. Ces listes, identiques dans leur fonctionnement à celles de variables, ne sont exploitables qu'au sein de certaines instructions de PROC DATASETS (comme COPY/EXCLUDE, COPY/SELECT, DELETE), ainsi que dans les instructions MERGE et SET de l'étape DATA (voir l'aide SAS, entrée *Data Set Lists*).

tion copie, via l'instruction secondaire EXCLUDE, toutes les tables de LIB vers LOB, à l'exception de TABLE5. L'option MOVE efface de la bibliothèque d'origine toutes les tables qui auront été copiées.

c. DELETE

L'instruction DELETE efface des fichiers SAS contenus dans la bibliothèque spécifiée via l'option LIBRARY= de PROC DATASETS.

```
DELETE table1-table3 / MEMTYPE=DATA;
```

Ici, on demande l'effacement des tables TABLE1, TABLE2 et TABLE3. Les utilisateurs de SAS 9.4 peuvent aussi mobiliser la procédure PROC DELETE, plus rapide que PROC DATASETS/ DELETE[20] (voir aide SAS 9.4, entrée *Overview : PROC DELETE*).

d. EXCHANGE

EXCHANGE échange les noms de deux fichiers SAS d'une même bibliothèque. Comme avec DELETE et CHANGE, vous ne pouvez pas spécifier la bibliothèque au sein de l'instruction EXCHANGE. Vous devez le faire au moyen de l'option LIBRARY= de PROC DATASETS.

```
EXCHANGE table1=table2 / MEMTYPE=DATA;
```

e. SAVE

Cette instruction efface tous les fichiers présents dans la bibliothèque que vous avez déclarée avec l'option LIBRARY= de PROC DATASETS, sauf ceux que vous avez listés.

```
SAVE table1-table3 / MEMTYPE=DATA;
SAVE _ALL_ / MEMTYPE=DATA;
```

Attention à l'instruction SAVE. La première instruction SAVE effacera tous les fichiers, quel que soit leur type, à l'exception des tables TABLE1, TABLE2, TABLE3. Avec la seconde, toutes les tables seront maintenues ; les autres types de fichiers seront effacés.

5.5 Optimiser vos ressources

Tout au long de cet ouvrage, nous vous avons parlé de « ressources » et de la nécessité de les économiser. Sous ce terme, il y a plusieurs choses qu'il nous faut maintenant détailler pour vous donner ensuite quelques pistes à explorer afin de les économiser. Nous ne parlerons ici que de pistes parce que les solutions

---

20. PROC DELETE est une procédure non documentée de SAS depuis au moins la version 6 et réintroduite avec SAS 9.4. Les utilisateurs de versions antérieures à SAS 9.4 peuvent tout de même l'utiliser, mais c'est à leurs risques et périls.

évoquées dans cette section dépendent très largement de votre environnement. Si vous disposez d'un ordinateur personnel sur lequel SAS est installé ou si SAS est installé sur le serveur de votre entreprise auquel plusieurs utilisateurs peuvent accéder en même temps, vos environnements sont clairement différents et ce qui peut rendre plus efficace votre programme dans un cas ne fonctionnera pas forcément dans l'autre.

Voici les différents éléments dont vous allez devoir tenir compte lorsque vous souhaiterez optimiser vos programmes :

- Votre temps de programmeur. Pour l'économiser, seule une maîtrise de la programmation SAS vous aidera. Ce livre est là pour vous y conduire.
- Le temps processeur (temps CPU) : temps utilisé par le processeur pour réaliser les différentes tâches demandées par votre programme.
- Le temps réel : temps nécessaire à l'exécution de votre programme. Il inclut le temps CPU, mais aussi la charge sur votre réseau et les temps pour charger les données, charger en mémoire le composant SAS nécessaire à l'exécution de votre programme, produire le rapport ou la table, etc.
- La mémoire vive de votre ordinateur.
- La capacité de stockage de votre ordinateur.
- Les opérations de lecture/écriture (I/O) : votre programme et vos données doivent en effet être lus depuis votre espace de stockage vers la mémoire de votre ordinateur puis, une fois le programme exécuté, donner lieu à des écritures depuis votre mémoire vers votre espace de stockage.

Ayez bien à l'esprit que, dans votre recherche d'optimisation de vos programmes, tout est affaire de compromis : la diminution du temps d'exécution d'un programme, de la taille d'une table ou des opérations de lecture/écriture se fait forcément au prix d'un temps de programmation plus important. De même, si vous compressez votre table pour économiser de l'espace de stockage, vous augmenterez nécessairement le temps CPU des programmes qui l'exploiteront.

Dans la section suivante, nous verrons comment gérer la mémoire vive pour limiter les opérations de lecture/écriture. Ensuite (section 5.5.2), nous examinerons les outils pour réduire la taille des tables sur le disque dur ou le serveur. La section 5.5.3 sera consacrée aux index de table.

5.5.1 Gérer la mémoire vive

Il est intéressant de mieux gérer la mémoire vive afin de limiter les opérations de lecture/écriture et de rendre ainsi votre programme plus efficace. Nous verrons aussi (section 5.5.1.b) que vous avez la possibilité de placer une table en mémoire au moyen de l'instruction globale SASFILE. Nous présenterons enfin les options globales pour gérer la mémoire allouée à SAS (section 5.5.1.c).

a. Limiter les opérations de lecture/écriture

Dans une sortie réalisée par PROC CONTENTS, il est un élément que nous n'avons pas encore commenté : le cadre *Informations dépendantes de la machine/de l'hôte*. Nous reprenons dans le résultat 5-16 une partie de ce cadre.

Résultat 5-16

Informations dépendantes de la machine/de l'hôte	
Taille de la page	65536
Nombre de pages	680
Première page de données	1
Nb max. d'obs. par page	264
Obs. sur première page de données	257

La section 3.1 a été consacrée à l'explication du fonctionnement des programmes SAS. Nous allons ici devoir préciser certaines choses. Lorsque, dans une étape DATA, vous modifiez une table, SAS se charge de :

- copier les données de votre table du disque dur vers une zone de mémoire (mémoire tampon, ou *buffer*) ;
- transférer de la mémoire tampon vers le PDV une observation à la fois et exécuter votre programme de la façon exposée dans la section 3.1 ;
- transférer l'observation traitée vers une nouvelle zone de mémoire ;
- procéder, lorsque cette seconde zone de mémoire est « remplie », à l'écriture sur le disque dur d'une partie de la table à créer.

La figure 5-2 résume notre propos.

Figure 5–2
Les opérations
de lecture/écriture (I/O)

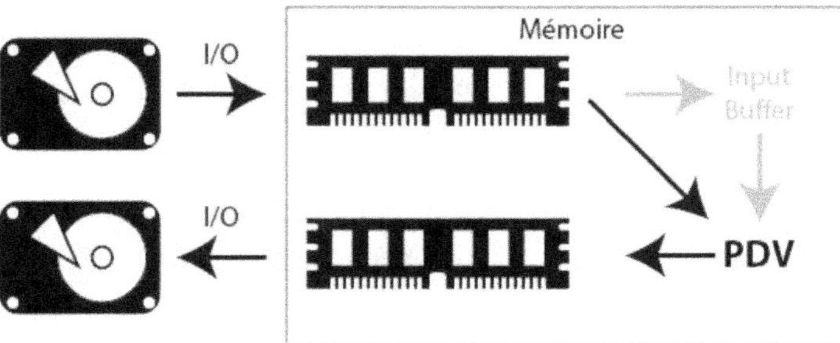

La figure 5-2 précise comment les choses se passent lorsque vous créez une table à partir d'un fichier TXT : avant d'arriver dans le PDV, les données brutes transitent par l'INPUT BUFFER.

Dans le contexte décrit par la figure 5-2, une page indique la taille de la mémoire tampon dans laquelle vont être stockées les données avant leur traitement dans le PDV. Dans le cadre de la table utilisée pour produire le résultat 5-16, cette taille est de 65 536 octets, ce qui correspond à un nombre d'observations compris entre 257 et 264.

Notre table contient 680 pages : si vous la modifiez, il y a 680 accès en lecture à votre disque dur. Si vous ne supprimez aucune observation, il y a aussi 680 accès en écriture. La taille de la table utilisée pour le résultat 5-16 est donc de 680 pages × 65 536 octets = 44,5 Mo.

La taille des pages est une donnée propre à une table, enregistrée dans les métadonnées, que vous pouvez tout de même modifier lors d'une étape DATA. Il est en effet parfois intéressant d'augmenter la taille des pages pour réduire le nombre de lectures nécessaire au traitement de votre table. Une telle modification, si elle réduit le temps d'exécution de votre programme, augmente cependant la quantité de mémoire utilisée.

Par défaut, la taille d'une page est déterminée automatiquement par SAS en fonction de la longueur de chaque observation et de votre environnement. Cette taille est normalement optimale mais, en fonction des circonstances, vous pouvez demander à l'augmenter pour limiter les accès disque, soit par l'option globale BUFSIZE=, soit avec l'option de table du même nom.

Si vous choisissez l'option globale BUFSIZE=, toutes les tables qui seront créées ou modifiées ensuite auront une taille de page égale à la valeur que vous spécifierez. Si vous employez l'option de table, seule la table créée sera affectée.

Dans les deux cas, BUFSIZE= admet les valeurs suivantes :

- n | nK | nM | nG : un nombre d'octets (n), de kilo-octets (nK), de méga-octets (nM) ou de giga-octets (nG). En fonction de votre environnement, certaines valeurs ne sont pas autorisées. Dans ce cas, SAS arrondit automatiquement à la valeur la plus proche possible.
- MIN : valeur la plus faible possible en fonction de votre environnement (cette valeur d'option est très déconseillée).
- MAX : valeur maximale possible en fonction de votre environnement.
- 0 : pour revenir au fonctionnement par défaut dans lequel SAS choisit lui-même la taille de la mémoire tampon.

Une seconde option globale/option de table est mobilisable : BUFNO=. Elle contrôle le nombre de mémoires tampons (égal à 1 par défaut) allouées aux opérations de lecture/écriture d'une table.

Dans un environnement Windows, modifier ce nombre n'a pas de réel intérêt lorsque vous travaillez avec des tables importantes, mais sera intéressant avec de petites tables (moins de 10 pages). En fixant un nombre de mémoires tampons égal au nombre de pages, votre table sera intégralement chargée en mémoire avec un seul accès disque, ce qui peut accélérer l'exécution de votre programme.

L'option globale et l'option de table BUFNO= admettent les valeurs suivantes :
- MIN : valeur par défaut propre à votre environnement.
- MAX : valeur maximum possible en fonction de votre environnement mais il est cependant conseillé de ne pas aller au-delà de 10.
- n : spécifie le nombre de mémoires tampons à allouer.

b. L'instruction globale SASFILE

Le programme 5-32 implique plusieurs étapes qui vont mobiliser les données d'une unique table.

Programme 5-32

```
PROC PRINT DATA=matable;
   VAR ...;
RUN;
```

```
DATA matable2;
   SET matable;
   <instructions>;
RUN;

PROC MEANS DATA=matable;
   VAR ...;
RUN;

PROC TABULATE DATA=matable;
   CLASS ...;
   VAR ...;
   TABLE ...;
RUN;
```

Ce programme est consommateur de ressources parce qu'il demande à lire quatre fois la même table. Vous améliorerez ses performances en plaçant MATABLE en mémoire, au moyen de l'instruction globale SASFILE, de l'une des deux façons suivantes :

```
SASFILE matable OPEN;
Ou
SASFILE matable LOAD;
```

OPEN alloue un nombre de buffers suffisamment important pour charger la table. La table n'est cependant pas chargée ; elle ne le sera que lorsqu'une procédure ou une étape DATA la citant dans une instruction SET sera rencontrée.

LOAD alloue le nombre de buffers suffisant et charge la table en mémoire.

Pour sortir la table de la mémoire, utilisez l'instruction CLOSE.

```
SASFILE matable CLOSE;
```

Une fois la table en mémoire, les différentes étapes du programme 5-32 ne demanderont plus d'accès disque : vous accélérez l'exécution de votre programme.

Attention : la table à placer ainsi en mémoire ne doit pas être trop importante. Dans le cas contraire, votre système d'exploitation fera alors appel à de la mémoire virtuelle (de la « mémoire sur disque dur ») et, au lieu d'une amélioration des performances, vous observerez une dégradation. La taille limite dépend de votre environnement mais, sur un ordinateur portable récent, les tables de quelques centaines de Mo ne posent aucune difficulté.

Dans tous les cas, avec Windows, surveillez l'utilisation de la mémoire de votre ordinateur au moyen du *Gestionnaire des tâches*.

Les tables placées en mémoire peuvent être mobilisée par des procédures, être citées dans une étape DATA après une instruction SET, être modifiées via des instructions DATA/MODIFY[21] ou être complétées par de nouvelles observations au moyen de PROC APPEND.

---

21. DATA/MODIFY n'est pas traitée ici et fait l'objet d'un supplément disponible sur le site compagnon de cet ouvrage.

En revanche, vous ne pouvez pas trier une table en mémoire sans utiliser l'option OUT= de PROC SORT, la remplacer par une table de même nom, ni renommer les variables ou associer un FORMAT ou un LABEL à une variable au moyen de PROC DATASETS.

c. Les options globales de gestion de la mémoire

Par défaut, avec SAS 9.4M5 Windows, 2 Go de mémoire sont attribués au progiciel. Cela ne signifie pas que 2 Go de mémoire vont être systématiquement mobilisés lorsque vous demanderez l'exécution d'un programme, mais que le système pourra les allouer à SAS. Si votre programme demande davantage de mémoire, il ne sera pas exécuté et vous observerez dans votre journal le type de message que nous avons obtenu en plaçant dans une table de hachage une table SAS trop importante :

```
ERROR: Hash object added 917488 items when memory failure occurred.
FATAL: Insufficient memory to execute DATA step program. Aborted
       during the EXECUTION phase.
ERROR: The SAS System stopped processing this step because of
       insufficient memory.
```

La quantité de mémoire utilisée par chacune des étapes est visible avec l'option globale FULLSTIMER.

```
OPTION FULLSTIMER;
```

Cette option globale ajoute au journal un ensemble d'informations sur les ressources utilisées. Nous reproduisons au résultat 5-17 un extrait de notre journal suite à un PROC SORT.

Résultat 5-17 (fenêtre Journal)

```
836   PROC SORT DATA=lib.hitparade OUT=hitparade_tri;
837      BY date class;
838   RUN;

NOTE: There were 179292 observations read from the data set LIB.HITPARADE.
NOTE: SAS threaded sort was used.
NOTE: The data set WORK.HITPARADE_TRI has 179292 observations and 6
      variables.
NOTE: PROCEDURE SORT used (Total process time):
      real time            0.62 seconds
      user cpu time        0.25 seconds
      system cpu time      0.15 seconds
      memory               56318.79k
      OS Memory            85144.00k
      Timestamp            21/05/2018 09:41:55 AM
      Step Count                   194  Switch Count  0
```

Sans cette option, lorsqu'un programme SAS est exécuté, vous ne voyez que le temps réel – celui qui sépare votre demande d'exécution de l'exécution complète de votre programme – et le temps CPU – celui nécessaire à votre (ou vos) processeur(s) pour effectuer la tâche demandée. Le temps CPU est ici partagé en deux : celui lié à l'exécution du programme que vous avez rédigé et celui utilisé par les tâches système engendrées.

Vous pouvez aussi vérifier la quantité de mémoire nécessaire à l'exécution de la tâche demandée. MEMORY vous indique celle utilisée par la procédure et OS MEMORY, celle qui lui est allouée[22].

Quatre options de paramétrage de la mémoire allouée à SAS sont disponibles – n'en modifiez la valeur que si vous rencontrez un problème manifeste.

	Valeur par défaut **(SAS 9.4M5 Windows)**	**Procédures affectées**
MEMSIZE=	2Go	
REALMEMSIZE=	0	toutes les procédures sauf celles évoquées ci-après
SORTSIZE=	1Go	SORT
SUMSIZE=	0	MEANS, OLAP, REPORT, SUMMARY, SURVEYFREQ, SURVEYLOGISTIC, SURVEYMEANS et TABULATE

MEMSIZE est l'option globale qui indique la mémoire allouée à SAS. REALMEMSIZE= indique la mémoire allouée aux procédures non évoquées dans le tableau ; un 0 signifie que c'est SAS qui décide, au démarrage de la session, de la valeur de cette option. SORTSIZE= est l'option qui précise la quantité de mémoire allouée au tri des tables. SUMSIZE= précise la quantité de mémoire allouée à certaines procédures. Un 0 indique ici à SAS de prendre pour valeur celle qu'il trouvera pour REALMEMSIZE=. MEMSIZE= et REALMEMSIZE= ne sont modifiables qu'avec une spécification dans le fichier de configuration (voir section 5.6.4). Les valeurs de REALMEMSIZE=, SORTSIZE= et SUMSIZE= doivent être comprises entre 50 et 75 % de la valeur de MEMSIZE=. Les valeurs possibles de ces options sont n | nK | nM | nG | nT.

D'autres valeurs sont envisageables en fonction des options ; il est important de consulter l'aide SAS avant toute modification.

5.5.2 Optimiser la taille de vos tables

Vos tables SAS risquent, si vous n'y prenez pas garde, de prendre une place très importante sur votre disque dur. Il existe plusieurs méthodes qui, sans vous faire perdre une seule information, vont vous aider à réduire leur taille. Nous allons expérimenter ces différentes techniques sur la table HITPARADE. Vous trouverez cette dernière dans la section *Supplément* du site compagnon. Pour exécuter les exemples présentés dans cette section, créez une bibliothèque appelée LIB et qui pointe vers l'emplacement où vous avez enregistré la table HITPARADE.

Cette table contient tous les classements du hit-parade hebdomadaire américain entre le 1er janvier 1950 et le 30 décembre 1989 (179 292 observations). Le résultat 5-18 vous en présente un extrait.

---

22. N'hésitez pas à consulter la page suivante qui vous donne un ensemble d'informations nécessaires à une complète compréhension des statistiques données par l'option globale FULLSTIMER : https://support.sas.com/rnd/scalability/tools/fullstim/index.html

Résultat 5-18

Obs.	class	date	artiste	titre	label	ref_int
1	96	09/01/1971	Deep Purple	BLACK NIGHT	Warner Bros.	7405
2	4	26/08/1972	Hollies	LONG COOL WOMAN (In A Black Dress)	Epic	10871
3	77	18/10/1969	Ray Stevens	SUNDAY MORNIN' COMIN' DOWN	Monument	1163
4	7	21/04/1973	Gladys Knight & Pips	NEITHER ONE OF US (Wants To Be The First To Say Goodbye)	Soul	35098
5	59	15/11/1980	Paul Simon	LATE IN THE EVENING	Warner Bros.	49511

Le 9 janvier 1971 (DATE), le titre Black Night (TITRE) du groupe anglais Deep Purple (ARTISTE) était classé 96ᵉ (CLASS) dans ce hit-parade des meilleures ventes. Ce 45-tours était édité par la compagnie Warner Bros. (LABEL) et avait la référence interne à cette compagnie 7405 (REF_INT).

Le résultat 5-19 complète notre présentation de cette table en vous indiquant les types et longueurs de ses variables.

Résultat 5-19

Liste alphabétique des variables et des attributs			
#	Variable	Type	Long.
3	artiste	Texte	70
1	class	Num.	8
2	date	Num.	8
5	label	Texte	30
6	ref_int	Texte	20
4	titre	Texte	110

Notre objectif au cours des sections qui suivent va être de réduire la taille de cette table sur votre disque dur. Une partie du travail a déjà été fait puisqu'il n'y apparaît pas de variables « inutiles ».

Des variables ANNEE, MOIS, JOUR, ou SEMAINE basées sur la DATE constitueraient un exemple de variables inutiles. Vous n'en avez aucunement besoin puisqu'il existe des fonctions qui les construisent (et qui sont donc utilisables dans des instructions WHERE de sélection d'observations – voir section 5.5.3) et que vous disposez de FORMAT capables de les regrouper pour analyse en année (YEAR4.), mois (MONTH2.), jour (DAY2.), semaine (WEEKU3.) (voir section 5.3.3.a, chapitres 6 et 7).

a. Limiter la taille des variables numériques

Comme nous l'avons précisé dans la section 3.1.3, sous Windows, vous pouvez allouer entre 3 et 8 octets au stockage d'une variable numérique. Rappelons qu'il est très fortement déconseillé de modifier la longueur d'une variable lorsque ses modalités contiennent des décimales et que l'entier maximum stockable dans une variable numérique est directement lié au nombre d'octets que vous avez réservé (ex. +/- 8 192 avec 3 octets, +/-2 097 152 avec 4 octets).

Notre table contient deux variables numériques : CLASS, qui prend forcément des valeurs comprises entre 1 et 100, et DATE, qui prend des valeurs comprises entre -3 646 (1ᵉʳ janvier 1950) et 10 956 (30 décembre 1989). Les modalités de CLASS peuvent donc être stockées sur 3 octets et celles de DATE sur 4 octets. Vous économisez ici 2 × 8 − 3 − 4 = 9 octets par observation ; puisque que vous avez 179 292 observations, vous économisez en tout 1,6 Mo. Attention, même si vos modalités sont toutes entières, à ne pas vous tromper lorsque vous modifiez la longueur d'une variable numérique.

Programme 5-33

```
DATA test;
    LENGTH DEFAULT=3;
    x=12345;
    PUTLOG x=;
RUN;
```

L'option DEFAULT de l'instruction LENGTH indique à SAS que toutes les variables numériques qui seront créées par le programme devront être enregistrées sur 3 octets.

Si vous regardez votre journal, vous verrez s'afficher la valeur 12 345. Si maintenant, vous demandez un PROC PRINT sur la table TEST créée par le programme 5-33, vous constaterez que la valeur stockée est 12 344.

Pour comprendre ce résultat, il vous faut bien avoir en tête que, pour une variable numérique, l'instruction LENGTH précise le nombre d'octets à réserver à la variable **au moment de son enregistrement dans la table**. Dans le PDV, les variables numériques, quelle que soit leur longueur d'enregistrement, sont toujours manipulées au moyen de 8 octets.

Ceci vous explique pourquoi, à l'intérieur de vos étapes DATA, les instructions LENGTH dédiées à la modification des longueurs d'enregistrements des variables numériques peuvent être placées où bon vous semble, contrairement aux instructions LENGTH fixant la longueur des variables caractères. Ces dernières, pour être prises en compte, doivent toujours intervenir le plus tôt possible : soit entre les instructions DATA et SET si vous souhaitez modifier la longueur d'une variable de la table citée par SET, soit immédiatement après le SET dans le cas d'une variable caractère créée par le programme (voir section 3.1.2).

b. Modifier la taille des variables caractères

La longueur d'une variable caractère vous indique le nombre maximum de caractères qu'elle peut stocker. La table HITPARADE contient quatre variables caractères, ARTISTE, LABEL, REF_INT et TITRE, de longueur respective égale à 70, 30, 20 et 110. Avons-nous besoin de variables aussi longue pour stocker nos modalités ?

PROC SQL ne sera abordé dans cet ouvrage que lors du chapitre 9, mais nous allons mobiliser cette procédure pour répondre à la question posée.

Programme 5-34

```
PROC SQL;
    SELECT MAX(LENGTH(artiste)) "ARTISTE",
           MAX(LENGTH(label)) "LABEL",
           MAX(LENGTH(ref_int)) "REF_INT",
           MAX(LENGTH(titre)) "TITRE"
      FROM lib.hitparade;
QUIT;
```

Résultat 5-20

ARTISTE	LABEL	REF_INT	TITRE
66	26	17	102

Ce programme renvoie la longueur des modalités contenant le plus de caractères de chacune des variables caractères de notre table. Le résultat nous indique quelle longueur donner à chacune des variables caractères.

Le programme 5-35 modifie la longueur de toutes les variables de la table HITPARADE.

Programme 5-35

```
DATA lib.hitparade2;
   LENGTH class 3 date 4 artiste $ 66
          titre $ 102 label $ 26 ref_int $ 17;
   SET lib.hitparade;
RUN;
```

Alors que la table HITPARADE « pesait » 44 630 016 octets, HITPARADE2 ne prend plus que 39 649 280 octets, soit une réduction de 11,2 %.

Si vous modifiez les tailles des variables dans votre table, nous vous invitons à vérifier que ces changements n'altèrent pas les modalités de vos variables. Mobilisez pour cela la procédure PROC COMPARE, non présentée dans le présent ouvrage mais qui fait l'objet d'un supplément disponible sur le site compagnon.

c. Les tables annexes

Dans certaines tables, les variables caractères ont finalement peu de modalités différentes, mais répétées un certain nombre de fois. Ainsi, dans la table HITPARADE (179 292 observations), la variable LABEL ne prend que 1 012 valeurs différentes. Pour disposer de cette information nous avons une nouvelle fois fait appel à PROC SQL.

Programme 5-36

```
PROC SQL;
   SELECT COUNT(DISTINCT label) FROM lib.hitparade;
QUIT;
```

Nous allons, dans HITPARADE2, remplacer LABEL par une variable que nous appellerons LCODE et, dans une table ANNEXE, inscrire la correspondance entre les modalités des deux variables.

Programme 5-37

```
PROC SORT DATA=lib.hitparade2(KEEP=label)
          OUT=annexe NODUPKEYS;
   BY label;
RUN;

DATA annexe;
   SET annexe;
   LENGTH lcode 3;
   lcode=_n_;
RUN;

DATA lib.hitparade2(DROP=label);
   IF _N_=1 THEN DO;
     IF 0 THEN SET work.annexe;
     DECLARE HASH m(dataset: "work.annexe");
        m.DEFINEKEY('label');
        m.DEFINEDATA('lcode');
        m.DEFINEDONE();
   END;
   SET lib.hitparade2;
   m.FIND();
RUN;
```

Résultat 5-21

Obs.	label	lcode
1	"X"	1
2	1-2-3	2
3	1st American	3
4	20th Century	4
5	20th Century Fox	5

Le résultat 5-21 présente un extrait de la table ANNEXE qu'il vous faudra précieusement conserver pour ne pas perdre les correspondances entre les modalités de LCODE maintenant présente dans HITPARADE2 et celles de LABEL.

Le remplacement de LABEL par LCODE fait diminuer la taille de la table de 10 %. La table ANNEXE ne pèse elle que 131 072 octets.

Vous pourriez regretter de ne plus « voir » les labels dans la table HITPARADE2. Cela ne pose aucun problème ici puisque, à partir de la table ANNEXE, vous pouvez tout à fait construire un FORMAT qui affichera à nouveau les noms des éditeurs (programme 5-38).

Programme 5-38

```
DATA annexe2;
   SET annexe;
   RENAME lcode=start;
   RETAIN fmtname "flabel" type "N";
RUN;

PROC FORMAT CNTLIN=annexe2 LIBRARY=malib;
RUN;
```

Il convient, bien entendu, de sauvegarder votre FORMAT pour une utilisation ultérieure lors d'une autre session (voir section 5.3.5.c).

d. La compression des tables

Compresser une table est une autre possibilité pour diminuer sa taille et faciliter son stockage.

Attention : si la compression d'une table économise de l'espace de stockage, elle augmente le temps CPU des traitements qui la concernent. Pour l'exploiter par une procédure ou par une étape DATA, SAS devra en effet décompresser votre table.

Par défaut, les tables SAS ne sont pas compressées, ce qui implique que :
* Chaque modalité d'une certaine variable occupe le même nombre d'octets.
* Chaque observation occupe le même nombre d'octets.
* Si une modalité caractère n'utilise pas l'intégralité de l'espace qui lui est réservé, les octets « vides » sont occupés par des espaces.
* Si une modalité numérique n'utilise par l'intégralité de l'espace qui lui est réservé, les octets vides sont occupés par des zéros binaires.

Regardez à nouveau la table HITPARADE2 créée par les programmes 5-35 et 5-37 et vous constaterez qu'une proportion conséquente de ses octets est finalement vide. À titre d'exemple, nous consacrons 102 octets × 179 292 observations = 18 287 784 octets à la variable TITRE, mais la somme cumulée des longueurs de ses modalités n'est égale qu'à 3 172 337 : 83 % des octets dédiés à cette variable sont vides.

Trois options servent à compresser votre table :
* L'option globale COMPRESS= : toutes les tables créées après soumission de cette option globale seront compressées.
* L'option COMPRESS= de l'instruction LIBNAME : toutes les tables créées dans la bibliothèque construite au moyen de LIBNAME seront compressées.
* L'option de table COMPRESS= : seule la table qui précède cette option de table sera compressée.

Quel que soit le cas, les valeurs suivantes sont possibles :
* NO : fonctionnement par défaut, aucune compression n'est effectuée.
* YES|CHAR : compression au moyen d'un algorithme appelé *Run Length Encoding* (RLE).
* BINARY : compression au moyen d'un algorithme appelé *Ross Data Compression* (RDC).

Nous ne rentrerons pas dans le fonctionnement de ces algorithmes, mais retenez que, si vous avez essentiellement des variables caractères remplies d'espaces (notre cas), l'algorithme RLE est suffisant. L'algorithme RDC a le même effet que RLE sur les variables caractères, mais il assure aussi une compression plus importante des variables numériques ; cependant, il nécessite plus de temps CPU que RLE lorsque vous demandez à utiliser, et donc à décompresser, votre table.

Le programme 5-39 crée une table compressée :

Programme 5-39

```
DATA lib.hitparade_c(COMPRESS=yes);
   SET lib.hitparade2;
RUN;
```

Le journal vous renseigne sur l'effet de votre compression :

```
NOTE: There were 179292 observations read from the data set LIB.HITPARADE2.
NOTE: The data set LIB.HITPARADE_C has 179292 observations and 6 variables.
NOTE: Compressing data set LIB.HITPARADE_C decreased size by 66.48 percent.
      Compressed is 180 pages; un-compressed would require 537 pages.
```

Notre table ne pèse plus que 11 862 016 octets soit 27 % de son poids initial.

Toutes les tables ne sont pas de bonnes candidates à la compression. Pour constater un réel gain, il faut que votre table soit d'une taille importante, qu'elle contienne des variables caractères longues, beaucoup de caractères répétés dans les modalités (espaces, zéros binaires), beaucoup de valeurs manquantes ou des valeurs répétées dans des variables situées l'une à côté de l'autre. La compression ne vous apportera rien dans le cas contraire.

Deux options supplémentaires peuvent être associées à COMPRESS= afin de vous faire économiser, soit du temps CPU, soit de l'espace de stockage.

Nous avons vu que, par défaut, SAS accède aux observations d'une table de façon séquentielle : l'une après l'autre. Vous avez aussi la possibilité d'accéder directement à certaines observations, par exemple au moyen de l'option POINT= de SET (voir section 3.3.3)[23] ou d'un index (voir section 5.5.3).

Par défaut, une table compressée autorise les accès directs. Si vous n'êtes pas intéressé par ces derniers, vous pouvez les interdire avec l'option de table POINTOBS=[24], qui autorise deux valeurs :

- YES : valeur par défaut, les accès directs sont possibles.
- NO : interdit les accès directs.

Lorsque vous spécifiez POINTOBS=NO, le temps CPU lié à la création ou à la mise à jour d'une table compressée diminue d'environ 10 % (le temps de décompression lorsque vous faites appel à la table compressée n'est pas affecté).

Si vous devez modifier une table compressée au moyen d'une étape DATA/MODIFY, les nouvelles observations sont ajoutées « en bas » de la table. Si vous supprimez des observations, l'espace libéré reste cependant en place : en supprimant des observations d'une table compressée, vous ne modifierez pas sa taille sur votre disque dur.

Pour demander à SAS d'utiliser l'espace libéré par des observations supprimées, vous pouvez faire appel (avec la valeur YES) à :

- l'option globale REUSE=,
- l'option REUSE= de l'instruction globale LIBNAME,
- l'option de table REUSE=.

NO est la valeur par défaut de cette option.

---

23. L'option POINT= est aussi disponible avec l'instruction MODIFY.

24. POINTOBS= est aussi une option possible de LIBNAME.

Attention : prenons le cas où vous avez un programme DATA/SET qui cite votre table compressée dans les deux instructions :

```
DATA lib.hitparade_c;
   SET lib.hitparade_c;
   <instructions SAS> ;
```

Suite à l'exécution de ce programme, la table HITPARADE_C ne sera plus compressée. Seuls les programmes DATA/MODIFY[25] (ou un PROC APPEND) conservent la compression.

e. Les vues

Nous avons évoqué les vues dans la section 5.1.2 et souhaitons vous rappeler ici que, si vous voulez économiser de l'espace de stockage, créer une vue qui ne contient que le programme compilé de création d'une table plutôt que la table en elle-même, peut être une solution.

Nous avons indiqué qu'il existait plusieurs types de vues mais, en ce qui concerne celles créées au moyen d'une étape DATA, trois cas, reproduits par les programmes 5-40 à 5-42, sont en général possibles.

Programme 5-40

```
DATA test / VIEW=test;
  SET matable;
  <instructions SAS>;
RUN;
```

Programme 5-41

```
DATA test / VIEW=test;
   MERGE matable1
         matable2;
   BY ...;
RUN;
```

Programme 5-42

```
DATA test / VIEW=test;
   INFILE "chemin";
   INPUT ...;
   <instructions SAS>;
RUN;
```

Il convient de ne baser des vues que sur des tables ou des fichiers externes dont la structure est stable. Ainsi, si vous faites référence, dans le programme 5-40, à une variable de MATABLE qui a changé de nom, vous ne pourrez plus accéder aux données de la vue TEST.

Bien entendu, si, à structure identique, des observations sont ajoutées (ou des enregistrements, programme 5-42), en utilisant une vue plutôt qu'une table, vous êtes assuré que les données manipulées seront toujours à jour. C'est le grand intérêt des vues.

Attention, utiliser une vue plutôt qu'une table demandera plus de temps CPU lorsque vous y faites appel plusieurs fois dans un même programme. Il est alors utile, si votre vue est déjà créée, de l'utiliser pour créer une table comme vous le montre le programme 5-43.

Programme 5-43

```
DATA table;
   SET lib.mavue;
RUN;

<vos procédures DATA=table>;

PROC DELETE DATA=table;
RUN;
```

25. DATA/MODIFY n'est pas traité dans le présent ouvrage mais fait l'objet d'un supplément disponible sur le site compagnon.

5.5.3 Les index de table

Nous avons évoqué au début de la section 5.5.2 que, bien souvent, les utilisateurs de SAS ont dans leurs tables des variables inutiles. Ils construisent aussi, assez fréquemment, des tables inutiles.

Les données de la table HITPARADE vont de 1950 à 1989 : des tables inutiles seraient dans ce cadre 40 tables de HITPARADE1950 à HITPARADE1989.

Quelle est l'utilité d'avoir 40 tables quand une instruction WHERE peut permettre, à partir de la table complète, l'accès aux données d'une année particulière ?

Nous avons évoqué dans la section 3.3.2.b l'instruction WHERE dans le cadre d'une étape DATA et avons vu que les conditions que vous précisez servent de filtre à l'entrée du PDV : le programme n'est appliqué qu'aux observations qui satisfont les conditions spécifiées après WHERE.

En ce qui concerne les procédures que nous allons commencer à exposer dans le chapitre 6, il en est de même : si, dans une procédure, vous citez une instruction WHERE, seules les observations qui satisfont les conditions énoncées sont traitées.

On peut encore améliorer l'efficacité des instructions WHERE, et donc la rapidité avec laquelle vos procédures vont s'exécuter, en construisant des index.

a. Principes

Un index est un fichier supplémentaire, associé à votre table, dans lequel SAS disposera d'informations sur la localisation des observations. Un index permet un accès direct aux observations.

Un index de table a un fonctionnement proche de celui de cet ouvrage : au lieu de feuilleter l'intégralité du livre à la recherche de l'instruction qui vous intéresse (accès séquentiel), vous allez à l'index, constatez qu'elle est traitée pages X, Y et Z et vous rendez ensuite aux pages citées (accès direct). L'index est important parce qu'il vous fait gagner du temps.

Prenons un exemple pour vous aider à bien comprendre la différence entre accès séquentiel et accès direct. Imaginons que nous souhaitions réaliser un PROC PRINT sur la table HITPARADE afin de voir les classements du duo Sam & Dave. Votre programme prend la forme suivante :

Programme 5-44

```
PROC PRINT DATA=lib.hitparade;
   WHERE artiste="Sam & Dave";
RUN;
```

Si votre table n'est pas indexée sur la variable ARTISTE, SAS regarde l'ensemble des observations et vérifie pour chacune si la condition spécifiée par l'instruction WHERE est vérifiée. Si votre table est indexée sur la variable ARTISTE, SAS accède directement aux observations qui vous intéressent (figure 5-3).

Dans le fichier d'index, chaque modalité de la (ou des) variable(s) sur lesquelles est construit l'index est associée à des *Record Identifier* (RID). Ce sont ces RID qui permettent à SAS d'accéder directement aux observations qui satisfont les conditions énoncées par votre instruction WHERE.

Figure 5–3
Accès séquentiel et accès direct

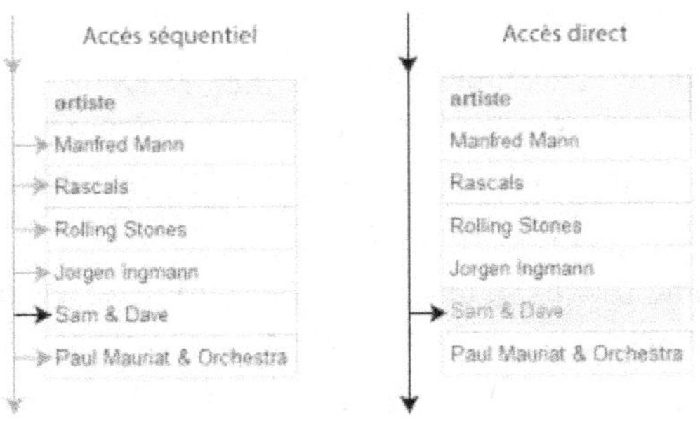

Nous avons vu section 5.5.1.a qu'une table était en fait composée de pages contenant des observations. Ces RID reprennent ces informations (figure 5-4[26]).

Figure 5–4
Illustration du contenu de la
table d'index

artiste	RID
Sam & Dave	2-146 7-117 25-235 26-86 29-246 36-73 52-101 ...

La modalité `Sam & Dave` de la variable ARTISTE est citée page 2, observation n° 146, page 7, observation n° 117... Pour réaliser le PROC PRINT demandé par le programme 5-44, SAS charge par conséquent la page 2 et n'en conserve que l'observation 146, puis la page 7 pour n'en conserver que l'observation 117, etc.

Avant de créer un index, il est souvent intéressant, si cela est possible, de trier la table en fonction des variables sur lesquelles votre index sera construit ; ainsi, moins de pages devront être chargées pour disposer des observations que vous recherchez.

Dans certaines situations, un index améliore les performances de traitement des conditions spécifiées au moyen de WHERE. Il convient cependant de bien comprendre que, si cet outil présente des avantages, il a aussi des coûts en termes de performance s'il n'est pas mobilisé à bon escient.

b. Créer un index

On crée un index au moyen soit d'une étape DATA, soit de PROC DATASETS ou soit de PROC SQL.

Au sein d'une étape DATA, vous créez un index au moyen de l'option de table INDEX=.

Programme 5-45

```
OPTIONS MSGLEVEL=I;
DATA lib.hitparade_i1(INDEX=(artiste));
   SET lib.hitparade;
RUN;
```

Programme 5-46

```
DATA lib.hitparade_i2
   (INDEX=(monindex=(artiste titre)));
   SET hitparade;
RUN;
```

---

26. Il s'agit bien d'une illustration : on ne peut pas ouvrir un fichier index afin de regarder comment les choses sont organisées.

En valeur à l'option de table INDEX=, nous indiquons entre parenthèses la variable ARTISTE. Puisque nous ne citons qu'une seule variable, nous créons un index simple, qui aura pour nom celui de la variable unique citée.

Si vous spécifiez plusieurs variables, vous construisez un index composite. Dans ce cas, il faut lui donner un nom différent de celui des variables (MONINDEX dans le programme 5-46) avant de préciser entre parenthèses les variables à considérer. L'ordre dans lequel vous entrez ces dernières lors de la déclaration est important.

Vous pouvez aussi créer des index UNIQUE :

```
DATA hitparade_i3(INDEX=(monindexu=(date label ref_int)/UNIQUE));
```

Ici, vous précisez que chaque triplet (DATE-LABEL-REF_INT) ne doit être présent qu'une seule fois dans la table. Si cette condition n'est pas respectée[27] au moment de la demande de création de l'index, ce dernier ne sera pas créé et vous observerez dans le journal le message suivant :

```
ERROR: Valeurs dupliquées non autorisées dans l'index monindexu pour le fichier
HITPARADE_i3.
ERROR: Echec de création d'un ou plusieurs index.
```

Ces index UNIQUE sont généralement liés à des contraintes d'intégrité (voir section 9.8.1).

Préalablement à l'étape DATA qui a créé la table HITPARADE_I1, nous avons activé l'option globale suivante :

```
OPTIONS MSGLEVEL=I;
```

Par défaut, cette option a pour valeur N et, lorsque vous créez un index, aucun message particulier ne s'affiche. En lui donnant la valeur I, le journal produit un ensemble de messages supplémentaires et vous informe, par exemple, de la création des index. À la suite du programme 5-45, vous avez dû observer dans le journal le message suivant :

```
NOTE: Simple index artiste has been defined.
```

Pour créer un index, vous pouvez aussi utiliser PROC DATASETS. Le programme 5-47 modifie la table HITPARADE pour construire un index simple, un index composite et un index composite unique. Vous apprenez ainsi qu'il est possible de créer plusieurs index pour une même table. Dans tous les cas, une unique table d'index est construite.

Programme 5-47

```
PROC DATASETS NOLIST;
   MODIFY lib.hitparade;
      INDEX CREATE artiste;
      INDEX CREATE monindex=(artiste titre);
```

27. C'est bien le cas dans la table HITPARADE : il est de nombreux cas pour lesquels deux titres d'un même 45 tours (ou 78 tours) ayant donc la même référence ont été classés au même moment parmi les 100 meilleures ventes.

```
     INDEX CREATE monindexu=(date label ref_int)/UNIQUE;
QUIT;
```

L'index composite MONINDEXU n'est pas créé ici puisque les triplets (DATA-LABEL-REF_INT) ne sont pas uniques. Les deux autres sont construits sans problème.

Enfin, vous pouvez aussi définir des index au moyen de PROC SQL. Nous présentons ici la syntaxe propre à PROC SQL mais ne reviendrons pas sur les index dans le chapitre 9.

Programme 5-48

```
PROC SQL;
   DROP INDEX artiste,monindex FROM lib.hitparade;
   CREATE INDEX artiste ON lib.hitparade(artiste);
   CREATE INDEX monindex ON lib.hitparade(artiste,titre);
   CREATE UNIQUE INDEX monindexu ON lib.hitparade(date,label,ref_int);
QUIT;
```

Avant de créer un index, il faut supprimer ceux portant le même nom dans la table d'index. C'est l'objet de l'instruction DROP INDEX (l'index MONINDEXU n'étant pas créé, on ne peut pas le supprimer).

Un index vous donne donc un accès plus rapide à des informations et peut vous aider à vous assurer de l'unicité des valeurs prises par une variable, une paire de variables, un triplet… Il vous permet aussi d'utiliser une instruction BY (si la procédure l'autorise) sans pour autant trier la table.

Programme 5-49

```
PROC PRINT DATA=lib.hitparade;
   BY artiste;
   WHERE YEAR(date)=1968 and class=1;
RUN;
```

La table n'étant pas triée en fonction de la variable ARTISTE, sans index, ce programme n'est pas exécuté et vous observez dans votre journal le message suivant :

```
ERROR: BY variables are not properly sorted on data set LIB.HITPARADE.
```

Ici, si la table est indexée sur la variable ARTISTE, le rapport demandé sera produit.

Vous devez aussi avoir à l'esprit que les index ont un coût en termes de ressources :

* Ils demandent du temps CPU et impliquent des opérations de lecture/écriture aussi bien pour leur création que pour leur mise à jour. En effet, si vous ajoutez ou supprimez des observations dans une table indexée, l'index est systématiquement et automatiquement reconstruit.
* N'oubliez pas non plus qu'un index est un fichier, séparé de votre table, que vous allez devoir stocker sur votre disque dur.
* Enfin, son utilisation requiert de la mémoire vive puisqu'il est chargé en mémoire lorsque vous demandez son utilisation.

Lorsque vous avez besoin de savoir si une table est indexée, demandez l'exécution d'un PROC CONTENTS.

c. Faut-il créer un index ?

À ce stade, nous savons certes construire des index, mais il n'est pas question d'en créer sur toutes les variables. Un index est utile s'il s'appuie sur une variable (ou des variables) que vous citez couramment dans vos instructions WHERE.

La table doit aussi avoir une certaine taille ; SAS recommande de ne pas créer d'index si elle contient moins de trois pages. De plus, elle doit être relativement stable en termes d'observations puisque, nous l'avons déjà précisé plus haut, l'index est systématiquement reconstruit à chaque modification, ce qui implique du temps CPU et des opérations de lecture/écriture.

La variable sur laquelle vous créez votre index doit être discriminante (présenter un très grand nombre de modalités). En effet, face à une condition exprimée dans une instruction WHERE, si SAS estime que les observations concernées représentent moins de 3 % du nombre total d'observations de la table, l'index sera à coup sûr utilisé. S'il estime la proportion comprise entre 3 et 33 %, il utilisera probablement l'index. Au-delà de 33 %, il est possible qu'il utilise l'index mais rien n'est moins sûr[28].

Si l'option globale MSGLEVEL=I est activée, SAS vous indiquera s'il utilise l'index :

```
INFO : Index artiste sélectionné pour traitement de la clause BY.
```

ou

```
INFO : Index artiste sélectionné pour optimisation de la clause WHERE.
```

Vous observerez aussi un message si SAS décide de ne pas utiliser l'index :

```
INFO : Index monindex non utilisé. Le tri dans un ordre d'index peut aider.
```

La proportion d'observations concernées est certes un facteur déterminant dans le choix par SAS d'utiliser ou non un index, mais il faut aussi que la (les) condition(s) énoncée(s) par WHERE remplisse(nt) certaines caractéristiques.

Il faut bien entendu, en cas d'index simple, que vous citiez la variable dans votre condition WHERE. En cas d'indice composite, il faut que la variable citée dans la condition soit la première de l'indice composite. Si vous avez défini plusieurs index pour votre table, vous devez aussi savoir que SAS, dans tous les cas, n'en utilisera qu'un seul.

Avec le programme 5-50, nous allons supprimer l'index composite créé par le programme 5-48 (INDEX DELETE), puis en créer un nouveau.

Programme 5-50

```
PROC DATASETS NOLIST LIBRARY=lib;
   MODIFY hitparade;
      INDEX DELETE monindex;
      INDEX CREATE monindex=(class artiste date);
QUIT;
```

---

28. Il est possible de forcer SAS à utiliser un index soit au moyen de l'option de table IDXWHERE= (qui sert aussi à empêcher SAS d'utiliser un index), soit au moyen de l'option de table IDXNAME=, voir l'aide SAS.

À ce stade, la table HITPARADE contient donc deux index : MONINDEX (composite) et ARTISTE (simple).

Pour que SAS envisage d'utiliser un **index simple**, il faut que les conditions présentées dans votre instruction WHERE mobilisent certains opérateurs ou certaines (peu nombreuses) fonctions.

Les conditions qui mobilisent les opérateurs de comparaison (=, >, <, >= <=, NE, IN, voir section 3.2.1) ou certains opérateurs propres à WHERE (BETWEEN-AND, CONTAINS, IS NULL, IS MISSING, LIKE) n'empêcheront pas l'utilisation d'un INDEX.

Les fonctions TRIM et SUBSTR sont également utilisables si les conditions mobilisant SUBSTR sont de la forme suivante :

```
WHERE SUBSTR(artiste,1,4)="Beat";
```

La position (deuxième argument) doit impérativement être égale à 1 ; la longueur de la chaîne de caractères présentée à droite du signe égal doit impérativement être identique à celle indiquée en troisième argument de la fonction SUBSTR.[29]

SAS n'utilisera pas l'index simple si la condition mobilise une autre fonction que TRIM ou SUBSTR, si l'opérateur =* (ressemble phonétiquement à) est mobilisé, si un opérateur arithmétique est présent ou si votre condition mobilise deux variables de part et d'autre d'un opérateur :

```
WHERE x = y;
```

SAS peut tout à fait envisager d'utiliser un index simple si d'autres conditions portant sur d'autres variables sont présentes et reliées au moyen de AND. La condition suivante n'empêche pas l'utilisation de l'index simple ARTISTE :

```
WHERE artiste="Beatles" AND date="17FEB1968"d;
```

Si les conditions sont reliées au moyen de OR, elles doivent citer la même variable, de part et d'autre de l'opérateur. Les conditions suivantes n'empêcheront pas SAS d'utiliser l'index simple ARTISTE :

```
WHERE (artiste="Beatles" OR artiste="Rolling Stones");
WHERE (artiste="Beatles" OR artiste="Rolling Stones") AND date="17FEB1968"d;
```

En revanche, la condition suivante empêchera SAS d'utiliser l'index simple ARTISTE :

```
WHERE artiste="Beatles" OR date="17FEB1968"d;
```

Dans le cas d'un **index composite** et si votre instruction WHERE présente plusieurs conditions reliées au moyen de AND, SAS pourra utiliser l'index composite pour les évaluer conjointement.

---

29. Notre présentation des conditions basées sur la fonction SUBSTR est basée sur la documentation de SAS 9.2. Avec SAS 9.3 et 9.4, les conditions sont un peu plus souples. Voir l'aide SAS propre à votre version de SAS, entrée *Understanding SAS Indexes*.

Attention cependant, une optimisation conjointe *(Compound optimization)* n'est envisageable que si vos conditions utilisent les opérateurs de comparaison ou l'opérateur BETWEEN/AND. La présence des opérateurs CONTAINS, LIKE, IS NULL/IS MISSING ou des fonctions TRIM et SUBSTR empêche l'optimisation conjointe.

Il faut de plus que les conditions énoncées dans votre instruction WHERE portent sur les deux premières variables de l'index composite. L'instruction WHERE suivante est éligible à une optimisation conjointe :

```
WHERE class=1 AND artiste="Beatles";
```

L'ordre dans lequel les variables sont citées dans l'instruction WHERE n'a aucune importance. La présence d'autres conditions portant sur des variables non indexées n'influencera pas le choix de SAS d'utiliser ou non l'index. L'instruction WHERE suivante peut faire l'objet d'une optimisation conjointe :

```
WHERE label="Apple" AND artiste="Beatles" AND class=1;
```

Dans l'instruction WHERE suivante, la première et la dernière variable de l'index composite sont citées :

```
WHERE class<=10 AND date="4apr1964"d;
```

Ici, l'index composite ne sera mobilisé que pour optimiser la première condition. Il n'y aura pas d'optimisation conjointe.

Enfin, dans le cas suivant :

```
WHERE artiste="Beatles" AND date="4apr1964"d;
```

L'index composite ne pourra aucunement être mobilisé. Les conditions portent en effet sur la deuxième et la troisième variable de cet index. L'index simple ARTISTE pourra lui, être mobilisé.

Si vous utilisez OR pour relier vos conditions d'appartenance, pour que l'index composite soit utilisable pour une optimisation conjointe, vous devez citer la même variable de part et d'autre de OR :

```
WHERE class=1 AND (artiste="Beatles" OR artiste="Rolling Stones");
```

Il faut de plus qu'au moins une des conditions mobilise soit l'opérateur =, soit l'opérateur IN.

En conclusion, construire un index sur une table peut, parce qu'il autorisera un accès direct à certaines observations, améliorer l'efficacité de vos programmes.

Cependant, avant de construire l'index, posez-vous les questions suivantes :
- La table est-elle suffisamment importante ?
- Est-elle régulièrement interrogée ?
- Les variables que vous souhaitez indexer sont-elles discriminantes ?
- Les conditions d'appartenance respectent-elles les règles que nous venons de présenter ?

Si vous répondez « oui » aux quatre questions, alors vous aurez tout à gagner à l'indexation de votre table.

⊕ 5.6 La gestion des options globales

Plus de 600 options globales commandent le fonctionnement de SAS. Nous en avons déjà évoqué un certain nombre, mais l'objet de cette section n'est pas de vous en présenter encore d'autres.

Nous allons en fait modifier le fonctionnement de SAS en lui demandant de ne pas détruire, à la fin de chaque session, les tables contenues dans la bibliothèque temporaire. Cet exercice vise à vous présenter la démarche et les outils dont vous disposez pour modifier le fonctionnement de SAS par défaut.

Nous vous rappelons que les options globales modifiées au cours d'une session au moyen d'une instruction globale OPTIONS retrouveront leur valeur initiale à la session suivante : cette section sera aussi l'occasion de voir comment, d'une session à l'autre, vous demanderez automatiquement l'application de telle ou telle option globale.

5.6.1 Les options de SAS

Les options globales de SAS sont ordonnées par groupes que vous pouvez consulter en lançant le programme suivant :

```
PROC OPTIONS LISTGROUPS;
RUN;
```

Les différents groupes d'options s'affichent dans la fenêtre *Journal*.

Tableau 5–10 Les groupes d'options

Groupe	Descriptif	Groupe	Descriptif
ADABAS	ADABAS	ISPF	ISPF
ANIMATION	Animation	LANGUAGECONTROL	Contrôle du langage
CAS	Options CAS	LISTCONTROL	Résultat procédure
CODEGEN	Génération du code	LOGCONTROL	Journal SAS
COMMUNICATIONS	Gestion de réseaux et chiffrement	LOG_LISTCONTROL	Journal SAS et résultat procédure
DATACOM	Datacom	MACRO	Macro SAS
DATAQUALITY	Qualité des données	MEMORY	Mémoire
DB2	DB2	META	Métadonnées
EMAIL	E-mail	ODSPRINT	Impression ODS
ENVDISPLAY	Affichage	PDF	PDF
ENVFILES	Fichiers	PERFORMANCE	Performance
ERRORHANDLING	Traitement des erreurs	REXX	REXX
EXECMODES	Initialisation et operation	SASFILES	Fichiers SAS
EXTFILES	Fichiers externes	SECURITY	SECURITY

Tableau 5–10 Les groupes d'options (suite)

Groupe	Descriptif	Groupe	Descriptif
GRAPHICS	Paramètres du pilote	SMF	SMF
HELP	Aide	SORT	Options de procédure
IDMS	IDMS	SQL	SQL
IMS	IMS	SVG	SVG
INPUTCONTROL	Traitement des données	TK	TK
INSTALL	Installation		

Si notre objet est d'empêcher SAS d'écraser les tables de la bibliothèque temporaire, nous nous disons que l'option globale, si elle existe, est à rechercher dans le groupe ENVFILES (Fichiers). Listons les différentes options propres à ce groupe :

```
PROC OPTIONS GROUP=ENVFILES;
RUN;
```

Un rapide examen de la fenêtre *Journal*, dans laquelle s'affiche la sortie générée par PROC OPTIONS, indique que nous devons nous concentrer sur les options globales WORKINIT et WORKTERM :

```
WORKINIT           Erase all files from WORK library at SAS invocation
WORKTERM           Erase files from WORK library at SAS termination
```

Nous découvrons donc que les tables de la bibliothèque temporaire sont effacées lorsque notre session débute et lorsqu'elle se termine[30]. Demandons plus de détails sur ces options :

```
PROC OPTIONS DEFINE VALUE OPTION=WORKINIT;
PROC OPTIONS DEFINE VALUE OPTION=WORKTERM;
RUN;
```

L'option VALUE vous donne, entre autres, la valeur de ces options dans votre système.

L'option DEFINE fournit, pour l'option globale spécifiée, les informations suivantes :
- un texte de description ;
- son groupe ;
- son type – option booléenne (WORKINIT/NOWORKINIT) ou option pour laquelle vous devez spécifier une valeur (vous disposerez alors d'informations sur les valeurs possibles) ;
- des informations relatives au moment où elle peut être modifiée ;
- la possibilité éventuelle que votre administrateur vous en bloque l'accès ;
- la possibilité éventuelle de l'enregistrer avec PROC OPTSAVE et DMOPTSAVE.

---

30. Ce double effacement est utile lorsque votre session SAS ne se termine pas normalement.

DMOPTSAVE est une commande à exécuter dans la fenêtre *Commande* (en haut à gauche – cette fenêtre n'existe pas avec SAS EG/Studio/UE) ; elle sauvegarde toutes les options globales actives dans une table pour ensuite les recharger lors d'une nouvelle session SAS via DMOPTLOAD.

```
DMOPTSAVE SASUSER.mes_options  / DMOPTLOAD SASUSER.mes_options
```

Il est préférable d'enregistrer ces options globales dans la bibliothèque SASUSER. PROC OPTSAVE réalise cette même sauvegarde, mais à partir de l'éditeur et fonctionnera donc quel que soit votre environnement.

```
PROC OPTSAVE OUT=SASUSER.mes_options;
RUN;
```

Pour recharger vos options globales sauvegardées lors d'une session ultérieure, vous passerez par PROC OPTLOAD.

```
PROC OPTLOAD DATA=SASUSER.mes_options;
RUN;
```

Les options globales WORKINIT et WORKTERM présentent des caractéristiques différentes et importantes pour la suite de notre démarche. PROC OPTSAVE et DMOPTSAVE ne peuvent pas enregistrer WORKINIT.

```
WORKTERM
When Can Set: Démarrage ou à tout moment de la session SAS
Optsave : Proc Optsave ou la commande Dmoptsave enregistreront cette option
WORKINIT
When Can Set: Démarrage Environnement (détails inconnus) ou
             Démarrage Session uniquement
Optsave : Proc Optsave ou la commande Dmoptsave n'enregistreront pas
          cette option.
```

Nous apprenons ainsi que les options globales sont modifiables à différents moments :
- au cours de la session via OPTIONS ou la fenêtre OPTIONS (SAS 9.4 uniquement) ;
- au démarrage (dans un fichier AUTOEXEC.SAS – voir section 5.6.5) ;
- au démarrage session (lorsque vous démarrez SAS au moyen de la fenêtre EXECUTER de Windows – SAS 9.4 uniquement) ;
- au démarrage environnement (dans le fichier de configuration – voir section 5.6.4).

Si certaines options globales sont modifiables quand vous le souhaitez, d'autres ne peuvent l'être qu'à certains moments très précis. Leur niveau de modification dépend aussi de la pérennité souhaitée.

La section 5.6.3 précise les démarches à effectuer pour modifier temporairement, pour la durée de la session SAS, vos options globales. Les sections 5.6.4 et 5.6.5 expliquent comment les modifier durablement.

Avant cela, il nous faut faire un retour sur le fonctionnement des options globales dans SAS Studio/UE/EG.

Exercice 5.6 – Dans la section 5.5.1.c, nous avons évoqué l'option FULLSTIMER. Nous ne vous avons pas indiqué le nom de l'option globale qui permet de revenir au fonctionnement par défaut. Quel est-il ?

5.6.2 Les options globales dans SAS Studio/UE/EG

Nous avons indiqué dès la section 1.6.3 que, lorsque la valeur d'une option globale est modifiée, elle le reste pour toute la durée de la session. Il s'agit là du fonctionnement de SAS 9.4, mais les autres plates-formes connaissent quelques exceptions pour un nombre très limité d'options.

Avec SAS Studio/UE, les options globales suivantes pourront vous causer des difficultés : LOCALE, DTRESET, FIRSTOBS, FMTERR, NOTES, NUMBER, OBS, SOURCE, STIMER, SYNTAXCHECK, TIMEZONE, VALIDMEMNANE et VALIDVARNAME.

Elles prennent en effet leur valeur via une instruction globale OPTIONS « cachée » lorsque Studio/UE débute. Certaines se voient aussi réattribuer leur valeur immédiatement après l'exécution d'un programme.

Programme 5-51

```
OPTIONS NODATE;

PROC OPTIONS VALUE OPTION=date;
RUN;
```

Si vous exécutez l'intégralité du programme 5-51 avec Studio/UE, vous constatez en lisant votre journal que la valeur de l'option globale DATE est bien égale à NODATE. Si ensuite vous exécutez uniquement la procédure OPTIONS, vous voyez que l'option DATE a retrouvé sa valeur initiale : DATE.

La raison de cette différence de fonctionnement est à rechercher dans un ensemble d'instructions que Studio/UE exécute automatiquement avant et après chaque programme que vous soumettez[31].

Si vous souhaitez donner des valeurs particulières à ces options, vous devez les préciser systématiquement dans votre programme.

En ce qui concerne SAS EG, lorsque vous soumettez un programme, deux options se voient systématiquement attribuer une valeur (DEVICE (ou DEV) et PAGENO – voir votre journal). Si vous souhaitez les changer, vous devez les préciser systématiquement dans votre programme.

Avec SAS EG, les options suivantes se voient attribuer des valeurs particulières au démarrage : FMTERR, FMTSEARCH, FORMCHAR, OVP, SYNTAXCHECK, TIMEZONE, VALIDMEMNAME et VALIDVARNAME.

Vous pouvez les changer pour toute la durée de votre session, soit via une instruction globale OPTIONS, soit via AUTOEXEC.SAS. Les valeurs que vous donnerez à ces options dans SASV9.CFG ne seront pas prises en compte.

---

31. Regardez une nouvelle fois le journal de SAS Studio/UE : vous observez deux instructions OPTIONS qui encadrent le programme 5-51 dont vous avez demandé l'exécution. Vous constatez qu'il manque aussi un certain nombre de lignes (le journal de SAS Studio passe en effet de la ligne 1 à la 71, puis de la 79 à la 91).

5.6.3 Les modifications de vos options globales pour une session

En fonction de la nature de l'option globale, vous interviendrez essentiellement de deux façons.

a. L'instruction globale OPTIONS

Spécifiez dans la fenêtre *Éditeur* les options globales qui s'appliqueront au moyen d'une instruction globale OPTIONS. Si, dans la fenêtre *Sortie*, vous ne souhaitez plus voir les numéros de pages et la date, exécutez l'instruction suivante :

```
OPTIONS NODATE NONUMBER;
```

Ces options ne s'appliqueront que pour la présente session. À la session suivante, elles reprendront leur valeur par défaut. WORKTERM peut être modifiée à ce niveau, mais pas WORKINIT.

La fenêtre *OPTIONS* de SAS 9.4 autorise les mêmes modifications d'options globales que l'instruction OPTIONS. Cela nécessite cependant de connaître le nom des options à modifier : « naviguez » dans le système des options globales et lisez le texte d'explication qui les accompagne. Vous en changez la valeur au moyen de votre souris.

Vous faites apparaître cette fenêtre en demandant l'exécution de la commande OPTIONS dans la fenêtre *Commande* en haut à gauche (voir figure 5-5).

Figure 5–5
SAS 9.4 :
la fenêtre OPTIONS

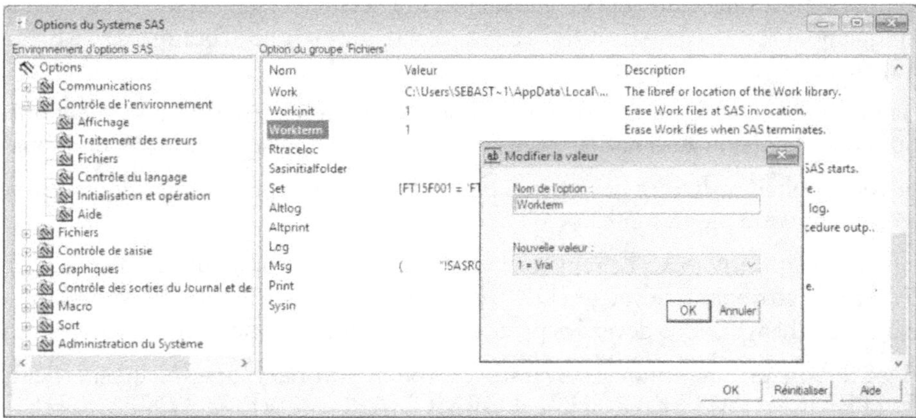

Retrouvez alors l'option globale dont vous souhaitez changer la valeur, puis cliquez dessus. Les modifications apportées seront valables uniquement pour la session courante. La valeur de WORKTERM peut être fixée à ce niveau, pas celle de WORKINIT.

Il n'y a pas d'équivalent à la fenêtre OPTIONS de SAS 9.4 dans SAS EG/Studio/UE.

b. L'invocation de SAS

Certaines options globales, plus sensibles, ne peuvent pas être modifiées lorsque la session a débuté, mais seulement **dès l'invocation de SAS**. Vous devez ainsi demander l'ouverture du progiciel via la fenêtre *Exécuter* de Windows[32]. Comme le montre la figure 5-6, après l'instruction SAS qui ordonnera le démarrage, indiquez les options globales dont vous souhaitez modifier la valeur, **toujours précédées d'un tiret.**

```
SAS -NOWORKTERM -NOWORKINIT -NODATE -NONUMBER
```

Figure 5–6
SAS 9.4 : spécification d'options globales au moment de l'invocation

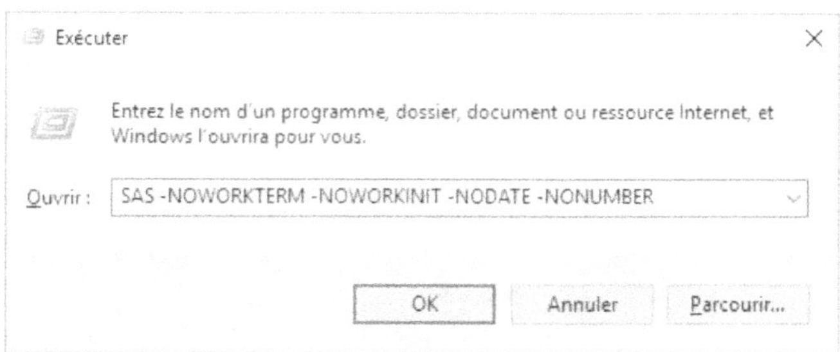

Ces options globales seront actives uniquement pour la session qui débutera. La valeur de WORKINIT, impossible à modifier lorsque la session a débuté, ainsi que les options globales auxquelles vous pouvez accéder au cours de la session, sont modifiables à ce niveau.

NOWORKINIT demande ici à SAS de ne pas effacer les tables de la bibliothèque WORK au démarrage de la présente session ; NOWORKTERM empêchera de les effacer lorsque la session se terminera. Si, à la session suivante, vous souhaitez accéder aux tables créées dans la bibliothèque WORK au cours de la session précédente, vous devrez à nouveau spécifier l'option globale NOWORKINIT au moment de l'invocation.

Pour SAS Studio/UE/EG, il est impossible de préciser des options au moment de l'invocation.

Voyons maintenant comment imposer les mêmes modifications d'options de session en session.

5.6.4 La modification du fichier de configuration SASV9.CFG

En intervenant sur le fichier de configuration, vous pouvez, entre autres, spécifier les valeurs des options globales qui ne sont modifiables qu'au moment de l'invocation (soit NOWORKINIT en ce qui nous concerne).

Les modifications de SASV9.CFG s'appliqueront à SAS 9.4 ainsi qu'à SAS EG/Studio si vous en disposez. Le fichier de configuration de SAS UE n'est pas modifiable[33].

---

32. Vous trouverez généralement cette fenêtre en cliquant sur le bouton *Windows>Accessoires*. Sinon, tapez *Exécuter* dans la fenêtre Recherche.

33. S'il avait été possible d'intervenir sur le fichier de configuration de SAS UE, nous vous aurions invité à changer la valeur de l'option globale ENCODING=, modifiable uniquement à ce niveau, afin que le codage des caractères ne se fasse plus en UTF-8 mais en WLATIN1… nous aurions ainsi évité des développements bien compliqués pour quelqu'un qui débute sous SAS…

Toucher au fichier de configuration n'est pas une chose à envisager à la légère. Vous risquez des conséquences extrêmement graves sur le fonctionnement de SAS. Avant toute modification de SASV9.CFG, pensez à sauvegarder ce fichier.

Il est aussi tout à fait possible, dans un environnement professionnel, que vous ne disposiez pas des droits d'administration nécessaires pour remanier ce fichier.

Le chemin physique typique vers le fichier SASV9.CFG est le suivant :

```
C:\Program Files\SASHome\SASFoundation\9.4\nls\fr
```

Si vous disposez des droits administrateur sur votre poste, éditez ce fichier au moyen du *Bloc-notes* de Windows ou avec SAS. Ajoutez alors l'instruction suivante parmi les premières lignes :

```
-NOWORKINIT
```

N'oubliez pas le tiret. Vous ne pouvez intervenir que dans la partie supérieure du fichier de configuration. Ne changez jamais rien après la ligne suivante :

```
/* DO NOT EDIT BELOW THIS LINE - INSTALL Application edits below this line */
```

Il est possible que vous obteniez en fait un fichier très court, d'une seule ligne, avec une seule instruction CONFIG :

```
-CONFIG "C:\Program Files\SAS\SASFoundation\9.4\nls\fr\SASV9.CFG"
```

Ce fichier, généralement situé dans le même répertoire que SAS.EXE, n'est pas votre fichier de configuration réel[34], mais vous avez la possibilité d'y spécifier vos modifications d'options. Elles doivent cependant impérativement intervenir avant l'instruction CONFIG.

Enregistrez ensuite votre fichier de configuration. L'option globale sera active dès le début de votre prochaine session SAS. Elle restera active de session en session tant que vous ne retirerez pas la ligne NOWORKINIT de votre fichier de configuration.

> N'effacez jamais votre fichier de configuration !

5.6.5 AUTOEXEC.SAS

Les options globales que l'on spécifie au moyen d'une instruction globale OPTIONS ne sont valables que pour la durée de la session (NOWORKTERM ou NODATE, par exemple). Pour qu'elles s'appliquent systématiquement, il est possible de les ajouter dans SASV9.CFG mais, puisqu'il est dangereux de remanier ce fichier, nous vous conseillons plutôt de les préciser dans AUTOEXEC.SAS.

Nous utilisons ici ce fichier pour définir des options globales, mais nous pourrions demander tout autre chose (comme la construction d'une table mise à jour des données de la veille au moyen de données

---

34. C'est en fait un renvoi vers votre réel fichier de configuration.

présentes sur Internet). Avec SAS 9.4, si ce fichier n'existe pas encore sur votre ordinateur, créez-le à partir de votre fenêtre *Éditeur* et écrivez-y toutes les instructions propres au langage SAS. Le programme 5-52 vous donne quelques exemples :

Programme 5-52

```
** ceci est mon autoexec.sas;
OPTIONS NOWORKTERM;
TITLE "Session SAS de SR";
LIBNAME lib "C:\intro_SAS\fichiers\";
** fin de mon fichier autoexec.sas;
```

Vous devez ensuite nommer ce fichier AUTOEXEC.SAS en l'enregistrant sur votre disque dur, à l'endroit où se trouve SAS.EXE. Sous Windows, avec SAS 9.4, un chemin typique est le suivant :

```
C:\Program Files\SASHome\SASFoundation\9.4
```

Quittez SAS, puis commencez une nouvelle session : vos instructions sont exécutées dès son ouverture. Détruisez le fichier si vous ne souhaitez plus que ces options globales s'appliquent. Si le fichier AUTOEXEC.SAS existe déjà, ouvrez-le et ajoutez les instructions que vous souhaitez.

Avec SAS Studio/UE, vous accédez au fichier AUTOEXEC.SAS au moyen du bouton *Autres options de l'application* (voir figure 5-7).

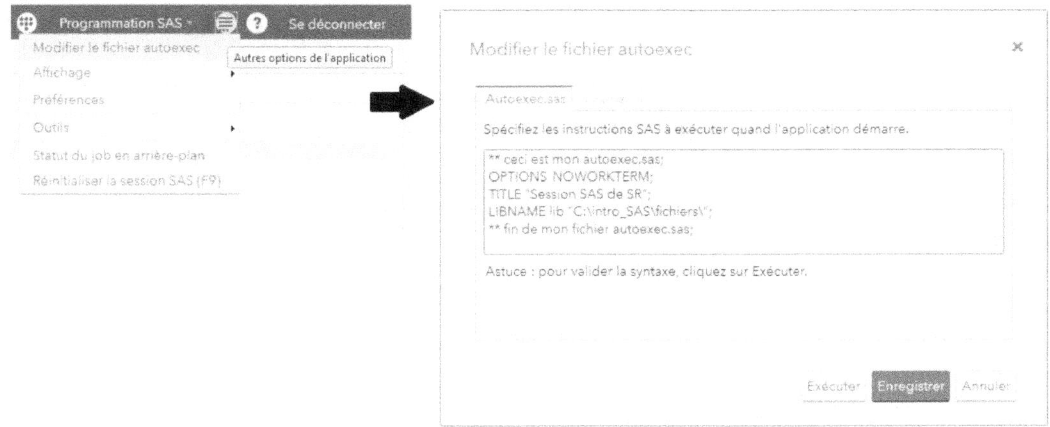

Figure 5–7 SAS Studio/UE : le fichier AUTOEXEC

Avec SAS EG, vous accédez à l'AUTOEXEC via le menu *Outils > Options > Programme SAS*.

En cliquant sur le bouton *Modifier* à droite de *Soumettre le code SAS lorsque le serveur est connecté*, une fenêtre s'ouvre dans laquelle vous pouvez saisir les programmes à exécuter au début de chaque session.

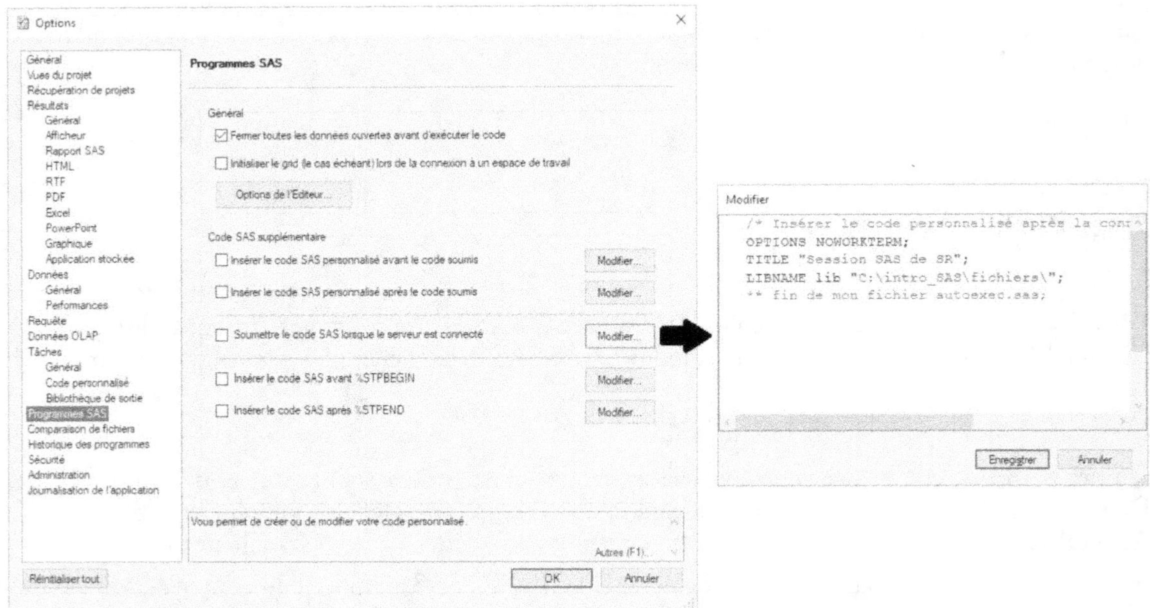

Figure 5–8 SAS EG : le fichier AUTOEXEC

Une fois votre programme saisi, cliquez sur *Enregistrer* puis cochez la case située à gauche de *Soumettre le code SAS...*. Cliquez enfin sur *OK*.

Les tables de la bibliothèque temporaire ne seront désormais plus effacées après chaque session[35] : nous avons pour cela modifié le fichier de configuration et créé un fichier AUTOEXEC.SAS. Nous en avons aussi profité pour définir un titre par défaut ainsi qu'une bibliothèque appelée LIB.

Pour revenir au fonctionnement par défaut, il vous suffit de détruire le fichier AUTOEXEC.SAS et de corriger le fichier de configuration SASV9.CFG.

Depuis le début de cet ouvrage, nous vous avons présenté l'essentiel des outils de gestion des données que SAS met à votre disposition. À ce stade, vous savez comment créer une table, la modifier, fusionner des tables et organiser votre travail. Il nous reste à décrire un ensemble de procédures pour vous aider à explorer vos tables, que vous pourrez aussi utiliser pour créer des rapports (chapitre 6), les procédures de création de graphiques (chapitre 7) et les outils de mise en forme de vos résultats (chapitre 8). Nous traiterons au chapitre 9 de PROC SQL, procédure à mi-chemin entre la gestion des données et la création de rapports, puis, au chapitre 10, du langage macro de SAS.

---

35. Ceci n'est en fait pas conseillé et ne doit être envisagé que de manière temporaire.

6

Maîtriser les procédures de base

Ce chapitre présente un ensemble de procédures qui vous aideront dans votre travail sur les tables en amont et en aval de votre analyse.

En amont, ces procédures vous aident à « voir » vos données, les comprendre, en apprécier la qualité, obtenir des informations utiles pour construire vos variables, vérifier si elles ont été correctement créées, constater l'existence de certaines relations entre vos variables et peut-être modifier votre approche en créant de nouvelles variables.

Les procédures que nous allons exposer sont donc essentielles non seulement pour connaître et comprendre les variables, mais également pour préparer les données qui seront ensuite analysées. Si vous ne connaissez pas vos données, si vous ne les comprenez pas, si vous ne les préparez pas, il est très peu probable que votre analyse aboutisse à un résultat convaincant.

Ces procédures vous aideront aussi en aval de votre analyse, parce que tout travail d'analyse, aussi pointu qu'il puisse être, s'accompagne nécessairement d'un travail de présentation des données exploitées. Si vous souhaitez partager les résultats de votre analyse, vos auditeurs ou vos lecteurs auront besoin de tableaux de présentation de vos données ou de statistiques descriptives.

⬛⬛ 6.1 Quelques éléments communs

Nous rappellerons d'abord certaines instructions communes mobilisables avec les procédures évoquées dans ce chapitre. Nous étudierons ensuite les instructions globales TITLE et FOOTNOTE, puis les statistiques descriptives qu'il est possible de présenter dans vos rapports au moyen de PROC MEANS, PROC REPORT et PROC TABULATE. Nous exposerons enfin les tables CROSS et FOURNISSEUR13 sur lesquelles vous effectuerez la très grande majorité des exercices proposés dans ce chapitre.

6.1.1 Rappel : quatre instructions communes

Les procédures que nous traitons plus avant ont en commun les instructions suivantes, évoquées au cours des cinq chapitres précédents :

- **LABEL** – Attribue un LABEL à la variable (voir section 5.2.1).
- **FORMAT** – Attribue un FORMAT qui permet soit de présenter différemment les modalités de vos variables, soit des regroupements d'observations quand les FORMAT sont appliqués à des variables de classification (CLASS) ou employées dans la construction des tableaux de PROC FREQ.
- **ATTRIB** – Attribue des LABEL ou des FORMAT (voir section 5.3.1.b).
- **WHERE** – Sélectionne des observations sur la base de conditions. Seules ces observations seront exploitées pour construire le résultat demandé par la procédure (voir section 5.5.3).

Vous pouvez aussi faire appel aux options de tables WHERE=, OBS= et FIRSTOBS=.

6.1.2 TITLE et FOOTNOTE

Quelle que soit la procédure que vous envisagez d'utiliser, pour rendre vos résultats aussi parlants que possible, vous pouvez appliquer des titres ou des pieds de page explicatifs de vos sorties. Nous présentons TITLE, mais FOOTNOTE obéit aux mêmes règles.

L'instruction TITLE employée seule supprime le titre par défaut (« Le Système SAS » avec SAS 9.4) ou n'importe quel autre titre :

```
TITLE;
```

Il s'agit là d'une instruction globale qui peut être soumise à n'importe quel moment (en dehors ou à l'intérieur d'une étape DATA ou PROC commandant une sortie). Pour définir un titre, il faut l'ajouter entre quotes :

```
TITLE "Ceci est mon nouveau titre";
```

Si vous soumettez cette instruction, toutes vos sorties porteront le titre que vous venez d'indiquer, jusqu'à ce que vous en définissiez un nouveau ou demandiez à SAS de l'effacer.

Au moyen d'une instruction globale TITLE2, vous ajoutez une seconde ligne sous votre premier titre :

```
TITLE2 "Il est sur deux lignes";
```

Une nouvelle instruction TITLE supprimera les deux titres que vous venez de définir. TITLE et TITLE1 sont équivalentes. Si, au lieu de TITLE2, vous soumettez :

```
TITLE1 "Il est sur deux lignes";
```

cela efface le titre « ceci est mon nouveau titre » (comme le ferait TITLE) mais aussi le TITLE2. Le fait de définir un TITLEx supprime tous les titres supérieurs s'ils ont été définis. Imaginons que vous ayez soumis trois titres TITLE1, TITLE2 et TITLE3 ; si vous modifiez TITLE2, TITLE1 ne sera pas affecté mais TITLE3 sera effacé. Vous pouvez définir jusqu'à dix titres et sous-titres.

Dans les sorties autres que celles de la fenêtre *Sortie* (destination LISTING propre à SAS 9.4), vous avez la possibilité de personnaliser votre titre en appliquant une police, une couleur, une taille de caractère ou un positionnement. Ces diverses options doivent impérativement être présentées avant l'élément texte du titre et la police doit être indiquée entre quotes :

```
TITLE FONT="times" COLOR=red "le premier titre"
      JUSTIFY=right COLOR=steelblue HEIGHT=14pt "second élément";
TITLE2 F="times" BOLD ITALIC H=18pt C=CX17609C "seconde ligne";
```

Résultat 6-1

le premier titre   second élément

seconde ligne

Obs. x1 x2 x3 x4 x5 x6 x7 x8 x9 x10

- **FONT=** ou **F=** spécifie la police à employer. N'utilisez que des polices courantes si vous souhaitez transmettre vos documents à d'autres personnes.
- **BOLD** affiche le titre en gras.
- **ITALIC** affiche le texte en italique.
- **JUSTIFY=** ou **J=**LEFT/CENTER/RIGHT positionne le titre.
- **HEIGHT=** ou **H=** précise la taille des caractères. Même s'il existe plusieurs unités, (CM – centimètres, IN – inches, MM – millimètres ou PT – points), mieux vaut toujours indiquer vos tailles de caractères en points, comme vous le faites dans un traitement de texte.
- **COLOR=** ou **C=** indique la couleur, à définir via les codes RGB, HEX, CMYK, HLS, HSV (HSB), les échelles de gris ou des couleurs prédéfinies par SAS (CNS ou X11). L'exemple donné plus haut s'appuie sur trois types de couleurs :
    - CNS (red par exemple). Autres références possibles : blue, purple, orange, brown, yellow, green, black et white. Ces couleurs de base sont modifiables au moyen de préfixes (verylightblue, par exemple) et sont assez difficiles à maîtriser.

– HEX (CX17609C par exemple). Vous devez faire précéder les codes HEX du préfixe CX. De très nombreux outils disponibles gratuitement sur Internet vous permettent de constituer des listes de couleurs HEX assorties, par exemple :

http://www.color-hex.com/

http://paletton.com

http://hnl.name/color-schemer-online/

– **X11** « Websafe » (*steelblue* par exemple). Le site http://fr.wikipedia.org/wiki/Couleurs_du_Web propose une liste de ces couleurs et indique à quoi elles correspondent.

6.1.3 Les mots-clés des statistiques descriptives

Au moyen des procédures PROC MEANS, PROC REPORT et PROC TABULATE, vous produirez dans vos sorties certaines statistiques descriptives. Les mots-clés associés à ces statistiques, ainsi que les procédures pour lesquelles ils sont disponibles, sont repris dans le tableau 6-1 (seule l'intégralité des statistiques produites par PROC MEANS est citée).

Tableau 6–1 Mots-clés des statistiques descriptives[a] possibles
avec PROC MEANS, PROC REPORT et PROC TABULATE[b]

Mot-clé	PROC MEANS	PROC REPORT	PROC TABULATE	
Mots-clés – test d'hypothèse				
N	x	x	x	Nombre d'observations non manquantes
NMISS	x	x	x	Nombre d'observations manquantes
MODE	x	x	x	Mode
SUM	x	x	x	Somme
MEAN	x	x	x	Moyenne arithmétique
MAX	x	x	x	Valeur maximale
MIN	x	x	x	Valeur minimale
RANGE	x	x	x	Étendue : max – min
CSS	x	x	x	Somme des écarts à la moyenne au carré
USS	x	x	x	Somme des carrés non corrigés : Σx_t^2
STD	x	x	x	Écart-type : $(CSS / (N - 1))^{0.5}$
STDERR	x	x	x	$STD / (N^{0.5})$
VAR	x	x	x	Variance : STD^2
KURT	x		x	Kurtosis
SKEW	x		x	Skewness

Tableau 6–1 Mots-clés des statistiques descriptives[a] possibles
avec PROC MEANS, PROC REPORT et PROC TABULATE[b] (suite)

Mot-clé	PROC MEANS	PROC REPORT	PROC TABULATE	
CV	x	x	x	Coefficient de variation (100 × STD / MEAN)
SUMWGT	x	x	x	Somme des pondérations
LCLM	x		x	Borne basse d'un intervalle de confiance autour de la moyenne
UCLM	x		x	Borne haute d'un intervalle de confiance autour de la moyenne
CLM	x			Bornes d'un intervalle de confiance autour de la moyenne
Mots-clés quantiles				
P1	x	x	x	1er centile
P5	x	x	x	5e centile
P10	x	x	x	10e centile
P20	x	x	x	20e centile
Q1|P25	x	x	x	1er quartile
P30	x	x	x	30e centile
P40	x	x	x	40e centile
MEDIAN|P50	x	x	x	Médiane
P60	x	x	x	60e centile
P70	x	x	x	70e centile
Q3|P75	x	x	x	3e quartile
P80	x	x	x	80e centile
P90	x	x	x	90e centile
P95	x	x	x	95e centile
P99	x	x	x	99e centile
QRANGE	x	x	x	Intervalle interquartile : Q3-Q1
PROBT|PRT	x	x	x	Probabilité d'observer un t de Student supérieur à la valeur absolue de la statistique T
T	x	x	x	Valeur d'un t de Student testant l'égalité de la moyenne avec zéro

a. Pour plus de détails sur ces statistiques et leur mode de calcul, consultez l'aide SAS, entrée *Statistic Keywords*.

b. Des statistiques supplémentaires propres à PROC TABULATE et à PROC REPORT seront présentées dans les sections dédiées à ces procédures.

6.1.4 Les tables CROSS et FOURNISSEUR13

Vous réaliserez la plupart des exercices de ce chapitre sur les tables CROSS et FOURNISSEUR13 (présentes dans l'archive à télécharger depuis le site compagnon de cet ouvrage : www.sas-sr.com).

La table CROSS reprend les résultats d'un cross organisé dans un collège pour des enfants inscrits en 6e et en 5e. Des élèves de CM2 de l'école primaire voisine y ont aussi participé. La table indique le prénom de l'élève (PRENOM), son année de naissance (ANNEE), son classement à ce cross (CLASSEMENT), son sexe (SEXE), sa classe (CLASSE), son temps en secondes (TEMPS) et son niveau (NIVEAU – 6, 5 ou C). Cette table servira aussi pour l'exposé de la procédure PROC REPORT (voir section 6.4).

La table FOURNISSEUR13 reprend, quant à elle, les achats effectués par une entreprise auprès de ses fournisseurs au cours de l'année 2013. Elle contient la date de la commande (DATE), le nom du fournisseur (FOURNISSEUR), la référence commandée (REFERENCE), le prix unitaire (PRIX), le nombre d'unités achetées (UNITE) et le montant total de l'achat (ACHAT).

6.1.5 L'utilisation des tables nécessaires à la reproduction des exemples

Pour nos exemples, nous avons jusqu'à présent essentiellement eu recours à des tables construites au moyen de fichiers TXT. À partir de ce chapitre, nous exploiterons souvent des tables déjà construites et présentes dans l'archive que vous avez dû télécharger depuis www.sas-sr.com. Pour les utiliser, copiez-les dans votre bibliothèque temporaire à l'aide du programme suivant :

Programme 6-1

```
LIBNAME lib 'chemin vers le dossier intro_SAS/fichiers présent sur votre ordinateur';
PROC DATASETS NOLIST MEMTYPE=data;
    COPY IN=lib OUT=work;
QUIT;
```

6.2 PROC MEANS

La procédure PROC MEANS fournit des statistiques descriptives sur vos variables numériques. Elle est utile aussi bien dans une phase d'exploration des données que pour la modification de tables ou la présentation des données[1].

6.2.1 Éléments de syntaxe

Voici les instructions propres à PROC MEANS.

- **BY** - Ordonne la production de statistiques par valeur des variables BY ; la table doit être triée au préalable.

---

1. Les sorties que vous obtenez avec PROC MEANS peuvent aussi être obtenues via PROC SUMMARY, avec une syntaxe parfaitement identique. Vous devez juste ajouter une option PRINT : PROC SUMMARY DATA=test PRINT;

- **CLASS** - Énumère les variables de classification. Les statistiques seront produites par modalité de ces dernières ; les résultats obtenus au moyen d'une instruction CLASS sont identiques à ceux obtenus avec BY (mêmes statistiques calculées). La présentation est cependant différente et vous n'avez pas besoin d'un tri préalable de la table.
- **FREQ** - Retourne une variable numérique qui contient la fréquence de chaque observation.
- **ID** - s'utilise en conjonction avec l'option PRINTIDVARS de PROC MEANS. Indique, dans le résultat produit, la modalité de la variable spécifiée après ID pour laquelle vous observez la valeur de la variable spécifiée dans l'instruction VAR la plus élevée (la plus faible si vous ajoutez en plus l'option IDMIN de PROC MEANS).
- **OUTPUT** - Commande la production d'une table de résultats dans laquelle seront stockées les statistiques demandées en option de cette instruction.
- **TYPES** - Spécifie les croisements souhaités de vos variables de classification.
- **VAR** - Liste les variables sur lesquelles produire des statistiques.
- **WAYS** - Indique le nombre de croisements entre vos variables de classification. Si, par exemple, vous avez trois variables de classification (X1-X3) et si vous spécifiez WAYS 2, les croisements dans vos variables de classification seront $X1 \times X2, X1 \times X3$ et $X2 \times X3$.
- **WEIGHT** - Spécifie la variable de pondération.

Voici quelques options possibles de PROC MEANS[2] :

- **DATA=** - Spécifie la table sur laquelle produire vos statistiques. Comme pour toute procédure, si vous ne spécifiez rien, la table utilisée sera la dernière créée.
- **MISSING** - Utilise les valeurs manquantes comme modalités valides des variables de classification au lieu de les exclure.
- **MAXDEC=** - Spécifie le nombre de chiffres après la virgule des statistiques calculées.
- **ORDER=** – Spécifie l'ordre des modalités des variables de classification. Vous avez là le choix entre :
  - DATA. Les classe en fonction de l'ordre dans lequel elles apparaissent dans la table.
  - FORMATTED. Les affiche dans l'ordre alphabétique des valeurs du FORMAT si vous avez appliqué un FORMAT à vos variables de classification.
  - FREQ. Les classe dans l'ordre croissant de leurs fréquences.
  - UNFORMATTED (ou INTERNAL). Peut afficher les FORMAT, mais présente les variables de classification de façon ordonnée en fonction des modalités non formatées (fonctionnement par défaut).

Nous présenterons par la suite d'autres options. C'est par exemple en option de PROC MEANS que vous spécifiez les statistiques à produire.

---

2. Nous ne citons que les options principales. Vous trouverez les options propres à n'importe quelle procédure XYZ dans l'aide SAS, entrée *PROC XYZ statement*.

6.2.2 Applications simples

Pour cette section, nous exploiterons la table ELEVE, présente dans votre bibliothèque WORK si vous avez exécuté le programme 6-1. On dispose dans cette table d'informations sur le SEXE (H/F), le PRENOM, la date de naissance (DATENAIS), la couleur de cheveux (CHEVEUX), le QI, la TAILLE, le POIDS et l'AGE de 314 élèves d'un lycée.

Commençons par le programme le plus simple et voyons ce que nous obtenons.

Programme 6-2

```
PROC MEANS DATA=eleve;
RUN;
```

Résultat 6-2

Variable	N	Moyenne	Ecart-type	Minimum	Maximum
datenais	314	11306.56	360.5781094	10593.00	12051.00
cheveux	314	2.2324841	0.9492366	1.0000000	4.0000000
qi	314	100.2197452	8.0191141	70.0000000	121.0000000
taille	314	164.2006369	7.3263409	149.0000000	186.0000000
poids	314	66.6719745	7.9292425	48.0000000	89.0000000
age	314	16.4808917	0.9294358	15.0000000	18.0000000

SAS vous indique par défaut, pour toutes les variables numériques de la table, une moyenne, un écart-type, le minimum et le maximum en plus du nombre d'observations sur lesquelles il a effectué les calculs. Sur les variables numériques CHEVEUX et DATENAIS, la moyenne n'a bien sûr aucun sens. Vous pouvez spécifier les variables sur lesquelles vous souhaitez calculer des statistiques simples au moyen de l'instruction VAR.

Programme 6-3

```
PROC MEANS DATA=eleve;
   VAR qi taille poids;
RUN;
```

Les statistiques descriptives possibles avec PROC MEANS sont présentées dans le tableau 6-1 (voir section 6.1.3). Vous devez préciser celles que vous souhaitez voir dans votre sortie avec leurs mots-clés, en option de PROC MEANS.

Programme 6-4

```
PROC MEANS DATA=eleve N MIN MAX MEAN CLM;
   VAR qi taille poids;
RUN;
```

Les statistiques par défaut non demandées (ici, l'écart-type) ne sont plus calculées ; si vous les souhaitez, il faut ajouter les mots-clés correspondants.

6.2.3 Tables de résultats

Au moyen de l'instruction OUTPUT, il est possible d'enregistrer des résultats dans une table pour effectuer ensuite, par exemple, des retraitements. Les statistiques que vous souhaitez sont à préciser en option de l'instruction OUTPUT. Si vous ne précisez rien, vous obtiendrez alors dans la table de résultats les statistiques calculées par défaut.

Programme 6-5

```
PROC MEANS DATA=eleve;
    VAR qi taille poids;
    OUTPUT OUT=toto;
RUN;
```

Résultat 6-3 (table de résultats)

Obs.	_TYPE_	_FREQ_	_STAT_	qi	taille	poids
1	0	314	N	314.000	314.000	314.000
2	0	314	MIN	70.000	149.000	48.000
3	0	314	MAX	121.000	186.000	89.000
4	0	314	MEAN	100.220	164.201	66.672
5	0	314	STD	8.019	7.326	7.929

L'option OUT= permet de donner un nom à la table de résultats. Elle n'est pas obligatoire et, si elle n'est pas précisée, la table créée s'appellera DATAn (voir section 3.7.2.a). Dans le résultat 6-3, la variable _FREQ_ indique le nombre d'observations utilisées pour calculer la statistique et _STAT_ vous donne le nom de la statistique calculée[3]. Nous expliquerons _TYPE_ au cours de la section 6.2.4.

Exercice 6.1 (révision MERGE) – Vous souhaitez disposer de variables supplémentaires indiquant, en fonction du sexe de l'individu, l'écart entre ce que vous observez pour lui (sur le QI, la taille et le poids) et la moyenne observée sur les individus du même sexe. Fusionnez la table de résultats créée avec votre table SAS de départ, de façon à calculer ces écarts à la moyenne (vous ne devriez pas rencontrer de difficultés ici). Construisez une nouvelle variable, mesurant cette fois-ci l'écart entre le poids de la personne et le poids moyen, tous sexes confondus.

La dernière question posée par l'exercice 6.1 n'a rien d'évident et la solution proposée par le programme 6-6 mérite quelques explications :

Programme 6-6

```
PROC MEANS DATA=eleve NOPRINT;
    VAR poids;
    OUTPUT OUT=temp MEAN=mpoids;
RUN;

DATA eleve2;
    IF _n_=1 THEN SET temp(KEEP=mpoids);
    SET eleve;
    ecart=poids-mpoids;
RUN;
```

Résultat 6-4 (extrait)

Obs.	mpoids	sexe	prenom	poids	ecart
1	66.6720	F	Emilie	68	1.3280
2	66.6720	H	Damien	61	-5.6720
3	66.6720	H	Fabien	73	6.3280
4	66.6720	H	Boris	69	2.3280
5	66.6720	F	Ingela	73	6.3280
6	66.6720	H	Rémy	78	11.3280

Pour comprendre le programme 6-6 et son résultat, il faut avoir bien saisi le fonctionnement de SAS. Nous avons indiqué dans la section 3.1 que, lorsque le programme de l'étape était intégralement exécuté sur l'observation présente dans le PDV, il y avait RESET : remise en valeur manquante des moda-

---

3. _STAT_ apparaît uniquement dans la table de résultats si vous ne citez pas les statistiques que vous souhaitez voir apparaître.

lités **des variables créées par le programme**. Il n'y a pas de RESET des modalités des variables reprises d'autres tables citées après une instruction SET. Nous profitons de cette caractéristique au moyen de l'instruction suivante :

```
IF _n_=1 THEN SET temp(KEEP=mpoids);
```

La modalité de la variable MPOIDS dans la table TEMP (qui ne contient qu'une observation) va ainsi arriver dans le PDV dès la première exécution du programme. Comme cette variable appartient à une table citée après une instruction SET, il n'y aura pas de RESET sur cette modalité, qui sera reprise sur l'ensemble des observations de la table ELEVE2, construite à partir de la table ELEVE : il sera donc possible de calculer la différence entre le poids de chaque étudiant et le poids moyen de l'ensemble.

Le programme 6-6 vous montre aussi, incidemment, qu'il est possible d'attribuer des noms spécifiques aux statistiques calculées (ce qui est relativement utile pour traiter la première partie de l'exercice 6.1).

Programme 6-7

```
PROC MEANS DATA=eleve;
   VAR qi taille poids;
   OUTPUT OUT=toto
      MEAN=qi_m taille_m poids_m;
RUN;
```

Résultat 6-5 (table de résultats)

Obs.	_TYPE_	_FREQ_	qi_m	taille_m	poids_m
1	0	314	100.220	164.201	66.6720

Seules les moyennes seront écrites dans la table TOTO. Vous pouvez obtenir dans la table de résultats toutes les statistiques évoquées dans la section 6.1.3, sur toutes les variables spécifiées après l'instruction VAR. Cependant, il est nécessaire de définir des noms pour chacune[4] :

Programme 6-8

```
PROC MEANS DATA=eleve;
   VAR qi taille poids;
   OUTPUT OUT=toto
      MEAN=qi_m taille_m poids_m
      MEDIAN=qi_med taille_med poids_med;
RUN;
```

Cette définition systématique des noms de variables dans la table de résultats peut se révéler très fastidieuse si vous demandez un nombre important de statistiques sur un nombre élevé de variables. Vous recourrez alors aux options AUTONAME et AUTOLABEL (programme 6-9).

Programme 6-9

```
PROC MEANS DATA=eleve;
   VAR qi taille poids;
   OUTPUT OUT=toto
      MEAN=
      MEDIAN= / AUTONAME AUTOLABEL;
RUN;
```

---

4. Si vous reprenez le programme 6-8 en ne laissant dans l'instruction OUTPUT que les options MEAN= et MEDIAN=, la table de résultats ne présentera que les moyennes et les variables qui reprennent cette statistique auront le même nom que celles sur lesquelles elles sont calculées. Les médianes seront absentes de votre table de résultats.

Résultat 6-6 (table produite par le programme 6-9)

Obs.	_TYPE_	_FREQ_	qi_Mean	taille_Mean	poids_Mean	qi_Median	taille_Median	poids_Median
1	0	314	100.220	164.201	66.6720	101	164	67

La table créée (résultat 6-6) présente sur une seule ligne l'ensemble des statistiques demandées. Avec AUTONAME, la structure du nom des variables dans la table de résultats est :

```
nomdelavariable_Nomdelastatistique
```

On distingue les statistiques demandées en option de PROC MEANS de celles demandées dans la table de résultats. Ainsi, vous pouvez demander la moyenne dans votre sortie et la médiane dans la table de résultats sans que celle-ci apparaisse dans la fenêtre *Résultats*.

Si vous citez plusieurs variables dans votre instruction VAR et que vous souhaitez enregistrer dans votre table de résultats une statistique différente pour chacune des variables, vous utiliserez l'instruction OUTPUT suivante :

```
OUTPUT OUT=toto MEAN(taille)=mtaille VAR(poids)=vpoids ;
```

L'option MAXID (MINID) associée à l'instruction ID montre dans la table de résultats les individus correspondant aux valeurs maximales (minimales). Nous utilisons l'option NOPRINT de PROC MEANS puisque seule nous intéresse la table de résultats.

Programme 6-10

```
PROC MEANS DATA=eleve NOPRINT;
   ID prenom;
   CLASS sexe;
   VAR qi taille poids;
   OUTPUT OUT=toto MAX= qi_max taille_max poids_max
        MAXID= intelligent grand fort;
RUN;
```

Résultat 6-7 (table de résultats)[5]

Obs.	sexe	prenom	_TYPE_	_FREQ_	qi_max	taille_max	poids_max	intelligent	grand	fort
1		Yasmina	0	314	121	186	89	Giang	Laetitia	Julian
2	F	Yasmina	1	132	114	186	87	Barbara	Laetitia	Laetitia
3	H	Vincent	1	182	121	184	89	Giang	Benoît	Julian

6.2.4 Variables de classification

Nous avons introduit dans le programme 6-10 une instruction CLASS. Elle permet la production de statistiques pour chaque modalité de la variable de classification ainsi déclarée. Le programme 6-11

---

5. Les modalités de la variable PRENOM visibles dans la table de résultats correspondent en fait au dernier prénom dans l'ordre alphabétique de chaque sexe.

propose une application simple. Nous utilisons aussi l'option MAXDEC= afin de limiter le nombre de chiffres après la virgule.

Programme 6-11

```
PROC MEANS DATA=eleve
           MAXDEC=2
           MEAN;
   CLASS sexe;
   VAR qi taille;
RUN;
```

Résultat 6-8 (CLASS sexe)

sexe	N Obs	Variable	Moyenne
F	132	qi	97.93
		taille	164.06
H	182	qi	101.88
		taille	164.30

Résultat 6-9 (BY sexe)

sexe=F

Variable	Moyenne
qi	97.93
taille	164.06

sexe=H

Variable	Moyenne
qi	101.88
taille	164.30

Nous aboutissons à un résultat similaire si, au lieu d'un CLASS, nous spécifions un BY. Au préalable, il faut cependant trier la table en fonction de la variable BY. La sortie que vous obtiendrez sera légèrement différente : c'est un tableau par modalité de cette variable qui sera produit (voir résultat 6-9).

Au-dessus de chaque tableau, lorsque, dans une procédure, vous utilisez une instruction BY, vous observerez un titre comme celui présenté au résultat 6-9. Vous pouvez le retirer au moyen de l'option globale NOBYLINE et le remplacer en mobilisant les **options de substitution** #BYVALn et #BYVARn. Si, avant le programme 6-11 dans lequel vous aurez remplacé CLASS par BY, vous placez les instructions suivantes :

```
OPTIONS NOBYLINE;
TITLE "la valeur de #byvar1 est #byval1";
```

Vous observerez au-dessus du tableau relatif aux hommes le titre suivant :

```
la valeur de sexe est H
```

Vous comprenez maintenant pourquoi on parle d'options de substitution : #BYVAR1 est remplacée par le nom de la première variable citée après l'instruction BY de votre procédure. #BYVAL1 est remplacée, au-dessus de chaque tableau, par la valeur prise par cette variable. Si trois variables sont citées par votre instruction BY, #BYVAR3 sera remplacée par le nom de la 3e variable (voir section 6.3.2, programme 6-21). L'instruction suivante permet de revenir au fonctionnement par défaut de SAS :

```
OPTIONS BYLINE;
```

Ajoutons maintenant plusieurs variables de classification au moyen de l'instruction CLASS.

Programme 6-12

```
PROC MEANS DATA=eleve;
   CLASS age sexe cheveux;
   VAR taille;
RUN;
```

Programme 6-13

```
PROC MEANS DATA=eleve;
   CLASS age sexe cheveux;
   TYPES sexe*(age cheveux);
   VAR taille;
RUN;
```

Si vous exécutez le programme 6-12, vous obtiendrez 32 lignes de résultats dans votre sortie parce que SAS va croiser l'ensemble des modalités des variables de classification et vous offrir ensuite, pour chaque croisement, les statistiques usuelles[6]. Ce type de sortie se paramètre au moyen de l'instruction TYPES ; dans le programme 6-13, vos statistiques seront calculées pour les croisements de SEXE et AGE, puis de SEXE et CHEVEUX. Vous n'aurez aucune statistique pour les croisements AGE*CHEVEUX.

Si vous modifiez votre instruction TYPES en :

```
TYPES sexe*(age cheveux) ();
```

Vous aurez en plus les statistiques toutes modalités des variables de classification confondues.

Au lieu de TYPES, vous pouvez aussi utiliser l'instruction WAYS suivie d'un chiffre égal, au maximum, au nombre de variables de classification. Si vous avez trois variables de classification, l'instruction WAYS 3; vous retournera un tableau unique identique à celui produit par le programme 6-12, avec une ligne de tableau par triplet possible (SEXE ; CHEVEUX ; AGE).

Si vous spécifiez WAYS 2;, les statistiques seront calculées pour tous les croisements impliquant deux variables de classification. Avec WAYS 1;, vous aurez des statistiques pour toutes les modalités d'AGE, puis de SEXE et enfin de CHEVEUX : il n'y aura aucun croisement.

Il se peut que certains croisements de vos variables de classification ne vous intéressent pas. Dans ce cas, construisez d'abord une table indiquant les croisements désirés.

Programme 6-14

```
DATA selec;
   INPUT age cheveux @@;
CARDS;
15 1 15 2 15 3 15 4
17 1 17 2 18 1 18 4
;RUN;

PROC MEANS DATA=eleve CLASSDATA=selec
        EXCLUSIVE MEAN MAXDEC=2;
   CLASS age cheveux;
   VAR taille;
RUN;
```

Résultat 6-10

Variable d'analyse : taille			
age	cheveux	N Obs	Moyenne
15	1	10	159.80
	2	19	162.68
	3	14	164.86
	4	5	162.80
17	1	26	164.65
	2	40	163.55
18	1	11	165.73
	4	6	168.83

---

6. 2 modalités pour SEXE × 4 pour CHEVEUX × 4 pour AGE = 32 lignes.

Afin d'obtenir des statistiques uniquement pour les croisements spécifiés dans la table SELEC, vous devez indiquer l'option EXCLUSIVE en plus de CLASSDATA=. En ajoutant l'option PRINTALLTYPES à PROC MEANS, vous aurez de plus des statistiques pour chaque modalité de vos variables de classification et sur l'ensemble des individus. Attention, ces statistiques récapitulatives seront établies sur les observations des croisements que vous avez spécifiés dans la table CLASS (les personnes de 16 ans, celles de 17 ans ayant des cheveux 3 et 4, ainsi que les personnes de 18 ans ayant des cheveux 2 et 3 seront donc exclues).

Les options CLASSDATA= et EXCLUSIVE influencent aussi le contenu de la table de résultats, car les statistiques sont effectivement calculées sur la sous-population qui présente les caractéristiques résumées par la table SELEC.

Si vous insérez l'instruction suivante dans le programme 6-14 :

```
OUTPUT OUT=toto MEAN=;
```

et si vous observez la table TOTO produite, vous constatez la présence d'une variable _TYPE_[7]. Si elle vaut 0, la moyenne est calculée toutes modalités des variables de classification confondues. Si elle vaut 1, vous disposez d'une moyenne par modalité de CHEVEUX, tous âges confondus. _TYPE_ vaut 2 pour les moyennes par modalité d'AGE, toutes modalités de CHEVEUX confondues. Enfin, vous observez pour _TYPE_ égale à 3 les moyennes présentées dans le résultat 6-10. Pour n'avoir que ces dernières dans la table de résultats, ajoutez l'une des deux instructions suivantes :

```
OUTPUT OUT=toto(WHERE=(_TYPE_=3)) MEAN=;
* ou :
WAYS 2;
```

Vous devez comprendre ici que l'instruction WAYS agit aussi bien sur les tableaux produits dans la fenêtre *Résultats* que dans les tables de résultats.

Exercice 6.2 – À partir de la table CROSS et à l'aide de PROC MEANS, créez un rapport dans lequel vous présenterez :

1. Les temps moyen, minimum et maximum, ainsi que le nombre de participants au cross.

2. Présentez les mêmes résultats par sexe puis par niveau.

3. Quels sont les prénoms des élèves qui ont réalisé les meilleurs temps par niveau et par sexe ?

4. Quelle est la classe qui présente la variance du temps de parcours la plus faible ? Est-ce aussi la classe qui présente un écart minimum entre l'élève le plus rapide et l'élève le moins rapide ?

Exercice 6.3 – Vous travaillerez pour cet exercice sur la table FOURNISSEUR13 dont voici un extrait :

Résultat 6-11 (extrait)

Obs.	date	fournisseur	reference	prix	quantite	achat
1	02/01/2013	OASIS	OAS-311	67.82	13	881.66
2	02/01/2013	OASIS	OAS-452	44.18	2	88.36
3	02/01/2013	RED ROCK	RED-889	5.58	7	39.06
4	02/01/2013	GEM	GEM-614	5.02	20	100.40

7. Les résultats 6-3, 6-5, 6-6 et 6-7 présentent cette variable _TYPE_ qui n'a pas fait l'objet de commentaires jusqu'à maintenant.

Cette table reprend les 745 factures fournisseurs d'une entreprise pour l'année 2013. Elle contient la date de la facture, le nom du fournisseur, la référence du produit commandé, le prix unitaire, la quantité commandée et le montant total de l'achat.

1. *Mobilisez PROC MEANS afin de construire une table dans laquelle vous disposerez du montant commandé auprès de chaque fournisseur.*

2. *Ajoutez à cette table la part que représente chaque fournisseur dans les achats de l'entreprise.*

3. *Le directeur de l'entreprise souhaite connaître le prix moyen des produits achetés en 2013. Une simple moyenne sur la variable PRIX ne donnera pas un résultat correct puisqu'il faudrait pondérer par les quantités achetées. Cette question vous donnera donc l'occasion de faire connaissance avec l'instruction WEIGHT de PROC MEANS…*

4. *Sans construire de variables supplémentaires dans la table et, par conséquent, au moyen de PROC MEANS, construisez une table dans laquelle vous présenterez les achats effectués chaque mois par l'entreprise. Pour répondre à cette question, vous aurez très certainement besoin de consulter les sections 5.3.3.a et 5.3.5.f.*

5. *Au moyen de PROC MEANS, construisez une table vous indiquant le nombre de commandes effectuées, le nombre d'unités commandées et le montant total des achats pour l'année 2013 et pour chaque référence.*

6.3 PROC PRINT

Depuis le début de cet ouvrage, nous avons utilisé PROC PRINT pour visualiser les tables que nous créons. Cependant, cette procédure offre aussi d'autres options particulièrement intéressantes.

6.3.1 Éléments de syntaxe

Vous disposez avec PROC PRINT des instructions suivantes :

- **VAR** – Nomme les variables, qui seront imprimées suivant leur ordre d'apparition. S'il n'y a pas d'instruction VAR, toutes les variables sont imprimées.
- **ID** – Met certaines variables en évidence en les imprimant dans les premières colonnes du tableau. Les numéros d'observations (colonne OBS.) ne sont pas repris dans la sortie si vous spécifiez une variable ID.
- **BY** – Imprime les observations par modalité de la variable BY.

  Si vous utilisez l'instruction BY, vous devez impérativement réaliser préalablement un PROC SORT sur les mêmes variables et dans le même ordre.
- **PAGEBY** – Va à la page à chaque changement de modalité de la variable citée après PAGEBY. L'utilisation de PAGEBY nécessite celle de BY.
- **SUMBY** – Présente un total à chaque changement de modalité de la variable citée après SUMBY. L'utilisation de SUMBY nécessite celle de BY.
- **SUM** – Nomme les variables dont on souhaite calculer les totaux.

Les options suivantes peuvent être précisées à la suite de PROC PRINT[8] :

- **DATA=** – Spécifie la table à utiliser, sans quoi SAS prend la dernière table créée.
- **NOOBS** – Entraîne la suppression des numéros des observations.
- **LABEL | L** – Demande l'affichage dans le résultat des LABEL des variables.
- **SPLIT='caractère-split'** – Scinde le texte du LABEL à chaque apparition du 'caractère-split'.
- **N** – Imprime le nombre d'observations dans le tableau à la fin de la sortie.
- **ROUND | R** – Arrondit à deux décimales les variables numériques auxquelles aucun FORMAT n'a été attribué.

6.3.2 Exemples d'application

La table que nous allons exploiter pour comprendre l'intérêt de ces diverses instructions et options est VENTES, présente dans votre bibliothèque WORK si vous avez exécuté le programme 6-1. Elle reprend des informations sur quelques transactions réalisées par un site de vente en ligne de disques de jazz. Chaque observation précise le nom de l'artiste (ARTISTE), le titre de l'album (TITRE), le SUPPORT (CD ou LP), le nombre d'unités vendues (VENTES) et le chiffre d'affaires (CA) généré.

Les programmes suivants produisent des résultats que nous vous décrirons, sans forcément vous les proposer dans cet ouvrage. Toutes les sorties, accompagnées de leurs programmes, sont présentées sur le site compagnon de cet ouvrage.

L'impression de l'intégralité de la table (programme 6-15) représente ce qu'il y a de plus simple à coder. Vous pouvez aussi limiter le nombre d'observations à imprimer via l'option de table OBS= et éliminer la colonne OBS (programme 6-16) grâce à l'option NOOBS.

Programme 6-15

```
PROC PRINT DATA=ventes;
RUN;
```

Programme 6-16

```
PROC PRINT DATA=ventes (OBS=5) NOOBS;
RUN;
```

Résultat 6-12 (sortie du programme 6-16)

artiste	titre	support	ventes	CA
Bryant, Ray	Soul	CD	4	37.02
Bryant, Ray	Sound Ray	CD	2	38.19
Davis, Miles	Tutu	LP	21	190.73
Davis, Miles	Decoy	LP	5	52.83
Smith, Jimmy	Damn!	CD	6	73.95

Sans instruction VAR, PROC PRINT présente toutes les variables de la table dans l'ordre dans lequel elles sont enregistrées. Avec VAR, vous pouvez d'une part limiter les variables à imprimer et, d'autre part, décider de l'ordre dans lequel elles apparaîtront. L'instruction ID permet aussi d'organiser différemment votre sortie en retirant déjà de la sortie le numéro de l'observation : l'option NOOBS n'est donc plus nécessaire. Les variables ID bénéficient de plus d'une mise en forme particulière.

---

8. Certaines options ne seront pas présentées dans cet ouvrage, mais nous étudierons par la suite STYLE (voir section 6.3.3) et CONTENTS= (voir section 8.3.4).

Programme 6-17

```
PROC PRINT DATA=ventes (OBS=2);
   ID titre;
RUN;
```

Résultat 6-13

titre	artiste	support	ventes	CA
Soul	Bryant, Ray	CD	4	37.02
Sound Ray	Bryant, Ray	CD	2	38.19

Le programme 6-18 présente les mêmes variables, mais uniquement pour les ventes de CD de Jimmy Smith. Nous précisons pour cela une instruction WHERE de sélection d'observations. Afin de rendre les résultats plus lisibles, nous ajoutons aussi un FORMAT à la variable CA.

Programme 6-18

```
PROC PRINT DATA=ventes NOOBS;
   VAR support titre ventes CA;
   WHERE artiste CONTAINS "Smith"
         AND support='CD';
   FORMAT ca EUROX7.2;
RUN;
```

Résultat 6-14

support	titre	ventes	CA
CD	Damn!	6	€73.95
CD	Respect	15	€125.67

L'instruction SUM (programme 6-19) introduit dans le tableau produit les totaux des ventes et du chiffre d'affaires réalisés.

Programme 6-19

```
PROC PRINT DATA=ventes NOOBS;
   VAR support artiste ventes ca;
   FORMAT ca EUROX7.2;
   SUM ventes ca;
RUN;
```

Résultat 6-15 (extrait)

support	artiste	ventes	CA
CD	Bryant, Ray	4	€37.02
LP	Smith, Jimmy	11	€100.32
		73	€699,64

Le FORMAT est aussi bien appliqué aux données de la table qu'à la somme créée en bas du tableau avec l'instruction SUM.

Nous souhaitons à présent connaître les ventes réalisées par support. Il faut au préalable trier la table en fonction de la variable SUPPORT, car cette variable va apparaître dans une instruction BY.

Programme 6-20

```
PROC SORT DATA=ventes;
   BY support;
RUN;

PROC PRINT DATA=ventes NOOBS;
   BY support;
   VAR artiste;
   SUM ventes ca;
   FORMAT ca EUROX7.2;
RUN;
```

Résultat 6-16 (extrait)

support=CD

artiste	ventes	CA
Bryant, Ray	4	€37,02
⋮	⋮	⋮
Smith, Jimmy	15	€125,67
support	27	€274,83

support=LP

artiste	ventes	CA
Davis, Miles	21	€190,73
⋮	⋮	⋮
Smith, Jimmy	11	€100,32
support	46	€424,81
	73	€699,64

Le programme 6-20 vous laisse constater que, pour être affichées dans le résultat, les variables citées par l'instruction SUM n'ont pas besoin de l'être aussi par l'instruction VAR.

Si vous citez plusieurs variables à la suite de BY, en cas d'instruction SUM, les sommes seront produites pour chaque couple de modalités de ces variables.

Programme 6-21

```
PROC SORT DATA=ventes;
   BY artiste support;
RUN;

OPTION NOBYLINE;

TITLE "#byval1";
TITLE2 "Les ventes de #byval2";
PROC PRINT DATA=ventes NOOBS;
   BY artiste support;
   VAR artiste ventes ca;
   SUM ventes ca;
   FORMAT ca EUROX7.2;
RUN;
```

Résultat 6-17 (extrait)

Smith, Jimmy
Les ventes de CD

artiste	ventes	CA
Smith, Jimmy	6	€73,95
Smith, Jimmy	15	€125,67
support	21	€199,62

Smith, Jimmy
Les ventes de LP

artiste	ventes	CA
Smith, Jimmy	9	€80,93
Smith, Jimmy	11	€100,32
support	20	€181,25
artiste	41	€380,87
	73	€699,64

Vous remarquez que SAS réalise des sommes par SUPPORT, puis par ARTISTE et enfin une somme générale. Les titres qui apparaissent au-dessus de chaque tableau ont été paramétrés au moyen de l'option de substitution #BYVAL*n*.

Vous pouvez limiter la production de sommes au moyen de l'instruction SUMBY. Par exemple, si vous insérez dans le programme 6-21 l'instruction suivante :

```
SUMBY artiste;
```

Les sommes pour chaque modalité de SUPPORT ne seront plus calculées. Attention : seules les variables listées dans l'instruction BY ont le droit d'être citées dans SUMBY. Si, au lieu de SUMBY, vous utilisez une instruction PAGEBY :

```
PAGEBY artiste;
```

Vous constatez que le titre est reproduit avant chaque premier tableau d'un artiste donné.

Maintenant que vous avez compris l'effet sur votre sortie des diverses instructions possibles de PROC PRINT, ajoutons quelques éléments qui rendront votre résultat plus « parlant ». Nous avons déjà spécifié un FORMAT pour la variable CA ; d'autres possibilités vous sont offertes, comme le montre le programme 6-22.

Programme 6-22

```
TITLE "Nos ventes de CD";
TITLE2 "Jimmy Smith";
FOOTNOTE "Novembre 2018";

PROC PRINT DATA=ventes NOOBS
           N='Références en ventes : '
           SPLIT="@";
   VAR support titre ventes ca;
   SUM ventes ca;
   WHERE artiste CONTAINS "Smith"
         AND support='CD';
   FORMAT ca EUROX7.2;
   LABEL support='00'x
         ventes="Unités vendues"
         ca="Produit@de@ces@ventes";
RUN;
```

Résultat 6-18

Nos ventes de CD
Jimmy Smith

	titre	Unités vendues	Produit de ces ventes
CD	Damn!	6	€73,95
CD	Respect	15	€125,67
		21	€199,62
Références en ventes : 2			

Novembre 2018

Les LABEL, s'ils sont déjà présents dans la table, ne s'afficheront que si vous le demandez au moyen de l'option LABEL (ou L) de PROC PRINT, sauf si vous spécifiez l'option SPLIT=. Grâce à cette dernière, vous permettez une certaine mise en forme : lorsque SAS rencontre le caractère SPLIT (@ dans notre cas) dans le texte du LABEL, il saute à la ligne, ce qui explique pourquoi le LABEL associé à la variable CA apparaît sur quatre lignes.

Le LABEL associé à la variable SUPPORT paraît curieux :

```
LABEL support='00'x
```

Nous demandons ici que n'apparaissent ni LABEL ni le nom de la variable.

Si vous ne lui associez pas de signe « = » suivi d'une chaîne de caractères, l'option N de PROC PRINT rappelle normalement, en bas du tableau, le nombre d'observations présentées dans le résultat[9]. Le signe « = » suivi d'une chaîne de caractères donne un sens à ce nombre d'observations (ici, il s'agit bien du nombre de références CD de Jimmy Smith vendues).

Nous avons également demandé à afficher un pied de page dans ce résultat, à l'aide de l'instruction FOOTNOTE.

Vous devez conclure que la procédure PROC PRINT est beaucoup plus riche qu'elle n'y paraît. En tout cas, elle se révèle utile pour présenter vos données dans des tableaux simples.

➊ 6.3.3 L'option STYLE

L'option STYLE permet des mises en forme particulièrement intéressantes. Retenez déjà que chaque élément d'une sortie ordonnée par PROC PRINT est susceptible d'être mis en forme au moyen de cette option. Nous partons du tableau produit par le programme 6-23.

Programme 6-23

```
TITLE;
FOOTNOTE;
PROC PRINT DATA=ventes;
    ID support;
    VAR titre ventes ca;
    SUM ventes ca;
    FORMAT ca EUROX10.2;
    WHERE artiste CONTAINS "Smith";
RUN;
```

Résultat 6-19

support	titre	ventes	CA
CD	Damn!	6	€73.95
CD	Respect	15	€125.67
LP	Bucket!	9	€80.93
LP	The Cat	11	€100.32
		41	€380,87

Nous allons améliorer la présentation de ce tableau via l'option STYLE.

a. La syntaxe de l'option STYLE

```
STYLE(élément)=[attribut1=valeur1 attribut2=valeur2…]
```

Les crochets sont très importants (mais sont remplaçables par des accolades). On invoque l'option STYLE uniquement dans les procédures PROC PRINT, PROC REPORT et PROC TABULATE. Nous la traiterons de nouveau dans les sections 6.4.5 et 6.6.8.

Vous interviendrez de deux façons sur les différents éléments qui composent votre sortie : soit en option de PROC PRINT, soit en option de certaines instructions précisées ci-après entre parenthèses.

Voici les différents éléments d'une sortie PROC PRINT :

* **BYLABEL** – La modalité de la variable BY dans les lignes présentant les sommes.

---

9. Attention cependant, car la valeur associée à N dépend aussi de la présence d'une instruction BY associée ou non avec SUM – voir l'aide SAS, entrée *PROC PRINT statement*.

- **DATA** – Les cellules à l'intérieur du tableau (instructions VAR, ID et SUM).
- **GRANDTOTAL** – La somme correspondant au grand total (instruction SUM).
- **HEADER** – Les en-têtes de colonnes des variables, sauf ID et OBS (instructions VAR, ID ou SUM).
- **N** – N=
- **OBS** – Les données de la colonne OBS ou ID.
- **OBSHEADER** – L'en-tête de la colonne OBS ou ID.
- **TABLE** – La structure même du tableau (ex. épaisseur du cadre, largeur des cellules).
- **TOTAL** – Les sommes intermédiaires en cas d'instruction BY (SUM).

La figure 6-1 indique les éléments sur lesquels vous devez intervenir si vous souhaitez modifier la mise en forme de certaines parties du résultat 6-19.

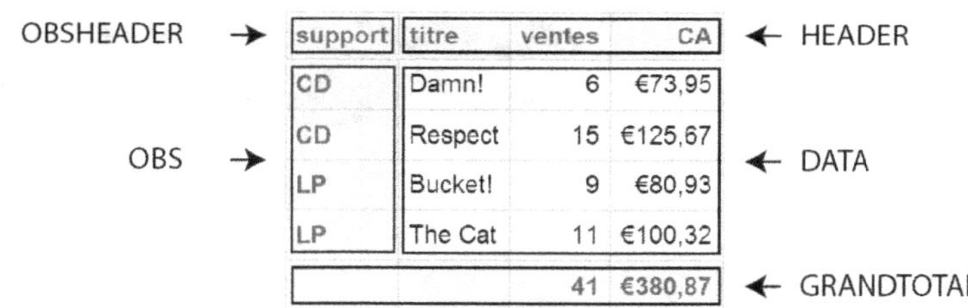

Figure 6–1
Éléments de STYLE dans une sortie simple ordonnée par PROC PRINT

Admettons que vous souhaitiez modifier tout ou partie de la mise en forme de GRANDTOTAL :

- Si STYLE apparaît en option de PROC PRINT, vous modifierez la mise en forme des quatre cellules de l'élément GRANDTOTAL.
- Si STYLE apparaît en option de l'instruction SUM du programme 6-23, vous modifierez la mise en forme des deux cellules qui contiennent les sommes sur VENTES et CA.
- Si, au lieu d'une seule instruction SUM, vous en présentez dans le programme 6-23 une pour chacune des variables, l'option STYLE associée à l'instruction SUM CA modifiera uniquement la mise en forme de la cellule du tableau contenant cette somme.

Le programme 6-24 vous propose un exemple dans lequel nous mobilisons les attributs les plus courants.

Programme 6-24

```
PROC PRINT DATA=ventes
    STYLE(HEADER)=[BACKGROUND=black FOREGROUND=white CELLWIDTH=30mm]
    STYLE(GRANDTOTAL)=[BACKGROUND=lightgrey]
    STYLE(TABLE)=[PREIMAGE="C:\intro_SAS\images\bandeau13.png"
                POSTTEXT="Plus d'information sur Jimmy Smith "
    POSTHTML='<A HREF="http://fr.wikipedia.org/wiki/Jimmy_Smith">ICI</A>']
    STYLE(OBSHEADER)=[BACKGROUNDIMAGE="C:\intro_SAS\images\logo.gif"
                    CELLHEIGHT=16mm CELLWIDTH=21mm
                    FOREGROUND=white JUST=right];
```

```
ID support;
VAR titre / STYLE(HEADER)=[FONTSIZE=18pt VERTICALALIGN=middle];
VAR ventes ca / STYLE(DATA)=[JUST=center];
SUM ventes / STYLE(GRANDTOTAL)=[PRETEXT='En tout : ' POSTTEXT=' ventes'];
SUM ca / STYLE(GRANDTOTAL)=[POSTIMAGE=' C:\intro_SAS\images\smile.gif'
                           BACKGROUND=white FONTSIZE=16pt];
WHERE artiste CONTAINS "Smith";
FORMAT ca EUROX10.2;
RUN;
```

Résultat 6-20

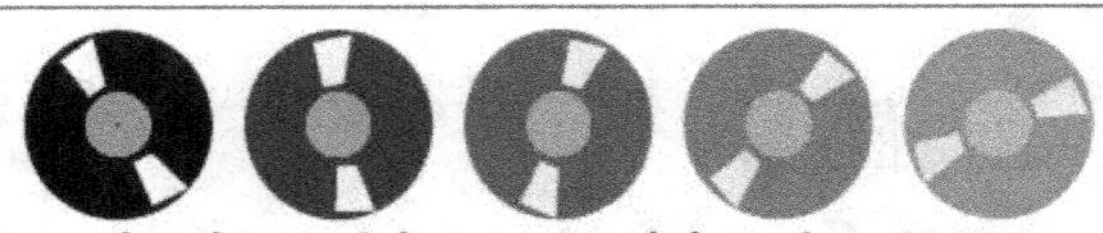

support	titre	ventes	CA
CD	Damn!	6	€73,95
CD	Respect	15	€125,67
LP	Bucket!	9	€80,93
LP	The Cat	11	€100,32
		En tout : 41 ventes	€380,87

Plus d'information sur Jimmy Smith ICI

Le PROC PRINT du programme 6-24 est associé à quatre options STYLE :

- STYLE(HEADER) demande un fond noir pour l'en-tête de colonne (BACKGROUND), les textes en blanc (FOREGROUND) et des colonnes d'une largeur de 30 mm (CELLWIDTH).
- STYLE(GRANDTOTAL) impose un fond gris dans la ligne du tableau sur laquelle seront présentées les sommes.
- STYLE(TABLE) insère une image avant le tableau (PREIMAGE), un texte après le tableau (POSTTEXT), puis un lien vers un site Internet (POSTHTML)[10].
- STYLE(OBSHEADER) ajoute une image en en-tête de la colonne ID (BACKGROUND IMAGE) et fixe une hauteur de cellule (CELLHEIGHT) qui va s'imposer à tous les en-têtes du tableau, une largeur de cellule (et donc de colonne) particulière via CELLWIDTH et un texte en blanc (FOREGROUND).

Les éléments GRANDTOTAL sont reparamétrés au sein des instructions SUM. Comme ce nouveau paramétrage est différent pour les variables VENTES et CA, nous avons spécifié une instruction SUM pour chacune des variables. Vous notez que le paramétrage par défaut (fond gris) continue à

---

10. L'utilisation de POSTHTML nécessite la maîtrise de quelques instructions propres au langage HTML. Nous en présenterons quelques-unes dans la section 8.3.5.a.

s'imposer pour la somme des ventes. Pour la variable VENTES, nous demandons l'introduction de texte avant (PRETEXT) et après (POSTTEXT) la somme.

Pour la variable CA, nous modifions la couleur de fond et la taille des caractères (FONTSIZE) et insérons une image après la somme (POSTIMAGE).

En ce qui concerne l'en-tête de la variable TITRE, nous modifions la taille des caractères (FONTSIZE) et la justification verticale (VERTICALALIGN). Le fond noir et la police en blanc définis plus haut continuent à s'imposer.

Concernant les variables représentées dans le tableau, nous n'imposons pas d'option STYLE(DATA) à la variable TITRE (première instruction VAR) : les modalités restent donc alignées à gauche. Pour les variables numériques, par défaut alignées à droite (résultat 6-19), nous ajoutons une option STYLE pour les centrer dans les cases du tableau (JUST).

La principale difficulté dans l'application des options STYLE consiste à retrouver le nom de la caractéristique sur laquelle vous souhaitez intervenir. Les caractéristiques sont relativement nombreuses (26 pour l'élément TABLE, 30 pour tous les autres éléments) et nous pensons vous avoir présenté ici les plus utiles[11].

b. « Traffic lighting »

Le *traffic lighting* consiste à ajouter des caractéristiques de style qui dépendent des modalités présentées dans la cellule du tableau. Nous reprenons le tableau du résultat 6-19 avec l'objectif suivant : si les ventes sont supérieures à 100 euros, alors la couleur de fond de la cellule doit apparaître en vert. En dessous de 100 euros, ce fond doit apparaître en rouge.

Programme 6-25

```
PROC FORMAT;
VALUE color
    LOW-100=verylightred
    OTHER=verylightgreen;
RUN;

PROC PRINT DATA=ventes;
    ID support;
    VAR titre ventes;
    VAR ca / STYLE(DATA)=[BACKGROUND=color.];
    SUM ventes ca;
    FORMAT ca EUROX10.2;
    WHERE artiste CONTAINS "Smith";
RUN;
```

Résultat 6-21

support	titre	ventes	CA
CD	Damn!	6	€73,95
CD	Respect	15	€125,67
LP	Bucket!	9	€80,93
LP	The Cat	11	€100,32
		41	€380,87

Nous construisons dans un premier temps un FORMAT dans lequel des valeurs seront associées à des couleurs (VERYLIGHTRED pour des modalités inférieures ou égales à 100 ; VERY LIGHTGREEN pour les autres). Dans l'option STYLE de l'instruction VAR dédiée à la variable CA, nous indiquons ensuite que les couleurs de fond (BACKGROUND) sont à rechercher dans le

---

11. Pour une liste complète des caractéristiques sur lesquelles vous pouvez intervenir, voir l'aide SAS, entrée *PROC PRINT statement*. Voir aussi l'article de Lauren HAWORTH cité page suivante.

FORMAT COLOR. Ce FORMAT est appliqué à la variable concernée par l'instruction VAR et vous obtenez très simplement le résultat 6-21. Vous donnez ainsi davantage de sens à votre tableau.

Si vous souhaitez plus d'informations et d'exemples impliquant PROC PRINT et les options STYLE, veuillez consulter les articles suivants :

📖 COCHRAN, Ben, « Using 22 easy tricks with ODS to generate colorful reports », *Proceedings of the MidWest SAS Users Group Conference*, 2007, T10

http://www.mwsug.org/proceedings/2007/tutorials/MWSUG-2007-T10.pdf

📖 HADDEN, Louise, « STOP ! WAIT ! GO ! See what traffic-lighting can do for you ! », *Proceedings of the 31st Annual SAS Users Group International Conference*, 2006, 142-31

http://www2.sas.com/proceedings/sugi31/142-31.pdf

📖 HECHT, Darylene, « PROC PRINT and ODS : teaching an old PROC new tricks », *Proceedings of the SAS Global Forum*, 2011, paper 270-2011

http://support.sas.com/resources/papers/proceedings11/270-2011.pdf

📖 HAWORTH, Lauren, « ODS for PRINT, REPORT and TABULATE », *Proceedings of the 26th Annual SAS Users Group International Conference*, 2001, 3-26

http://www2.sas.com/proceedings/sugi26/p003-26.pdf

Exercice 6.4 – Revenons à la table CROSS, mais en nous concentrant uniquement sur les résultats des jeunes filles en 6ᵉ. Via PROC PRINT, réalisez un rapport dans lequel les jeunes filles sont classées en fonction du temps réalisé pour ce cross. Vous devez faire apparaître le nom des concurrentes, leur classe, leur temps, ainsi que le nombre total de participantes.

Exercice 6.5 – À partir de la table FOURNISSEUR13 utilisée lors de l'exercice 6.3, construisez un rapport dans lequel vous afficherez, pour chaque mois, les achats effectués auprès du fournisseur INTERAM. Vous devez présenter la date de la facture, la référence commandée, la quantité achetée et le montant total de l'achat. Une somme récapitulative pour l'année 2013 devra être présentée, ainsi qu'une somme des achats pour chaque mois.

➕ 6.4 PROC REPORT

La procédure PROC REPORT sert à présenter vos données de façon particulièrement attrayante. Il s'agit d'un outil nettement plus puissant que PROC PRINT, mais qui demande un effort de programmation plus important[12]. Nous étudions dans cette section les outils nécessaires pour bien débuter avec PROC REPORT. Vous trouverez à la fin de la section un ensemble de références qui, une fois les rudiments maîtrisés, vous permettront d'approfondir vos connaissances.

PROC REPORT est utilisable dans deux environnements : un mode fenêtré, qui autorise des constructions interactives de rapports, et un mode non fenêtré. C'est ce dernier que nous allons utiliser. Si vous travaillez avec SAS 9.4, il est ouvert par défaut. Avec les versions antérieures à SAS 9.3, vous devrez préciser l'option NOWD de PROC REPORT pour choisir ce mode.

```
PROC REPORT DATA=xxxxx NOWD;
```

---

12. Nous ne présenterons pas la syntaxe propre à cette procédure. Il nous a semblé plus efficace de travailler directement à partir d'exemples.

6.4.1 Exemples simples

Le programme 6-26 construit notre premier rapport. Il mobilise la table CROSS.

Programme 6-26

```
PROC REPORT DATA=cross;
RUN;
```

Résultat 6-22 (extrait)

eleve	annee	classement	sexe	classe	temps	niveau
Pierre L	1998	1	M	5B	510	5
Thomas D	1998	2	M	5E	552	5
Tanguy C	1998	3	M	5D	586	5
Loup D	1998	4	M	5E	615	5
Adrien R	1998	5	M	5A	637	5

Vous obtenez une impression complète de votre table, proche de ce que vous obtenez avec PROC PRINT. Pour chaque observation, vous affichez le nom de l'élève, son année de naissance, son classement au cross, son sexe (les filles, avec leur classement propre, sont reprises plus bas dans la table), sa classe, son temps de course en secondes et son niveau (6, 5 ou C pour les élèves de CM2 invités au cross).

Pour sélectionner les variables que vous souhaitez à l'affichage, vous emploierez l'instruction COLUMN.

Programme 6-27

```
PROC REPORT DATA=cross;
   COLUMN classement eleve temps;
   WHERE sexe='F';
   FORMAT temps TIME.;
RUN;
```

Résultat 6-23 (extrait)

classement	eleve	temps
1	Margot P	0:10:12
2	Alice V	0:10:34
3	Maëlle B	0:10:53
4	Lauryne B	0:10:59
5	Fiona P	0:11:05

Par défaut, les variables caractères sont alignées à gauche, les variables numériques à droite. La nature de la sortie produite par PROC REPORT change si vous ne listez dans l'instruction COLUMN que des variables numériques. Le rapport complet présentant les observations n'est alors plus produit : seules les sommes (statistiques produites par défaut) des modalités de vos variables numériques vont apparaître. Si PROC REPORT présente les données à l'instar de PROC PRINT, il produit aussi des informations de synthèse.

Programme 6-28

```
PROC REPORT DATA=cross;
   COLUMN temps;
   WHERE sexe='F';
   FORMAT temps TIME.;
RUN;
```

Résultat 6-24

temps
23:32:19

Et nous apprenons que les filles de ce collège ont couru 23 heures et 32 minutes.

6.4.2 L'instruction DEFINE

L'instruction DEFINE, appliquée à une variable, modifie en profondeur la présentation et l'utilisation de cette variable.

Concernant la présentation des modalités de votre variable, vous pouvez, grâce aux options de DEFINE :

- demander l'application d'un FORMAT ;
- utiliser une justification différente de celle par défaut (CENTER, LEFT, RIGHT) ;
- donner un intitulé à votre variable (identique à ce que vous obtenez avec un LABEL).

L'ordre de ces options n'a pas d'importance.

Programme 6-29

```
PROC REPORT DATA=cross;
    COLUMN classement eleve
           classe temps;
    WHERE classement <=3;
    DEFINE classement / CENTER;
    DEFINE eleve / RIGHT 'Elève';
    DEFINE classe / LEFT 'Classe';
    DEFINE temps / FORMAT=TIME.
               'Temps/2100m';
RUN;
```

Résultat 6-25

classement	Elève	Classe	Temps 2100m
1	Pierre L	5B	0:08:30
2	Thomas D	5E	0:09:12
3	Tanguy C	5D	0:09:46
1	Margot P	5E	0:10:12
2	Alice V	6E	0:10:34
3	Maëlle B	5B	0:10:53

Pour créer un intitulé de colonne, il suffit de mettre votre texte entre quotes dans les options de DEFINE. Vous remarquerez que, dans l'instruction relative à TEMPS, le caractère '/' apparaît dans l'intitulé de colonne. Cela permet de présenter cet intitulé sur deux lignes. '/' est le caractère SPLIT par défaut ; si vous préférez un autre caractère, utilisez l'option SPLIT= de PROC REPORT.

Programme 6-30

```
PROC REPORT DATA=cross SPLIT='@';
    ...;
    DEFINE temps / FORMAT=TIME. 'Temps@2100m';
    ...;
RUN;
```

Si les options de DEFINE précisent la mise en page d'un tableau, elles peuvent aussi, et c'est sans doute le plus important, définir la façon dont SAS utilisera votre variable pour créer votre rapport.

6.4.3 Les variables et leurs usages possibles

PROC REPORT peut utiliser de six manières différentes les variables présentes dans vos tables : ACROSS, ANALYSIS, COMPUTED, DISPLAY, GROUP, ORDER.

Par défaut, SAS considère que les variables caractères sont destinées à l'affichage (DISPLAY). Lorsqu'une variable est DISPLAY, toutes ses modalités sont affichées et aucun regroupement d'observations ne peut être fait.

Par défaut, SAS considère que les variables numériques vont faire l'objet d'analyses (ANALYSIS) : vous pouvez calculer des statistiques sur ces variables.

a. Les variables ORDER

Si vous déclarez une variable ORDER, les observations apparaissant dans votre rapport seront triées en fonction de cette variable.

Programme 6-31

```
PROC REPORT DATA=cross;
   COLUMN annee classement eleve temps;
   WHERE classement <=3;
   DEFINE annee / ORDER;
   DEFINE classement / CENTER;
   DEFINE eleve / RIGHT 'Elève';
   DEFINE temps / FORMAT=TIME.
                 'Temps/2100m';
RUN;
```

Résultat 6-26

annee	classement	Elève	Temps 2100m
1998	1	Pierre L	0:08:30
	2	Thomas D	0:09:12
	3	Tanguy C	0:09:46
	1	Margot P	0:10:12
	3	Maëlle B	0:10:53
1999	2	Alice V	0:10:34

En plus de trier les observations, la variable ORDER ici évite la répétition des modalités. On constate que, parmi les trois premiers de chaque sexe, il n'y a qu'une élève née en 1999.

Si vous spécifiez plusieurs variables ORDER, leur ordre dans l'instruction COLUMN déterminera celui dans lequel vos observations seront présentées. L'ordre des instructions DEFINE n'a aucun effet sur votre résultat.

Programme 6-32

```
PROC REPORT DATA=cross;
   COLUMN annee niveau eleve temps;
   WHERE classement <=10 AND sexe='F';
   DEFINE niveau / ORDER;
   DEFINE annee / ORDER;
   DEFINE temps / ORDER FORMAT=TIME.
                 "Temps/2100m";
RUN;
```

Résultat 6-27

annee	niveau	eleve	Temps 2100m
1998	5	Margot P	0:10:12
		Maëlle B	0:10:53
		Marie A	0:11:10
1999	6	Alice V	0:10:34
		Fiona P	0:11:05
		Léonie R	0:11:16
		Marjorie J	0:11:20
		Elisa C	0:11:23
	C	Lauryne B	0:10:59
2000	C	Julie B	0:11:26

Les observations sont présentées par modalité d'ANNEE, puis, à égalité d'ANNEE, par NIVEAU et enfin, à égalité d'ANNEE et de NIVEAU, par TEMPS.

Exercice 6.6 – Rédigez le programme qui doit vous montrer, parmi les 30 élèves les plus rapides, tous sexes confondus, le classement des temps réalisés par les filles suivi de ceux des garçons. Votre rapport doit bien entendu présenter le nom de ces élèves les plus rapides, en plus de leur sexe et de leur temps (pour sélectionner les 30 élèves les plus rapides, vous aurez sûrement besoin d'utiliser PROC SORT et l'option de table OBS=).

Partant du résultat 6-27, vous pouvez juger qu'il serait plus juste de positionner la seule élève née en 2000 en première ligne plutôt qu'en bas de tableau. Cela se fait aisément en ajoutant l'option DESCENDING à l'instruction DEFINE relative à ANNEE.

```
DEFINE annee / DESCENDING ORDER;
```

Les observations sont présentées par défaut dans l'ordre croissant dans lequel elles apparaissent avec leur FORMAT (FORMATTED). En l'absence de FORMAT, elles sont affichées dans l'ordre alphabétique (INTERNAL). Vous pouvez demander un affichage par fréquence ascendante (FREQ) ou dans l'ordre dans lequel elles apparaissent dans les tables (DATA). Indiquez en option de DEFINE la présentation souhaitée : `ORDER=FORMATTED/INTERNAL/DATA/FREQ` (voir section 6.2.1)[13].

Pour construire le résultat 6-28, nous avons supprimé de l'instruction WHERE la condition relative au classement, afin d'obtenir un classement de toutes les élèves qui ont couru ce cross. Il manque certains temps, car TEMPS est une variable ORDER : les modalités identiques ne sont pas reproduites. Cela signifie dans notre cas qu'Alicia et Abigaël ont mis le même temps que Flora pour courir le cross.

Résultat 6-28 (extrait)

annee	niveau	eleve	Temps 2100m
1997	5	Flora S	0:12:01
		Alicia R	
		Abigaël Y	
		Brenda F	0:12:02
		Marie F	0:12:03

b. Les variables GROUP

Ici, SAS regroupe les observations par modalité de la variable GROUP et produit une statistique par variable ANALYSIS pour chaque modalité de la variable GROUP. Par défaut, si aucune statistique n'est précisée pour les variables ANALYSIS, SAS calcule la somme. Pour que cette statistique soit calculée, vous ne devez pas avoir de variable DISPLAY citée dans l'instruction COLUMN.

---

13. Cette option ORDER= peut aussi être spécifiée avec une variable GROUP et une variable ACROSS.

Programme 6-33

```
PROC REPORT DATA=cross;
   COLUMN niveau eleve temps;
   WHERE sexe='F';
   DEFINE niveau / GROUP;
   DEFINE eleve / "Elève";
   DEFINE temps / FORMAT=TIME.
              "Temps/2100m";
RUN;
```

Résultat 6-29 (extrait)

niveau	Elève	Temps 2100m
5	Margot P	0:10:12
	Maëlle B	0:10:53
	Marie A	0:11:10
	Caroline Y	0:11:32

Le programme 6-33 n'effectue aucun regroupement puisque vous citez une variable caractère (ELEVE) qui, sans autre spécification, est DISPLAY. Chaque ligne de votre sortie correspond à une élève de ce collège.

Programme 6-34

```
PROC REPORT DATA=cross;
   COLUMN classe temps
          temps=tp2 temps=tp3;
   WHERE sexe='F';
   DEFINE classe / GROUP;
   DEFINE temps / MEAN FORMAT=TIME.
              "Temps/2100m";
   DEFINE tp2 / N "Nombre/d'élèves";
   DEFINE tp3 / RANGE "Max-min"
            FORMAT=TIME.;
RUN;
```

Résultat 6-30 (extrait)

classe	Temps 2100m	Nombre d'élèves	Max-min
5A	0:12:02	9	0:00:22
5B	0:12:08	10	0:02:08
5C	0:11:54	11	0:00:31
5D	0:11:55	8	0:00:54

CLASSE est une variable GROUP : nous souhaitons obtenir des statistiques par classe. Les statistiques demandées sont à indiquer, au moyen de leur mot-clé, en option de l'instruction DEFINE relative à la variable que vous souhaitez voir analysée. Le tableau 6-1 de la section 6.1.3 reprend les statistiques possibles avec PROC REPORT[14].

Nous souhaitons voir apparaître dans notre résultat trois statistiques calculées sur la variable TEMPS. C'est possible dans le programme 6-34, en « dupliquant » la variable TEMPS dans l'instruction COLUMN. TEMPS=TP2 TEMPS=TP3 crée deux alias que nous allons manipuler comme n'importe quelle autre colonne.

Il est aussi possible d'obtenir ces trois statistiques via la programmation alternative suivante :

---

14. Il manque à ce tableau deux statistiques pour PROC REPORT : PCTN qui, insérée dans le programme 6-35 à la place de N, indique la proportion d'élèves en 5ᵉ A et PCTSUM qui, associée à la variable TEMPS, donnera la somme des temps des élèves de 5ᵉ A divisée par la somme totale des temps de toutes les élèves de ce tableau.

Programme 6-35

```
PROC REPORT DATA=cross;
   COLUMN ("Le cross" classe
           temps , (MEAN N RANGE));
   WHERE sexe='F';
   DEFINE classe / "Classe" GROUP;
   DEFINE temps / MEAN FORMAT=TIME.
                  "2100m";
   DEFINE MEAN / "Temps/moyen";
   DEFINE N / FORMAT=10.
              "Nombre/d'élèves";
   DEFINE RANGE / "Max-min";
RUN;
```

Résultat 6-31 (extrait)

	Le cross		
	2100m		
Classe	Temps moyen	Nombre d'élèves	Max-min
5A	0:12:02	9	0:00:22
5B	0:12:08	10	0:02:08
5C	0:11:54	11	0:00:31
5D	0:11:55	8	0:00:54
5E	0:11:52	9	0:03:03

Vous constatez, grâce au programme 6-35, qu'il est possible de citer d'autres éléments que des variables dans l'instruction COLUMN :

- Une chaîne de caractères qui, si elle est placée en premier dans COLUMN, se transforme en en-tête du tableau. Vous devez impérativement utiliser des parenthèses pour indiquer au-dessus de quelles colonnes cet en-tête doit être placé.
- Des mots clés de statistiques que vous souhaitez voir apparaître dans votre tableau. Afin d'en paramétrer l'affichage, vous devez recourir aux instructions DEFINE, comme nous le faisons dans le programme 6-35.

Si vous spécifiez plusieurs variables GROUP, l'imbrication des modalités est automatique, comme le montre le résultat 6-32.

Programme 6-36

```
PROC REPORT DATA=cross;
   COLUMN annee niveau temps;
   DEFINE annee / GROUP;
   DEFINE niveau / GROUP;
   DEFINE temps / MEAN FORMAT=TIME.
                  "Temps/2100m";
RUN;
```

Résultat 6-32 (extrait)

annee	niveau	Temps 2100m
1997	5	0:12:47
1998	5	0:12:23
	6	0:12:42

S'il n'y a aucune observation pour le croisement de deux modalités de vos variables GROUP (tous les élèves nés en 1997 sont en 5ᵉ), la ligne n'apparaît pas dans le rapport produit par PROC REPORT. Vous modifierez ce fonctionnement par défaut avec l'option COMPLETEROWS de PROC REPORT (NOCOMPLETEROWS est l'option par défaut).

c. Les variables ACROSS

L'introduction de variables ACROSS va changer la nature de votre rapport. Si, dans l'instruction COLUMN, la variable ACROSS est présentée sans autre instruction, vous afficherez le nombre d'observations pour chaque modalité de cette variable.

Programme 6-37

```
PROC REPORT DATA=cross;
   COLUMN niveau temps
          temps=tp2 temps=tp3;
   WHERE sexe='F';
   DEFINE niveau / ACROSS;
   DEFINE temps / MEAN FORMAT=TIME.
                  "Temps/2100m";
   DEFINE tp2 / N "Nombre/d'élèves";
   DEFINE tp3 / RANGE "Max-min"
                FORMAT=TIME.;
RUN;
```

Résultat 6-33

niveau					
5	6	C	Temps 2100m	Nombre d'élèves	Max-min
47	52	19	0:11:58	118	0:03:22

Résultat 6-34

niveau				
5	6	C		
Temps 2100m	Temps 2100m	Temps 2100m	Nombre d'élèves	Max-min
0:11:58	0:11:58	0:11:58	118	0:03:22

Si, dans l'instruction COLUMN, vous ajoutez une virgule à la suite du nom de la variable ACROSS (NIVEAU), vous obtenez le résultat 6-34. La virgule entre une variable ACROSS et une variable ANALYSIS permet de présenter la statistique demandée pour chaque modalité de la variable ACROSS. Si vous souhaitez que les statistiques demandées sur les alias de TEMPS (TP2 et TP3) soient elles aussi présentées pour chaque modalité de la variable ACROSS, vous devez entourer les alias de parenthèses dans l'instruction COLUMN :

```
COLUMN niveau , (temps temps=tp2 temps=tp3);
```

Un même rapport peut bien entendu contenir une variable ACROSS et une variable GROUP.

Programme 6-38

```
PROC REPORT DATA=cross;
   COLUMN sexe niveau , temps;
   DEFINE sexe / GROUP;
   DEFINE niveau / ACROSS;
   DEFINE temps / MEAN FORMAT=TIME.
                  "Temps/2100m";
RUN;
```

Résultat 6-35

	niveau		
	5	6	C
sexe	Temps 2100m	Temps 2100m	Temps 2100m
F	0:11:58	0:11:58	0:11:58
M	0:12:49	0:13:11	0:13:23

Indiquez dans un premier temps dans l'instruction COLUMN les variables GROUP (dont les modalités vont devenir intitulés de lignes), puis les variables ACROSS. Si les modalités sont forcément imbriquées lorsque vous avez deux variables GROUP, ce n'est pas le cas lorsque vous avez deux variables ACROSS.

Nous présentons dans la figure 6-2 les différents types de résultats que vous pouvez obtenir avec une variable GROUP et deux variables ACROSS.

```
PROC REPORT DATA=cross ;
    COLUMN ..................... ;
    DEFINE sexe / GROUP;
    DEFINE niveau / ACROSS;
    DEFINE annee / ACROSS;
    DEFINE temps / MEAN FORMAT=TIME.
                "Temps/2100m";
RUN;
```

Table : COLUMN sexe niveau annee , temps ;

				annee				
	niveau			1997	1998	1999	2000	2001
sexe	5	6	C	Temps 2100m	Temps 2100m	Temps 2100m	Temps 2100m	Temps 2100m
F	47	52	19	0:12:14	0:11:57	0:11:56	0:12:01	0:12:01
M	62	78	30	0:13:12	0:12:48	0:13:10	0:13:23	

COLUMN sexe niveau annee , temps ;

Table : COLUMN sexe (niveau annee) , temps ;

	niveau			annee				
	5	6	C	1997	1998	1999	2000	2001
sexe	Temps 2100m	Temps 2100m	Temps 2100m	Temps 2100m	Temps 2100m	Temps 2100m	Temps 2100m	Temps 2100m
F	0:11:58	0:11:58	0:11:58	0:12:14	0:11:57	0:11:56	0:12:01	0:12:01
M	0:12:49	0:13:11	0:13:23	0:13:12	0:12:48	0:13:10	0:13:23	

COLUMN sexe (niveau annee) , temps ;

Table : COLUMN sexe niveau , annee , temps ;

	5					
	annee					
	1997	1998	1999	2000	2001	199
sexe	Temps 2100m	Temps 2100m	Temps 2100m	Temps 2100m	Temps 2100m	Tem 210(
F	0:12:14	0:11:56	0:11:38			
M	0:13:12	0:12:44	0:13:07			

COLUMN sexe niveau , annee , temps ;

Figure 6–2 Une variable GROUP et deux variables ACROSS

L'instruction suivante :

```
COLUMN sexe niveau annee , temps;
```

demande la production d'un rapport présentant les temps moyens en fonction de l'année. Pour la variable NIVEAU, le tableau affiche l'effectif par niveau. L'instruction suivante :

```
COLUMN sexe (niveau annee) , temps;
```

calcule un temps moyen pour chaque modalité de NIVEAU et pour chaque modalité d'ANNEE. Contrairement à GROUP, l'imbrication des modalités des deux variables ACROSS n'est pas automatique.

```
COLUMN sexe niveau , annee , temps;
```

L'imbrication est obtenue par l'ajout d'une virgule entre les deux variables ACROSS. Contrairement à GROUP, les croisements de modalités à effectif nul restent affichés dans le tableau (il n'y a pas d'élèves de 5e nés en 2000 et 2001). La figure 6-2 ne présente qu'un extrait de la sortie obtenue au moyen de l'instruction COLUMN. Pour que les croisements de modalités à effectif nul soient retirés du tableau, vous devez utiliser l'option NOCOMPLETECOLS de PROC REPORT (COMPLETECOLS est l'option par défaut).

d. Les variables COMPUTED

Il s'agit là d'une possibilité très intéressante offerte par PROC REPORT : en effet, au sein de la procédure, vous pouvez demander la création de nouvelles variables sans que SAS les ajoute à votre table. Cependant, les choses deviennent vite compliquées et il convient de bien maîtriser la construction de rapports via PROC REPORT.

Sur la base de la table actuelle, nous souhaitons calculer une vitesse moyenne exprimée en kilomètres par heure (v = 3 600 × 2.1 / temps).

Programme 6-39

```
PROC REPORT DATA=cross;
   COLUMN sexe temps vitesse;
   DEFINE sexe / GROUP "Sexe";
   DEFINE temps / MEAN FORMAT=TIME.
                 "Temps moyen /2100m";
   DEFINE vitesse / COMPUTED FORMAT=7.1
        "Vitesse moyenne/en Km par heure";
   COMPUTE vitesse;
      vitesse=3600*2.1/temps.mean;
   ENDCOMP;
RUN;
```

Résultat 6-36

Sexe	Temps moyen 2100m	Vitesse moyenne en Km par heure
F	0:11:58	10.5
M	0:13:05	9.6

Vous devez :

- indiquer dans l'instruction COLUMN le nom de la colonne que vous souhaitez ajouter ;
- introduire une instruction DEFINE sur votre nouvelle variable, en spécifiant les options à appliquer et en précisant qu'il s'agit d'une variable COMPUTED ;
- définir la manière dont votre nouvelle variable doit être calculée, à l'aide d'un « bloc » débutant par une instruction COMPUTE et se terminant par une instruction ENDCOMP.

Votre colonne est généralement construite à partir de colonnes existantes que vous devrez citer dans vos blocs COMPUTE. Si celle que vous souhaitez utiliser est de type GROUP, ORDER, COMPUTED, DISPLAY ou si c'est un alias, vous précisez directement le nom de votre variable. Si elle est de type ANALYSIS, vous saisissez le nom de votre variable, suivi de la statistique à employer pour calculer la variable COMPUTED (programme 6-39).

Il convient de bien comprendre comment PROC REPORT construit un rapport. Reprenez le programme 6-39 et intervertissez TEMPS et VITESSE dans l'instruction COLUMN. À l'exécution, vous constatez que la vitesse n'est plus calculée : en effet, lorsqu'un rapport est produit, PROC REPORT mobilise les variables dans l'ordre dans lequel elles apparaissent dans l'instruction COLUMN. Ici, VITESSE a besoin de TEMPS pour être calculée : si vous souhaitez présenter la vitesse avant le temps, vous devez utiliser un alias de TEMPS, comme le montre le programme 6-40.

Programme 6-40

```
PROC REPORT DATA=cross;
   COLUMN sexe temps=tp1 vitesse temps;
   DEFINE sexe / GROUP "Sexe";
   DEFINE tp1 / ANALYSIS MEAN
               NOPRINT;
   DEFINE temps / MEAN FORMAT=TIME.
               "Temps moyen/2100m";
   DEFINE vitesse / COMPUTED FORMAT=7.1
         "Vitesse moyenne/en Km par heure";
   COMPUTE vitesse;
      vitesse=3600*2.1/tp1;
   ENDCOMP;
RUN;
```

Résultat 6-37

Sexe	Vitesse moyenne en Km par heure	Temps moyen 2100m
F	10.5	0:11:58
M	9.6	0:13:05

Si votre bloc COMPUTE fait référence à un alias, vous devez en saisir le nom sans spécifier de statistique. SAS utilisera celle indiquée dans l'instruction DEFINE relative à cet alias ou, à défaut, la somme. Enfin, vous remarquez dans le programme 6-40 la présence d'une option NOPRINT pour DEFINE TP1 : en effet, nous ne souhaitons pas que le temps moyen soit affiché dans la 2e colonne, mais bien dans la dernière. Nous créons l'alias uniquement pour présenter la vitesse avant le temps moyen.

Afin de citer les éléments dont vous avez besoin dans votre bloc COMPUTE, vous avez aussi la possibilité de faire référence à leur numéro de colonne dans le rapport :

Programme 6-41

```
PROC REPORT DATA=cross;
   COLUMN sexe annee pct1999;
   DEFINE sexe / GROUP;
   DEFINE annee / ACROSS;
   DEFINE pct1999 / COMPUTED
                 FORMAT=NLPCT8.2;
   COMPUTE pct1999;
      pct1999=_c4_/SUM(_c2_,_c3_,_c4_
                 ,_c5_,_c6_);
   ENDCOMP;
RUN;
```

Résultat 6-38

	annee					
sexe	1997	1998	1999	2000	2001	pct1999
F	6	46	48	16	2	40,68%
M	8	58	71	33		41,76%

Nommer les colonnes grâce à leur numéro est obligatoire lorsque vous avez une variable ACROSS. Le programme 6-41 demande la création d'une colonne dans laquelle la part des élèves nés en 1999 est représentée. Le nombre d'élèves nés en 1999 est bien indiqué dans la quatrième colonne (_C4_) – même si c'est la troisième modalité de la variable ANNEE.

6.4.4 Les rapports intégrant des informations de type liste et des informations de synthèse

Jusqu'à maintenant, nous avons produit des rapports soit sous forme de listes (chaque ligne présente une observation de la table), soit sous forme de synthèses exposant des statistiques récapitulatives. Il est parfois intéressant d'avoir simultanément les deux types d'information.

Vous obtiendrez ces informations récapitulatives au moyen des instructions BREAK et RBREAK. La première fournit ces récapitulatifs pour chaque modalité de la variable GROUP ; la seconde produit un récapitulatif général.

Programme 6-42

```
PROC REPORT DATA=cross;
   WHERE annee=1997 AND sexe="F";
   COLUMN eleve annee temps vitesse;
   DEFINE annee / DISPLAY "Année";
   DEFINE eleve / DISPLAY "Elève";
   DEFINE temps / ANALYSIS MEAN "Temps/2100m"
                  FORMAT=TIME.;
   DEFINE vitesse / COMPUTED FORMAT=7.1
           "Vitesse en Km/par heure";
   COMPUTE vitesse;
      vitesse=3600*2.1/temps.mean;
   ENDCOMP;
   RBREAK AFTER / SUMMARIZE;
RUN;
```

Résultat 6-39

Elève	Année	Temps 2100m	Vitesse en Km par heure
Flora S	1997	0:12:01	10.5
Alicia R	1997	0:12:01	10.5
Abigaël Y	1997	0:12:01	10.5
Brenda F	1997	0:12:02	10.5
Marie F	1997	0:12:03	10.5
Clarisse F	1997	0:13:15	9.5
		0:12:14	10.3

L'instruction RBREAK AFTER / SUMMARIZE produit des statistiques récapitulatives en bas du tableau, sauf pour les colonnes DISPLAY et GROUP. La synthèse sera placée soit en bas du tableau (RBREAK AFTER), soit en haut (RBREAK BEFORE). L'option SUMMARIZE demande le calcul des statistiques synthétiques. Sans cette option, aucun récapitulatif n'est produit[15].

Programme 6-43

```
PROC REPORT DATA=cross;
   WHERE annee=1997;
   COLUMN eleve sexe annee
          temps vitesse;
   DEFINE eleve / DISPLAY "Elève";
   DEFINE annee / DISPLAY "Année";
   DEFINE sexe / GROUP;
   DEFINE temps / ANALYSIS MEAN
                  "Temps/2100m"
                  FORMAT=TIME.;
   DEFINE vitesse / COMPUTED FORMAT=7.1
           "Vitesse en Km/par heure";
   COMPUTE vitesse;
      vitesse=3600*2.1/temps.mean;
   ENDCOMP;
   BREAK AFTER sexe / SUMMARIZE;
RUN;
```

Résultat 6-40 (extrait)

Elève	sexe	Année	Temps 2100m	Vitesse en Km par heure
Flora S	F	1997	0:12:01	10.5
Alicia R		1997	0:12:01	10.5
Abigaël Y		1997	0:12:01	10.5
Brenda F		1997	0:12:02	10.5
Marie F		1997	0:12:03	10.5
Clarisse F		1997	0:13:15	9.5
	F		0:12:14	10.3
Antoine T	M	1997	0:12:54	9.8
Kevin B		1997	0:13:05	9.6
Thomas D		1997	0:13:07	9.6
Alexis C		1997	0:13:07	9.6
Ryan F		1997	0:13:07	9.6
Jordan G		1997	0:13:07	9.6
Jorges G		1997	0:13:09	9.6
Tony M		1997	0:13:58	9.0
	M		0:13:12	9.5

15. L'option PAGE avec RBREAK BEFORE / SUMMARIZE crée un tableau séparé, au-dessus du tableau principal. L'option PAGE n'a aucun effet avec RBREAK AFTER.

Après l'instruction BREAK AFTER, vous devez indiquer une variable GROUP ; vos récapitulatifs seront alors affichés pour chaque modalité de cette variable. Si vous ajoutez une option PAGE, vous aurez autant de tableaux distincts que de modalités à votre variable GROUP.

Bien entendu, vous pouvez encore demander une synthèse générale en plus de ces synthèses partielles, en réintroduisant l'instruction RBREAK.

Exercice 6.7 – Prenez la table FOURNISSEUR13 utilisée lors des exercices 6.3 et 6.5.

1. *Réalisez un rapport dans lequel vous présenterez les montants commandés en 2013 auprès de chaque fournisseur. Vous devrez aussi indiquer le montant total commandé auprès de l'ensemble des fournisseurs.*

2. *Réalisez un deuxième rapport dans lequel vous présenterez les montants commandés pour les 12 mois de l'année 2013. Vous devrez aussi indiquer le montant commandé pour la totalité de l'année 2013. Les lignes correspondant aux différents mois devront être classées par ordre chronologique.*

3. *Réalisez un troisième rapport où seront indiqués en colonnes les fournisseurs et en lignes les mois de l'année 2013. Vous devrez écrire dans ce rapport les montants commandés auprès de chaque fournisseur pour chaque mois de l'année 2013.*

4. *Ajoutez au précédent rapport une colonne indiquant les commandes effectuées pour chaque mois auprès de l'ensemble des fournisseurs (vous devez retrouver les résultats obtenus à la question 2), ainsi qu'une ligne avec, pour chaque fournisseur, les commandes effectuées tout au long de l'année 2013 (vous retrouverez ici les résultats obtenus à la question 1).*

5. *Ajoutez au précédent rapport une colonne indiquant la part des achats effectués chaque mois auprès de OASIS, apparemment le fournisseur le plus important de cette entreprise.*

6.4.5 Quelques références pour aller plus loin avec PROC REPORT

Comme nous l'avons mentionné au début de cette section 6.4, nous nous bornons ici à une première présentation de PROC REPORT. Toutefois, vous pourriez souhaiter aller plus loin avec cette procédure.

En fonction de votre version de SAS, la partie de l'aide consacrée à PROC REPORT risque d'être d'une aide toute relative. Les exemples proposés ont longtemps été assez anciens et alourdis par un ensemble d'options qui servent uniquement à paramétrer le résultat de la fenêtre *Sortie* propre à SAS 9.4.

Si vous travaillez tout de même sur les exemples proposés par l'aide et si vous n'êtes intéressé que par la production de tableaux vers une destination ODS, vous pouvez retirer des exemples les options suivantes[16] :

- HEADLINE, HEADSKIP, LS, PS, FORMCHAR… de PROC REPORT[17] ;
- WIDTH= et SPACING= de DEFINE ;
- DOL, OL, DUL, UL, SKIP de BREAK et RBREAK.

Depuis SAS 9.4, les exemples proposés dans l'aide ont été très fortement remaniés et toutes ces options que l'on peut maintenant juger inutiles ont été retirées.

---

16. Entrée *Example: PROC REPORT*.

17. De nombreuses autres options de PROC REPORT n'ont d'influence que sur les résultats de la fenêtre Sortie ; voir l'aide SAS, entrée *PROC REPORT Statement*).

PROC REPORT est très certainement la procédure de base qui fait le plus l'objet de communications lors des forums d'utilisateurs de SAS. Ceci traduit certes la difficulté que tout utilisateur de SAS peut avoir à appréhender cette procédure, mais aussi sa très grande richesse.

Vous trouverez essentiellement deux types de communication : celles qui explorent et approfondissent la syntaxe « basique » de PROC REPORT et celles centrées sur l'option STYLE[18].

Si vous souhaitez approfondir vos connaissances relatives à la syntaxe de PROC REPORT, consultez les documents suivants :

- CARPENTER, Arthur L., « PROC REPORT : compute block basics – Part I Tutorial », *Proceedings of the SAS Global Forum*, 2008, 031-2008
  http://www2.sas.com/proceedings/forum2008/031-2008.pdf
- CARPENTER, Arthur L., « PROC REPORT : compute block basics – Part II Practicum », *Proceedings of the SAS Global Forum*, 2008, 188-2008
  http://www2.sas.com/proceedings/forum2008/188-2008.pdf
- ESLINGER, Jane, « The REPORT procedure : a primer for the COMPUTE block », *Proceedings of the SAS Global Forum Conference*, 2015, 1642-2015
  http://support.sas.com/resources/papers/proceedings15/SAS1642-2015.pdf
- McMAHILL BOOTH, Alison, « Evolve from a Carpenter's apprentice to a master woodworker : creating a plan for your reports and avoiding common pitfalls in REPORT procedure coding », *Proceedings of the SAS Global Forum Conference*, 2010, 133-2010
  http://support.sas.com/resources/papers/proceedings10/133-2010.pdf
- ZENDER, Cynthia, « Sailing over the ACROSS hurdle in PROC REPORT », Proceedings of the SAS Global Forum Conference, 2014, 388-2014
  http://support.sas.com/resources/papers/proceedings14/SAS388-2014.pdf
- ZENDER, Cynthia, « Go ahead and _BREAK_-down : advanced COMPUTE block examples », Proceedings of the SAS Global Forum Conference, 2015, 0431-2017
  http://support.sas.com/resources/papers/proceedings17/SAS0431-2017.pdf

Les communications suivantes, relativement anciennes mais qui constituent toujours de bonnes introductions, sont plus centrées sur l'option STYLE :

- BOBERG, Wendy, « PROC REPORT in color... What's your STYLE? », *Proceeding of the SAS Global Forum*, 2008, 224-2008
  http://www2.sas.com/proceedings/forum2008/224-2008.pdf
- BOOTH, Allison M. et ZENDER, Cynthia L, « Turn your plain report into a painted report using ODS styles », *Proceedings of the SAS Global Forum*, 2013, 366-2013
  http://support.sas.com/resources/papers/proceedings13/366-2013.pdf
- CARPENTER, Arthur L., « Advanced PROC REPORT : traffic lighting ? Controlling cell attributes with your data », *Proceedings of the Western Users of SAS Software conference*, 2006
  http://www.lexjansen.com/wuss/2006/tutorials/TUT-Carpenter.pdf
- KARP, Andrew H., « Traffic-lighting your reports the easy way with PROC REPORT and ODS », *Proceedings of the SAS Global Forum*, 2011, 290-2011
  http://support.sas.com/resources/papers/proceedings11/290-2011.pdf
- SAS Institute Inc, « Using STYLE elements in the REPORT and TABULATE procedures », 2008
  http://support.sas.com/resources/papers/stylesinprocs.pdf
- ZENDER, Cynthia, « Practically perfect presentations using ODS and PROC REPORT », *Proceedings of the Pharmaceutical industry SAS Users Group conference*, 2007, Hands-On Workshop 03
  www.lexjansen.com/pharmasug/2007/hw/hw03.pdf

---

18. Seules trois procédures autorisent l'option STYLE : PROC PRINT, PROC REPORT et PROC TABULATE.

Nous vous recommandons plus particulièrement l'article d'Andrew Karp, très complet et d'une grande clarté. Vous trouverez sur le site compagnon de cet ouvrage un supplément consacré aux mises en forme possibles via les options STYLE dans PROC REPORT.

Enfin, n'hésitez pas à consulter les ouvrages suivants, très complets :

📖 CARPENTER, Arthur L., *Carpenter's complete guide to the SAS REPORT procedure*, Cary, NC : SAS Institute Inc, 496 pages, ISBN#978-1-59994-195-0, mai 2007

📖 ESLINGER, Jane, *The SAS® programmer's PROC REPORT handbook : basic to advanced reporting techniques*, Cary, NC : SAS Institute Inc, 314 pages, ISBN#978-1-62960-144-1, mars 2016

📖 FINE, Lisa, *PROC REPORT by example : techniques for building professional reports using SAS®*, Cary, NC : SAS Institute Inc, 294 pages, ISBN#978-1-61290-784-0, décembre 2013

6.5 PROC FREQ

PROC FREQ construit des tableaux croisés simples. Pour des tableaux plus complexes, vous devrez passer par PROC TABULATE (voir section 6.6). PROC FREQ est une procédure qui a son utilité aussi bien dans la phase d'exploration des tables que dans la phase de présentation.

6.5.1 Éléments de syntaxe

Vous disposez avec PROC FREQ des instructions suivantes[19] :

- **BY** – Crée un tableau par modalité de la variable BY.
- *EXACT* – Demande le calcul de statistiques exactes.
- **OUTPUT** – Produit une table de résultats dans laquelle seront reproduites les statistiques calculées soit par certaines options de l'instruction TABLE, soit avec l'instruction EXACT.
- **TABLES** – Définit des tables à construire.
- *TEST* – Produit des tests d'indépendance et des mesures d'association.
- **WEIGHT** – Précise la variable de pondération.

Pour plus de détails sur les tests et statistiques produits via PROC FREQ, reportez-vous à la documentation SAS.

Voici quelques options possibles de PROC FREQ :

- **DATA=** – Spécifie la table à utiliser.
- **NLEVELS** – Ajoute au tableau construit un tableau indiquant le nombre de modalités différentes prises par les variables exploitées par l'instruction TABLE.
- **NOPRINT** – Demande à ce qu'il n'y ait pas de production du tableau de résultat.
- **ORDER=** – Spécifie l'ordre dans lequel les modalités des variables doivent apparaître. La valeur par défaut considérée pour PROC FREQ est INTERNAL (voir section 6.2.1). Cette option peut prendre les valeurs DATA, FORMATTED, FREQ et INTERNAL.

---

19. Les instructions en italique ne sont pas développées dans cet ouvrage.

SB B 6.5.2 Exemples d'application

Nous travaillerons dans cette section sur la table CINEMA, normalement présente dans la bibliothèque WORK si vous avez exécuté le programme 6-1. Elle reprend les résultats (fictifs) d'une enquête réalisée auprès de cinéphiles. On y trouve l'âge de l'individu interrogé (AGE), le type de films qu'il préfère (TYPE), le nombre de films qu'il a vus au cours de l'année passée (CINEMA) et son sexe (SEXE). La procédure, dans sa plus simple exécution, produira des tableaux de fréquences (ou tris à plat).

Programme 6-44

```
PROC FREQ DATA=cinema;
RUN;
```

Résultat 6-41 (extrait)

sexe	Fréquence	Pourcentage	Fréquence cumulée	Pctage cumulé
0	455	49.95	455	49.95
1	456	50.05	911	100.00

Le résultat 6-41 reprend un des tableaux produits. Pour chaque modalité de la variable, vous lisez la fréquence, le pourcentage, la fréquence cumulée et le pourcentage cumulé. Ces tableaux de fréquences sont produits quel que soit le type de la variable. Vous avez la possibilité de limiter le nombre de tableaux produits via l'instruction TABLES (ou TABLE).

Programme 6-45

```
PROC FREQ DATA=cinema;
   TABLES sexe;
RUN;
```

SB B 6.5.3 Tableaux croisés

Le programme 6-46 crée notre premier tableau croisé.

Programme 6-46

```
PROC FREQ DATA=cinema;
   TABLES type*sexe;
RUN;
```

Il s'agit là du seul tableau croisé simple que l'on puisse produire à partir de cette table – les autres variables sont continues et présentent par conséquent un trop grand nombre de modalités. Pour analyser malgré tout les autres variables, nous allons définir quelques FORMAT spécifiques.

Programme 6-47

```
PROC FORMAT;
   VALUE fage       low-25='25 et moins'
                    26-40='26-40 ans'
                    41-55='41-55 ans'
                    56-high='56 et plus';
   VALUE fcinema    0='0'
                    1-5='1-5'
                    6-10='6-10'
                    11-25='11-25'
                    26-high='26 et plus';
```

```
    VALUE sexe      0='Homme'
                    1='Femme';
RUN;
PROC DATASETS NOLIST;
   MODIFY cinema;
   FORMAT age fage.
          cinema fcinema.
          sexe sexe.;
RUN;
```

En créant des FORMAT spécifiques et en les associant aux variables au moyen de PROC DATASETS, nous souhaitons exploiter la capacité qu'ont les FORMAT de provoquer des regroupements d'observations (voir section 5.3.5.f). Vous pouvez maintenant demander tous les tableaux croisés imaginables :

Programme 6-48

```
PROC FREQ DATA=cinema;
   TABLES (sexe cinema type)*age;
RUN;
```

Ici, SAS créera les tableaux SEXE×AGE (résultat 6-42), CINEMA×AGE et TYPE×AGE. Les règles de commandes des tableaux sont les suivantes :

```
TABLES x y z;           * donne trois tris à plat;
TABLES x*y;             * donne un tableau croisé;
                        * avec les modalités de X en lignes;
                        * et celles de Y en colonnes;
TABLES x*(y z);         * est équivalent à x*y x*z;
TABLES (a b)*(c d);     * est équivalent à;
                        * a*c a*d b*c b*d;
TABLES (x1-x4)*(x6 x7); * est équivalent à X1*X6;
                        * X1*X7 X2*X6 X2*X7 X3*X6;
                        * X3*X7 X4*X6 X4*X7;
```

Résultat 6-42

Fréquence Pourcentage Pctage en ligne Pctage en col.		Table de sexe par age				
		age				
	sexe	25 et moins	26-40 ans	41-55 ans	56 et plus	Total
	Homme	94	146	142	49	431
		11.08	17.22	16.75	5.78	50.83
		21.81	33.87	32.95	11.37	
		53.41	45.63	53.99	55.06	
	Femme	82	174	121	40	417
		9.67	20.52	14.27	4.72	49.17
		19.66	41.73	29.02	9.59	
		46.59	54.38	46.01	44.94	
	Total	176	320	263	89	848
		20.75	37.74	31.01	10.50	100.00
		Fréquence manquante = 63				

Dans chaque case apparaissent quatre informations : l'effectif, le pourcentage que représente cet effectif dans la population totale, le pourcentage ligne et le pourcentage colonne. Ainsi, dans le tableau SEXE×AGE, dans la case correspondant à « hommes de 25 ans et moins », 94 individus de la population remplissent les deux critères : ils représentent 11,08 % de la population totale. Parmi les hommes, 21,81 % ont 25 ans et moins (pourcentage ligne). Parmi les personnes âgées de moins de 25 ans, les hommes représentent 53,41 % des individus qui ont répondu à l'enquête (pourcentage colonne).

Le tableau indique aussi que 63 individus présentent une valeur manquante sur au moins une variable (SEXE ou AGE).

Si vous souhaitez n'afficher que certaines de ces informations, demandez à SAS de retirer celles qui vous sont inutiles. Au moyen de l'option MISSING, nous demandons aussi que les non-répondants soient intégrés au tableau. Les options sont à préciser dans l'instruction TABLES après un signe « / ».

Programme 6-49	**Résultat 6-43**

```
PROC FREQ DATA=cinema;
   TABLES sexe*age /
       MISSING
       NOCOL
       NOROW
       NOPERCENT;
RUN;
```

Fréquence	Table de sexe par age					
		age				
sexe	.	25 et moins	26-40 ans	41-55 ans	56 et plus	Total
Homme	24	94	146	142	49	455
Femme	39	82	174	121	40	456
Total	63	176	320	263	89	911

Ici, vous retirez les pourcentages colonnes et lignes (NOCOL et NOROW respectivement) et ceux indiquant la part dans la population totale (NOPERCENT). Pour supprimer les fréquences, on utilisera l'option NOFREQ[20]. Dans un tableau de fréquences (tri à plat), l'option NOCUM écarte de la sortie les données cumulées. L'option MISSING nous permet de constater que 63 individus n'ont pas souhaité indiquer leur âge.

Afin de dresser des tableaux identiques pour différentes sous-populations, vous utiliserez l'instruction BY (CLASS n'est pas autorisée dans PROC FREQ[21]). N'oubliez cependant pas de trier vos données au préalable.

Programme 6-50	**Programme 6-51**

```
PROC SORT DATA=cinema;
   BY sexe;
RUN;


PROC FREQ DATA=cinema;
   BY sexe;
   TABLES age*cinema;
RUN;
```

```
PROC FREQ DATA=cinema;
    TABLES sexe*age*cinema;
RUN;
```

Vous obtiendrez le même résultat sans trier votre table avec le programme 6-51.

---

20. N'utilisez pas les quatre options à la fois…

21. Il ne s'agit en aucun cas d'une erreur. Si vous avez compris l'objet de PROC FREQ, vous savez que l'instruction CLASS n'aurait absolument aucun intérêt : les variables citées dans TABLE sont forcément des variables de classification.

Pour appliquer une pondération sur des données, vous devez déclarer l'instruction WEIGHT suivie du nom de votre variable de pondération.

➕ 6.5.4 Sorties graphiques ODS Statistical Graphics de PROC FREQ

Parmi les procédures évoquées dans ce chapitre, seule PROC FREQ fonctionne avec ODS Statistical Graphics[22]. Ce support vous offre la possibilité d'ajouter des graphiques à vos tableaux. Notre présentation de PROC FREQ est très partielle puisqu'elle se limite à la production de tris à plat et de tableaux croisés. Les graphiques produits automatiquement dans ce cadre présentent cependant un certain intérêt.

Si vous disposez d'une version de SAS antérieure à 9.3, vous devez activer ODS Statistical Graphics avec l'instruction globale suivante :

```
ODS GRAPHICS;
```

Depuis SAS 9.3, cet outil est activé par défaut au démarrage.

Avec SAS 9.2, pour disposer des graphiques d'ODS Statistical Graphics dans votre sortie HTML, vous n'avez besoin d'aucune option : ils sont automatiquement produits. Avec SAS 9.3/9.4, vous devez utiliser l'option PLOTS=.

Programme 6-52

```
PROC FREQ DATA=cinema;
   TABLE type / PLOTS=ALL;
   TABLE sexe*type / PLOTS=ALL;
RUN;
```

PLOTS=ALL vous permet de disposer de tous les graphiques possibles associés aux analyses demandées (dans le cas présent, un tri à plat et un tableau croisé). Sur les tris à plat, SAS propose les graphiques repris par les résultats 6-44 et 6-45. Pour n'en obtenir qu'un seul, indiquez FREQPLOT ou CUMFREQPLOT au lieu de ALL.

Résultat 6-44 (FREQPLOT)

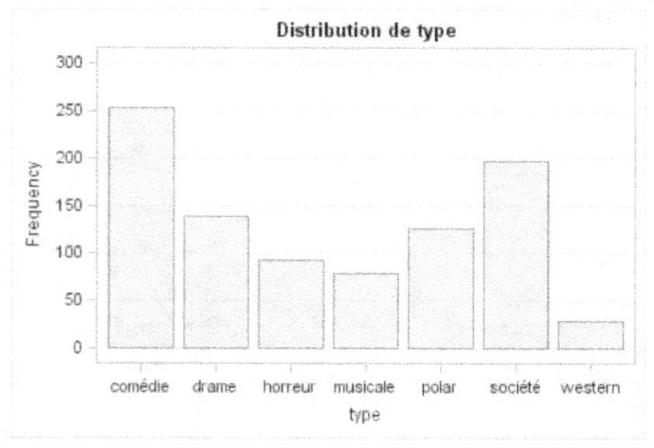

Résultat 6-45 (CUMFREQPLOT)

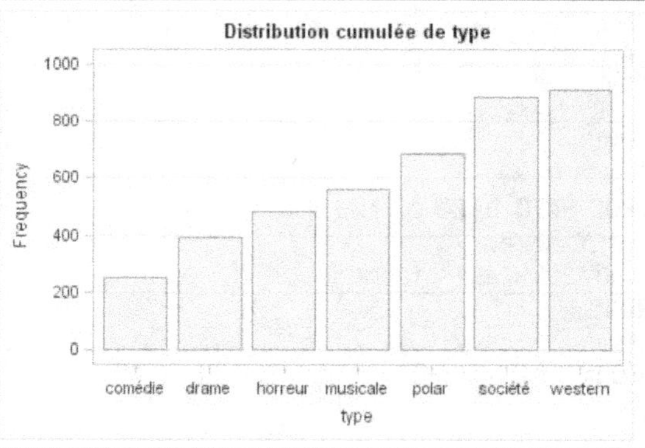

22. De très nombreuses autres procédures prennent en charge ODS Statistical Graphics. Nous reviendrons sur ce point dans la section 7.1.

Sur les tableaux croisés, depuis la version 9.3, SAS propose les graphiques repris par les résultats 6-46 et 6-47. Pour n'en obtenir qu'un seul, remplacez la valeur d'option ALL par FREQPLOT ou MOSAICPLOT.

Résultat 6-46 (FREQPLOT)

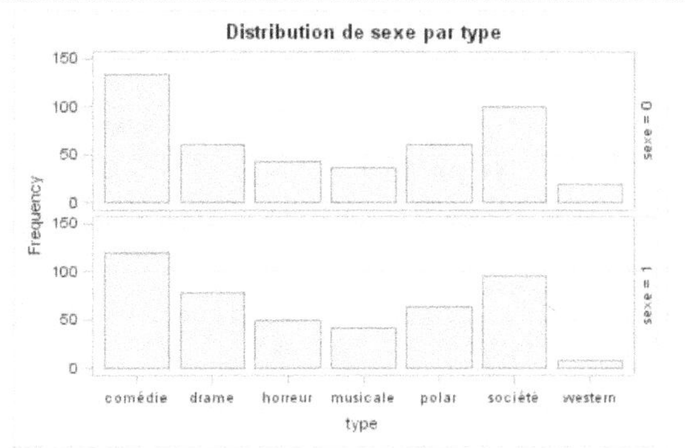

Résultat 6-47 (MOSAICPLOT)

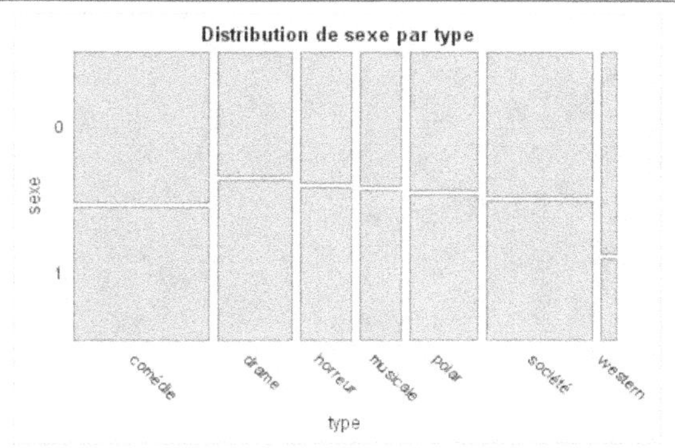

Pour tout renseignement relatif aux graphiques possibles en fonction du type d'analyse demandé, veuillez consulter l'aide SAS, entrée *Syntax: FREQ Procedure*, puis, dans la page de l'aide qui s'affiche, *TABLES*, puis option *PLOT=*.

6.5.5 Mise en forme des tableaux et tables de résultats

Avec l'option CROSSLIST, vous ne produisez plus un tableau à double-entrée mais une présentation en lignes. Vous pouvez aussi créer une table de résultats qui reprend les données de votre tableau. Il faut pour cela utiliser l'option OUT= de l'instruction TABLES.

Programme 6-53

```
PROC FREQ DATA=cinema;
   TABLES sexe*age / CROSSLIST;
RUN;
```

Programme 6-54

```
PROC FREQ DATA=cinema;
   TABLES sexe*age / OUT=res;
RUN;
```

La présentation en lignes CROSSLIST ne résume cependant pas dans un tableau unique l'ensemble des informations lorsque vous créez des tableaux impliquant plus de deux variables (voir programme 6-51). Pour réaliser de tels tableaux, utilisez plutôt l'option LIST.

La table de résultats construite avec l'option OUT= aura un nombre de lignes égal au produit du nombre de modalités prises par chacune des variables. La valeur manquante compte pour une modalité : deux modalités pour SEXE et cinq modalités pour AGE produisent une table de dix observations. Les coordonnées des cases du tableau ainsi que les effectifs par case et le pourcentage que représente cet effectif dans le total, valeurs manquantes exclues, sont repris dans votre fichier de résultats. Si vous employez l'option MISSING, la valeur manquante sera considérée comme une modalité et les pourcentages seront calculés en conséquence.

Résultat 6-48 (CROSSLIST)

	Table de sexe par age				
sexe	age	Fréquence	Pourcentage	Pourcent. ligne	Pctage colonne
Homme	25 et moins	94	11.08	21.81	53.41
	26-40 ans	146	17.22	33.87	45.63
	41-55 ans	142	16.75	32.95	53.99
	56 et plus	49	5.78	11.37	55.06
	Total	431	50.83	100.00	
Femme	25 et moins	82	9.67	19.66	46.59
	26-40 ans	174	20.52	41.73	54.38
	41-55 ans	121	14.27	29.02	46.01
	56 et plus	40	4.72	9.59	44.94
	Total	417	49.17	100.00	
Total	25 et moins	176	20.75		100.00
	26-40 ans	320	37.74		100.00
	41-55 ans	263	31.01		100.00
	56 et plus	89	10.50		100.00
	Total	848	100.00		
	Fréquence manquante = 63				

Résultat 6-49 (PROC PRINT sur la table de résultats)

Obs.	sexe	age	COUNT	PERCENT
1	Homme		24	
2	Homme	25 et moins	94	11.0849
3	Homme	26-40 ans	146	17.2170
4	Homme	41-55 ans	142	16.7453
5	Homme	56 et plus	49	5.7783
6	Femme		39	
7	Femme	25 et moins	82	9.6698
8	Femme	26-40 ans	174	20.5189
9	Femme	41-55 ans	121	14.2689
10	Femme	56 et plus	40	4.7170

Si vous demandez la réalisation de plusieurs tableaux au moyen d'une unique instruction TABLES, seul le dernier sera contenu dans la table de résultats. Si vous souhaitez une table de résultats par tableau généré, vous devez spécifier plusieurs instructions TABLES.

Programme 6-55

```
PROC FREQ DATA=cinema;
   TABLES type*sexe / OUT=res;
   TABLES type*age / OUT=res2;
RUN;
```

Exercice 6.8 – À partir de la table CROSS, construisez avec PROC FREQ un tableau vous donnant les mêmes informations que le résultat 6-38. Créez un tableau qui vous indiquera la proportion d'élèves de 6ᵉ nés en 1999 et la proportion d'élèves nés en 1999 qui sont en 6ᵉ.

Exercice 6.9 – Construisez dans la table CROSS une variable reprenant uniquement le prénom des élèves qui ont couru le cross. Réalisez avec PROC FREQ un tableau indiquant, dans les premières lignes, les prénoms le plus souvent observés.

Exercice 6.10 – À partir de la table FOURNISSEUR13 utilisée dans les exercices 6.3, 6.5 et 6.7, réalisez, avec PROC FREQ (sans construire de variable supplémentaire dans cette table), un tableau croisé donnant, pour chaque fournisseur et chaque mois, le nombre de commandes effectuées.

⊕ 6.6 PROC TABULATE

Procédure plus puissante que PROC FREQ, PROC TABULATE construit des tableaux croisés très détaillés et peut offrir en même temps des statistiques descriptives. Elle partage un ensemble de points communs avec PROC PRINT ou PROC REPORT et constitue, après ces deux procédures, le troisième et dernier outil de production de tableaux complexes.

6.6.1 Éléments de syntaxe

Les instructions de PROC TABULATE sont les suivantes :
- **CLASS** – Liste les variables de classification.
- **CLASSLEV** – Spécifie les options STYLE à appliquer à une variable de classification.
- **VAR** – Liste les variables analysées.
- **TABLE** – Définit le tableau à construire.
- **BY** – Produit un tableau par modalité de la variable BY.
- **FREQ** – Spécifie la variable qui, dans la table, donne les fréquences de chaque observation.
- **KEYLABEL** – Spécifie les textes à substituer aux mots-clés des statistiques demandées dans le tableau.
- **WEIGHT** – Spécifie la variable de pondération.

Les options suivantes peuvent apparaître au niveau de PROC TABULATE :
- **DATA=** – Spécifie la table utilisée ; sinon, SAS exploite la dernière table créée.
- **FORMAT=** – Spécifie la largeur des cellules et le nombre de décimales ; sinon, le FORMAT BEST12.2 est utilisé.
- **MISSING** – Maintient dans le tableau les observations pour lesquelles la modalité d'une variable de classification est manquante. Une ligne ou une colonne MISSING sera ajoutée.
- **ORDER=DATA/FORMATTED/FREQ/INTERNAL** – Spécifie l'ordre d'affichage des en-têtes de lignes ou de colonnes pour les modalités des variables de classification (voir section 6.2.1 pour une explication des différentes valeurs possibles de ORDER=). Par défaut, ORDER=INTERNAL.

Nous verrons à travers les divers exemples proposés dans cette section qu'il existe des options propres à l'instruction TABLE.

Enfin, PROC TABULATE sait générer un certain nombre de statistiques ; le tableau 6-1 de la section 6.1.3 présente l'essentiel des statistiques possibles, quelques autres seront présentées dans la section 6.6.7.

6.6.2 La table FACTURES

Nous travaillerons pour cette partie sur la table FACTURES, normalement présente dans la bibliothèque WORK si vous avez exécuté le programme 6-1. Une entreprise vend ses produits dans quatre régions (C–Centre, L–Limousin, B–Bretagne et N–Nord). Dans chacune, elle dispose de trois magasins qui se différencient en fonction de la surface de vente (P-Petit, M-Moyen, G-Gros). Chaque magasin vend trois produits (A, B et C) à deux clientèles spécifiques (G-Gros et D-Détail). Les prix sont identiques d'un lieu de vente à l'autre ; des prix particuliers sont offerts aux clients de type G. Dans votre table, vous disposez des factures émises au cours d'une certaine semaine.

Une observation a l'allure suivante :

Obs.	numfact	region	taille	produit	client	vente	prix	CA
1	1	C	M	A	D	130	125	16250

La facture numéro 1 provient d'un magasin de taille moyenne de la région Centre. Elle concerne un produit A vendu au détail. Le client a acheté 130 unités de A au prix unitaire de 125 euros, soit un chiffre d'affaires de 16 250 euros. La table FACTURES comprend 1 000 observations.

Nous créons au moyen du programme 6-56 un ensemble de FORMAT spécifiques grâce auquel les modalités des variables de cette table seront plus explicites. Nous associons ensuite ces FORMAT aux variables via PROC DATASETS.

Programme 6-56

```
PROC FORMAT;
   VALUE $region N='Nord' C='Centre' B='Bretagne' L='Limousin';
   VALUE $taille P='Petit' M='Moyen' G='Gros';
   VALUE $produit A='Prod. A' B='Prod. B' C='Prod. C';
   VALUE $client G='Gros' D='Détail';
RUN;


PROC DATASETS NOLIST;
   MODIFY factures;
      FORMAT region $region. taille $taille. produit $produit. client $client.;
RUN;
```

6.6.3 Structures lignes-colonnes des tableaux

Au sein de la procédure PROC TABULATE, les instructions CLASS et TABLE commandent la structure lignes-colonnes des tableaux. Construisons un premier tableau simple :

Programme 6-57

```
PROC TABULATE DATA=factures F=10.;
   CLASS region;
   TABLE region;
RUN;
```

Résultat 6-50

region			
Bretagne	Centre	Limousin	Nord
N	N	N	N
125	225	435	215

L'instruction CLASS indique à SAS que la variable qui suit (REGION) doit servir pour la classification. Ses modalités seront les lignes ou les colonnes de votre tableau : vous observerez autant de lignes/colonnes que vous avez de modalités différentes pour vos variables de classification (et une de plus si vous spécifiez l'option MISSING de PROC TABULATE pour maintenir présentes dans votre tableau les factures non rattachées à l'une des quatre régions).

Dans ce premier tableau, aucune variable n'est analysée, ce qui explique que SAS présente les effectifs (N) pour chaque modalité (le nombre de factures pour chaque région).

L'option F=10. ou FORMAT=10. demande à SAS de n'afficher que des entiers. Elle détermine aussi la largeur de chacune des colonnes dans la fenêtre *Sortie* mais n'a aucune influence sur les largeurs de colonnes du résultat produit vers les autres destinations ODS comme HTML[23].

Vous pouvez spécifier plusieurs variables de classification dans votre instruction TABLE :

Programme 6-58

```
PROC TABULATE DATA=factures F=10.;
   CLASS region produit;
   TABLE region produit;
RUN;
```

Résultat 6-51

region				produit		
Bretagne	Centre	Limousin	Nord	Prod. A	Prod. B	Prod. C
N	N	N	N	N	N	N
125	225	435	215	237	442	321

Les modalités de REGION sont présentées juxtaposées avec celles de PRODUIT : dans une instruction TABLE, **un espace qui sépare deux variables commande une juxtaposition.**

Outre la répartition des factures par région, vous obtenez celle des factures par type de produits. Il est aussi possible de construire un vrai tableau croisé :

Programme 6-59

```
PROC TABULATE DATA=factures F=10.;
   CLASS region produit;
   TABLE region , produit;
RUN;
```

Résultat 6-52

	produit		
	Prod. A	Prod. B	Prod. C
	N	N	N
region			
Bretagne	24	57	44
Centre	55	87	83
Limousin	102	192	141
Nord	56	106	53

La première variable indiquée dans l'instruction TABLE apparaîtra en ligne, celle qui suit la virgule apparaîtra en colonne. **Dans une instruction TABLE, la virgule qui sépare deux variables commande une opposition.**

Le tableau reproduit au résultat 6-52 montre combien de factures émises dans une certaine région concernent tel ou tel produit. Vous avez la possibilité de multiplier les variables de classification pour définir vos intitulés de lignes ou de colonnes.

---

23. La modification des largeurs de colonnes dans les sorties des autres destinations ODS passe par des options STYLE.

Programme 6-60

```
PROC TABULATE DATA=factures F=10.;
   CLASS region taille produit client;
   TABLE region taille , produit client;
RUN;
```

Résultat 6-53

	produit			client	
	Prod. A	Prod. B	Prod. C	Détail	Gros
	N	N	N	N	N
region					
Bretagne	24	57	44	30	95
Centre	55	87	83	90	135
Limousin	102	192	141	164	271
Nord	56	106	53	83	132
taille					
Gros	32	70	49	57	94
Moyen	151	243	175	208	361
Petit	54	129	97	102	178

Le résultat 6-53 vous montre quatre répartitions des 1 000 factures que contient la table FACTURES : par région et produit, par région et client, par taille et produit, par taille et client.

Dans une instruction TABLE, vous ne pouvez avoir, au plus, que deux virgules demandant une opposition.

Programme 6-61

```
PROC TABULATE DATA=factures F=7.;
   CLASS region taille produit;
   TABLE region , taille , produit;
RUN;
```

Pour chaque modalité de REGION, ce programme produit un tableau croisant TAILLE et PRODUIT.

Il est enfin possible d'imbriquer les variables de classification.

Programme 6-62

```
PROC TABULATE DATA=factures F=7.;
   CLASS region taille produit;
   TABLE region , taille*produit;
RUN;
```

Résultat 6-54

region	taille								
	Gros			Moyen			Petit		
	produit			produit			produit		
	Prod. A	Prod. B	Prod. C	Prod. A	Prod. B	Prod. C	Prod. A	Prod. B	Prod. C
	N	N	N	N	N	N	N	N	N
Bretagne	2	9	7	12	32	20	10	16	17
Centre	12	16	14	28	50	45	15	21	24
Limousin	11	29	21	74	102	75	17	61	45
Nord	7	16	7	37	59	35	12	31	11

Dans une instruction TABLE, * commande l'imbrication : pour chaque modalité de la variable TAILLE, nous observons les différentes modalités de PRODUIT.

En résumé, lorsque vous définissez la structure de votre tableau :

- Les variables dont les modalités vont devenir intitulés de lignes ou de colonnes doivent être énumérées via l'instruction CLASS.
- L'instruction TABLE donne au tableau sa structure :
  - L'astérisque imbrique les variables de classification.
  - La virgule commande un tableau croisé.
  - L'espace commande la juxtaposition.

Dans votre instruction CLASS, vous pouvez énumérer des variables qui ne seront finalement pas utilisées dans le tableau produit. Toutes les variables citées dans l'instruction TABLE devront cependant être déclarées, soit dans l'instruction CLASS, soit dans l'instruction VAR.

Exercice 6.11 – À partir de la table FOURNISSEUR13 utilisée dans les exercices 6.3, 6.5, 6.7 et 6.10, réalisez avec PROC TABULATE (sans construire de variable supplémentaire dans cette table) un tableau croisé donnant, pour chaque fournisseur et chaque mois, le nombre de commandes effectuées.

6.6.4 Les variables d'analyse

Jusqu'à présent, seuls des effectifs étaient présentés dans le tableau. On connaissait ainsi le nombre d'observations ayant telle et telle caractéristique. Nous allons maintenant spécifier des variables à analyser. Deux sont particulièrement intéressantes : les ventes (nombre d'unités vendues) et le chiffre d'affaires. L'instruction VAR liste les variables susceptibles d'être analysées dans le tableau produit par PROC TABULATE.

Programme 6-63

```
PROC TABULATE DATA=factures F=7.;
   CLASS produit;
   VAR vente ca;
   TABLE produit , vente ca;
RUN;
```

Résultat 6-55

	vente	CA
	Sum	Sum
produit		
Prod. A	29790	3448744
Prod. B	54895	7508490
Prod. C	40375	6471606

Vous observez ainsi la somme des ventes et le chiffre d'affaires réalisé par type de produit. Les modalités de PRODUIT apparaissent en ligne et sont opposées à deux nouvelles colonnes : VENTE et CA. **Attention : si vous avez deux variables VAR, elles devront impérativement être citées ensemble**, soit en ligne (à gauche de la virgule), soit en colonne (à droite de la virgule). Si votre instruction TABLE est de la forme suivante :

```
TABLE produit vente , ca;
```

VENTE et CA étant variables d'analyse, le tableau ne sera pas produit et vous lirez dans votre journal le message suivant :

```
ERROR: There are multiple analysis variables associated with a single table
       cell in the following nesting : vente * CA.
```

Dans un tableau construit par PROC TABULATE, une case doit impérativement se situer soit à l'intersection des modalités d'une variable CLASS et d'une variable VAR (résultat 6-55), soit à l'intersection des modalités d'une variable CLASS en ligne et d'une autre variable CLASS en colonne (résultat 6-54).

Le programme 6-64 conduit les variables VENTE et CA à devenir intitulés de lignes. Nous enrichissons notre tableau en ajoutant une seconde variable de classification :

Programme 6-64

```
PROC TABULATE DATA=factures F=10.;
   CLASS produit client;
   VAR vente ca;
   TABLE vente ca , produit client;
RUN;
```

Résultat 6-56

		produit			client	
		Prod. A	Prod. B	Prod. C	Détail	Gros
vente	Sum	29790	54895	40375	45756	79304
CA	Sum	3448744	7508490	6471606	6823540	10605300

Pour être encore plus précis, commandons une imbrication :

Programme 6-65

```
PROC TABULATE DATA=factures F=7.;
   CLASS produit client;
   VAR vente ca;
   TABLE vente ca , produit*client;
RUN;
```

Résultat 6-57

		produit					
		Prod. A		Prod. B		Prod. C	
		client		client		client	
		Détail	Gros	Détail	Gros	Détail	Gros
vente	Sum	12184	17606	20335	34560	13237	27138
CA	Sum	1523000	1925744	3050250	4458240	2250290	4221316

Vous pourriez souhaiter un tableau dans lequel :

* Les produits sont présentés en lignes.
* Les clients sont présentés en colonnes.
* Les ventes et chiffres d'affaires sont indiqués.

Programme 6-66	**Résultat 6-58**

```
PROC TABULATE DATA=factures F=10.;
   CLASS produit client;
   VAR vente ca;
   TABLE produit , client*(vente ca);
RUN;
```

	client			
	Détail		Gros	
	vente	CA	vente	CA
	Sum	Sum	Sum	Sum
produit				
Prod. A	12184	1523000	17606	1925744
Prod. B	20335	3050250	34560	4458240
Prod. C	13237	2250290	27138	4221316

En fait, lorsqu'elle est placée entre deux variables de classification, l'instruction * commande l'imbrication. Si elle est placée entre une variable de classification et une variable d'analyse, elle reste une commande d'imbrication, mais elle commande en plus l'analyse de la variable à l'intérieur du tableau pour chaque modalité de la variable de classification.

Nous présentons dans l'instruction TABLE du programme 6-66, à droite de la virgule, une variable de classification (CLIENT) et deux variables d'analyse (VENTE et CA). L'ordre dans lequel on les saisit et la présence ou non de parenthèses conditionnent grandement le résultat (figure 6-3).

```
TABLE produit,client*vente client*ca;
```

	client		client	
	Détail	Gros	Détail	Gros
	vente	vente	CA	CA
	Sum	Sum	Sum	Sum
produit				
Prod. A	12184	17606	1523000	1925744
Prod. B	20335	34560	3050250	4458240
Prod. C	13237	27138	2250290	4221316

```
TABLE produit,(vente ca)*client;
```

	vente		CA	
	Sum		Sum	
	client		client	
	Détail	Gros	Détail	Gros
produit				
Prod. A	12184	17606	1523000	1925744
Prod. B	20335	34560	3050250	4458240
Prod. C	13237	27138	2250290	4221316

```
TABLE produit,client*vente ca;
```

	client		CA
	Détail	Gros	
	vente	vente	
	Sum	Sum	Sum
produit			
Prod. A	12184	17606	3448744
Prod. B	20335	34560	7508490
Prod. C	13237	27138	6471606

Figure 6–3 Effet de l'ordre de présentation des variables dans l'instruction TABLE

La figure 6-3 complète le résultat 6-58 et doit vous aider à bien comprendre la structure qu'aura votre tableau, avant même d'exécuter votre programme :

* `TABLE produit , client*(vente ca);`

    Par modalité de CLIENT, nous souhaitons une somme sur VENTE, juxtaposée à une somme sur CA.

- `TABLE produit , client*vente client*ca;`

  Par modalité de CLIENT, nous souhaitons une somme sur VENTE puis, par modalité de CLIENT, une somme sur CA.

- `TABLE produit , (vente ca)*client;`

  Nous souhaitons une somme sur VENTE par modalité de CLIENT, puis une somme sur CA par modalité de CLIENT.

- `TABLE produit , client*vente ca`

  Nous souhaitons par modalité de CLIENT une somme sur VENTE, puis une somme sur CA. La somme sur CA n'est pas proposée par modalité de CLIENT puisque nous ne la demandons pas.

6.6.5 Choix de la statistique éditée dans le tableau

Jusqu'à présent, l'information offerte par SAS dans les tableaux est la somme (statistique par défaut), mais il est possible d'en demander d'autres (voir sections 6.1.3 et 6.6.7). Vous devez faire suivre votre variable d'analyse d'un astérisque (*), puis indiquer entre parenthèses votre liste de statistiques demandées[24].

Programme 6-67

```
PROC TABULATE DATA=factures F=7.;
   CLASS region client;
   VAR vente;
   TABLE region*client , vente*(MIN MEAN MAX);
RUN;
```

Exercice 6.12 – Comment obtenir les régions en lignes et les types de clients en colonnes ? Faites apparaître les informations sur le CA réalisé en totalité et en moyenne par type de clientèle pour chaque région.

Exercice 6.13 – Comment obtenir les régions imbriquées avec les minimum, maximum et moyenne des CA en lignes et les produits en colonnes ?

Si vous exécutez le programme 6-68, les moyennes et les sommes vont apparaître avec deux décimales en raison de l'option `F=7.2` de PROC TABULATE. Ce programme crée quatre tableaux.

Programme 6-68

```
PROC TABULATE DATA=factures F=7.2;
   CLASS region taille produit;
   VAR vente ca;
   TABLE region*taille , vente*(SUM MEAN);
   TABLE region*taille , vente*SUM vente*MEAN;
   TABLE region*taille , ca*SUM vente*(MEAN SUM MIN);
   TABLE region*taille , produit*(ca*SUM vente*(MEAN SUM MIN));
RUN;
```

---

24. Si vous ne souhaitez qu'une seule statistique, les parenthèses ne sont pas obligatoires.

Les deux premières instructions TABLE sont parfaitement équivalentes. Au moyen de la troisième, nous montrons que la demande de statistiques différentes sur des variables d'analyse différentes est tout à fait possible. La dernière retourne en lignes, pour chaque région, les différentes modalités de TAILLE ; en colonnes, vous aurez, pour chaque produit, la somme du chiffre d'affaires, puis la moyenne, la somme et le minimum des ventes.

6.6.6 L'introduction de récapitulatifs dans les tableaux

Nous savons demander à SAS des tableaux croisés dans lesquels peuvent apparaître un certain nombre de statistiques. Nous voulons maintenant voir ces mêmes statistiques, toutes modalités confondues de la variable définissant les lignes ou les colonnes.

Nous allons dans un premier temps calculer des « sommes récapitulatives » (statistique obtenue par défaut). Nous afficherons ensuite des récapitulatifs en lignes ou en colonnes d'autres statistiques.

Partons du programme suivant :

Programme 6-69

```
PROC TABULATE DATA=factures F=7.;
   CLASS region taille produit;
   VAR vente;
   TABLE taille , region*produit*vente;
RUN;
```

On obtiendra la somme des ventes grâce au mot-clé ALL, dont la position est primordiale.

Programme 6-70

```
PROC TABULATE DATA=factures F=7.;
   CLASS region taille produit;
   VAR vente;
   TABLE taille , (region*produit ALL)*vente ALL;
RUN;
```

Résultat 6-59 (extrait)

			Tout	Tout
›rd				
duit				
d. B	Prod. C			
nte	vente	vente		
ım	Sum	Sum	N	
?064	783	19110	151	
'164	4336	71231	569	
?768	1439	34719	280	

Nous introduisons deux fois le mot-clé ALL dans l'instruction TABLE. Notre souhait est d'obtenir une somme des ventes, tous produits et toutes régions confondus. Ce résultat est obtenu en plaçant entre parenthèses les deux variables de classification imbriquées, puis en ajoutant ALL.

Le ALL qui apparaît en fin d'instruction est placé après un espace : nous demandons une juxtaposition. Aucune variable d'analyse ne lui est reliée : la statistique calculée représente donc un nombre d'observations. Vous obtenez ainsi, pour chaque modalité de TAILLE, le nombre de factures (ce qui n'était pas votre choix initial).

Pour éviter les erreurs de positionnement de ALL, vous devez toujours vous demander sur quelle variable de classification, toutes modalités confondues, vous souhaitez obtenir une somme. Comme ce mot-clé indique à SAS les modalités qu'il doit regrouper pour créer son récapitulatif, il faut le placer immédiatement après la variable de classification concernée[25].

Programme 6-71

```
PROC TABULATE DATA=factures F=7.;
   CLASS region taille produit;
   VAR vente;
   TABLE taille , region*(produit ALL)*vente;
   WHERE region ^IN ('B','L');
RUN;
```

Résultat 6-60

	region							
	Centre				Nord			
	produit			Tout	produit			Tout
	Prod. A	Prod. B	Prod. C		Prod. A	Prod. B	Prod. C	
	vente	vente	vente	vente	vente	vente	vente	vente
	Sum	Sum	Sum	Sum	Sum	Sum	Sum	Sum
taille								
Gros	1543	1972	1751	5266	866	2064	783	3713
Moyen	3539	6203	5776	15518	4669	7164	4336	16169
Petit	1767	2611	2979	7357	1499	3768	1439	6706

Avec le programme 6-71, vous demandez un récapitulatif, toutes modalités de PRODUIT confondues, par modalité de REGION puisque PRODUIT et REGION sont imbriquées[26].

Programme 6-72

```
PROC TABULATE DATA=factures F=7.;
   CLASS region taille produit;
   VAR vente;
   TABLE taille , (region ALL)*produit*vente;
RUN;
```

Ce programme vous donne les sommes par modalité de PRODUIT, toutes modalités de REGION confondues.

Programme 6-73

```
PROC TABULATE DATA=factures F=7.;
   CLASS region taille produit;
   VAR vente;
   TABLE taille , ((region ALL)*produit ALL)*vente;
RUN;
```

Ici, en plus de la somme par région, tous produits confondus, il est demandé une somme toutes modalités de REGION et PRODUIT confondues. Vous pourriez même réaliser le tableau suivant (c'est le dernier), bien que l'on se demande quelle en serait l'utilité :

```
TABLE taille , ((region ALL)*(produit ALL) ALL)*vente;
```

---

25. « après » n'est en réalité pas obligatoire. Si votre instruction est de la forme TABLE taille , (ALL region*produit)*vente;, les sommes, toutes modalités de REGION et PRODUIT confondues, seront présentées à gauche du tableau principal.

26. Seules deux régions sont analysées dans ce tableau.

Vous constaterez en effet que les sommes récapitulatives toutes régions et tous produits confondus sont présentées deux fois.

Exercice 6.14 – À partir du tableau produit par le programme suivant :

```
PROC TABULATE DATA=factures;
    CLASS region taille produit;
    VAR ca ;
    TABLE region*taille,produit*ca;
RUN;
```

Faites apparaîre des sommes de CA par région, toutes tailles confondues, et des sommes tous produits confondus. Faites aussi apparaître le CA réalisé en totalité (toutes régions, tous produits, toutes tailles confondus).

Exercice 6.15 – « On peut demander d'autres statistiques que la somme. »

Repartons de la table CINEMA construite dans la section consacrée à PROC FREQ. Nous disposons dans cette table d'informations relatives à des individus : sexe, type de films préféré, âge et nombre de sorties au cinéma.

1. Quelles sont les variables de classification possibles ?

2. Quelles sont les variables susceptibles de faire l'objet d'une analyse ?

3. Dans les cases du tableau, quelles informations obtiendrez-vous avec le programme suivant ? (N'essayez pas de le lancer pour répondre à la question !)

```
PROC TABULATE DATA=cinema F=10.;
        CLASS …;
        VAR …;
        TABLES type ALL , sexe ALL;
RUN;
```

4. Que mettre à la place des points de suspension si vous souhaitez voir le tableau ordonné par l'instruction TABLES ?

5. Quel est le programme à lancer si vous souhaitez vérifier que les femmes vont moins souvent au cinéma que les hommes ?

6. Les femmes semblent aller moins souvent au cinéma que les hommes. Néanmoins, ce résultat est-il valable quel que soit le type de films ? Construisez le tableau qui pourrait répondre à cette question (tout en continuant à répondre à la question précédente).

Les différentes programmations proposées jusqu'ici ne créent que des sommes en colonnes. Si vous les souhaitez en lignes, il faut appliquer ALL à la variable de classification utilisée en lignes :

Programme 6-74

```
PROC TABULATE DATA=factures F=7.;
    CLASS region taille produit;
    VAR vente;
    TABLE taille ALL , (region*produit ALL)*vente;
    WHERE region ^IN ('B','L');
RUN;
```

Résultat 6-61

	region						Tout
	Centre			Nord			
	produit			produit			
	Prod. A	Prod. B	Prod. C	Prod. A	Prod. B	Prod. C	
	vente	vente	vente	vente	vente	vente	vente
	Sum	Sum	Sum	Sum	Sum	Sum	Sum
taille							
Gros	1543	1972	1751	866	2064	783	8979
Moyen	3539	6203	5776	4669	7164	4336	31687
Petit	1767	2611	2979	1499	3768	1439	14063
Tout	6849	10786	10506	7034	12996	6558	54729

Puisque vous demandez des récapitulatifs en ligne et en colonne, vous disposez, dans la case la plus en bas à droite, d'un récapitulatif général : 54 729 unités ont été vendues dans les régions Centre et Nord, toutes tailles et tous produits confondus.

Pour obtenir d'autres statistiques que la somme, ainsi que des récapitulatifs, reprenons le tableau créé par le programme 6-75.

Programme 6-75

```
PROC TABULATE DATA=factures F=7.2;
   CLASS region taille produit;
   VAR vente;
   TABLE produit , region*taille*vente*MEAN;
   WHERE region ^IN ('B','L');
RUN;
```

Pour obtenir des moyennes en lignes (toutes régions et tailles confondues), ainsi que des moyennes en colonnes (tous produits confondus), vous pouvez exécuter le programme suivant :

Programme 6-76

```
PROC TABULATE DATA=factures F=7.1;
   CLASS region taille produit;
   VAR vente;
   TABLE produit ALL , (region*taille ALL)*vente*MEAN;
   WHERE region ^IN ('B','L');
RUN;
```

Résultat 6-62

	region						Tout
	Centre			Nord			
	taille			taille			
	Gros	Moyen	Petit	Gros	Moyen	Petit	
	vente	vente	vente	vente	vente	vente	vente
	Mean	Mean	Mean	Mean	Mean	Mean	Mean
produit							
Prod. A	128.6	126.4	117.8	123.7	126.2	124.9	125.1
Prod. B	123.3	124.1	124.3	129.0	121.4	121.5	123.2
Prod. C	125.1	128.4	124.1	111.9	123.9	130.8	125.5
Tout	125.4	126.2	122.6	123.8	123.4	124.2	124.4

Exercice 6.16 – À partir de la table FOURNISSEUR13, construisez un tableau dans lequel vous aurez, en lignes, les différents mois de l'année 2013 et, en colonnes, les différents fournisseurs. Vous y indiquerez le nombre de commandes effectuées, ainsi que leurs montants. Vous proposerez ensuite des colonnes récapitulatives par mois, tous fournisseurs confondus, ainsi qu'une ligne récapitulative par fournisseur pour tous les mois de l'année 2013.

6.6.7 L'introduction de pourcentages dans les tableaux

Vous trouverez peut-être des exemples de programmes dans lesquels les pourcentages sont ajoutés au moyen du mot-clé PCTSUM. Celui-ci n'est pas d'un abord facile car il demande d'indiquer sur quoi doit porter le calcul du pourcentage :

Programme 6-77

```
PROC TABULATE DATA=factures F=7.2;
   CLASS region;
   VAR vente;
   TABLE region ALL , vente*(SUM PCTSUM <region ALL>);
RUN;
```

En plus de la somme des ventes par régions, nous obtenons leur répartition, en pourcentages. C'est `<region ALL>` qui indique que le pourcentage doit être calculé par rapport à une somme toutes régions confondues.

Nous ne proposerons pas dans cet ouvrage de développements sur le mot-clé PCTSUM, mais vous trouverez sur www.sas-sr.com un supplément détaillant de façon complète son paramétrage.

En première approche, nous nous concentrerons ici sur les mots-clés REPPCTSUM, COLPCTSUM, ROWPCTSUM et PAGEPCTSUM. PCTSUM est à réserver à des cas beaucoup plus complexes. Le programme 6-77 peut aisément être remplacé par le suivant :

Programme 6-78

```
PROC TABULATE DATA=factures F=10.2;
   CLASS region;
   VAR vente;
   TABLE region ALL , vente*(SUM COLPCTSUM);
RUN;
```

Nous demandons ici un pourcentage colonnes parce qu'une somme égale à 100 en colonnes (toutes régions confondues) est souhaitée. Partons maintenant du tableau donné par le programme qui suit :

Programme 6-79

```
PROC TABULATE DATA=factures F=10.1;
   CLASS region produit;
   VAR vente;
   TABLE region ALL , (produit ALL)*vente;
RUN;
```

Si, au lieu de pourcentages colonnes (la somme en colonnes donne 100), vous souhaitez des pourcentages lignes (somme en lignes égale à 100), vous obtiendrez le résultat 6-63.

Programme 6-80

```
PROC TABULATE DATA=factures F=10.1;
   CLASS region produit;
   VAR vente;
   TABLE region ALL , (produit ALL)*vente*(SUM ROWPCTSUM);
RUN;
```

Résultat 6-63

	produit						Tout	
	Prod. A		Prod. B		Prod. C			
	vente		vente		vente		vente	
	Sum	RowPctSum	Sum	RowPctSum	Sum	RowPctSum	Sum	RowPctSum
region								
Bretagne	2993.0	19.3	6986.0	45.1	5502.0	35.5	15481.0	100.0
Centre	6849.0	24.3	10786.0	38.3	10506.0	37.3	28141.0	100.0
Limousin	12914.0	23.5	24127.0	44.0	17809.0	32.5	54850.0	100.0
Nord	7034.0	26.5	12996.0	48.9	6558.0	24.7	26588.0	100.0
Tout	29790.0	23.8	54895.0	43.9	40375.0	32.3	125060.0	100.0

Le programme 6-81 ajoute les pourcentages calculés sur le tableau.

Programme 6-81

```
PROC TABULATE DATA=factures F=10.1;
   CLASS region produit;
   VAR vente;
   TABLE region ALL , (produit ALL)*vente*(SUM REPPCTSUM);
RUN;
```

Grâce à ce dernier tableau, vous savez que les ventes de produits A effectuées par la région Bretagne représentent 2,4 % des ventes totales réalisées par l'entreprise, tous produits et toutes régions confondus.

Résultat 6-64

	produit						Tout	
	Prod. A		Prod. B		Prod. C			
	vente		vente		vente		vente	
	Sum	RepPctSum	Sum	RepPctSum	Sum	RepPctSum	Sum	RepPctSum
region								
Bretagne	2993.0	2.4	6986.0	5.6	5502.0	4.4	15481.0	12.4
Centre	6849.0	5.5	10786.0	8.6	10506.0	8.4	28141.0	22.5
Limousin	12914.0	10.3	24127.0	19.3	17809.0	14.2	54850.0	43.9
Nord	7034.0	5.6	12996.0	10.4	6558.0	5.2	26588.0	21.3
Tout	29790.0	23.8	54895.0	43.9	40375.0	32.3	125060.0	100.0

PAGEPCTSUM calcule des pourcentages sur le total d'un tableau croisé-croisé (instruction TABLE CLASS1, CLASS2, CLASS3). Dans ce cas, vous construisez autant de tableaux que CLASS1 présente de modalités et obtenez avec PAGEPCTSUM une somme des pourcentages calculés dans chaque tableau égale à 100 %.

Jusqu'à maintenant, les pourcentages ont été calculés sur la somme d'une variable d'analyse. Vous pourriez aussi avoir besoin de pourcentages calculés sur les effectifs. Vous utiliserez pour cela les mots-clés REPPCTN, COLPCTN, ROWPCTN ou PAGEPCTN.

Programme 6-82

```
PROC TABULATE DATA=factures;
   CLASS region produit;
   VAR ca;
   TABLE region ALL , (produit ALL)*ca*(REPPCTSUM*F=9.2 REPPCTN*F=9.1);
   LABEL region='Région'
         produit='Produit vendu'
         ca="Chiffre d'affaires";
   KEYLABEL SUM='Somme'
            ALL='Total'
            REPPCTSUM='Part dans les ventes totales'
            REPPCTN='Part dans les factures établies';
RUN;
```

Résultat 6-65

Région	Produit vendu						Total	
	Prod. A		Prod. B		Prod. C			
	Chiffre d'affaires		Chiffre d'affaires		Chiffre d'affaires		Chiffre d'affaires	
	Part dans les ventes totales	Part dans les factures établies	Part dans les ventes totales	Part dans les factures établies	Part dans les ventes totales	Part dans les factures établies	Part dans les ventes totales	Part dans les factures établies
Bretagne	1.93	2.4	5.46	5.7	4.97	4.4	12.37	12.5
Centre	4.61	5.5	8.47	8.7	9.67	8.3	22.76	22.5
Limousin	8.61	10.2	18.89	19.2	16.43	14.1	43.93	43.5
Nord	4.63	5.6	10.26	10.6	6.05	5.3	20.95	21.5
Total	19.79	23.7	43.08	44.2	37.13	32.1	100.00	100.0

Afin d'améliorer la présentation de nos tableaux, nous exploitons les FORMAT spécifiques définis dans le programme 6-56. Notez que le programme 6-82 emploie les instructions LABEL et KEYLABEL (étiquette de mot-clé) pour remplacer les mots-clés ALL, SUM, REPPCTN et REPPCPSUM de l'instruction TABLE par des termes expliquant ce que mesurent ces statistiques dans le tableau.

Vous noterez aussi que nous pouvons jouer sur l'affichage des chiffres en spécifiant un FORMAT par défaut (option de PROC TABULATE, non demandée ici), puis un FORMAT spécifique sur certaines informations (ici, REPPCTSUM demandé avec deux décimales et REPPCTPN demandé avec une décimale). Si vous précisez un FORMAT= en option de PROC TABULATE, celui-ci s'impose à toutes les données des cellules du tableau, à moins que vous ne demandiez, dans l'instruction TABLE, d'utiliser tel ou tel FORMAT pour cette statistique.

Exercice 6.17 – À partir de la table CROSS, créez un tableau dans lequel doivent apparaître, en lignes, les années de naissance et le sexe des élèves et, en colonnes, leur niveau. Vous devez faire apparaître dans ce tableau des temps moyens, des nombres d'élèves et la répartition des élèves en pourcentages pour chaque année de naissance, par sexe et par niveau. Ajoutez des récapitulatifs par sexe et par niveau.

Exercice 6.18 – À partir de la table FOURNISSEUR13, construisez un tableau avec PROC TABULATE, dans lequel vous aurez, en lignes, les mois de l'année 2013 et, en colonnes, les fournisseurs. À l'intérieur du tableau, présentez les montants moyens commandés, ainsi que la part de chaque fournisseur dans les achats du mois.

6.6.8 PROC TABULATE et ODS

Comme nous l'avons vu dans la section 6.3.3 pour PROC PRINT et évoqué dans la section 6.4.5 pour PROC REPORT, les options STYLE modifient la présentation des tableaux générés par PROC TABULATE. Dans la procédure PROC TABULATE, la syntaxe de cette option est la suivante :

```
STYLE=[attribut1=valeur1 attribut2=valeur2]
```

STYLE peut intervenir comme option de PROC TABULATE ou de CLASS, CLASSLEV, KEYWORD, TABLE ou VAR. Contrairement à PROC PRINT ou PROC REPORT, vous n'avez pas besoin de préciser l'élément du style à modifier. C'est en fonction de l'endroit où vous placez l'option STYLE que vous changez tel ou tel élément du tableau. Partons du tableau créé par le programme 6-83.

Programme 6-83

```
PROC TABULATE DATA=factures F=EUROX12.;
   CLASS region produit;
   VAR ca;
   TABLE region ALL , (produit ALL)*ca*(SUM REPPCTSUM*F=7.2) / BOX='BOX';
   LABEL region='Région'
         produit='Produit vendu'
         ca="Chiffre d'affaires";
   KEYLABEL SUM='Somme'
            ALL='Total'
            REPPCTSUM='Part dans les ventes totales';
   WHERE produit NE 'C';
RUN;
```

Résultat 6-66

BOX	Produit vendu				Total	
	Prod. A		Prod. B			
	Chiffre d'affaires		Chiffre d'affaires		Chiffre d'affaires	
	Somme	Part dans les ventes totales	Somme	Part dans les ventes totales	Somme	Part dans les ventes totales
Région						
Bretagne	€336.715	3.07	€952.182	8.69	€1.288.897	11.76
Centre	€804.329	7.34	€1.476.108	13.47	€2.280.437	20.81
Limousin	€1.500.771	13.70	€3.291.513	30.04	€4.792.284	43.74
Nord	€806.929	7.36	€1.788.687	16.32	€2.595.616	23.69
Total	€3.448.744	31.47	€7.508.490	68.53	€10.957.234	100.00

Nous avons inséré dans le programme 6-84 huit options STYLE et indiqué dans le résultat 6-67 les zones du tableau affectées par chacune d'elles. Vous pouvez agir, à quelques exceptions près, sur les paramètres que nous avons précisés lors de l'examen de PROC PRINT (voir section 6.3.3). Pour plus de détails sur ces divers paramètres, vous pouvez consulter l'article suivant :

HAWORTH, Lauren, « ODS for PRINT, REPORT and TABULATE », *Proceedings of the 26th Annual SAS Users Group International Conference*, 2001, *003-26,* www2.sas.com/proceedings/sugi26/p003-26.pdf

Programme 6-84

```
PROC TABULATE DATA=ventes F=EUROX12. STYLE=[ 1 ];
   CLASS region produit / STYLE=[ 2 ];
   CLASSLEV region / STYLE=[ 3 ];
   CLASSLEV produit / STYLE=[ 4 ];
   VAR ca / STYLE=[ 5 ];
   TABLE region ALL , (produit ALL)*CA*(SUM*[STYLE=[ 6 ]] REPPCTSUM*F=7.2) /
         BOX=[LABEL='BOX' STYLE=[ 7 ]];
   LABEL region='Région'
         produit='Produit vendu'
         CA="Chiffre d'affaires";
   KEYLABEL SUM='Somme'
            ALL='Total'
            REPPCTSUM='Part dans les ventes totales';
   KEYWORD ALL SUM / STYLE=[ 8 ];
   WHERE produit NE 'C';
RUN;
```

Résultat 6-67

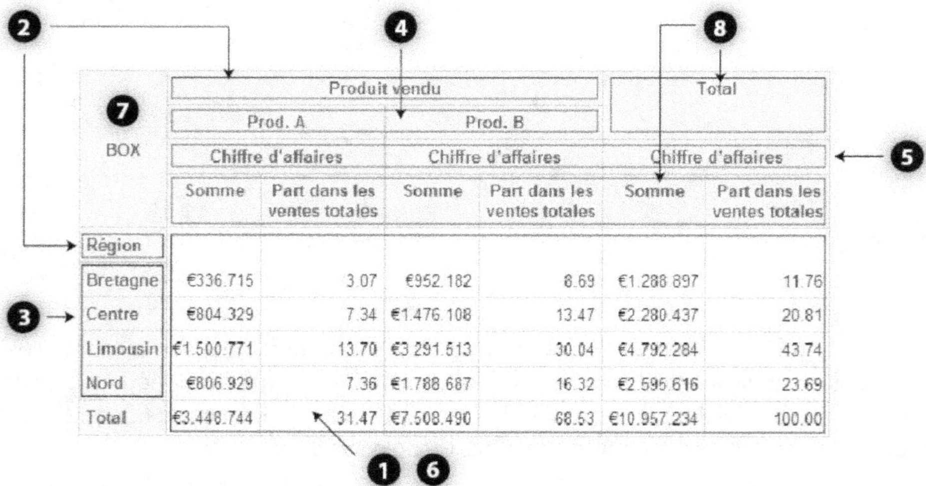

Vous remarquez qu'il existe trois manières de déclarer l'option STYLE :

- en option de PROC TABULATE, sans le signe « / » ;
- en option des instructions VAR, CLASS, CLASSLEV[27] et KEYWORDS, avec le signe habituel des options « / » ;
- dans l'instruction TABLE, entre crochets.

---

27. L'instruction CLASSLEV ne modifie pas votre tableau mais permet d'appliquer des options STYLE aux en-têtes de colonnes.

Voyons maintenant à quels éléments d'un tableau produit par PROC TABULATE s'appliquent nos différentes options :

* 1-6 : STYLE, option de PROC TABULATE, s'applique à la partie donnée du tableau, sauf si une option STYLE intervient dans l'instruction TABLE.
* 2 : STYLE, option de CLASS, s'applique aux cases qui reprennent les noms des variables de classification (ou leurs LABEL).
* 3-4 : STYLE, option de CLASSLEV, s'applique aux cases qui contiennent les modalités des variables de classification.
* 5 : STYLE, option de l'instruction VAR, s'applique aux cases qui reprennent le nom de la variable analysée (ou son LABEL).
* 7 : STYLE, option de l'option BOX= de l'instruction TABLE, paramètre la case en haut à gauche du tableau.
* 8 : STYLE, option de l'instruction KEYWORD, s'applique aux cases qui reprennent les noms ou KEYLABEL des statistiques présentées dans le tableau.

Le programme 6-85 et le résultat associé vous proposent un exemple d'application.

Programme 6-85

```
PROC FORMAT;
VALUE $colorreg
    N=CXC2BE92
    C=CXABDE96
    B=CXF0A2B0
    L=CX957EB3;
RUN;


PROC TABULATE DATA=factures F=EUROX12.
              STYLE=[JUST=center FONT_SIZE=10pt
              FONT_WEIGHT=bold BACKGROUND=CXFFF2B5];
    CLASS region produit;
    CLASSLEV region / STYLE=[BACKGROUND=$colorreg. JUST=center];
    VAR ca;
    TABLE region*[STYLE=<parent>] ALL,
          (produit ALL)*ca*(SUM REPPCTSUM*F=7.2) / BOX='BOX';
    LABEL region='00'x
          produit='Produit vendu'
          ca="Chiffre d'affaires";
    KEYLABEL SUM='Somme'
             ALL='Total'
             REPPCTSUM='Part dans les ventes totales';
    WHERE produit NE 'C';
RUN;
```

Résultat 6-68

BOX	Produit vendu				Total	
	Prod. A		Prod. B			
	Chiffre d'affaires		Chiffre d'affaires		Chiffre d'affaires	
	Somme	Part dans les ventes totales	Somme	Part dans les ventes totales	Somme	Part dans les ventes totales
Bretagne	€336.715	3.07	€952.182	8.69	€1.288.897	11.76
Centre	€804.329	7.34	€1.476.108	13.47	€2.280.437	20.81
Limousin	€1.500.771	13.70	€3.291.513	30.04	€4.792.284	43.74
Nord	€806.929	7.36	€1.788.687	16.32	€2.595.616	23.69
Total	€3.448.744	31.47	€7.508.490	68.53	€10.957.234	100.00

L'option STYLE de l'instruction PROC TABULATE ne s'applique qu'à la ligne qui reprend les sommes car, sur le reste des données (fond blanc dans les résultats 6-65 et 6-66), nous appliquons une option STYLE dans l'instruction TABLE. Nous demandons ici que les chiffres soient centrés, qu'ils apparaissent en gras, avec une taille égale à 14 points et une couleur de fond identique à celle des zones 2, 3, 4, 5, 7 et 8 du résultat 6-53[28] (le bleu pâle propre au style ODS Htmlblue).

Pour la variable de classification REGION, nous demandons, en couleur de fond, l'application d'un FORMAT créé au préalable. Normalement, ces couleurs ne s'appliquent qu'aux modalités de la variable REGION. C'est au sein de l'instruction TABLE, avec l'option [STYLE=<PARENT>] que les couleurs associées à chaque région seront étendues aux données de la table. L'instruction LABEL REGION='00'X fait disparaître du tableau le nom de la variable de classification REGION.

Exercice 6.19 – Modifiez le tableau construit à l'exercice 6.18 de façon à ce que les parts des fournisseurs dans les achats d'un mois donné supérieures à 25 % apparaissent sur fond de couleur CX3366FF, celles comprises entre 15 % et 25 % sur fond de couleur CX33CCFF et celles comprises entre 5 % et 15 % sur fond de couleur CX33FF66. Les parts inférieures à 5 % resteront présentées sur un fond blanc. Vous aurez très certainement besoin de relire la section 6.3.3.b.

Pour plus de détails sur les options STYLE dans PROC TABULATE, consultez les documents suivants :

📖 BOOTH, Allison M. et ZENDER, Cynthia L, « Turn your plain report into a painted report using ODS styles », *Proceedings of the SAS Global Forum*, 2013, 366-2013
http://support.sas.com/resources/papers/proceedings13/366-2013.pdf

📖 PASS, Ray, « PROC TABULATE : doin' it in STYLE ! », *Proceedings of the 29th Annual SAS Users Group International Conference*, 2004, 085-29
http://www2.sas.com/proceedings/sugi29/085-29.pdf

📖 SAS Institute Inc, « Using STYLE elements in the REPORT and TABULATE procedures », 2008
http://support.sas.com/resources/papers/stylesinprocs.pdf

📖 WRIGHT, Wendi L., « Using PROC TABULATE and ODS STYLE options to make really great tables », *Proceedings of the SAS Global Forum*, 2009, 039-2009
http://support.sas.com/resources/papers/proceedings09/039-2009.pdf

Enfin, n'hésitez pas à consulter cet ouvrage de référence sur la procédure PROC TABULATE :

📖 HAWORTH LAKE, Lauren & McKNIGHT Julie, *PROC TABULATE by example, second edition*, Cary, NC : SAS Institute Inc, 348 pages, ISBN#978-1-60764-990-8, mai 2015

---

28. Cette couleur (CXEDF2F9) a été « récupérée » via l'édition du code du résultat HTML de la fenêtre *Results Viewer* : cliquez-droit dans cette fenêtre, puis demandez à afficher la source. Recherchez ensuite l'élément HEADER pour lire le code couleur.

7

Produire des graphiques

Vous aurez très certainement besoin de réaliser des graphiques avec SAS, que ce soit lors de la phase d'exploration des données ou pour la présentation de vos résultats. SAS met à votre disposition un ensemble d'outils pour créer les représentations graphiques dont vous avez besoin.

Le module SAS/GRAPH propose un premier ensemble d'outils : vous y trouverez les procédures dites traditionnelles de production de graphiques (GCHART, GPLOT, G3D, GCONTOUR, GMAP). Ce sont elles qui sont activées lorsque, dans SAS EG, vous demandez la tâche *Graphiques*. Ces procédures, maintenant datées, ne seront pas traitées dans le présent ouvrage.

Les procédures ODS Graphics constituent un second ensemble d'outils. Elles sont disponibles depuis SAS 9.2 et intégrées à Base SAS depuis la version 9.3. Nous aborderons dans ce chapitre deux des cinq procédures propres à cet ensemble : SGPLOT et SGPANEL. Grâce à elles, vous réaliserez les graphiques les plus courants.

7.1 Les procédures ODS Graphics

Les procédures ODS Graphics (ou procédures SG) constituent un indéniable progrès dans la production de graphiques avec SAS. Apparues avec SAS 9.2, elles exploitent les outils mis en place dans ODS Statistical Graphics (voir section 7.1.2) pour la réalisation de graphiques à la demande. Elles ont vocation à se substituer aux procédures graphiques traditionnelles de SAS/GRAPH (GPLOT, GCHART…) qui connaissent peu d'évolutions majeures depuis quelques années.

Chaque nouvelle version de SAS apporte de nouvelles fonctionnalités et options. Ce chapitre du livre est le plus dépendant de la version de SAS à votre disposition. Les exemples qui vous sont proposés ont été réalisés avec SAS 9.4M5. La syntaxe propre aux procédures SG et exposée dans ce chapitre est donc celle de cette version.

7.1.1 Les principes

Comme toute sortie SAS, les graphiques produits au moyen des procédures SG sont envoyés vers des destinations. Si seule la destination LISTING propre à SAS 9.4 est activée, les graphiques seront directement produits dans un format PNG et ne s'afficheront qu'avec l'éditeur de fichiers PNG par défaut de votre ordinateur[1]. Si les sorties HTML automatiques sont activées, votre graphique sera présenté dans la fenêtre *Results Viewer* (SAS 9.4) ou *Résultats* (SAS Studio/UE/EG).

Avec SAS 9.4, lorsque la destination LISTING est ouverte, les graphiques sont enregistrés sur votre disque dur, sans autre spécification, à l'emplacement par défaut, précisé en bas à droite de votre écran (voir figure 2-2, section 2.3.1). Vous changez cet emplacement via l'option GPATH=[2] d'ODS LISTING.

```
ODS LISTING GPATH='c:\intro_SAS\graphiques';
```

Si vous n'avez pas activé les sorties HTML, double-cliquez sur l'icône correspondant à votre graphique dans l'onglet *Résultats* (voir figure 7-1) pour le visualiser.

Figure 7–1

Ouverture d'un graphique créé par PROC SGPLOT

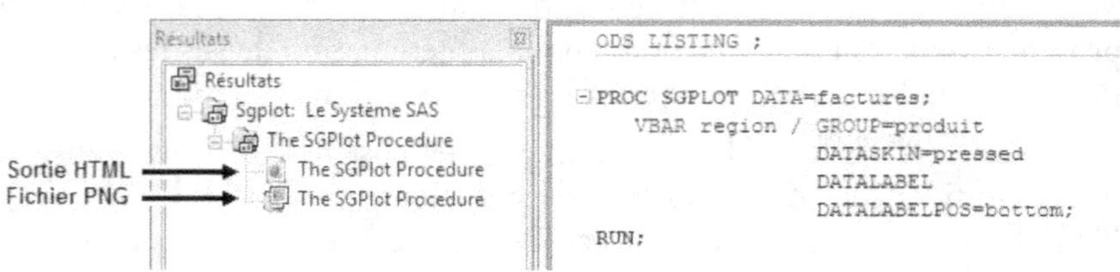

Les graphiques qui apparaissent dans les sorties HTML et ceux auxquels vous accédez via l'onglet *Résultats* présentent parfois des aspects différents si vous utilisez SAS 9.2, en raison des styles ODS appliqués (voir sections 7.6 et 8.1.5). Depuis SAS 9.3, ces derniers sont identiques pour les sorties

---

1. Microsoft Photo Editor, Adobe Fireworks, etc.
2. Vous pouvez aussi utiliser l'option GPATH= lorsque, avec ODS HTML, vous souhaitez enregistrer les graphiques dans un dossier particulier sur votre disque dur (voir section 8.3.1).

HTML et la destination ODS LISTING (style Htmlblue). Pour appliquer un style particulier aux graphiques produits vers la destination LISTING et que vous ouvrez via l'onglet *Résultats*, utilisez l'instruction suivante :

```
ODS LISTING STYLE= style_ODS_demandé;
```

Nous reviendrons sur cette notion de style dans la section 7.6.

La relative simplicité de la syntaxe constitue une autre particularité des procédures SG. Comme nous le verrons dans ce chapitre, de très nombreux éléments de syntaxe sont communs à l'ensemble des instructions propres à ces procédures et vous pourrez très vite maîtriser les différentes options qui s'offrent à vous pour chaque type de graphiques.

Enfin, les procédures SG étant de fait très peu nombreuses, on en appréhende d'autant plus rapidement le fonctionnement. Outre PROC SGPLOT et SGPANEL, il en existe trois autres :

- PROC SGSCATTER produit des graphiques de type *panel* dans lesquels sont essentiellement représentés des nuages de points.
- PROC SGRENDER dessine plus spécifiquement des graphiques s'appuyant sur des modèles créés dans un nouveau langage introduit avec SAS 9.2 et spécifiquement dédié aux graphiques sous SAS : le *Graphic Template Language* (GTL).
- PROC SGDESIGN réalise des graphiques à partir de gabarits définis au moyen d'ODS Graphics Designer (voir section 7.7).

Nous n'évoquerons pas ces trois procédures dans le présent ouvrage.

7.1.2 ODS Statistical Graphics

Les procédures SG exploitent les outils mis en place pour ODS Statistical Graphics afin de produire des graphiques à la demande. Cette section présente brièvement cette fonctionnalité avant d'aborder les options qui concernent les graphiques produits avec les procédures SG.

ODS Statistical Graphics, évoqué lors de notre examen de PROC FREQ (voir section 6.5.4), ajoute des sorties graphiques normalisées aux procédures d'analyse utilisées et produit des graphiques prédéterminés, de la même manière qu'une procédure génère des tableaux de résultats[3]. Le style ODS s'applique aussi bien aux tableaux qu'aux graphiques ainsi créés.

Les procédures proposées par SAS ne sont pas toutes compatibles avec ODS Statistical Graphics, mais chaque nouvelle version du progiciel est l'occasion de progresser : 69 procédures étaient compatibles sous SAS 9.2, 81 sous SAS 9.3 et 110 sous SAS 9.4[4].

Les graphiques créés par ODS Statistical Graphics peuvent être ouverts et modifiés avec l'ODS Graphics Editor (voir section 7.6).

---

3. Ces graphiques prédéterminés s'ajoutent aux sorties de toutes les destinations ODS, sauf LISTING de SAS 9.4.

4. Voir l'aide SAS pour obtenir une liste des procédures compatibles avec votre version, entrée *Procedures That Support ODS GRAPHICS*.

Depuis SAS 9.4, si une procédure est compatible avec ODS Statistical Graphics, les sorties graphiques sont automatiquement jointes aux tableaux de sortie de la procédure. Si vous utilisez une version antérieure, elles ne sont ajoutées que si vous en faites la demande au moyen de l'instruction globale suivante :

```
ODS GRAPHICS;
```

Pour désactiver les sorties graphiques, quelle que soit votre version de SAS, entrez l'instruction globale suivante :

```
ODS GRAPHICS OFF;
```

Nous allons plus particulièrement nous intéresser à quelques options propres à ODS GRAPHICS et qui influencent le résultat des procédures SG[5] :

```
ODS GRAPHICS / OPTIONS;
```

- **ANTIALIAS=ON/OFF** – L'anticrénelage *(antialiasing)* permet d'adoucir les éléments d'un graphique en donnant une couleur intermédiaire, entre celle du point et le fond du graphique, aux pixels voisins de ceux qui composent votre graphique (ANTIALIAS=ON par défaut).
- **ANTIALIASMAX=** – Spécifie le nombre maximum d'éléments présents dans le graphique avant que l'*antialiasing* ne cesse (600 avec SAS 9.3 et versions antérieures, 4 000 depuis SAS 9.4).
- **BORDER=ON/OFF** – Commande un encadrement autour de votre graphique.
- **HEIGHT=, WIDTH=** – Spécifient respectivement la hauteur et la largeur de chaque graphique. L'unité par défaut est le pixel, mais vous pouvez utiliser le centimètre (CM), le millimètre (MM), le pouce (IN) et le point (PT). La taille par défaut des graphiques est de 480×640 pixels (HEIGHT $\times$ WIDTH). Pour créer les graphiques reproduits dans les résultats 7-1 à 7-12, nous avons spécifié `HEIGHT=8cm` et `WIDTH=12cm`. Si vous ne précisez qu'une seule des deux options, l'autre est automatiquement calculée pour maintenir le ratio hauteur/largeur constant.
- **OUTPUTFMT=** – Précise le format dans lequel les graphiques sont enregistrés. Pour chaque destination ODS, il existe un format par défaut[6] :
  - EPUB, EPUB2, EXCEL, HTML, LISTING, POWERPOINT, PS : PNG ;
  - EPUB3, HTML5 : SVG ;
  - PDF : PDF natif ;
  - RTF et measured RTF : EMF.

---

5. Voir l'aide SAS pour l'ensemble des options propres à ODS GRAPHICS qui influencent les résultats de procédures SG, entrée *ODS GRAPHICS Statement*.

6. Pour plus de détails, voir l'aide SAS, entrée *ODS GRAPHICS Statement*.

En fonction de la destination ODS, vous pourrez aussi demander d'autres formats, dont voici la liste complète pour SAS 9.4 : BMP, EPS, EPSI, GIF, JFIF, JPEG, JPG, NativePDF, PCL, PDF, PNG, PS, PSL, SASEMF, SVG, TIFF, WMF. La valeur d'option STATIC permet de revenir au fonctionnement par défaut de SAS.

* **IMAGEMAP/NOIMAGEMAP** – Dans une sortie ODS HTML, l'option IMAGEMAP fait apparaître des infobulles reprenant par exemple, pour chaque barre, l'effectif et la modalité représentée.

  En dehors du graphique, une autre infobulle apparaît qui reprend le nom de la procédure employée pour créer le graphique. Son texte est modifiable avec l'option DESCRIPTION= commune aux procédures SGPLOT, SGSCATTER et SGPANEL :

```
PROC SGPLOT DATA=toto DESCRIPTION="texte de l'info bulle si destination HTML";
```

* **IMAGENAME='nom_fichier'** – Attribue un nom particulier aux fichiers correspondant à vos graphiques. Par défaut, le fichier créé porte le nom de la procédure SG utilisée, avec une incrémentation automatique (SGPlot1, SGPlot2…). L'option RESET=INDEX repart à zéro.
* **RESET/RESET=** – Annule l'ensemble des options soumises (RESET) ou une partie seulement (RESET=HEIGHT, par exemple).

7.1.3 Une première approche de PROC SGPLOT

Cette section présente succinctement les instructions graphiques propres à PROC SGPLOT avant d'examiner les autres instructions grâce auxquelles vous paramétrerez votre graphique.

a. Les instructions graphiques

La procédure SGPLOT produit trois grands types de graphiques grâce à 37 instructions :
* HBAR/VBAR, HBARBASIC/VBARBASIC, HLINE/VLINE, DOT et WATERFALL sont dédiées à la représentation des distributions de variables discrètes (voir section 7.2).
* HBOX/VBOX, HISTOGRAM et DENSITY servent à la représentation des distributions de variables continues (voir section 7.3).
* Certaines instructions graphiques sont consacrées à la représentation des relations entre variables et forment deux groupes :
  - les graphiques basiques de type BAND, BUBBLE, BLOCK, DROPLINE, ELLIPSEPARM, FRINGE, HBARPARM/VBARPARM, HEATMAP, HEATMAPPARM, HIGHLOW, LINEPARM, NEEDLE, POLYGON, REFLINE, SCATTER, SERIES, SPLINE, STEP, TEXT et VECTOR (voir section 7.4) ;
  - les graphiques d'ajustement de type REG, LOESS, PBSPLINE et ELLIPSE (voir section 7.5).

Chaque instruction graphique citée dans une procédure SGPLOT génère un **élément graphique**.

Globalement, au sein des catégories que nous venons de mentionner, les éléments sont compatibles : dans un même graphique, il est ainsi possible de combiner un élément créé par SCATTER avec un autre créé par SERIES, deux par VECTOR, etc. Concernant les outils de représentation des distributions de variables continues, vous pouvez dessiner dans un même graphique autant d'histogrammes et de densités que vous le souhaitez. Cependant, et c'est l'exception, les *box plots* produits avec HBOX et VBOX ne sont, par nature, compatibles avec aucun élément graphique. Vous pouvez tout de même présenter plusieurs instructions VBOX ou HBOX à la condition que la variable catégorielle soit la même pour chaque instruction.

Autre exception : les graphiques de type WATERFALL sont compatibles uniquement avec ceux de type basique.

Pour plus d'informations sur la compatibilité des instructions graphiques entre elles, consultez l'aide SAS, entrée *Plot Type Compatibility*.

Lorsque vous présentez plusieurs éléments au sein d'un même graphique, vous devez prendre garde à l'ordre dans lequel vous saisissez vos instructions graphiques, car les éléments sont dessinés les uns « par-dessus » les autres et se recouvrent. La figure 7-2 illustre cette caractéristique en présentant un graphique à deux éléments : un histogramme et une courbe de densité. Dans le cadre de gauche, l'histogramme est demandé en premier ; dans celui de droite, c'est la densité.

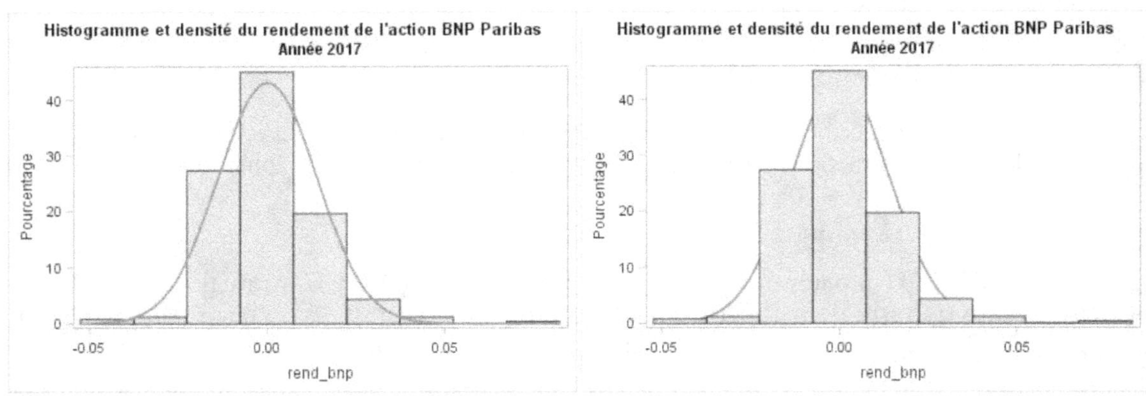

Figure 7–2 Ordre des instructions au sein d'une procédure SG

b. Quelques options communes aux diverses instructions graphiques

Dans ce chapitre, nous exposons les capacités de PROC SGPLOT au moyen d'exemples dans lesquels nous utilisons et expliquons les options les plus courantes. Si certaines sont spécifiques, d'autres, très nombreuses, servent aussi avec d'autres instructions graphiques. Le tableau 7-1 récapitule celles que nous allons examiner. Nous précisons le programme à la suite duquel vous trouverez des explications quant au fonctionnement de l'option traitée.

Tableau 7–1 Quelques options communes aux instructions graphiques

Type de l'option	Option/instruction	DOT	HBAR	DENSITY	HBOX	HISTOGRAM	BAND	REG	SERIES	voir programme (explications)
Appearance	**DATASKIN=**	X	X		X	X			X	7-1
	DISCRETEOFFSET=	X	X		X		X		X	7-3
	FILLATTRS=		X		X	X	X			7-6
	FILL|NOFILL		X		X	X	X			7-1
	LINEATTRS=			X	X		X	X	X	7-4
	OUTLINE|NOOUTLINE		X			X	X			7-6
	TRANSPARENCY=	X	X	X	X	X	X	X	X	7-6
Axis	**X2AXIS/Y2AXIS**		X	X	X	X	X	X	X	7-3
Group	**GROUP=**	X	X	X	X	X	X	X	X	7-1
	GROUPDISPLAY=	X	X		X				X	7-2
Label	**CURVELABEL<=>**			X				X	X	7-7
	CURVELABELATTRS=			X			X	X	X	7-7
	CURVELABELLOC=			X			X	X	X	7-7
	CURVELABELPOS=			X			X	X	X	7-7
	DATALABEL<=>	X	X		X	X		X	X	7-3
	DATALABELATTRS=	X	X		X	X		X	X	7-3
	DATALABELPOS=	X	X					X	X	7-4
	LEGENDLABEL=	X	X	X	X	X	X	X	X	7-4
Marker	**MARKERATTRS=**	X						X	X	7-4
	MARKERS								X	7-8
	NOMARKERS							X		7-8
Plot	**RESPONSE=**	X	X							7-3
	WEIGHT=	X	X	X	X	X		X		exo 7.4
Plot reference	**NAME=**	X	X	X	X	X	X	X	X	7-6
Statistics	**STAT=**	X	X							7-2

Nous complétons ce tableau avec la figure 7-3, qui doit vous permettre, lorsque vous construirez vos premiers graphiques, de vous repérer entre les diverses instructions et options propres à leur configuration.

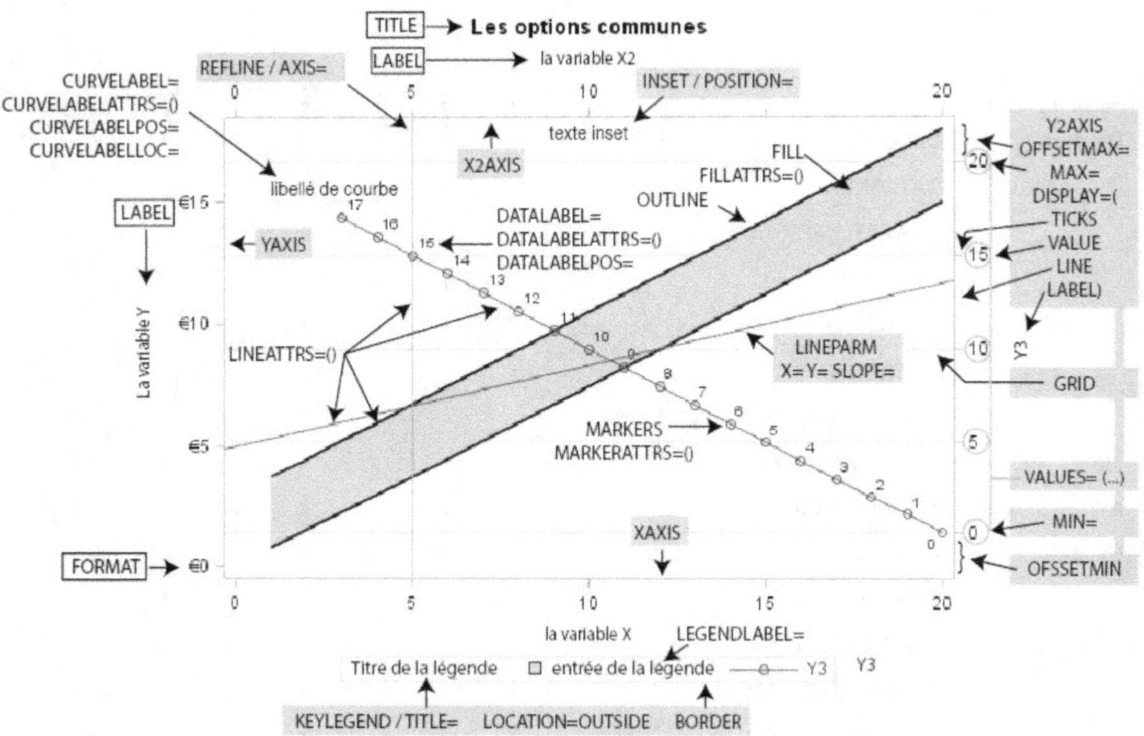

Figure 7–3 Effet des différentes options et instructions

Des options spécifiques sont présentées à l'intérieur du graphique et au-dessus de la légende. Celles qui se terminent par ATTRS servent à personnaliser l'élément qu'elles signalent d'une flèche. Certaines instructions susceptibles d'agir sur votre tracé sont encadrées hors du graphique proprement dit. Nous attirons votre attention sur l'option LINEATTRS=(), qui est typique des options communes à plusieurs instructions graphiques ; elle apparaît aussi dans certaines instructions de paramétrage.

Ces dernières instructions sont présentées en fond gris et examinées dans la section suivante.

c. Les instructions de paramétrage

Vous disposez de neuf instructions spécifiques à PROC SGPLOT qui servent à paramétrer différents éléments d'un graphique :

- **XAXIS, X2AXIS, YAXIS Y2AXIS** – Paramétrage des axes. X2AXIS est l'axe horizontal du haut, Y2AXIS est l'axe vertical de droite. La syntaxe de cette instruction est la suivante :

```
XAXIS OPTIONS;
```

Nous utiliserons dans ce chapitre les options de paramétrage des axes reprises dans le tableau 7-2 ; nous y indiquons succinctement le principe de l'option et le programme à la suite duquel celle-ci est plus particulièrement expliquée. Les programmes indiqués entre parenthèses utilisent cette option.

Tableau 7–2 Quelques options de paramétrage des axes

Option	Principe	Voir programme(s)
DISPLAY=	Détermine les éléments de l'axe à afficher.	7-1 à 7-8 (sauf 7-4)
LABEL=	Présente le LABEL de l'axe.	7-1 (7-3)
MIN=/MAX=	Indique la valeur minimale/maximale rencontrée sur l'axe.	7-1 (7-6, 7-9)
VALUES=(…)	Précise les valeurs à présenter sur l'axe	7-8
GRID	Demande la présentation de lignes de repère sur l'axe.	7-1 (7-2 et 7-3)
DISCRETEORDER=	Indique l'ordre de présentation des valeurs sur l'axe.	7-1
OFFSETMIN=	Fixe la distance entre l'axe opposé et la première graduation sur l'axe.	7-8
OFFSETMAX=	Fixe la distance entre l'axe opposé et la dernière graduation sur l'axe.	7-8
TYPE=	Indique le type d'axe à représenter.	7-9

Vous trouverez la liste complète des options possibles pour ces instructions dans l'aide SAS, entrée *Syntax: PROC SGPLOT XAXIS Statement*.

- **REFLINE** – Crée des lignes de référence horizontales ou verticales. Voici sa syntaxe :

```
REFLINE valeur1 <valeur2> / AXIS=X/Y/X2/Y2  OPTIONS;
```

Avec l'option AXIS=, vous indiquez l'axe sur lequel vous souhaitez tracer votre ligne. Nous ne présentons dans cet ouvrage que trois options : LINEATTRS=() (programme 7-3), LABEL= et LABELPOS= (programmes 7-4 et 7-7). Consultez l'aide SAS, entrée *Syntax: PROC SGPLOT REFLINE Statement*, pour une liste complète.

- **INSET** – Cette instruction intègre un texte dans votre graphique. Deux syntaxes sont possibles mais, dans cette section dédiée à PROC SGPLOT, nous n'en aborderons qu'une :

```
INSET "texte à insérer" / POSITION= TITLE=;
```

L'option POSITION= sera mobilisée dans le programme 7-7. Consultez l'aide SAS, entrée *Syntax: PROC SGPLOT INSET Statement*, pour une liste complète.

Avec PROC SGPANEL, la syntaxe de l'instruction INSET est différente. Nous la présenterons dans la section 7.6 ainsi que l'option TITLE=.

- **KEYLEGEND** – Instruction de personnalisation de la légende.

  Si le graphique le nécessite, une légende est automatiquement produite. Pour la retirer, vous pouvez recourir à l'option NOAUTOLEGEND de PROC SGPLOT. Voici la syntaxe de KEYLEGEND :

```
KEYLEGEND <'élément graphique 1'> <'élément graphique 2'> / OPTIONS;
```

  Si vous ne précisez pas les noms des éléments (attribués via l'option NAME=, commune à toutes les instructions graphiques), tous seront présentés dans la légende. Si vous citez des noms, seuls ces éléments seront inclus. Si vous souhaitez disposer de deux légendes dans votre graphique, utilisez deux instructions KEYLEGEND (programme 7-6).

  Parmi les options possibles de cette instruction, nous utiliserons dans ce chapitre celles dont le tableau 7-3 dresse la liste.

Tableau 7–3 Quelques options de KEYLEGEND

Option	Principe	Voir programme
TITLE=	Définit le titre de la légende.	7-1
LOCATION=, POSITION=	Positionne la légende.	7-1
ACROSS=	Fixe le nombre de colonnes que doit prendre la légende.	7-1
DOWN=	Fixe le nombre de lignes que doit prendre la légende.	7-1, 7-6 et 7-9
NOBORDER/BORDER	Retire ou demande un encadrement de la légende.	7-1

  La liste complète des options possibles de KEYLEGEND peut être consultée dans l'aide SAS, entrée *Syntax: PROC SGPLOT KEYLEGEND Statement*.

- **STYLEATTRS** – Cette instruction redéfinit les caractéristiques de certains éléments de votre graphique normalement déterminés par le style ODS que vous utilisez. Vous pouvez préciser les couleurs, types de ligne, types de marqueur à employer pour la construction de votre graphique. Parmi les options possibles de cette instruction, notons :

  - **BACKCOLOR=couleur** – précise la couleur prise par le fond de l'image contenant le graphique (blanc, par défaut).

  - **DATACOLORS=(liste de couleurs)** – précise les couleurs à utiliser pour remplir les surfaces.

  - **DATACONTRASTCOLORS=(liste de couleurs)** – modifie les couleurs utilisées pour les lignes et les marqueurs.

  - **DATALINEPATTERNS=(liste de types de ligne)** – liste les types de ligne que vous voulez employer dans votre graphique (voir section suivante).

  - **DATASYMBOLS=(liste de marqueurs)** – liste les marqueurs de point que vous souhaitez utiliser dans votre graphique (voir section suivante pour la liste des marqueurs possibles).

  - **WALLCOLOR=couleur** – définit la couleur prise par le fond du graphique.

Vous disposez bien entendu aussi des instructions habituelles : WHERE, LABEL, BY et FORMAT.

7.1.4 Les exercices

Tout au long de ce chapitre, des exercices vous seront proposés. Pour les réaliser, vous utiliserez un certain nombre de tables qui doivent normalement se trouver dans votre bibliothèque WORK si vous avez exécuté le programme 6-1.

Le travail sur ces exercices, ainsi que sur les programmes proposés, est extrêmement important. La procédure SGPLOT présente 50 instructions distinctes (SAS 9.4M5), disposant chacune d'un certain nombre d'options : c'est en reprenant ces programmes pour en modifier les options et en répondant aux questions posées dans les exercices que vous appréhenderez rapidement le fonctionnement de cette procédure.

Vous constaterez qu'une étape DATA préalable à la construction d'un graphique est de temps en temps nécessaire. C'est aussi en comprenant le fonctionnement de la procédure SGPLOT que vous saurez comment organiser vos données de façon à construire la représentation graphique souhaitée.

7.2 Les outils de représentation des variables discrètes

HBAR, VBAR, HLINE, VLINE, DOT, HBARBASIC, VBARBASIC et WATERFALL sont les instructions graphiques propres à la représentation des variables discrètes. Hormis la dernière instruction, leur syntaxe est la suivante :

```
XXXX variable catégorielle / OPTIONS;
```

Pour WATERFALL, la syntaxe est la suivante :

```
WATERFALL CATEGORY=variable catégorielle
          RESPONSE=variable numérique / OPTIONS;
```

La figure 7-4 illustre les spécificités de ces différents types de graphique.

Les graphiques HBAR (VBAR) présentent autant de barres que votre variable catégorielle compte de modalités. Par défaut, la longueur des barres horizontales (verticales) est proportionnelle à la fréquence de chaque modalité. Vous avez la possibilité, au moyen de l'option STAT=, de représenter, pour chaque modalité, une statistique simple (FREQ/MEAN/MEDIAN/PERCENT/SUM) construite sur une autre variable précisée au moyen de l'option RESPONSE=.

Pour les graphiques de type DOT, les modalités de la variable catégorielle sont impérativement représentées sur l'axe Y ; les fréquences ou statistiques établies sur une autre variable sont représentées par des points et doivent être lues sur l'axe X. Pour les graphiques HLINE (VLINE), une ligne horizontale (verticale) joint les fréquences ou la statistique associée à chaque modalité.

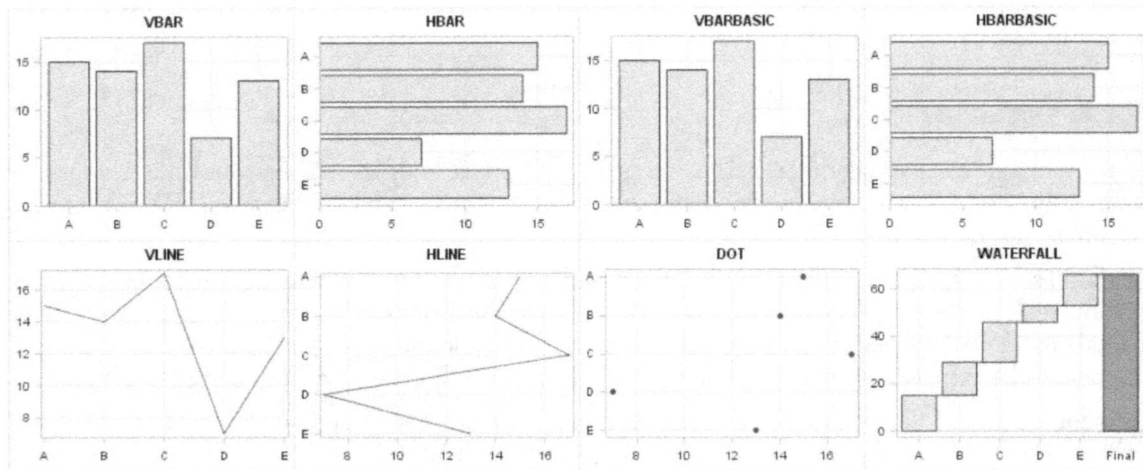

Figure 7–4 HBAR/VBAR, HBARBASIC/VBARBASIC, HLINE/VLINE, DOT et WATERFALL

Les instructions HBARBASIC et VBARBASIC sont proches, par leur aspect, de ce que vous obtenez au moyen de HBAR et VBAR. Les graphiques qu'elles construisent peuvent cependant être combinés avec ceux produits par les instructions dites basiques (SERIES, SCATTER, etc.), les autres instructions graphiques présentées dans cette section et avec celles produisant des *box-plots*, HBOX et VBOX.

Vous verrez dans la section 7.4 que vous disposez d'une autre paire d'instructions, HBARPARM/VBARPARM, produisant ce même type de graphique mais uniquement compatible avec les autres instructions graphiques de la famille basique.

Pour illustrer plus avant les capacités de ces outils, nous allons utiliser la table FACTURES, déjà mobilisée lors de notre examen de PROC TABULATE (voir section 6.6) et normalement présente dans la bibliothèque WORK si vous avez exécuté le programme 6-1 (exécuter aussi le programme 6-56 et relire la section 6.6.2 pour une description du contenu de cette table).

Programme 7-1

```
TITLE "Nombre de factures par région";
TITLE2 "Répartition par produit";
PROC SGPLOT DATA=factures;
   STYLEATTRS DATACOLORS=(CXFFE200 CXFFF7B5 CXBAAB32 CX9E8C00 CXFFEE65 );
   VBAR region / GROUP=produit DATASKIN=pressed BARWIDTH=0.6 SEGLABEL;
   XAXIS DISPLAY=(NOTICKS);
   YAXIS GRID LABEL="Nbre de factures" MAX=500;
   KEYLEGEND / LOCATION=inside POSITION=topleft ACROSS=1
               TITLE="Nos produits" NOBORDER;
   LABEL region="Région";
RUN;
```

Résultat 7-1

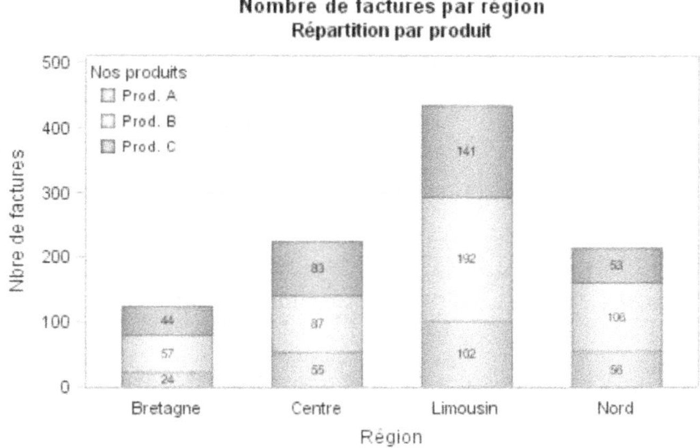

La hauteur des barres est proportionnelle à la fréquence de la modalité de la variable REGION : elle est donc représentative du nombre de factures émises par chacune des régions. On obtient la distinction par régions entre les différents produits au moyen de l'option GROUP=. Les effectifs de chaque segment sont affichés au moyen de l'option SEGLABEL.

En ce qui concerne la mise en forme des barres, on utilise deux options propres à l'instruction VBAR :

- **BARWIDTH=** – précise la largeur de la barre (0,8 par défaut). La valeur doit être comprise entre 0 (vous n'aurez qu'une ligne) et 1 (aucun espace entre les différentes barres). Avec 0,5, les barres sont aussi larges que les espaces qui les séparent.
- **DATASKIN= NONE/CRISP/GLOSS/MATTE/PRESSED/SHEEN** – précise l'effet que l'on souhaite appliquer aux barres. La figure 7-5 présente ces différents effets lorsque l'on utilise le style ODS par défaut (Htmlblue).

Figure 7–5
Option DATASKIN=

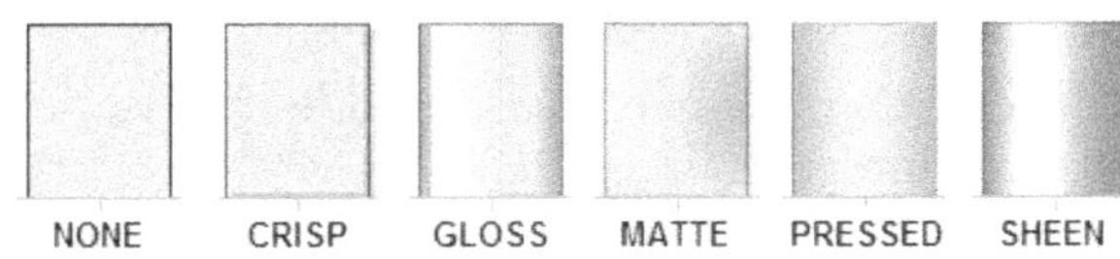

Nous avons aussi utilisé l'instruction STYLEATTRS afin de modifier les couleurs employées par défaut avec le style Htmlblue. Ces couleurs ne présentaient en effet pas assez de contraste pour une reproduction optimale dans un ouvrage en noir et blanc. Par défaut, l'option DATASKIN= a pour valeur NONE et vous pouvez dans ce cas retirer la ligne qui entoure la barre (option NOOUTLINE) ou demander une barre vide de couleurs (NOFILL).

Deux instructions XAXIS et YAXIS apparaissent dans le programme 7-1. XAXIS paramètre le premier axe horizontal. L'option DISPLAY= précise ce que nous souhaitons afficher dessus. Un axe est composé de quatre éléments : un intitulé (LABEL), une ligne (LINE), des graduations (TICKS) et des modalités (VALUES). Par défaut, tous ces éléments sont affichés (ALL), mais vous pouvez en masquer certains en ajoutant, entre parenthèses, leur nom précédé du préfixe NO :

```
DISPLAY= ALL | NONE | (options)
```

Par exemple, via l'option DISPLAY=(NOTICKS) de XAXIS, nous demandons que les graduations ne soient pas affichées sur l'axe des X.

Il y a deux manières de préciser le LABEL à associer à un axe : soit en option de l'instruction relative à cet axe (instruction YAXIS du programme 7-1), soit avec une instruction LABEL dans votre programme. GRID demande l'introduction de lignes de référence sur l'axe. Si vous imposez cette option aux deux axes, vous obtiendrez un quadrillage de votre repère. L'option MAX=500 de YAXIS précise la valeur maximale présentée sur l'axe Y.

Vous pouvez paramétrer l'ordre dans lequel afficher les différentes barres dans ce type de graphique, avec l'option DISCRETEORDER= des instructions XAXIS, YAXIS, X2AXIS et Y2AXIS. Trois valeurs sont possibles :

- **UNFORMATTED** – Les modalités sont présentées dans un ordre croissant (valeur par défaut).
- **DATA** – Les modalités sont présentées dans le même ordre que dans la table qui a servi pour construire le graphique.
- **FORMATTED** – Les modalités sont présentées dans l'ordre croissant des valeurs du FORMAT.

L'option DISCRETEORDER=FORMATTED est sans effet sur le graphique produit par le programme 7-1, puisque les modalités de REGION non formatées sont dans le même ordre que celles utilisant le FORMAT créé par le programme 6-56. Si la table FACTURES n'a pas été triée en fonction des modalités de REGION, l'option DISCRETEORDER=DATA retourne un graphique avec les barres présentées dans cet ordre : Centre, Limousin, Bretagne et Nord. Nous attirons ici votre attention sur le fait que le tri d'une table peut influencer l'ordre dans lequel vos barres sont présentées. Merci de vous en souvenir lorsque vous travaillerez sur l'exercice 7.1…

Il nous reste à comprendre l'instruction KEYLEGEND et son influence sur le résultat obtenu. Nous utilisons dans cette instruction cinq des six options présentées dans le tableau 7-3 :

- **LOCATION=** – Décide du placement de la légende : à l'extérieur du graphique (OUTSIDE, valeur par défaut), ou à l'intérieur (INSIDE).
- **POSITION=** – Indique l'endroit où doit être positionnée la légende. Voici les valeurs possibles, de haut en bas et de gauche à droite : TOPLEFT, TOP, TOPRIGHT, LEFT, RIGHT BOTTOMLEFT, BOTTOM, BOTTOMRIGHT. Si LOCATION=INSIDE sans préciser POSITION=, la légende sera positionnée automatiquement à un emplacement présentant une possibilité minimale de collision avec les données du graphique.
- **ACROSS=** – Spécifie le nombre de colonnes pour présenter la légende (déterminé automatiquement par défaut). L'option DOWN= spécifie, elle, le nombre de lignes que doit prendre la légende.
- **NOBORDER** – Retire le cadre autour de la légende.
- **TITLE=** – Donne à la légende un titre autre que celui par défaut, soit le nom de la variable GROUP.

Programme 7-2

```
TITLE "Facture moyenne par produit et type de clientèle";
PROC SGPLOT DATA=factures;
   STYLEATTRS DATACOLORS=(CXFFE200 CXFFF7B5 CXBAAB32 CX9E8C00 CXFFEE65);
   VBAR produit / GROUP=client RESPONSE=ca STAT=mean GROUPDISPLAY=cluster
                 DATASKIN=pressed;
   XAXIS DISPLAY=(NOTICKS);
   YAXIS GRID;
   FORMAT ca EUROX10.;
   LABEL ca="Montant moyen des factures";
   KEYLEGEND / LOCATION=inside POSITION=topleft ACROSS=1
              TITLE="Nos clients" NOBORDER;
RUN;
```

Résultat 7-2

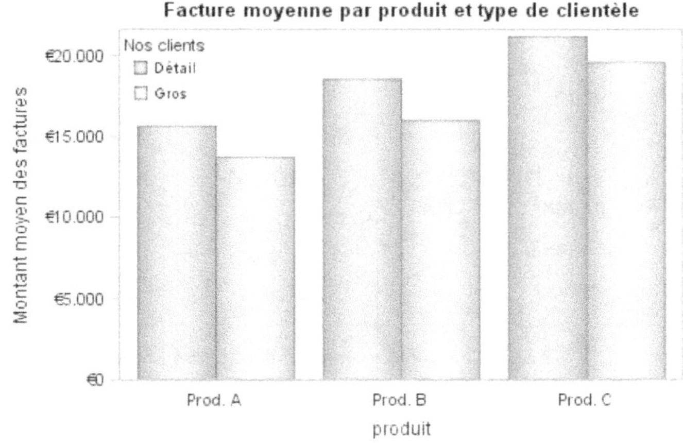

Le deuxième exemple propose un graphique dans lequel les barres ne sont plus représentatives d'effectifs, mais d'une statistique construite sur une autre variable (CA en l'occurrence). L'option RESPONSE= précise la variable sur laquelle la statistique, par défaut une somme, est calculée. Si vous souhaitez une autre statistique, vous devez utiliser l'option STAT=, qui prend l'une des cinq valeurs suivantes : FREQ/MEAN/MEDIAN/PERCENT/SUM.

FREQ est la statistique par défaut produite lorsqu'il n'y a pas de variable RESPONSE. Si une variable RESPONSE est précisée et que vous demandez STAT=FREQ, la fréquence représentée est son nombre de valeurs non manquantes par modalité de la variable catégorielle.

PERCENT offre une représentation en pourcentage de la somme de la variable RESPONSE. La somme des pourcentages représentés dans le graphique est égale à 100. En utilisant l'option PCTLEVEL=GROUP de PROC SGPLOT, vous obtiendrez une somme égale à 100 % par modalité de la variable GROUP.

Si vous avez besoin de pondérer vos observations pour que la statistique soit calculée correctement, utilisez l'option WEIGHT= de VBAR (voir exercice 7.4).

Dans le programme 7-2, vous observez aussi la présence de l'option GROUPDISPLAY= de VBAR. Par défaut (GROUPDISPLAY=STACK), en cas d'option GROUP=, les différentes modalités de la variable sont empilées pour chaque modalité de la variable catégorielle (résultat 7-1). Avec GROUPDISPLAY=CLUSTER, vous demandez que les modalités de la variable GROUP apparaissent au moyen de barres distinctes.

L'exemple suivant donne aussi deux barres par modalité de la variable PRODUIT.

Programme 7-3

```
TITLE "Chiffre d'affaires et nombre d'unités vendues";
PROC SGPLOT DATA=factures;
   STYLEATTRS DATACOLORS=(CXFFE200 CXFFF7B5 CXBAAB32 CX9E8C00 CXFFEE65);
   VBAR produit / RESPONSE=ca BARWIDTH=0.3 DATASKIN=pressed
                  DISCRETEOFFSET=-0.20;
   VBAR produit / RESPONSE=vente BARWIDTH=0.3 DATASKIN=pressed
                  DISCRETEOFFSET=0.20 Y2AXIS DATALABEL
                  DATALABELATTRS=(WEIGHT=bold COLOR=red SIZE=10pt);
   XAXIS DISPLAY=(NOTICKS);
   YAXIS GRID;
   Y2AXIS LABEL="Unités vendues";
   FORMAT ca EUROX10.;
   LABEL CA="Chiffre d'affaires";
   KEYLEGEND / LOCATION=inside POSITION=topleft ACROSS=1
            TITLE="Nos produits" NOBORDER;
RUN;
```

Résultat 7-3

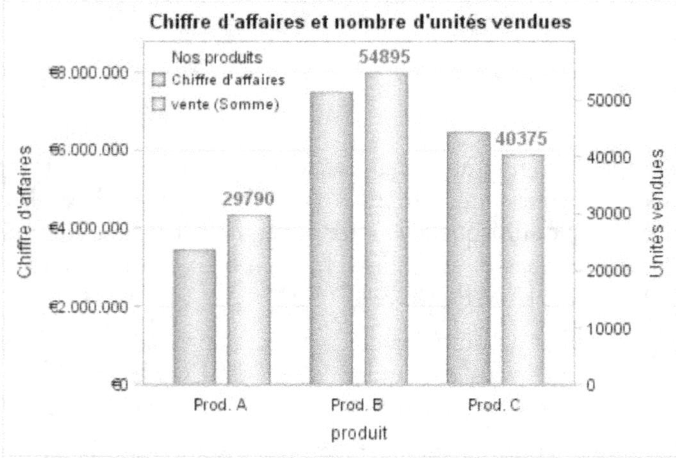

Nous cherchons à présenter, d'une part, les chiffres d'affaires réalisés par modalité de PRODUIT et, d'autre part, les nombres d'unités vendues. Nous utilisons pour cela deux instructions VBAR citant PRODUIT comme variable catégorielle.

Pour la première instruction VBAR, CA est la variable RESPONSE ; pour la seconde, il s'agit de VENTE. Nous ne précisons pas l'option STAT= puisque nous souhaitons une somme et que c'est cette statistique qui est produite par défaut en cas d'option RESPONSE=. Les grandeurs étant d'ordre différent, nous précisons au moyen de l'option Y2AXIS que le nombre d'unités vendues est à représenter sur le second axe des Y (l'axe vertical de droite).

Sans aucune autre option, si vous exécutez ce programme, vous constaterez que les deux barres sont positionnées l'une sur l'autre (ce qui ne facilite pas la lecture). Afin d'éviter ce désagrément, on a recours à l'option DISCRETEOFFSET=. Elle déplace vers la gauche les barres relatives aux chiffres d'affaires (valeur négative) et vers la droite celles représentatives des unités vendues (valeur positive). La valeur de cette option doit être comprise entre –0,5 et +0,5.

Dans la seconde instruction VBAR, nous utilisons aussi l'option DATALABEL= de façon à ce que les nombres d'unités vendues s'affichent au-dessus des barres. L'option DATALABELATTRS=() est mobilisée pour mettre en forme les nombres d'unités vendues. Cette option propose les paramètres de mise en forme suivants :

- **COLOR=** – Couleur prise par le libellé de la courbe.
- **FAMILY= "police"** – Police à employer.
- **SIZE=** – Taille du texte. L'unité par défaut est le pixel (PX), mais vous pouvez utiliser le centimètre (CM), le pouce (IN), le millimètre (MM) ou le point (PT).
- **STYLE=ITALIC/NORMAL** – Style de la police. Par défaut, la valeur de cette option est NORMAL.
- **WEIGHT=BOLD/NORMAL** – Poids de la police. Par défaut la valeur de cette option est NORMAL.

Nous avons indiqué plus haut que les libellés d'axe pouvaient être précisés soit au sein des instructions _AXIS, soit au moyen d'une instruction LABEL. Cet exemple montre que les deux approches ne sont pas tout à fait équivalentes puisque les libellés imposés au moyen d'une instruction LABEL s'appliquent à l'axe et à l'entrée de légende correspondante. L'option LABEL= qui apparaît dans l'instruction Y2AXIS impose uniquement le libellé à l'axe.

Nous verrons dans l'exemple suivant que vous pouvez aussi imposer un libellé propre à une entrée de légende via l'option LEGENDLABEL=. Le nom de la variable, suivi de la statistique par défaut qui apparaît dans la légende du résultat 7-3, est l'entrée de légende par défaut.

Programme 7-4

```
TITLE "Facture moyenne par région et rappel des objectifs";
PROC SGPLOT DATA=factures;
   DOT region  / RESPONSE=ca STAT=mean LIMITSTAT=clm
                LIMITATTRS=(THICKNESS=2pt) DATALABEL DATALABELPOS=right
                MARKERATTRS=(SYMBOL=circlefilled SIZE=3mm)
                LEGENDLABEL="CA moyen";
   REFLINE 17750 / AXIS=X LINEATTRS=(COLOR=red THICKNESS=2pt PATTERN=34)
                LABEL="Objectif";
   KEYLEGEND / LOCATION=inside POSITION=left;
RUN;
```

Résultat 7-4

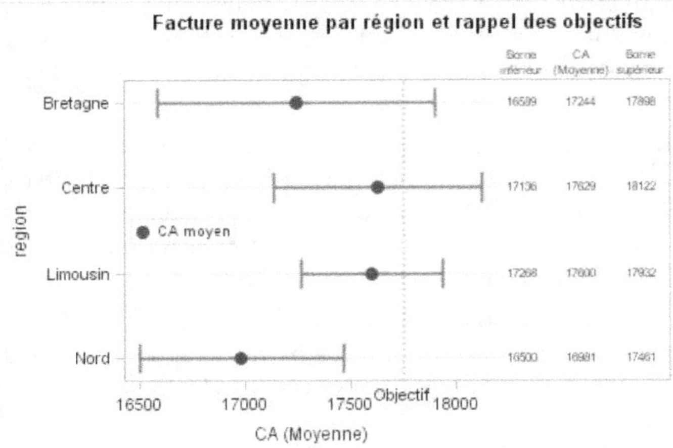

Nous utilisons l'instruction DOT pour construire le graphique du résultat 7-4. L'option LIMITSTAT=CLM[7] présente l'intervalle de confiance autour de la moyenne (à 95 %)[8]. Les lignes marquant l'intervalle de confiance sont personnalisables avec l'option LIMITATTRS=().

Trois paramètres peuvent ici être spécifiés entre parenthèses :

- **COLOR=** – Couleur (voir section 6.1.2).
- **THICKNESS=** – Épaisseur. L'unité par défaut est le pixel (PX), mais vous pouvez imposer l'unité de votre choix : CM, MM, IN ou PT.
- **PATTERN=** – Type de ligne.

Voici les types de lignes les plus courants (repris de l'aide SAS) :

Solid	1	Dash	20
ShortDash	2	LongDashShortDash	26
MediumDash	4	Dot	34
LongDash	5	ThinDot	35
MediumDashShortDash	8	ShortDashDot	41
DashDashDot	14	MediumDashDotDot	42
DashDotDot	15		

Vous pouvez préciser le type de ligne souhaité aussi bien au moyen du descriptif (SOLID) que du chiffre (1). Vous disposez en tout de 46 types de lignes différents (aide SAS : *Line Attributes and Patterns*).

L'option MARKERATTRS=() personnalise votre marqueur de points. Trois paramètres sont à préciser :

- **COLOR=** – Couleur (voir section 6.1.2).

---

7. L'option LIMITSTAT= est aussi possible avec HLINE/VLINE et HBAR/VBAR.

8. Des encadrements utilisant l'écart-type et l'erreur-type sont aussi possibles en utilisant les valeurs STDDEV et STDERR de l'option LIMISTAT=.

- **SIZE**= – Taille. L'unité par défaut est le pixel (PX), mais vous pouvez imposer l'unité de votre choix : CM, MM, IN ou PT.
- **SYMBOL**= – Type de marqueur.

Voici un premier ensemble de marqueurs possibles (repris de l'aide SAS) :

↓ ArrowDown	♡ HomeDown	℧ Tilde	✕ X	■ SquareFilled
⚹ Asterisk	⌶ Ibeam	△ Triangle	Υ Y	★ StarFilled
○ Circle	+ Plus	▽ TriangleDown	Ɀ Z	▲ TriangleFilled
◇ Diamond	□ Square	◁ TriangleLeft	● CircleFilled	▼ TriangleDownFilled
> GreaterThan	☆ Star	▷ TriangleRight	◆ DiamondFilled	◀ TriangleLeftFilled
♯ Hash	⊤ Tack	∪ Union	▽ HomeDownFilled	▶ TriangleRightFilled

Avec l'instruction SYMBOLCHAR de PROC SGPLOT, vous avez aussi la possibilité d'utiliser n'importe quel caractère saisi soit par son code sur 4 octets en hexadécimal, soit au moyen d'un mot-clé – par exemple alpha pour α (aide SAS, entrée *PROC SGPLOT SYMBOLCHAR Statement*).

L'instruction SYMBOLIMAGE de PROC SGPLOT utilise une image pour marquer vos points (aide SAS, entrée *Syntax: PROC SGPLOT SYMBOLIMAGE Statement*).

Nous utilisons une nouvelle fois l'option DATALABEL= dans le programme 7-4. Par défaut, la valeur dont on demande l'affichage (ici la statistique calculée) est placée au sommet de la barre (résultat 7-3) ou à côté du point en cas d'instruction graphique DOT. L'option DATALABELPOS= positionne les valeurs soit à droite (RIGHT) soit à gauche (LEFT) ; lorsque vous demandez un intervalle de confiance, sont indiquées, en plus de la moyenne, les bornes hautes et basses de cet intervalle.

Ce dernier exemple nous permet aussi de présenter l'instruction REFLINE. Avec elle, nous avons souhaité préciser la valeur particulière 17 750 (assignée comme objectif aux quatre régions).

L'option AXIS= précise sur quel axe cette ligne doit être tracée. La ligne peut être paramétrée au moyen de l'option LINEATTRS=(), celle-ci disposant des mêmes possibilités de personnalisation que LIMITSATTRS=() présentée plus haut. Nous affectons un libellé à cette ligne au moyen de l'option LABEL=. Par défaut, il est présenté à l'extérieur du cadre ; vous pouvez cependant demander un positionnement dans le cadre du graphique au moyen de l'option LABELLOC=INSIDE.

Exercice 7.1 – Vous trouverez dans la table POP2010 (qui doit être présente dans votre bibliothèque WORK si vous avez exécuté le programme 6-1) des données de population pour différentes années et différents pays, ainsi que des projections pour 2020. Réalisez un graphique dans lequel les barres représentatives de chaque pays auront l'aspect suivant :

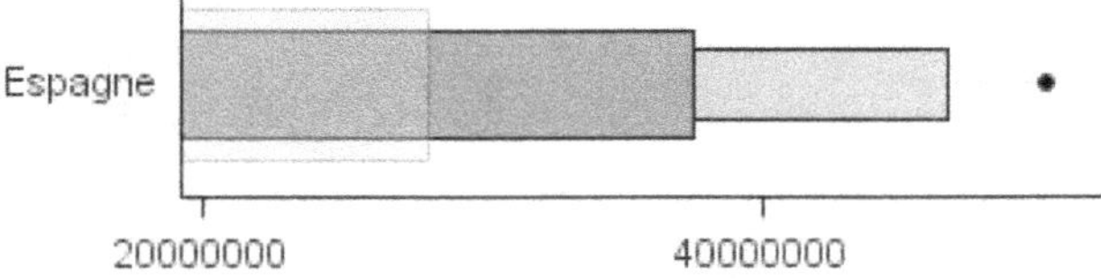

Les populations représentées par des barres sont celles constatées en 1950, 1980 et 2010. Le point correspond à la population projetée pour 2020. Les pays doivent être présentés dans l'ordre décroissant de leur population en 2020, du haut vers le bas (source : IDB, U.S. Census Bureau).

Exercice 7.2 – La table REPARTPOP propose des informations sur la répartition, entre différentes classes d'âge, de la population de quelques pays en 2010. Réalisez un graphique représentant chaque pays par une barre dans laquelle vous pourrez constater cette répartition par classes d'âge. Vous pouvez utiliser les populations ou la répartition de cette population entre les différentes classes. Présentez les pays dans l'ordre croissant de leur population jeune – effectif ou part dans la population totale (source : IDB, U.S. Census Bureau).

Exercice 7.3 – À partir de la table MFI18 (descriptif dans la section suivante), réalisez un graphique dans lequel vous présenterez, par mois, la médiane et la variance des rendements du CAC en 2017 (source : Yahoo! Finance). Vous ne pourrez pas directement produire le graphique au moyen des données de la table MFI18 puisque l'option STAT de HBAR/VBAR ne propose pas ces statistiques… C'est à partir d'une table de résultats obtenue, par exemple, au moyen de PROC MEANS que vous y arriverez.

Exercice 7.4 – Vous disposez dans la table NOTEPOND de notes obtenues par neuf étudiants. Vous devez créer un graphique représentatif des moyennes de chacun, sachant que les notes ont des coefficients de pondération différents, repris par la variable POND. En ajoutant l'option DATALABEL= à votre instruction graphique, vous devez observer une moyenne de 11,667 pour Berthe. Présentez les différentes barres dans l'ordre croissant des moyennes obtenues.

7.3 Les outils de représentation des distributions de variables continues

Quatre instructions graphiques servent à représenter les distributions des variables continues : HBOX/VBOX, HISTOGRAM et DENSITY. Nous examinerons HBOX et VBOX dans la section 7.3.1, et consacrerons la section 7.3.2 aux graphiques produits par HISTOGRAM et DENSITY.

Nous utiliserons pour la présente section la table MFI18, normalement présente dans votre bibliothèque WORK si vous avez exécuté le programme 6-1. Elle contient les informations habituelles des cours de l'action BNP Paribas sur la période du 2 janvier 2015 au 28 février 2018 (source : Yahoo! Finance et calculs de l'auteur). Le résultat 7-5 en montre les trois premières observations.

Résultat 7-5 (Extrait)

Obs.	date	open	high	low	close	adj_close	volume	cac	rend_bnp	rend_cac
1	02JAN2015	49.26	50.12	48.83	49.43	44	2634537	4252.29		
2	05JAN2015	48.97	49.38	46.92	47.03	41.86	6252660	4111.36	-0.048554	-0.033142
3	06JAN2015	47.05	47.22	45.8	45.8	40.77	5598392	4083.5	-0.026154	-0.006776

En plus de la date, vous disposez des cours à l'ouverture (OPEN), au plus haut (HIGH), au plus bas (LOW), à la fermeture (CLOSE) et des volumes de titres échangés (VOLUME) au cours de la séance sur cette action. Vous connaissez aussi l'indice CAC 40 à la date considérée (CAC), les rendements de ce dernier et du titre considéré (REND_CAC, REND_BNP).

7.3.1 HBOX/VBOX

Le *box plot* (ou boîte à moustaches[9]) est un outil de statistique descriptive qui expose certaines caractéristiques de position de la variable que vous étudiez. Il est particulièrement utile pour détecter les valeurs extrêmes *(outliers)* et comparer un même caractère entre différentes populations. Les *box plots* que vous pouvez produire avec PROC SGPLOT sont soit horizontaux (HBOX), soit verticaux (VBOX). La figure 7-6 en résume les caractéristiques.

Figure 7–6

Les boîtes à moustaches, ou box plots

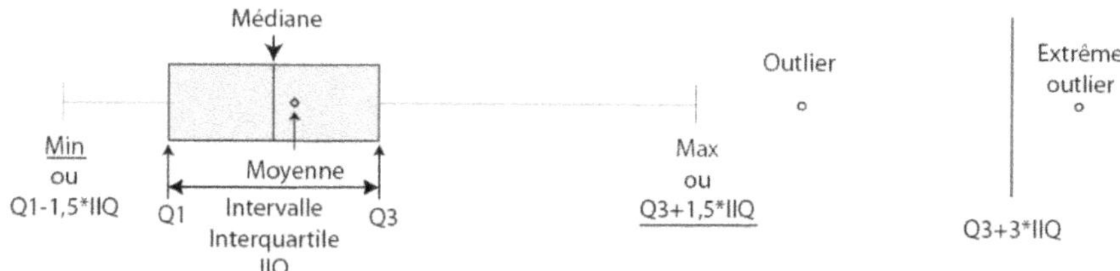

Le rectangle représente la moyenne, la médiane, le premier et le troisième quartile. Les segments peuvent aller jusqu'au minimum, s'il est supérieur au premier quartile diminué de 1,5 fois l'intervalle interquartile (IIQ). Dans le cas contraire, c'est cette dernière modalité qui est représentée. Les modalités supérieures au seuil $Q3 + 1,5 \times IIQ$ ou inférieures au seuil $Q1 - 1,5 \times IIQ$ sont considérées comme des valeurs extrêmes. Si la modalité est supérieure à $Q3 + 3 \times IIQ$ ou inférieure à $Q1 - 3 \times IIQ$, on la considère comme une valeur « extrême » (extrême *outlier*).

Le programme 7-5 propose un exemple d'application et précise quelques options possibles pour ce type de graphique.

Programme 7-5

```
DATA mfi18;
   SET mfi18;
   datelab=date;
RUN;
TITLE "Box plot des rendements du titre BNP Paribas";
TITLE2 "Septembre 2017 - février 2018";
PROC SGPLOT DATA=mfi18;
   REFLINE 0 / AXIS=y;
   VBOX rend_bnp / CATEGORY=date DATALABEL=datelab
                   OUTLIERATTRS=(SYMBOL=circlefilled);
   YAXIS DISPLAY=(NOLABEL);
   XAXIS DISPLAY=(NOLABEL);
   FORMAT date NLDATEYM. rend_bnp NLPCT6.1 datelab DDMMYY2.;
   WHERE date BETWEEN "01sep2017"d and "28feb2018"d;
RUN;
```

9. Ou encore « boîte de Tukey », du nom de son inventeur (John W. Tukey, *Exploratory data analysis*, Addison-Wesley, Reading, MA, 1977).

Résultat 7-6

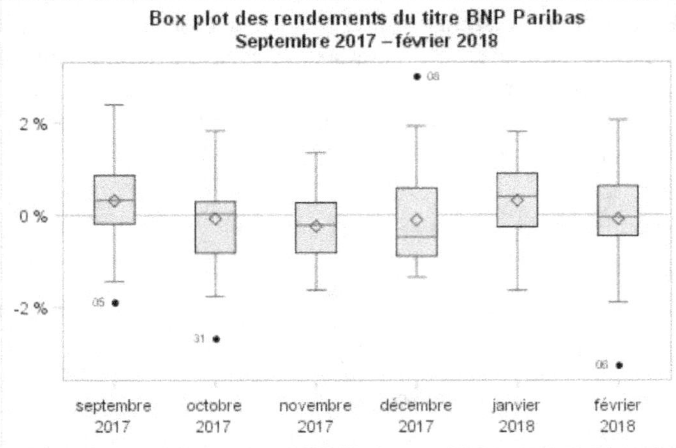

Nous souhaitons analyser le rendement du titre. Avec l'option CATEGORY=, nous indiquons que nous souhaitons un *box plot* par modalité de la variable DATE. À cette même variable, nous associons le FORMAT NLDATEYM., ce qui nous fournit un *box plot* par mois (regroupement d'observations au moyen d'un FORMAT). L'option DATALABEL= demande qu'un LABEL soit associé aux points marquant les *outliers*. Contrairement aux programmes 7-3 et 7-4, nous spécifions la variable que nous souhaitons voir affichée. Il s'agit de DATELAB, clone de DATE construite au préalable à l'étape DATA du programme 7-5. Nous aurions tout aussi bien pu demander l'affichage du rendement du CAC ou le volume de titres échangés (VOLUME). Sans spécification particulière de variable, c'est le rendement du titre pour le jour considéré comme *outlier* qui s'affiche.

La variable DATE pouvait être utilisée ici, mais le résultat n'aurait pas eu de sens, puisqu'elle est déjà associée au FORMAT NLDATEYM. : si nous l'utilisions pour marquer les *outliers*, seuls des noms de mois s'afficheraient. Nous avons donc cloné DATE pour lui associer un autre FORMAT (DDMMYY2.) et voir, pour chaque mois, les jours pour lesquels les rendements de l'action sont considérés comme des valeurs remarquables.

Grâce à l'option OUTLIERATTRS=(), qui admet les mêmes possibilités de personnalisation que MARKERATTRS=(), on peut paramétrer l'allure des points qui marquent les *outliers* (voir section précédente).

Une dernière remarque au sujet de ce graphique : nous demandons que les rendements présentés sur l'axe des Y soient affichés au moyen du FORMAT NLPCT6.1 – s'il n'y a aucun chiffre après la virgule pour les valeurs d'axe, c'est parce que SAS a estimé qu'il n'avait pas suffisamment de place pour le faire. Ce « choix » de SAS ne donne lieu à aucune remarque dans le journal.

Exercice 7.5 – Vous trouverez dans la table POPFRANCE une répartition par âge de la population française. Construisez un box plot représentatif de la distribution de la variable AGE à partir de ces données (source : INSEE).

Exercice 7.6 – Dans cette même table, vous disposez des répartitions par âge des populations masculine et féminine. Construisez un graphique dans lequel vous observerez un box plot de l'âge par sexe. En fonction de votre version de SAS, une étape DATA préalable peut être indispensable.

Exercice 7.7 – La table POPMONDE propose des données relatives à 196 pays : le continent, la population en millions à la mi-2010, la superficie en km² et la densité. Réalisez un graphique contenant un box plot par continent des densités de population. Vous observerez très certainement des valeurs extrêmes : votre graphique doit indiquer les noms des pays où la densité de la population est particulièrement élevée. À l'aide d'une option de table, ne considérez pas dans votre graphique les pays présentant des densités supérieures à 2 000 hab./km² – soit Monaco et Singapour (source : CIA World Factbook).

7.3.2 HISTOGRAM et DENSITY

Vous pouvez présenter sur un même graphique autant d'histogrammes et de densités que vous le souhaitez.

Programme 7-6

```
TITLE "Rendements du CAC et de BNP Paribas";
FOOTNOTE J=r "02/01/15-28/02/18";
PROC SGPLOT DATA=mfi18;
   STYLEATTRS WALLCOLOR=CXF5F5F5;
   HISTOGRAM rend_bnp / NBINS=30 TRANSPARENCY=0.4 NOOUTLINE
                        FILLATTRS=(COLOR=green) NAME="a"
                        LEGENDLABEL="Histogramme";
   DENSITY rend_bnp / TYPE=kernel LINEATTRS=(PATTERN=1 THICKNESS=2pt)
                      NAME="c" LEGENDLABEL="Densité Kernel";
   DENSITY rend_cac / TYPE=kernel LINEATTRS=(PATTERN=1 THICKNESS=2pt)
                      NAME="d" LEGENDLABEL="Densité Kernel";
   KEYLEGEND "a" "c" / TITLE="BNP Paribas" LOCATION=inside
                       POSITION=topleft NOBORDER ACROSS=1;
   KEYLEGEND "d" / TITLE="CAC 40" LOCATION=inside
                   POSITION=topright NOBORDER DOWN=2;
   FORMAT rend_bnp NLPCT5.;
   XAXIS DISPLAY=(NOLABEL) MIN=-.06 MAX=.06;
RUN;
```

Résultat 7-7

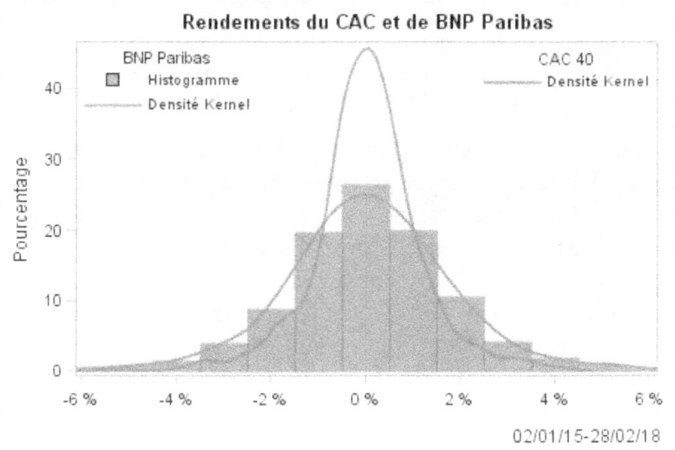

Ce graphique représente l'histogramme et la densité des rendements du titre BNP Paribas ainsi que la densité des rendements du CAC 40 sur la période du 1er janvier 2015 au 28 février 2018. Le programme présente donc trois instructions graphiques : HISTOGRAM et deux DENSITY. Comme nous l'avons vu dans la section 7.1.3.a, l'ordre dans lequel vous allez entrer vos instructions est essentiel : il faut bien entendu demander la production de l'histogramme en premier, puis celle des densités qui seront placées par-dessus.

Même si l'ordre dans lequel les instructions graphiques sont rentrées est correct, il n'en demeure pas moins que des recouvrements sont possibles. Mobilisez alors l'option TRANSPARENCY=. Ce facteur de transparence peut aller de 0 (opaque, valeur par défaut) à 1 (complètement transparent). L'option NOOUTLINE retire le contour noir de chaque barre pour lui donner une couleur égale à celle de la barre (GREEN). Dans le résultat 7-7, ce contour continue à apparaître parce que l'option de transparence ne s'y applique pas. L'option NOFILL[10], non mobilisée ici, retire le remplissage. En ce qui concerne ce dernier point, nous mobilisons l'option FILLATTRS=() afin de donner à l'histogramme relatif au rendement de l'action une autre couleur que celle imposée par le style ODS. Grâce à l'option NBINS=, on paramètre le nombre de classes dans l'histogramme. À l'affichage cependant, ce nombre est parfois différent, notamment (et c'est notre cas) parce que des classes ont été attribuées pour les rendements non représentés sur notre graphique (< -6 % et > 6 % – voir instruction XAXIS).

Par défaut, des pourcentages sont présentés sur l'axe vertical. Vous pouvez demander la représentation d'effectifs en utilisant l'option SCALE=COUNT ou de proportions (comprises entre 0 et 1) avec l'option SCALE=PROPORTION. Pour être prise en compte, l'option SCALE= doit être présentée dans la première instruction graphique du programme 7-6.

Les densités présentées par défaut avec DENSITY sont des densités normales (construites au moyen des moyennes et écarts-types constatés sur vos données). Nous demandons ici la présentation de densité Kernel. Quel que soit le type de densité, l'option TYPE= permet un paramétrage :

- **TYPE=NORMAL<(MU= SIGMA=)>** – Vous pouvez préciser la moyenne (MU=) et/ou l'écart-type (SIGMA=). Les paramètres non précisés sont par défaut égaux à leur valeur sur l'échantillon.

- **TYPE=KERNEL<(C= WEIGHT=)>** – Pour les densités Kernel, vous pouvez spécifier un paramètre de lissage (0 < C ≤ 100) et la fonction de poids (WEIGHT=). Par défaut, cette dernière est NORMAL. Vous pouvez aussi demander une fonction quadratique (QUADRATIC) ou triangulaire (TRIANGULAR).

Ce graphique permet aussi de paramétrer quelques éléments de la légende. Sans les instructions KEYLEGEND, la légende unique comprend trois entrées. Nous avons souhaité présenter deux légendes dans le graphique. Dans cette optique, nous nommons les éléments graphiques au moyen de l'option NAME=. Dans les instructions KEYLEGEND, ces noms servent à préciser les éléments que nous souhaitons voir apparaître dans telle ou telle légende. L'ordre dans lequel vous indiquez les noms des éléments graphiques détermine celui dans lequel ils apparaîtront dans la légende.

---

10. L'option FILL demandera le remplissage si le style ODS utilisé prévoit, par défaut, un non-remplissage des barres de l'histogramme.

Enfin, l'instruction STYLEATTRS, avec son option WALLCOLOR=, est mobilisée afin de modifier la couleur de fond du graphique. Si c'est la couleur du pourtour du graphique qui doit être changée, jouez sur l'option BACKCOLOR=.

Exercice 7.8 – À partir de la table POPMONDE (exercice 7.7), réalisez un graphique présentant un histogramme et une densité sur la variable POPM (population), ainsi qu'un histogramme et une densité sur la variable SUP (superficie). N'utilisez que les données relatives aux pays qui comptent moins de 100 millions d'habitants. POPM et SUP étant de natures différentes, vous devrez sûrement utiliser une option X2AXIS…

7.4 Les outils de représentation des relations entre variables

Comme précisé dans la section 7.1.3.a, PROC SGPLOT dispose de nombreuses instructions graphiques à même de représenter les relations entre deux variables. On distingue les instructions basiques de celles relatives à la représentation d'ajustements.

Nous ne présenterons pas dans le détail toutes ces instructions graphiques et nous concentrons essentiellement sur SERIES et BAND.

7.4.1 Les instructions basiques

La figure 7-7 présente succinctement douze instructions graphiques basiques proposées par SAS 9.4.

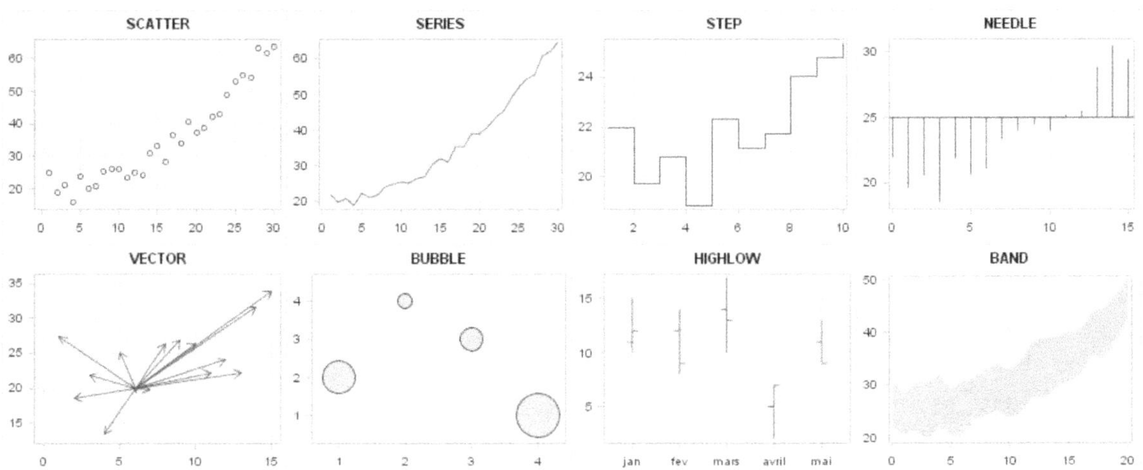

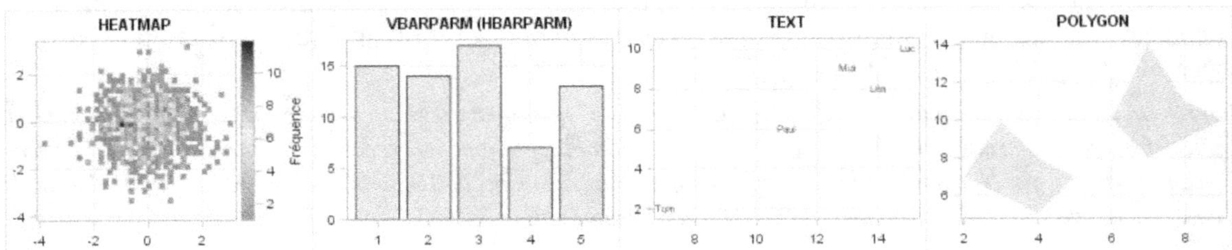

Figure 7–7 Douze instructions graphiques basiques

La syntaxe de SCATTER, SERIES, STEP, NEEDLE, HEATMAP et VECTOR est la suivante :

```
GRAPHIQUE X=variable_x Y=variable_y / OPTIONS;
```

Les autres présentent une syntaxe différente. Nous évoquerons BUBBLE, HIGHLOW et BAND dans les exercices 7.10 et 7.11 et dans la section 7.4.2.

La figure 7-8 présente quatre instructions graphiques supplémentaires que nous qualifierons « d'accompagnement ». Vous les associerez à d'autres afin de signifier des points particuliers (DROPLINE, programme 7-9), d'ajouter une ellipse non basée sur vos données et que vous devrez paramétrer (ELLIPSEPARM), des droites que vous aurez aussi paramétrées (LINEPARM, voir programme 7-9), ou des blocs horizontaux associés à des intervalles numériques sur l'axe horizontal définis par une même valeur d'une variable catégorielle (BLOCK, voir programme 7-7).

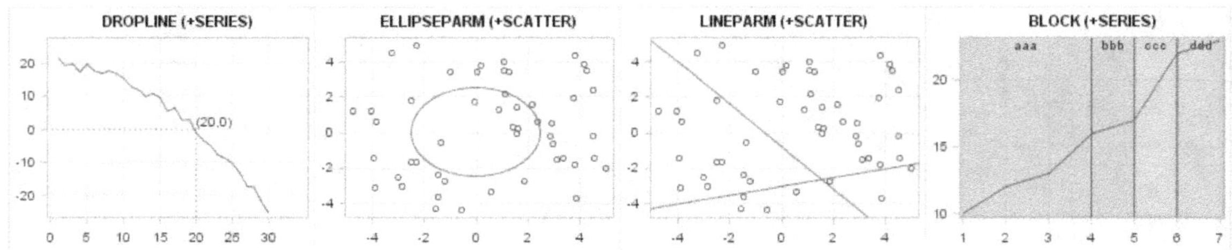

Figure 7–8 Les instructions graphiques d'accompagnement

Pour une présentation complète de la syntaxe propre à une instruction, consultez l'aide SAS, entrée *Syntax: PROC SGPLOT votre_instruction STATEMENT*.

7.4.2 SERIES

L'instruction graphique SERIES permet la représentation de courbes.

Programme 7-7

```
DATA mfi18;
   SET mfi18;
   IF "01jan2017"d<=date<="28feb2017"d THEN per="Période 1";
   IF "01mar2017"d<=date<="31oct2017"d THEN per="Période 2";
   IF "01nov2017"d<=date<="31dec2017"d THEN per="Période 3";
RUN;
TITLE "Évolution du CAC et du cours du titre BNP PARIBAS";
FOOTNOTE J=r "Année 2017";
PROC SGPLOT DATA=mfi18;
   BLOCK X=date BLOCK=per / TRANSPARENCY=0.5 POSITION=bottom;
   SERIES X=date Y=cac / CURVELABEL='CAC' CURVELABELLOC=inside
                         LINEATTRS=(THICKNESS=2pt)
                         CURVELABELATTRS=(WEIGHT=bold);
   SERIES X=date Y=close / Y2AXIS CURVELABEL='BNP' CURVELABELLOC=inside
                         CURVELABELPOS=start;
   INSET "Source : Yahoo! Finance" / POSITION=bottomright;
   LABEL close='BNP Paribas' cac="CAC 40" per="00"x;
   XAXIS DISPLAY=(NOLABEL);
   WHERE YEAR(date)=2017;
RUN;
```

Résultat 7-8

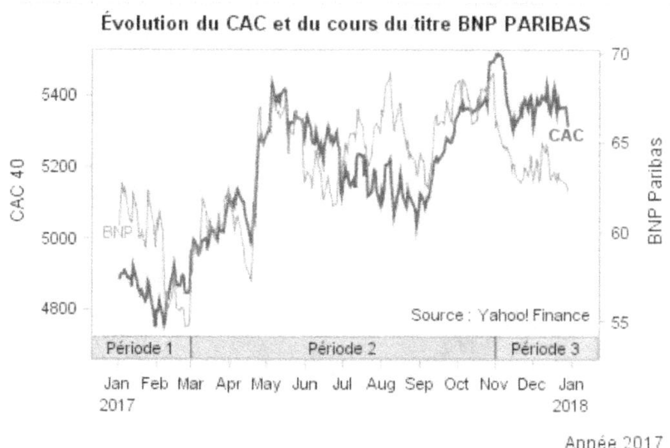

Ce graphique présente les évolutions des cours du titre BNP Paribas et du CAC 40 sur l'année 2017. Pour rendre possible la comparaison, la valeur de l'indice CAC 40 est présentée sur l'axe Y et le cours du titre sur l'axe Y2 (option Y2AXIS).

Nous demandons à associer un libellé à chacune des courbes au moyen de l'option CURVELABEL=. Le fait de demander des libellés de courbes empêche la production de la légende[11].

---

11. Il reste toutefois possible de demander l'affichage de cette légende. Il suffit de donner des noms aux sorties graphiques via l'option NAME=, puis d'utiliser une instruction KEYLEGEND qui les citera.

L'aspect de la courbe représentative du CAC est paramétré avec l'option LINEATTRS=(). L'option CURVELABELLOC= précise l'emplacement du libellé : INSIDE (valeur par défaut) ou OUTSIDE. Par défaut, le libellé est placé à la fin de la courbe. S'il est à l'intérieur des axes, vous pouvez choisir son positionnement avec l'option CURVELABELPOS= : MIN, MAX, START ou END. Nous utilisons aussi l'option CURVELABELATTRS=() pour modifier son aspect ; puisqu'il s'agit ici d'un texte, nous disposons des mêmes options de mise en forme que celles évoquées lors de l'examen de l'option DATALABELATTRS=() (voir programme 7-3).

Nous exposons dans ce graphique l'accompagnement autorisé par l'instruction BLOCK : lors d'une étape DATA préalable, nous avons créé une nouvelle variable PER distinguant trois sous-périodes au cours de l'année 2017. Avec l'instruction BLOCK, nous précisons que la variable sur l'axe X est DATE et qu'il faut présenter autant de blocs (option BLOCK=) que la variable PER a de valeurs. Par défaut, ceux-ci s'affichent sur la totalité du graphique (voir le cartouche BLOCK de la figure 7-8). Au moyen de l'option POSITION=, vous pouvez demander qu'ils s'affichent uniquement en bas du graphique (BOTTOM) ou alors en haut (TOP). Les valeurs de PER s'affichent automatiquement au centre de chaque bloc.

Un autre élément de texte a été ajouté dans le graphique au moyen de l'instruction INSET. L'option POSITION= place ce texte à l'intérieur du cadre. Ses valeurs possibles sont BOTTOM, BOTTOMLEFT, BOTTOMRIGHT, TOP, TOPLEFT, TOPRIGHT, LEFT et RIGHT. Sans option POSITION=, l'emplacement du texte est déterminé automatiquement de façon à gêner le moins possible la lecture du graphique.

Veuillez enfin remarquer les valeurs sur l'axe X : aucune instruction de notre programme ne demande une telle présentation des valeurs. Un FORMAT est cependant appliqué à la variable DATE dans la table MFI18 (DATE9.) mais c'est SAS qui a choisi automatiquement cette présentation. Vous lirez dans votre fenêtre *Journal* le message suivant :

```
NOTE: Le format de colonne DATE9. est remplacé par un format auto-généré
      sur l'axe.
```

Exercice 7.9 – Vous trouverez dans la table POPTEMPS des données historiques et des projections quant à la population de cinq pays : la Chine, l'Inde, la Russie, la Grande-Bretagne et la France. Représentez l'évolution des populations de ces pays sur un même graphique (vous aurez sûrement besoin d'un axe logarithmique – et vous devrez donc vous renseigner au préalable sur l'option TYPE= des instructions XAXIS et YAXIS). Faites comprendre à votre lecteur que les données antérieures à 2010 sont observées, alors que celles pour 2010-2050 sont des projections (source : IDB, U.S. Census Bureau).

Exercice 7.10 (découvrez l'instruction graphique BUBBLE) – À partir de la table MFI18, réalisez un graphique sur lequel vous représenterez l'évolution du cours de l'action pour le mois d'octobre 2017. Ajoutez à ce graphique une instruction graphique BUBBLE signalant, sur la courbe, une information quant aux volumes de titres échangés. L'instruction graphique BUBBLE présente la syntaxe particulière suivante :

```
BUBBLE X=variable_X Y=variable_Y SIZE=variable_Z / OPTIONS;
```

Créez un second graphique sur lequel, tout en continuant à observer l'évolution du cours de l'action, vous observerez les bulles significatives des volumes sur une même ligne horizontale. Chaque jour de la semaine doit être saisi au moyen d'une couleur particulière. Vous devez arriver au résultat 7-9.

Résultat 7-9

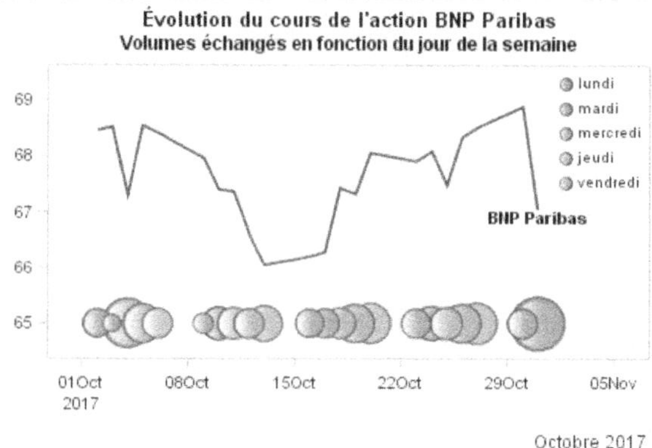

*Exercice 7.11 (découvrez l'instruction graphique **HIGHLOW**) – La table MFI18 vous propose les cours à l'ouverture (OPEN), à la fermeture (CLOSE), au plus haut (HIGH) et au plus bas (LOW) de chaque séance. Vous disposez donc des données nécessaires à la construction d'un graphique de type OHLC ou de type chandelier qui montre, pour chaque jour, ces quatre informations (figure 7-9).*

Figure 7–9
Graphiques OHLC
et de type chandelier

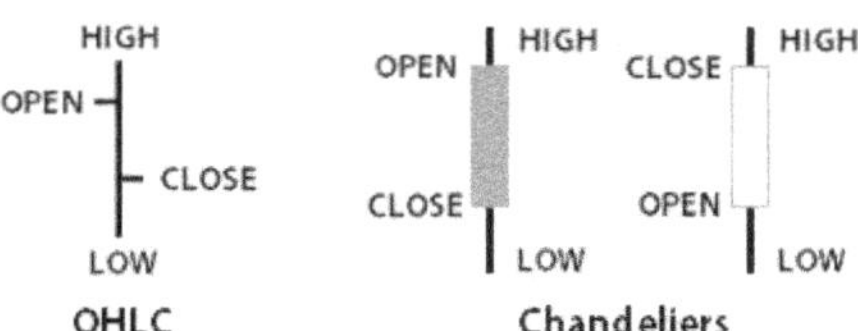

C'est avec l'instruction graphique HIGHLOW que vous réaliserez ce type de graphique. Voici la syntaxe propre à cette instruction graphique (quelques options intéressantes ont été ajoutées…) :

```
HIGHLOW X=variable ou Y=variable HIGH=variable_H LOW=variable_L /
        CLOSE=variable_C OPEN=variable_O autres options;
```

Produisez les deux graphiques pour le mois d'octobre 2017 : attention, sur un graphique OHLC, les séances en baisse n'ont pas la même couleur que celles en hausse. Pour les graphiques de type chandelier, la couleur du rectangle est aussi fonction de la tendance de la séance. Vous aurez sûrement besoin de modifier votre table et de recourir à l'option GROUP= de l'instruction graphique HIGHLOW. Vous utiliserez aussi une instruction VECTOR…

7.4.3 BAND

L'instruction BAND dessine des bandes de couleur dans un graphique. Sa syntaxe diffère de celle des autres instructions graphiques :

```
BAND X=variable ou Y= variable
     LOWER= variable ou valeur
     UPPER= variable ou valeur / OPTIONS;
```

LOWER= et UPPER= définissent les bornes basses et hautes qui limitent la bande. Vous pouvez indiquer ici des valeurs ou des variables. Dans le deuxième cas, votre table doit forcément être triée en fonction de la variable indiquée en X ou en Y. Si vous utilisez X= (resp. Y=), les bandes seront horizontales (resp. verticales) : UPPER= et LOWER= seront lues sur l'axe Y (resp. X). Si vous n'indiquez que des valeurs pour ces bornes, le tri sur la variable en X ou Y n'est pas obligatoire.

Le programme 7-8 vous propose un exemple d'application.

Programme 7-8

```
TITLE "Évolution du cours de BNP PARIBAS";
TITLE2 "Encadrement par le cours le plus haut et le plus bas de chaque séance";
FOOTNOTE J=r "Octobre 2017";
PROC SGPLOT DATA=mfi18;
   BAND X=date UPPER=high LOWER=low;
   SERIES X=date Y=close / LEGENDLABEL="Cours de clôture"
                           NAME="a" MARKERS
                           MARKERATTRS=(SYMBOL=circlefilled);
   KEYLEGEND "a" / LOCATION=INSIDE POSITION=bottomright;
   XAXIS OFFSETMIN=0 OFFSETMAX=0
         VALUES=('01oct2017'd to "31oct2017"d by 5)
         DISPLAY=(NOLABEL);
   YAXIS DISPLAY=(NOLABEL);
   FORMAT date DATE5.;
   WHERE YEAR(date)=2017 and MONTH(date)=10;
RUN;
```

Résultat 7-10

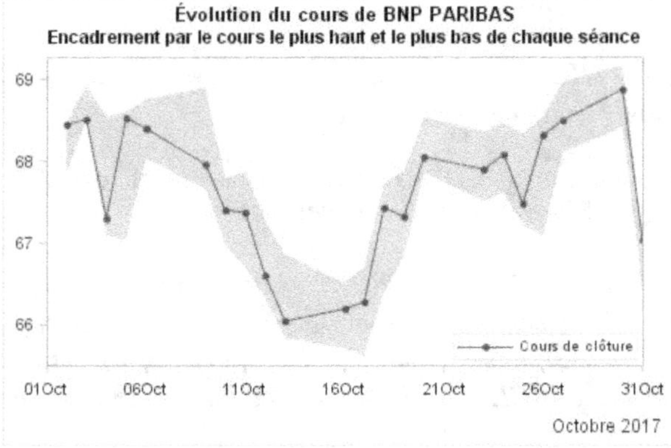

La hauteur de la bande qui apparaît pour le résultat 7-10 indique l'amplitude des cours de l'action durant chaque séance du mois d'octobre 2017. Avec l'instruction graphique SERIES, on ajoute à ce graphique l'évolution du cours de clôture et on affiche les points de la courbe via l'option MARKERS, en en personnalisant l'allure avec l'option MARKERATTRS=().

La bande est tracée le long de l'axe des X (d'où X=DATE), puisque les variables LOWER= et UPPER= doivent être lues sur l'axe Y. Précisons quelques informations sur la paramétrisation des axes : les *offsets* sont les distances, exprimées en % de l'axe, qui séparent l'axe opposé de la première graduation. Au moyen d'`OFFSETMIN=0` (resp. `OFFSETMAX=0`), on souhaite que l'intersection entre les axes des X et des Y (resp. Y2) corresponde à la première (resp. dernière) valeur d'axe, soit le 1er octobre (resp. 31 octobre).

Plutôt que de laisser SAS déterminer les valeurs d'axe à afficher, nous utilisons l'option VALUES= pour les préciser. Il est possible de les spécifier directement en les séparant par des espaces :

```
VALUES=('01OCT17'd '12OCT17'd '28OCT17'd '31OCT17'd)
```

Vous pouvez aussi recourir à une incrémentation, comme dans le programme 7-8 :

```
VALUES=(valeur1 TO valeur2 BY incrément);
```

L'incrément est souvent une valeur numérique mais, si l'axe mesure du temps en jours, vous pouvez aussi recourir aux valeurs suivantes : DAY, TENDAY, WEEK, SEMIMONTH, MONTH, QUARTER, SEMIYEAR, YEAR[12]. Ces incréments peuvent aussi être spécifiés avec l'option INTERVAL=, sans recourir à VALUES=. Votre instruction XAXIS prendra alors la forme suivante si vous souhaitez, par exemple, des marques d'axe tous les dix jours :

```
XAXIS INTERVAL=tendays  + autres options... ;
```

Pour des axes qui mesurent des durées (TIME), vous disposez des incréments SECOND, MINUTE et HOUR.

Exercice 7.12 – Vous disposez d'une table SIN dans votre bibliothèque WORK. Créez un graphique BAND avec X=X1, UPPER=Y1 et LOWER=0. Que constatez-vous ? Ajoutez à votre graphique un graphique SERIES avec X=X1 et Y=Y1 : que constatez-vous ? Remplacez SERIES par SCATTER ; vous devez penser qu'il est possible d'obtenir un autre graphique, certainement plus pertinent que le premier construit. Quelle modification devez-vous apporter à votre table ? À travers cet exercice, vous devez par ailleurs comprendre que, pour un X donné, UPPER ne doit pas forcément être supérieur à LOWER.

7.4.4 Les instructions représentatives d'ajustement

La figure 7-10 présente les quatre instructions représentatives d'ajustements.

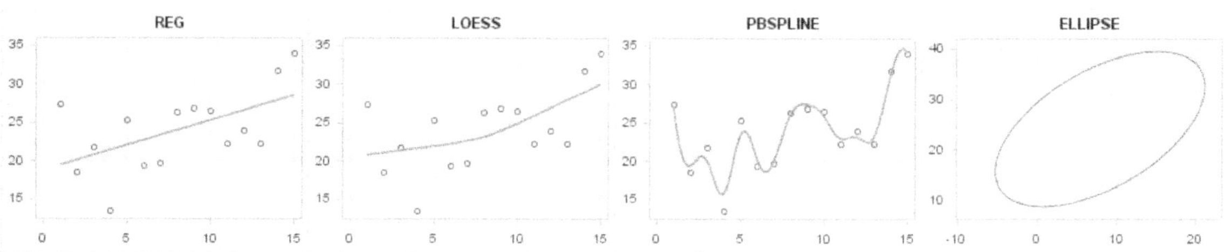

Figure 7–10 Les instructions graphiques représentatives d'ajustements

---

12. Ces incréments sont également valables si vous représentez sur votre axe une variable de type DATETIME.

Nous ne traiterons dans cette section que de l'instruction REG qui permet de visualiser la régression linéaire, quadratique ou cubique de Y sur X, tout en présentant le nuage de points.

Programme 7-9

```
TITLE "Rendements du CAC et du titre BNP Paribas";
TITLE2 "La droite de marché";
FOOTNOTE J=r "01/01/2015 - 28/02/2018";
PROC SGPLOT DATA=mfi18;
   REG X=rend_cac Y=rend_bnp / LEGENDLABEL="Droite de marché"
                               CLI="IC 95% sur prévisions individuelles"
                               CLM="IC 95% sur prévisions moyennes";
   KEYLEGEND / LOCATION=inside POSITION=topleft DOWN=3 NOBORDER;
   LINEPARM X=0 Y=0 SLOPE=1 / LINEATTRS=(COLOR=red);
   DROPLINE X=-0.08 Y=-0.174 / DROPTO=both LABEL="24/06/16";
   XAXIS MIN=-0.10 MAX=0.05;
   YAXIS MIN=-0.2;
   FORMAT rend_cac rend_bnp NLPCT6.;
   LABEL rend_cac="Rendement du CAC"
         rend_bnp="Rendement du titre BNP Paribas";
RUN;
```

Résultat 7-11

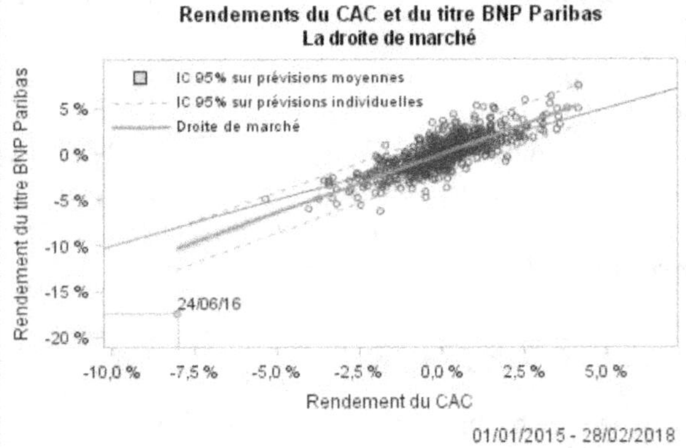

Ce graphique présente le nuage de points opposant les rendements du titre BNP Paribas et ceux du CAC 40. On y voit de même la droite de régression du rendement de l'action sur celui du CAC, ainsi que les intervalles de confiance sur prévisions individuelles et sur prévisions moyennes. Les points peuvent être retirés du graphique au moyen de l'option NOMARKERS de l'instruction graphique REG.

Les intervalles de confiance sont produits au moyen des options CLI= (prévisions individuelles) et CLM= (prévisions moyennes). Le signe = qui suit les options n'est pas obligatoire mais permet la personnalisation de l'entrée correspondante dans la légende. Si vous ne précisez rien de particulier quant à ces entrées, des textes automatiques sont produits[13] supprimables via les options NOLEGCLI,

---

13. « 95 % prediction limits » (CLI) et « 95 % confidence limits » (CLM). 5 % représente le seuil de risque par défaut. Pour fixer un autre seuil de risque, utilisez l'option ALPHA=, dont la valeur doit être comprise entre 0 et 1.

NOLEGCLM (et NOLEGFIT pour l'entrée de légende qui correspond à la droite de régression). Pour obtenir une régression cubique (resp. quadratique), utilisez l'option `DEGREES=2`, (resp. `3`).

L'instruction LINEPARM ajoute à ce graphique une droite de pente 1 qui nous incite à conclure que le bêta historique de cette action est supérieur à 1 sur la période étudiée.

Lorsque nous avons préparé ce graphique, nous avons constaté que, sur la période étudiée, la bourse de Paris et le titre BNP Paribas avaient connu, le 24 juin 2016, un jour « noir » caractérisé par une très forte baisse (respectivement de l'ordre de 8 % et 17,4 %). L'instruction graphique DROPLINE met en exergue ce point particulier du graphique. Au moyen de X= et Y=, nous précisons les coordonnées du point à mettre en évidence[14]. La valeur BOTH de l'option DROPTO= trace des lignes horizontales et verticales joignant les axes au point – autres valeurs possibles de cette option : X (ligne horizontale uniquement) et Y (ligne verticale uniquement). L'option LABEL attribue un libellé au point considéré. Les instructions XAXIS et YAXIS ont été spécifiées de façon à ce que notre point particulier ne soit pas trop « collé » en bas à gauche.

Exercice 7.13 – Construisez un graphique semblable à celui du résultat 7-11, mais sans recourir à l'instruction REG. Vous devez en effet utiliser la table de résultat TEST produite par le programme 7-10.

Programme 7-10

```
PROC REG DATA=mfi18 NOPRINT;
   MODEL rend_bnp=rend_cac;
   OUTPUT OUT=test PREDICTED=pred LCL=bbi UCL=bhi LCLM=bbm UCLM=bhm;
RUN;
```

Nous n'étudions pas dans cet ouvrage PROC REG, qui réalise des régressions linéaires. Consultez l'aide SAS, entrée Syntax: REG Procedure (puis instruction OUTPUT et option KEYWORD), pour connaître la signification des mots-clés listés dans l'instruction OUTPUT du programme 7-10.

Considérez cet exercice comme un récapitulatif ; il doit vous permettre de voir si vous avez compris l'ensemble des instructions graphiques présentées dans la section 7.4. Quatre instructions graphiques sont nécessaires à la construction d'un graphique proche de celui du résultat 7-11. L'exercice est compliqué, mais vous allez apprendre beaucoup en tentant d'y répondre...

7.5 La procédure PROC SGPANEL

PROC SGPANEL, tout en mobilisant les mêmes instructions graphiques que PROC SGPLOT (sauf WATERFALL), produit des graphiques « à cases » ou « à cellules » : un même graphique sera construit pour chaque modalité d'une variable de classification.

Programme 7-11

```
ODS GRAPHICS / HEIGHT=9cm WIDTH=15cm;
TITLE "Rendements du CAC et du titre BNP Paribas";
TITLE2 "Les droites de marché - 2016 & 2017";
FOOTNOTE J=r "01/01/2016 - 31/12/17";
```

---

14. X= et Y= acceptent aussi en argument des noms de variables. Il en est de même avec l'option LABEL=.

```
PROC SGPANEL DATA=mfi18;
   WHERE YEAR(date) IN (2016,2017);
   PANELBY date;
   REG X=rend_cac Y=rend_bnp / LEGENDLABEL="droite de marché"
                               CLI="IC 95% sur prévisions individuelles"
                               CLM="IC 95% sur prévisions moyennes";
   KEYLEGEND / DOWN=1 NOBORDER;
   LINEPARM X=0 Y=0 SLOPE=1 / LINEATTRS=(COLOR=red);
   COLAXIS GRID;
   ROWAXIS GRID;
   FORMAT rend_cac rend_bnp NLPCT6. date YEAR4.;
   LABEL rend_cac="Rendement du CAC"
         rend_bnp="Rendement du titre BNP Paribas";
RUN;
```

Résultat 7-12

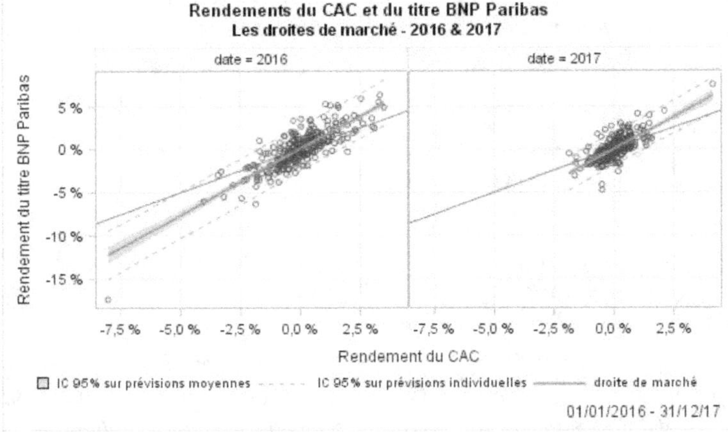

Le programme 7-11, en plus de présenter, pour les années 2016 et 2017, un graphique similaire à celui réalisé pour la période complète au résultat 7-11, propose les trois instructions qui différencient PROC SGPANEL de PROC SGPLOT : PANELBY, COLAXIS et ROWAXIS. Ces deux dernières instructions viennent remplacer respectivement XAXIS et YAXIS.

COLAXIS sert à paramétrer tous les axes X présents dans les différentes cellules, tandis que ROWAXIS paramètre les axes Y de chacune d'entre elles. Attention : les axes Y2 et X2 ne peuvent pas être utilisés dans PROC SGPANEL. Toutes les options des instructions _AXIS présentées dans le tableau 7-2 sont mobilisables dans les instructions ROWAXIS et COLAXIS : elles s'appliqueront identiquement à tous les axes verticaux ou horizontaux, qui, vous l'avez certainement remarqué en regardant le résultat 7-12, sont identiquement normés.

En ce qui concerne les autres instructions de paramétrage (REFLINE, INSET, KEYLEGEND), quelques différences peuvent exister entre l'instruction telle que nous l'avons présentée dans la section 7.1.3.c et la même dans PROC SGPANEL.

- **KEYLEGEND** – Comme il n'y a pas d'option LOCATION=, la légende est forcément à l'extérieur du panel ; les valeurs de l'option POSITION= sont limitées à BOTTOM, LEFT, RIGHT et TOP. Les autres options présentées dans le tableau 7-3 sont utilisables.
- **INSET** – Vous ne pouvez pas demander l'insertion d'un texte présenté entre quotes : l'instruction INSET doit être suivie du nom d'une ou plusieurs variables dans lesquelles vous aurez placé le texte à afficher. Vous ne pouvez présenter qu'une seule instruction INSET dans votre programme. À titre d'exemple, reprenez le programme 7-11 et ajoutez l'instruction suivante :

```
INSET date;
```

- **REFLINE** – Les options de REFLINE que nous avons présentées dans nos exemples PROC SGPLOT fonctionnent de même dans PROC SGPANEL. À titre d'exemple, reprenez le programme 7-11 et ajoutez les instructions suivantes :

```
REFLINE 0 / AXIS=x;
REFLINE 0 / AXIS=y;
```

STYLEATTRS et LINEPARM offrent les mêmes options que dans PROC SGPLOT.

Vous devez retenir que, si vous maîtrisez PROC SGPLOT, alors vous maîtriserez PROC SGPANEL. Vous devez cependant être particulièrement attentif aux dimensions du graphique que vous spécifiez au moyen des options HEIGHT= et WIDTH= d'ODS GRAPHICS (voir section 7.1.2). En cas de dimensions insuffisantes, vous pourriez vous retrouver avec un graphique soit incomplet, soit complètement vide. Pour reproduire les exemples que nous allons évoquer maintenant, spécifiez au préalable les dimensions de vos graphiques au moyen de l'instruction globale suivante :

```
ODS GRAPHICS / HEIGHT=12cm WIDTH=20cm;
```

Les seuls éléments de syntaxe nouveaux concernent les options de l'instruction PANELBY, qui précisent comment votre panel doit être organisé.

Après l'instruction PANELBY, vous devez citer une ou plusieurs variable(s). Dans le programme 7-11, modifiez les instructions PANELBY et FORMAT de la façon suivante :

```
PANELBY date datelab ;
FORMAT rend_cac rend_bnp NLPCT6.1 date YEAR4. datelab QTR1.;
```

Nous demandons l'application des FORMAT YEAR4. à la variable DATE et QTR1. à la variable DATELAB, clone de DATE (voir programme 7-5) : nous souhaitons donc obtenir des graphiques par année et par trimestre. Une nouvelle fois, c'est l'imposition de FORMAT qui nous sert à regrouper les observations.

Le graphique produit compte deux parties : deux panels de quatre cellules (deux lignes et deux colonnes) relatives aux quatre trimestres de 2016 et 2017 respectivement. Si vous souhaitez n'obtenir qu'un seul graphique avec les huit trimestres des deux années, choisissez l'option ONEPANEL.

```
PANELBY date datelab / ONEPANEL;
```

Avec l'option ONEPANEL, votre panel est composé de 3 × 3 cellules. La neuvième cellule ne contient pas de graphique (deux ans, quatre trimestres par an, soit huit graphiques), comme vous le montre l'extrait de la sortie obtenue.

Résultat 7-13 (extrait)

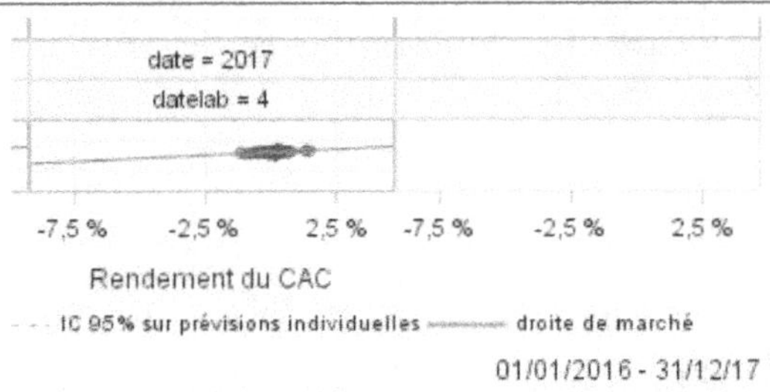

Si vous souhaitez laisser vide la neuvième cellule du panel, employez l'option SKIPEMPTYCELLS de PANELBY.

Les options suivantes peuvent aussi être mobilisées :

- **NOVARNAME** – Retire le nom de la variable du cartouche de présentation (l'option retire DATE= et DATELAB= dans le résultat 7-13).
- **NOBORDER** – Retire les séparations verticales et horizontales entre les différentes cellules du panel.
- **NOHEADER** – Retire le cartouche de présentation des variables PANELBY et de leurs modalités.

  Si vous retirez ce cartouche, afin d'indiquer à vos lecteurs la période représentée dans la cellule, vous pouvez mobiliser une instruction INSET :

```
INSET date datelab / TITLE="Période";
```

Nous complétons de plus l'instruction LABEL en donnant aux variables DATE et DATELAB les libellés `Année` et `Trimestre`. Un extrait du résultat obtenu est repris par le résultat 7-14.

Résultat 7-14

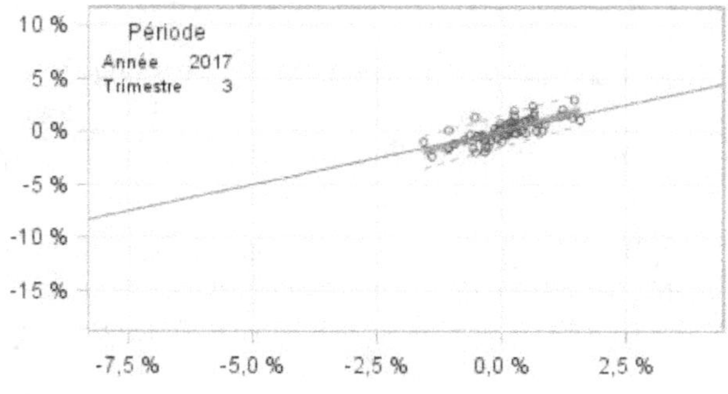

La présentation de nos deux années et quatre trimestres dans un panel de trois colonnes et trois lignes n'est guère heureuse : il serait plus logique de présenter nos huit cellules avec soit deux lignes (pour les années) et quatre colonnes (pour les trimestres), soit quatre lignes et deux colonnes.

Une telle organisation du panel est possible et on l'obtient de plusieurs façons, par exemple avec des options ROWS= ou COLUMNS=. Grâce à l'instruction suivante, vous observerez les années en lignes et les trimestres en colonnes :

```
PANELBY date datelab / ONEPANEL ROWS=2;
```

Avec l'instruction suivante, vous aurez deux colonnes et quatre lignes :

```
PANELBY date datelab / ONEPANEL COLUMNS=2;
```

L'organisation obtenue n'est cependant pas des plus logiques puisque vous observez, sur la première ligne, année=2016 et trimestre=1, puis année=2016 et trimestre=2, puis, sur la seconde ligne, année=2016 et trimestre=3, etc.

Vous souhaitez faire apparaître les quatre trimestres de 2016 dans la première colonne et les quatre trimestres de 2017 dans la seconde colonne. Nous obtiendrons ce type d'organisation au moyen de l'option LAYOUT=.

- **LAYOUT=LATTICE|PANEL|COLUMNLATTICE|ROWLATTICE**

PANEL est la valeur par défaut. Si l'on ne dispose que d'une variable PANELBY, les différentes cellules seront placées dans une même ligne (resp. colonne), au moyen de COLUMNLATTICE (resp. ROWLATTICE).

Si vous disposez exactement de deux variables PANELBY, au moyen de LATTICE, les modalités de la première variable citée deviendront intitulés de colonnes et celles de la seconde variable deviendront intitulés de lignes : nous obtiendrons donc le panel souhaité au moyen de l'instruction PANELBY suivante :

```
PANELBY date datelab / ONEPANEL LAYOUT=LATTICE;
```

Si vous utilisez LAYOUT=LATTICE, vous disposez de deux options pour préciser l'emplacement des cartouches :

- **COLHEADPOS=TOP|BOTTOM|BOTH** – Précise l'emplacement du cartouche de colonne (ici relatif à DATE, la première variable citée après l'instruction PANELBY).
- **ROWHEADERPOS=LEFT|RIGHT|BOTH** – Précise l'emplacement du cartouche de ligne (ici relatif à DATALAB, la seconde variable citée après l'instruction PANELBY).

Exercice 7.14 – Reprenez le programme 7-2 et réalisez, à partir de la table FACTURES, un graphique en panel dans lequel vous présenterez, pour chaque région, les informations relatives aux factures moyennes par type de produit et par type de clientèle.

7.6 La personnalisation des graphiques produits par les procédures Statistical Graphics

Quelques options personnalisent la présentation de vos graphiques (instruction STYLEATTRS, options LINEATTRS=(), MARKERATTRS=(), FILLATTRS=() par exemple), mais l'essentiel des caractéristiques de présentation est lié au style ODS que vous appliquez. Il est possible qu'un autre style vous offre une présentation plus en phase avec ce que vous souhaitez.

Pour choisir celui qui vous convient le mieux, vous pouvez utiliser un programme que vous trouverez sur le site compagnon de cet ouvrage, dans la section *Suppléments* et qui montre un même tableau et un même graphique présentés au moyen des styles ODS livrés avec votre version de SAS.

Avec SAS 9.4, l'instruction suivante modifie le style des graphiques que vous observerez dans la fenêtre *Results Viewer* :

```
ODS HTML STYLE=style_ODS_demandé;
```

Cette modification reste valable pour la durée de votre session SAS. Si vous souhaitez modifier de façon pérenne le style ODS utilisé par défaut dans la fenêtre *Results Viewer*, allez dans le menu *Outils>Options>Préférences*. Cliquez alors sur l'onglet *Résultats*. Vous aurez alors face à vous la fenêtre reproduite à la figure 7-11, dans laquelle vous n'aurez plus qu'à sélectionner le style ODS désiré.

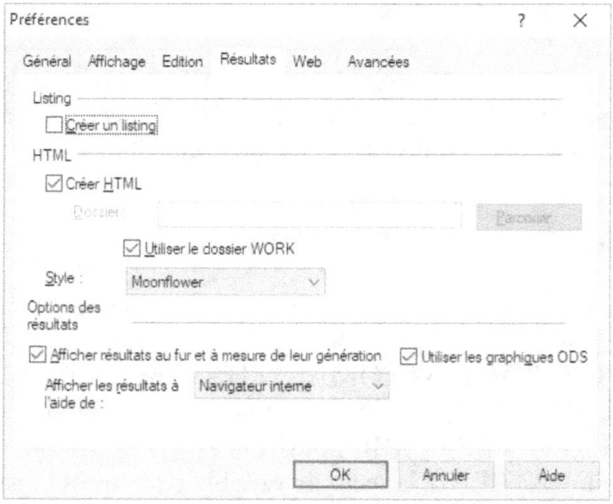

Figure 7–11
SAS 9.4 : modification du style par défaut

Avec SAS EG, pour modifier le style utilisé dans la fenêtre *Résultats*, allez dans le menu *Outils>Options*. Cliquez sur *HTML* pour arriver sur l'écran de la figure 7-12.

Sur cet écran, vous choisissez un style parmi ceux livrés avec SAS. Celui-ci sera dès lors systématiquement utilisé dans vos sorties et, donc, pour la mise en forme de vos graphiques. Les modifications apportées resteront valables pour vos sessions ultérieures.

Figure 7–12
SAS EG : choix du style ODS
par défaut

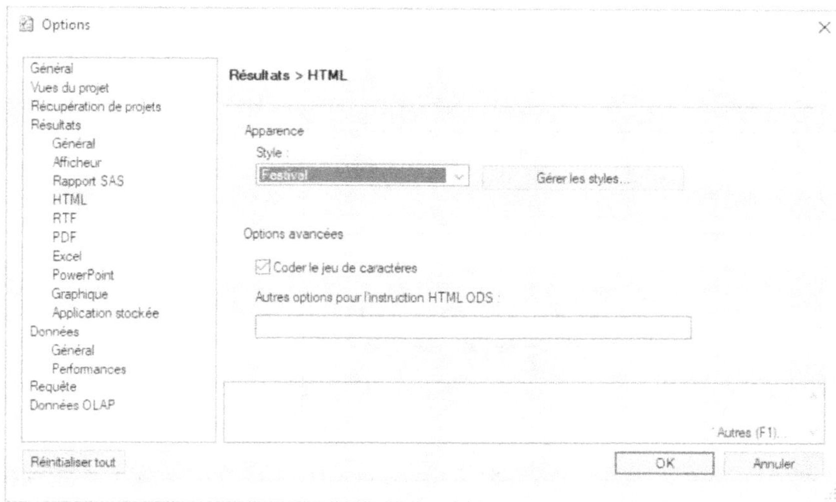

Avec SAS Studio/UE, pour modifier le style ODS utilisé par défaut dans la fenêtre *Résultats*, cliquez dans la barre d'outils sur le bouton *Autres préférences de l'application*, puis sur l'onglet *Résultats*.

Figure 7–13 SAS Studio/UE : modification du style HTML par défaut

La personnalisation de votre graphique par l'adoption d'un style ODS particulier n'est pas la seule possibilité qui vous est offerte. En effet, SAS dispose d'un éditeur performant, dédié à l'édition et à la modification des graphiques produits avec des procédures SG.

Vous ne pouvez éditer et modifier un graphique que si l'éditeur ODS Graphics Editor (SGE) est activé. Pour ce faire, avec SAS 9.4, vous devez soumettre l'instruction suivante :

```
ODS HTML SGE=on;
```

Tous les graphiques produits ensuite durant votre session pourront être édités. Après avoir activé SGE, nous avons ainsi relancé le programme 7-9. Si vous développez maintenant le dossier contenant votre sortie graphique dans l'onglet *Résultats*, vous constaterez la présence d'une nouvelle icône. Elle correspond à un fichier SGE que vous pouvez ouvrir avec l'éditeur graphique. Cliquez-droit sur l'icône, choisissez *Ouvrir* (figure 7-14).

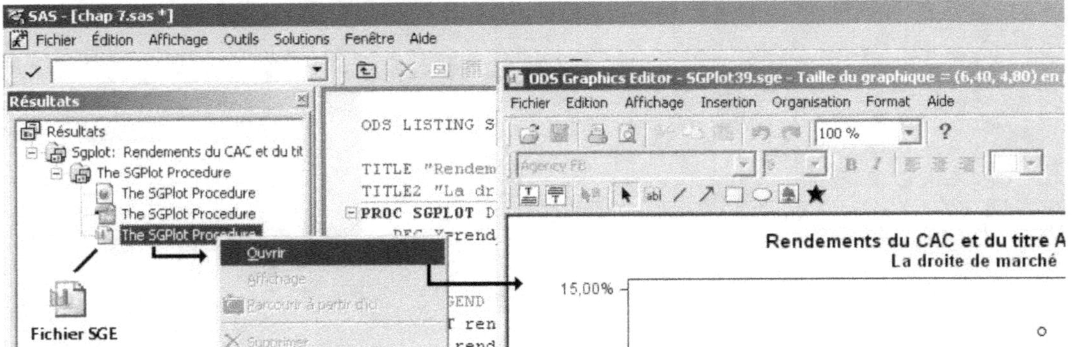

Figure 7–14 SAS 9.4 : l'ouverture d'un fichier graphique avec ODS Graphics Editor

Il est aussi possible d'ouvrir ODS Graphics Editor grâce au menu *Outils* de SAS. Il faut cependant que votre graphique SGE soit enregistré à un endroit précis au moyen de l'option GPATH= (menu *Fichier>Ouvrir*).

Avec SAS Studio/UE/EG, vous devrez, en même temps que vous soumettez le programme construisant votre graphique, demander l'exécution de l'instruction suivante :

```
ODS HTML GPATH="c:/intro_sas/mesgraphiques" SGE=on ;
PROC SGPLOT ...;
```

Seul le graphique qui sera produit en même temps que vous aurez soumis l'instruction activant SGE pourra être édité. Avec SAS Studio/UE, il est impératif de préciser l'emplacement où le graphique éditable devra être enregistré pour ensuite, à partir du volet *Fichiers et dossiers*, le retrouver à l'emplacement spécifié par l'option GPATH= et l'ouvrir avec un double-clic.

Avec SAS EG, lorsqu'un graphique éditable est produit, un onglet *Résultats* affiche l'icône propre au fichier SGE.

Cliquez sur l'onglet pour ouvrir le fichier SGE. Cette même icône apparaît dans votre flux de processus. En double-cliquant dessus, vous activerez l'éditeur.

L'éditeur est relativement simple et facilite l'ajout de nombreux éléments dans votre graphique. Vous pouvez modifier le style ODS, la police, introduire de nouveaux éléments (titres, pieds de page, notes dans le cadre du graphique), modifier les couleurs, ajouter des grilles, des images, etc. En quelques minutes, nous avons ainsi modifié le résultat 7-11 et obtenu le résultat 7-15.

Résultat 7-15

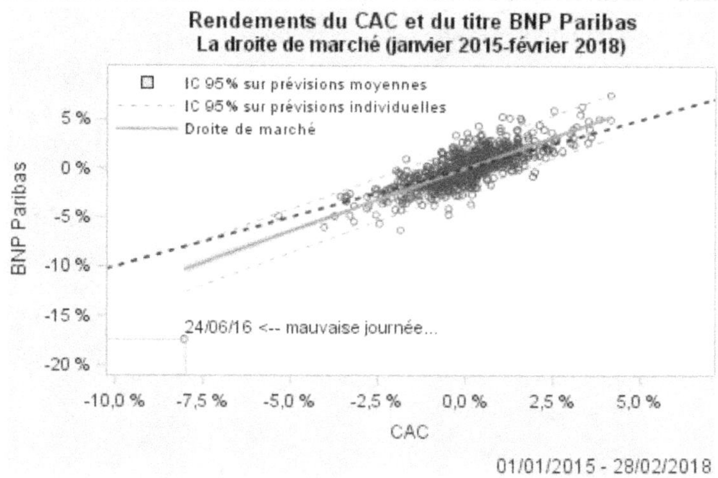

Si vous n'avez plus besoin d'ODS Graphics Editor, avec SAS 9.4, désactivez cette application (gourmande en ressources) au moyen de l'instruction suivante :

```
ODS HTML SGE=OFF;
```

Avec SAS EG/Studio/UE, l'application est automatiquement désactivée après chaque soumission de programme.

7.7 La création de graphiques avec ODS Graphics Designer

Depuis SAS 9.2, une nouvelle interface est proposée aux utilisateurs de SAS afin de réaliser des graphiques : ODS Graphics Designer. Cette interface vous permet, en quelques clics, de créer le graphique que vous souhaitez, puis de récupérer le code GTL, généré automatiquement par l'interface, pour demander ensuite son exécution dans SAS. L'objet de cette section n'est pas de vous offrir une description complète du fonctionnement de cette interface, mais simplement de vous informer de son existence.

Nous invitons les lecteurs intéressés à consulter le document très complet rédigé par André Wielki :

WIELKI, André, « Pratique de SAS Windows… 9.3 – volume 2 », *Document de travail n°193*, INED, 2013
  http://www.ined.fr/brochure_wielki/sasvolume2

Vous trouverez sur le site compagnon de cet ouvrage un supplément consacré à ODS Graphics Designer dans lequel nous détaillons, étape par étape, comment répondre avec cet outil à la question posée à l'exercice 7.14.

Attention : comme nous l'avons indiqué dès l'introduction de ce chapitre, les procédures SG connaissent, entre chaque version de SAS, de fortes évolutions. Consultez systématiquement l'aide du progiciel installée sur votre ordinateur, propre à votre version.

C'est pour cette raison que nous ne vous proposerons pas dans ce chapitre d'articles ou d'ouvrages traitant des procédures SG. Si l'article ou l'ouvrage a plus de deux ans, vous pouvez être quasi certain que depuis sa parution, de nouvelles options et instructions sont apparues qui permettent d'obtenir plus simplement le résultat souhaité.

Deux sites méritent cependant particulièrement votre attention de par la qualité des exemples qu'ils proposent :

- le site de Robert Allison :

  http://www.robslink.com/SAS/Home.htm

- le blog SAS *graphicallyspeaking* :

  https://blogs.sas.com/content/graphicallyspeaking/

Comme indiqué dès l'introduction et comme nous venons de le rappeler dans la conclusion, ce chapitre est le plus sensible à la version de SAS à votre disposition.

Au moment où nous l'avons rédigé, nous disposions de SAS 9.4M5, version de SAS distribuée depuis novembre 2017. En novembre 2018, la version 9.4M6 a commencé à être distribuée et elle apporte bien entendu des nouveautés en ce qui concerne la production de graphiques :

- PROC SGMAP, présent dans SAS 9.4M5 mais peu convaincant, permet maintenant de produire des cartes sur lesquelles vous allez pouvoir projeter des informations.
- PROC SGPIE, en préproduction dans SAS 9.4M6, permet la production de diagrammes circulaires (camemberts et donuts).

Vous trouverez dans la section *Suppléments* de www.sas-sr.com des introductions à ces deux nouvelles procédures SG.

8

Utiliser ODS

L'*Output Delivery System* (ODS) permet de produire vos sorties dans une multitude de formats externes à SAS : HTML, PDF, RTF, XML, Excel…

ODS vous aide à mieux diffuser et partager vos résultats avec des personnes extérieures en leur transmettant votre travail sous la forme de fichiers dans les formats de restitution les plus courants. Le moyen que vous choisirez pour diffuser et partager vos résultats commandera le type de sorties à demander à ODS.

Vous souhaitez publier vos résultats sur Internet ? ODS HTML vous y aidera. Vous destinez plus spécifiquement vos résultats aux tablettes et smartphones ? Vous utiliserez ODS HTML5. Vous devez, plus classiquement, réaliser un rapport écrit, modifiable ou non ? ODS RTF et ODS PDF vous seront indispensables. Vous voulez réaliser une présentation Microsoft PowerPoint ? Vous aurez à mobiliser ODS POWERPOINT. Vous désirez transmettre vos résultats dans un fichier Excel : ODS EXCEL…

Si nous consacrons l'essentiel de ce chapitre aux destinations externes d'ODS, nous traiterons aussi des deux destinations internes DOCUMENT et OUTPUT, qui permettent de gérer plus finement les résultats avec SAS.

Ce chapitre vise à vous offrir un panorama aussi complet que possible des fonctionnalités d'ODS. Vous approfondirez certains points particuliers grâce aux très nombreux articles et ouvrages cités.

8.1 ODS : les principes

Nous expliquons dans cette section ce qu'est une sortie, la notion de destination ODS, les principes qui guident la création d'un document avec ODS et la notion de style.

8.1.1 Qu'est-ce qu'une sortie SAS ?

Les sorties SAS telles que vous les observez lorsque vous demandez la production d'un résultat sont composées de deux éléments : **des données** et **un modèle de tableau** (ou gabarit – *table template*). Toutes les procédures disposent de modèles de tableaux prédéterminés, sauf PRINT, TABULATE et REPORT. Pour ces dernières, c'est votre programmation qui organise les résultats.

Le modèle de tableau indique à SAS où placer les données. Ce résultat est ensuite envoyé vers une **destination ODS** et une mise en forme utilisant **un style ODS** est appliquée. Avec les mêmes données, le même modèle et le même style, mais en fonction des destinations ODS que vous demandez, vous obtenez un résultat en HTML, RTF, PDF, XLSX, etc.

Le **modèle de tableau** décrit le tableau à produire : les différentes colonnes à présenter, ainsi que l'ordre dans lequel elles doivent apparaître. Des **éléments de tableau** composés d'une suite d'**attributs** sont ensuite ajoutés à cette première description. Afin de comprendre les notions d'éléments et d'attributs, nous avons édité le modèle qui produit les tableaux proposés par PROC MEANS. Nous reproduisons à la figure 8-1 l'élément H qui commande la présentation dans l'en-tête de tableau de la variable analysée.

Figure 8–1
L'élément de tableau H
et ses attributs

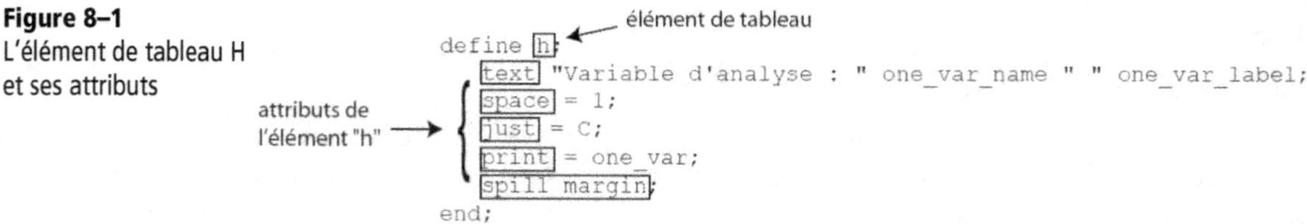

Chaque élément de tableau présente les caractéristiques à appliquer à un type de case : dans l'en-tête, vous verrez ainsi le texte « Variable d'analyse : », suivi du nom de la variable analysée (ou de son LABEL) ; ce texte doit être centré[1].

L'*Output Delivery System* a pour tâche de transformer les résultats produits par les procédures dans une forme brute (les données accompagnées du modèle de tableau) en ce que vous observez dans votre résultat final : une page HTML, un fichier PDF, RTF, XLSX, mais aussi la sortie LISTING de votre fenêtre *Sortie* (SAS 9.4).

---

1. Les attributs SPACE et SPILL_MARGIN n'influencent que la sortie LISTING. PRINT permet de présenter l'en-tête dans la sortie.

8.1.2 Les destinations ODS

Grâce à ODS, vous pouvez envoyer les résultats (données et modèle) de votre procédure ou de vos étapes DATA[2] vers un certain nombre de destinations. Ces dernières sont de deux sortes : **les destinations internes** et **les destinations externes à SAS.**

Les destinations internes (section 8.2) produisent des sorties que seul SAS sait contrôler et interpréter :

- **LISTING** – Vos sorties sont envoyées dans la fenêtre *Sortie* de SAS 9.4 (destination non disponible avec SAS Studio/UE/EG).

  Il s'agit de la destination par défaut si vous disposez de SAS 9.2 ou d'une version antérieure.

- **DOCUMENT** – Vos sorties sont envoyées dans des fichiers ODS DOCUMENT.

  Elles sont enregistrées en XML dans leur forme brute (données et modèle). Avec ce type de fichier, sans exécuter l'ensemble des procédures nécessaires à l'obtention de la sortie, vous pouvez par exemple demander la création d'un fichier PDF ou HTML reprenant tout ou partie de vos sorties.

- **OUTPUT** – Vos sorties sont envoyées dans des tables SAS, que vous pourrez ensuite manipuler comme toutes les autres.

  Cette destination est à privilégier lorsque la procédure employée n'offre pas la possibilité de produire une table de résultats (PROC TTEST, par exemple) alors qu'il vous en faut une pour continuer votre analyse.

Les sorties peuvent aussi être envoyées dans des fichiers lisibles par d'autres logiciels que SAS (*third-party formatted destinations)* et seront fréquemment présentées au moyen d'un style ODS. Avec SAS 9.4, on distingue cinq familles de destinations externes :

- **PRINTER** – Produit :
  - des fichiers destinés à des imprimantes physiques, PCL ou PostScript d'autres systèmes d'exploitation ;
  - des fichiers portables (PostScript, PCL ou PDF).

  Pour les divers formats de la destination PRINTER, les fichiers construits contiennent des descriptifs des divers éléments que vous souhaitez imprimer. Les langages propres à ces différentes destinations sont difficilement modifiables. Les sorties que vous envoyez doivent donc avoir leur aspect final – nous traiterons dans cet ouvrage uniquement de la production de documents PDF (voir section 8.4).

- **RTF** *(Rich Text Format)* – Produit vos résultats à destination d'un traitement de texte (voir section 8.5).

- **MARKUP Languages Family** – Écrit vos sorties dans un langage à balises *(tagset).*

  Les balises définissent la mise en page et la forme d'un contenu rédigé en texte simple. Les fichiers ainsi créés sont appelés à être lus par d'autres logiciels capables d'interpréter ce langage. Les destinations HTML, HTML5, XML, CSV… font appel à des balises.

---

2. La production de sorties au moyen d'étapes DATA et leur envoi vers une destination ODS ne seront pas traités dans le présent ouvrage.

- **POWERPOINT** – Construit des diapositives pour Microsoft PowerPoint (voir section 8.6).
- **EPUB** – Retourne vos résultats sous la forme d'un fichier ePub lisible par la plupart des liseuses électroniques.
- **ZIP** – Envoie vos résultats dans un fichier compressé en format ZIP.
- **EXCEL** – Crée des classeurs Excel en format XLSX (voir section 8.7).

Les destinations EPUB et ZIP ne seront pas traitées dans cet ouvrage. En ce qui concerne les destinations mobilisant les langages à balises, nous ne traiterons qu'ODS HTML et HTML5.

8.1.3 Ouvrir et fermer une destination ODS

Pour ouvrir une destination, vous devez placer l'instruction suivante avant la (ou les) procédure(s) qui commande(nt) votre sortie :

```
ODS _destination_ <options>;
```

La déclaration du nom du fichier à créer n'est pas obligatoire. Cependant, si vous déclarez un nom de fichier pour les destinations externes (option FILE= pour toutes les destinations ODS externes ou BODY= pour les destinations HTML), veillez à bien déclarer une extension de fichier correcte : ne demandez pas à ODS RTF la création d'un fichier .pdf !

Pour que le fichier soit créé, vous devez entrer l'instruction suivante après la dernière ligne de votre demande de sortie (n'oubliez pas le RUN, qui clôt la dernière procédure) :

```
ODS _destination_ CLOSE;
```

Les deux instructions que nous venons d'évoquer vont créer ce que l'on appelle un « **sandwich** » : les résultats des procédures que vous citerez entre les deux feront partie du document que vous souhaitez produire.

Vous avez la possibilité d'ouvrir plusieurs destinations à la fois, afin de produire des sorties identiques ou non. Ces différents documents ne seront effectivement produits que lorsque la destination sera fermée. Vous pouvez utiliser _ALL_ à la place de la destination au moment de la clôture. Dans ce cas, **toutes les destinations ouvertes** seront fermées. Si vous demandez ensuite une nouvelle sortie, votre fenêtre *Journal* affichera le message :

```
WARNING: No output destinations active.
```

Pour ouvrir de nouveau la destination LISTING propre à SAS 9.4, exécutez l'instruction suivante :

```
ODS LISTING;
```

Avec SAS 9.4, pour ouvrir à nouveau la destination HTML, vous devez exécuter l'instruction suivante :

```
ODS HTML;
```

Avec SAS EG/Studio/UE, la destination HTML est automatiquement ouverte lorsque vous soumettez un programme.

8.1.4 Les options et actions des destinations ODS externes à SAS

Nous consacrerons les sections 8.3 à 8.7 aux destinations ODS externes suivantes : HTML, PDF, RTF, POWERPOINT et EXCEL. Lorsque nous traiterons d'une destination, nous évoquerons certaines options jugées à notre avis importantes. Si certaines sont spécifiques, d'autres sont communes à plusieurs destinations. Le tableau 8-1 liste celles correspondant aux destinations évoquées dans cet ouvrage ; il vous indique, pour chaque option, quelles autres destinations pourront la mobiliser, ainsi que la (ou les) section(s) où elle est principalement présentée.

Tableau 8–1 Quelques options des destinations ODS externes à SAS

	HTML	PDF	POWERPOINT	RTF	EXCEL	Voir section(s)
(<ID=> identifier)	•	•	•	•	•	8.3.7
BODY=	•					8.3.2
FILE=	•	•	•	•	•	8.3.1
STYLE=	•	•	•	•	•	8.1.5
PATH=	•			•		8.3.1 & 8.3.3
COLUMNS=		•		•		8.4.3
NEWFILE=	•	•		•		8.3.3
STARTPAGE=		•	•	•		8.4.3
GFOOTNOTE|NOGFOOTNOTE	•	•	•	•	•	8.4.4
GTITLE|NOGTITLE	•	•	•	•	•	8.4.4
AUTHOR=		•	•	•	•	8.4.1
KEYWORDS=		•	•		•	8.4.1
TITLE=		•	•	•	•	8.4.1
SUBJECT=		•				8.4.1
OPTIONS(<suboption(s)>)	•		•		•	8.7.2 & 8.7.3

Pour la plupart, les options présentées dans ce tableau doivent être citées dès l'ouverture de la destination. Certaines, comme COLUMNS=, STARTPAGE=, GFOOTNOTE et GTITLE, peuvent cependant l'être après.

En plus des options, vous disposez de quatre **actions communes** à toutes les destinations ODS :

- **CLOSE** – Ferme une ou plusieurs destination(s) ODS que **vous devez citer** (voir section précédente).
- **SELECT** – Permet de sélectionner un ou plusieurs élément(s) d'une sortie ordonnée par une procédure.
- **EXCLUDE** – Exclut un ou plusieurs élément(s) d'une sortie ordonnée par une procédure.
- **SHOW**[3] – Affiche dans la fenêtre *Journal* les noms des éléments des sorties sélectionnés ou exclus pour le document ODS.

Nous développerons les actions SELECT et EXCLUDE dans la section 8.3.6.

Dans une instruction ODS _destination_, vous citez ensuite **soit des options, soit une action** (et une seule), mais **en aucun cas simultanément des options et une action**.

En plus des instructions ODS _destination _ et de leurs options et actions, d'autres instructions propres à ODS peuvent prendre place à l'intérieur de votre sandwich, quelle que soit la destination externe :

- **ODS ESCAPECHAR** – Définit le caractère d'échappement qui autorise des mises en forme de texte au moyen de l'option STYLE (voir section 8.3.5.b).
- **ODS LAYOUT ABSOLUTE|GRIDDED|END – ODS REGION** – Organisent le placement des différents éléments des sorties demandées au sein de votre document (voir section 8.4.4).
- **ODS PROCLABEL** – Personnalise les textes qui apparaissent dans les tables des matières (voir section 8.3.4).
- **ODS PROCTITLE|NOPROCTITLE** – Fait apparaître|disparaître le texte placé au-dessus de certains tableaux (voir section 8.3.5).
- **ODS <destination> TEXT=** – Précise un texte à insérer dans le document en cours de création (voir sections 8.3.5.b et 8.3.7). La destination POWERPOINT n'autorise pas ODS TEXT=.
- **ODS TRACE** – Détermine les noms des différents éléments qui composent une sortie (voir sections 8.2.1.a et 8.3.6).

Écrire un programme qui mobilise ODS, c'est donc composer un « sandwich » entre les instructions d'ouverture et de fermeture de la destination. Entre les deux, vous aurez bien entendu les procédures dont vous souhaitez voir les résultats envoyés dans votre document, mais aussi des instructions ODS donnant de nouvelles options, ordonnant une certaine action, ou mobilisant une des instructions évoquées plus haut.

---

3. Nous n'utiliserons pas l'action SHOW dans cet ouvrage.

Lorsque vous utilisez une action, une instruction, voire certaines options, si vous ne citez pas la desti-nation, **toutes les destinations ouvertes simultanément seront concernées**. Le programme 8-1 sché-matise le type de programme que vous devrez rédiger pour créer vos documents avec ODS.

Programme 8-1

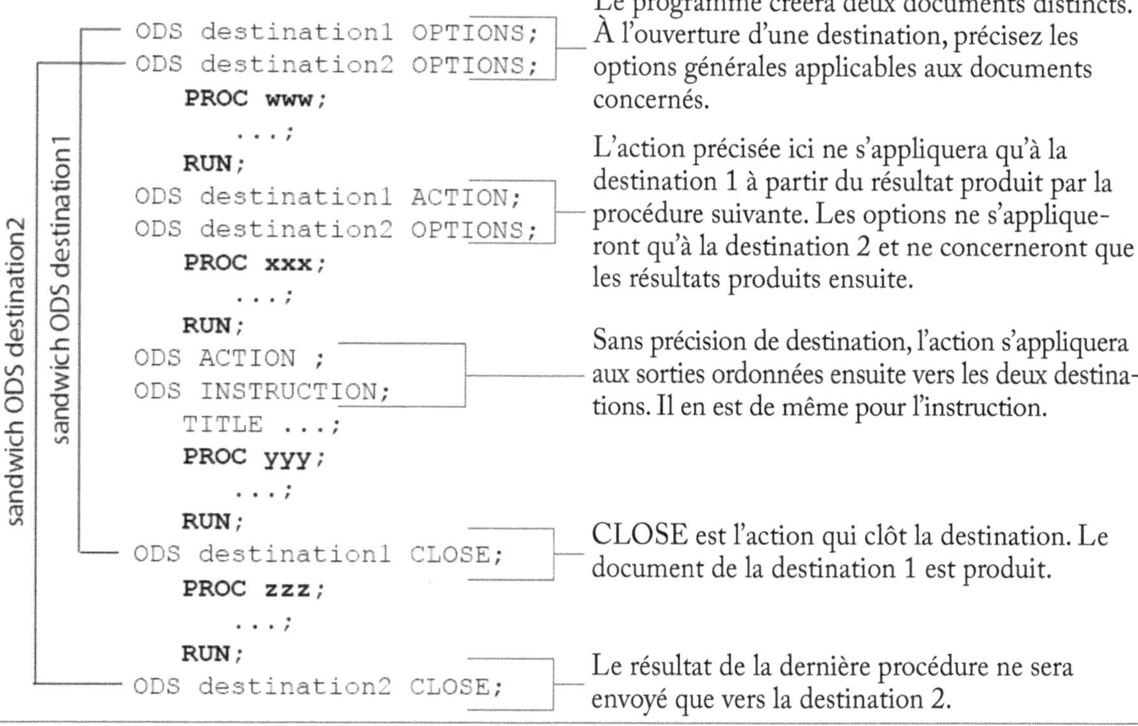

Le programme créera deux documents distincts. À l'ouverture d'une destination, précisez les options générales applicables aux documents concernés.

L'action précisée ici ne s'appliquera qu'à la destination 1 à partir du résultat produit par la procédure suivante. Les options ne s'applique-ront qu'à la destination 2 et ne concerneront que les résultats produits ensuite.

Sans précision de destination, l'action s'appliquera aux sorties ordonnées ensuite vers les deux destina-tions. Il en est de même pour l'instruction.

CLOSE est l'action qui clôt la destination. Le document de la destination 1 est produit.

Le résultat de la dernière procédure ne sera envoyé que vers la destination 2.

8.1.5 Les styles ODS

Pour de très nombreuses destinations externes à SAS, vous avez la possibilité d'imposer un style ODS à vos sorties. La figure 8-2 vous présente quelques styles possibles sur une même sortie HTML. Ils sont bien entendu applicables aux autres sorties externes à SAS.

Figure 8–2
Quelques styles sur
une sortie HTML

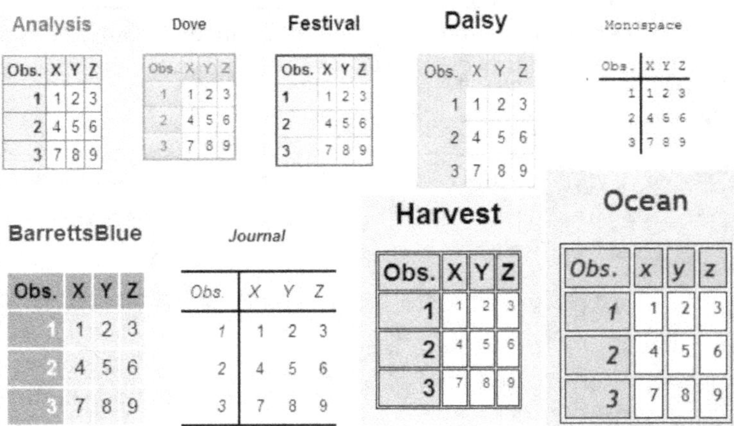

Vous trouverez sur le site compagnon de cet ouvrage (section *Suppléments*) un programme qui vous permet de voir l'ensemble des styles livrés avec votre version de SAS.

Pour en appliquer un, vous l'indiquez via l'option STYLE= dans l'instruction d'ouverture de la destination :

```
ODS HTML BODY="monfichier.html" STYLE=festival;
ODS PDF FILE="monfichier.pdf" STYLE=harvest;
```

Vous devez ainsi comprendre qu'avec un même résultat (données et modèle de tableau), en fonction de la destination et selon le style, vous obtiendrez des rendus différents.

8.2 ODS OUTPUT et ODS DOCUMENT

Nous présentons dans cette section les destinations OUTPUT et DOCUMENT, internes à SAS.

Nous utiliserons dans ce chapitre la table ODSDATA (qui se trouve dans votre bibliothèque WORK si vous avez exécuté le programme 6-1). Elle contient quatre variables : DEPARTEMENT, PRODUIT, NOMBRE et CA. Le programme 8-2 crée un FORMAT spécifique que nous appliquons à la variable PRODUIT.

Programme 8-2

```
PROC FORMAT;
    VALUE fprod 0='Chine' 1='Inde' 2='Vietnam' 3='Pakistan'
                4='Etats-Unis' 5='Camargue' 6='Népal';
RUN;
PROC DATASETS NOLIST;
   MODIFY odsdata;
      FORMAT produit fprod.;
QUIT;
```

8.2.1 ODS OUTPUT

De très nombreuses procédures présentent une instruction OUTPUT ou une option OUT= pour construire une table de résultats. Toutefois, certaines n'en disposent pas et vous pourrez dans ce cas tirer parti d'ODS OUTPUT. Le programme 8-3 présente la structure que doit avoir votre programme.

Programme 8-3

```
ODS OUTPUT nom_de_la_sortie=nom_de_la_table_à_construire;
   PROC XXX;
      ...;
   RUN;
ODS OUTPUT CLOSE;
```

Il faut dans un premier temps déterminer le nom de la sortie dont vous souhaitez placer les données dans une table. Vous l'obtenez au moyen d'ODS TRACE.

a. ODS TRACE

TRACE écrit dans la fenêtre *Journal* les caractéristiques des sorties produites par votre programme.

Programme 8-4

```
ODS TRACE ON;
   TITLE "Données mensuelles";
   TITLE2 "Ventes par division";
   PROC MEANS DATA=odsdata NOOBS
              MEAN SUM MAXDEC=2;
      CLASS departement;
      VAR nombre;
   RUN;
ODS TRACE OFF;
```

Résultat 8-1 (fenêtre Journal)

```
Sortie ajoutée :
-------------
Nom : Summary
Libellé : Statistiques descriptives
Modèle : base.summary
Chemin : Means.Summary
```

L'instruction ODS TRACE ON liste dans la fenêtre *Journal* les éléments qui composent votre sortie, avec leurs références internes à SAS. Ici, la sortie ordonnée par PROC MEANS a pour nom Summary et un libellé lui est associé (Statistiques descriptives). Le modèle de tableau que l'on applique pour présenter les résultats s'appelle BASE.SUMMARY ; BASE est le dossier dans lequel SAS stocke le modèle SUMMARY à utiliser. Vous disposez aussi du nom du chemin (MEANS.SUMMARY).

b. Construction d'une table de résultats avec ODS OUTPUT

Le cas que nous présentons ici est relativement simple puisque la sortie ne contient qu'un élément et que nous ne mobilisons qu'une procédure. Dans ce cas simple, si vous souhaitez sauvegarder, au moyen d'ODS OUTPUT, les statistiques produites par PROC MEANS dans une table appelée TEMP, utilisez l'une des trois instructions suivantes d'ouverture :

```
ODS OUTPUT summary=temp;
ODS OUTPUT "Statistiques descriptives"=temp;
ODS OUTPUT Means.Summary=temp;
```

Vous pouvez saisir aussi bien le nom de la sortie que son libellé[4] ou son chemin. Le résultat 8-2 reprend un PROC PRINT réalisé sur la table TEMP produite.

Résultat 8-2

Obs.	departement	nombre_Mean	nombre_Sum
1	courrier	6.10	1299.00
2	détail	6.20	1271.00
3	grossiste	24.98	5371.00
4	internet	5.89	1249.00

Passons maintenant à un cas moins simple : le programme 8-5 exploite une procédure qui crée cinq sorties. La variable BY comprend quatre modalités : votre sortie complète présente donc 20 éléments.

Programme 8-5

```
PROC SORT DATA=odsdata;
   BY departement;
RUN;

ODS TRACE ON;
   PROC UNIVARIATE DATA=odsdata;
      BY departement;
      VAR nombre;
   RUN;
ODS TRACE OFF;
```

Résultat 8-3 (fenêtre Journal – extrait)

```
Sortie ajoutée :
-------------
Nom : BasicMeasures
Libellé : Mesures de base de tendance centrale et
de variabilité
Modèle : base.univariate.Measures
Chemin : Univariate.ByGroup1.nombre.BasicMeasures
-------------
```

Nous souhaitons sauvegarder dans une table uniquement les sorties ayant pour nom BasicMeasures. Il existe cependant quatre autres types de sortie (Moments, TestsForLocation, Quantiles et ExtremeObs). Les caractéristiques de BasicMeasures, pour la première modalité de la variable DEPARTEMENT (variable BY), sont affichées dans le résultat 8-3. Plusieurs instructions ODS OUTPUT sont possibles en fonction de ce que vous souhaitez obtenir.

```
ODS OUTPUT BasicMeasures=temp;
```

sauvegarde dans une table TEMP les quatre sorties BasicMeasures.

```
ODS OUTPUT BasicMeasures#2=temp;
ODS OUTPUT Univariate.ByGroup2.nombre.BasicMeasures=temp;
ODS OUTPUT BasicMeasures=temp(WHERE=(departement="détail"));
```

---

4. L'emploi du libellé n'est cependant pas conseillé : si vous transmettez votre programme à un utilisateur disposant d'une version non française de SAS, votre libellé en français cité dans une instruction ODS OUTPUT provoquera une erreur d'exécution.

Ces trois instructions placent dans la table TEMP uniquement la sortie `BasicMeasures` obtenue pour la seconde modalité de la variable BY (`détail`). La troisième instruction montre qu'il est possible d'appliquer les options de table à la table créée par ODS OUTPUT.

```
ODS OUTPUT BasicMeasures(MATCH_ALL=tt)=temp1;
```

Cette instruction crée autant de tables TEMP que vous aurez de sorties `BasicMeasures`. Dans notre cas, les tables créées auront pour nom TEMP1, TEMP2, TEMP3 et TEMP4. L'option MATCH_ALL= crée, en plus de ces différentes tables, une macro-variable appelée TT contenant le nom des tables créées. L'instruction suivante écrit dans le journal la valeur de la macro-variable TT, que vous pourrez bien entendu utiliser dans vos programmes ultérieurs[5] :

```
%PUT &tt;
```

Si vous souhaitez sauvegarder deux éléments de la sortie portant des noms différents, cela ne pose pas de difficulté :

```
ODS OUTPUT BasicMeasures=temp1 Quantiles=temp2;
```

En revanche, si votre programme contient par exemple deux procédures PROC UNIVARIATE, l'instruction suivante ne sauvegardera que la (les) sortie(s) `BasicMeasures` de la première :

```
ODS OUTPUT BasicMeasures=temp;
```

Pour sauvegarder, au sein d'une même table, les sorties `BasicMeasures` des deux procédures, vous devez faire appel à l'option PERSIST= :

```
ODS OUTPUT BasicMeasures(PERSIST=PROC)=temp1;
```

Enfin, puisque l'objet d'ODS OUTPUT est de construire une table contenant tout ou partie de vos résultats, vous pourriez être tenté d'employer l'option NOPRINT pour que le résultat des procédures ne soit pas affiché. Votre table ne sera pas créée puisque l'objet de l'option NOPRINT est justement d'empêcher la production des sorties. Avant votre instruction ODS OUTPUT, utilisez plutôt l'instruction suivante :

```
ODS _ALL_ CLOSE;
```

Les sorties ne seront plus affichées, mais la table souhaitée sera bien créée.

8.2.2 ODS DOCUMENT

DOCUMENT possède un statut particulier : cette destination d'ODS crée un fichier générique que vous pourrez ensuite, lors de sessions ultérieures, modifier et/ou rediriger vers la destination de votre

---

5. Voir chapitre 10.

choix. Ce fichier de type ITEMSTORE contient les deux éléments qui composent une sortie : les données issues de la (des) procédure(s) mobilisée(s) et les modèles de tableaux qui organisent la présentation de la sortie.

Cette destination vous sera particulièrement utile pour les sorties qui génèrent beaucoup de calculs puisque, d'une session à l'autre, vous pourrez ouvrir le document générique créé et commander de nouvelles sorties sans relancer pour cela toutes vos procédures. Vous composerez aussi en quelques clics un nouveau document intégrant les sorties stockées dans plusieurs fichiers créés par ODS DOCUMENT.

Programme 8-6

```
LIBNAME lib 'C:\intro_SAS\ods';
ODS DOCUMENT NAME=lib.test86;
   PROC MEANS DATA=odsdata;
      CLASS produit;
      VAR nombre;
   RUN;
ODS DOCUMENT CLOSE;
```

Dans l'onglet *Résultats* de la figure 8-3, la sortie de ce programme a été produite vers trois destinations ODS : HTML, LISTING et DOCUMENT. En cliquant-droit sur l'icône spéciale ODS DOCUMENT, puis sur *Ouvrir en tant que...*, la fenêtre présentée à gauche de la figure 8-3 s'ouvre. On peut ensuite demander la production de notre résultat vers la destination de notre choix.

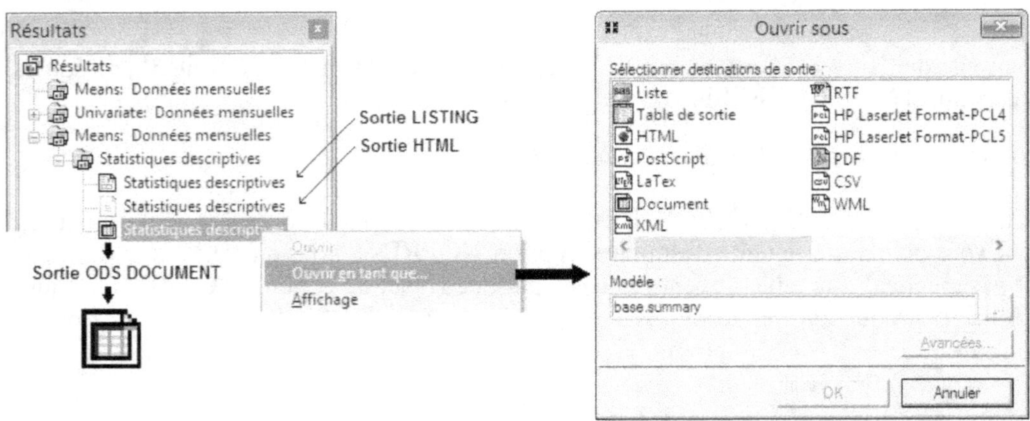

Figure 8–3 SAS 9.4 : ODS DOCUMENT

Le fichier ODS DOCUMENT généré par le programme 8-6 a été enregistré dans une bibliothèque permanente. Lors d'une session ultérieure, on pourra à nouveau y accéder, une fois la bibliothèque redéfinie. Pour accéder à ce fichier avec SAS 9.4, on doit :

- soit saisir ODSDOCUMENT dans la fenêtre de commande ;
- soit, dans l'onglet *Résultats* actif, ouvrir le menu *Affichage>Documents*.

Dans les deux cas, un nouvel onglet *Documents* s'ouvre.

Pour construire la figure 8-4, nous avons au préalable créé trois fichiers ODS DOCUMENT : deux dans la bibliothèque LIB et un dans SASUSER. Lorsque vous activez l'onglet *Documents*, tous les fichiers ODS DOCUMENT des bibliothèques actives s'affichent. Dans la figure 8-4, nous avons développé en partie ces différents dossiers et demandons la création d'un nouveau fichier.

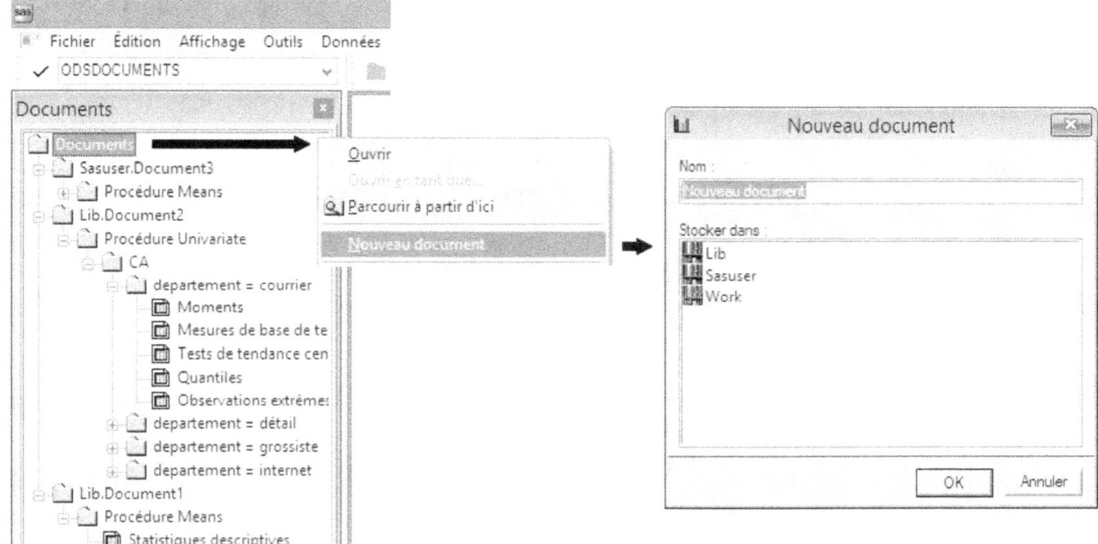

Figure 8–4 SAS 9.4 : ODS DOCUMENT – Création d'un nouveau fichier DOCUMENT

Cliquez-droit sur *Documents* (figure 8-4) pour créer un nouveau fichier, à nommer et affecter à une bibliothèque. Dès lors, par de simples copier-coller dans l'onglet *Documents*, vous pourrez construire un nouveau fichier DOCUMENT – en reprenant dans différents fichiers DOCUMENT des résultats obtenus à différents moments – puis demander son édition vers la destination de votre choix.

Il vous est aussi possible de gérer vos fichiers DOCUMENT existants en retirant un élément de la sortie ou en modifiant la structure d'une sortie…

La procédure PROC DOCUMENT est dédiée à la gestion de vos fichiers ODS DOCUMENT : elle n'est pas développée ici, mais pour plus de renseignements, consultez l'aide SAS (entrée *Overview: DOCUMENT Procedure*).

Les utilisateurs de SAS Studio/UE/EG ne disposent pas de l'onglet *Documents* ; ils devront impérativement mobiliser PROC DOCUMENT.

Si le sujet vous intéresse, nous vous invitons aussi à consulter l'ouvrage suivant, particulièrement complet et didactique :

TUCHMAN, Michael, *PROC DOCUMENT by example using SAS*, Cary, NC : SAS Institute Inc., 312 pages, ISBN# 978-1-60764-667-9, octobre 2012

8.3 ODS HTML

ODS HTML est la première destination externe à SAS que nous allons étudier. Cela nous permettra de traiter un ensemble d'aspects communs aux différentes destinations externes et nous vous invitons à consulter cette section, même si vous ne souhaitez pas créer de fichiers HTML lisibles au moyen de n'importe quel navigateur Internet. La syntaxe présentée dans cette section fonctionnera aussi bien avec ODS HTML5 qu'avec ODS HTML.

8.3.1 La gestion des fichiers des destinations externes

Lorsque vous envoyez des résultats vers des destinations externes à SAS, selon que vous précisez ou non le nom des fichiers à créer (option FILE=, ou BODY= pour ODS HTML), ces derniers ne seront pas enregistrés au même endroit.

En ce qui concerne ODS HTML, si le nom n'est pas spécifié, le fichier sera envoyé dans un dossier temporaire qui correspond, sur votre disque dur, à l'emplacement physique de la bibliothèque WORK. Il sera détruit à la fin de votre session SAS. Si vous spécifiez les noms et pour toutes les autres destinations, les fichiers créés seront enregistrés à l'emplacement par défaut indiqué en bas à droite de votre écran. Pour modifier ce dernier, vous devez agir sur l'option globale SASINITIALFOLDER= dans le fichier de configuration SASV9.CFG (voir section 5.6.4).

Pour choisir l'endroit où enregistrer vos fichiers, vous pouvez aussi indiquer un chemin complet :

```
ODS PDF FILE="c:\intro_SAS\ods\monfichier.pdf";
```

Pour ODS HTML et ODS RTF, vous pouvez utiliser l'option PATH= et lui associer le nom d'un emplacement que vous aurez au préalable défini avec l'instruction globale FILENAME.

```
FILENAME ODSOUT 'C:\intro_SAS\ods';
ODS HTML PATH=ODSOUT BODY='resultat2.html';
```

Les graphiques que vous produisez sont eux aussi envoyés dans ce dossier, à moins d'inclure une option GPATH=[6].

8.3.2 ODS HTML – Principes

Nous allons voir dans les sections qui suivent comment exploiter ODS afin de créer des sorties lisibles dans un navigateur Internet. Il ne s'agit pas de devenir webmaster, mais si vous disposez, sur un serveur, d'un espace capable d'accueillir des pages HTML, vous produirez très rapidement un ensemble de fichiers qui présenteront vos résultats d'une manière tout à fait attrayante. ODS HTML produit des fichiers en HTML 4.0. Si vous souhaitez obtenir des fichiers lisibles aussi par des tablettes et des smartphones, utilisez ODS HTML5.

---

6. Voir section 7.1.1.

Programme 8-7

```
FILENAME ODSOUT 'C:\intro_SAS\ods';
ODS HTML PATH=ODSOUT BODY='87_body.html';
   PROC MEANS DATA=odsdata;
       CLASS produit;
       VAR nombre;
   RUN;
ODS HTML CLOSE;
```

Le programme commence par une instruction d'ouverture d'ODS HTML ; nous demandons la création d'un fichier 87_BODY.HTML dans lequel sera dirigé le résultat produit par la procédure PROC MEANS.

Si vous exécutez ce programme, votre sortie reste dans tous les cas visible dans votre fenêtre *Résultats*. Vous pouvez aussi ouvrir ce fichier avec votre navigateur Internet (menu *Fichier>Ouvrir>Parcourir* vers le dossier que vous avez associé, via FILENAME à ODSOUT).

Si vous souhaitez placer, dans votre page HTML, les résultats obtenus au moyen de plusieurs procédures, se posera alors la question de l'organisation de votre page.

Vous pouvez dans un premier temps paramétrer votre sortie au moyen des options et instructions propres à chaque procédure, puis spécifier les titres et pieds de pages de votre choix via les instructions globales TITLE et FOOTNOTE. Des options globales (CENTER/NOCENTER par exemple) sont aussi exploitables. Le programme 8-8 offre un premier exemple de sortie HTML présentant plusieurs résultats. Nous en profitons pour changer de style ODS au moyen de l'option STYLE=.

Programme 8-8

```
ODS HTML PATH=ODSOUT BODY='88_body.html' STYLE=festival;
   TITLE "Données mensuelles";
   TITLE2 "Ventes par division";
   FOOTNOTE JUSTIFY=left H=10pt COLOR=red 'Année 2017';
   PROC MEANS DATA=odsdata NONOBS MEAN SUM MAXDEC=2;
      CLASS departement;
      VAR nombre;
   RUN;
   TITLE2 "Ventes par produit";
   PROC MEANS DATA=odsdata NONOBS MEAN SUM MAXDEC=2;
      CLASS produit;
      VAR nombre;
   RUN;
ODS HTML CLOSE;
```

Les résultats de chaque procédure sont repris au sein d'une même feuille HTML. Dans notre cas, chaque sortie compte peu de lignes mais, si vous utilisez des procédures offrant des résultats particulièrement longs, vous pouvez mettre en place une organisation qui facilitera la navigation entre les résultats.

SB B 8.3.3 Création de tables des matières

Pour naviguer simplement entre vos différents résultats, vous apprécierez une table des matières. Dans le programme 8-8, remplacez la ligne suivante :

```
ODS HTML PATH=ODSOUT BODY='88_body.html' STYLE=festival;
```

par le programme 8-9.

Programme 8-9

```
ODS HTML PATH=ODSOUT(URL=none)
        BODY='89_body.html'
        CONTENTS='89_contenu.html'
        FRAME='89_cadre.html'
        NEWFILE=PROC
        STYLE=festival;
```

Relancez ensuite le programme.

Dans le répertoire que vous avez défini comme ODSOUT, ce programme va créer quatre fichiers :

- Deux fichiers BODY (89_BODY et 89_BODY1) reprendront respectivement le résultat issu de la première procédure et celui de la seconde. L'incrémentation des noms des fichiers BODY est automatique.
- Un fichier 89_CONTENU.HTML contient uniquement la table des matières.
- Le fichier 89_CADRE.HTML construit le lien entre la table des matières et les différents fichiers BODY. C'est ce dernier fichier que vous devrez ouvrir avec votre navigateur pour naviguer entre les divers résultats.

Vous ne pouvez pas afficher la table des matières dans la fenêtre *Résultats* : il faut impérativement un navigateur Internet pour obtenir l'équivalent du résultat 8-4.

Résultat 8-4

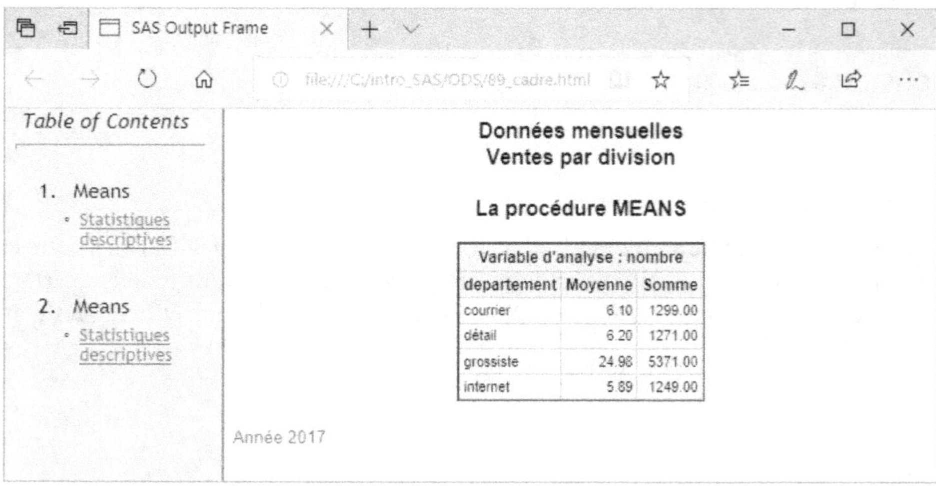

Variable d'analyse : nombre		
departement	Moyenne	Somme
courrier	6.10	1299.00
détail	6.20	1271.00
grossiste	24.98	5371.00
internet	5.89	1249.00

Nous utilisons dans le programme 8-9 l'option NEWFILE=, dont voici les valeurs possibles :

- **PROC** – Demande la création d'un fichier HTML (BODY) par procédure.
- **PAGE** – Un fichier HTML est créé par page (une procédure unique peut produire plusieurs pages[7]).
- **OUTPUT** – Crée une page par élément de sortie. Certaines procédures génèrent plusieurs éléments pour chaque sortie (cinq par défaut dans le cas de PROC UNIVARIATE). Cette valeur d'option implique que les sorties ne sont pas présentées dans un fichier HTML unique, mais dans cinq fichiers distincts.
- **BYGROUP** – Le cas échéant, crée une page par modalité de la variable BY.
- **NONE** – Toutes les sorties sont mises dans un fichier unique (fonctionnement par défaut).

Si votre programme fait appel à trois procédures et si vous souhaitez que les résultats des deux premières aillent dans une première page HTML et que ceux de la troisième soient repris dans une seconde page, vous devrez préciser NEWFILE=NONE dans votre instruction ODS HTML d'ouverture de destination, puis, juste avant votre troisième procédure, ajouter l'instruction suivante :

```
ODS HTML NEWFILE=PROC;
```

La table des matières proposée ici a été obtenue via l'option CONTENTS=. Vous pouvez produire un second type de table des matières avec l'option PAGE= : vous créerez alors une table des matières par page. Les termes « statistiques descriptives » seront remplacés par page 1 et page 2.

Les fichiers HTML créés ici sont liés les uns aux autres, ce qui risque d'engendrer des problèmes si vous mettez vos résultats en ligne. Dans les fichiers HTML, les liens peuvent être de deux types :

- relatifs : HREF="test.html";
- absolus : HREF='http://www.sas-sr.com/mesrapports/test.html".

Dans le cas des liens relatifs, il faut que le fichier cité (test.html) se trouve dans le même répertoire (mesrapports) que celui qui contient le lien.

Supposons que vos options BODY=, CONTENTS= et FRAME= soient de la forme suivante :

```
ODS HTML BODY="c:/intro_sas/ods/body.html"
         CONTENTS="c:/intro_sas/ods/som.html"
         FRAME="c:/intro_sas/ods/frame.html";
```

Ce sont ces chemins que vous retrouverez dans le code HTML des pages créées. Si vos fichiers ne quittent pas votre ordinateur, tout ira bien, mais vous ne pourrez pas mettre en ligne ce type de fichier. La sous-option URL= de BODY= et CONTENTS= apporte une solution possible :

```
ODS HTML BODY="c:/intro_sas/ods/body.html"(URL='body.html')
         CONTENTS="c:/intro_sas/ods/som.html"(URL='som.html')
         FRAME="c:/intro_sas/ods/frame.html";
```

---

7. Par exemple, une procédure PROC REG dans laquelle vous spécifiez une instruction TEST.

Dans le code HTML de la page CONTENTS (som.html), vous observerez que les liens ne sont plus absolus, mais relatifs. En outre, avec la sous-option URL=, vous pouvez directement préciser le chemin complet de vos fichiers sur Internet – il faut bien entendu le connaître à l'avance :

```
... (URL='http://www.sas-sr.com/mesrapports/body.html');
```

Vous pouvez aussi appliquer la sous-option URL= à l'option PATH= afin que vos fichiers HTML puissent être mis en ligne simplement :

```
ODS HTML PATH=ODSOUT(URL=none)...;
ODS HTML PATH=ODSOUT(URL='http://www.sas-sr.com/mesrapports/')...;
```

Dans le premier cas, vous obtiendrez des adressages HTML en relatif ; dans le second cas, des adressages en absolu. Nous spécifierons systématiquement la sous-option URL=NONE dans les programmes qui créent des fichiers HTML avec une table des matières.

⊕ 8.3.4 Paramétrer la table des matières

Vous disposez de plusieurs outils pour paramétrer le sommaire de votre sortie HTML. La table des matières construite avec l'option CONTENTS= d'ODS HTML est pour l'instant telle que vous la voyez dans le résultat 8-4. Quel que soit le type de table des matières, vous avez la possibilité de remplacer les intitulés de procédures (MEANS) par le texte de votre choix via l'instruction ODS PROCLABEL.

Programme 8-10

```
ODS HTML PATH=ODSOUT (URL=none)
         BODY='810_body.html'
         STYLE=festival
         NEWFILE=OUTPUT
         CONTENTS='810_contenu.html'
         FRAME='810_cadre.html' (TITLE="2017");
ODS NOPROCTITLE;
   TITLE "Données mensuelles";
   TITLE2 "Ventes par division";
ODS PROCLABEL 'Nombre de ventes par division';
   PROC MEANS DATA=odsdata NONOBS
              MEAN SUM MAXDEC=2;
      CLASS departement;
      VAR nombre;
   RUN;
   TITLE2 "Extrait de la table";
   PROC PRINT DATA=odsdata(OBS=5)
              CONTENTS="mon texte";
   RUN;
ODS PROCLABEL 'Un graphique';
   PROC SGPLOT DATA=odsdata
              DESCRIPTION="mon graphique";
      VBAR produit / GROUP=departement
                     RESPONSE=nombre;
   RUN;
ODS HTML CLOSE;
```

Résultat 8-5 (table des matières uniquement)

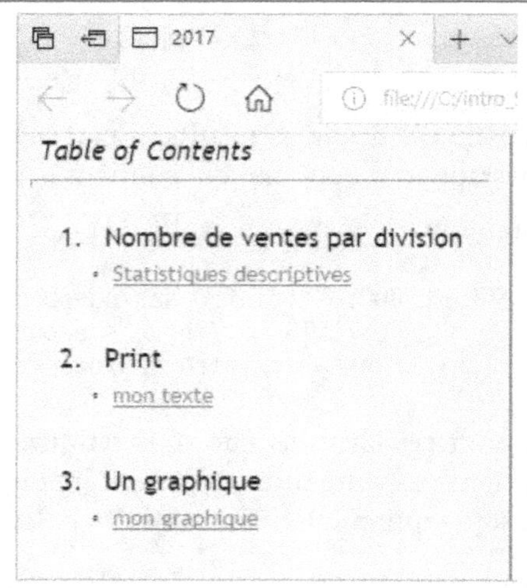

Une première personnalisation est définie par la sous-option TITLE= associée à FRAME= : vous donnez à l'onglet de votre sortie HTML un autre titre que celui attribué par défaut, « SAS Output Frame » (résultat 8-4). Si votre sortie HTML ne contient pas de table des matières, c'est à l'option BODY= que vous devez appliquer la sous-option TITLE=.

En ce qui concerne maintenant l'instruction ODS PROCLABEL, elle ne s'applique qu'à la sortie qui vient immédiatement après. Ainsi, puisqu'il n'y a aucune instruction ODS PROCLABEL avant la deuxième sortie ordonnée par PROC PRINT, on retrouve dans la table des matières l'intitulé par défaut (« Print »). Pour paramétrer les textes reprenant les noms des procédures, vous devez insérer une instruction ODS PROCLABEL avant chaque appel de procédure.

Les textes qui apparaissent sous les intitulés de procédures sont pour partie aisément paramétrables. Pour PROC PRINT, vous disposez d'une option CONTENTS= qui définit ce que vous voulez afficher à la place du texte par défaut (table WORK.ODSDATA). Cette option est aussi possible avec les procédures TABULATE et REPORT. Pour les graphiques produits par les procédures SG, c'est l'option DESCRIPTION= qui joue ce rôle.

Avec toutes les autres procédures de SAS (comme PROC MEANS), vous ne disposez pas de ce type d'option pour modifier le texte descriptif. Il vous faudra agir sur le gabarit qui définit la structure du tableau produit.

Le résultat 8-1 (voir section 8.2.1.a) vous a indiqué que le modèle de tableau s'appelle `base.summary`. Nous allons le modifier au moyen de la procédure PROC TEMPLATE :

Programme 8-11

```
PROC TEMPLATE;
   EDIT base.summary;
      MVAR label_mean;
      contents_label = label_mean;
   END;
RUN;
```

La modification du gabarit est ordonnée au moyen de l'instruction EDIT. MVAR et la ligne qui suit indiquent que le texte descriptif du tableau est stocké dans la macro-variable LABEL_MEAN. Si cette dernière n'existe pas, vous observerez le texte habituel : « Statistiques descriptives ». Juste avant le PROC MEANS du programme 8-10, ajoutez l'instruction suivante, qui va définir LABEL_MEAN :

```
%LET label_mean=Les statistiques;
```

La valeur de la macro-variable construite ainsi se substituera au texte habituel. La modification du gabarit ordonnée par le programme 8-11 est pérenne : si, lors d'une autre session, vous définissez à nouveau une macro-variable LABEL_MEAN, sa valeur continuera à se substituer au texte « Statistiques descriptives ».

Le dernier élément que vous pourriez souhaiter modifier dans ce sommaire est le texte « Table of contents ». À nouveau, vous devrez faire appel à PROC TEMPLATE. Il va s'agir cette fois-ci de cloner, légèrement modifié, le style ODS à utiliser pour produire votre résultat.

Programme 8-12

```
PROC TEMPLATE;
   DEFINE STYLE festivaltoc;
   PARENT=styles.festival;
      CLASS text
         'Pages Title' = "Sommaire"
         'Content Title' = "Sommaire";
      END;
RUN;
```

En partant du style ODS Festival (PARENT=), nous en définissons un nouveau (DEFINE STYLE) appelé Festivaltoc. Il reprend tous les éléments du style parent, mais modifie (instruction CLASS) dans l'élément appelé TEXT, deux attributs : « Pages Title » et « Content Title ». Ils avaient respectivement pour valeur initiale `Table of Pages`[8] et `Table of Contents` ; nous leur donnons la valeur `Sommaire`.

Modifiez une nouvelle fois le programme 8-10 en demandant à utiliser ce style et vous obtiendrez la table des matières suivante :

Résultat 8-6 (extrait)

> *Sommaire*
>
> 1. Nombre de ventes par
>   division
>   ◦ Les statistiques

Le style construit par le programme 8-12 est pérenne et pourra être réutilisé lors de sessions SAS ultérieures.

La procédure PROC TEMPLATE présentée dans cette section est particulièrement riche, mais nous ne la développerons pas dans le présent ouvrage.

Si le sujet vous intéresse, n'hésitez pas à consulter cet ouvrage très complet :

📖 SMITH, Kevin D., *PROC TEMPLATE made easy : a guide for SAS® users*, Cary, NC : SAS Institute Inc, 260 pages, ISBN# 978-1-60764-808-6, avril 2013

➕ 8.3.5 Personnaliser les feuilles de résultats

Les fichiers BODY contiennent les résultats des procédures que vous souhaitez voir apparaître. Les résultats en eux-mêmes sont paramétrables avec les options et instructions propres à chaque procédure, mais vous avez le moyen de personnaliser ce qui apparaîtra autour de votre tableau.

Ainsi, vous remarquez dans le programme 8-10 la présence d'une instruction :

```
ODS NOPROCTITLE;
```

---

8. Ce texte apparaît si vous construisez votre table des matières au moyen de l'option PAGE= plutôt que CONTENTS=.

Cette instruction fait disparaître l'intitulé « La Procédure MEANS » qui apparaissait dans la feuille de résultats, au-dessus du tableau (résultat 8-4). Contrairement à ODS PROCLABEL, cette instruction s'applique à toutes les sorties qui pourraient être demandées ensuite. Pour revenir au fonctionnement par défaut, entrez l'instruction :

```
ODS PROCTITLE;
```

Dans cette section, nous allons personnaliser nos résultats en spécifiant du texte via TITLE, FOOTNOTE et l'instruction ODS TEXT=. Ce texte peut être amélioré à l'aide de balises HTML ou en utilisant les possibilités offertes par ODS ESCAPECHAR. Les outils de mise en forme présentés ici servent aussi pour personnaliser les sorties envoyées vers les destinations RTF, PDF ou EXCEL.

Vous avez également la possibilité d'intercaler du texte entre vos résultats avec PROC ODSTEXT et PROC ODSLIST. La procédure ODSTEXT sera plus particulièrement traitée dans la section 8.6 consacrée à ODS POWERPOINT, qui n'autorise pas ODS TEXT=.

a. La mise en forme avec des balises HTML

Vous pouvez intégrer des balises HTML dans les textes de votre sortie. Même pour un non-spécialiste des balises HTML, c'est relativement simple. Nous allons le montrer en plaçant dans notre feuille HTML :

- des liens vers d'autres pages HTML ;
- une image.

Programme 8-13

```
PROC FORMAT;
   VALUE $liens
      courrier='<A HREF="courrier.html">courrier</A>'
      détail='<A HREF="detail.html">détail</A>'
      grossiste='<A HREF="grossiste.html">grossiste</A>'
      internet='<A HREF="internet.html">Internet</A>';
RUN;

ODS HTML PATH=ODSOUT
         BODY='813_body.html'
         STYLE=festival;
   ODS NOPROCTITLE;
   TITLE '<img src="http://www.sas-sr.com/entete.png"/>';
   TITLE2 '<A></A>visitez <A HREF="http://www.sas-sr.com">le site compagnon</A> c&rsquo;est
important<A></A>';
   PROC MEANS DATA=odsdata NONOBS MEAN SUM MAXDEC=2;
      CLASS departement;
      VAR nombre;
      LABEL departement='<A HREF="http://www.sas-sr.com">département</A>';
      FORMAT departement $liens.;
   RUN;
ODS HTML CLOSE;
```

Résultat 8-7

visitez le site compagnon c'est important

Variable d'analyse : nombre		
département	Moyenne	Somme
courrier	6.10	1299.00
détail	6.20	1271.00
grossiste	24.98	5371.00
internet	5.89	1249.00

L'instruction globale TITLE permet d'intégrer l'image en haut de l'écran. La syntaxe en est simple :

```
TITLE '<img src="http://www.sas-sr.com/entete.png"/>';
```

Le lien vers l'image à insérer peut être précisé entre quotes simples, mais il faut alors indiquer l'intégralité de l'instruction HTML entre quotes doubles. Le lien peut être absolu, comme dans notre cas, ou relatif, comme suit :

```
TITLE '<img src="entete.png"/>';
```

Il convient alors que votre image soit présente dans votre dossier ODSOUT, afin que la mise en ligne de votre résultat ne pose pas de difficulté. Si votre lien est de la forme suivante :

```
TITLE '<img src="C:/intro_sas/ods/entete.png"/>';
```

c'est lui qui sera enregistré dans votre fichier HTML. Si l'affichage de l'image au moment de la création de votre fichier HTML dans SAS ne pose pas de problème, sa mise en ligne sera en revanche plus délicate : en effet, les lecteurs de vos résultats ne pourront pas demander l'accès à un fichier de votre disque dur via Internet.

L'insertion d'un lien vers une page HTML est un peu plus compliquée, car il est impossible d'utiliser un élément de texte comme nous le faisons habituellement (entre quotes), suivi d'une instruction HTML. L'intégralité du texte doit être présentée avec des balises HTML :

```
<A HREF="http://www.sas-sr.com">le site compagnon</A>
```

En cliquant sur le texte « le site compagnon », vous irez sur le site dont l'adresse est précisée entre quotes doubles après HREF=. Pour disposer un texte à gauche (« visitez »), vous devez le faire précéder des balises <A></A>. Dans le texte placé à droite, auquel les mêmes balises sont appliquées, vous notez la présence de '’'. Cette instruction de caractère spécial affiche l'apostrophe du texte « c'est important » : en effet, nous ne pouvons pas utiliser directement l'apostrophe puisqu'elle serait interprétée comme la quote fermante de TITLE2. Une liste des caractères spéciaux HTML vous sera donc utile :

http://www.degraeve.com/reference/specialcharacters.php

À l'intérieur même de vos tableaux, vous pouvez aussi introduire des balises HTML via le LABEL d'une variable, un FORMAT, voire des modalités de variables[9].

```
LABEL departement='<A HREF="http://www.sas-sr.com">département</A>';
```

Dans cet exemple, le nom de la variable de classification continue à apparaître, mais vous pourrez cliquer sur « département » pour accéder, par exemple, à une autre feuille HTML donnant un complément d'information. En revanche, un LABEL imposé à la variable analysée (NOMBRE) ne sera pas correctement interprété dans l'en-tête du tableau réalisé.

Préalablement à la construction de la page HTML, nous avons créé un FORMAT spécifique que nous avons associé aux modalités de la variable de classification. Nous demandons, dans le PROC MEANS, l'application du FORMAT $LIEN. à la variable DEPARTEMENT. Le tableau produit affiche des liens hypertextes vers d'autres feuilles HTML, enregistrées au même endroit que le fichier BODY créé par le programme 8-13.

Dans le FORMAT spécifique, nous avons choisi d'associer chaque département à une feuille HTML particulière. Vous pouvez aussi, avec la syntaxe HTML exposée dans cette section, intégrer des images ou des liens qui permettront d'envoyer un e-mail à chaque responsable de département.

b. L'in-line formatting avec ODS ESCAPECHAR

ODS ESCAPECHAR autorise des mises en forme de texte *(in-line formatting)* particulièrement utilisées lorsque les sorties sont envoyées vers la destination PRINTER ou RTF. Les fichiers créés par ODS PRINTER (PS, PDF, voir section 8.4) sont en effet très difficilement modifiables et mieux vaut leur donner leur forme définitive à partir de SAS. Nous profitons de cette section essentiellement dédiée à ODS HTML pour vous présenter les bases d'ODS ESCAPECHAR.

Pour profiter des possibilités qu'offre ESCAPECHAR, il faut commencer par la déclaration d'un caractère spécial : il servira à indiquer dans vos textes qu'un élément de style va être précisé. Vous devez déclarer un caractère rare comme @, ^, ~ ou #. Cette déclaration se fait via l'instruction suivante :

```
ODS ESCAPECHAR="^";
```

Une fois le caractère spécial défini, vous pourrez utiliser un certain nombre de fonctions. Avec SAS 9.4M5, 27 sont proposées mais certaines ne concernent qu'une seule destination ODS. Ainsi, 10 sont propres à la destination ODS EPUB. Nous n'évoquerons ici que des fonctions communes à l'ensemble des destinations : UNICODE, NBSPACE, NEWLINE, SUB, SUPER et STYLE.

---

9. Pour voir cela, créez une table et donnez une modalité à une variable caractère de la manière suivante :
```
departement='<A HREF="http://www.sas-sr.com">département</A>';
```
Exécutez ensuite un PROC PRINT (sortie HTML).

Pour exploiter ces fonctions, le caractère spécial doit être suivi d'une accolade ouvrante puis du nom de la fonction à utiliser. Vous indiquez ensuite un ou plusieurs argument(s) suivi(s) d'une accolade fermante.

La fonction UNICODE permet d'introduire des caractères spéciaux.

```
TITLE "alpha grec ^{UNICODE 03B1} té' arabe ^{UNICODE 0637} hé hébraïque ^{UNICODE
05D4}";
TITLE2 "cyrillique       ñé ^{UNICODE 040A} ohm ^{UNICODE 2126}";
TITLE3 "DAGGER ^{UNICODE dagger} SIGMA ^{UNICODE sigma} ALPHA ^{UNICODE alpha}";
```

Résultat 8-8 (extrait)

alpha grec α té' arabe ظ hé hébraïque ה

cyrillique ñé Њ ohm Ω

DAGGER † SIGMA σ ALPHA α

Sous Windows, vous trouverez les codes unicode des caractères spéciaux dans la table des caractères (bouton *Windows>Accessoires>Table des caractères*).

Figure 8–5
Table des caractères Windows

Trouvez dans cette table le caractère spécial que vous souhaitez et notez son code (ici 04C1) pour que la fonction UNICODE l'affiche. Un certain nombre de caractères sont préparamétrés, ce qui vous dispense de connaître leur valeur unicode (voir instruction TITLE3).

Pour avoir la liste complète des caractères spéciaux préparamétrés, exécutez le programme 8-14.

Programme 8-14

```
PROC TEMPLATE;
   SOURCE base.template.tagset;
RUN;
```

Le résultat s'affiche dans la fenêtre *Journal*. L'aide SAS vous indique comment compléter cette liste au besoin (entrée *ODS ESCAPECHAR statement, Using Unicode Symbols*).

La fonction NBSPACE permet l'introduction d'espaces entre deux éléments de texte et NEWLINE passe à la ligne. Pour montrer les capacités de ces fonctions, nous faisons appel à l'instruction

ODS TEXT=. Dans une sortie HTML, elle insère en effet un texte soit avant les titres – si elle est présentée avant l'appel à la procédure –, soit après les pieds de page – si elle intervient après la procédure et si votre fichier HTML ne reprend les résultats que d'une procédure.

Avec l'instruction suivante (à inclure dans le programme 8-13 soit avant le PROC MEANS, soit après), vous obtenez le résultat 8-9 :

```
ODS TEXT="voici la première ligne de texte^{newline}^{nbspace 5}- création d'une
indentation^{newline}^{nbspace 5}- et seconde ligne indentée^{newline 2}et nous
continuons plus bas";
```

Résultat 8-9 (extrait)

voici la première ligne de texte
- création d'une indentation
- et seconde ligne indentée

et nous continuons plus bas

Dans TITLE2 défini plus haut, nous avons tapé sept espaces entre « cyrillique » et « né ». Un seul apparaît dans le résultat 8-8[10]. La fonction NBSPACE permet d'afficher le nombre d'espaces de votre choix et crée, dans notre exemple, des indentations. NEWLINE passe à la ligne. Avec ces deux fonctions, si vous ne précisez pas le nombre d'espaces ou de lignes, celui-ci est considéré comme étant égal à 1.

Les fonctions SUB et SUPER mettent respectivement en indice et en exposant. Il faut préciser, immédiatement après la fonction utilisée, le texte concerné.

```
TITLE "X puissance Y soit X^{SUPER Y}";
TITLE2 "X indice Y soit X^{SUB Y}";
```

Résultat 8-10 (extrait)

X puissance Y soit X^Y
X indice Y soit X_Y

La dernière fonction que nous souhaitons évoquer est STYLE. Elle est particulièrement complète et autorise de nombreuses mises en forme. Vous pouvez l'exploiter de deux façons :

```
^{STYLE[attribut=valeur] texte formaté}";
^{STYLE élément_de_style_ODS texte formaté}";
```

Dans la première utilisation, immédiatement après la fonction STYLE, vous spécifiez entre crochets un attribut à modifier, puis sa valeur. Vous indiquez ensuite le texte à formater. Voici la liste des attributs les plus utiles pour mettre en forme vos textes :

- **COLOR=** – Spécifie la couleur que doit prendre votre élément de texte.

---

10. Il s'agit là d'une caractéristique propre au langage HMTL et que nous avons déjà évoquée : si plusieurs espaces se suivent, seul un est affiché dans un navigateur HTML.

- **FONT=()** – Précise à la fois la police, la taille et le type (gras, italique). Les instructions suivantes sont possibles :

```
FONT=('arial',22pt,italic bold)
FONT=('arial',22pt,italic)
FONT=('arial')
```

- **FONT_FACE=** – Spécifie uniquement la police (entre quotes).
- **FONT_SIZE=** – Indique la taille de la police. Si vous ne saisissez pas d'unité (PT), la valeur varie entre 1 (taille normale spécifiée dans le style ODS) et 7 (taille la plus élevée prévue par le style que vous utilisez).
- **FONT_STYLE= italic** – Met le texte en italique.
- **FONT_WEIGHT=bold** – Met le texte en gras.
- **URL=** – Insère un lien HTML (à préciser entre quotes).
- **JUST=** – Justifie le texte (C, R ou L : centré, à droite, à gauche).
- **FLYOVER=** – Définit l'affichage d'un texte (à préciser entre quotes) dans une infobulle au passage de la souris sur l'élément de texte.
- **PREIMAGE=** – Insère une image (lien à préciser entre quotes).

La fonction STYLE a de nombreux éléments en commun avec les options STYLE que nous avons vues pour PRINT, REPORT et TABULATE. Pour la plupart, les attributs que nous avons présentés dans les exemples d'application de ces procédures (voir la section 6.3.3 en particulier) peuvent donc être exploités ici.

Dans la seconde utilisation de la fonction STYLE, immédiatement après le mot-clé, vous nommez un élément du style HTML que vous utilisez. Le texte qui suit sera alors mis en forme au moyen des attributs de cet élément de style. Les instructions suivantes vous offrent des exemples d'application et précisent certains points.

```
TITLE3 "^{STYLE[COLOR=red] un ^{STYLE[FONTSIZE=18pt] deux } trois } quatre";
TITLE4 "^{STYLE[COLOR=white BACKGROUND=black FONT_FACE='symbol'] blanc/noir}";
TITLE5 "^{STYLE HEADER application d'un élément de style}";
```

Résultat 8-11 (extrait)

un **deux** trois quatre

βλανχ/νοιρ

application d'un élément de style

Les attributs que vous modifiez s'appliquent jusqu'à ce que l'accolade fermante } soit rencontrée : les mots « un », « deux », « trois » sont donc tous les trois en rouge. Seul le mot « deux » apparaîtra dans une taille plus grande. Le mot « quatre » est le seul qui sera en bleu (couleur par défaut du style ODS Htmlblue). Vous pouvez changer plusieurs attributs avec une seule instruction STYLE. Enfin, l'instruction TITLE5 demande l'application du style propre à l'élément HEADER (utilisé par exemple pour les en-têtes de colonnes qui apparaissent dans la sortie PROC MEANS) au texte qui suit.

⊕ 8.3.6 Personnaliser les sorties avec ODS SELECT et EXCLUDE

Jusqu'à présent, nous n'avons agi que sur certaines parties de la sortie :
* les titres et les pieds de page (TITLE, FOOTNOTE, ODS NOPROCTITLE) ;
* le mode de présentation de la sortie (ajout de pages et de tables des matières) ;
* le paramétrage de la table des matières ;
* l'insertion de texte mis en forme dans les fichiers BODY.

En outre, nous savons modifier en partie les sorties en intervenant sur les options des procédures utilisées (nous savons ainsi personnaliser nos graphiques et nos tableaux grâce à la syntaxe des différentes procédures utilisées).

Il nous reste donc à voir comment sélectionner les éléments qui composent une sortie. Nous allons une nouvelle fois faire appel à ODS TRACE pour lister les éléments concernés. Ensuite, avec ODS SELECT ou ODS EXCLUDE, nous déterminerons ceux que nous souhaitons afficher.

Le programme 8-15 produit la sortie sur laquelle nous allons intervenir.

Programme 8-15

```
ODS GRAPHICS ON;
ODS TRACE ON;
   TITLE;FOOTNOTE;
   PROC FREQ DATA=odsdata;
      TABLES departement produit / PLOTS=ALL;
   RUN;
ODS TRACE OFF;
```

Les éléments qui composent cette sortie sont affichés dans votre fenêtre *Journal*.

Résultat 8-12 (fenêtre Journal)

```
Sortie ajoutée :                                    Sortie ajoutée :
------------                                        ------------

Nom : OneWayFreqs                                   Nom : OneWayFreqs
Libellé : Fréquences à un critère de classification Libellé : Fréquences à un critère de classification
Modèle : Base.Freq.OneWayFreqs                      Modèle : Base.Freq.OneWayFreqs
Chemin : Freq.Table1.OneWayFreqs                    Chemin : Freq.Table2.OneWayFreqs
------------                                        ------------


Sortie ajoutée :                                    Sortie ajoutée :
------------                                        ------------

Nom : FreqPlot                                      Nom : FreqPlot
Libellé : Courbe de fréquence                       Libellé : Courbe de fréquence
Modèle : Base.Freq.Graphics.OneWayFreqChart         Modèle : Base.Freq.Graphics.OneWayFreqChart
Chemin : Freq.Table1.OneWayFreqPlots.FreqPlot       Chemin : Freq.Table2.OneWayFreqPlots.FreqPlot
------------                                        ------------


Sortie ajoutée :                                    Sortie ajoutée :
------------                                        ------------

Nom : CumFreqPlot                                   Nom : CumFreqPlot
Libellé : Courbe de fréquence cumulée               Libellé : Courbe de fréquence cumulée
Modèle : Base.Freq.Graphics.OneWayFreqChart         Modèle : Base.Freq.Graphics.OneWayFreqChart
Chemin : Freq.Table1.OneWayFreqPlots.CumFreqPlot    Chemin : Freq.Table2.OneWayFreqPlots.CumFreqPlot
------------                                        ------------
```

Comme précisé dans la section 8.2.1, chaque sortie présente un nom, un libellé, un modèle et un chemin. Le chemin résume les informations dont vous pouvez disposer pour une sortie particulière.

Afin de limiter votre sortie et de n'en faire apparaître que certains éléments, vous emploierez l'instruction ODS SELECT.

Programme 8-16

```
ODS HTML PATH=ODSOUT BODY='816_body.html';
ODS SELECT FreqPlot;
   PROC FREQ DATA=odsdata;
      TABLES departement produit / PLOTS=ALL;
   RUN;
ODS HTML CLOSE;
```

Cet exemple n'affiche que les graphiques représentatifs des fréquences. Nous avons écrit ici le nom de l'élément de la sortie obtenu grâce à ODS TRACE, de la même manière que pour la sortie qui apparaissait dans la fenêtre *Journal*. Vous n'êtes cependant pas obligé de respecter les minuscules/majuscules dans le nom des sorties demandées.

Si vous souhaitez voir apparaître plusieurs éléments d'une sortie, la syntaxe ne subira pas de modification majeure :

```
ODS SELECT OneWayFreqs FreqPlot;
```

Attention, cependant ! Les sorties s'affichent dans l'ordre de leur production par SAS, qu'il n'est pas possible de changer ici.

Plutôt que de sélectionner les éléments d'une sortie qui vous intéressent, si vous préférez en exclure certains, vous passerez par l'instruction ODS EXCLUDE.

```
ODS EXCLUDE CumfreqPlot;
```

Les actions SELECT et EXCLUDE ne sont valables que pour la sortie qui suit l'instruction ODS. Si vous avez plusieurs procédures PROC FREQ, par exemple, et si vous souhaitez présenter uniquement les tableaux de fréquences dans votre sortie, vous ajouterez à votre instruction l'option PERSIST :

```
ODS SELECT OneWayFreqs (PERSIST);
```

Notez cependant que l'option PERSIST « persistera » jusqu'à ce que vous l'annuliez avec l'instruction suivante :

```
ODS SELECT ALL;
```

Si vous ne soumettez pas cette instruction et si vous ordonnez ensuite une sortie via une autre procédure que PROC FREQ, comme elle ne disposera pas d'une sortie appelée ONEWAYFREQS, vous n'aurez aucun résultat – et vous risquez d'en chercher longtemps la cause, car votre fenêtre *Journal* n'affichera aucun message d'erreur.

Le programme 8-16 analyse deux variables et, pour l'instant, nous avons sélectionné ou exclu les mêmes éléments pour chacune des deux variables. Pour conserver dans votre résultat final des éléments différents pour chacune des variables, vous pouvez encore utiliser les noms des sorties :

```
ODS SELECT OneWayFreqs#1 FreqPlot#2;
```

Les instructions de sélection suivantes sont aussi possibles :

```
ODS SELECT "Fréquences à un critère de classification"#1
           "Courbe de fréquence"#2;
ODS SELECT Freq.Table1.OneWayFreqs
           Freq.Table2.OneWayFreqPlots.FreqPlot;
```

Si vous utilisez les libellés[11], veillez à reprendre exactement ceux qui apparaissent dans la fenêtre *Journal* suite à votre ODS TRACE. Vous devez respecter minuscules et majuscules.

✪ 8.3.7 Destinations multiples des sorties

Avec ODS, vous pouvez envoyer votre sortie vers plusieurs destinations, voire générer deux documents de même type et n'envoyer certaines sorties ou certains éléments d'une sortie que vers telle ou telle destination.

Programme 8-17

```
ODS HTML(ID=1) PATH=ODSOUT BODY="817XBODY.HTML" STYLE=electronics;
ODS HTML(ID=2) PATH=ODSOUT BODY="817YBODY.HTML" STYLE=festival;
ODS HTML(ID=1) SELECT onewayfreqs;
ODS HTML(ID=2) SELECT onewayfreqs#2;
   PROC FREQ DATA=odsdata;
      TABLES departement produit;
   RUN;
ODS HTML(ID=1) CLOSE;
   PROC TABULATE DATA=odsdata;
      CLASS departement produit;
      VAR CA;
      TABLE departement,produit*CA;
   RUN;
ODS HTML(ID=2) CLOSE;
```

Nous demandons ici la production de deux sorties HTML, chacune avec son propre style ODS. Il suffit d'écrire plusieurs instructions d'ouverture de destination. Nous ajoutons à chacune de ces instructions, à la suite de la destination et entre parenthèses, ID= suivi d'un numéro de destination[12]. L'attribution de ces numéros nous sert ensuite à distinguer les éléments que nous voulons dans tel ou tel document ODS. Nous mentionnons ces destinations dans les ODS SELECT ; en effet, si la destination de sortie n'est pas indiquée, les instructions EXCLUDE et SELECT s'appliquent à l'ensemble des destinations ouvertes.

---

11. Nous ne vous le conseillons pas (voir section 8.2.1.b).

12. Vous pouvez identifier vos destinations avec des mots plutôt qu'avec des nombres. L'option ID= n'est pas autorisée pour la destination LISTING.

Le premier fichier HTML ne contient donc que les deux tris à plat demandés par PROC FREQ. Le second fichier HTML contient le tri à plat de la variable PRODUIT, ainsi que le tableau produit par PROC TABULATE.

Si vous insérez des titres et des pieds de page, ils s'afficheront dans toutes les destinations ouvertes ; vous ne pouvez pas donner de titres différents en fonction de la destination. En revanche, il est possible de définir des éléments de texte différents en fonction de la destination, via ODS TEXT= :

```
ODS HTML(ID=1) TEXT="texte pour la 1ère destination HTML";
ODS HTML(ID=2) TEXT="texte pour la seconde destination HTML";
```

Si vous utilisez une instruction ODS TEXT= sans préciser une destination, le texte demandé sera envoyé vers toutes les destinations ouvertes.

8.3.8 ODS HTML5

Depuis SAS 9.4, il est possible de créer des documents HTML5 avec ODS. Cette nouvelle destination présente un très grand avantage si vous souhaitez diffuser sur Internet des graphiques consultables sur terminaux mobiles.

Comme nous l'avons indiqué dans la section 7.1.2, par défaut, les graphiques sont enregistrés au format SVG *(Scalable Vector Graphics)* lorsqu'ils sont envoyés vers la destination HTML5. Pour les autres destinations HTML, ils sont enregistrés en PNG, une simple image composée de pixels : si vous l'agrandissez, vous perdez en qualité. Le SVG est un format de données conçu pour décrire un graphique sous la forme de vecteurs : il s'agrandira à l'infini sans aucune perte de qualité.

À titre d'exemple, les résultats 8-13 et 8-14 proposent deux détails d'un même graphique que nous avons agrandi.

Résultat 8-13

Résultat 8-14

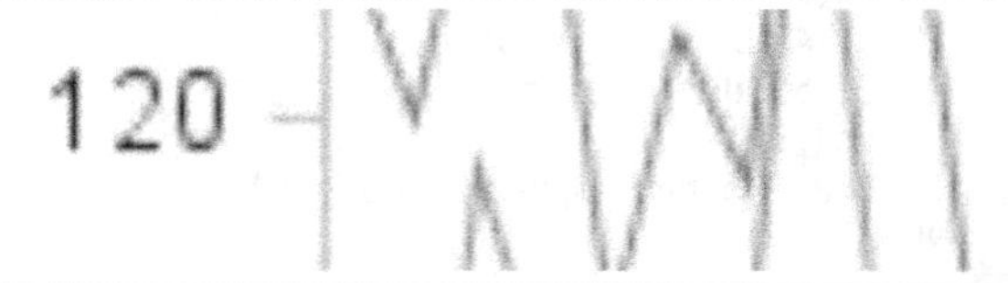

Nous vous laissons deviner à quel format correspondent ces deux résultats.

ODS HTML5 présente d'autres avantages et, si le sujet vous intéresse, n'hésitez pas à consulter le document suivant :

PARKER, Chevel, « The SAS output delivery system : boldly take your Web pages where they have never gone before », *Proceedings of the SAS Global Forum Conference*, 2013, 017-2013
http://support.sas.com/resources/papers/proceedings13/017-2013.pdf

8.4 ODS PDF

La destination PRINTER d'ODS commande l'impression de documents sur des imprimantes physiques (imprimante sous Windows, PCL et POSTSCRIPT) et la création de documents portables au format PDF, POSTSCRIPT ou PCL. ODS PDF est donc l'une des destinations d'ODS PRINTER.

Elle crée des fichiers PDF *(Portable Document Format)*. Il s'agit donc ici de créer un document que vous partagerez avec d'autres utilisateurs, mais que ceux-ci ne pourront pas facilement modifier.

8.4.1 Les principes

Programme 8-18

```
OPTIONS NODATE NONUMBER PAPERSIZE=A4;
ODS ESCAPECHAR='^';
ODS PDF FILE='c:/intro_sas/ods/rapport.pdf'
        AUTHOR="L'auteur du PDF"
        KEYWORDS='Liste de mots clés'
        SUBJECT='Sujet du PDF'
        TITLE='Le titre de votre PDF'
        STYLE=htmlblue;
   TITLE "Mon 1^{SUPER er} PDF";
ODS NOPROCTITLE;
   PROC FREQ DATA=odsdata;
      FORMAT produit fprod.;
      TABLES produit / NOPERCENT NOCUM;
   RUN;
ODS PDF CLOSE;
```

Résultat 8-15

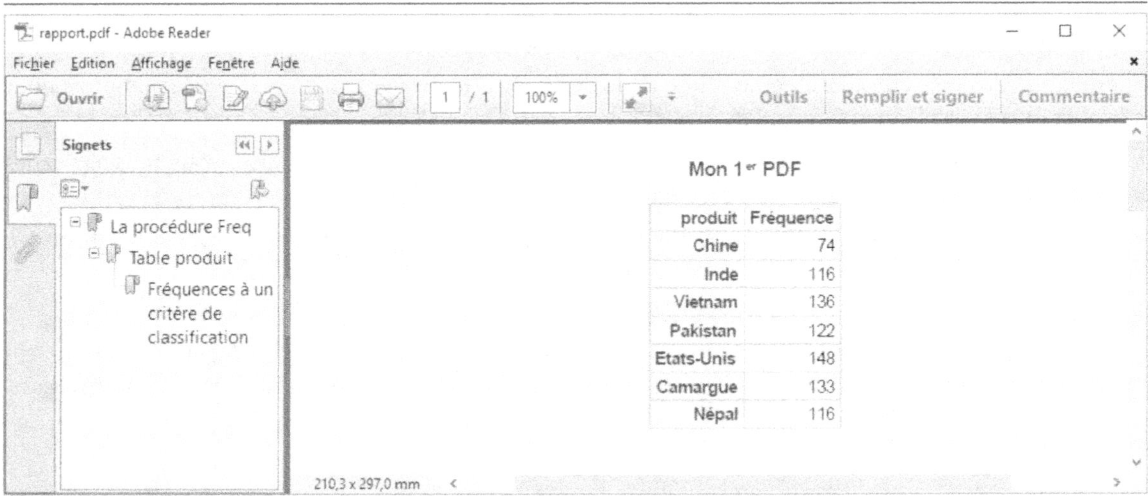

produit	Fréquence
Chine	74
Inde	116
Vietnam	136
Pakistan	122
Etats-Unis	148
Camargue	133
Népal	116

Si vous exécutez ce programme avec SAS 9.4, un fichier PDF sera créé puis ouvert automatiquement. Avec SAS Studio/UE, vous devrez ouvrir votre fichier sous Acrobat Reader. Avec SAS EG, une fenêtre *Résultat PDF* apparaît dans laquelle est placé un bouton pour télécharger le fichier créé, qui sera alors automatiquement ouvert.

Si, sans fermer le document PDF, vous modifiez le programme et demandez une nouvelle exécution, vous aurez dans la fenêtre *Journal* le message suivant :

```
ERROR: File is in use, C:/intro_sas/ods/rapport.pdf.
```

Votre fichier PDF n'est alors pas recréé. Merci de noter que, **pour toutes les destinations ODS que nous allons évoquer à partir de maintenant**, si le fichier créé par ODS est ouvert, vous ne pouvez pas demander à SAS de créer un fichier de même nom. Vous aurez dans le journal le message repris plus haut.

Avec SAS Studio/UE, le programme 8-18 crée en fait deux fichiers PDF. Par défaut, sans aucune instruction de votre part, tous les résultats produits sont envoyés vers la destination PDF. Vous ouvrez ce fichier par la barre d'outils de la fenêtre *Résultats*.

Figure 8–6
SAS Studio/UE :
la fenêtre Résultats

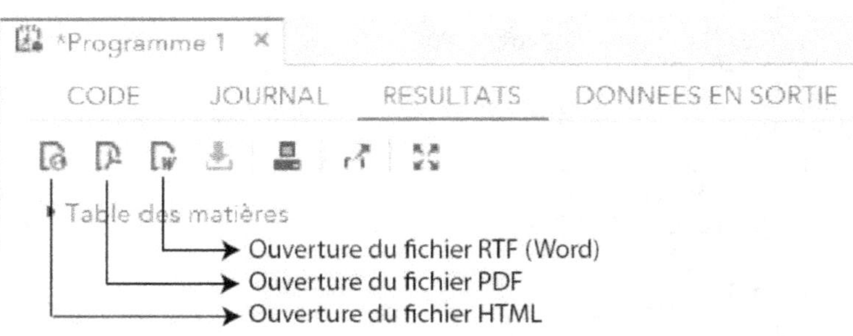

Si vous ouvrez le fichier PDF créé automatiquement, vous constaterez que le style ODS utilisé est différent (style Pearl) de celui que nous avons spécifié dans le programme 8-18.

Par défaut, SAS crée automatiquement une table de signets (équivalente à une table des matières) pour naviguer entre vos différents résultats.

En exploitant les options AUTHOR=, KEYWORD=, SUBJECT= et TITLE=, vous renseignez les méta-informations du document PDF (menu *Fichier>Propriétés…*).

Par défaut, les documents produits avec ODS PDF ont un format américain *letter* (215,9 × 279,4 mm)[13]. Pour obtenir du A4, vous devez préciser ce format via l'option globale PAPERSIZE=.

Vous disposez, en outre, d'options dans ODS PDF :

- **COMPRESS=** – Définit le niveau de compression de votre fichier. La valeur à donner est comprise entre 0 et 9. Plus le chiffre est élevé, plus la compression est importante (par défaut, l'option COMPRESS= vaut 6).

---

13. L'aide SAS indique cependant que la valeur par défaut de l'option PAPERSIZE= est A4 pour un utilisateur français… ce qui ne semble pas être le cas en réalité (voir l'aide SAS, entrée *PAPERSIZE= System Option*).

- **CONTENTS=YES/NO** – Ajoute une table des matières sur la première page du fichier.

Les fichiers PDF ne sont pas facilement modifiables une fois créés et vous devrez souvent produire un document finalisé. Nous développons dans les sections suivantes les outils propres à cette finalisation.

8.4.2 La table des signets

La table des signets (ou le sommaire, voir plus bas) est personnalisée grâce aux outils que nous avons vus dans la section 8.3.4. Si vous ne souhaitez pas de table de signets, utilisez l'option NOTOC de l'instruction ODS PDF. Avec l'option PDFTOC=, vous limitez le nombre des développements qui s'afficheront à l'ouverture du fichier dans la table des signets. Dans le résultat 8-15, cette dernière compte trois développements (« La procédure Freq », « Table produit » et « Fréquences… »). À la création du fichier PDF, si vous spécifiez PDFTOC=1, seul le premier apparaît dans la table des signets ; pour afficher les autres niveaux, il vous suffit de cliquer sur le signe + à gauche de « La procédure Freq ».

L'option CONTENTS=YES crée un sommaire en première page, qui inclut des liens donnant un accès direct à telle ou telle page (voir résultat 8-16).

Résultat 8-16

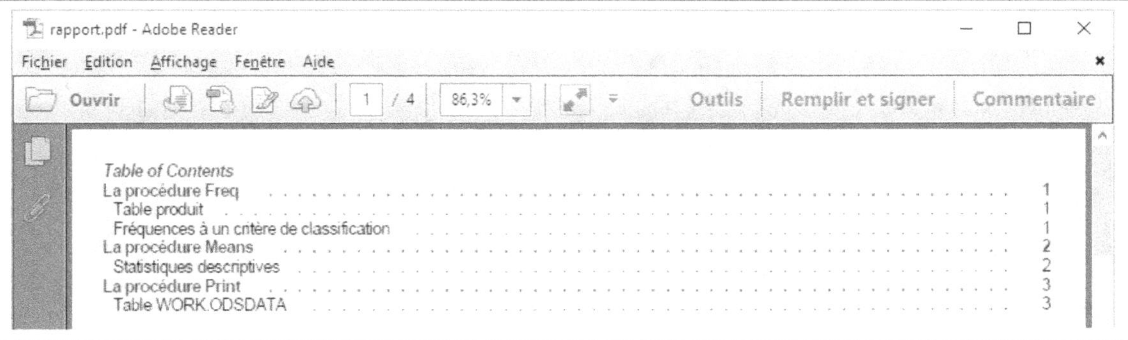

8.4.3 Les outils de mise en pages

Les options globales du système SAS que vous activerez via l'instruction globale OPTIONS vous laissent choisir le format de chacune des pages.

- **PAPERSIZE=** – Commande les dimensions des pages de votre document PDF.
- **ORIENTATION=PORTRAIT/LANDSCAPE** – Commande l'orientation de la page (portrait ou paysage).
- **BOTTOMMARGIN=** / **LEFTMARGIN=** / **RIGHTMARGIN=** / **TOPMARGIN=** – Spécifie les marges du bas, de gauche, de droite et du haut de votre page (égales à 0 par défaut).

D'autres options, propres à ODS PDF, servent à mettre en pages votre document. Par défaut, le résultat d'une procédure est suivi d'un saut de page : en l'absence d'un sommaire, si les résultats produits par vos procédures tiennent chacun sur une page et si vous utilisez trois procédures, votre fichier

PDF comptera donc trois pages. Ce type de fonctionnement se change via l'option STARTPAGE=NEVER/NO/NOW/YES/BYGROUP.

* **NEVER** – Le passage à la page suivante ne se fera que si vous le demandez via une instruction ODS PDF STARTPAGE=NOW ou lorsque la page sera remplie, même si la procédure qui s'annonce est graphique.
* **NO** – Le passage à la page suivante ne se fera que lorsque la page sera remplie (ou si vous le demandez), sauf si la procédure qui s'annonce est graphique.
* **NOW** – Force le passage à la page suivante.
* **YES** – Fonctionnement par défaut : dès qu'une nouvelle procédure débute, une nouvelle page est créée.
* **BYGROUP** – Saute à la page après chaque modalité de la variable BY.

L'option STARTPAGE= intervient quand vous le souhaitez ; vous en modifiez à volonté la valeur au cours du programme qui crée votre PDF. Elle est particulièrement utile lorsque vous souhaitez écrire des textes avant ou après votre tableau de résultats[14].

Vous allierez souvent les options STARTPAGE= et COLUMNS=. Cette dernière spécifie le nombre de colonnes à présenter sur vos pages. Elle intervient quand vous le souhaitez : par exemple, une première page présentera vos résultats sur deux colonnes et une seconde retrouvera la présentation habituelle (COLUMNS=1).

Programme 8-19

```
OPTIONS NODATE NONUMBER ORIENTATION=landscape PAPERSIZE=A4;
ODS PDF FILE='c:/intro_sas/ods/pgr819.pdf' STARTPAGE=NEVER
        STYLE=htmlblue COLUMNS=2 NOTOC;
ODS ESCAPECHAR="^";
ODS NOPROCTITLE;
   TITLE H=16pt "première sortie";
   PROC FREQ DATA=odsdata;
      TABLE produit;
   RUN;
   TITLE H=16pt "seconde sortie";
ODS PDF TEXT="^{STYLE[JUST=center]^{newline}deuxième tentative}";
   PROC FREQ DATA=odsdata;
      TABLE produit;
   RUN;
ODS PDF STARTPAGE=now;
   TITLE H=16pt "troisième sortie";
ODS PDF TEXT="^{STYLE[JUST=center]^{newline}troisième tentative}";
   PROC FREQ DATA=odsdata;
      TABLE produit;
   RUN;
```

---

14. Par défaut, les graphiques prennent une page entière et il n'est pas aisé de faire cohabiter sur la même page, même en modifiant leurs dimensions, un graphique, voire plusieurs, et des tableaux. Vous pourrez tenter d'utiliser les outils présentés dans cette section, mais vous obtiendrez plus sûrement le résultat souhaité au moyen d'ODS LAYOUT et ODS REGION (voir section suivante).

```
ODS PDF STARTPAGE=now COLUMNS=1;
   TITLE H=16pt "quatrième sortie";
   PROC FREQ DATA=odsdata;
      TABLE produit;
   RUN;
ODS PDF CLOSE;
```

Résultat 8-17

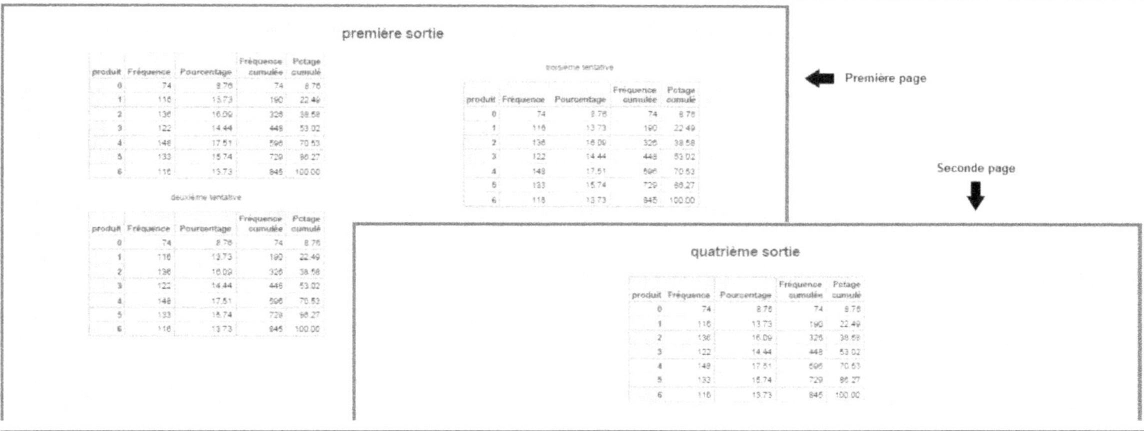

Si votre intention est d'organiser la présentation de vos tableaux dans les différentes pages, nous vous invitons à préciser STARTPAGE=NEVER et le nombre de colonnes que vous souhaitez avoir dès l'instruction ODS PDF d'ouverture de destination. Grâce à de nouvelles instructions ODS PDF, vous préciserez ensuite quand les sauts de page devront intervenir. D'autres options seront changées de la même manière : vous appliquerez par exemple des styles ODS différents d'une page à l'autre et même d'un tableau à l'autre[15].

Le résultat 8-17 présente les deux pages produites par le programme 8-19. Sur la première, nous avons demandé deux colonnes ; la première expose deux résultats. Le troisième résultat est envoyé dans la seconde colonne, grâce à l'option STARPAGE=NOW. À la suite du troisième résultat, nous demandons à changer de nouveau de page ; à notre demande (`COLUMNS=1`), la page ne contient qu'une colonne.

Vous remarquez ensuite dans le programme 8-19 un certain nombre d'instructions TITLE : seule la première est considérée pour chaque page. Le titre n'est pas associé à la sortie, mais à la page. Vous ne pourrez exploiter TITLE et FOOTNOTE que dans des cas particuliers. Pour ajouter des éléments de texte, vous devrez utiliser l'option TEXT= d'ODS PDF, ou PROC ODSTEXT (voir section 8.6).

➕ 8.4.4 ODS LAYOUT et ODS REGION

Les mises en pages avec LAYOUT et REGION ne sont documentées officiellement que depuis SAS 9.4, mais sont utilisables même si vous disposez d'une version antérieure. Elles ont longtemps fait partie des fonctionnalités cachées de SAS, non officielles et donc non documentées, parce qu'encore en développement.

---

15. À titre d'illustration, spécifiez l'option *STYLE=moonflower* dans l'instruction ODS PDF qui précède le dernier PROC FREQ.

ODS LAYOUT existe sous deux formes : ODS LAYOUT GRIDDED et ODS LAYOUT ABSOLUTE.

ODS LAYOUT ABSOLUTE est autorisée uniquement pour les destinations de la famille PRINTER (PDF, PS et PCL). Avec cette fonctionnalité, vous serez en mesure de produire un document **d'une seule page** dans lequel vous devrez définir l'emplacement exact d'un ensemble de cadres appelés REGION qui contiendront des éléments de sortie (tableau, graphique ou texte).

ODS LAYOUT GRIDDED est autorisée pour les destinations HTML, POWERPOINT et la famille PRINTER (PDF, PS et PCL). Cette fonctionnalité vous offre la possibilité de créer des documents de plusieurs pages dans lesquels vous organisez les sorties de votre programme dans des zones qui vont automatiquement s'adapter.

Vous risquez d'obtenir des résultats inattendus si les tableaux et graphiques que vous tentez d'insérer sont « trop grands » par rapport aux espaces que vous leur avez réservés : dans le cas d'un document PDF, vous restez limité par la taille de votre page.

La figure 8-7 résume les différences entre les deux approches.

Figure 8–7
ODS LAYOUT ABSOLUTE et
ODS LAYOUT GRIDDED

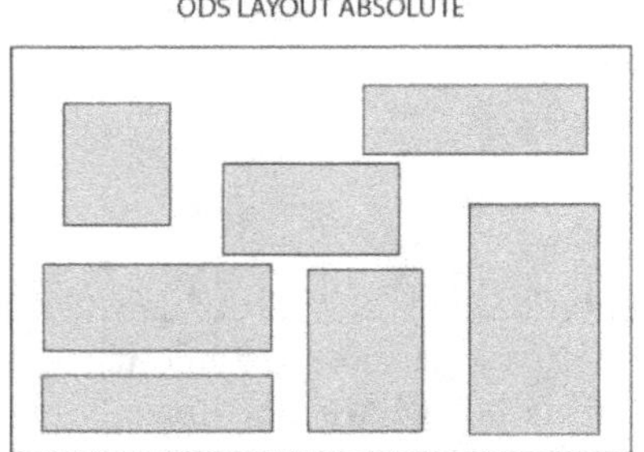

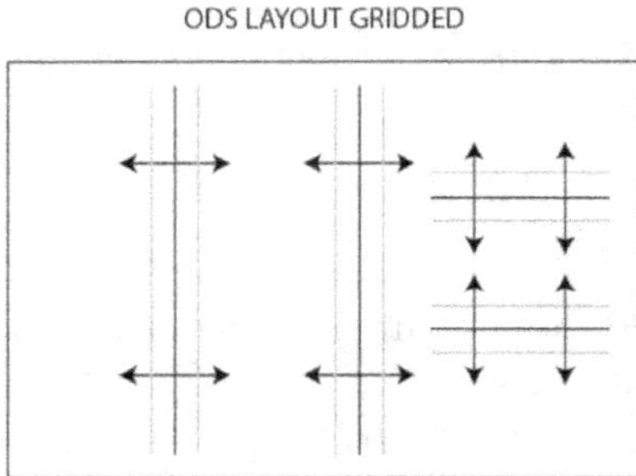

Si, dans le document à produire, vous désirez que les éléments de sortie soient précisément placés à différents endroits, vous utiliserez ODS LAYOUT ABSOLUTE. Si vous désirez un document avec trois colonnes, puis trois lignes dans la troisième colonne, la taille des différentes colonnes et lignes s'adaptant aux sorties, vous mobiliserez ODS LAYOUT GRIDDED.

Le programme 8-20 vous propose un exemple mobilisant ODS LAYOUT GRIDDED[16].

Nous créons un document PDF et c'est à l'intérieur du sandwich ODS PDF / ODS PDF CLOSE que doivent être présentées les instructions ODS LAYOUT GRIDDED / ODS LAYOUT END. Si vous souhaitez créer un document PDF mobilisant ODS LAYOUT, **il est très fortement conseillé de fermer la destination HTML voire toutes les destinations ODS ouvertes.**

Avec ODS LAYOUT GRIDDED, nous précisons que nous souhaitons un document avec deux colonnes (option COLUMNS=) séparées de trois centimètres (option COLUMN_GUTTER=).

La première sortie sera automatiquement placée dans la première colonne. Avec ODS REGION, nous indiquons que la sortie qui va venir devra être placée dans la seconde colonne. L'instruction ODS REGION est ici nécessaire : par défaut, vous ne passez d'une colonne à une autre que si vous le demandez avec une instruction ODS REGION. L'option ADVANCE= d'ODS LAYOUT

---

16. Nous ne présenterons pas d'exemple dans cet ouvrage mobilisant ODS LAYOUT ABSOLUTE.

Programme 8-20

```
TITLE; FOOTNOTE;
ODS HTML CLOSE;
OPTIONS ORIENTATION=portrait
        PAPERSIZE=A4
        NODATE
        NONUMBER
        CENTER;
ODS PDF FILE="pgr820.pdf"
        STYLE=htmlblue
        NOTOC;
   TITLE "Trois sorties";
   FOOTNOTE "Confidentiel";
ODS LAYOUT GRIDDED
        COLUMNS=2
        COLUMN_GUTTER=3cm;
   TITLE "sortie 1 : PROC PRINT";
   PROC PRINT DATA=odsdata(OBS=40);
   RUN;
ODS REGION;
ODS PDF NOGTITLE;
   TITLE "sortie 2 : PROC SPLOT";
ODS GRAPHICS / WIDTH=9cm;
   PROC SGPLOT DATA=odsdata;
      VBAR produit / RESPONSE=ca;
   RUN;
   TITLE "sortie 3 : PROC MEANS";
   PROC MEANS DATA=odsdata SUM;
      CLASS produit;
      VAR ca;
   RUN;
ODS LAYOUT END;
ODS PDF CLOSE;
```

Résultat 8-18

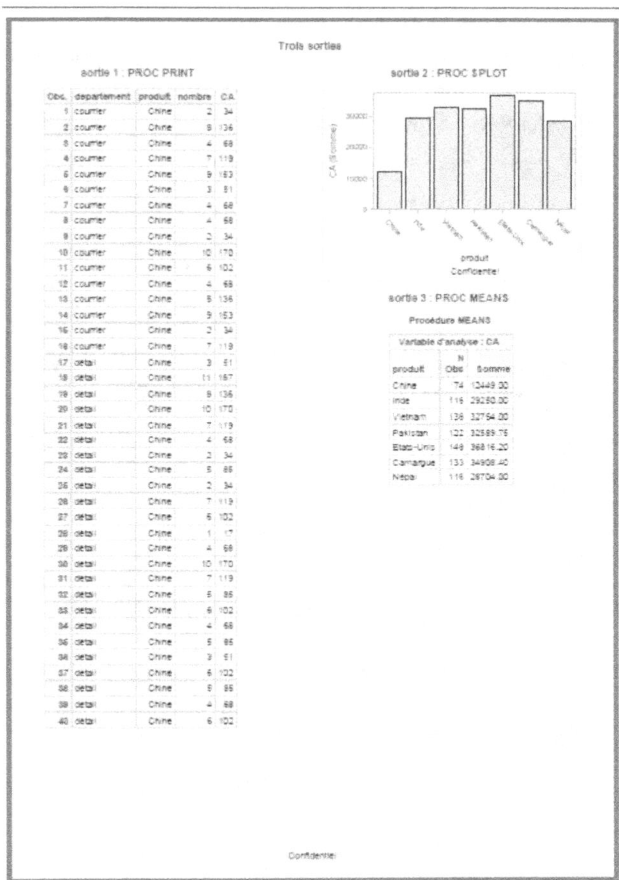

GRIDDED permet de modifier ce fonctionnement par défaut (par exemple, avec ADVANCE=PROC, vous demandez que le passage d'une région à l'autre s'effectue automatiquement après chaque procédure). Si la procédure qui commande la sortie présente une instruction BY, ADVANCE=BYGROUP[17] demande le passage d'une région à l'autre après chaque sortie correspondant à une modalité de la variable BY.

Vous remarquez la présence d'un certain nombre d'instructions TITLE dans le programme 8-20. Dans le document produit, contrairement au résultat obtenu dans la section précédente avec l'option COLUMNS=, les titres sont bien présentés au-dessus de chaque résultat.

En ce qui concerne le graphique, avant sa construction, nous avons mobilisé l'option NOGTITLE d'ODS PDF : sans elle, le titre serait apparu à l'intérieur du graphique et non au-dessus. Pour revenir au fonctionnement par défaut (titre à l'intérieur du graphique), utilisez GTITLE[18].

---

17. ADVANCE=EXPLICIT revient au fonctionnement par défaut. D'autres valeurs sont possibles pour cette option (aide SAS, entrée *ODS LAYOUT GRIDDED Statement*).

18. Les mêmes possibilités vous sont offertes pour les pieds de page grâce aux options NOGFOOTNOTE et GFOOTNOTE.

Vous noterez aussi la présence d'une instruction ODS GRAPHICS dans ce programme. Elle est ici utilisée pour modifier la largeur du graphique. Nous ne spécifions pas HEIGHT=, mais cette hauteur est automatiquement adaptée pour respecter le rapport hauteur/largeur par défaut (480/640 – voir section 7.1.2).

Pour cet exemple, nous avons adopté une présentation en deux colonnes au moyen de l'option COLUMNS=. Vous pouvez aussi organiser vos pages en lignes au moyen des options ROWS=. ROW_GUTTER= spécifie l'espace entre deux lignes.

Les options ROWS= et COLUMNS= peuvent être à combinées :

```
ODS LAYOUT GRIDDED COLUMNS=3 ROWS=2;
```

Votre page contiendra six régions qui seront, par défaut, remplies par ligne (ORDER_TYPE=ROW_MAJOR). L'option ORDER_TYPE=COLUMN_MAJOR demandera un remplissage par colonne. Pour organiser vos différentes régions, vous pouvez même imbriquer plusieurs instructions ODS LAYOUT GRIDDED.

Programme 8-21

```
ODS HTML CLOSE;
OPTIONS ORIENTATION=portrait
        NODATE NONUMBER;
TITLE;
ODS PDF
   FILE="c:/intro_sas/ods/pgr821.pdf"
   STYLE=htmlblue;
ODS LAYOUT GRIDDED ROWS=3;
   PROC PRINT DATA=odsdata(OBS=12);
   RUN;
ODS REGION;
   PROC PRINT DATA=odsdata(OBS=12);
   RUN;
ODS REGION;
   ODS LAYOUT GRIDDED COLUMNS=3
               COLUMN_GUTTER=3cm;
      PROC PRINT DATA=odsdata(OBS=12);
         VAR departement;
      RUN;
   ODS REGION;
      PROC PRINT DATA=odsdata(OBS=12);
         VAR produit;
      RUN;
   ODS REGION;
      PROC PRINT DATA=odsdata(OBS=12);
         VAR nombre ca;
      RUN;
   ODS LAYOUT END;
ODS LAYOUT END;
ODS PDF CLOSE;
```

Résultat 8-19

Obs.	departement	produit	nombre	CA
1	courrier	Chine	2	34
2	courrier	Chine	8	136
3	courrier	Chine	4	68
4	courrier	Chine	7	119
5	courrier	Chine	9	153
6	courrier	Chine	3	51
7	courrier	Chine	4	68
8	courrier	Chine	4	68
9	courrier	Chine	2	34
10	courrier	Chine	10	170
11	courrier	Chine	6	102
12	courrier	Chine	4	68

Obs.	departement	produit	nombre	CA
1	courrier	Chine	2	34
2	courrier	Chine	8	136
3	courrier	Chine	4	68
4	courrier	Chine	7	119
5	courrier	Chine	9	153
6	courrier	Chine	3	51
7	courrier	Chine	4	68
8	courrier	Chine	4	68
9	courrier	Chine	2	34
10	courrier	Chine	10	170
11	courrier	Chine	6	102
12	courrier	Chine	4	68

Obs.	departement
1	courrier
2	courrier
3	courrier
4	courrier
5	courrier
6	courrier
7	courrier
8	courrier
9	courrier
10	courrier
11	courrier
12	courrier

Obs.	produit
1	Chine
2	Chine
3	Chine
4	Chine
5	Chine
6	Chine
7	Chine
8	Chine
9	Chine
10	Chine
11	Chine
12	Chine

Obs.	nombre	CA
1	2	34
2	8	136
3	4	68
4	7	119
5	9	153
6	3	51
7	4	68
8	4	68
9	2	34
10	10	170
11	6	102
12	4	68

Retenez de cet exemple que toutes les organisations de votre document sont possibles. Attention cependant à ne pas sous-dimensionner vos régions par rapport aux sorties qu'elles doivent accueillir.

Vous pouvez consulter les documents suivants si vous souhaitez approfondir le sujet :

📖 HUNTLEY, Scott, « An insider's guide to ODS LAYOUT using SAS® 9.4 », *Proceedings of the SAS Global Forum Conference*, 2015, 1836-2015
http://support.sas.com/resources/papers/proceedings15/SAS1836-2015.pdf

📖 O'CONNOR, Daniel, « Take home the ODS crown jewels : master the new production features of ODS LAYOUT and report writing interface techniques », *Proceedings of the SAS Global Forum Conference*, 2013, 015-2013
http://support.sas.com/resources/papers/proceedings13/015-2013.pdf

8.5 ODS RTF

ODS RTF construit une sortie en RTF *(Rich Text Format)*. Tous les traitements de texte savent lire les fichiers RTF, mais SAS recommande Microsoft Word.

Programme 8-22

```
OPTIONS ORIENTATION=portrait
        NONUMBER CENTER NODATE;
FILENAME odsout "c:/intro_sas/ods";
ODS RTF PATH=odsout
        FILE="sortie822.rtf"
        AUTHOR="Sébastien Ringuedé"
        TITLE="exemple ODS RTF"
        OPERATOR="SR";
   ODS NOPROCTITLE;
   TITLE "Ma première sortie RTF";
   FOOTNOTE JUSTIFY=r
    "Page ^{THISPAGE}/^{LASTPAGE}";
   PROC MEANS DATA=odsdata
              NONOBS MAXDEC=1
              SUM;
      CLASS produit;
      VAR ca;
   RUN;
ODS RTF CLOSE;
```

Résultat 8-20

Ma première sortie RTF

Variable d'analyse : CA	
produit	**Somme**
Chine	12449.0
Inde	29250.0
Vietnam	32754.0
Pakistan	32589.8
Etats-Unis	36816.2
Camargue	34908.4
Népal	28704.0

Page 1/1

Avec la destination RTF, nous vous invitons à systématiquement définir via FILENAME un dossier ODSOUT puis à utiliser l'option PATH= d'ODS RTF. Si vous précisez avec FILE= un chemin complet indiquant à la fois le dossier et le fichier à créer, il y a de fortes chances que vous observiez un message d'erreur dans votre journal et que votre fichier RTF ne soit pas créé.

Si vous exécutez le programme 8-22 avec SAS 9.4M5, le fichier créé est automatiquement ouvert par Word. Avec SAS EG, comme pour les sorties PDF, un nouvel onglet apparaît à partir duquel vous demanderez l'ouverture de votre fichier. Avec SAS Studio/UE, vous devrez ouvrir le fichier à partir de Word.

Le style rtf est employé par défaut pour cette destination, mais vous avez bien entendu la possibilité d'appliquer le style de votre choix. Comme pour les fichiers PDF, vous ajouterez des métadonnées à votre fichier via les options AUTHOR=, TITLE= et OPERATOR=. Ces informations sont accessibles via le menu *Fichiers* de Word 2010.

Dans les sorties RTF, les titres (TITLE) apparaissent dans les en-têtes de documents de votre traitement de texte et les FOOTNOTE dans les pieds de page. Voilà pourquoi le titre et le pied de page du résultat 8-20 apparaissent en gris. Ces titres et pieds de page apparaîtront dans votre zone de texte au moyen de l'option BODYTITLE d'ODS RTF – ils deviennent alors un élément de texte comme un autre – ou BODYTITLE_AUX – ils seront placés dans des tableaux (constitués d'une case et d'une colonne) séparés de la sortie proprement dite.

Comme pour la destination PDF, vous ne pouvez créer un nouveau fichier RTF que si le précédent fichier RTF créé et de même nom n'est plus ouvert.

L'instruction FOOTNOTE fait appel à deux fonctions ODS ESCAPECHAR mobilisables uniquement lorsque vous créez un document RTF ou PDF : THISPAGE renvoie le numéro de la page courante, LASTPAGE vous donne le nombre total de pages que contient votre document.

Certains résultats ne tiendront pas sur la largeur d'une page, d'autres seront particulièrement longs et seront présentés sur plusieurs pages. Lorsqu'une sortie RTF est créée, SAS regarde la dimension de votre page, son orientation et les marges de gauche et de droite (options globales LEFTMARGIN= et RIGHTMARGIN=, voir section 8.4.3). Votre sortie est automatiquement adaptée pour tenir dans la largeur de la page. Si votre résultat est trop large, il est scindé en plusieurs éléments et les intitulés de lignes sont repris dans chaque élément.

Si le tableau est trop long, c'est votre traitement de texte (et non pas SAS) qui le présentera sur plusieurs pages : les intitulés de colonnes seront aussi repris.

Pour obtenir malgré tout ces grands tableaux sur une même page, il est possible de modifier l'orientation de la page avec option globale ORIENTATION=. Comme pour ODS PDF, vous choisirez le mode portrait ou paysage. L'option COLUMNS= est aussi exploitable pour faciliter la mise en pages de votre document.

Programme 8-23

```
ODS HTML CLOSE;
OPTIONS ORIENTATION=portrait NODATE NONUMBER CENTER;
FILENAME ODSOUT "c:/intro_sas/ods";
ODS RTF PATH=ODSOUT FILE='sortie823.rtf' COLUMNS=2;
ODS NOPROCTITLE;
   TITLE;
   PROC FREQ DATA=odsdata;
      TABLES nombre / NOCUM NOPERCENT;
   RUN;
ODS RTF COLUMNS=1;
OPTIONS ORIENTATION=landscape;
ODS RTF;
   PROC MEANS DATA=odsdata MEAN MIN MAX STD VAR P5 P10
                       P25 P50 P75 P95 MAXDEC=2;
      CLASS produit;
      VAR CA;
   RUN;
ODS RTF CLOSE;
```

Résultat 8-21

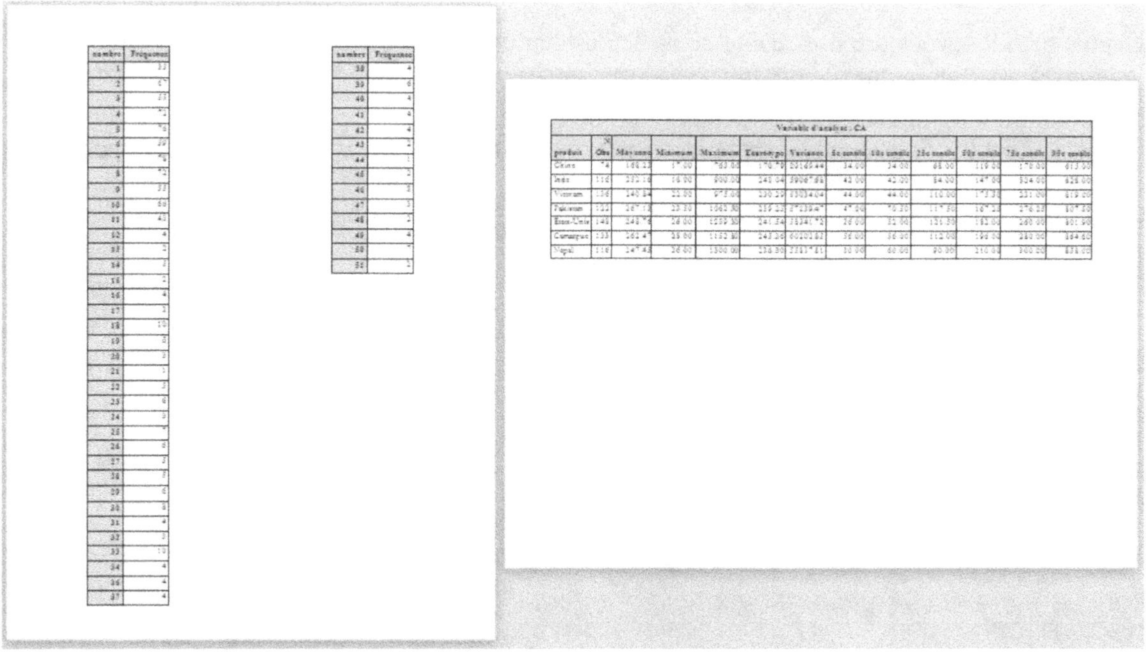

La sortie produite par le programme 8-23 est disposée sur deux pages. La première présente le résultat du PROC FREQ en mode portrait sur deux colonnes. La seconde est en mode paysage sur une colonne. Pour que le changement d'orientation de la page soit pris en compte, il faut impérativement faire suivre l'instruction globale OPTIONS d'une instruction ODS RTF (laquelle demande de vérifier les options globales actives avant de produire la sortie suivante).

Comme nous l'avons vu avec ODS PDF, la saisie d'une nouvelle procédure commande la création d'une nouvelle page. L'option STARTPAGE= (voir section 8.4.3) peut être mobilisée pour présenter plusieurs résultats sur une même page. Avec ODS RTF, seules les valeurs suivantes sont possibles pour cette option : BYGROUP, YES, NO et NOW.

Enfin, deux options servent à construire une table des matières :

```
ODS RTF PATH=odsout FILE='sortie.rtf' CONTENTS=yes TOC_DATA;
```

CONTENTS= demande la construction d'une table des matières ; TOC_DATA commande l'insertion des entrées d'index dans le fichier RTF. Lorsque ce dernier est créé et que vous l'affichez dans Word, voici ce que vous devez faire pour voir l'index :

* Affichez les marques de paragraphe et symboles de mise en forme marqués (bouton ¶).
* Cliquez-droit sur le saut de section qui suit « Table of Contents » et demandez la mise à jour des champs.

⊕ 8.6 ODS POWERPOINT

Depuis SAS 9.4, vous disposez d'une nouvelle destination ODS pour vos sorties : POWERPOINT. Vous serez donc en mesure de produire des documents à présenter avec Microsoft PowerPoint.

Nous profiterons de cette section sur ODS POWERPOINT pour présenter la procédure PROC ODSTEXT, disponible elle aussi depuis SAS 9.4 et qui insère des textes à l'intérieur de vos documents. Cette procédure est une alternative à ODS TEXT=, non autorisé avec ODS POWERPOINT. PROC ODSTEXT autorise des mises en forme particulièrement riches.

Programme 8-24

```
OPTIONS DATE NUMBER
        ORIENTATION=landscape;
ODS POWERPOINT
    FILE='c:/intro_sas/ods/prez1.pptx';
ODS NOPROCTITLE;
TITLE "Nos résultats par département";
FOOTNOTE "Confidentiel";
PROC MEANS DATA=odsdata MAXDEC=2
            MEAN SUM;
    CLASS departement;
    VAR ca;
RUN;
ODS POWERPOINT CLOSE;
```

Résultat 8-22

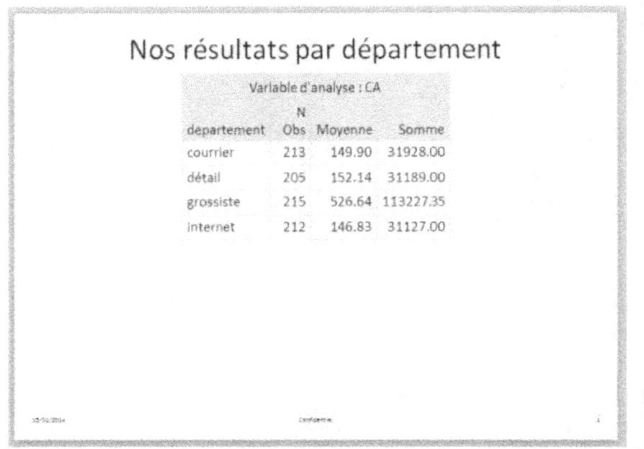

Le document produit utilise le style par défaut d'ODS POWERPOINT : Powerpointlight. En utilisant ce dernier (ou l'autre style adapté à la construction de présentation : Powerpointdark), le titre apparaît, par défaut, en haut ; il est centré et très lisible. Dans le pied de page, s'inscrivent la date si l'option globale DATE est active, le pied de page défini par FOOTNOTE et le numéro de la diapositive si l'option globale NUMBER est active.

Par défaut, un seul résultat est présenté par diapositive. Si vous souhaitez en avoir plusieurs, vous pouvez mobiliser :

* l'option STARTPAGE= d'ODS POWERPOINT ;
* l'option LAYOUT= d'ODS POWERPOINT ;
* ODS LAYOUT GRIDDED.

L'option LAYOUT= d'ODS POWERPOINT utilise des gabarits d'organisation de diapositive livrés avec SAS.

Cette option peut prendre quatre valeurs :

* **TITLEANDCONTENT** – Au moyen de ce gabarit, contrairement au fonctionnement par défaut, les résultats de plusieurs procédures peuvent être présentés sur une même diapositive. Une nouvelle diapositive est créée lorsque la précédente est remplie.

- **TITLESLIDE** – Gabarit proposé pour réaliser une première diapositive de présentation. Par défaut, une diapositive créée avec ce gabarit ne peut contenir qu'un résultat d'une procédure.
- **TWOCONTENT** – Produit une diapositive à deux colonnes. Par défaut, chaque colonne ne contient que le résultat d'une procédure.
- **_NULL_** – Abandonne un gabarit pour revenir au fonctionnement par défaut.

Le programme 8-25 utilise plusieurs gabarits ainsi qu'ODS LAYOUT GRIDDED (3ᵉ partie). Il nous offre aussi la possibilité de préciser certains éléments.

Programme 8-25 (1ʳᵉ partie)

```
OPTIONS DATE NUMBER
        PAPERSIZE=(280mm 210mm);
ODS POWERPOINT FILE='prez2.pptx'
               STYLE=powerpointdark;
ODS NOPROCTITLE;
ODS POWERPOINT LAYOUT=titleslide;
PROC ODSTEXT;
   P "Nos résultats de cette année"/
           STYLE=presentationtitle;
   P "ODS POWERPOINT - SAS 9.4"/
           STYLE=presentationtitle2;
RUN;
```

Résultat 8-23

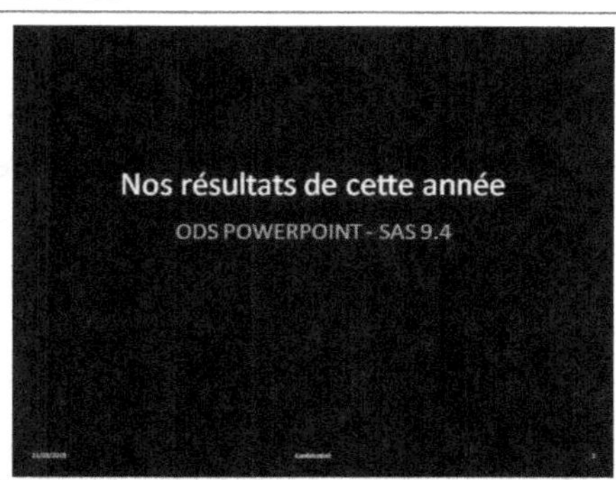

La première partie du programme 8-25 crée notre première diapositive. L'option globale PAPERSIZE= précise les dimensions de notre document, lequel respecte un ratio 4:3 adapté à une présentation avec un vidéoprojecteur. La première dimension indiquée est la largeur du document, la seconde sa hauteur. L'option globale ORIENTATION= devient inutile une fois que vous avez spécifié les dimensions de votre document au moyen de PAPERSIZE=(LARGEUR HAUTEUR).

Le style ODS (adapté spécialement pour la destination POWERPOINT) utilisé pour ce document est Powerpointdark. L'instruction ODS POWERPOINT qui suit indique que nous allons utiliser le gabarit TITLESLIDE pour construire une diapositive de présentation.

Vous devez préciser le texte de cette première diapositive au moyen de la procédure PROC ODSTEXT. Nous ne présenterons dans cet ouvrage qu'un nombre limité d'instructions propres à cette procédure. L'instruction P demande l'affichage du texte précisé immédiatement ensuite entre quotes. Vous précisez la mise en forme de ce texte au moyen d'une option STYLE=, à indiquer immédiatement après /. Nous donnons à cette option le nom d'un élément présent dans le style ODS et qui porte bien son nom : PRESENTATIONTITLE. La seconde ligne de cette diapositive de présentation sera mise en forme au moyen de l'élément de style PRESENTATIONTITLE2.

Programme 8-25 (2ᵉ partie)

```
ODS POWERPOINT LAYOUT=_null_;
TITLE "Nos résultats par département";
FOOTNOTE "Confidentiel";
PROC MEANS DATA=odsdata MAXDEC=2
           MEAN SUM;
   CLASS departement;
   VAR ca;
RUN;
```

Résultat 8-24

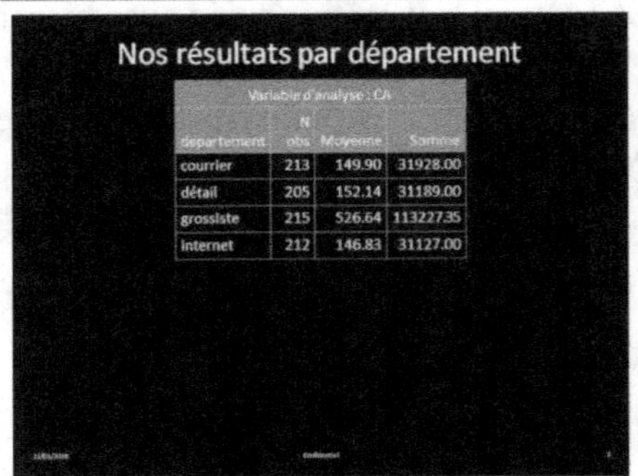

L'instruction ODS POWERPOINT qui débute la seconde partie du programme 8-25 abandonne le gabarit TITLESLIDE. La nouvelle diapositive et les suivantes utiliseront donc un gabarit par défaut, jusqu'à l'imposition d'un nouveau gabarit au moyen d'une nouvelle instruction ODS POWERPOINT citant l'option LAYOUT=. Vous n'avez donc besoin de préciser un nom de gabarit que si celui-ci change entre deux diapositives.

Programme 8-25 (3ᵉ partie)

```
ODS POWERPOINT NOGTITLE NOGFOOTNOTE
                STARTPAGE=now;
ODS GRAPHICS / HEIGHT=6.5cm WIDTH=9cm;
TITLE "CA par département et par produit";
ODS LAYOUT GRIDDED ROWS=2 COLUMNS=2
                ADVANCE=BYGROUP;
ODS REGION;
PROC SGPLOT DATA=odsdata;
   BY departement;
   VBAR produit/RESPONSE=ca
                FILLATTRS=(COLOR=white);
   LABEL produit='00'x
         CA='00'x;
RUN;
ODS LAYOUT END;
```

Résultat 8-25

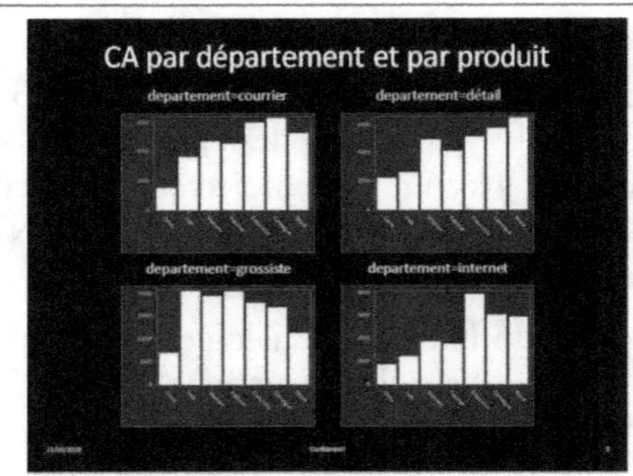

Le gabarit _NULL_ utilisé pour la seconde diapositive autorise plusieurs résultats de procédures sur une même diapositive si SAS estime qu'il dispose de la place nécessaire pour les placer. Pour signifier que la seconde diapositive est terminée, il est alors nécessaire de mobiliser l'option STARTPAGE=NOW. Les options NOGTITLE et NOGFOOTNOTE demandent que les titres et pieds de page définis n'apparaissent pas au sein des graphiques.

Pour organiser la 3ᵉ diapositive, nous faisons appel à ODS LAYOUT GRIDDED et demandons une organisation en quatre cases : deux lignes × deux colonnes. La valeur de l'option ADVANCE= indique que l'on changera de case pour chaque valeur de la variable BY.

Programme 8-25 (4ᵉ partie)

```
ODS POWERPOINT LAYOUT=twocontent;
TITLE "Nos départements - nos produits";
TITLE2 "bla bla bla";
PROC ODSTEXT;
   P "Nos canaux de distribution :";
   LIST / STYLE=[FOREGROUND=yellow
                 FONT_SIZE=20pt];
    ITEM "La vente par courrier";
    ITEM "La vente au détail";
    ITEM "La vente à des grossistes";
    ITEM "Internet" / STYLE=[FOREGROUND=red];
   END;
   P "Nos produits viennent:";
    LIST / STYLE=[BULLET=check FONT_SIZE=20pt];
      ITEM "des Etats-Unis";
      ITEM "de France";
      ITEM;
      P  "d'Asie";
       LIST / STYLE=[FONT_SIZE=16pt];
         ITEM "Chine";
         ITEM "Inde";
         ITEM "Vietnam";
         ITEM "Pakistan";
         ITEM "Népal";
      END;
    END;
RUN;

PROC MEANS DATA=odsdata MAXDEC=0 SUM;
   CLASS produit;
   VAR ca;
RUN;
ODS POWERPOINT CLOSE;
```

Résultat 8-26

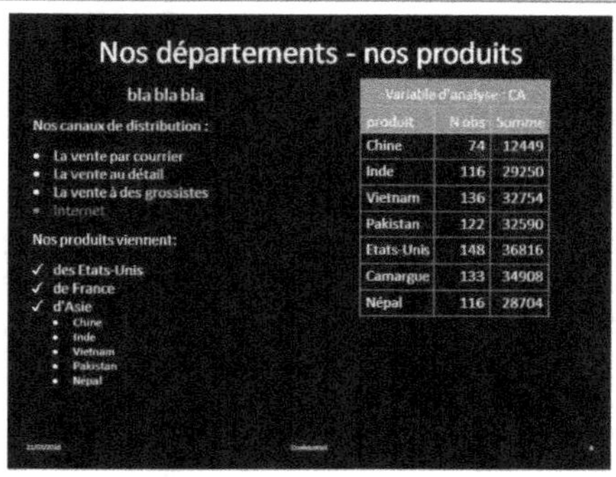

Pour la dernière diapositive, nous changeons de gabarit et demandons l'utilisation de TWOCONTENT. Vous remarquerez que nous avons défini deux titres au moyen de TITLE et TITLE2 : le second n'est pas présenté comme un titre, mais apparaît en haut de la colonne de gauche comme un simple texte. Retenez qu'en fait, par diapositive, vous n'avez droit qu'à un titre et un pied de page.

Du texte construit avec PROC ODSTEXT est présenté dans la colonne de gauche. Après une ligne de texte définie avec l'instruction P, nous mobilisons l'instruction LIST pour construire une liste à points[19], dont les différents éléments doivent être précisés au moyen de l'instruction ITEM. La définition d'une liste à points via LIST se termine nécessairement par une instruction END.

---

19. On peut aussi construire des listes à points avec la procédure PROC ODSLIST apparue avec SAS 9.4. Nous ne l'aborderons pas dans le présent ouvrage.

En ce qui concerne les mises en forme, si, après le caractère / de l'instruction LIST, vous précisez des attributs particuliers à mettre en forme via l'option STYLE=, ces modifications s'imposeront à tous les éléments de la liste à points. Vous avez aussi la possibilité d'imposer des mises en forme pour un point particulier :

```
ITEM "Internet" / STYLE=[FOREGROUND=red];
```

Nous présentons ensuite un second élément de texte composé d'une liste à points qui en contient elle-même une autre. Nous reproduisons ci-après la partie du programme 8-25 qui conduit à ce résultat.

Extrait du programme 8-25

```
. . .
P "Nos produits viennent:";
LIST / style=[BULLET=check FONT_SIZE=20pt];
   ITEM "des Etats-Unis";
   ITEM "de France";
   ITEM;
   P  "d'Asie";
    LIST / STYLE=[FONT_SIZE=16pt];
       ITEM "Chine";
. . .
```

Une première instruction P introduit la liste à points. Celle-ci est demandée au moyen de l'instruction LIST. Les deux premiers éléments sont définis avec deux instructions ITEM, puis vous observez une instruction ITEM « vide » – aucun texte n'est précisé ensuite. Une instruction P précise ce troisième élément de la liste principale, puis se présente une nouvelle instruction LIST pour construire la liste secondaire.

Ce que vous devez comprendre ici, c'est qu'une instruction LIST ne peut être précédée que d'une instruction P et qu'une instruction P dans une liste à points ne peut être précédée que d'une instruction ITEM « vide ».

En ce qui concerne les mises en forme, vous devez remarquer que celles imposées à la liste principale ne s'appliquent pas à la liste secondaire. Nous demandons en effet que les points de la liste principale soient marqués avec le marqueur BULLET=check. Dans la liste secondaire, les items sont présentés avec le point, marqueur par défaut.

Si vous souhaitez approfondir vos connaissances sur ODS POWERPOINT, consultez, en plus de l'aide SAS, les documents suivants :

📖 ESLINGER, Jane, « The dynamic duo : ODS Layout and the ODS destination for PowerPoint », *Proceedings of the SAS Global Forum Conference*, 2016, 5443-2016
http://support.sas.com/resources/papers/proceedings16/SAS5443-2016.pdf

📖 HUNTER, Tim, « A first look at the ODS destination for PowerPoint », *Proceedings of the SAS Global Forum Conference*, 2013, 041-2013
http://support.sas.com/resources/papers/proceedings13/041-2013.pdf

📖 HUNTER, Tim, « A second look at the ODS destination for PowerPoint », *Proceedings of the SAS Global Forum Conference*, 2016, 3801-2016
http://support.sas.com/resources/papers/proceedings16/SAS3801-2016.pdf

8.7 ODS EXCEL

Longtemps attendue, la destination ODS EXCEL est apparue avec SAS 9.4M3. Avant elle, les utilisateurs de SAS disposaient via ODS MARKUP de destinations particulières mobilisant des langages à balises *(tagsets)* comme CSV ou EXCELXP pour envoyer leurs sorties vers Excel. Vous pouviez aussi créer des fichiers via ODS HTML en précisant une extension XLS au fichier créé au lieu d'HTML. Enfin, avec SAS 9.4, si vous cliquez-droit sur le tableau produit par votre résultat, il vous est proposé de l'**exporter vers Microsoft Excel**. Dans tous les cas (sauf avec EXCELXP), le résultat est loin d'être parfait et n'est absolument pas comparable avec ce que vous obtenez par ODS EXCEL.

ODS EXCEL constitue par conséquent un indéniable progrès puisque vous créez directement des fichiers XLSX parfaitement compatibles avec Microsoft Office 2007 et les versions ultérieures.

Si vous ne disposez pas d'ODS EXCEL, lisez tout de même l'intégralité de cette section et rendez-vous ensuite à la section 8.7.4 où nous vous présentons succinctement EXCELXP.

8.7.1 Les principes

Programme 8-26

```
PROC FORMAT;
   VALUE color
    15-50=yellow
    50-99.99= red
    OTHER=white;
RUN;

ODS EXCEL FILE="c:/intro_sas/ods/resultat.xlsx";
ODS NOPROCTITLE;
TITLE "Nos résultats pour cette année";
PROC TABULATE DATA=odsdata f=10.1 STYLE=[background=color.];
   CLASS departement produit;
   VAR ca;
   TABLE departement all , (produit all)*ca*pctsum;
   KEYLABEL PCTSUM='00'x;
   LABEL CA='00'x;
RUN;
ODS EXCEL CLOSE;
```

Résultat 8-27

	A	B	C	D	E	F	G	H	I
1					produit				
2		Chine	Inde	Vietnam	Pakistan	Etats-Unis	Camargue	Népal	Tout
3									
4									
5	departement								
6	courrier	0.7	1.8	2.3	2.2	2.9	3.1	2.5	15.4
7	détail	1.1	1.3	2.4	2.0	2.5	2.8	3.1	15.0
8	grossiste	3.4	9.9	9.4	9.9	8.6	8.1	5.4	54.6
9	internet	0.8	1.2	1.8	1.7	3.8	2.9	2.8	15.0
10	Tout	6.0	14.1	15.8	15.7	17.7	16.8	13.8	100.0

Tabulate 1 - Table 1

Avec ODS EXCEL, vous ne pouvez créer que des fichiers XLSX, format utilisé par Microsoft Office à partir de la version 2007. Le classeur Excel créé par le programme 8-26 ne compte qu'une feuille appelée `Tabulate 1 - Table 1`. Le style ODS utilisé est le style Excel, très proche de Htmlblue. Le titre, pourtant défini dans le programme 8-26, n'est pas affiché. La largeur des colonnes est automatiquement adaptée au contenu.

Vous n'avez pas besoin d'utiliser des FORMAT particuliers (NUMXw.d par exemple) pour que, dans Excel, vos données soient bien comprises comme des données numériques. Cependant, les FORMAT créés au moyen de SAS pour mettre en forme votre résultat sont appliqués sans aucun problème.

⊕ 8.7.2 Les sous-options de OPTIONS

Les caractéristiques évoquées précédemment sont celles par défaut des classeurs construits avec ODS EXCEL. Vous disposez de plus d'une cinquantaine de sous-options de paramétrage accessibles via OPTIONS.

```
ODS EXCEL FILE="le_fichier.xlsx" OPTIONS(sous_option='valeur');
```

Les valeurs des sous-options doivent impérativement être présentées entre quotes, simples ou doubles. La casse n'a pas d'importance.

Le programme 8-27 présente un certain nombre de ces sous-options que nous avons jugées particulièrement intéressantes.

Programme 8-27 (1ʳᵉ partie)

```
ODS EXCEL FILE="c:\intro_sas\ods\resultat2.xlsx"
          OPTIONS(EMBEDDED_TITLES='ON' EMBEDDED_FOOTNOTES='ON');
ODS NOPROCTITLE;
OPTION BYLINE;
TITLE H=18pt "Nos résultats pour cette année";

ODS EXCEL OPTIONS(HIDDEN_ROWS="5,6" SHEET_NAME="Nos résultats");
PROC TABULATE DATA=odsdata f=10.1 STYLE=[background=color.];
   CLASS departement produit;
   CLASSLEV produit / STYLE=[CELLWIDTH=1.65cm];
   VAR ca;
   TABLE departement all , (produit all)*ca*pctsum / NOCELLMERGE;
   KEYLABEL PCTSUM='00'x;
   LABEL CA='00'x;
RUN;
```

Cette première partie construit le premier onglet du classeur Excel RESULTAT2.XLSX reproduit au résultat 8-28.

Résultat 8-28

	Chine	Inde	Vietnam	Pakistan	Etats -Unis	Camargue	Népal	Tout
				produit				
departement								
courrier	0,7	1,8	2,3	2,2	2,9	3,1	2,5	15,4
détail	1,1	1,3	2,4	2,0	2,5	2,8	3,1	15,0
grossiste	3,4	9,9	9,4	9,9	8,6	8,1	5,4	54,6
internet	0,8	1,2	1,8	1,7	3,8	2,9	2,8	15,0
Tout	6,0	14,1	15,8	15,7	17,7	16,8	13,8	100,0

Nos résultats pour cette année

Si vous souhaitez que les titres et pieds de page apparaissent dans le classeur Excel, vous devez mobiliser les sous-options EMBEDDED_TITLES= et EMBEDDED_FOOTNOTES= et leur donner la valeur ON (valeur par défaut, OFF).

Si les sous-options que nous allons présenter sont importantes pour l'organisation de votre feuille, vous pouvez aussi faire appel à d'autres éléments de la programmation SAS. Afin que le titre apparaisse plus nettement, nous utilisons ainsi l'option H= (HEIGHT=) de TITLE. Certaines procédures (TABULATE, REPORT, PRINT) disposent aussi d'options qui influenceront votre résultat. Ainsi, nous utilisons NOCELLMERGE de l'instruction TABLE pour empêcher, à l'intérieur du tableau, la fusion des cellules de la ligne DEPARTEMENT et de la ligne COURRIER.

Pour les résultats des procédures PRINT, TABULATE et REPORT, les options STYLE seront également utiles (voir sections 6.3.3, 6.4.5 et 6.6.8).

Dans le cas de notre programme, ces options sont employées pour imposer le FORMAT COLOR et pour normaliser la largeur des colonnes qui présentent les modalités de PRODUIT. Il existe aussi une sous-option d'ODS EXCEL (ABSOLUTE_COLUMN _WIDTH= – voir aide SAS) qui définit la largeur des colonnes.

La sous-option HIDDEN_ROWS= sert à masquer deux lignes vides, présentes au résultat 8-27. Il s'agissait dans ce résultat des lignes 3 et 4 mais, puisque nous avons demandé l'affichage d'un titre et que les titres sont toujours suivis d'une ligne vide, ce sont les lignes 5 et 6 qu'il faut masquer. Si vous en avez par exemple 10 à masquer comprises entre les lignes 10 et 19, la valeur de cette option sera "10-19". Vous masquez de même certaines colonnes au moyen de la sous-option HIDDEN_COLUMNS=.

Nous personnalisons le nom de la feuille grâce à la sous-option SHEET_NAME=. Les noms des onglets contiennent jusqu'à 28 caractères.

Construisons maintenant le deuxième onglet.

Programme 8-27 (2ᵉ partie)

```
ODS EXCEL OPTIONS(HIDDEN_ROWS="none"
                  SHEET_NAME="Les données"
                  START_AT="2,3"
                  AUTOFILTER="2-3"
                  FROZEN_HEADERS="5"
                  FROZEN_ROWHEADERS="2");

TITLE H=18pt "Nos données";
PROC PRINT DATA=odsdata;
RUN;
```

Résultat 8-29

	A	B	C	D	E	F	G
1							
2							
3				**Nos données**			
4							
5		Obs.	departement ▾	prod ▾	nombre	CA	
403		398	détail	Népal	5	150,00	
404		399	détail	Népal	3	90,00	
405		400	détail	Népal	9	270,00	
406		401	détail	Népal	9	270,00	
407		402	détail	Népal	11	330,00	
408		403	détail	Népal	2	60,00	

Les sous-options que nous avons définies pour construire notre premier onglet restent valables pour les onglets suivants. Ici, nous ne souhaitons plus masquer les lignes 5 et 6 ; nous faisons donc une nouvelle fois appel à la sous-option HIDDEN_ROWS= pour lui donner la valeur NONE. Le nom de l'onglet est de nouveau paramétré par la sous-option SHEET_NAME= ; sinon, il aurait été « Nos résultats 2 ».

Les quadrillages qui apparaissent par défaut dans une feuille Excel ne sont pas présents dans les classeurs créés au moyen d'ODS EXCEL. Pour les faire apparaître, utilisez la sous-option GRIDLINES ="ON" (OFF est la valeur par défaut).

La sous-option START_AT= demande que le tableau débute en seconde colonne, troisième ligne. La colonne A ainsi que les lignes 1 et 2 seront vides. Au moyen de la sous-option AUTOFILTER=, nous demandons la création de filtre sur les 2ᵉ et 3ᵉ colonnes du tableau (DÉPARTEMENT et PROD). Elle peut prendre les valeurs ALL (filtres pour toutes les colonnes), NONE (aucun filtre), 3 (filtre uniquement sur la troisième colonne du tableau) ou 3-6 (filtres sur les colonnes 3, 4, 5 et 6). La valeur 3,5 pour obtenir un filtre sur les colonnes 3 et 5 n'est pas autorisée.

Nous avons figé les lignes 1 à 5 et les deux premières colonnes A et B au moyen des sous-options FROZEN _HEADERS= et FROZEN_ROWHEADERS=. Si vous utilisez l'ascenseur vertical, les lignes affichant le titre et les noms des variables restent en haut de votre écran. De même, les deux premières colonnes resteront à gauche de votre écran si vous utilisez l'ascenseur horizontal.

Le troisième onglet est construit au moyen du programme suivant :

Programme 8-27 (3ᵉ partie)

```
TITLE H=18pt "Nos ventes par département";
ODS EXCEL OPTIONS(SHEET_NAME="Par département"
                  START_AT="2,1"
                  AUTOFILTER="none"
                  FROZEN_HEADERS="no"
                  FROZEN_ROWHEADERS="no"
                  SHEET_INTERVAL="PROC");
PROC SORT DATA=odsdata;
   BY departement;
RUN;
PROC MEANS DATA=odsdata SUM;
   BY departement;
   CLASS produit;
   VAR ca;
RUN;
```

Résultat 8-30

Par défaut, SAS crée autant d'onglets que la procédure crée de tableaux. Puisqu'il y a quatre valeurs pour DEPARTEMENT qui est variable BY au sein de PROC MEANS, nous aurions dû obtenir quatre nouveaux onglets.

La sous-option SHEET_INTERVAL= sert à contrôler le contenu d'un onglet quand le fonctionnement par défaut ne vous convient pas. Elle admet quatre valeurs[20] :

- OUTPUT (ou TABLE) : fonctionnement par défaut.
- PROC : tous les tableaux d'une même procédure sont présentés dans le même onglet (notre cas).
- BYGROUP : si votre sortie contient plusieurs tableaux (par exemple, avec PROC UNIVARIATE) et si vous utilisez une instruction BY dans votre procédure, chaque onglet contiendra l'ensemble des tableaux obtenus pour une modalité de la variable BY.
- NONE : un même onglet contient les résultats de plusieurs procédures.

Dans ce dernier cas, si vous avez défini un titre, il est par défaut reproduit au-dessus du résultat de chaque procédure. La sous-option EMBED_TITLE_ONCE="ON" (valeur OFF par défaut) demande que le titre ne soit affiché qu'une fois.

La sous-option START_AT= a pour valeur 2,1 : nos tableaux sont donc présentés à partir de la deuxième colonne, première ligne. Vous devinez ici que pour revenir au fonctionnement par défaut de SAS, il faut donner à cette sous-option la valeur 1,1.

Le programme suivant crée les quatre derniers onglets de notre classeur.

Programme 8-27 (4ᵉ partie)

```
OPTIONS NOBYLINE;
TITLE h=18pt "Chiffre d'affaires par département";
TITLE2 "Département : #byval1";
ODS EXCEL NOGTITLE OPTIONS(SHEET_NAME="#byval1"
                          SHEET_INTERVAL="OUTPUT"
                          TAB_COLOR="Yellow");
ODS GRAPHICS / HEIGHT=8cm;
PROC SORT DATA=odsdata OUT=odsdata2;
   BY departement;
RUN;
PROC SGPLOT DATA=odsdata;
   BY departement;
   VBAR produit / RESPONSE=ca;
RUN;

ODS EXCEL CLOSE;
```

---

20. En réalité, cinq valeurs sont possibles. La valeur PAGE (voir aide SAS, entrée *ODS EXCEL Statement*) ne sera pas traitée ici.

Résultat 8-31

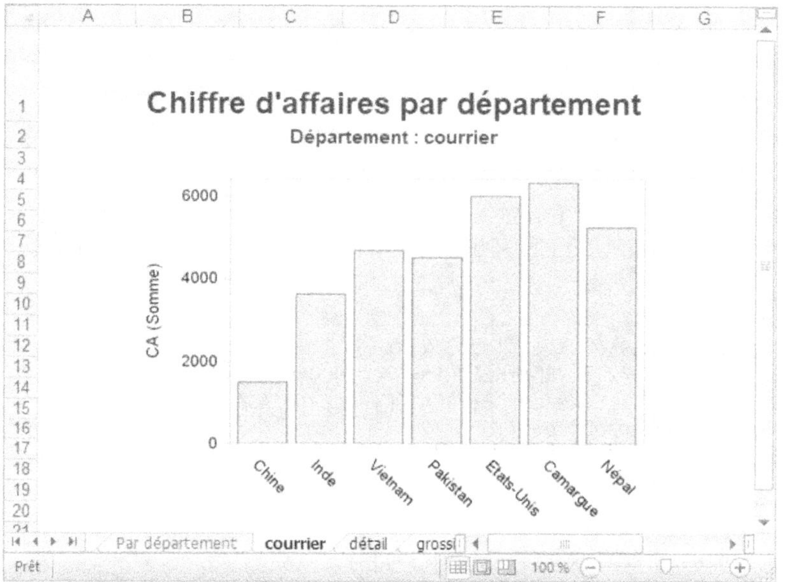

Intégrer dans des classeurs Excel des graphiques produits par SAS sous la forme d'un fichier image PNG est une possibilité apparue avec ODS EXCEL[21]. Avec EXCELXP, ceci n'est pas possible.

Nous souhaitons que chaque graphique soit présenté sur des onglets distincts. Nous redonnons donc sa valeur initiale à la sous-option SHEET_INTERVAL=. Dans la troisième partie du programme, nous avions spécifié une sous-option `START_AT="2,1"`. Puisque nous n'en modifions par la valeur, elle continue à s'imposer pour la construction des quatre derniers onglets.

Nous paramétrons le second titre, placé au-dessus de chacun des graphiques, avec l'option de substitution #BYVALn (voir sections 6.2.4 et 6.3.2). Il est bien entendu nécessaire de mobiliser au préalable l'option globale NOBYLINE. L'option de substitution #BYVALn est aussi utilisée comme valeur de la sous-option SHEET_NAME=, pour donner à chaque onglet la valeur de la variable DEPARTEMENT sur laquelle a été construit le graphique.

Enfin, nous mobilisons la sous-option TAB_COLOR= afin que les onglets relatifs aux graphiques produits soit présentés sur fond jaune.

Les exemples de cette section ont présenté une dizaine des sous-options possibles d'ODS EXCEL (sur une cinquantaine). Pour une présentation complète, n'hésitez pas à consulter l'aide SAS (entrée *ODS EXCEL Statement*) ainsi que l'ouvrage suivant :

 BENJAMIN, William E., *Exchanging data from SAS to Excel – The ODS EXCEL destination*, Cary, NC : SAS Institute Inc, 206 pages, ISBN# 978-1-62960-609-5, septembre 2017

---

21. La procédure MSCHART, en pré-production dans SAS 9.4M5 et par conséquent très peu documentée, vous permet de produire à partir de SAS des graphiques Excel dans un classeur Excel.

⊕ 8.7.3 Aller plus loin avec ODS EXCEL

L'ouvrage cité en conclusion de la précédente section présente de façon très complète les sous-options propres à cette destination, mais passe complètement sous silence l'attribut de style TAGATTR utilisable dans les options STYLE propres à PRINT, REPORT et TABULATE.

Cet attribut de style est très peu documenté par l'aide SAS puisqu'il n'apparaît que dans un exemple (voir entrée *ODS EXCEL Statement*).

TAGATTR définit des mises en forme tout à fait intéressantes, mais n'est pas simple à aborder puisqu'il faut maîtriser l'option STYLE et bien connaître le fonctionnement d'Excel.

Programme 8-28

```
ODS EXCEL FILE="c:\intro_sas\ods\resultat3.xlsx"
          OPTIONS(START_AT='2,2' ROW_HEIGHTS='2cm,0,0,0,0,0,0');
PROC REPORT DATA=odsdata STYLE(header)={TAGATTR='rotate:45'};
   COLUMN produit ca cadol caobj evol;
   DEFINE produit / GROUP;
   DEFINE ca / "CA 2017 en €" SUM
          STYLE(column)={TAGATTR='format:# ##0.00 €'};
   DEFINE cadol / "CA 2017 en $" COMPUTED
          STYLE(column)={TAGATTR='formula:RC[-1]*1.23142
                         format:$ #,##0.00'};
   DEFINE caobj / "CA 2018" COMPUTED
          STYLE(column)={TAGATTR='formula:RC[-2]*(1+(RAND()-0.5)/2)'};
   DEFINE evol / "Evolution" COMPUTED
          STYLE(column)={TAGATTR='format:###.0%;[color46]-###.0%
                         formula:(RC[-1]-RC[-3])/RC[-3]'};
RUN;
ODS EXCEL CLOSE;
```

Résultat 8-32

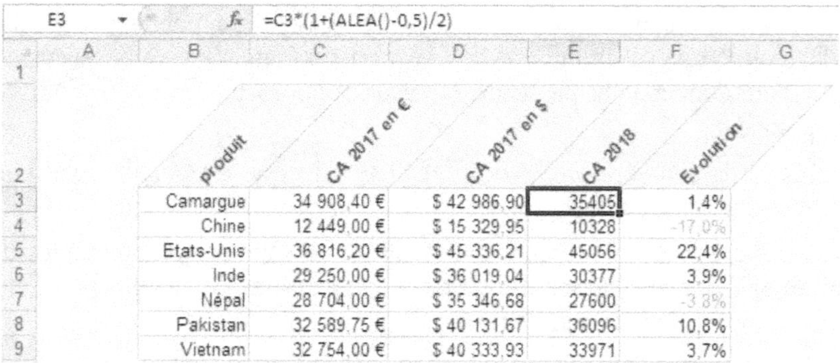

	A	B	C	D	E	F	G
E3			f_x	=C3*(1+(ALEA()-0,5)/2)			
1							
2		produit	CA 2017 en €	CA 2017 en $	CA 2018	Evolution	
3		Camargue	34 908,40 €	$ 42 986,90	35405	1,4%	
4		Chine	12 449,00 €	$ 15 329,95	10328	-17,0%	
5		Etats-Unis	36 816,20 €	$ 45 336,21	45056	22,4%	
6		Inde	29 250,00 €	$ 36 019,04	30377	3,9%	
7		Népal	28 704,00 €	$ 35 346,68	27600	-3,3%	
8		Pakistan	32 589,75 €	$ 40 131,67	36096	10,8%	
9		Vietnam	32 754,00 €	$ 40 333,93	33971	3,7%	

Deux sous-options d'OPTIONS sont utilisées : START_AT= et ROW_HEIGHT=. Cette dernière précise la hauteur des lignes par type de ligne. Vous remarquerez que nous avons précisé sept valeurs. Celles-ci s'appliqueront dans l'ordre aux hauteurs des en-têtes de tableau, aux lignes dans le tableau, aux hauteurs des lignes qui présentent les valeurs BY, à celles des titres, des pieds de page, des sauts de page et des sauts de paragraphe. La valeur 0 indique que la hauteur de ligne est à rechercher dans le style ODS utilisé. Les hauteurs sont précisées, au choix, en centimètres (CM), millimètres (MM), pixels (PX) et points (PT).

La variable PRODUIT est GROUP, CA est ANALYSIS, les trois autres variables sont COMPUTED. Il n'apparaît cependant dans notre PROC REPORT aucune instruction COMPUTE. C'est au moyen de l'attribut de style TAGATTR que vous précisez, précédé du mot-clé FORMULA, le calcul à effectuer :

- colonne CADOL : `formula:RC[-1]*1.23142` ;
- colonne CAOBJ : `formula:RC[-2]*(1+(RAND()-0.5)/2)` ;
- colonne EVOL : `formula:(RC[-1]-RC[-3])/RC[-3]`.

Les formules que vous saisissez ici seront intégrées dans votre feuille Excel (voir la formule qui s'affiche en haut du résultat 8-32) : c'est par conséquent Excel qui effectuera les calculs, pas SAS. Vous devez donc ici comprendre qu'il vous faut saisir des « formules Excel ».

C'est ici que vous allez rencontrer quelques petites difficultés…

Vos formules doivent en effet être saisies comme vous le feriez dans un Excel « américain » :

- Même si votre Excel est français et si le séparateur décimal est la virgule, quand vous citez un nombre décimal, vous devrez utiliser un séparateur décimal point.
- Les cellules, dans un classeur Excel, peuvent être référencées de deux façons : soit en notation absolue (A1 pour la première case, première ligne), soit en notation relative LC (Ligne Colonne, Excel « Français »), RC (*Row Column*, Excel « américain »). RC[-1] fait ici référence à la cellule située dans la même ligne, colonne immédiatement à gauche de la case active. Étant donnée la nature des calculs souhaités, vous devez impérativement utiliser des notations relatives (même si les notations absolues sont autorisées dans les formules).
- Vous devez aussi connaître les noms, en anglais, des fonctions Excel que vous souhaitez utiliser. Ainsi, pour la formule de la variable CAOBJ, nous citons la fonction RAND(), nom anglais de la fonction nommée ALEA() dans votre Excel français. Si vous citez le nom français, vous constaterez une erreur (#NOM?) dans la feuille Excel produite.

Toujours au moyen de TAGATTR, il est possible d'appliquer un format. Attention, il s'agit ici de format Excel, pas de FORMAT SAS :

- `format:# ##0.00 €` : séparateur millier espace, séparateur décimal point, deux chiffres après la virgule suivi d'un espace puis du symbole euro.
- `format:$ #,##0.00` : séparateur millier virgule, séparateur décimal point, deux chiffres après la virgule, la somme est précédée du symbole dollar et d'un espace.
- `format:##0.0%;[color46]-##0.0%` : format pour les nombres positifs (resp. négatifs) à gauche du point-virgule (resp. droite). Présentation sous la forme d'un pourcentage, séparateur décimal point, un chiffre après la virgule, les chiffres négatifs sont précédés d'un signe moins et présenté au moyen de la couleur 46 d'Excel (Orange).

et 0 jouent, dans Excel, le même rôle que les *digit-selectors* 9 et 0 des FORMAT SAS créés au moyen de PICTURE (voir section 5.3.5.b). Vous noterez que, dans le résultat obtenu, le séparateur décimal est la virgule, soit celui par défaut d'un Excel français.

Le programme 8-28 mobilise un troisième mot-clé de TAGATTR : ROTATE. Nous spécifions, dans l'instruction PROC REPORT, l'option STYLE suivante :

```
STYLE(header)={TAGATTR='rotate:45'};
```

Nous demandons ainsi que les intitulés des en-têtes du tableau soient présentés avec un angle de 45°.

L'absence dans l'aide SAS d'informations relatives à TAGATTR explique très certainement pourquoi de très nombreux articles lui sont consacrés.

Les articles suivants constituent des présentations très claires de TAGATTR, même s'ils traitent d'EXCELXP, ancêtre d'ODS EXCEL :

📖 GEBHART, Eric, « ODS ExcelXP : tag attr is it ! Using and understanding the TAGATTR= style attribute with the ExcelXP tagset », *Proceedings of the 2010 SAS Global Forum*, paper 031-2010, 2010
http://support.sas.com/resources/papers/proceedings10/031-2010.pdf

📖 ZENDER, Cynthia, L, « Don't gamble with your output : how to use Microsoft formats with ODS », *Proceedings of the 2011 SAS Global Forum*, paper 266-2011, 2011
http://support.sas.com/resources/papers/proceedings11/266-2011.pdf

En ce qui concerne GEBHART (2010), passez les sous-sections consacrées à XML. Pour ZENDER (2011), passez celles dédiées à MSOFFICE2K maintenant très peu utilisé.

Les articles ci-après traitent conjointement d'ODS EXCEL et de TAGATTR :

📖 BONIFACE, Christopher, J., « ODS TAGSETS.EXCELXP and ODS EXCEL showdown », *Proceedings of the 2017 SAS Global Forum*, paper 973-2017, 2017
http://support.sas.com/resources/papers/proceedings17/0973-2017.pdf

📖 DEVENEZIA, Richard, A., « ODS EXCEL, tips and tricks for PROC TABULATE », *Proceedings of the 2017 SAS Global Forum*, paper 1482-2017, 2017
http://support.sas.com/resources/papers/proceedings17/1482-2017.pdf

📖 ESLINGER, Jane, « The REPORT procédure and ODS destination for Microsoft Excel : the smarter, faster way to create first-rate Excel reports », *Proceedings of the 2017 SAS Global Forum*, paper 235-2017, 2017
http://support.sas.com/resources/papers/proceedings17/SAS0235-2017.pdf

📖 SEKAR, Devi, « Unleash the power of PROC REPORT with the ODS EXCEL destination », *Proceedings of the 2018 SAS Global Forum*, 2018, paper 2479-2018
https://www.sas.com/content/dam/SAS/support/en/sas-global-forum-proceedings/2018/2479-2018.pdf

De façon plus générale, ces articles traitent d'ODS EXCEL :

📖 DELGOBBO, Vincent, « New for SAS® 9.4 : a technique for including text and graphics in your Microsoft Excel workbooks, part 1 », *Proceedings of the 2016 SAS Global Forum*, paper 2940-2016, 2016
http://support.sas.com/resources/papers/proceedings16/SAS2940-2016.pdf

📖 DELGOBBO, Vincent, « New for SAS® 9.4 : including text and graphics in your Microsoft Excel workbooks, part 2 », *Proceedings of the 2017 SAS Global Forum*, paper 127-2017, 2017
http://support.sas.com/resources/papers/proceedings17/SAS0127-2017.pdf

📖 PARKER, Chevel, « A ringsite seat : the ODS Excel destination versus the ODS ExcelXP tagset », *Proceedings of the 2016 SAS Global Forum*, paper 5642-2016, 2016
http://support.sas.com/resources/papers/proceedings16/SAS5642-2016.pdf

📖 WALKER, Caroline, « Using ODS EXCEL to integrate tables, graphics and text into multi-tabbed Microsoft Excel report », *Proceedings of the 2018 SAS Global Forum*, paper 2765-2018, 2018
https://www.sas.com/content/dam/SAS/support/en/sas-global-forum-proceedings/2018/2765-2018.pdf

Enfin, ce post très intéressant du blog SAS Users vous montre comment insérer des images à l'intérieur de vos classeurs Excel :

PARKER, Chevel, « Tips for using the ODS Excel destination »
https://blogs.sas.com/content/sgf/2017/02/20/tips-for-using-the-ods-excel-destination/

8.7.4 Et si je ne dispose pas d'ODS EXCEL ?

Si vous ne disposez pas d'au moins SAS 9.4M3, vous pourrez toujours créer avec EXCELXP des fichiers lisibles par Excel. Le « sandwich » ODS prend alors la forme suivante :

```
ODS TAGSETS.EXCELXP PATH=odsout FILE="resultat.xml";
 *** vos programmes;
ODS TAGSETS.EXCELXP CLOSE;
```

EXCELXP dispose d'une option PATH= que nous vous invitons à systématiquement mobiliser. Les fichiers créés ne sont pas au format XLS ou XLSX, mais obligatoirement des fichiers XML que vous pourrez ouvrir avec Excel.

ODS EXCEL et EXCELXP sont assez proches et les sous-options citées pour le premier fonctionneront pour la plupart avec le second. Pour celles qui ne sont pas autorisées (par exemple START_AT=, HIDDEN_ROWS=, TAB_COLOR=), vous observerez un message dans votre journal, mais le fichier XML sera tout de même créé.

Contrairement à ODS EXCEL, vous ne pouvez pas mettre en forme des cellules au moyen d'un FORMAT (programme 8-26), ni insérer dans une feuille Excel des graphiques créés avec SAS. Le mot-clé ROTATE de l'attribut de style TAGATTR n'est pas autorisé.

Enfin, il est possible que EXCELXP ne fonctionne pas. Vous aurez alors dans votre journal de très nombreux messages d'avertissement comme celui-ci :

```
WARNING: 'putvars' was compiled using a different version of SAS.
         This might result in unexpected behavior.
```

Rendez-vous alors sur le site support de SAS à la page suivante : http://support.sas.com/rnd/base/ods/odsmarkup/

Téléchargez à partir de cette page le fichier *template* EXCLTAGS.TPL, ouvrez-le avec SAS et exécutez le programme. EXCELXP sera alors recompilé et fonctionnel. Pour consulter l'aide propre à ce *tagset*, exécutez le programme suivant :

Programme 8-29

```
ODS TAGSETS.EXCELXP FILE='null.xml' OPTIONS(DOC='help');
   PROC PRINT DATA=odsdata(OBS=2); RUN;
ODS TAGSETS.EXCELXP CLOSE;
```

L'aide sera alors affichée dans la fenêtre *Journal*.

9

Découvrir PROC SQL

Ce chapitre constitue une introduction au langage SQL. Il expose la construction de rapports au moyen de la procédure PROC SQL, ainsi que la création, la gestion et la fusion des tables. Il s'adresse aux utilisateurs de SAS qui souhaitent acquérir de nouvelles compétences. Il sera aussi utile aux personnes déjà familières avec d'autres implémentations de SQL et qui désirent saisir les caractéristiques propres à la procédure PROC SQL.

9.1 Introduction

Cette section présente SQL et les possibilités qu'il offre aux utilisateurs de SAS. Nous verrons également que ce langage est particulièrement adapté aux bases de données relationnelles, mais retenez déjà que vous pouvez l'utiliser avec n'importe quelle table SAS. L'objectif de ce chapitre est présenté dans la section 9.1.4. Nous verrons enfin un ensemble de points concernant la terminologie propre à SQL.

9.1.1 Qu'est-ce que SQL ?

SQL *(Structured Query Language)* est un langage de requêtage normalisé très répandu pour, d'une part, explorer des tables et générer des rapports et, d'autre part, créer et mettre à jour des tables. Il a été créé au début des années 1970 et s'est ensuite particulièrement développé avec l'émergence des bases de données relationnelles.

Il est dans le domaine public et n'est pas propre à SAS : de très nombreux systèmes de gestion de bases de données relationnelles (SGBDR) fonctionnent avec SQL. On peut citer à titre d'exemple DB2, INFORMIX, TERADATA, ORACLE, MySQL, SQL Server, etc.

Ce langage est normalisé, mais chaque implémentation est particulière pour au moins trois raisons :
- Le langage SQL est normalisé depuis 1986 (SQL-86). Cette première norme a depuis été enrichie à sept reprises entre 1989 et 2011 : chaque éditeur de logiciel est libre de déterminer la norme avec laquelle il décide d'être conforme. PROC SQL est ainsi conforme à la norme SQL-92[1].
- Chaque éditeur donne à son SQL des particularités qui peuvent l'éloigner du langage tel qu'il est défini par la norme. Ainsi, dans PROC SQL, vous pouvez par exemple mobiliser quasiment toutes les fonctions du langage SAS pour créer de nouvelles colonnes. La liste des fonctions, telle qu'elle est présentée par la norme SQL-92, est beaucoup plus réduite puisqu'elle n'en compte que 18[2].
- Chaque éditeur peut ne pas implémenter toutes les fonctionnalités définies par la norme à laquelle il a décidé de se conformer. À titre d'exemple, PROC SQL propose les instructions relatives à la définition des tables comme CREATE, ALTER ou DROP, qui servent à créer et manipuler des tables, ainsi que d'autres objets présents dans les bases de données relationnelles comme les index ou les vues. PROC SQL dispose aussi des instructions de manipulation de tables comme SELECT, INSERT, UPDATE ou DELETE. Il ne propose cependant pas les instructions relatives au contrôle des données comme COMMIT, ROLLBACK, GRANT ou REVOKE.

9.1.2 Que fait-on avec PROC SQL et avec quel type de données ?

Nous ne manipulerons que des tables SAS dans ce chapitre consacré à PROC SQL. Toutefois, vous pouvez aussi utiliser des vues créées par une étape DATA ou par PROC SQL, des vues SAS/ACCESS, ainsi que des tables en provenance d'autres SGBDR. Dans ce dernier cas, vous devrez passer soit par le *SQL Pass-Through Facility*, soit par des instructions globales LIBNAME proches dans le principe de celles qui donnent accès aux classeurs Excel (voir section 2.7.3).

Le *SQL Pass-Through Facility* est une fonctionnalité très intéressante de SAS. Lorsque vous requêtez au moyen de PROC SQL une table d'un SGBDR, SAS tente de transformer votre programme en ins-

---

1. *International Organization for Standardization* (ISO) : Database SQL. Document ISO/IEC 9075:1992 et American National Standards Institute (ANSI) Document ANSI X3.135-1992.
2. Voir PRAIRIE, Katherine, *The essential PROC SQL handbook for SAS users*, NC : SAS Institute Inc., page 505, 2005.

tructions natives de votre SGBDR (*Pass-Through* implicite). Ce n'est donc pas SAS qui exécute votre requête mais bien votre SGBDR, ce qui évite de faire transiter inutilement vos données sur le réseau de votre entreprise. SAS ne fait ici que « traduire » la requête PROC SQL que vous avez rédigée et qui sera exécutée par votre SGBDR.

Il faut aussi noter que, en cas d'instructions SAS/ACCESS LIBNAME, vos programmes PROC SQL ainsi que certaines étapes DATA peuvent être traités par le *Pass-Through* implicite.

Dans le cas de requêtes complexes, vous avez aussi la possibilité de les rédiger au moyen du langage propre au SGDBR (*Pass-Through* explicite) : ici aussi, ce n'est pas SAS qui exécute votre requête, mais bien votre SGBDR à qui SAS aura envoyé des instructions.

Pour plus de détails sur le *SQL Pass-Through facility*, n'hésitez pas à consulter le document suivant :

JOHNSON, Misty, « Just passing through... Or are you ? - Determine when SQL Pass-Through occurs to optimize your queries », *Proceedings of the Midwest SAS Users Group Conference*, 2015, BB-03-2015
https://www.mwsug.org/proceedings/2015/BB/MWSUG-2015-BB-03.pdf

Avec PROC SQL, vous produisez des rapports, des tables SAS, des macro-variables, des vues PROC SQL et des tables pour d'autres SGBDR. Nous n'aborderons pas ce dernier aspect dans cet ouvrage. La construction de macro-variables au moyen de PROC SQL sera traitée dans le chapitre suivant.

La figure 9-1 résume notre propos.

Figure 9–1
PROC SQL – Input et output

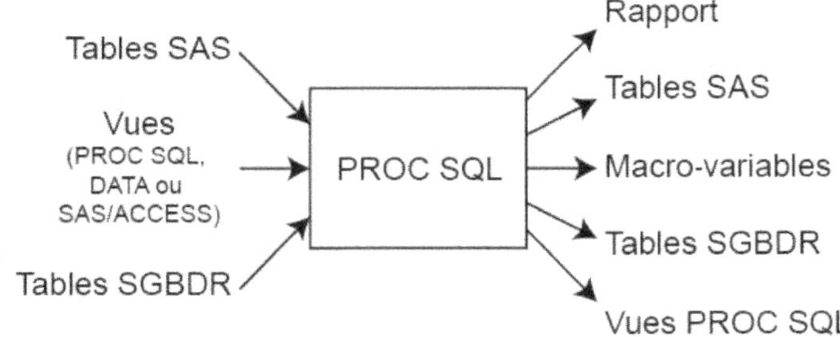

9.1.3 Un langage adapté aux bases de données relationnelles

Une base de données relationnelle est constituée d'un ensemble de tables reliées entre elles par des variables appelées **clés**. Plusieurs impératifs commandent la scission de l'information en différentes tables, au premier rang desquels on retrouve la non-redondance de l'information.

Le jeu de tables que nous allons utiliser principalement dans ce chapitre est une minibase de données relationnelle composée essentiellement de quatre tables. Celles-ci sont présentes sur votre disque dur si vous avez téléchargé les fichiers d'accompagnement de cet ouvrage depuis www.sas-sr.com.

Pour en disposer, exécutez l'instruction suivante :

```
LIBNAME jazz "C:\intro_SAS\jazz";
```

JAZZ.CLIENT

num	nom	ctype	pays
10000	Martin	A	FRA
10002	Bernard	A	FRA
10010	Johnson	A	USA
10017	Thomas	P	FRA
10021	Korhonen	P	FIN

JAZZ.COMMANDES

order_date	num	ref	quantité
02/01/2013	10128	JWAX001	1
03/01/2013	10138	JWAX005	1
03/01/2013	10132	JWAX013	1
03/01/2013	10132	JWAX020	1
15/01/2013	10146	JWAX004	1

JAZZ.CATALOGUE

ref	artiste	titre	rtype	prix
JWAX001	Clifford Brown	Quartet	C	15
JWAX002	Elvin Jones	Genesis	B	31
JWAX003	Miles Davis	Vol. 2	C	15
JWAX004	McCoy Tyner	Expansions	A	43
JWAX005	Hank Mobley	Reach Out!	B	31

JAZZ.STOCK

ref	stock
JWAX001	23
JWAX002	20
JWAX003	13
JWAX004	36
JWAX005	38

Figure 9–2 Les tables JAZZ

Pour construire ces tables, nous avons imaginé une entreprise appelée JWAX qui commercialise des rééditions de disques vinyles du label de jazz Blue Note. La table CATALOGUE présente les références vendues par cette entreprise et contient les variables REF (référence du disque), ARTISTE, TITRE, RTYPE (type de réédition) et PRIX. La table CLIENT répertorie l'ensemble des clients de l'entreprise et contient les variables NUM (identifiant du client), NOM, CTYPE (type du client) et PAYS. La table COMMANDES liste les commandes que l'entreprise a enregistrées et contient les variables ORDER_DATE (date de la commande), NUM, REF et QUANTITE. Une dernière table, secondaire par rapport aux trois autres, donne le stock au 1er janvier 2013 de chaque référence au catalogue de cette entreprise[3].

Nous considérons que ces tables sont représentatives de ce que vous observerez dans une base de données relationnelle. Elles en présentent certaines caractéristiques, mais pas toutes.

Les bases de données relationnelles comprennent en effet un nombre de tables nettement plus élevé couvrant l'ensemble des activités d'une entreprise. Chaque table contient aussi nettement plus d'informations.

La principale caractéristique des bases de données relationnelles que nous avons tenté de reproduire dans nos tables est la minimisation, voire l'absence de répétition. Dans une base de données relationnelle, les données sont en effet organisées pour qu'elles prennent le moins d'espace de stockage possible : il convient ainsi d'éliminer le maximum de redondances.

Ainsi, dans la table COMMANDES, les clients sont identifiés uniquement avec leur numéro : intégrer dans cette table le nom du client, son type ou son pays aurait constitué une répétition d'informations. Pour la même raison, la référence d'un disque est la seule information relative au disque commandé.

Avec ce type d'organisation des données, vous devez comprendre que les variables NUM et REF vont revêtir une importance particulière puisque ce sont elles qui relient les tables les unes aux autres. Ces variables sont appelées **clés**.

Ces variables clés sont importantes et un certain nombre de contraintes peuvent leur être imposées pour des raisons de cohérence des informations. Par exemple, dans la table CLIENT, chaque valeur de NUM doit être unique : chaque client doit avoir son propre identifiant. Il en est de même dans la table CATALOGUE : chaque référence vendue doit avoir son identifiant unique. Dans ces tables, NUM et REF sont définies comme **clés primaires**.

---

3. Nous introduirons d'autres tables secondaires au cours de ce chapitre.

On retrouve NUM et REF dans la table COMMANDES, mais d'autres contraintes pèsent sur ces variables : chaque valeur de NUM présente dans la table COMMANDES doit impérativement être renseignée dans la table CLIENT puisque l'on ne peut pas enregistrer la commande d'un client qu'on ne connaît pas. Les valeurs de REF dans la table COMMANDES prennent des valeurs obligatoirement renseignées dans la table CATALOGUE puisque l'on ne peut pas vendre une référence absente du catalogue. Dans la table COMMANDES, NUM et REF sont des **clés étrangères** liées respectivement à NUM, clé primaire de la table CLIENT et REF, clé primaire de la table CATALOGUE : une clé étrangère dans une table est forcément une clé primaire d'une autre table.

Ces clés sont importantes dans la gestion des bases de données relationnelles parce qu'elles vous assurent de la cohérence de vos données. À titre d'exemple, une fois les clés déclarées, vous ne pouvez pas supprimer un client de la table CLIENT si son identifiant est cité dans COMMANDES. Vous ne pouvez pas déclarer de commandes qui auraient une valeur de NUM absente de la table JAZZ.CLIENT ou une valeur de REF absente de la table JAZZ.CATALOGUE.

Les contraintes sont également applicables à d'autres colonnes : la variable CTYPE de la table CLIENT indique le type du client. Vous imposerez par exemple une contrainte qui forcera les valeurs de cette colonne à ne prendre que deux formes : A (Audiophile, client particulier) et P (Professionnel, client revendeur). Vous pouvez aussi demander que les colonnes soient impérativement renseignées et refuser ainsi l'arrivée de valeurs manquantes.

Toutes les contraintes que nous avons succinctement présentées ici forment ce que l'on appelle les **contraintes d'intégrité**. Elles sont, elles aussi, une caractéristique essentielle des bases de données relationnelles.

Dans les tables JAZZ que nous allons utiliser dans ce chapitre, aussi bien pour les exemples que pour les exercices que nous proposons, clés primaires, clés étrangères et contraintes d'intégrité n'ont pas été définies. Les tables JAZZ forment un ensemble qui « ressemble » à une base de données relationnelle, mais n'en est pas une « vraie ».

L'objet de ce chapitre n'est en effet pas d'apprendre à gérer une base de données relationnelle, mais d'apprendre à requêter, au moyen de PROC SQL, sur des tables reliées les unes aux autres par des variables clés.

9.1.4 Pourquoi apprendre PROC SQL ?

Vous avez regardé les tables JAZZ présentées à la figure 9-2 et vous vous êtes très certainement dit qu'on y trouvait beaucoup d'informations mais qu'il y avait probablement un effort de programmation à faire pour les obtenir. À titre d'exemple, construisons un rapport présentant les cinq clients de l'entreprise qui ont effectué les achats les plus importants. On souhaite connaître leur nom, le nombre de disques achetés et le montant total de leur commande.

Regardez de nouveau la figure 9-2 : vous avez besoin d'informations pour l'instant contenues dans les tables CLIENT, COMMANDE et CATALOGUE. Le programme 9-1 produit ce rapport avec les outils de la programmation SAS présentés jusqu'ici.

Programme 9-1

```
PROC SORT DATA=jazz.commandes          DATA temp2;
          OUT=comm;                       MERGE temp1 clie;
   BY ref;                                BY num;
RUN;                                      achat=prix*quantite;
                                        RUN;
PROC SORT DATA=jazz.catalogue          PROC MEANS DATA=temp2 NOPRINT;
          OUT=catal;                      CLASS nom;
   BY ref;                                VAR quantite achat;
RUN;                                      WAYS 1;
                                          OUTPUT OUT=temp3(DROP=_:)
DATA temp1;                                      SUM=nbdisq s_achat;
   MERGE comm catal;                    RUN;
   BY ref;
RUN;                                   PROC SORT DATA=temp3;
                                          BY DESCENDING s_achat;
PROC SORT DATA=temp1;                   RUN;
   BY num;
RUN;                                   PROC PRINT DATA=temp3(OBS=5) LABEL NOOBS;
                                          LABEL nbdisq="Nombre de disques achetés"
PROC SORT DATA=jazz.client                      s_achat="Montant des achats";
          OUT=clie;                       FORMAT s_achat EUROX12.2;
   BY num;                              RUN;
RUN;
```

Le programme 9-1 est composé de cinq PROC SORT, un PROC MEANS, un PROC PRINT et deux étapes DATA. Partant de trois tables, nous en créons six autres avant d'obtenir notre résultat.

Nous allons voir au cours de ce chapitre qu'une unique instruction SELECT permet la création d'un rapport, la sélection de variables, la création de nouvelles variables, la production de statistiques descriptives synthétiques, la sélection d'observations, en provenance d'une ou de plusieurs tables qui auront donc été fusionnées ainsi que le tri des observations.

Le programme 9-2 produit le rapport souhaité avec PROC SQL.

Programme 9-2

```
PROC SQL OUTOBS=5;
   SELECT nom,
          SUM(quantite) LABEL="Nombre de disques achetés",
          SUM(quantite*prix) AS achat LABEL="Montant des achats"
              FORMAT=EUROX12.2
       FROM jazz.commandes NATURAL INNER JOIN jazz.catalogue
          NATURAL INNER JOIN jazz.client
       GROUP BY nom
       ORDER BY achat DESC;
QUIT;
```

Résultat 9-1 (programme 9-1)

nom	Nombre de disques achetés	Montant des achats
Conti	35	€861.00
Janssens	30	€834.00
Lee	26	€810.00
Meyer	29	€783.00
Peeters	7	€225.00

Résultat 9-2 (programme 9-2)

nom	Nombre de disques achetés	Montant des achats
Conti	35	€861.00
Janssens	30	€834.00
Lee	26	€810.00
Meyer	29	€783.00
Peeters	7	€225.00

Le programme 9-2 est symptomatique de ce que nous allons effectuer durant une grande partie de ce chapitre : créer des rapports avec PROC SQL, sans pour autant créer une multitude de tables qui ne sont finalement que temporaires.

L'objet de notre chapitre est essentiellement d'explorer l'instruction SELECT. Nous réaliserons d'abord des rapports simples (section 9.2), puis d'autres qui contiendront des éléments de synthèse (section 9.3). Les informations nécessaires pour construire nos rapports sont souvent dispersées dans plusieurs tables. Nous verrons dans la section 9.4 que des informations externes à la table principalement requêtée peuvent aider à la construction du rapport souhaité, via des sous-requêtes. Nous aurons aussi besoin de fusionner des tables. Nous aborderons les jointures horizontales dans la section 9.5 et les verticales dans la section 9.6. Nous présenterons ensuite les vues SQL puis terminerons ce chapitre sur la création et la gestion des tables au moyen de ce langage.

9.1.5 Terminologie

Les deux programmes de la section précédente doivent aussi vous faire comprendre la différence de nature entre les deux langages de programmation. SQL est un langage dans lequel **vous décrivez le résultat** que vous souhaitez obtenir. Le langage SAS est d'une nature différente puisque vous demandez à effectuer, dans un certain ordre, un ensemble de tâches nécessaires à l'obtention d'un résultat qu'à aucun moment vous ne décrirez.

Les différences fondamentales entre ces deux langages s'expriment aussi par le fait suivant : au cours des quatre premiers chapitres de cet ouvrage, nous avons beaucoup insisté sur le mode de fonctionnement de SAS. Pour savoir comment construire une table SAS à partir de données externes, il faut comprendre ce qu'est l'INPUT BUFFER ; pour saisir comment modifier une table, il faut connaître le fonctionnement du PDV.

Avec le langage SQL, vous n'avez pas à comprendre comment, en interne, vos requêtes sont traitées et exécutées. Tout ce que vous devez savoir, c'est que, « derrière » PROC SQL, on trouve un optimiseur qui analyse vos requêtes et qui dispose d'un ensemble d'algorithmes pour effectuer la tâche demandée. C'est l'optimiseur qui décide de l'algorithme à utiliser. Ce mode de fonctionnement implique qu'une même tâche peut être effectuée avec des requêtes différentes mobilisant des algorithmes différents. Vous obtiendrez bien entendu le même résultat, mais les lignes seront parfois présentées dans un ordre différent. Ainsi, nous proposons dans ce chapitre, comme à notre habitude, un ensemble d'exercices pour vous aider à faire le point. Les corrections proposées sur le site compagnon seront parfois tout à fait différentes de celles que vous trouverez, il ne faudra pas vous en inquiéter.

Travailler avec PROC SQL, c'est aussi changer de vocabulaire. Si vous avez lu attentivement les sections qui précèdent, vous avez peut-être noté l'apparition de nouveaux termes. Il nous faut ainsi préciser certains points de la terminologie propres à PROC SQL.

Dès le chapitre 1, nous avons vu que les tables SAS présentent une structure tabulaire dans laquelle on trouve, en lignes, des observations et, en colonnes, des variables prenant différentes modalités.

Les tables gérées par les SGBDR présentent aussi cette structure tabulaire, mais on ne parle plus de variables, d'observations ni de modalités, mais de colonnes, de lignes et de valeurs. En raison du mode de fonctionnement du langage SAS, l'ordre des observations dans une table SAS revêt une importance considérable. Avec PROC SQL, cet ordre n'a plus aucune importance et vous pouvez même considérer qu'il n'existe pas.

Le changement de vocabulaire s'exprime aussi dans les termes que nous allons employer pour décrire nos programmes. La figure 9-3 présente les principaux termes de la terminologie propre au langage SQL.

Figure 9–3
Terminologie SQL

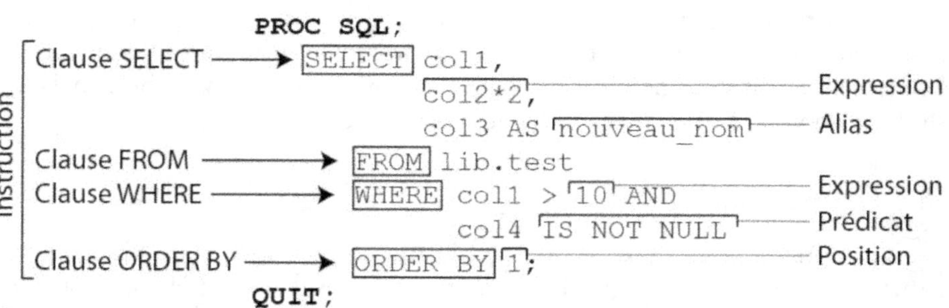

Les instructions SQL peuvent être présentées immédiatement après l'instruction PROC SQL. Cette dernière est une procédure interactive qui reste ouverte tant que SAS ne rencontre pas d'instruction QUIT, une instruction PROC ou une instruction DATA.

Au sein de PROC SQL, vous pouvez préciser plusieurs instructions SQL. Celles-ci sont exécutées **immédiatement et au fur et à mesure.** Un point-virgule clôt l'instruction et ordonne son exécution. L'instruction RUN n'a aucun effet à l'intérieur de PROC SQL et vous obtenez le message suivant dans le journal :

```
NOTE: PROC SQL statements are executed immediately; The RUN statement has no
      effect.
```

À l'intérieur de PROC SQL, vous pouvez faire intervenir des instructions globales propres au langage SAS, comme LIBNAME, OPTIONS, TITLE ou FOOTNOTE.

Une **instruction** SQL est composée de **clauses.** Dans la figure 9-3, l'instruction SELECT débute par une clause SELECT, continue par les clauses FROM, WHERE et ORDER BY et se termine par un point-virgule. Une **requête** est une instruction qui débute par la clause SELECT. Après une clause

SELECT, vous énumérez des **colonnes** ou des expressions. Une **expression** mobilise des opérateurs, des fonctions, d'autres colonnes, des constantes… et renvoie une valeur unique par ligne : `col2*2` est une expression, `10` en est aussi une.

Un **alias** est un nom temporaire donné à une colonne. Il est défini après le **mot-clé** AS. Au moyen des clauses WHERE, vous spécifiez des conditions qui mobiliseront soit les opérateurs de comparaison habituels, soit des prédicats. Un **prédicat** est une expression qui peut renvoyer trois résultats : vrai, faux, inconnu. Les conditions précisées avec des opérateurs de comparaison habituels ne renvoient que deux résultats : vrai ou faux.

Dans certaines clauses, les colonnes peuvent être citées au moyen de leur **position**.

Le terme **option** est réservé aux options que vous précisez immédiatement après PROC SQL.

```
PROC SQL <options>;
```

Si, entre deux instructions SQL, vous souhaitez imposer de nouvelles options ou en annuler une, utilisez l'instruction RESET.

Programme 9-3

```
PROC SQL NUMBER OUTOBS=5;
    instruction SQL 1;
    RESET NONUMBER;
    instruction SQL 2;
    RESET OUTOBS=max;
    instruction SQL 3;
QUIT;
```

L'instruction RESET reprécise certaines options de PROC SQL entre deux instructions SQL. Ici, nous demandons que les lignes soient numérotées dans les rapports produits (NUMBER) et que les résultats ne présentent que les cinq premières lignes (OUTOBS=5). Avec la première instruction RESET, nous demandons le retrait de cette numérotation (NONUMBER). Le résultat de l'instruction SQL 2 donnera donc lieu à la production d'un rapport de cinq lignes non numérotées. La seconde instruction RESET demande que toutes les lignes produites par les instructions SQL à venir soient présentées dans le résultat (OUTOBS=max).

9.2 Générer des rapports simples

Ainsi que nous l'avons évoqué dans la première section de ce chapitre, vous pouvez demander la production de rapports avec PROC SQL. Vous utilisez à cet effet une instruction SELECT, accompagnée de ses clauses subordonnées.

9.2.1 L'instruction SELECT

L'instruction SELECT a pour but d'écrire une requête qui sera exécutée sur une ou plusieurs tables. Elle débute par une **clause SELECT** et doit obligatoirement contenir une **clause FROM** : elle se termine par **un point-virgule**. D'autres clauses sont mobilisables en complément. Nous présentons ci-après les différentes clauses qui peuvent apparaître dans une instruction SELECT[4] dans l'ordre dans lequel vous devez **obligatoirement** les mobiliser si vous devez y recourir.

- **SELECT** – Répertorie les colonnes à afficher.
- **FROM** – Indique les tables sur lesquelles sont appliquées les requêtes.
- **WHERE** – Spécifie les conditions ordonnant le traitement ou pas de la ligne.
- **GROUP BY** – Regroupe des lignes en groupes fondés sur les valeurs de la colonne précisée.
- **HAVING** – Spécifie les conditions de présentation dans la sortie.
- **ORDER BY** – Demande un résultat trié en fonction des valeurs observées dans les colonnes spécifiées.

Nous préciserons la syntaxe propre à chaque clause dans les différentes sections qui leur seront consacrées. Dans une instruction SELECT, seules les clauses SELECT et FROM sont obligatoires.

Nous développerons dans les sous-sections qui suivent la syntaxe propre à la clause SELECT et aux clauses FROM, WHERE et ORDER BY : c'est en effet avec ces seules clauses que vous réaliserez rapidement vos premiers rapports avec PROC SQL. Nous évoquerons les autres clauses dans la section 9.3.

9.2.2 La clause SELECT

```
                         *
SELECT <DISCTINCT>|  colonne   |           |LABEL=  |          |FORMAT= |              <,...>
                  | expression | < AS alias >|       ><"texte"><|        |format SAS>
                  |   CASE     |           |LABEL   |          |FORMAT  |
```

Figure 9–4 Syntaxe de la clause SELECT[a]

a. Pour ce chapitre, nous avons choisi de présenter les éléments de syntaxe avec des figures. Dans ces figures, les termes présentés entre <..> sont optionnels, alors que ceux placés à droite des barres verticales constituent des possibilités.

Au moyen de la clause SELECT, vous choisissez les colonnes qui vous intéressent. Vous devez impérativement les séparer **au moyen de virgules**. L'ordre dans lequel vous les entrez détermine celui dans lequel les colonnes sont présentées dans la sortie. Avec le signe « * », vous sélectionnez toutes les colonnes de la table.

Programme 9-4

```
PROC SQL FEEDBACK OUTOBS=3;
    SELECT *
        FROM jazz.catalogue;
QUIT;
```

Résultat 9-3

ref	artiste	titre	rtype	prix
JWAX001	Clifford Brown	Quartet	C	15
JWAX002	Elvin Jones	Genesis	B	31
JWAX003	Miles Davis	Vol. 2	C	15

---

4. Il manque à ce descriptif la clause INTO qui doit nécessairement être placée entre SELECT et FROM et qui crée des macro-variables (voir section 10.3.2). Nous ne présentons pas non plus ici la clause ON, nécessaire aux jointures horizontales de table et que nous exposerons dans la section 9.5.

L'option FEEDBACK de l'instruction PROC SQL renvoie, dans la fenêtre *Journal*, la liste des colonnes présentées dans le rapport. Si vous exécutez le programme 9-4, vous observez dans cette fenêtre le commentaire suivant :

```
select CATALOGUE.ref, CATALOGUE.artiste, CATALOGUE.titre,
       CATALOGUE.rtype, CATALOGUE.prix
  from JAZZ.CATALOGUE;
```

Les colonnes apparaissent ici selon une structure TABLE.COLONNE. Si votre requête ne porte que sur une seule table (ou lorsqu'elle porte sur plusieurs tables mais que la colonne à afficher n'est présente que dans l'une d'elles), vous pouvez ne pas la citer. Si vous demandez l'extraction de l'ensemble des colonnes, elles apparaîtront dans leur ordre d'enregistrement (et donc de création) dans votre table. L'option OUTOBS= de PROC SQL limite le nombre de lignes (ici trois) à présenter dans le rapport produit.

Le programme 9-5 offre un exemple dans lequel seules quelques colonnes de la table sont demandées. Afin de mettre en forme notre résultat, nous spécifions des FORMAT et des LABEL pour la colonne PRIX.

Programme 9-5

```
PROC SQL;
   SELECT ref,
          artiste,
          titre,
          prix FORMAT=EURO7.2
               LABEL="Nos prix au 31/12"
      FROM jazz.catalogue;
QUIT;
```

Résultat 9-4 (extrait)

ref	artiste	titre	Nos prix au 31/12
JWAX001	Clifford Brown	Quartet	€15.00
JWAX002	Elvin Jones	Genesis	€31.00
JWAX003	Miles Davis	Vol. 2	€15.00
JWAX004	McCoy Tyner	Expansions	€43.00
JWAX005	Hank Mobley	Reach Out!	€31.00

L'ordre de définition de FORMAT et LABEL n'a pas d'importance. Le signe égal placé après ces deux mots-clés n'est pas obligatoire ; le mot LABEL lui-même ne l'est pas. Vous obtiendrez ainsi la même chose qu'au résultat 9-4 avec la clause SELECT suivante :

```
SELECT ref,
       artiste,
       titre,
       prix FORMAT EURO7.2
            "Nos prix au 31/12"
```

Dans votre sortie, vous pouvez afficher de nouvelles colonnes, combinaisons de celles de votre table. Vous utilisez alors une **expression**.

Programme 9-6

```
PROC SQL;
   SELECT ref,
          prix,
          prix*0.5 AS new_prix
                   FORMAT=EUROX7.2,
          CALCULATED new_prix*0.196
                  AS TVA
                  FORMAT=EUROX7.2
      FROM jazz.catalogue;
QUIT;
```

Résultat 9-5 (extrait)

ref	prix	new_prix	TVA
JWAX001	15	€7,50	€1,47
JWAX002	31	€15,50	€3,04
JWAX003	15	€7,50	€1,47
JWAX004	43	€21,50	€4,21
JWAX005	31	€15,50	€3,04

Le mot-clé AS n'est pas obligatoire, mais, si vous créez une table, il précise le nom que prendra la colonne dans cette table. Ce nom doit respecter les conventions habituelles du langage SAS : jusqu'à 32 lettres (non accentuées), chiffres ou tirets bas « _ », commençant nécessairement par une lettre ou un tiret bas. Si vous souhaitez simplement construire un rapport, vous pouvez utiliser les caractères accentués – en aucun cas, le nom donné après AS ne peut contenir d'espace.

Attention : la norme ANSI SQL-92 considère un certain nombre de mots comme réservés. Vous ne devez pas les utiliser comme noms ou alias de colonnes, ni de tables :

AS	FROM	HAVING	JOIN	ON	RIGHT	USER
CASE	FULL	INNER	LEFT	ORDER	UNION	WHEN
EXCEPT	GROUP	INTERSECT	LOWER	OUTER	UPPER	WHERE

Si une table que vous souhaitez requêter contient une colonne portant un nom réservé, modifiez celui-ci au moyen d'une option de table RENAME=[5].

Dans le programme 9-6, nous construisons deux nouvelles colonnes. Nous créons NEW_PRIX à partir de la colonne PRIX, déjà présente dans la table, avec l'expression suivante :

```
prix*0.5
```

La colonne TVA est quant à elle créée à partir de NEW_PRIX. Il est impératif de faire précéder le nom d'une colonne nouvellement créée par le mot-clé CALCULATED quand on veut l'utiliser pour définir une nouvelle colonne. Sinon, le rapport ne sera pas produit et vous lirez le message suivant dans votre journal :

```
ERROR: Les colonnes suivantes sont introuvables dans les tables
       de contribution :
       new_prix.
```

---

5. Ou avec l'option DQUOTE=ANSI de PROC SQL (voir l'aide SAS, entrée *PROC SQL Statement* pour plus de renseignements).

Si votre expression mobilise deux colonnes nouvellement créées pour en définir une nouvelle, elles doivent toutes les deux être précédées de CALCULATED :

```
CALCULATED tva / CALCULATED new_prix AS tx_tva
```

Pour construire de nouvelles colonnes dans PROC SQL, vous disposez de l'ensemble des opérateurs et fonctions du langage SAS, sauf les routines, les fonctions LAG et DIF et les fonctions sur ARRAY (DIM, HBOUND, LBOUND).

Attention : certaines de ces fonctions, comme nous le verrons dans la section 9.3, ont une action particulière[6]. De plus, la syntaxe de certaines, notamment les fonctions statistiques, est différente puisque **les listes de variables ne peuvent pas être mobilisées dans PROC SQL**. Imaginons que vous souhaitez construire une nouvelle colonne dans laquelle vous voulez présenter la somme calculée en ligne de trois colonnes numériques. Si vous employez la fonction statistique SUM, dans une étape DATA, les trois syntaxes suivantes sont envisageables :

```
SUM(OF x:);
SUM(OF x1-x3);
SUM(x1,x2,x3);
```

Au sein d'une requête SQL, **seule la troisième forme est autorisée**.

Si vous souhaitez construire de nouvelles colonnes dans lesquelles les valeurs seront liées au respect de certaines conditions, vous passerez par une **expression CASE**, dont voici la syntaxe :

```
CASE <colonne>
    WHEN condition THEN valeur|colonne|expression|requête
    <WHEN condition THEN valeur|colonne|expression|requête>
    <ELSE valeur|colonne|expression|requête>
END
```

Le programme 9-7 crée trois nouvelles colonnes. La première présente, quelle que soit la ligne, une valeur unique Nos clients. La colonne TYPE1, basée sur les valeurs observées dans CTYPE distingue les clients particuliers (Audiophile) des revendeurs (Professionnel). TYPE2 est basée sur les valeurs de CTYPE et de PAYS et classe les clients en trois catégories. Pour construire TYPE1 et TYPE2, nous mobilisons des expressions CASE.

---

6. Nous verrons dans la section 9.3 que vous pouvez, au moyen de PROC SQL, générer des rapports de synthèse. Ce sont, en partie, les fonctions que vous citez dans la clause SELECT qui commandent la nature du rapport produit. Les fonctions ambiguës sont AVG, MEAN, COUNT, FREQ, N, CSS, CV, MAX, MIN, NMISS, PRT, RANGE, STD, STDERR, SUM, T, USS, VAR et MEDIAN (cette dernière n'est disponible que depuis SAS 9.4).

Programme 9-7

```
PROC SQL;
   SELECT "Nos clients",
          nom,
          ctype,
          pays,
          CASE ctype
             WHEN "A" THEN "Audiophile"
             ELSE "Professionnel"
          END AS type1,
          CASE
             WHEN ctype="A" AND pays="FRA"
                THEN "France - audiophile"
             WHEN ctype="A" AND pays NE "FRA"
                THEN "ETR - audiophile"
             ELSE "Revendeur pro"
          END AS type2
       FROM jazz.client;
QUIT;
```

Résultat 9-6 (extrait)

	nom	ctype	pays	type1	type2
Nos clients	Martin	A	FRA	Audiophile	France - audiophile
Nos clients	Bernard	A	FRA	Audiophile	France - audiophile
Nos clients	Johnson	A	USA	Audiophile	ETR - audiophile
Nos clients	Thomas	P	FRA	Professionnel	Revendeur pro
Nos clients	Korhonen	P	FIN	Professionnel	Revendeur pro

Une expression CASE débute par le mot-clé CASE et se termine nécessairement par un END. Si, après le mot-clé, vous indiquez le nom d'une colonne, vous pouvez faire référence directement aux valeurs de cette dernière dans les conditions qui suivent les mots-clés WHEN. Bien entendu, si les conditions portent sur plusieurs colonnes, aucune d'entre elles ne peut être citée immédiatement après CASE.

Le résultat 9-6, et plus particulièrement la valeur donnée dans la colonne TYPE2 au client Thomas, nous conduit à préciser comment sont attribuées les valeurs lorsque plusieurs mots-clés WHEN sont présents et à quelle condition la valeur donnée à la suite du mot-clé ELSE s'applique.

Figure 9–5
L'expression CASE

```
CASE                                IF cond1 THEN test=valeur1;
   WHEN cond1 THEN valeur1              ELSE IF cond2 THEN test=valeur2
   WHEN cond2 THEN valeur2              ELSE IF cond3 THEN test=valeur3
   WHEN cond3 THEN valeur3              ELSE test=valeur4 ;
   ELSE valeur4
END AS test,
```

L'expression CASE est équivalente, dans son résultat, à ce que vous obtiendriez avec un ensemble d'instructions IF/ELSE IF. Dans les deux cas, TEST vaudra VALEUR3 si cond3 est vraie **et si** cond1 et cond2 sont fausses. TEST vaudra VALEUR4 uniquement si les trois conditions sont toutes fausses.

Le mot-clé ELSE n'est pas obligatoire. S'il est absent, vous obtiendrez cependant dans votre journal le commentaire suivant :

```
NOTE: A CASE expression has no ELSE clause. Cases not accounted for
      by the WHEN clauses will result in a missing value for
      the CASE expression.
```

Nous vous invitons à systématiquement spécifier une valeur ELSE, même si vos conditions vous semblent envisager tous les cas de figure.

Dans le programme 9-7, nous précisons systématiquement les valeurs données aux colonnes créées. Retenez qu'il est aussi possible après THEN de préciser un nom de colonne, une expression mobilisant par exemple une fonction du langage SAS, voire une requête sur une autre table.

Vous pouvez aisément construire une table contenant le résultat de l'instruction SELECT du programme 9-7. Vous utiliserez pour cela une instruction CREATE TABLE indiquant le nom de la table, suivi du mot-clé AS puis de votre instruction SELECT :

```
CREATE TABLE rapport AS SELECT ...
```

Si vous construisez une table au moyen de cette requête, vous n'avez pas à vous soucier de la longueur des variables issues des expressions CASE. Elle sera égale à celle de la valeur la plus longue citée après les mots-clés THEN, soit :

- 13 pour TYPE puisqu'il faut 13 caractères pour enregistrer la valeur `Professionnel` ;
- 19 pour TYPE2 puisque la valeur la plus longue est ici `France - audiophile`.

Nous n'avons pas donné (avec AS) de nom à la première colonne de notre résultat. Toujours si vous avez à construire une table, SAS lui attribuera alors un nom automatique (_TEMA001).

9.2.3 La clause FROM

Avec la clause FROM, vous spécifiez les tables contenant les colonnes à utiliser pour construire votre rapport. Depuis SAS 9.1.3 SP4, vous pouvez citer jusqu'à 256 tables dans cette clause (32 tables avec les versions antérieures). La figure 9-6 précise la syntaxe de la clause FROM[7].

Figure 9–6
Syntaxe de la clause FROM

```
                   table
                    vue                  DROP=
       FROM    table jointe              KEEP=
               vue en ligne    <(    RENAME=  colonnes  )>  < AS alias> <,...>
                                          OBS=
                                          ...
```

Les options de table propres au langage SAS telles que DROP=, KEEP=, RENAME=... trouvent leur place entre parenthèses immédiatement après le nom de la table. Le mot-clé AS donne un alias à la table, utilisable dans le code à la place du vrai nom.

Programme 9-8

```
PROC SQL;
   SELECT catalogue.ref, catalogue.prix FROM jazz.catalogue;
   SELECT t1.ref,        t1.prix        FROM jazz.catalogue AS t1;
QUIT;
```

7. Le terme de vue en ligne se réfère à un tableau créé par une instruction SELECT et utilisé comme une table dans la clause FROM (voir section 9.5.8). La figure 9-6 présente seulement une partie de la syntaxe de la clause FROM. Nous exposerons dans la section 9.5 la partie de la syntaxe de cette clause relative aux jointures de tables.

Les deux requêtes présentées ici sont parfaitement équivalentes. Pour l'instant, nous n'avons pas besoin des alias de table dans le cadre simple qui est le nôtre. Cependant, lorsque vos requêtes mobiliseront plusieurs tables, ces alias seront très utiles si des colonnes portent le même nom.

Les alias ne sont actifs que pour la requête au sein de laquelle ils sont définis. Le nom d'un alias doit respecter les conventions propres à celui des colonnes ; minuscules et majuscules n'ont aucune importance.

Vous avez la possibilité de préciser plusieurs tables dans une clause FROM, séparées par des virgules. **Attention cependant** : citer plusieurs tables, c'est demander une **jointure implicite** et commander **un produit cartésien** entre elles.

Programme 9-9

```
PROC SQL NUMBER;
   SELECT order_date,
          num,
          commandes.ref,
          quantite,
          prix
      FROM jazz.commandes,jazz.catalogue;
QUIT;
```

L'option NUMBER de PROC SQL numérote les lignes de la sortie[8]. Le programme 9-9 retourne un tableau de 2 480 lignes (soit 20 lignes de la table CATALOGUE × 124 lignes de la table COMMANDES). Ce tableau est un produit cartésien entre les deux tables qui n'a en fait aucune signification concrète. Nous y reviendrons au cours de la section 9.5.1, mais retenez déjà qu'une jointure implicite s'accompagne généralement d'une clause WHERE qui en précise les conditions.

Exercice 9.1 – Présentez le contenu de la table CATALOGUE, auquel vous ajouterez une colonne supplémenaire précisant la signification de RTYPE : A *pour les éditions « Prestige »,* B *pour les éditions « DeLuxe » et* C *pour les éditions « Standard ».*

On vous a indiqué qu'il y avait peut-être un problème de qualité pour les éditions « Prestige » qui portent une référence comprise entre JWAX001 et JWAX010. Créez une colonne qui aura pour valeur attention *pour ces références particulières et* OK qualité *pour les autres.*

Vous ne trouverez pas forcément du premier coup l'instruction SQL qui renvoie le rapport demandé par l'exercice 9.1 et vos premières instructions SELECT contiendront probablement des erreurs. Avant de demander leur exécution, vérifiez leur syntaxe « à blanc » avec l'instruction VALIDATE ou l'option NOEXEC.

<table>
<tr><td>

Programme 9-10

```
PROC SQL;
   VALIDATE
   SELECT non,
          pays
      FROM jazz.client;
QUIT;
```
</td><td>

Programme 9-11

```
PROC SQL NOEXEC;
   SELECT non,
          pays
      FROM jazz.client;
QUIT;
```
</td></tr>
</table>

---

8. Vous trouverez aussi de très nombreux exemples de programmes dans lesquels on obtient la numérotation des lignes au moyen de la fonction MONOTONIC(). La clause SELECT devient alors : SELECT MONOTONIC(), num ... Cette fonction n'est pas documentée officiellement par SAS.

Si vous utilisez l'option NOEXEC et si votre syntaxe est correcte, vous lirez le message suivant dans la fenêtre *Journal* :

```
NOTE: Statement not executed due to NOEXEC option.
```

Avec une instruction VALIDATE (utilisable uniquement pour un SELECT), si la syntaxe est correcte, vous obtiendrez le message suivant :

```
NOTE: PROC SQL statement has valid syntax.
```

VALIDATE et NOEXEC vérifient :
* la syntaxe de la requête sans pour autant l'exécuter ;
* que les colonnes citées existent bien.

Elles renvoient une erreur commentée dans la fenêtre *Journal* en cas de requête invalide.

L'exécution du programme 9-10 ou 9-11 retourne l'erreur suivante dans le journal :

```
ERROR: Les colonnes suivantes sont introuvables dans les tables
       de contribution :
       non.
```

La colonne s'appelle NOM, pas NON. Si vous utilisez l'option NOEXEC et souhaitez l'annuler sans quitter puis redémarrer PROC SQL, utilisez l'instruction RESET (voir section 9.1.5) :

```
RESET EXEC;
```

9.2.4 La clause WHERE

La clause WHERE spécifie les conditions auxquelles les lignes de votre table seront analysées par votre requête. Seules les lignes qui respectent les conditions énoncées seront traitées par votre instruction SELECT.

Il existe deux principaux types de clauses WHERE :
* celles dans lesquelles les conditions sont spécifiées au moyen des opérateurs de comparaison ;
* celles faisant appel à des prédicats.

a. Les conditions précisées au moyen des opérateurs de comparaison

Dans ce cas, la syntaxe de la clause WHERE prend la forme résumée par la figure 9-7.

Les sous-requêtes susceptibles d'apparaître à droite de l'opérateur de comparaison seront traitées dans la section 9.4. Pour spécifier vos conditions, vous disposez des opérateurs habituels, présentés dans le tableau 9-1.

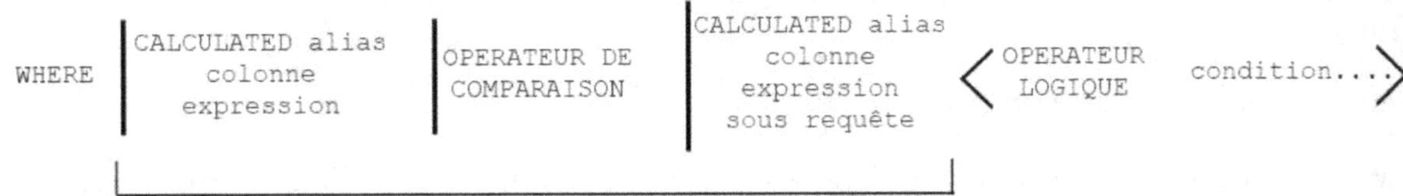

Figure 9–7 Syntaxe de la clause WHERE

Tableau 9–1 Les opérateurs de comparaison[a]

Symbole	Mnémonique[b]	Définition
=	EQ	égal à
^= ¬= ~= <>	NE	non égal à
>	GT	strictement supérieur à
<	LT	strictement inférieur à
>=	GE	supérieur ou égal à
<=	LE	inférieur ou égal à

a. Attention, <> dispose d'un statut particulier. Dans une clause WHERE ou une instruction WHERE, <> sera interprété comme « non égal à », alors que, au cours d'une étape DATA, dans une instruction x=a<>b, il est équivalent à MAX.

b. Les mnémoniques ne respectent pas la norme ANSI SQL-92.

Nous avons vu qu'il est possible, à l'intérieur de la clause SELECT, de construire de nouvelles colonnes, combinaisons de colonnes existantes. Il faut ajouter le mot-clé CALCULATED devant leur nom lorsque vous les utilisez dans la clause WHERE pour construire votre condition d'appartenance au résultat.

Programme 9-12

```
PROC SQL;
    TITLE "Références soldées";
    TITLE2 "les plus chères";
    SELECT ref,
           prix FORMAT=EURO7.,
           prix*0.5 AS nprix
                    "prix soldé"
                    FORMAT=EURO7.2
    FROM jazz.catalogue
    WHERE CALCULATED nprix>20;
QUIT;
```

Résultat 9-7

ref	prix	prix soldé
JWAX004	€43	€21.50
JWAX007	€43	€21.50
JWAX009	€43	€21.50
JWAX010	€43	€21.50
JWAX013	€43	€21.50

Nous créons une nouvelle colonne à laquelle nous associons l'alias NPRIX et nous ne voulons voir dans la sortie que les lignes pour lesquelles le nouveau prix est supérieur à 20. Le rapport n'est pas produit sans le mot-clé CALCULATED et vous observerez le message suivant dans votre fenêtre *Journal* :

```
ERROR: Les colonnes suivantes sont introuvables dans les tables
       de contribution :
       nprix.
```

Ce message apparaît parce que **la clause WHERE est examinée avant SELECT**[9] : puisque la colonne contenant la colonne NPRIX n'est pas encore construite, vous ne pouvez pas y faire référence. Bien entendu, vous auriez aussi pu définir la clause WHERE avec l'expression qui calcule le nouveau prix :

```
WHERE prix*0.5 >20
```

Le résultat est parfaitement identique et cette programmation est plus efficace que celle mobilisant CALCULATED ou même qu'une condition spécifiée au moyen de la clause HAVING (voir section 9.3.3).

Si plusieurs conditions sont à préciser, vous devez les combiner au moyen des opérateurs logiques classiques listés dans le tableau 9-2.

Tableau 9–2 Les opérateurs logiques

Symbole[a]	Mnémonique	Définition
&	AND	Et
| ¦ !	OR	Ou
¬ ^ ~	NOT	Non

a. Les symboles ne respectent pas la norme ANSI SQL-92.

Attention si vous combinez plusieurs conditions :

```
WHERE  x1<10 AND  x2>12  OR x3>15          (1)
WHERE (x1<10 AND  x2>12) OR x3>15          (2)
WHERE  x1<10 AND (x2>12  OR x3>15)         (3)
```

Le ET étant prioritaire sur le OU, la clause (1) est uniquement équivalente à la (2). Nous vous invitons, en cas de conditions multiples, à toujours ajouter des parenthèses à l'intérieur de vos clauses WHERE.

---

9. Autrement dit, la clause SELECT sera uniquement exécutée sur les lignes qui satisfont le WHERE. On se souvient ici que, dans le langage SAS, au cours d'une étape DATA, les conditions spécifiées par WHERE sont examinées avant même que l'observation n'entre dans le PDV. Lorsque vous utilisez une telle instruction dans une procédure, seules les observations qui en satisfont les conditions sont exploitées.

b. Les prédicats

Ainsi que nous l'avons présenté dans la section 3.3.2.b, dans le langage SAS, l'instruction WHERE dispose d'opérateurs spécifiques. Ils sont aussi disponibles pour spécifier vos conditions dans la clause WHERE et, dans le langage SQL, s'appellent des prédicats. Le tableau 9-3 reprend ces différents prédicats que vous connaissez déjà.

Tableau 9–3 Les prédicats[a]

Prédicat	Principe	Exemple
BETWEEN – AND	Entre telle et telle valeur	`WHERE prix BETWEEN 10 AND 20`
CONTAINS ou ? [‡]	Contient la chaîne	`WHERE artiste CONTAINS 'Jimmy'`
IN	A comme valeur possible	`WHERE prix IN (15,16,17)`
IS MISSING [‡] ou IS NULL	Est valeur manquante	`WHERE prix IS MISSING`
LIKE	Ressemble à	`WHERE artiste LIKE '_l%n'`[b]
=* [‡] ou SOUNDS LIKE	Se prononce comme[c]	`WHERE LASTNAME =* 'Smith'`

a. Les prédicats suivis de ‡ ne respectent pas la norme ANSI SQL-92.

b. On peut traduire cette condition de la manière suivante : la seconde lettre de la valeur d'ARTISTE doit impérativement être un « l » ; la dernière lettre doit être un « n ». Au moins un caractère doit séparer le « l » du « n ». La valeur Clifford Brown satisfait la condition ; la valeur Elvin Jones ne la satisfait pas.

c. Il faut donc comprendre ce prédicat comme « si le texte contenu dans la colonne ressemble, dans sa prononciation anglaise, à la prononciation anglaise de la chaîne suivante ».

Vous avez aussi la possibilité d'ajouter NOT à ces différents prédicats pour créer des conditions négatives :

```
WHERE note NOT BETWEEN 10 AND 14
```

Trois autres prédicats sont utilisables dans les clauses WHERE : ALL, ANY, EXISTS. Nous les aborderons dans la section 9.4, consacrée aux sous-requêtes.

9.2.5 La clause ORDER BY

Cette clause trie le résultat en fonction de la valeur prise par une ou plusieurs colonnes.

Figure 9–8
Syntaxe de
la clause ORDER BY

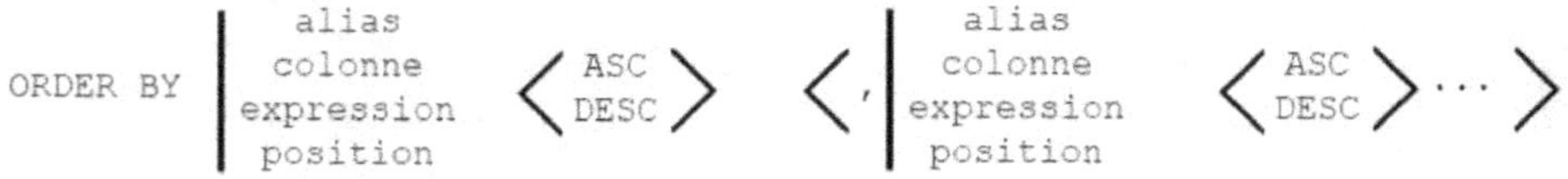

Par défaut, le tri suit un ordre ascendant. Le mot-clé DESC spécifie un ordre descendant.

Programme 9-13

```
PROC SQL OUTOBS=5;
   SELECT ref,artiste,prix
      FROM jazz.catalogue
      ORDER BY artiste,prix DESC;

   SELECT ref,artiste,prix
      FROM jazz.catalogue
      ORDER BY SCAN(artiste,2),prix DESC;

   SELECT ref,artiste AS art,prix
      FROM jazz.catalogue
      ORDER BY SCAN(art,2),3 DESC;
QUIT;
```

Résultat 9-8

ref	artiste	prix
JWAX009	Tina Brooks	43
JWAX001	Clifford Brown	15
JWAX013	Donald Byrd	43
JWAX018	Donald Byrd	15
JWAX017	Donald Byrd	15

La clause ORDER BY de la première requête cite deux colonnes et demande une présentation des valeurs de la colonne ARTISTE dans un ordre alphabétique croissant. Les références relatives à un même artiste sont ensuite triées par prix décroissant. Le résultat n'est guère heureux puisque le tri doit plutôt porter sur le nom de famille de chaque artiste : c'est le résultat que l'on obtient avec la deuxième requête (résultat 9-8) et l'utilisation d'une expression impliquant la fonction SCAN de SAS. Le résultat obtenu de la troisième requête est parfaitement identique. Nous avons cependant utilisé l'indication de position (troisième) de la colonne PRIX dans la clause SELECT. En premier argument de la fonction SCAN, vous ne pouvez pas indiquer une position ; un alias est cependant possible.

Les colonnes citées dans la clause ORDER BY peuvent ne pas l'être dans votre clause SELECT. Vous observerez alors le message suivant dans la fenêtre *Journal* :

```
NOTE: The query as specified involves ordering by an item that doesn't
      appear in its SELECT clause.
```

Malgré cette note, le résultat sera tout de même produit. Vous observerez ce message à la suite des deuxième et troisième requêtes du programme 9-13, ce qui est tout à fait normal puisque les noms de famille des artistes sont absents du rapport produit.

9.3 Réaliser des rapports de synthèse

Au cours de la section précédente, nous avons essentiellement construit des rapports qui auraient très bien pu l'être au moyen d'étapes DATA suivies d'un PROC SORT en cas de clause ORDER BY, puis d'un PROC PRINT. Tout en poursuivant notre exploration de l'instruction SELECT, nous allons voir dans cette section qu'il est aussi possible de construire des rapports proposant des informations de synthèse : avec PROC SQL, vous obtiendrez des rapports proches de ceux produits avec MEANS, REPORT ou TABULATE.

9.3.1 Le mot-clé DISTINCT

Lors de notre présentation de la syntaxe de SELECT, il est un mot-clé que nous n'avons pas évoqué : DISTINCT[10].

Programme 9-14	**Résultat 9-9 (extrait)**

```
PROC SQL;
    TITLE "Références distinctes";
    TITLE2 "dans la table COMMANDES";
    SELECT DISTINCT ref
        FROM jazz.commandes;
    TITLE2 "commandées par chaque client";
    SELECT DISTINCT ref,num
        FROM jazz.commandes;
QUIT;
```

Références distinctes
dans la table COMMANDES

ref
JWAX001
JWAX003
JWAX004
JWAX005

Si une colonne unique est citée dans la clause SELECT, le mot-clé DISTINCT en présente les différentes valeurs sans doublons par ordre alphabétique. Si vous citez deux colonnes, ce sont tous les couples de valeurs qui seront répertoriés.

Dans le premier SELECT (résultat 9-9), chaque référence citée dans la table COMMANDES n'est présentée qu'une fois et l'ensemble est trié par ordre alphabétique. Nous apprenons ainsi que la référence JWAX002, puisqu'elle est absente du résultat, n'a fait l'objet d'aucune commande. Dans le second SELECT (non reproduit ici), chaque couple (REFERENCE,NUM) n'est présenté qu'une fois. Nous pouvons donc compter « à la main », pour chaque référence, le nombre de clients qui ont commandé au moins un article.

Exercice 9.2 – À partir de la table CATALOGUE, construisez un rapport qui reprendra les noms des artistes dont au moins un album a été réédité par l'entreprise JWAX.

9.3.2 Les fonctions qui commandent une synthèse

Au cours de la section 9.2.2, nous avons attiré votre attention sur le fait que certaines fonctions risquaient de produire des résultats qualifiés d'inattendus. En effet, à certaines conditions exposées dans cette section, la présence de certaines fonctions dans la clause SELECT permet la construction de rapports de synthèse. Le tableau 9-4 en dresse la liste.

Tableau 9–4 Les fonctions de synthèse (ou fonctions agrégatives) [a]

Fonction	**Définition**	**Remarque**
AVG, MEAN	Moyenne	AVG n'accepte qu'une colonne en argument – MEAN en accepte plusieurs.
COUNT, FREQ, N	Nombre de valeurs non manquantes	
CSS	Somme des carrés corrigés	

10. UNIQUE fournit un résultat parfaitement identique, mais seul DISTINCT respecte la norme ANSI SQL-92.

Tableau 9–4 Les fonctions de synthèse (ou fonctions agrégatives) (suite)[a]

Fonction	Définition	Remarque
CV	Coefficient de variation	
MAX	Valeur maximale	
MEDIAN	Médiane	Depuis SAS 9.4
MIN	Valeur minimale	
NMISS	Nombre de valeurs manquantes	
PRT	P-Value du T	
RANGE	Maximum - minimum	
STD	Écart-type	
STDERR	Écart-type de la moyenne	
SUM	Somme	
T	Valeur de la statistique t dans le cas d'un test d'égalité de la moyenne avec zéro	
USS	Somme des carrés non corrigés	
VAR	Variance	

a. Seules les fonctions qui apparaissent en gras respectent la norme ANSI SQL-92.

Pour la plupart, les fonctions présentées dans ce tableau sont utilisables au sein d'étapes DATA. On voit cependant deux fonctions typiques de SQL : AVG, qui calcule une moyenne et n'accepte qu'une colonne en argument, et COUNT[11]. Avec le programme 9-15, nous en montrons les capacités agrégatives. Ce programme présente aussi la fonction COUNT.

Programme 9-15

```
PROC SQL;
    SELECT COUNT(*) AS compte1,
           COUNT(ref) AS compte2,
           NMISS(ref) AS nbvalmq,
           COUNT(DISTINCT ref) AS compte3,
           COUNT(DISTINCT num) AS compte4
    FROM jazz.commandes;
QUIT;
```

Résultat 9-10

compte1	compte2	nbvalmq	compte3	compte4
124	124	0	17	19

La fonction COUNT compte ici le nombre de lignes d'une table (COUNT(*)), le nombre de lignes présentant des valeurs non manquantes d'une certaine colonne (COUNT(REF)), ou le nombre de valeurs différentes prises par une colonne (COUNT(DISTINCT REF) et COUNT(DISTINCT NUM)).

11. Il existe bien, dans le langage SAS, une fonction COUNT, mais son objet est tout à fait différent puisque qu'elle compte le nombre de fois où apparaît une certaine chaîne de caractères dans une autre chaîne.

Puisque COMPTE1 et COMPTE2 ont la même valeur, nous apprenons que REF est toujours renseigné dans la table COMMANDES. La valeur de NBVALMQ nous le confirme. Les commandes effectuées par les clients portent sur 17 références distinctes (COMPTE3). Dix-neuf clients différents ont effectué des achats (COMPTE4).

L'appel à une fonction agrégative ne suffit pas à produire un rapport de synthèse. Trois autres facteurs vont déterminer la nature du rapport produit :

- le nombre de colonnes indiquées en argument de la fonction agrégative ;
- la présence d'autres colonnes dans la clause SELECT ;
- la présence d'une clause GROUP BY.

a. Le nombre de colonnes indiqué en argument de la fonction agrégative

Si vous n'avez qu'un seul argument dans une des fonctions du tableau 9-4, la statistique demandée sera calculée en colonne :

Programme 9-16

```
PROC SQL;
   SELECT 'somme',
          SUM(quantite)
      FROM jazz.commandes;
QUIT;
```

Résultat 9-11

somme	198

Si votre fonction cite plusieurs colonnes, la statistique est calculée en ligne (voir figure 9-9).

Figure 9–9
Plusieurs colonnes en argument de la fonction agrégative

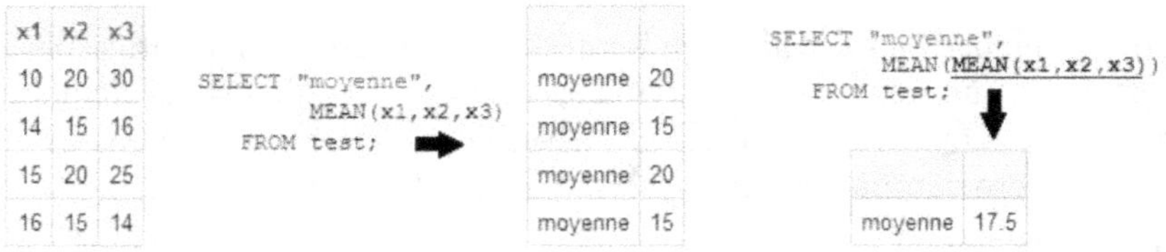

Vous pouvez imbriquer les fonctions : dans la requête à droite de la figure 9-9, la fonction MEAN soulignée est argument d'une seconde fonction MEAN. Vous obtenez, puisque cette seconde fonction cite un argument d'une colonne, la moyenne, sur les quatre lignes, des valeurs prises par les colonnes X1 à X3.

b. Présence de colonnes non traitées par une fonction de synthèse

Programme 9-17

```
PROC SQL;
   SELECT ref,
          SUM(quantite) AS somme
      FROM jazz.commandes;
QUIT;
```

Résultat 9-12 (extrait)

ref	somme
JWAX001	198
JWAX005	198
JWAX013	198

Dans le programme 9-17, aucune fonction de synthèse n'est appliquée à la colonne REF. Dans ce cas, le rapport créé aura le même nombre de lignes que votre table originale. La colonne SOMME présentera cependant une valeur unique, qui correspondra bien à la statistique demandée (résultat 9-12). Ce type de requête donne lieu au message suivant dans le journal :

```
NOTE: The query requires remerging summary statistics back with the original
      data.
```

c. La clause GROUP BY

La nature de vos résultats dépend aussi de la présence ou pas d'une clause GROUP BY.

Figure 9–10
La clause GROUP BY

La clause GROUP BY regroupe des lignes. Si vous demandez le calcul d'une statistique, il sera effectué pour chaque valeur présente dans la colonne spécifiée par GROUP BY.

Reprenons le programme 9-17 et ajoutons-lui une clause GROUP BY.

Programme 9-18	Résultat 9-13 (extrait)

```
PROC SQL;
   SELECT ref,
          SUM(quantite) AS somme
      FROM jazz.commandes
      GROUP BY ref;
QUIT;
```

ref	somme
JWAX001	15
JWAX003	1
JWAX004	31

Admettons que vous souhaitiez connaître le nombre de commandes par trimestre. Vous pouvez obtenir ce résultat de deux façons.

Programme 9-19	Résultat 9-14	Résultat 9-15

```
PROC SQL;
   SELECT SUM(quantite) AS somme
      FROM jazz.commandes
      GROUP BY QTR(order_date);

   SELECT QTR(order_date) AS t,
          SUM(quantite) AS somme
      FROM jazz.commandes
      GROUP BY t;
QUIT;
```

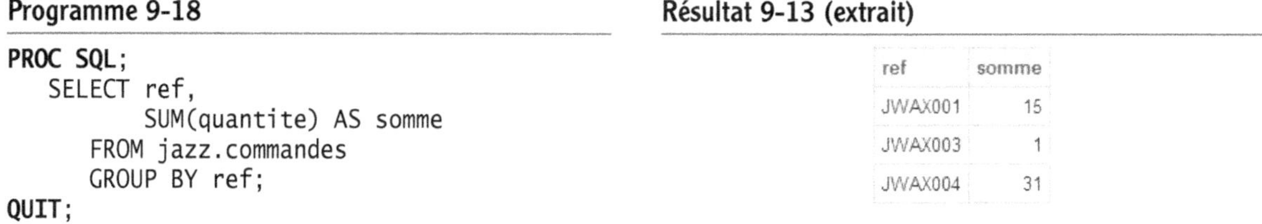

somme
47
63
67
21

t	somme
1	47
2	63
3	67
4	21

Le premier rapport (résultat 9-14) donne les quantités commandées par trimestre, mais ne présente pas ces derniers. Pour obtenir le résultat 9-15, vous devez utiliser la fonction QTR, dès la clause SELECT, et lui attribuer un alias que vous citerez ensuite dans votre clause GROUP BY[12]. Sans attribuer d'alias à cette colonne, vous pouvez aussi citer sa position dans la clause GROUP BY, qui devient :

```
GROUP BY 1;
```

Si vous ajoutez dans votre clause SELECT une autre colonne (par exemple REF), sans lui appliquer de fonction agrégative ou sans la citer dans la clause GROUP BY (voir programme 9-20, 1re requête), le résultat sera, dans l'esprit, proche de celui obtenu via le programme 9-17 : pour chaque référence, vous disposerez du trimestre et du nombre de commandes enregistrées pour cette période (résultat 9-16). En revanche, si la colonne REF est citée dans la clause GROUP BY (programme 9-20, 2e requête), vous disposerez des commandes pour chaque trimestre et pour chaque référence (résultat 9-17).

Programme 9-20

```
PROC SQL;
    SELECT ref,
           QTR(order_date) AS t,
           SUM(quantite) AS somme
        FROM jazz.commandes
        GROUP BY 2;

    SELECT ref,
           QTR(order_date) AS t,
           SUM(quantite) AS somme
        FROM jazz.commandes
        GROUP BY 1,2;
QUIT;
```

Résultat 9-16 (extrait)

ref	t	somme
JWAX001	1	47
JWAX014	1	47
JWAX010	1	47
JWAX018	1	47

Résultat 9-17 (extrait)

ref	t	somme
JWAX001	1	5
JWAX001	2	6
JWAX001	3	3
JWAX001	4	1

La première requête renvoie le message suivant dans la fenêtre *Journal* :

```
NOTE: The query requires remerging summary statistics back
      with the original data.
```

Ce message vous indique qu'il y a eu *remerging*. Lorsque vous utilisez des fonctions de synthèse dans votre clause SELECT et si, comme ici, vous citez une colonne qui n'est pas reprise dans la clause GROUP BY, votre programme oblige PROC SQL à passer deux fois sur votre table : le premier passage calcule la statistique demandée par la fonction de synthèse et le second l'intégration de cette statistique aux données originales. Le *remerging* peut être consommateur de ressources ; vous l'éviterez bien souvent avec une sous-requête, comme nous le verrons dans la section 9.4[13]. Il arrive aussi parfois « par accident » parce que votre requête n'est pas correctement rédigée, comme la première du programme 9-20.

---

12. La solution qui consiste à présenter la colonne ORDER_DATA au moyen du FORMAT QTRw., puis citer ORDER_DATE dans la clause ORDER BY ne fonctionne pas. Dans PROC SQL, les FORMAT ne sont que des filtres de présentation des valeurs ; ils ne peuvent pas être utilisés pour regrouper des lignes.

13. Si vous souhaitez ne plus autoriser les remerging, vous pouvez, au choix, utiliser l'option NOREMERGE de PROC SQL ou l'option globale NOSQLREMERGE. Le remerging est une capacité de PROC SQL non demandée par la norme ANSI SQL-92.

Enfin, si aucune fonction agrégative n'est citée dans le SELECT, la clause GROUP BY est automatiquement transformée en ORDER BY. Vous lirez le message suivant dans votre journal :

```
WARNING: A GROUP BY clause has been transformed into an ORDER BY clause
         because neither the SELECT clause nor the optional HAVING clause
         of the associated table-expression referenced a summary function.
```

Exercice 9.3 – Dans l'exercice 9.2, nous vous avons demandé d'établir un rapport à partir de la table CATALOGUE. Il répertoriait les artistes pour lesquels l'entreprise JWAX a réédité au moins un album. Complétez ce rapport en indiquant le nombre d'albums réédités pour chacun de ces artistes.

Exercice 9.4 – À partir de la table COMMANDES, créez un rapport dans lequel vous présenterez, dans un ordre décroissant, le nombre d'exemplaires commandés pour chaque référence. Tentez ensuite de n'afficher que les références pour lesquelles on a compté plus de 20 exemplaires commandés. Vous n'y arriverez pas si vous ne lisez pas la suite de cet ouvrage…

9.3.3 Le paramétrage de votre sortie au moyen de la clause HAVING

Pour répondre à la première partie de l'exercice 9.4, vous avez très certainement rédigé le programme suivant et obtenu le résultat 9-18 (dont nous présentons ici uniquement un extrait).

Programme 9-21

```
PROC SQL;
   SELECT ref,
          SUM(quantite) AS somme
      FROM jazz.commandes
      GROUP BY 1
      ORDER BY 2 DESC;
QUIT;
```

Résultat 9-18 (extrait)

ref	somme
JWAX006	38
JWAX004	31
JWAX018	20
JWAX001	15
JWAX016	12

Par défaut, dans les rapports réalisés avec une requête incluant la clause GROUP BY, les lignes sont triées dans un ordre croissant des valeurs de la colonne GROUP BY. Cet exemple montre qu'un autre ordonnancement est possible : il suffit d'utiliser une clause ORDER BY.

Pour répondre à la seconde partie de l'exercice, vous avez peut-être rédigé la clause WHERE suivante (obligatoirement entre les clauses FROM et GROUP BY) :

```
WHERE CALCULATED somme>20
```

Votre rapport n'a pas été produit et vous avez alors observé le message ci-après dans votre journal :

```
ERROR: Summary functions are restricted to the SELECT and HAVING clauses only.
```

Nous avons indiqué que les conditions énoncées par WHERE étaient estimées **AVANT la construction du résultat** : elles conditionnent le traitement de la ligne par la requête SELECT. La colonne SOMME étant construite au moyen d'une fonction agrégative, vous ne pouvez pas utiliser la clause WHERE puisque l'information SOMME n'existe pas encore et que c'est la requête elle-même qui va fournir cette information.

Vous avez donc besoin d'une nouvelle clause grâce à laquelle vous allez préciser **les conditions d'appartenance à la sortie** : c'est l'objet de la clause HAVING.

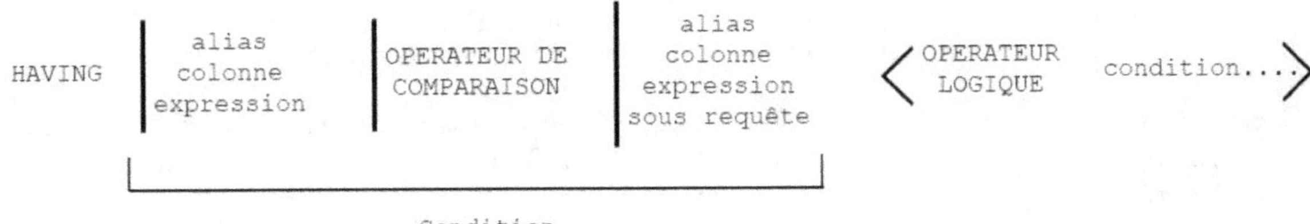

Figure 9–11 Syntaxe de la clause HAVING

C'est grâce au programme 9-22 que l'on obtient le résultat souhaité à l'exercice 9.4.

Programme 9-22

```
PROC SQL;
    SELECT ref,
           SUM(quantite) AS somme
        FROM jazz.commandes
        GROUP BY 1
        HAVING somme>20
        ORDER BY 2 DESC;
QUIT;
```

La clause HAVING doit nécessairement être présentée entre GROUP BY et ORDER BY. Dans les clauses HAVING, vous avez la possibilité d'utiliser des expressions qui mobilisent les fonctions de synthèse. Le programme 9-23 produit ainsi la liste des références qui ont connu plus de dix commandes au cours du premier semestre.

Programme 9-23

```
PROC SQL;
    SELECT ref
        FROM jazz.commandes
        WHERE order_date<='30jun2013'd
        GROUP BY 1
        HAVING SUM(quantite) > 10;
QUIT;
```

Résultat 9-19

ref
JWAX001
JWAX004
JWAX006
JWAX018

La clause WHERE est ici utilisée pour sélectionner les commandes du premier semestre : ce sont elles que nous souhaitons analyser. La clause HAVING nous permet de définir les conditions d'appartenance au résultat. Pour préciser ces conditions, vous pouvez aussi mobiliser les prédicats de la clause WHERE (voir section 9.2.4.b).

Exercice 9.5 – À la suite de l'exercice 9.3, vous disposez d'une liste des artistes qui ont fait l'objet d'une réédition par l'entreprise JWAX, ainsi que du nombre d'albums réédités par artiste. Construisez maintenant un rapport dans lequel ne seront présentés que les artistes pour lesquels au moins deux albums ont été réédités, dans l'ordre décroissant du nombre de rééditions. À nombre de rééditions identique, les artistes devront être triés dans l'ordre alphabétique croissant de leur nom de famille.

9.4 Les sous-requêtes

L'objet de cette section vise à enrichir les conditions énoncées par les clauses WHERE et HAVING au moyen de sous-requêtes. Nous allons voir, dans un premier temps, que ces dernières sont de deux types : corrélées ou non corrélées. Nous étudierons ensuite les sous-requêtes renvoyant plusieurs valeurs.

9.4.1 Les différents types de sous-requêtes

Développons un premier exemple : nous souhaitons produire un rapport dans lequel doivent apparaître les références du catalogue qui ont un prix de vente supérieur au prix de vente moyen.

On obtient ce résultat de deux façons. La première (première requête du programme 9-24) implique un *remerging* ; la seconde (seconde requête) évite ce *remerging* en utilisant une sous-requête.

Programme 9-24

```
PROC SQL;
   SELECT ref,
          artiste,
          titre,
          prix
      FROM jazz.catalogue
      HAVING prix>AVG(prix);

   SELECT ref,
          artiste,
          titre,
          prix
      FROM jazz.catalogue
      WHERE prix>(SELECT AVG(prix)
                     FROM jazz.catalogue);
QUIT;
```

Résultat 9-20

ref	artiste	titre	prix
JWAX002	Elvin Jones	Genesis	31
JWAX004	McCoy Tyner	Expansions	43
JWAX005	Hank Mobley	Reach Out!	31
JWAX006	Kenny Drew	Undercurrent	31
JWAX007	Ike Quebec	Heavy Soul	43
JWAX009	Tina Brooks	True Blue	43
JWAX010	Duke Pearson	Wahoo!	43
JWAX012	Wayne Shorter	Juju	31
JWAX013	Donald Byrd	Slow Drag	43
JWAX014	Don Wilkerson	Elder Don	31

Dans la première requête, la condition est spécifiée avec la clause HAVING. C'est ici obligatoire puisque la condition fait appel à la fonction agrégative AVG. Pour produire le rapport demandé, PROC SQL sélectionne **l'intégralité des lignes de la table**, puis, grâce à un second passage sur les données, vérifie si, pour chacune des lignes, la condition est respectée. La logique de la seconde requête est très différente et plus économe en ressources. La sous-requête précisée dans la clause WHERE entre parenthèses et **à droite** de l'opérateur de comparaison est exécutée en premier et la requête principale traite **uniquement les lignes qui respectent la condition**.

L'objet d'une sous-requête vise à sélectionner des lignes dans une table (ici, le prix moyen des références au catalogue de l'entreprise) dont les valeurs vont être utilisées par la requête principale. Dans une sous-requête, la clause SELECT ne peut citer qu'une seule colonne.

La table de laquelle la colonne est extraite peut être celle sur laquelle la requête principale est exécutée (notre cas). Il peut aussi s'agir d'une autre table.

Comme précisé plus haut, il existe deux types de sous-requêtes :

- les **sous-requêtes non corrélées** qui s'exécutent indépendamment de la requête principale ;
- les **sous-requêtes corrélées** qui, pour s'exécuter, ont besoin d'informations en provenance de la requête principale.

La sous-requête du programme 9-24 appartient à la première catégorie. Elle est exécutée **avant** que la requête principale ne soit examinée et ne retourne qu'une seule valeur à la requête principale. Si plusieurs sous-requêtes sont imbriquées, la plus éloignée dans l'arbre est exécutée en premier ; PROC SQL remonte ensuite l'arbre jusqu'à la requête principale.

Dans le second exemple proposé par le programme 9-25, la **sous-requête est corrélée**. Nous souhaitons disposer d'un rapport dans lequel sont présentées les références complètes des disques vendus à plus de 30 exemplaires. La requête principale doit être exercée sur la table CATALOGUE et la sous-requête, grâce à laquelle on va connaître les ventes de chaque référence, sur la table COMMANDES.

Programme 9-25

```
PROC SQL;
    SELECT ref,
           artiste,
           titre
       FROM jazz.catalogue AS t1
       WHERE 30<(SELECT SUM(quantite)
                    FROM jazz.commandes AS t2
                    WHERE t1.ref=t2.ref);
QUIT;
```

Résultat 9-21

ref	artiste	titre
JWAX004	McCoy Tyner	Expansions
JWAX006	Kenny Drew	Undercurrent

La sous-requête est ici corrélée parce que la valeur qu'elle renvoie dépend de la ligne traitée par la requête principale. Cette liaison est assurée par la clause WHERE de la sous-requête, qui prend la forme suivante :

```
WHERE t1.ref=t2.ref
```

Pour la première ligne de la table CATALOGUE (JWAX001), la sous-requête renvoie le nombre de ventes de cette référence constaté dans la table COMMANDES, soit 15 (résultat 9-18). Pour cette première ligne, la clause WHERE de la requête principale est donc équivalente à :

```
WHERE 30 < 15
```

Cette condition n'est pas vraie : la première référence ne sera pas présente dans le résultat.

Puisqu'aucune vente n'a été observée pour la seconde référence de la table CATALOGUE (JWAX002), la clause WHERE de la sous-requête ne peut pas être satisfaite ; cette dernière renvoie donc une valeur manquante vers la requête principale et la clause WHERE de cette dernière est équivalente à :

```
WHERE 30 < .
```

Cette condition est là aussi fausse puisqu'une valeur manquante est inférieure à tout.

Pour la quatrième ligne (JWAX004), la sous-requête renvoie la valeur 31. La clause WHERE de la requête principale est donc équivalente à :

```
WHERE 30 < 31
```

Cette condition est vraie : la référence, l'artiste et le titre de l'album sont donc envoyés vers le résultat.

Les requêtes corrélées et non corrélées que nous venons d'évoquer dans cette section ont un point commun : elles renvoient une valeur unique qui peut changer dans le cas des requêtes corrélées. Nous allons voir dans la section suivante que les sous-requêtes renvoient aussi parfois plusieurs valeurs vers la requête principale.

Exercice 9.6 – À partir de la table COMMANDES, répertoriez les clients qui, à au moins deux reprises, ont commandé la même référence. Le résultat complet comporte 23 lignes.

9.4.2 Les sous-requêtes renvoyant plusieurs valeurs

Nous considérons dans cette section des sous-requêtes non corrélées qui retournent plusieurs valeurs à la requête principale. Elles peuvent être présentes dans des clauses HAVING ou WHERE et commandent l'utilisation du prédicat IN ou d'un opérateur de comparaison modifié au moyen des mots-clés ALL ou ANY.

Nous traiterons aussi du prédicat EXISTS qui ne retourne pas plusieurs valeurs à la requête principale, mais lui indique si des lignes présentant telle ou telle caractéristique dans une certaine table existent.

a. Le prédicat IN

Nous souhaitons construire un rapport dans lequel seules seront présentées les commandes passées par les clients finlandais. La requête principale doit s'adresser à la table COMMANDES et la sous-requête doit s'exercer sur la table CLIENT.

Programme 9-26

```
PROC SQL;
   SELECT *
      FROM jazz.commandes AS t1
      WHERE t1.num IN (SELECT t2.num
                          FROM jazz.client AS t2
                          WHERE pays='FIN');
QUIT;
```

La sous-requête du programme 9-26 n'est pas corrélée. Elle renvoie à la requête principale les identifiants (NUM) des clients pour lesquels PAYS a pour valeur FIN (pour Finlande).

Le prédicat IN sert donc à décrire des conditions se résumant par « si cette colonne prend une valeur parmi celles-ci ». Si, au lieu du prédicat IN, vous utilisez la clause WHERE suivante :

```
WHERE t1.num=(SELECT t2.num FROM jazz.client AS t2 WHERE pays='FIN');
```

Aucun résultat ne sera produit et vous obtiendrez, puisque votre sous-requête retourne plusieurs valeurs, le message suivant dans le journal :

```
ERROR: Subquery evaluated to more than one row.
```

Exercice 9.7 – Réalisez un premier rapport dans lequel vous présenterez les commandes de disques de Donald Byrd. Rédigez ensuite un second rapport dans lequel vous exposerez le nombre de commandes passées et le nombre d'unités achetées pour chaque référence de disque de cet artiste.

Exercice 9.8 – Parmi les disques présents au catalogue de l'entreprise, certains n'ont pas été achetés. Produisez un rapport dans lequel seront présentées les valeurs de REF, ARTISTE et TITRE des disques dont personne ne semble vouloir.

b. Les opérateurs de comparaison modifiés par ANY

Il nous faut présenter les opérateurs de comparaison modifiés par le mot-clé ANY parce que vous les rencontrerez dans certains programmes. Précisons aussi que l'utilisation d'ANY est à éviter : elle est en effet très consommatrice de ressources et, dans de très nombreux cas, remplaçable par une autre programmation.

Le tableau 9-1 a présenté les opérateurs de comparaison. En associant ces derniers au mot-clé ANY, vos clauses WHERE ou HAVING incluant des sous-requêtes auront alors la structure suivante :

```
WHERE x op. de comparaison ANY (sous-requête renvoyant plusieurs valeurs)
```

La condition sera considérée comme vraie si la comparaison demandée au moyen de l'opérateur est vérifiée pour au moins une des valeurs retournées par la sous-requête. Afin de comprendre l'effet d'ANY, nous allons imaginer une sous-requête qui retourne les valeurs 1, 2, 3 et 4. Si votre condition est la suivante :

```
WHERE x=ANY(sous-requête)
```

La condition est vérifiée si X est égale à 1, 2, 3 **ou** 4. Vous êtes invité, dans ce cas, à utiliser la clause WHERE alternative suivante :

```
WHERE x IN(sous-requête)
```

En fonction de l'opérateur de comparaison choisi, le mot-clé ANY aura l'effet décrit par la deuxième colonne du tableau 9-5. Vous trouverez dans la troisième colonne les alternatives possibles.

Tableau 9–5 Le mot-clé ANY

Opérateur et ANY	Signification	Alternative
X = ANY(1,2,3,4)	X=1 OU X=2 OU X=3 OU X=4	X IN(1,2,3,4)
X > ANY(1,2,3,4)	$X > 1$	X > MIN(1,2,3,4)
X ≥ ANY(1,2,3,4)	$X \geq 1$	X ≥ MIN(1,2,3,4)
X < ANY(1,2,3,4)	$X < 4$	X < MAX(1,2,3,4)
X ≤ ANY(1,2,3,4)	$X \leq 4$	X ≤ MAX(1,2,3,4)

Attention à ce tableau : entre les parenthèses qui suivent ANY, vous devez impérativement préciser une requête. En aucun cas vous ne pouvez indiquer une liste de valeurs possibles. Si nous le faisons dans ce tableau, c'est uniquement pour vous aider à mieux comprendre le fonctionnement d'ANY en fonction de l'opérateur de comparaison.

c. Les opérateurs de comparaison modifiés par ALL

Si vous utilisez le mot-clé ALL, la condition doit être vérifiée **pour toutes les valeurs renvoyées** par la requête secondaire. Si celle-ci renvoie les valeurs 1, 2, 3 et 4, la condition suivante :

```
WHERE x>ALL(sous-requête)
```

est vraie si X est supérieure à 1, 2, 3 et 4. Il faut donc que X soit supérieure à 4, soit le maximum des valeurs renvoyées par la sous-requête.

Tableau 9–6 Le mot-clé ALL

Opérateur et ALL	Signification	Alternative
> ALL(1,2,3,4)	>4	>MAX(1,2,3,4)
< ALL(1,2,3,4)	<1	<MIN(1,2,3,4)

La programmation alternative devra être préférée : ALL, comme ANY, est très consommateur de ressources.

Vous avez certainement compris qu'une égalité suivie de ALL n'a aucun sens.

```
WHERE x=ALL(sous-requête)
```

Par ligne, X ne présente qu'une seule valeur, qui ne peut pas être égale à toutes celles renvoyées par la sous-requête. La clause WHERE ci-après est en revanche possible :

```
WHERE x^=ALL(sous-requête)
```

La condition est vraie si X est différente de toutes les valeurs renvoyées par la sous-requête. Pour un même résultat, cette clause WHERE sera cependant parfaitement remplacée par la suivante :

```
WHERE x NOT IN(sous-requête)
```

d. Les prédicats EXISTS et NOT EXISTS

À l'intérieur des clauses WHERE ou HAVING, les prédicats EXISTS et NOT EXISTS testent l'existence (resp. l'absence) d'un ensemble de lignes présentant certaines caractéristiques dans une certaine table. Ces prédicats sont donc particuliers puisqu'ils ne renvoient pas de valeurs. Comme ANY et ALL, ils sont consommateurs de ressources.

Afin d'en comprendre le principe, nous allons, une nouvelle fois, analyser la table COMMANDES afin de déterminer, parmi les clients qui ont commandé lors du second semestre 2013, ceux qui ont commandé au premier semestre et ceux pour qui cela n'a pas été le cas.

Pour obtenir la liste des identifiants des clients qui ont commandé au premier et au second semestre, exécutez le programme 9-27.

Programme 9-27

```
PROC SQL;
   SELECT DISTINCT num
      FROM jazz.commandes AS t1
      WHERE order_date>"30jun2013"d
        AND EXISTS (SELECT *
                      FROM jazz.commandes AS t2
                      WHERE order_date<='30jun2013'd
                        AND t1.num=t2.num);
QUIT;
```

Le mot-clé DISTINCT de la clause SELECT est mobilisé pour éliminer les doublons. La requête principale s'exerce sur les commandes intervenues au cours du second semestre. Les identifiants des clients (NUM) ne sont affichés que si, parmi les commandes intervenues au cours du premier semestre, on retrouve l'identifiant du client traité par la requête principale. EXISTS vérifie ainsi s'il existe certaines lignes qui présentent certaines caractéristiques. La sous-requête précisée après EXISTS est corrélée.

Si, au lieu du prédicat EXISTS, vous utilisez NOT EXISTS, vous disposerez, dans votre rapport, des identifiants des clients que l'on ne retrouve pas parmi les commandes passées au cours du premier semestre : il s'agira donc de clients qui ont acheté uniquement au second semestre.

Dans la sous-requête, les colonnes que vous pourriez citer dans votre clause SELECT n'ont aucune importance puisque c'est essentiellement la condition énoncée par la clause WHERE qui va indiquer si la ligne de la table principalement requêtée doit être reproduite dans le résultat ou pas.

Exercice 9.9 – Construisez un rapport dans lequel vous présenterez les clients (NUM, NOM, CTYPE et PAYS) qui n'ont effectué aucune commande au cours de l'année 2013.

Exercice 9.10 – Construisez un rapport présentant les disques (référence, artiste, titre, etc.) qui n'ont fait l'objet d'aucune commande au cours du 1er trimestre 2013.

Exercice 9.11 – Construisez un rapport identique à celui du programme 9-27, sans mobiliser le prédicat EXISTS. Si vous avez utilisé EXISTS ou NOT EXISTS pour les exercices 9.9 et 9.10, reprenez ces derniers et rédigez des requêtes retournant le même résultat sans utiliser ces prédicats.

Comme nous vous l'avons montré, une sous-requête permet la sélection d'observations d'une certaine table basées sur des conditions établies sur une autre table.

Vous pourriez vouloir combiner les données contenues dans plusieurs tables pour disposer d'une information plus complète. À titre d'exemple, notre entreprise JWAX vend des disques à des clients de divers pays et vous pourriez souhaiter connaître les chiffres d'affaires réalisés par pays. Des sous-requêtes ne permettront pas d'obtenir ce résultat ; vous allez avoir besoin de joindre vos tables. C'est l'objet de la section suivante.

ⓐ 9.5 Les jointures horizontales

L'objet des jointures horizontales est de constituer une sortie fondée sur au moins deux tables contenant des informations complémentaires. Dans le langage SAS, on obtient ce type de jointure au moyen de l'instruction MERGE (voir section 4.2).

Il existe essentiellement trois types de jointures horizontales : CROSS, INNER et OUTER (qu'on subdivise en FULL, LEFT et RIGHT). Après les avoir examinés, nous traiterons des jointures avec clés répétées, puis de celles impliquant plus de deux tables. Nous aborderons ensuite les jointures NATURAL, les jointures réflexives et verrons enfin que les jointures avec SQL ne sont pas forcément des équi-jointures. La section 9.5.8 traite des vues en ligne.

Les jointures horizontales sont commandées par les mots-clés présentés dans la clause FROM, auxquels vous ajoutez des conditions spécifiées par une clause ON pour les jointures de type INNER et OUTER. Vous ne pouvez pas spécifier de clause ON avec une jointure CROSS.

Figure 9–12

Les clauses FROM et ON en cas de jointures horizontales de type CROSS, INNER et OUTER

```
                    | CROSS
                    | INNER
FROM    table1      | FULL  ⎫ jointures        JOIN table2 | ON   conditions...
                    | LEFT  ⎬ OUTER
                    | RIGHT ⎭
```

Une jointure de tables est toujours une phase critique : si votre programme est mal conçu ou si les conditions de jointure de vos tables sont mal spécifiées, vous pouvez tout à fait arriver à des catastrophes en termes de ressources… Retenez que vous devez faire extrêmement attention lorsque vous fixez les conditions de vos jointures de tables.

Lorsque nous avons examiné les outils de fusion de tables au moyen du langage SAS (chapitre 4), nous avons attiré votre attention sur le fait que les fusions MANY TO MANY ne sont pas naturelles pour SAS parce qu'elles nécessitent des produits cartésiens. Elles ne posent en revanche pas de difficultés avec PROC SQL parce que, « naturellement », PROC SQL réalise des produits cartésiens : les conditions que vous spécifierez après ON préciseront à quelles conditions les lignes devront être versées au résultat (ou à la table créée le cas échéant).

Lorsque vous réalisez un produit cartésien entre deux tables, le nombre de lignes obtenu est égal au produit du nombre de lignes de chaque table. Si les deux tables à fusionner contiennent un million de lignes chacune, et si vos conditions de fusion sont mal spécifiées, vous risquez d'obtenir un résultat contenant mille milliards de lignes ($1\,000\,000^2$). En fusionnant les deux mêmes tables avec des outils de l'étape DATA (en l'occurrence MERGE), votre résultat contiendra au maximum deux millions de lignes.

9.5.1 Les jointures CROSS – La production de produits cartésiens

Avant de présenter plus précisément les différents types de jointures horizontales auxquels vous aboutissez au moyen de PROC SQL, il est nécessaire d'examiner les produits cartésiens de tables obtenus avec le mot-clé CROSS. En effet, comme nous venons de le préciser, PROC SQL réalise

« naturellement » des produits cartésiens qui seront limités par les conditions de votre jointure, ce qui explique un très grand avantage de PROC SQL :

Avec PROC SQL, lorsque vous réalisez des jointures entre deux tables, vous n'avez pas besoin de trier ces dernières.

Le programme 9-28 crée deux tables : TEST1 et TEST2. Le résultat 9-22 en présente le produit cartésien.

Programme 9-28

```
DATA test1;
   INPUT cle x1 $;
CARDS;
2009 A
2011 B
2012 C
2013 D
;

DATA test2;
   INPUT cle x2;
CARDS;
2009 1
2010 2
2012 3
2014 4
;

PROC SQL;
   TITLE "jointure au moyen de CROSS";
   SELECT *
      FROM test1 CROSS JOIN test2;

   TITLE "jointure implicite";
   SELECT *
      FROM test1, test2;
QUIT;
```

Résultat 9-22

cle	x1	cle	x2
2009	A	2009	1
2009	A	2010	2
2009	A	2012	3
2009	A	2014	4
2011	B	2009	1
2011	B	2010	2
2011	B	2012	3
2011	B	2014	4
2012	C	2009	1
2012	C	2010	2
2012	C	2012	3
2012	C	2014	4
2013	D	2009	1
2013	D	2010	2
2013	D	2012	3
2013	D	2014	4

Avec un produit cartésien, vous obtenez toutes les combinaisons possibles entre les différentes lignes : chaque ligne de la première table est associée à chaque ligne de la seconde. Nos tables contenant à l'origine quatre lignes chacune, le résultat en contiendra 16. Lorsqu'un produit cartésien est demandé, SAS vous le signale par la note suivante qui s'affiche dans le journal :

```
NOTE: The execution of this query involves performing one or more
      Cartesian product joins that can not be optimized.
```

Dans le programme 9-28, on obtient de deux façons le produit cartésien reproduit par le résultat 9-22 : d'une part, au moyen du mot-clé CROSS et, d'autre part, au moyen d'une **jointure implicite**.

Si vous indiquez, dans la clause FROM, plusieurs tables séparées par des virgules, il y a jointure implicite et production d'un produit cartésien entre elles. Que ce soit avec une jointure implicite ou commandée par CROSS, vous avez la possibilité de limiter ce produit cartésien au moyen d'une clause WHERE. Si vous ajoutez à la seconde requête la clause WHERE suivante :

```
WHERE test1.cle=test2.cle
```

Vous limiterez le produit cartésien aux deux lignes pour lesquelles la colonne CLE de la table TEST1 présente la même valeur que la colonne CLE de la table TEST2.

Ce premier résultat nous montre aussi que, dans une fusion ordonnée par PROC SQL, des colonnes sont susceptibles de porter le même nom. Si vous devez créer une table, il conviendra que chaque colonne ait son propre nom.

Nous vous invitons, dans un premier temps, à éviter de recourir aux jointures implicites ou jointures CROSS. Elles sont effectuées même si vous ne précisez aucune condition qui limiterait le nombre de lignes produites.

Les jointures que nous allons examiner dans la section suivante ne s'exécutent pas si les conditions ne sont pas précisées : vous ne pouvez pas obtenir de produit cartésien complet entre deux tables au moyen de jointures INNER ou OUTER.

9.5.2 Les jointures INNER et OUTER

Le diagramme de Venn reproduit à la figure 9-13 résume le principe des jointures INNER et OUTER.

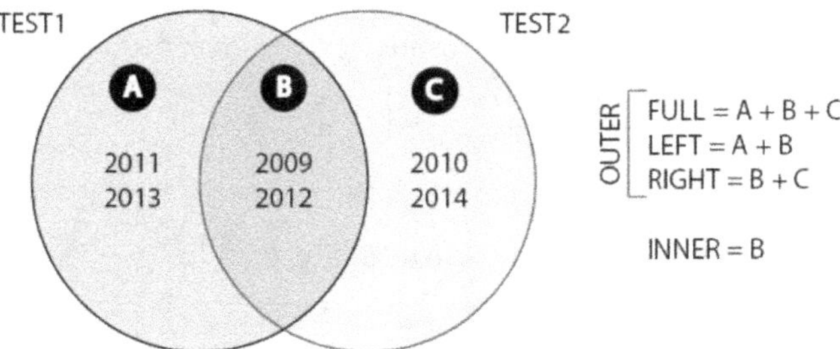

Figure 9–13
Jointures INNER et OUTER

Au sein des tables TEST1 et TEST2 construites par le programme 9-28, CLE est la colonne commune utilisée en tant que clé pour joindre les deux tables. La table TEST1 contient les valeurs 2011 et 2013 (non communes avec TEST2), ainsi que les valeurs 2009 et 2012 (communes avec TEST2). La table TEST2, en plus des valeurs communes avec TEST1, contient les valeurs 2010 et 2014.

Si vous réalisez une jointure de type INNER, seules les valeurs de CLE communes aux deux tables seront présentées dans le résultat (2009 et 2012, zone B). En cas de jointures OUTER, trois cas sont possibles :

- Jointure FULL (A+B+C) : toutes les valeurs de CLE observées dans les deux tables seront présentes dans le résultat.
- Jointure LEFT (A+B) : seules les valeurs de CLE observées dans la table TEST1 (table de gauche) seront présentes dans le résultat – pour les valeurs communes (2009, 2012 : zone B), vous disposerez des informations relatives à ces valeurs et présentes dans la table TEST2.

- Jointure RIGHT (B+C) : seules les valeurs de CLE observées dans la table TEST2 (table de droite) seront présentes dans le résultat – pour les valeurs communes (2009, 2012 : zone B), vous disposerez des informations relatives à ces valeurs et présentes dans la table TEST1.

Programme 9-29

```
PROC SQL;
    SELECT *
                    | FULL  JOIN
                    | INNER JOIN
        FROM test1  | LEFT  JOIN     test2  ON test1.cle=test2.cle;
                    | RIGHT JOIN
QUIT;
```

Figure 9–14
Fusions FULL, INNER, LEFT et RIGHT

FULL JOIN

cle	x1	cle	x2
2009	A	2009	1
.		2010	2
2011	B	.	.
2012	C	2012	3
2013	D	.	.
.		2014	4

INNER JOIN

cle	x1	cle	x2
2009	A	2009	1
2012	C	2012	3

LEFT JOIN

cle	x1	cle	x2
2009	A	2009	1
2011	B	.	.
2012	C	2012	3
2013	D	.	.

RIGHT JOIN

cle	x1	cle	x2
2009	A	2009	1
.		2010	2
2012	C	2012	3
.		2014	4

Lorsque vous créez des tables avec PROC SQL, vous ne pouvez pas conserver plusieurs colonnes portant le même nom. Il faut consolider le résultat en ne conservant qu'une seule colonne CLE. C'est ici qu'intervient la fonction COALESCE.

Programme 9-30

```
PROC SQL;
    SELECT COALESCE (test1.cle,test2.cle) AS cle_finale, *
        FROM test1 FULL JOIN test2
        ON test1.cle=test2.cle;
QUIT;
```

Résultat 9-23

cle_finale	cle	x1	cle	x2
2009	2009	A	2009	1
2010	.		2010	2
2011	2011	B	.	.
2012	2012	C	2012	3
2013	2013	D	.	.
2014	.		2014	4

La fonction COALESCE renvoie la première valeur non manquante parmi les colonnes en argument. Ces dernières doivent être de même type (numérique ou caractère) et sont examinées dans l'ordre dans lequel elles apparaissent en argument de COALESCE[14].

Le programme 9-31 crée une table dans laquelle ne va apparaître qu'une seule colonne CLE, résultat de la fonction COALESCE.

Programme 9-31

```
PROC SQL;
   CREATE TABLE newtest AS
     SELECT COALESCE (test1.cle,test2.cle) AS cle, x1, x2
     FROM test1 FULL JOIN test2 ON test1.cle=test2.cle;
   SELECT * FROM newtest;
QUIT;
```

Résultat 9-24

cle	x1	x2
2009	A	1
2010		2
2011	B	
2012	C	3
2013	D	
2014		4

Si vous créez une table et si votre clause SELECT implique la présence, dans votre résultat, de plusieurs colonnes portant le même nom, SAS ne conservera dans la table que la première colonne présentée dans le résultat (colonne la plus à gauche). Si, au lieu de la clause SELECT du programme 9-31, vous utilisez la suivante :

```
SELECT COALESCE (test1.cle,test2.cle) AS cle, *
```

Vous observez alors le message suivant dans votre fenêtre *Journal* :

```
WARNING: La variable cle existe déjà pour le fichier WORK.NEWTEST.
WARNING: La variable cle existe déjà pour le fichier WORK.NEWTEST.
```

Ce message apparaît deux fois puisque vous avez trois colonnes portant le même nom.

---

14. La fonction COALESCE peut aussi être utilisée au cours d'une étape DATA mais, si son principe est identique, son fonctionnement est légèrement différent puisque, en argument, vous devez avoir impérativement des variables numériques. Pour des variables caractères, dans une étape DATA, utilisez la fonction COALESCEC. Dans PROC SQL, la fonction COALESCE ne demande qu'une seule chose : que les variables en argument soient de même type.

Les jointures horizontales réalisées avec PROC SQL présentent aussi l'avantage suivant : la clé de réunion peut porter des noms différents dans les deux tables à fusionner. Dans les tables CLE1 et CLE2[15] présentées à la figure 9-15, les colonnes NOTE, pourtant présentes dans les deux tables, ne peuvent pas être considérées comme des clés de fusion. Il vous faut bien entendu considérer ETUDIANT (CLE1) et PRENOM (CLE2) comme clés de fusion.

Programme 9-32

```
PROC SQL;
  SELECT cle1.etudiant,
         cle1.note,
         cle2.note
      FROM cle1 INNER JOIN cle2 ON cle1.etudiant=cle2.prenom;
QUIT;
```

Figure 9–15
Fusion en cas de clés portant des noms différents

CLE1

etudiant	note
Costel	12
Sorin	14
Amin	16
Matthias	17
Grégoire	11
Barthélémy	6
Haroun	14

CLE2

prenom	note
Matthias	18.5
Grégoire	17
Haroun	12
Barthélémy	11
Sorin	17
Costel	13.5
Amin	11

Résultat

etudiant	note	note
Costel	12	13.5
Sorin	14	17
Amin	16	11
Matthias	17	18.5
Grégoire	11	17
Barthélémy	6	11
Haroun	14	12

Nous avons utilisé ici une jointure INNER JOIN mais, comme les identifiants (ETUDIANT dans CLE1 et PRENOM dans CLE2) présentent les mêmes valeurs dans les deux tables, des jointures RIGHT JOIN, LEFT JOIN et FULL JOIN auraient donné le même résultat.

Exercice 9.12 – La table CLIENT de l'entreprise JWAX contient bien peu d'information… Nous devons en fait vous dire que les adresses des clients ont été stockées dans une table secondaire appelée ADRESSES et présente dans la bibliothèque JAZZ. Effectuez des jointures des tables CLIENT et ADRESSES, de façon à voir, dans un premier rapport, les clients pour lesquels on dispose d'une adresse, dans un deuxième rapport, ceux pour lesquels on ne dispose pas d'adresse et, enfin, dans un troisième rapport, les personnes pour lesquelles on dispose d'une adresse, mais qui ne sont pas répertoriées comme clientes de l'entreprise JWAX.

9.5.3 Les jointures avec clé répétée

Les exemples présentés dans la section précédente sont fondés sur des tables dans lesquelles les clés de fusion ne connaissent pas de répétition. Nous avons donc effectué des fusions ONE TO ONE. L'objet de cette section est d'attirer votre attention sur les fusions obtenues lorsque les clés de fusion sont répétées dans une, voire deux tables.

---

15. Les tables CLE1 et CLE2 sont présentes dans la bibliothèque WORK si vous avez exécuté le programme 6-1.

Programme 9-33

```
PROC SQL;
    SELECT COALESCE(test3.cle,test4.cle) AS cle_fi,*
        FROM test3 FULL JOIN test4
            ON test3.cle=test4.cle;
QUIT;
```

La figure 9-16 reproduit les tables TEST3 et TEST4[16], le résultat du programme 9-33, ainsi que la table obtenue en fusionnant avec une étape DATA/MERGE.

Figure 9–16
Fusion ONE TO MANY avec PROC SQL

TEST3			TEST4			Résultat						fusion avec DATA/MERGE			
cle	x1		cle	x2		cle_fi	cle	x1	cle	x2		Obs.	cle	x1	x2
2014	A		2013	1		2013			2013	1		1	2013		1
2014	B		2014	2		2014	2014	A	2014	2		2	2014	A	2
2015	C		2015	3		2014	2014	B	2014	2		3	2014	B	2
2015	D					2015	2015	C	2015	3		4	2015	C	3
						2015	2015	D	2015	3		5	2015	D	3

Les valeurs de CLE sont répétées dans TEST3, mais ne le sont pas dans TEST4 : nous réalisons donc une fusion ONE TO MANY. Le résultat obtenu est conforme à ce que nous espérions : X1 est valeur manquante dans le résultat pour 2013. La clé 2014 apparaît deux fois dans le résultat, comme dans TEST3, les deux valeurs de X1 sont conservées, celle de X2 est reproduite. Si vous fusionnez TEST3 et TEST4 au moyen d'une étape DATA/MERGE, vous obtiendrez globalement le même résultat (sauf, bien entendu, en ce qui concerne les colonnes CLE).

Nous avons consacré la section 4.2.5.c aux problèmes que vous pourriez rencontrer si vous tentiez d'effectuer une fusion MANY TO MANY avec une étape DATA/MERGE. Nous avions alors attiré votre attention sur le fait qu'une fusion MANY TO MANY risquait d'être demandée « par erreur » en cas de mauvaise spécification des clés de fusion ou en cas d'observations dupliquées.

Le fait que PROC SQL soit capable d'effectuer des produits cartésiens n'élimine pas ces problèmes, comme vous le montre l'exemple suivant.

Sur les tables reproduites à la figure 9-17, nous exécutons un code similaire au programme 9-33. Cette figure reproduit le résultat de la fusion FULL JOIN.

---

16. Les tables TEST3 et TEST4 sont présentes dans la bibliothèque WORK si vous avez exécuté le programme 6-1.

Figure 9–17
Fusion MANY TO MANY avec
PROC SQL

TEST5

cle	mois	x1
2014	nov	A
2014	dec	B
2015	jan	C
2015	fev	D

TEST6

cle	mois	x2
2014	nov	1
2014	dec	2
2015	jan	3
2015	jan	3

Résultat
ON test5.cle = test6.cle ;

cle_fi	cle	mois	x1	cle	mois	x2
2014	2014	nov	A	2014	nov	1
2014	2014	nov	A	2014	dec	2
2014	2014	dec	B	2014	nov	1
2014	2014	dec	B	2014	dec	2
2015	2015	jan	C	2015	jan	3
2015	2015	jan	C	2015	jan	3
2015	2015	fev	D	2015	jan	3
2015	2015	fev	D	2015	jan	3

Les tables TEST5 et TEST6[17] ont été fusionnées au moyen de la seule condition suivante :

```
ON test5.cle=test6.cle
```

Les valeurs de CLE étant dupliquées dans les deux tables, nous avons donc effectué une fusion MANY TO MANY. Le résultat obtenu est en fait l'addition de deux produits cartésiens : les deux lignes pour lesquelles CLE est égale à 2014 dans chacune des deux tables vont donner lieu à la production de quatre lignes dans le résultat. Nous obtiendrons de même quatre lignes dans le résultat pour 2015.

Bien entendu, cette fusion a été mal spécifiée puisqu'il faut aussi considérer une seconde colonne comme clé de fusion : la colonne MOIS. La condition de fusion suivante ne donne cependant toujours pas un résultat correct :

```
ON test5.cle=test6.cle AND test5.mois=test6.mois
```

Résultat 9-25

cle_fi	cle	mois	x1	cle	mois	x2
2014	2014	dec	B	2014	dec	2
2014	2014	nov	A	2014	nov	1
2015	2015	fev	D			
2015	2015	jan	C	2015	jan	3
2015	2015	jan	C	2015	jan	3

Une ligne dupliquée apparaît dans la table TEST6 (janvier 2015), ce qui conduit, dans le résultat, à une nouvelle duplication.

Si vous voulez une fusion MANY TO MANY, alors vous devez utiliser PROC SQL. À l'inverse, si votre programme conduit à une fusion MANY TO MANY alors que vous n'en aviez pas besoin, PROC SQL n'attirera aucunement votre attention sur le fait que les clés de fusion sont dupliquées dans les deux tables.

---

17. Les tables TEST5 et TEST6 sont présentes dans la bibliothèque WORK si vous avez exécuté le programme 6-1.

Avec une étape DATA/MERGE, vous obtiendriez le message suivant dans le journal :

```
NOTE: MERGE statement has more than one data set with repeats of BY values.
```

Cette même fusion réalisée au moyen de PROC SQL ne donne lieu à **aucun message particulier dans la fenêtre** *Journal*.

Si vous souhaitez éliminer cette ligne dupliquée, exécutez le programme suivant.

Programme 9-34

```
PROC SQL;
   SELECT COALESCE(test5.cle,test6.cle) AS cle_fi,*
      FROM test5 FULL JOIN (SELECT DISTINCT * FROM test6)
         ON test5.cle=test6.cle AND test5.mois=test6.mois;
QUIT;
```

Ce programme utilise **une vue en ligne** : à droite de FULL JOIN, nous ne spécifions pas une table mais une requête dont le résultat sera utilisé comme une table. Nous reviendrons sur la notion de vue en ligne au cours de la section 9.5.8.

Exercice 9.13 – Fusionnez les tables COMMANDES et CATALOGUE de façon à créer un rapport dans lequel les prix des différents articles commandés seront présentés en plus des colonnes ORDER_DATE, NUM, REF et QUANTITE. Vous créerez une colonne supplémentaire appelée MONTANT dont les valeurs seront égales au produit du prix et de la quantité commandée.

9.5.4 Fusionner plus de deux tables au moyen de PROC SQL

Les outils développés jusqu'à maintenant ont été utilisés pour réaliser des jointures sur deux tables. Avec PROC SQL cependant, en une seule requête, vous pouvez joindre jusqu'à 256 tables.

Le programme 9-35 présente un exemple dans lequel nous fusionnons trois tables. Les tables ainsi que le résultat sont présentés à la figure 9-18.

Programme 9-35[18]

```
PROC SQL;
   SELECT COALESCE(test7.annee,test8.annee,test9.annee) AS annee,
          COALESCE(test8.mois,test9.mois) AS mois,
          test7.x1 AS x1,
          test8.x2 AS x2,
          test9.x3 AS x3
      FROM (test7 FULL JOIN test8 ON test7.annee=test8.annee)
         FULL JOIN
            test9 ON test8.annee=test9.annee AND test8.mois=test9.mois;
QUIT;
```

---

18. Les tables TEST7, TEST8 et TEST9 sont présentes dans la bibliothèque WORK si vous avez exécuté le programme 6-1.

Figure 9–18
Fusion de trois tables
au moyen de PROC SQL

TEST7

annee	x1
2013	10
2014	20

TEST8

annee	mois	x2
2013	nov	A
2013	dec	B
2014	jan	C
2014	fev	D

TEST9

annee	mois	x3
2013	nov	1
2013	dec	2
2014	jan	3
2014	fev	4

Résultat

annee	mois	x1	x2	x3
2013	dec	10	B	2
2013	nov	10	A	1
2014	fev	20	D	4
2014	jan	20	C	3

Nous en convenons : le programme 9-35 est difficile à suivre puisqu'il s'agit de fusionner deux tables sous certaines conditions, puis de fusionner le résultat avec une troisième table au moyen d'un nouveau jeu de conditions.

Le même résultat (à une différence près : les lignes ne sont pas présentées dans le même ordre) s'obtient en utilisant les fusions implicites :

Programme 9-36

```
PROC SQL;
    SELECT COALESCE(test7.annee,test8.annee,test9.annee) AS annee,
           COALESCE(test8.mois,test9.mois) AS mois,
           test7.x1 AS x1,
           test8.x2 AS x2,
           test9.x3 AS x3
        FROM test7,test8,test9
        WHERE test7.annee=test8.annee
          AND test8.annee=test9.annee
          AND test8.mois=test9.mois;
QUIT;
```

Le programme reste compliqué, mais comme les clés de fusion portent le même nom dans les différentes tables, nous allons pouvoir utiliser les jointures NATURAL. C'est l'objet de la section suivante.

Exercice 9.14 – Fusionnez les tables COMMANDES, CATALOGUE et CLIENT par les deux méthodes exposées dans cette section pour obtenir les informations suivantes reproduites sur la facture de chaque client : date de la commande, numéro, nom, type et pays du client, référence commandée, nom de l'artiste, nom de l'album, quantité commandée, prix unitaire et montant de la commande.

Le résultat produit doit contenir autant de lignes que la table COMMANDES (soit 124), ordonnées en fonction de la date. Nous en reproduisons ci-après la première ligne.

order_date	num	nom	ctype	pays	ref	artiste	titre	prix	quantite	total
02/01/2013	10128	Roux	A	FRA	JWAX001	Clifford Brown	Quartet	15	1	15

9.5.5 Les jointures NATURAL

Maintenant que nous avons abordé les principes des jointures INNER et OUTER, nous pouvons exposer les jointures NATURAL, nettement plus économes en lignes de code, mais qu'on ne peut utiliser qu'à certaines conditions.

Si vous utilisez les jointures NATURAL, toutes les colonnes qui portent le même nom entre deux tables sont considérées comme des clés de jointure – vous n'avez donc plus à spécifier ces dernières (pas de clause ON). De plus, la fonction COALESCE est systématiquement appliquée sur les clés de jointure. Le FULL JOIN[19] commandé par le programme 9-36 peut donc être ré-écrit de la manière suivante pour obtenir le même résultat qu'à la figure 9-18 :

Programme 9-37

```
PROC SQL;
    SELECT annee,
           mois,
           x1,
           x2,
           x3
       FROM test7 NATURAL FULL JOIN test8 NATURAL FULL JOIN test9;
QUIT;
```

La jointure naturelle est un outil particulièrement intéressant parce que « économique » en lignes de code. De plus, comme les colonnes communes sont forcément considérées comme clé de jointure, les autres colonnes sont inévitablement présentes dans une seule table : vous n'avez donc pas à citer vos colonnes dans la clause SELECT au moyen d'une structure TABLE.COLONNE. Ainsi, la clause SELECT du programme 9-37 est remplaçable par la suivante si vous souhaitez conserver toutes les colonnes :

```
SELECT *
```

Les jointures NATURAL ont cependant le défaut de leur avantage : toutes les colonnes portant le même nom entre deux tables sont considérées comme des clés de jointure. Si, dans vos tables, les clés portent des noms différents ou si deux colonnes de même nom mesurent des choses différentes, il ne sera pas simple d'utiliser ces jointures. À titre d'exemple, nous avons repris les tables CLE1 et CLE2 présentées à la figure 9-15 et leur avons appliqué une jointure NATURAL INNER JOIN :

Résultat 9-26

note	prenom	etudiant
12	Haroun	Costel
17	Grégoire	Matthias
17	Sorin	Matthias
11	Barthélémy	Grégoire
11	Amin	Grégoire

NOTE, colonne commune aux deux tables, a été utilisée comme clé. On apprend, certes, que Costel et Haroun ont eu tous les deux un 12, mais on attendait un résultat d'une autre nature (figure 9-15).

Exercice 9.15 – Avec une jointure NATURAL, répondez à nouveau aux questions de l'exercice 9.14.

---

19. Nous présentons ici un NATURAL FULL JOIN mais vous pouvez bien entendu réaliser des NATURAL LEFT JOIN, NATURAL INNER JOIN et des NATURAL RIGHT JOIN.

9.5.6 Les jointures réflexives

Il est tout à fait possible de joindre une table avec elle-même : vous réalisez dans ce cas une jointure réflexive *(self join)*. L'idée est de requêter une table une seconde fois à partir d'informations recueillies lors d'une première requête.

Nous allons nous baser sur un exemple simple. Vous disposez d'une table IDENT[20] dans laquelle sont présentés les prénoms d'étudiants accompagnés d'un numéro d'identification supposé unique (résultat 9-27).

Résultat 9-27

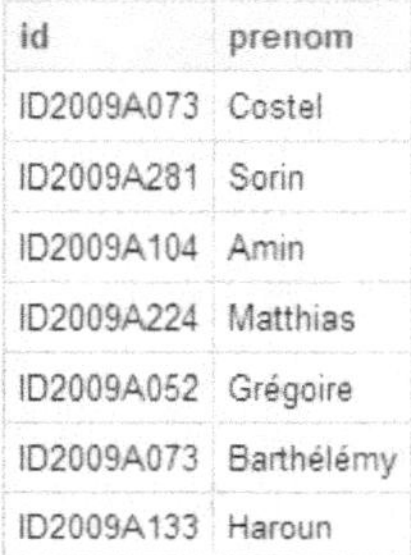

id	prenom
ID2009A073	Costel
ID2009A281	Sorin
ID2009A104	Amin
ID2009A224	Matthias
ID2009A052	Grégoire
ID2009A073	Barthélémy
ID2009A133	Haroun

Vous avez de bonnes raisons de penser qu'un même identifiant a été attribué à deux personnes. Pour lister les prénoms des étudiants qui présentent le même identifiant, vous pouvez procéder de deux façons :

Programme 9-38

```
PROC SQL;
   SELECT ident.*,copie.prenom
     FROM ident,ident AS copie
     WHERE ident.id=copie.id
        AND ident.prenom NE copie.prenom;
QUIT;
```

Programme 9-39

```
PROC SQL;
   SELECT ident.*,copie.prenom
     FROM ident INNER JOIN ident AS copie
        ON ident.id=copie.id
           AND ident.prenom NE copie.prenom;
QUIT;
```

Dans les deux cas, puisque vous joignez une table avec elle-même, vous devez lui donner au moins un alias. Les jointures réflexives demandées par les programmes 9-38 et 9-39 consistent à réaliser un produit cartésien de la table IDENT avec elle-même. La première condition :

```
ident.id=copie.id
```

ne conserve du produit cartésien que les lignes pour lesquelles la valeur d'ID obtenue dans la table IDENT est identique à celle produite dans la copie de cette table. La seconde condition :

```
ident.prenom NE copie.prenom
```

demande de ne conserver que les lignes pour lesquelles il n'existe pas de correspondance entre les prénoms obtenus dans la table et sa copie. Vous obtenez alors le résultat 9-28 :

---

20. Si vous avez exécuté le programme 6-1, la table IDENT est présente dans votre bibliothèque WORK.

Résultat 9-28

id	prenom	prenom
ID2009A073	Costel	Barthélémy
ID2009A073	Barthélémy	Costel

L'identifiant ID2009A073 a été attribué à deux étudiants : Costel et Barthélémy.

Exercice 9.16 – *Dans la table CP45[21] sont listées les 350 communes du département du Loiret (colonne COMMUNE) et leurs codes postaux (colonne CP).*

1. *Établissez la liste des communes qui ont le même code postal que la commune de Ramoulu.*

2. *Établissez la liste des communes qui partagent leur code postal avec une autre. Attention ! Ramoulu partage son code postal avec 33 autres communes. Rédigez votre requête de façon à ce que, pour le code postal de Ramoulu, vous disposiez bien de 34 lignes dans votre résultat (et non pas de 34 × 33 lignes).*

3. *Établissez la liste des communes qui ne partagent leur code postal avec aucune autre. Question difficile… Vous répondrez par exemple à cette question en transformant votre réponse à la question 2 en sous-requête.*

9.5.7 Conditions des jointures

Les jointures présentées jusqu'à maintenant ont toujours été construites en se basant sur des égalités. On les appelle des **équi-jointures**.

```
ON table1.cle=table2.cle
```

Le langage SQL autorise des jointures beaucoup plus riches, comme l'illustre l'exemple suivant.

Dans la table REFERENCES, nous vous présentons les différentes références vendues par une entreprise, ainsi que leur prix actuel. La table AUG indique un ensemble d'évolutions de prix que l'entreprise songe à appliquer. Ces évolutions dépendent du niveau de prix initial.

Figure 9–19
Tables REFERENCES et AUG[a]

REFERENCES

ref	prix
AAA	15
ABC	11
BBB	12
CCC	13
DEF	14
DDD	10

AUG

b1	b2	pct
0	11	0.05
11	13	0.04
13	20	0.03

a. Les tables REFERENCES et AUG sont présentes dans la bibliothèque WORK si vous avez exécuté le programme 6-1.

L'augmentation doit être de 5 % si le prix est strictement inférieur à 11, de 4 % s'il est compris entre 11 et 13 (strictement) et de 3 % entre 13 et 20 (strictement).

21. La table CP45 est présente dans la bibliothèque WORK si vous avez exécuté le programme 6-1.

Nous souhaitons construire un rapport qui, pour chaque référence, indiquera le prix actuel, le pourcentage d'augmentation à appliquer et le nouveau prix envisagé (programme 9-40).

Programme 9-40

```
PROC SQL;
   SELECT ref "Référence",
          prix "Ancien prix",
          pct "Augmentation" FORMAT=NLPCT5.1,
          prix*(1+pct) "Nouveau prix" FORMAT=5.2
      FROM references LEFT JOIN aug
         ON b1 <= prix < b2;
QUIT;
```

Résultat 9-29

Référence	Ancien prix	Augmentation	Nouveau prix
DDD	10	5,0%	10.50
ABC	11	4,0%	11.44
BBB	12	4,0%	12.48
AAA	15	3,0%	15.45
CCC	13	3,0%	13.39
DEF	14	3,0%	14.42

Ce type de jointure pose cependant quelques difficultés quand vous ne spécifiez pas correctement vos conditions. Si les conditions énoncées par ON deviennent :

```
ON b1 <= prix <= b2;
```

Vous obtenez le résultat 9-30 (dont nous ne reproduisons qu'un extrait).

Résultat 9-30 (extrait)

Référence	Ancien prix	Augmentation	Nouveau prix
ABC	11	5,0%	11.55
DDD	10	5,0%	10.50
ABC	11	4,0%	11.44

Pour la référence ABC, le prix de 11 doit se voir appliquer une augmentation de 5 % (0<=11<=11) et une augmentation de 4 % (11<=11<=13) : les jointures horizontales étant essentiellement des produits cartésiens limités au respect des conditions énoncées, vous observez deux nouveaux prix pour la référence ABC.

La fenêtre *Journal* vous invite à la prudence. Le message suivant s'affiche en effet :

```
NOTE: The execution of this query involves performing one or more
      Cartesian product joins that can not be optimized.
```

Cette note annonçant un produit cartésien est inévitable et apparaît aussi si vous exécutez le programme 9-40. Elle doit toujours vous inciter à bien vérifier votre programme et le résultat obtenu.

9.5.8 L'utilisation de vues en ligne

Dans certains cas, vous réalisez vos jointures non pas entre deux (ou plusieurs) tables, mais entre une vue en ligne *(in-line view)* et une table. Comme nous allons le voir à travers un exemple, une vue en ligne est construite au moyen d'une sous-requête présentée dans la clause FROM.

Le programme 9-34 vous a donné un premier exemple d'utilisation d'une vue en ligne afin d'éliminer des doublons. Il nous a cependant semblé nécessaire de vous offrir un second exemple afin que vous puissiez comprendre les circonstances dans lesquelles vous aurez besoin d'une vue en ligne.

Dans la table JAZZ.STOCK, nous disposons du stock au 1er janvier 2013 de chacune des références vendues par l'entreprise JWAX. Nous souhaitons connaître l'état actuel du stock et devons donc retirer, pour chaque référence, les ventes enregistrées dans la table COMMANDES.

Les ventes de l'année 2013 sont certes présentes dans la table COMMANDES, mais sous la forme des commandes effectuées par les clients ; nous ne disposons pas d'une table qui synthétise les ventes pour chaque référence. Pour établir le rapport sans utiliser une vue en ligne, vous allez, avec une première requête, construire une table donnant les ventes par référence pour 2013 puis, avec une seconde requête, mettre à jour le stock (programme 9-41).

Programme 9-41

```
TITLE "Mise à jour du stock";
PROC SQL;
    CREATE TABLE vente13 AS
        SELECT ref, SUM(quantite) AS ventes
        FROM jazz.commandes
        GROUP BY ref;

    SELECT ref,
           stock,
           ventes,
           stock-ventes AS n_stock
        FROM jazz.stock NATURAL LEFT JOIN vente13;
QUIT;
```

Résultat 9-31 (extrait)

Mise à jour du stock

ref	stock	ventes	n_stock
JWAX001	23	15	8
JWAX002	20		
JWAX003	13	1	12
JWAX004	36	31	5

Exercice 9.17 – Dans le rapport produit, pour les références n'ayant pas été vendues, N_STOCK est valeur manquante, ce qui est inexact. Le stock pour ces références est parfaitement connu puisque c'est celui du 1er janvier. Modifiez le programme 9-41 pour donner à N_STOCK sa valeur juste.

Le résultat obtenu est (presque) correct. Vous avez cependant dû construire une nouvelle table puisque les informations dont vous aviez besoin pour mettre à jour la table STOCK n'étaient pas disponibles dans leur forme souhaitée. La construction de cette nouvelle table constitue une dépense de ressources inutile : vous effectuez deux requêtes pour obtenir votre résultat et créez une table qui n'aura plus d'utilité une fois le stock mis à jour. En utilisant une vue en ligne, vous évitez ce gaspillage de ressources.

Programme 9-42

```
PROC SQL;
TITLE "Mise à jour du stock";
    SELECT ref,
           stock,
           ventes,
           stock-ventes AS n_stock
        FROM jazz.stock NATURAL LEFT JOIN (SELECT ref, SUM(quantite) AS ventes
                                           FROM jazz.commandes
                                           GROUP BY ref);
QUIT;
```

Utiliser une vue en ligne, c'est tout simplement remplacer, dans une clause FROM, une table par la requête qui la crée. Cette vue en ligne s'utilise comme une table : vous pouvez lui associer un alias et citer ce dernier comme source d'une colonne dans une clause SELECT. Le programme 9-43 mobilise ces deux possibilités et offre un résultat parfaitement identique à celui du programme 9-42.

Programme 9-43

```
PROC SQL;
    SELECT stock.ref,
           stock,
           ma_vue.ventes,
           stock-ma_vue.ventes AS n_stock
        FROM jazz.stock LEFT JOIN (SELECT ref, SUM(quantite) AS ventes
                                       FROM jazz.commandes
                                       GROUP BY ref) AS ma_vue
           ON stock.ref=ma_vue.ref;
QUIT;
```

Nous mobilisons ici des vues en ligne afin d'effectuer des fusions, mais vous pouvez tout à fait y avoir recours en dehors de toute fusion.

Imaginons par exemple que vous ayez besoin de connaître le nombre d'expéditions effectuées par l'entreprise JWAX. L'information est contenue dans la table JAZZ.COMMANDES, mais elle est cachée. Nous reproduisons dans le résultat 9-32 un extrait de cette table.

Résultat 9-32

Ligne	order_date	num	ref	quantite
1	02/01/2013	10128	JWAX001	1
2	03/01/2013	10138	JWAX005	1
3	03/01/2013	10132	JWAX013	1
4	03/01/2013	10132	JWAX020	1

La ligne n° 1 correspond à une expédition : le client 10 128 n'a commandé qu'une référence le 2 janvier 2013. La ligne n° 2 correspond, pour les mêmes raisons, à une expédition. Les lignes 3 et 4 en revanche, puisqu'elles traitent de commandes effectuées par le même client (10 132) à la même date (le 3 janvier) correspondent à une expédition unique.

Pour calculer le nombre d'expéditions réalisées par l'entreprise en 2013, vous pouvez passer par une vue en ligne.

Programme 9-44

```
PROC SQL;
SELECT COUNT(*) "Nombre d'expéditions"
    FROM (SELECT DISTINCT order_date,
                          num
            FROM jazz.commandes);
QUIT;
```

Résultat 9-33

Nombre d'expéditions
115

Le nombre d'expéditions correspond au nombre de lignes d'une table dans laquelle on ne conserve que les valeurs uniques des couples (ORDER_DATE,NUM).

Exercice 9.18 – Réalisez, avec une unique requête, un rapport dans lequel vous présenterez, en plus des informations contenues dans la table CLIENT, une colonne indiquant le nombre de disques achetés par chacun des clients.

Exercice 9.19 – Au rapport de l'exercice 9.18, ajoutez une colonne supplémentaire qui donnera les montants des commandes passées par chacun des clients. L'exercice est difficile puisque vous avez besoin d'informations en provenance de trois tables : CATALOGUE, CLIENT et COMMANDES. Il vous conduira à utiliser une vue en ligne, fusion de deux tables.

9.6 Les jointures verticales

L'objet des jointures verticales est de combiner les informations contenues dans deux tables, la seconde offrant des lignes supplémentaires à la première. Dans le langage SAS, c'est l'instruction SET ou PROC APPEND (voir section 4.1) qui produit ces jointures verticales. PROC SQL fournit des résultats tout à fait intéressants et auxquels vous arriverez difficilement avec la programmation SAS.

Figure 9–20 La syntaxe des jointures verticales

EXCEPT, INTERSECT, UNION et OUTER UNION sont les **opérateurs** *(set operators)* qui vont commander les jointures verticales. ALL et CORR[22] sont des **mots-clés** combinables aux opérateurs de jointure verticale (ALL n'est pas possible avec OUTER UNION).

Les diagrammes de Venn de la figure 9-21 résument les principes généraux de ces opérateurs de jointure verticale.

Figure 9–21
Principes des jointures
verticales

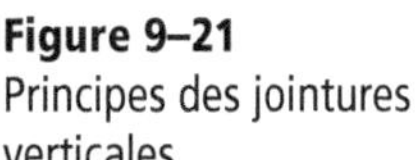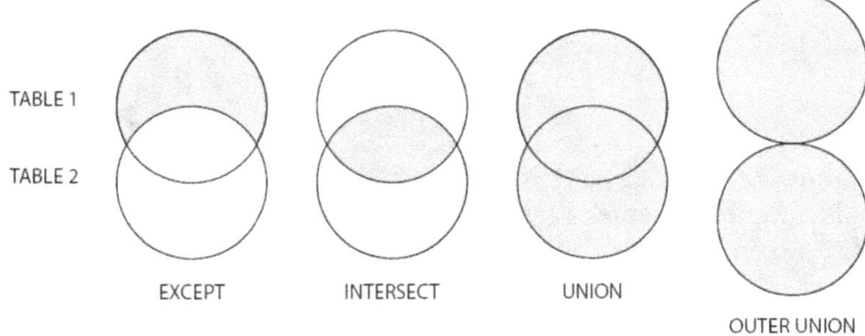

---

22. Ou CORRESPONDING.

Comme nous allons le voir, les opérateurs EXCEPT, INTERSECT et UNION ont plusieurs caractéristiques en commun :

- Les colonnes sont recouvertes en fonction de leur ordre : par défaut, il n'existe pas de mise en correspondance des colonnes en fonction de leur nom[23].
- Les lignes dupliquées sont éliminées du résultat.
- Ils acceptent le mot-clé ALL.

Le mot-clé ALL demande que les lignes dupliquées ne soient pas retirées du résultat. CORR compare et recouvre les colonnes non pas en fonction de leur position, mais de leur nom. Avec les opérateurs EXCEPT, INTERSECT et UNION, si vous mobilisez CORR, seules les colonnes présentes dans les deux tables avec le même nom sont conservées dans le résultat. Avec l'opérateur OUTER UNION, CORR recouvre les colonnes portant le même nom et affiche celles ne portant pas le même nom, sans action de recouvrement.

9.6.1 Les jointures EXCEPT

Avec l'opérateur EXCEPT, vous sélectionnez **les lignes uniques de la première table** (la table spécifiée avant EXCEPT) **qui ne sont pas observées dans la seconde table**. Il y a **recouvrement des colonnes** en fonction de leur position. Les noms des colonnes dans le résultat produit seront ceux des colonnes de la table citée **avant** l'opérateur.

La figure 9-22 présente les tables UN et DEUX[24] qui vont nous accompagner tout au long de cette section[25]. Nous reproduisons sur cette figure les résultats des jointures EXCEPT ALL et EXCEPT.

Programme 9-45

```
PROC SQL;
    SELECT *
        FROM un
    EXCEPT
    SELECT *
        FROM deux;
QUIT;
```

UN			DEUX			EXCEPT ALL			EXCEPT	
prenom	note1		prenom	note2		prenom	note1		prenom	note1
Anaxagoras	10		Barthélémy	5		Anaxagoras	10		Anaxagoras	10
Barthélémy	11		Frédéric	6		Barthélémy	11		Barthélémy	11
Frédéric	12		Germaine	7		Frédéric	12		Frédéric	12
Germaine	13		Haroun	8		Germaine	13		Germaine	13
Germaine	13		Haroun	16		Germaine	13		Germaine	15
Germaine	15		Rosette	10		Germaine	15		Youssef	17
Haroun	16					Youssef	17			
Youssef	17									

Figure 9–22 Jointure EXCEPT

La jointure commandée par EXCEPT est exécutée en deux phases. Au cours de la première phase, les lignes identiques présentes dans les première et seconde tables sont éliminées (ligne `Haroun 16`) pour former un premier résultat intermédiaire que vous observerez si vous utilisez le mot-clé ALL. Lors de

---

23. Les exemples présentés dans les sections suivantes devraient vous éclairer sur ce point.

24. Les tables UN et DEUX sont présentes dans la bibliothèque WORK si vous avez exécuté le programme 6-1.

25. Nous continuons à mobiliser les tables JAZZ pour les exercices de cette section.

la seconde phase, les éventuels doublons sont éliminés – une ligne `Germaine 13` sur les deux du résultat intermédiaire est alors supprimée.

Le mot-clé ALL à ajouter après EXCEPT demande que la phase d'élimination des doublons n'ait pas lieu. Dans les deux cas, le nom de la seconde colonne est NOTE1, soit celui de la seconde colonne de la table UN, citée **avant** l'opérateur EXCEPT.

Il est très important de comprendre que c'est l'intégralité de la ligne (donc avec toutes ses colonnes) qui est considérée, aussi bien lors de la première phase que lors de la seconde, et que les colonnes qui composent une ligne sont données par la clause SELECT.

Les colonnes n'ont pas besoin de porter le même nom puisque c'est la position de la colonne qui prime par défaut lorsque l'on utilise une clause SELECT *. Vous serez en revanche obligé de préciser vos colonnes dans les clauses SELECT dans les deux cas suivants :

* L'ordre dans lequel les colonnes apparaissent diffère selon les tables.
* Une des deux tables contient des colonnes supplémentaires.

Dans les tables UN et DEUX que nous manipulons, la colonne caractère PRENOM est enregistrée, puis une colonne numérique, appelée NOTE1 dans la première table et NOTE2 dans la seconde, est présentée.

Dans le programme 9-46, nous précisons dans la clause SELECT de présenter en premier NOTE1, puis PRENOM.

Programme 9-46

```
PROC SQL;
    SELECT note1,prenom
        FROM un
    EXCEPT
    SELECT *
        FROM deux;
QUIT;
```

L'exécution de ce code ne produit pas de résultat et vous observez le message suivant dans le journal :

```
ERROR: Column 1 from the first contributor of EXCEPT is not the same type as
       Its counterpart from the second.
ERROR: Column 2 from the first contributor of EXCEPT is not the same type as
       Its counterpart from the second.
```

Si une des deux tables à joindre contient plus de colonnes que l'autre, vous aurez le message suivant dans votre journal :

```
WARNING: A table has been extended with null columns to perform the
         EXCEPT set operation.
```

Ce message vous indique que, si une table contient moins de colonnes que l'autre, des colonnes ne contenant que des valeurs manquantes lui seront ajoutées. Dans ce cas, avec EXCEPT, la phase 2 d'élimination des doublons n'aura pas lieu. En effet, une ligne présentant un certain nombre de colonnes est forcément différente d'une ligne présentant un nombre de colonnes au départ inférieur et complétée de valeurs manquantes.

Le programme 9-47 vous propose un dernier exemple de jointure avec EXCEPT.

Programme 9-47

```
PROC SQL;
    SELECT prenom
        FROM un
    EXCEPT
    SELECT prenom
        FROM deux;
QUIT;
```

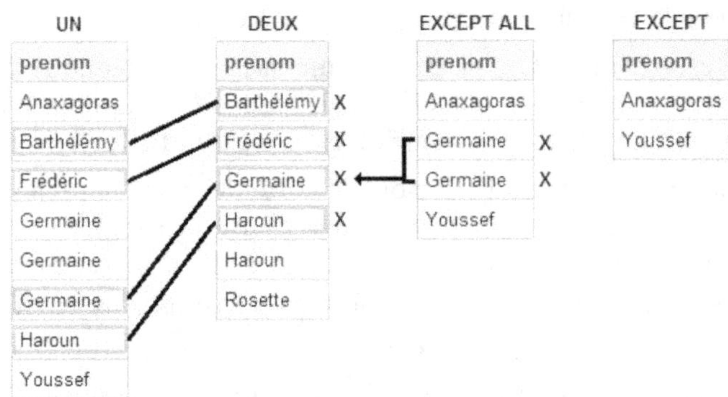

Figure 9–23 Jointure EXCEPT

En respectant le fonctionnement des phases 1 et 2 indiquées précédemment et en vous souvenant que l'objectif d'une jointure obtenue avec EXCEPT est de ne conserver que les lignes d'une table absente de la seconde, vous obtiendrez le résultat présenté à la figure 9-23.

Au cours de la première phase, les lignes de la table UN qui trouvent une correspondance dans la table DEUX sont éliminées ; cette élimination ne concerne qu'une seule ligne Germaine parmi les trois de la table UN. La table intermédiaire, matérialisée par EXCEPT ALL, contient deux lignes Germaine. Lors de la seconde phase d'élimination des doublons, SAS élimine toutes les occurrences de la ligne Germaine, puisqu'elle est présente dans la seconde table.

Ce résultat correspond exactement à celui que vous obtenez avec le programme 9-48 qui mobilise le mot-clé CORR.

Programme 9-48

```
PROC SQL;
    SELECT *
        FROM un
    EXCEPT CORR
    SELECT *
        FROM deux;
QUIT;
```

Si vous utilisez CORR, sans spécification de colonnes dans les clauses SELECT, seules les colonnes portant le même nom sur les deux tables sont prises en compte pour la jointure.

De façon générale, si vous n'avez pas de lignes dupliquées ou si leur présence ne pose pas de problème, il est recommandé de toujours utiliser le mot-clé ALL, quel que soit le type de jointure envisagée : la phase d'élimination des doublons est en effet consommatrice de ressources si la taille de votre résultat intermédiaire est importante.

Exercice 9.20 – *Avec l'opérateur EXCEPT, construisez un rapport dans lequel vous indiquerez les identifiants des clients (NUM) qui n'ont effectué aucune commande auprès de l'entreprise JWAX.*

Exercice 9.21 – *Depuis le début de ce chapitre, nous considérons que la table COMMANDES contient toutes les commandes que l'entreprise JWAX a enregistrées en 2013. C'est une erreur… (et la personne responsable a été licenciée). Les dirigeants de JWAX ont en effet trouvé une table COMMANDES_R[26] dans laquelle sont répertoriées d'autres commandes. Certaines d'entre elles étaient déjà présentes dans la table COMMANDES, d'autres non. Quels types de rapport pouvez-vous construire si vous mobilisez l'opérateur EXCEPT et les tables COMMANDES et COMMANDES_R ? Construisez-les.*

Il faut bien construire deux rapports pour répondre à la question posée à l'exercice 9.21 : si vous avez compris le principe de l'opérateur EXCEPT, vous avez aussi compris que l'ordre dans lequel sont citées les tables est primordial.

9.6.2 Les jointures INTERSECT

L'opérateur INTERSECT effectue deux tâches :

* Il sélectionne les lignes communes aux deux tables.
* Il recouvre les colonnes.

Programme 9-49

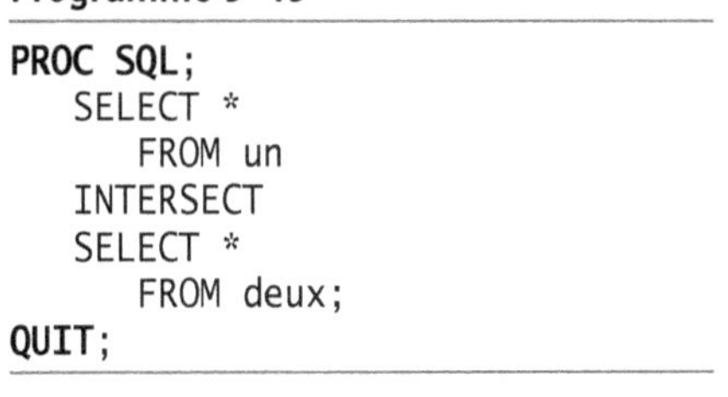

```
PROC SQL;
    SELECT *
        FROM un
    INTERSECT
    SELECT *
        FROM deux;
QUIT;
```

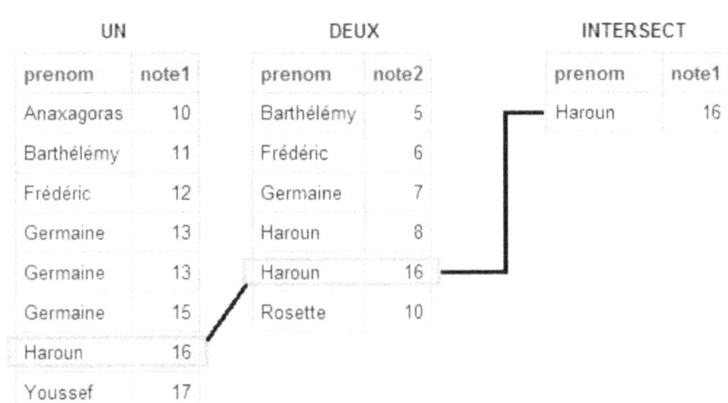

Figure 9–24 Jointure INTERSECT

En utilisant l'opérateur INTERSECT, vous sélectionnez dans un premier temps les lignes communes aux deux tables (une seule ligne commune dans notre cas). Dans un second temps (sans effet dans notre exemple), les lignes qui apparaîtraient dupliquées dans le résultat sont éliminées.

Les mots-clés ALL et CORR peuvent aussi être utilisés, associés à l'opérateur INTERSECT. ALL demande que la phase d'élimination des lignes dupliquées n'ait pas lieu. Pour illustrer ce point, nous modifions notre table DEUX[27].

---

26. Cette table est présente dans la bibliothèque JAZZ que nous vous avons invité à définir dans la section 9.1.3.

27. La table DEUXBIS est présente dans votre bibliothèque WORK si vous avez exécuté le programme 6-1.

Figure 9–25
Jointure INTERSECT
– Le mot-clé ALL

UN

prenom	note1
Anaxagoras	10
Barthélémy	11
Frédéric	12
Germaine	13
Germaine	13
Germaine	15
Haroun	16
Youssef	17

DEUXBIS

prenom	note2
Barthélémy	5
Frédéric	6
Germaine	13
Haroun	8
Haroun	16
Rosette	10
Germaine	13

INTERSECT ALL

prenom	note1
Germaine	13
Germaine	13
Haroun	16

INTERSECT

prenom	note1
Germaine	13
Haroun	16

La ligne `Germaine 13` est dupliquée dans les deux tables. Puisque l'objet de l'opérateur INTERSECT est de sélectionner les lignes communes aux deux tables, avec ALL, vous observez à nouveau deux fois la ligne `Germaine 13` dans votre résultat. Sans ALL, la phase d'élimination des doublons n'en garde qu'une.

Si la ligne `Germaine 13` n'est dupliquée que dans une des deux tables, vous ne l'obtenez qu'une fois dans votre résultat, avec ou sans ALL.

Une nouvelle fois, nous vous invitons à systématiquement utiliser le mot-clé ALL. C'est uniquement si vous souhaitez vraiment régler un problème lié à la présence de doublons que vous devez l'omettre.

CORR demande que, dans la phase de jointure verticale, ne soient considérées que les colonnes qui portent le même nom. Ainsi, si vous ajoutez ce mot-clé au programme 9-49, vous obtenez le résultat de la figure 9-26.

Figure 9–26
Jointure INTERSECT
– Le mot-clé CORR

UN

prenom	note1
Anaxagoras	10
Barthélémy	11
Frédéric	12
Germaine	13
Germaine	13
Germaine	15
Haroun	16
Youssef	17

DEUX

prenom	note2
Barthélémy	5
Frédéric	6
Germaine	7
Haroun	8
Haroun	16
Rosette	10

INTERSECT CORR

prenom
Barthélémy
Frédéric
Germaine
Haroun

Vous pouvez bien entendu utiliser CORR et ALL en même temps (ce qui ne modifierait pas le résultat présenté ici puisqu'aucun prénom n'est présent deux fois dans chacune des tables UN et DEUX).

Exercice 9.22 – Avec le programme 9-27 (voir section 9.4.2.d), nous avons établi la liste des clients de l'entreprise JWAX qui ont effectué au moins une commande au cours des deux semestres de l'année 2013. En mobilisant l'opérateur INTERSECT, construisez ce même rapport présentant les identifiants (NUM) de ces clients.

Exercice 9.23 – Partant de l'exercice précédent, il serait plus intéressant encore de disposer des informations (NOM, PAYS, CTYPE) relatives à ces clients. Construisez ce rapport au moyen d'une requête mobilisant une sous-requête, puis d'une requête mobilisant une vue en ligne.

Exercice 9.24 – La table COMMANDES_R (exercice 9.21) contient des commandes absentes de la table COMMANDES. Quel type de rapport pouvez-vous construire si vous mobilisez l'opérateur INTERSECT et les tables COMMANDES et COMMANDES_R ? Construisez ce rapport. Est-ce que l'ordre dans lequel les tables sont citées a ici une importance ?

9.6.3 Les jointures UNION

L'opérateur UNION effectue deux tâches :

- Il sélectionne des lignes uniques dans chacune des tables.
- Il recouvre les colonnes.

Programme 9-50

```
PROC SQL;
    SELECT *
        FROM un
    UNION <ALL> <CORR>
    SELECT *
        FROM deux;
QUIT;
```

UN

prenom	note1
Anaxagoras	10
Barthélémy	11
Frédéric	12
Germaine	13
Germaine	13
Germaine	15
Haroun	16
Youssef	17

DEUX

prenom	note2
Barthélémy	5
Frédéric	6
Germaine	7
Haroun	8
Haroun	16
Rosette	10

UNION ALL

prenom	note1
Anaxagoras	10
Barthélémy	11
Frédéric	12
Germaine	13
Germaine	13
Germaine	15
Haroun	16
Youssef	17
Barthélémy	5
Frédéric	6
Germaine	7
Haroun	8
Haroun	16
Rosette	10

UNION

prenom	note1
Anaxagoras	10
Barthélémy	5
Barthélémy	11
Frédéric	6
Frédéric	12
Germaine	7
Germaine	13
Germaine	15
Haroun	8
Haroun	16
Rosette	10
Youssef	17

UNION CORR ALL

prenom
Anaxagoras
Barthélémy
Frédéric
Germaine
Germaine
Germaine
Haroun
Youssef
Barthélémy
Frédéric
Germaine
Haroun
Haroun
Rosette

UNION CORR

prenom
Anaxagoras
Barthélémy
Frédéric
Germaine
Haroun
Rosette
Youssef

Figure 9–27 Jointure UNION

UNION, accompagné du mot-clé ALL, réalise une simple concaténation verticale entre les deux tables. Sans ALL, le résultat est trié et les doublons qui apparaissent dans le résultat de la concaténation sont éliminés. Avec le mot-clé CORR, la concaténation verticale considère uniquement les colonnes qui portent le même nom. UNION CORR ALL répertorie tous les prénoms qui apparaissent dans les deux tables, sans élimination des doublons ; UNION CORR répertorie les valeurs de PRENOM après élimination de tous les doublons.

Vous pouvez aussi utiliser UNION lorsque vous souhaitez créer un rapport avec des informations de même nature en provenance de plusieurs tables. Pour illustrer cette possibilité, imaginons que vous souhaitiez créer un rapport avec les notes moyennes obtenues sur les tables UN et DEUX.

Programme 9-51

```
PROC SQL;
   SELECT "moyenne note1",
          AVG(note1) AS moyenne FORMAT=7.2
      FROM un
   UNION ALL
   SELECT "moyenne note2",
          AVG(note2) AS moyenne FORMAT=7.2
      FROM deux;
QUIT;
```

Résultat 9-34

	moyenne
moyenne note1	13.38
moyenne note2	8.67

Exercice 9.25 – La table COMMANDES_R (exercices 9.21 et 9.24) contient des commandes dont certaines sont absentes de COMMANDES. Quel type de rapport pouvez-vous construire si vous mobilisez l'opérateur UNION et ces deux tables ? Construisez-le.

Exercice 9.26 – À partir de la table COMMANDES, réalisez un rapport dans lequel vous présenterez toutes les commandes (date de commande, numéro du client, référence commandée, quantité), ainsi qu'une ligne supplémentaire qui vous indiquera le nombre total d'exemplaires commandés. Mobilisez l'opérateur UNION et prenez garde au recouvrement en fonction de l'ordre dans lequel les colonnes sont présentées dans vos tables. Le rapport obtenu vous surprendra peut-être par son organisation ; cela dépend si vous avez ou non mobilisé le mot-clé ALL…

9.6.4 Les jointures OUTER UNION

Cet opérateur est le seul qui, par défaut, n'autorise aucun recouvrement. Ce dernier, caractéristique commune aux opérateurs EXCEPT, INTERSECT et UNION, conduit à ne jamais observer une colonne NOTE2 dans les divers résultats représentés jusqu'à maintenant.

OUTER UNION sélectionne toutes les lignes des deux tables et n'élimine aucun doublon, ce qui explique pourquoi le mot-clé ALL n'est pas autorisé, contrairement à CORR. On obtient la figure 9-28 avec OUTER UNION et OUTER UNION CORR.

Programme 9-52

```
PROC SQL;
   SELECT *
      FROM un
   OUTER UNION
   SELECT *
      FROM deux;
QUIT;
```

OUTER UNION

prenom	note1	prenom	note2
Anaxagoras	10		
Barthélémy	11		
Frédéric	12		
Germaine	13		
Germaine	13		
Germaine	15		
Haroun	16		
Youssef	17		
		Barthélémy	5
		Frédéric	6
		Germaine	7
		Haroun	8
		Haroun	16
		Rosette	10

OUTER UNION CORR

prenom	note1	note2
Anaxagoras	10	
Barthélémy	11	
Frédéric	12	
Germaine	13	
Germaine	13	
Germaine	15	
Haroun	16	
Youssef	17	
Barthélémy		5
Frédéric		6
Germaine		7
Haroun		8
Haroun		16
Rosette		10

Figure 9–28 Jointures OUTER UNION et OUTER UNION CORR

Sans CORR, il n'existe aucun recouvrement, même si une colonne porte le même nom dans les deux tables que l'on réunit. Si vous souhaitez que les colonnes portant le même nom n'en fassent qu'une dans votre résultat, vous devez utiliser le mot-clé CORR.

9.7 Les vues SQL et les tables dictionnaires

Ainsi que nous l'avons vu dans la section 5.1.2, les vues *(views)* sont des requêtes stockées qui permettent la lecture de données présentes dans une table, dans plusieurs tables, dans une vue ou dans plusieurs autres vues sous-jacentes. Une fois ces vues définies, vous les manipulez comme s'il s'agissait de tables.

Nous précisons dans la section 9.7.1 les principes qui doivent vous guider lorsque vous construirez vos propres vues. Dans la section 9.7.2, nous présentons les tables dictionnaires évoquées lors de la section 5.1.2 et précisons pourquoi il est plus efficace d'explorer ces dernières plutôt que les vues SASHELP.

9.7.1 Les principes

Rappelons que, dans une vue, seule la partie descriptive de la table et l'origine des données sont enregistrées. Elle ne contient aucune donnée, mais uniquement les informations nécessaires à SAS pour les récupérer afin de les utiliser.

Dans cette section, nous ne traitons que des vues créées au moyen de PROC SQL. Un exemple simple doit vous permettre de comprendre leurs avantages.

Nous allons une nouvelle fois nous servir des données de l'entreprise JWAX. Pour l'instant, nous avons construit très peu de tables dans ce chapitre. Nous souhaitions en effet vous montrer que, si votre objectif était de construire des rapports, vous pouviez les obtenir avec des requêtes et qu'il n'y avait, dans ce cadre, aucun besoin de construire des tables qui encombrent inutilement votre disque dur.

Imaginons le cas d'un lecteur qui n'a pas écouté notre conseil et qui, lorsque nous avons abordé les fusions horizontales, s'est dit : « J'ai bien compris l'organisation des tables principales de la base de données JAZZ : je vais créer une table, fusion des trois tables principales, et pourrai ensuite plus simplement construire les rapports demandés dans les exercices. »

Ce lecteur a ainsi créé une table REUNION et même une seconde table, PAYS, pour disposer des chiffres d'affaires réalisés par pays par l'entreprise JWAX (programme 9-53).

Notre lecteur a été très ennuyé d'apprendre, lors de l'exercice 9.21, que la table COMMANDES n'était pas complète et que certaines données se trouvaient uniquement dans COMMANDES_R. Il va maintenant devoir mettre à jour sa table COMMANDES, puis recréer REUNION et PAYS pour disposer des chiffres d'affaires par pays à jour. Nous allons surtout espérer pour lui qu'il ne va pas oublier d'effectuer toutes les mises à jour…

Programme 9-53

```
PROC SQL;
   CREATE TABLE jazz.reunion AS
      SELECT client.*,
             commandes.*,
             prix,
             prix*quantite AS montant
      FROM jazz.client NATURAL INNER JOIN
           jazz.commandes NATURAL INNER JOIN
           jazz.catalogue;
   CREATE TABLE jazz.pays AS
      SELECT pays,
             sum(montant) AS ca
        FROM jazz.reunion
        GROUP BY pays;
   SELECT * FROM jazz.pays;
QUIT;
```

Résultat 9-35

pays	ca
ALL	783
BEL	1059
CAN	810
DAN	200
ESP	196
FIN	244
FRA	530
ITA	996
NED	119
NOR	147
RUS	228
USA	162

Notre lecteur n'aurait pas dû créer des tables, mais des vues. Modifions le programme 9-53 en conséquence. Il nous faut d'abord supprimer les tables créées puisque vous ne pouvez pas créer une vue qui porte le même nom qu'une table – et inversement – dans une même bibliothèque.

Programme 9-54[28]

```
PROC SQL;
   DROP TABLE jazz.reunion, jazz.pays;
   CREATE VIEW jazz.reunion AS
      SELECT client.*,
             commandes.*,
             prix,
             prix*quantite AS montant
      FROM client NATURAL INNER JOIN
           commandes NATURAL INNER JOIN
           catalogue;
   CREATE VIEW jazz.pays AS
      SELECT pays,
             sum(montant) AS ca
        FROM reunion
        GROUP BY pays;
   SELECT * FROM jazz.pays;
QUIT;
```

Les vues ne contiennent ni lignes ni colonnes, mais des informations pour les reconstruire à partir des tables sous-jacentes. Dans la vue REUNION, on trouve uniquement les informations pour reconstruire des données à partir des tables CLIENT, COMMANDES et CATALOGUE. La vue PAYS est elle-même définie à partir de REUNION. Vous pouvez utiliser ces vues comme des tables et la requête

---

28. L'instruction DROP TABLE sera présentée dans la section 9.8.6.

SELECT qui demande la présentation des colonnes contenues dans PAYS vous donnera la même chose qu'au résultat 9-35.

Nous allons revenir sur ce programme, mais il nous faut déjà comprendre le grand intérêt des vues.

De nouvelles commandes ont été « retrouvées », ce qui implique une mise à jour de la table COMMANDES. Nous l'effectuons avec PROC SQL en mobilisant une instruction INSERT INTO qui sera détaillée dans la section 9.8.2. À la suite de la mise à jour, nous lançons une requête sur la vue PAYS définie lors du programme 9-54.

Programme 9-55

```
PROC SQL;
   CREATE TABLE ajout AS
     SELECT * FROM jazz.commandes_r
        EXCEPT
     SELECT * from jazz.commandes;
   INSERT INTO jazz.commandes
      SELECT * FROM  ajout;
   SELECT * FROM jazz.pays;
QUIT;
```

Résultat 9-36 (extrait)

pays	ca
ALL	1013
BEL	1102
CAN	870
DAN	200
ESP	196
FIN	244
FRA	591
ITA	1041
NED	119
NOR	190
RUS	352
USA	162

Comparez les résultats 9-36 et 9-35 et vous constaterez que les chiffres d'affaires par pays ont maintenant inclus les nouvelles commandes. Les mises à jour sont automatiques puisque, en réalité, la vue ne contient aucune donnée.

Les informations contenues dans la vue sont consultables par l'instruction DESCRIBE VIEW.

Programme 9-56

```
PROC SQL;
   DESCRIBE VIEW jazz.pays;
QUIT;
```

Résultat 9-37 (fenêtre Journal)

```
NOTE: SQL view JAZZ.PAYS définie en tant que :
       select pays, SUM(montant) as ca
          from REUNION
       group by pays;
```

Les vues constituent un outil particulièrement intéressant, mais il ne convient cependant pas de systématiser leur utilisation. La création de rapports fondés sur des vues vous évite certes le stockage d'une table supplémentaire et actualise automatiquement les données, mais une requête fondée sur une vue risque de mobiliser plus de ressources, la table virtuelle devant être systématiquement reconstruite à chaque demande.

Il convient donc de respecter quelques règles dans votre utilisation des vues :

* Une instruction SELECT, comprenant l'ensemble des clauses évoquées dans ce chapitre, peut définir une vue. Il est cependant recommandé, pour économiser vos ressources, d'éviter les clauses ORDER BY.

- Si vous sollicitez souvent une vue, il devient plus intéressant de construire une table. Une vue ne doit pas être requêtée en permanence.

- Une vue actualise immédiatement vos résultats lorsque vous ajoutez **des lignes** aux tables sous-jacentes. Attention cependant : si vous retirez **des colonnes** aux tables sous-jacentes, votre vue ne pourra plus faire l'objet de requêtes. Il convient donc que les tables sur lesquelles vous fondez vos vues soient stables pour ce qui concerne les colonnes qui les constituent.

- Si vous déposez votre vue dans la même bibliothèque que les tables sous-jacentes, il convient de ne pas préciser de bibliothèque dans le nom des tables évoquées par la clause FROM.

Nous avons respecté cette dernière règle dans le programme 9-54. Si vous créez une vue dans une bibliothèque donnée et si vous citez les tables/vues sous-jacentes uniquement par leur nom dans la clause FROM, ces dernières seront recherchées dans la bibliothèque de dépôt de la vue.

Si vous citez la bibliothèque dans la clause FROM lors de la définition de la vue et si, au cours d'une session SAS ultérieure, vous donnez à votre bibliothèque un autre nom, une requête sur votre vue générera une erreur et votre rapport ne sera pas produit. Ce problème est simple à résoudre puisque vous avez la possibilité, au moment de la définition de votre vue, de définir des bibliothèques.

Programme 9-57

```
PROC SQL;
    CREATE VIEW jazz.pays AS
        SELECT pays,
               sum(montant) AS ca
          FROM glo.reunion
          GROUP BY pays
          USING LIBNAME glo "C:\intro_sas\jazz";
QUIT;
```

USING doit nécessairement être présentée en dernier dans la liste des clauses de l'instruction CREATE VIEW. La bibliothèque créée par cette clause n'est que « locale ». Si elle n'a pas été définie avant l'exécution du programme 9-57, elle n'est toujours pas accessible après son exécution. Vous devrez aussi utiliser la clause USING si vous souhaitez enregistrer votre vue dans une bibliothèque différente de celle des tables sous-jacentes[29].

9.7.2 Les tables dictionnaires

Dans la section 5.1.2, nous avons présenté les vues SASHELP construites à partir de tables présentes dans une bibliothèque appelée DICTIONARY. Le nom de cette bibliothèque est particulier puisqu'il contient plus de 8 lettres. Seule la procédure PROC SQL donne accès à ses tables.

Les vues SASHELP sont des vues SQL de tables de la bibliothèque DICTIONARY. Le programme 9-58 fournit une description de la vue VDCTNRY.

---

29. Attention : les vues créées avec SAS 9.4M6 et qui mobilisent la clause USING ne sont pas accessibles avec SAS 9.4M5 et les versions antérieures.

Programme 9-58

```
PROC SQL;
   DESCRIBE VIEW sashelp.vdctnry;
QUIT;
```

Vous obtenez le message suivant dans le journal :

```
NOTE: SQL view SASHELP.VDCTNRY définie en tant que :

      select *
        from DICTIONARY.DICTIONARIES;
```

Dans le tableau 5-1, nous vous avons déjà présenté un certain nombre de ces tables dictionnaires et, si vous souhaitez disposer d'une liste complète ainsi que d'une description de ces tables, vous pouvez exécuter le programme 9-59 et apprendre ainsi qu'il existe 32 tables dictionnaires.

Programme 9-59

```
PROC SQL NUMBER;
   SELECT DISTINCT memname,memlabel
      FROM dictionary.dictionaries;
QUIT;
```

Programme 9-60

```
PROC SQL;
   DESCRIBE TABLE dictionary.dictionaries;
QUIT;
```

Des LABEL sont systématiquement associés aux variables des tables de la bibliothèque DICTIONARY. Si vous souhaitez connaître les noms des variables d'une table (par exemple, DICTIONARIES), exécutez le programme 9-60.

Si, maintenant, vous voulez produire un rapport dans lequel seront présentées les variables de la table COMMANDES ainsi que leur type, vous pouvez soit explorer la vue SASHELP VCOLUMN (programme 9-61), soit directement explorer la table COLUMNS de la bibliothèque DICTIONARY (programme 9-62).

Programme 9-61

```
PROC PRINT DATA=sashelp.vcolumn;
   VAR name type;
   WHERE memname="COMMANDES"
      and libname="JAZZ";
RUN;
```

Programme 9-62

```
PROC SQL;
   SELECT name,type
      FROM dictionary.columns
      WHERE memname="COMMANDES"
         and libname="JAZZ";
QUIT;
```

Le programme 9-62 est plus efficace que le 9-61 puisque, pour effectuer votre PROC PRINT, il faut déjà reconstruire une vue VCOLUMN « à jour » contenant les informations sur toutes les variables des tables connues de SAS avant de pouvoir n'imprimer que les quatre lignes relatives à la table COMMANDES. La requête exercée sur la table COLUMNS n'oblige pas une « reconstruction » préalable et est donc plus efficace.

Pour plus de renseignements sur le contenu des vues SASHELP et des tables de la bibliothèque DICTIONARY, n'hésitez pas à consulter la section *Suppléments* sur www.sas-sr.com.

ⓐ 9.8 La création et la gestion des tables

Les tables que nous avons créées depuis le début de ce chapitre (programmes 9-31, 9-41 et 9-53) ont toutes été construites à partir de requêtes mobilisant des tables préexistantes.

À ce stade, nous ne savons pas encore créer de tables ex nihilo, sans faire référence à une autre table. De même, nous ne disposons pas encore des outils pour modifier une table : ajout et suppression de lignes, ajout et suppression de colonnes, modification des valeurs d'une colonne et suppression d'une table. Ces différents points sont traités dans les sections qui suivent.

9.8.1 La création de tables

Si la table à créer est basée sur des tables existantes, bien entendu, vous passerez par une instruction CREATE TABLE impliquant une clause SELECT, objet des sections 9.2 à 9.6.

Pour créer des tables ex nihilo, vous emploierez une instruction CREATE TABLE selon la syntaxe suivante.

```
                 nom_de  ( nom_de_la    CHAR | VARCHAR  <longueur>          ⎧ FORMAT =  ⎫
CREATE TABLE                            INTEGER | SMALLINT                  ⎪           ⎪
                 la_table   colonne     DECIMAL | NUMERIC | FLOAT <(longueur)>  INFORMAT=⎬ ,...);
                                        REAL | DOUBLE PRECISION             ⎪ LABEL =   ⎪
                                        DATE                                ⎩           ⎭
```

Figure 9–29 Syntaxe de l'instruction CREATE TABLE en cas de création ex nihilo

Vous devez lister les colonnes désirées en précisant leur type, voire leur longueur. Si vous créez une table SAS, vous n'obtiendrez bien entendu que des variables de deux types : numériques ou caractères. Si vous créez une table pour un SGBDR, vous devrez très certainement être plus précis quant au type des variables à créer.

Le programme 9-63 crée une table EMPLOYE.

Programme 9-63

```
CREATE TABLE employe (nom CHAR (10),
                      prenom VARCHAR,
                      numero FLOAT (4),
                      date_eng date INFORMAT=DDMMYY10.,
                      salaire_m double precision
                            LABEL="Salaire mensuel"
                            FORMAT=EUROX10.0);
```

Les variables NOM et PRENOM, malgré leur type différent, seront des variables caractères dans la table EMPLOYE. Nous n'avons pas précisé de longueur pour la variable PRENOM : elle aura la longueur par défaut des variables caractères, soit 8. Les variables NUMERO, DATE_ENG et SALAIRE_M seront toutes numériques. Si vous précisez la longueur d'une variable numérique destinée à une table SAS, elle n'est pas prise en compte ; toutes les variables numériques, quel que soit le type déclaré, sont de longueur 8 dans les tables SAS créées au moyen de PROC SQL.

Après avoir défini le nom de votre variable et son type, vous pouvez préciser un LABEL, un FORMAT et un INFORMAT. Attention : l'INFORMAT DMMYY10. associé à la variable DATE_ENG ne sera pas utilisé pour interpréter des champs lorsque nous peuplerons la table. Il s'agit d'une information qui sera uniquement ajoutée aux métadonnées de la table mais qui, d'un point de vue purement pratique, n'a pas de réelle utilité.

Pour examiner les métadonnées d'une table, vous pouvez bien entendu utiliser PROC CONTENTS. Si votre intention est juste de connaître les variables d'une table, leur type et leur longueur, une instruction DESCRIBE TABLE suffira.

Programme 9-64

```
PROC SQL;
   DESCRIBE TABLE work.employe;
QUIT;
```

Vous observez le message suivant dans votre journal :

```
create table WORK.EMPLOYE( bufsize=65536 )
  (
   nom char(10),
   prenom char(8),
   numero num,
   date_eng num format=DATE. informat=DDMMYY10.,
   salaire_m num format=EUROX10. label='Salaire mensuel'
  );
```

Comme précisé plus haut, les types des variables se limitent finalement à CHAR et NUM. En ce qui concerne la variable DATE_ENG, elle est numérique mais le type DATE conduit à lui imposer le FORMAT DATE.. C'est d'ailleurs sous cette forme (DATE7. ou DATE9.), que vous devrez saisir vos modalités lorsqu'il s'agira de peupler la table.

Pour créer une table ayant une structure identique à (ou proche de) celle d'une table existante, vous utiliserez la clause LIKE dans votre instruction CREATE TABLE.

Figure 9–30
La clause LIKE

```
                          nom de      ⎛ DROP =   ⎞            nom de
        CREATE TABLE   la table  〈 ⎜ KEEP =   ⎟ 〉 LIKE  la table à ;
                          à créer      ⎝ RENAME = ⎠            reprendre
```

Programme 9-65

```
PROC SQL;
   CREATE TABLE newcatalogue(RENAME=(prix=newprix)) LIKE jazz.catalogue;
   DESCRIBE TABLE newcatalogue;
QUIT;
```

Le résultat suivant sera renvoyé dans votre fenêtre *Journal* :

```
34    PROC SQL ;
35        CREATE TABLE newcatalogue(RENAME=(prix=newprix)) LIKE jazz.catalogue;
NOTE: Table WORK.NEWCATALOGUE created, with 0 rows and 5 columns.
36        DESCRIBE TABLE newcatalogue ;
NOTE: SQL table WORK.NEWCATALOGUE was created like:

create table WORK.NEWCATALOGUE( bufsize=65536 )
  (
   ref char(8),
   artiste char(20),
   titre char(15),
   rtype char(1),
   newprix num
  );
```

Comme vous le montre notre exemple, vous pouvez recourir aux options de table KEEP=, DROP= ou RENAME=.

Cette phase de création de table est aussi pour vous l'occasion de fixer des contraintes d'intégrité qui définiront un ensemble de règles qui limiteront les valeurs prises par vos variables. Ainsi que nous l'avons évoqué dans la section 9.1.3, elles sont essentielles dans les bases de données relationnelles pour assurer la validité et la cohérence de vos données.

Ces contraintes d'intégrité sont de deux types :

- Les contraintes générales :
    - CHECK : limite les valeurs prises dans une colonne.
    - NOT NULL : interdit l'introduction de valeurs manquantes.
    - UNIQUE ou DISTINCT : oblige les valeurs d'une colonne à être unique.
    - PRIMARY KEY : combine les contraintes NOT NULL et UNIQUE. Une PRIMARY KEY est contrainte générale si la colonne n'est pas citée comme FOREIGN KEY dans une autre table.
- Des contraintes référentielles :

    Vous aurez des contraintes référentielles lorsqu'une colonne sera déclarée PRIMARY KEY dans une table et FOREIGN KEY dans une ou plusieurs autre(s).

Si on reprend les tables de la bibliothèque JAZZ, REF pourrait être clé primaire dans la table CATALOGUE et clé étrangère dans la table COMMANDES. NUM pourrait être clé primaire dans la table CLIENT et clé étrangère dans la table COMMANDES.

Il est possible d'ajouter ces contraintes d'intégrité à une table existante (via PROC DATASETS ou PROC SQL). Avec PROC SQL, vous pouvez les définir dès l'étape de création de la table :

- soit en complétant le descriptif d'une colonne ;
- soit au moyen d'une programmation spécifique.

La figure 9-31 présente la syntaxe complétée de CREATE TABLE en cas d'introduction de contrainte d'intégrité.

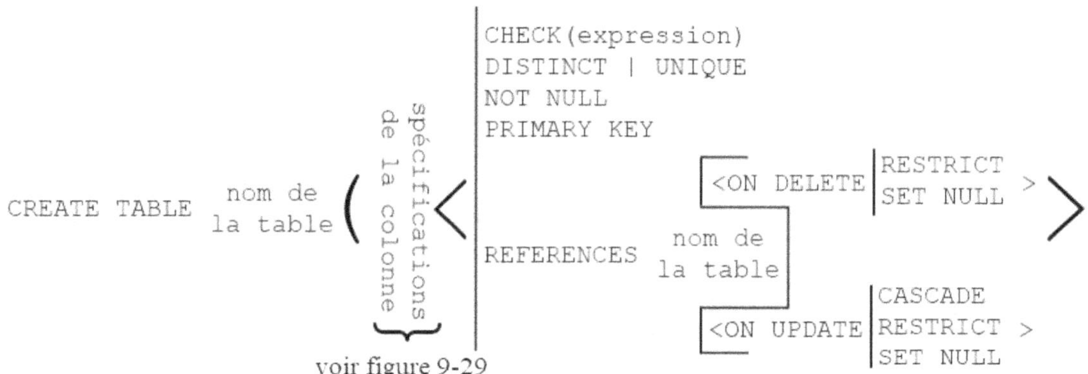

Figure 9–31 Ajout d'une contrainte d'intégrité à une définition de colonne

Quand vous créez une table A, vous utilisez REFERENCES si vous souhaitez que votre colonne soit clé étrangère : vous devez alors préciser la table B dans laquelle se trouve la colonne de même nom définie comme clé primaire. Vous définissez ensuite les actions à effectuer dans A si dans B vous supprimez (ON DELETE) ou modifiez (ON UPDATE) une valeur.

RESTRICT, action par défaut, interdit la suppression ou la modification de la valeur dans la table B si elle est observée dans A. SET NULL transforme dans A la valeur supprimée ou modifiée dans B en valeur manquante. CASCADE (uniquement valable en cas de mise à jour) applique à A la même mise à jour qu'à B.

Programme 9-66

```
PROC SQL;
   CREATE TABLE employe3
     (nom CHAR (10) NOT NULL,
      prenom VARCHAR NOT NULL,
      numero FLOAT (4) DISTINCT,
      date_eng date INFORMAT=DDMMYY10. CHECK(date_eng>="01jan2014"d),
      salaire_m double precision LABEL="Salaire mensuel" FORMAT=EUROX10.0);
   DESCRIBE TABLE CONSTRAINTS employe3;
QUIT;
```

EMPLOYE3 présente les mêmes colonnes que la table EMPLOYE. Avec les contraintes d'intégrité, nous indiquons que les colonnes NOM et PRENOM doivent être impérativement renseignées, que NUM doit présenter des valeurs distinctes et que la valeur de DATE_ENG doit être forcément supérieure au 1er janvier 2014.

DESCRIBE TABLE CONSTRAINTS affiche les contraintes d'intégrité. Vous observez alors le résultat 9-38.

Résultat 9-38

| ----Liste alphabétique des contraintes d'intégrité---- | | | | |
#	Contrainte d'intégrité	Type	Variables	Clause Where
1	_CK0001_	Vérifier		date_eng>='01JAN2014'D
2	_NM0001_	Non nul	nom	
3	_NM0002_	Non nul	prenom	
4	_UN0001_	Unique	numero	

Les noms des contraintes d'intégrité sont donnés automatiquement par SAS. Pour une clé primaire ou une clé étrangère, les contraintes sont nommées respectivement _PKxxxx_ et _FKxxxx_.

Les contraintes d'intégrité peuvent aussi être précisées à la suite des définitions de colonne. Votre instruction CREATE TABLE prend alors la structure présentée à la figure 9-32.

```
CREATE TABLE nom de (Définition  <     Définition  ><   Définition   ><    Définition   >) ;
             la table  colonne 1   ,...colonne n   ,contrainte 1    ,...contrainte n
```

Figure 9–32 Création de contraintes d'intégrité – seconde possibilité

Les contraintes précisées à la suite des définitions de colonnes doivent être séparées par des virgules. Elles sont spécifiées par la clause CONSTRAINT. La syntaxe est légèrement différente de celle utilisée si vous précisez votre contrainte à l'intérieur de la définition d'une colonne.

```
                         CHECK(expression)
                         DISTINCT | UNIQUE (col-1 <,...col-n>)
                         NOT NULL (colonne)
CONSTRAINT nom de   <    PRIMARY KEY (col-1 <,...col-n>)                       <ON DELETE |RESTRICT >
           la CI                                                                         |SET NULL

                         FOREIGN KEY (col-1,<...col-n>) REFERENCE nom de                 |CASCADE
                                                                  la table     <ON UPDATE|RESTRICT >
                                                                                         |SET NULL
```

Figure 9–33 Syntaxe de la clause CONSTRAINT

Dans ce cas, le nom de la contrainte d'intégrité n'est pas attribué automatiquement et il vous revient de le fixer. Vous devez indiquer le type de contrainte que vous souhaitez et, même si les types sont identiques à ceux que l'on peut préciser dans une définition de colonne, vos contraintes sont plus riches puisqu'elles peuvent ici porter sur un ensemble de colonnes. Si, par exemple, vous souhaitez qu'une combinaison de colonnes soit clé primaire (par exemple, NOM et PRENOM), c'est cette syntaxe que vous devez adopter.

Le programme 9-67 construit une table quasiment identique à celle du programme 9-66 mais mobilise ce second type de syntaxe.

Programme 9-67

```
PROC SQL;
   CREATE TABLE employe4
      (nom CHAR (10), prenom VARCHAR, numero FLOAT (4),
       date_eng date INFORMAT=DDMMYY10.,
       salaire_m double precision LABEL="Salaire mensuel" FORMAT=EUROX10.0,
       CONSTRAINT cp1 PRIMARY KEY(nom,prenom),
       CONSTRAINT surnum UNIQUE(numero),
       CONSTRAINT vdate CHECK(date_eng>="01jan2014"d)
          MESSAGE="La date d'arrivée ne va pas" MSGTYPE=NEWLINE );
QUIT;
```

Nous demandons, via la contrainte d'intégrité CP1 que les couples (NOM,PRENOM) prennent des valeurs uniques. Les colonnes NOM et PRENOM devront impérativement être renseignées.

Vous remarquez dans le programme 9-67, la présence de MESSAGE= et de MSGTYPE=. Le premier sert à écrire un message personnalisé dans le journal en cas d'arrivée dans la table d'observations ne respectant pas la contrainte d'intégrité VDATE. Ainsi, si vous tentez d'ajouter dans la table EMPLOYE4 un salarié engagé avant le 1ᵉʳ janvier 2014, le message spécifié s'affichera en même temps qu'un message automatiquement produit par SAS. Si vous spécifiez MSGTYPE=USER, seul le message spécifique s'affichera.

Ces options supplémentaires sont applicables à toutes les définitions de contrainte d'intégrité, qu'elles soient spécifiées à l'intérieur de la définition de la colonne, ou séparément via CONSTRAINT.

9.8.2 Insérer des lignes dans votre table

Les tables créées ex nihilo ou avec une clause LIKE ne contiennent aucune observation. Notez déjà qu'il n'est pas possible, avec PROC SQL, de peupler une table au moyen de données contenues dans des fichiers ASCII extérieurs à SAS (TXT, CSV).

Pour peupler votre table, vous devez faire appel à une instruction INSERT INTO mobilisant soit des clauses SET, soit des clauses VALUES, soit une clause SELECT. Avec une instruction INSERT INTO, vous peuplez aussi bien des tables vides que déjà partiellement remplies.

```
                          SET colonne1=valeur1, colonne2=valeur2,...
                                          <SET colonne1=valeur1,..> ;

                table à
INSERT INTO               (colonne1, colonne2,...) VALUES (valeur1,valeur2,...)
                peupler                   <VALUES (valeur1,valeur2,...)> ;

                          SELECT colonne1, colonne2,... FROM table WHERE condition ;
```

Figure 9–34 L'instruction INSERT INTO

Si vous utilisez des clauses SET, vous devez en présenter autant que d'observations à ajouter.

Programme 9-68

```
PROC SQL;
    INSERT INTO employe
        SET nom="Dupont", prenom="Jean", numero=1,
            date_eng="01JAN2014"d, salaire_m=3000
        SET nom="Dupuis",                numero=2,
            date_eng="15MAR2014"d, salaire_m=1500
        SET                prenom="Paul",numero=3,
            date_eng="17oct2015"d, salaire_m=1500, nom="Dufour";
```

Résultat 9-39

nom	prenom	numero	date_eng	Salaire mensuel
Dupont	Jean	1	01JAN14	€3.000
Dupuis		2	15MAR14	€1.500
Dufour	Paul	3	17OCT15	€1.500

Le programme 9-68 crée les trois premières observations de la table EMPLOYE. Vous devez indiquer après votre clause SET le nom de la colonne que vous souhaitez renseigner puis, après le signe égal, la valeur à lui attribuer. Les couples `colonne=valeur` doivent être séparés par des virgules.

Les colonnes n'ont pas besoin d'être renseignées dans l'ordre de leur présentation dans la table, vous n'avez pas non plus l'obligation de renseigner toutes les colonnes si aucune contrainte d'intégrité ne vous y oblige.

Les valeurs des variables caractères doivent impérativement être présentées entre quotes (simples ou doubles). Les valeurs numériques ne doivent pas être présentées entre quotes et doivent avoir une forme compréhensible par SAS sans mobiliser un INFORMAT (voir section 2.6.4). En ce qui concerne les dates, vous devez les saisir entre quotes, sous une forme DATE7. ou DATE9. suivies du modifieur D.

Si vous ne respectez pas ces règles, vous obtenez un message d'erreur dans votre fenêtre *Journal* et aucune observation n'est insérée dans votre table.

Exercice 9.27 – Le programme 9-68 a ajouté des observations dans la table EMPLOYE créée par le programme 9-63, sans contrainte d'intégrité. Enregistrez ces mêmes observations dans la table EMPLOYE3 créée par le programme 9-66. Que constatez-vous ?

Vous avez aussi la possibilité d'insérer des observations dans une table au moyen de la clause VALUES.

Programme 9-69

```
PROC SQL;
    INSERT INTO employe
        (nom,prenom,numero,date_eng,salaire_m)
        VALUES("Duroc","Sophie",4,"12jan2016"d,1500)
        VALUES("Duparc","Anne",5,"15may2016"d,1500)
        VALUES("Dubois","Laure",6,"22sep2016"d,1500);
QUIT;
```

Le programme 9-69 ajoute trois nouvelles observations à la table EMPLOYE. Nous précisons après le nom de la table, entre parenthèses et séparées par des virgules, les colonnes que nous souhaitons peupler puis présentons autant de clauses VALUES que d'observations à ajouter. Les modalités doivent impérativement suivre l'ordre dans lequel vous avez cité vos colonnes. Ici aussi, les modalités des variables caractères sont à préciser entre quotes. Les modalités des variables numériques doivent avoir une forme qui ne nécessite pas l'utilisation d'un INFORMAT.

Vous remarquerez que les deux méthodes exposées sont relativement peu « souples » quand on les compare à une simple étape DATA.

Exercice 9.28 – Reprenez le programme 9-69 et demandez l'insertion des observations dans la table EMPLOYE4 créée par le programme 9-67. Que constatez-vous ?

La dernière méthode autorisée par INSERT INTO vous sera très certainement plus immédiatement utile. Nous mobilisons pour le programme 9-70 la table EMPLOYE2 de la bibliothèque JAZZ, qui contient les mêmes colonnes que la table EMPLOYE (résultat 9-40).

Résultat 9-40

nom	prenom	num	date_eng	salaire_m
Dubois	Laure	6	22SEP16	1500
Dufour	Paul	3	17OCT15	1500
Dubos	Cathy	7	19DEC15	1500
Dumas	Robert	8	07FEB16	1500
Duru	Sosthène	9	14MAY17	1500

Comme vous le constatez, certains salariés sont présents aussi bien dans EMPLOYE que dans EMPLOYE2. Pour éviter les doublons, seuls les salariés dont le numéro est strictement supérieur à 6 sont à ajouter à la table EMPLOYE.

Programme 9-70

```
PROC SQL;
   INSERT INTO employe
      SELECT * FROM jazz.employe2 WHERE num>6;
QUIT;
```

Au terme du programme 9-70, la table EMPLOYE compte maintenant 9 observations. Un message dans la fenêtre *Journal* vous indique combien d'observations ont été ajoutées à votre table :

```
NOTE: 3 rows were inserted into WORK.EMPLOYE.
```

Un message similaire est apparu dans votre fenêtre *Journal* à l'issue des programmes 9-68 et 9-69.

Une approche alternative peut être tentée : nous aurions en effet pu ajouter les observations uniquement si la variable NUM prenait, dans la table EMPLOYE2, une valeur absente des valeurs de NUM dans la table EMPLOYE. Le programme aurait alors été le suivant :

Programme 9-71

```
PROC SQL;
   INSERT INTO employe
   SELECT * FROM jazz.employe AS emp
      WHERE emp.num NOT IN (SELECT DISTINCT num FROM employe);
QUIT;
```

Une telle requête n'est pas possible. Vous observez en effet le message suivant dans votre fenêtre *Journal* :

```
WARNING: This DELETE/INSERT statement recursively references the target
         table. A consequence of this is a possible data integrity problem.
ERROR: You cannot rouvrir WORK.EMPLOYE.DATA for mise à jour access with
member-level control because WORK.EMPLOYE.DATA is in use by you dans
l'environnement de ressources SQL.
ERROR: PROC SQL could not undo this statement if an ERROR were to happen as
       it could not obtain exclusive access to the data set. This statement
       will not execute as the SQL option UNDO_POLICY=REQUIRED is in effect.
```

Le message, subtil mélange de français et d'anglais, est assez particulier...

L'ajout d'observations n'est pas réalisé : la table que vous souhaitez compléter est aussi citée dans la sous-requête de votre clause WHERE. Or, il est impossible de mettre à jour une table en utilisant une condition établie sur cette même table.

Cette erreur nous permet de présenter l'option UNDO_POLICY de PROC SQL. Elle contrôle la gestion des erreurs de mise à jour en cas d'INSERT ou d'UPDATE (voir section 9.8.3).

Par défaut, cette option a pour valeur REQUIRED. Avant l'exécution de la requête, PROC SQL estime s'il pourra, en cas d'erreur, annuler les insertions effectuées avant de rencontrer l'erreur. S'il estime que l'annulation risque de compromettre l'intégrité des données, il renvoie un message d'erreur et votre requête ne s'exécute pas. S'il estime qu'il saura annuler sans compromettre vos données, la requête est exécutée et, en cas d'erreur, toutes les insertions effectuées sont annulées.

Si vous donnez la valeur NONE à l'option UNDO_POLICY, les observations en erreur sont écartées, tandis que les autres sont insérées.

Si vous donnez la valeur OPTIONAL à l'option UNDO_POLICY, les insertions sont réalisées. En cas d'erreur, elles sont entièrement annulées si PROC SQL estime qu'il peut le faire sans compromettre les données. Dans le cas contraire, il ne les annule pas. Les observations qui génèrent les erreurs ne sont, bien entendu, pas insérées.

Exercice 9.29 – Avec le programme 9-55, nous avons mis à jour la table COMMANDES en lui ajoutant les commandes « oubliées » et présentes dans la table COMMANDES_R. Vous allez tenter de mettre une nouvelle fois à jour la table COMMANDES en modifiant le programme 9-55. Il faut d'abord reconstuire la table COMMANDES telle qu'elle était au départ :

Programme 9-72

```
PROC IMPORT OUT= jazz.commandes
            DATAFILE= "C:\intro_SAS\jazz\commandes.csv"
            DBMS=CSV REPLACE;
```

```
      GETNAMES=YES;
      DATAROW=2;
RUN;
```

1. *Au lieu de créer une table AJOUT, créez une vue (supprimez la table au préalable – voir section 9.8.6). Que constatez-vous ?*

2. *Dans l'instruction INSERT INTO, remplacez alors AJOUT par une vue en ligne qui, a priori, lui serait équivalente. Que constatez-vous ?*

Exercice 9.30 – Vous avez peut-être eu quelques difficultés avec l'exercice 9.27 ou 9.29. Reprenez ces exercices en testant les différentes valeurs de l'option UNDO_POLICY. Commentez votre résultat.

9.8.3 Modifier les valeurs prises dans une colonne

C'est grâce à l'instruction UPDATE que vous modifiez les valeurs prises par une colonne existante pour une ou plusieurs observations.

Deux types de modifications sont possibles : des modifications simples qui vont affecter l'ensemble des valeurs d'une colonne (ou un sous-ensemble) et des modifications liées au respect de conditions.

Voici deux modifications simples que nous allons appliquer à la table EMPLOYE :

* une augmentation de 100 euros de tous les salaires ;
* l'ajout du prénom de M. Dupuis, non renseigné dans la table EMPLOYE.

```
UPDATE   table à      SET colonne1=expression <,colonne2=expression>...< WHERE condition > ;
         modifier
```

Figure 9–35 Syntaxe de l'instruction UPDATE – modification simple

Afin de réaliser les deux modifications souhaitées, nous devons écrire deux instructions UPDATE.

Programme 9-73

```
PROC SQL;
   UPDATE employe
      SET salaire_m=salaire_m+100;
   UPDATE employe
      SET prenom='Pierre' WHERE nom='Dupuis';
QUIT;
```

Si vous tentez, avec l'instruction UPDATE suivante, d'effectuer les deux modifications au moyen d'une seule clause SET, l'augmentation de 100 euros ne sera accordée qu'à M. Dupuis :

```
   UPDATE employe
      SET salaire_m=salaire_m+100,
          prenom='Pierre' WHERE prenom is missing;
```

Les conditions spécifiées dans la clause WHERE s'appliquent en effet à l'ensemble des modifications listées par la clause SET.

En cas de modifications liées au respect de conditions, vous emploierez une expression CASE (voir section 9.2.2). Il est assez difficile de résumer la syntaxe dans ce cas au moyen d'une simple figure, aussi allons-nous simplement l'illustrer par un exemple.

L'augmentation de 100 euros accordée à l'ensemble des salariés n'a pas éteint leurs revendications : les dirigeants ont donc décidé d'accorder une nouvelle augmentation liée à l'ancienneté dans l'entreprise : 5 % pour les personnes arrivées en 2014, 3,5 % pour celles arrivées en 2015, 2 % pour celles arrivées en 2016 et rien pour celles arrivées en 2017.

Programme 9-74

```
PROC SQL;
   UPDATE employe
      SET salaire_m=salaire_m*
         CASE
            WHEN YEAR(date_eng) = 2014 THEN 1.05
            WHEN YEAR(date_eng) = 2015 THEN 1.035
            WHEN YEAR(date_eng) = 2016 THEN 1.02
            ELSE 1
         END;
QUIT;
```

Ce programme appelle plusieurs remarques. Tout d'abord, vous pourriez obtenir un résultat identique avec plusieurs instructions UPDATE dédiées aux modifications simples :

```
UPDATE employe SET salaire_m=salaire_m*1.05 WHERE YEAR(date_eng)=2014;
UPDATE employe SET salaire_m=salaire_m*1.035 WHERE YEAR(date_eng)=2015;
UPDATE employe SET salaire_m=salaire_m*1.02 WHERE YEAR(date_eng)=2017;
```

Cette programmation est notoirement inefficace puisque vous lisez trois fois la table EMPLOYE.

Lorsque nous avons évoqué l'expression CASE, nous avons attiré votre attention sur l'importance de préciser ELSE : si une observation n'est pas traitée par les différents WHEN, l'expression CASE renvoie une valeur manquante. Dans notre exemple, nous n'accordons pas d'augmentation aux personnes arrivées en 2017 mais, si vous omettez le ELSE, les salaires de ces personnes sont mis en valeur manquante.

Enfin, si le programme 9-74 fournit le résultat souhaité, il est possible d'en améliorer l'efficacité. En effet, l'expression YEAR(DATE_ENG) sera par exemple évaluée trois fois pour les personnes engagées en 2017. Le programme 9-75, parfaitement équivalent par son résultat, vous assure que cette expression ne sera évaluée qu'une seule fois par observation.

Programme 9-75

```
PROC SQL;
   UPDATE employe
      SET salaire_m=salaire_m*
         CASE YEAR(date_eng)
            WHEN 2014 THEN 1.05
            WHEN 2015 THEN 1.035
            WHEN 2016 THEN 1.02
            ELSE 1
         END;
QUIT;
```

Le message suivant dans la fenêtre *Journal* vous confirme la modification apportée à votre table :

```
NOTE: 9 rows were updated in WORK.EMPLOYE.
```

9.8.4 Supprimer des lignes

Pour supprimer des lignes d'une table, vous utiliserez l'instruction DELETE FROM.

Figure 9–36
L'instruction DELETE FROM

```
DELETE FROM  table à      < WHERE condition > ;
             modifier
```

La clause WHERE est optionnelle mais, en son absence, vous supprimerez toutes les lignes de votre table.

Le programme 9-76 supprime le salarié Dufour (il a démissionné).

Programme 9-76

```
PROC SQL;
   DELETE FROM employe WHERE nom='Dufour';
QUIT;
```

Le message suivant, issu de la fenêtre *Journal*, confirme la suppression de la ligne :

```
NOTE: 1 row was deleted from WORK.EMPLOYE.
```

9.8.5 Ajouter, supprimer et modifier les caractéristiques des colonnes

Pour ajouter, supprimer ou modifier les caractéristiques d'une colonne, vous devez mobiliser une instruction ALTER TABLE.

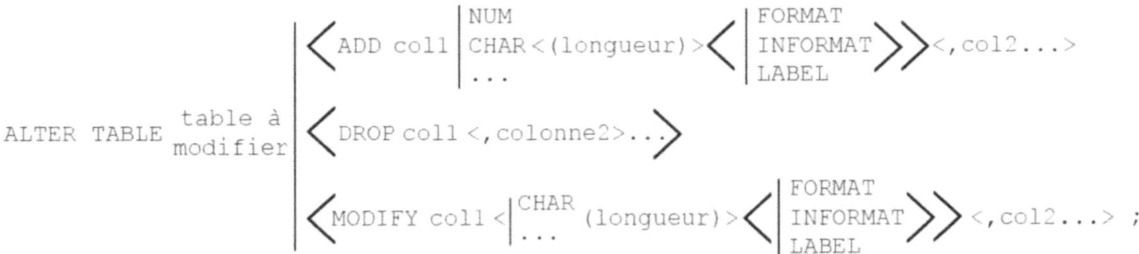

Figure 9–37 Syntaxe de l'instruction ALTER TABLE

Vous devez présenter au moins une des trois clauses ADD, DROP ou MODIFY.

ADD ajoute une colonne à votre table. Dans ce cas, vous devez en préciser les caractéristiques, comme vous le faites lorsque vous créez une table ex nihilo avec CREATE TABLE, sauf que les éléments de définition n'ont pas à être présentés entre parenthèses.

Si vous souhaitez supprimer des colonnes, vous devez les lister, séparées par des virgules, après la clause DROP.

La clause MODIFY permet de modifier les caractéristiques d'une variable :

- sa longueur (uniquement pour les variables caractères) ;
- l'information relative à l'INFORMAT ;
- son FORMAT ;
- son LABEL.

Il est impossible de renommer une variable avec ALTER TABLE, même en utilisant une option RENAME=. Cette option de table ainsi que DROP= et KEEP= ne sont pas autorisées après le nom de la table citée par ALTER TABLE.

Bien entendu, il est impossible de changer une variable numérique en variable caractère et inversement.

Programme 9-77

```
PROC SQL;
   ALTER TABLE employe
      ADD sexe NUM,
          anc NUM LABEL="Ancienneté (en mois révolus)"
      MODIFY salaire_m FORMAT=eurox10.2,
             prenom CHAR(10);
   UPDATE employe
      SET anc=INTCK("month",date_eng,'1jan2018'd,"c");
QUIT;
```

Dans cet exemple, nous ajoutons deux colonnes numériques à la table EMPLOYE (SEXE et ANC) et modifions le FORMAT associé à la variable SALAIRE_M ainsi que la longueur de la variable PRENOM.

Bien entendu, si vous créez une nouvelle colonne, sans instruction UPDATE, toutes les observations seront valeur manquante. Dans le même temps, vous ne pouvez pas citer une colonne dans une instruction UPDATE si elle n'a pas été au préalable créée via une instruction ALTER TABLE/ADD. Le résultat 9-41 vous présente la table obtenue à l'issue du programme 9-77.

Résultat 9-41

nom	prenom	numero	date_eng	Salaire mensuel	sexe	Ancienneté (en mois révolus)
Dupont	Jean	1	01JAN14	€3.255,00	.	48
Dupuis	Pierre	2	15MAR14	€1.680,00	.	45
Duroc	Sophie	4	12JAN16	€1.632,00	.	23
Duparc	Anne	5	15MAY16	€1.632,00	.	19
Dubois	Laure	6	22SEP16	€1.632,00	.	15
Dubos	Cathy	7	19DEC16	€1.632,00	.	12
Dumas	Robert	8	07FEB17	€1.600,00	.	10
Duru	Sosthène	9	14MAY17	€1.600,00	.	7

L'instruction ALTER TABLE sert aussi à gérer les contraintes d'intégrité. Pour ajouter une contrainte, vous utilisez ADD CONSTRAINT en mobilisant la syntaxe présentée à la figure 9-33.

Pour supprimer une contrainte d'intégrité, vous utilisez l'instruction DROP CONSTRAINT et listez, séparés par des virgules, les noms des contraintes concernées.

Exercice 9.31 – Nous avons décrit dans les sections 9.1.3 et 9.8.1 les statuts particuliers que devaient avoir les variables NUM et REF dans les tables CLIENT, COMMANDES et CATALOGUE de la bibliothèque JAZZ. Ajoutez dans ces tables les contraintes d'intégrité reflétant ces statuts particuliers. Supprimez ensuite ces contraintes ; vous découvrirez certainement qu'elles ne peuvent pas l'être dans n'importe quel ordre…

9.8.6 Supprimer une table

Pour supprimer une table, vous utiliserez l'instruction DROP TABLE.

Programme 9-78

```
PROC SQL;
   DROP TABLE employe;
QUIT;
```

Si plusieurs tables doivent être supprimées, vous les listerez séparées par des virgules. Pour supprimer une vue, utilisez une instruction DROP VIEW.

Pour aller plus loin avec la procédure PROC SQL, consultez ces trois ouvrages édités par SAS :

- LAFLER, Kirk, *PROC SQL : beyond the basics using SAS, second edition*, Cary, NC : SAS Institute Inc., 400 pages, ISBN# 978-1-62959-088-2, octobre 2013
- PRAIRIE, Katherine, *The essential PROC SQL handbook for SAS users*, Cary, NC : SAS Institute Inc., 588 pages, ISBN# 978-1-59047-571-3, mai 2005
- SCHREIER, Howard, *PROC SQL by example : using SQL within SAS*, Cary, NC : SAS Institute Inc., 296 pages, ISBN# 978-1-59994-297-1, septembre 2008

Les références suivantes vous aideront à comprendre les principes des requêtes PROC SQL sur des bases de données gérées par d'autres SGBDR :

- CAPOBIANCO, Frank, « Explicit SQL pass-through : is it still useful ? », *Proceedings of the SAS Global Forum Conference*, 2011, 105-2011
  http://support.sas.com/resources/papers/proceedings11/105-2011.pdf
- VRALSTAD, Svein Erik, « Need for speed ? Boost performance in data processing with SAS/Access interface to Oracle », *Proceedings of the SAS Global Forum Conference*, 2013, 081-2013
  http://support.sas.com/resources/papers/proceedings13/081-2013.pdf

Vous êtes également invité à consulter la section de l'aide SAS dédiée à *SAS/ACCESS(R) for Relational Databases*.

10

Programmer sous SAS avec le langage macro

Arrivé à cet avant-dernier chapitre, vous êtes maintenant un utilisateur expérimenté de SAS. Vous avez déjà rédigé de très nombreux programmes et avez remarqué que ceux-ci ont souvent des éléments de syntaxe en commun, qui se répètent. Il est donc temps de découvrir le langage macro, qui a pour principal objectif d'éviter ces répétitions en créant des programmes génériques applicables dans différents contextes.

Sans langage macro, lorsque vous avez un certain nombre de tâches identiques à effectuer sur de nombreuses tables, vous devez écrire votre programme une première fois, puis demander son exécution sur votre première table. Vous identifiez ensuite les éléments permanents de votre programme et ceux qui doivent être modifiés pour que celui-ci puisse s'appliquer à la table suivante. Vous copiez-collez votre programme, modifiez les éléments non permanents, puis réfléchissez à votre travail sur la troisième table.

Dans le dernier chapitre de cet ouvrage, nous présenterons un cas pratique mobilisant plus de 70 millions de données contenues dans plus de 3 900 fichiers TXT. Pensez-vous que la démarche décrite dans le précédent paragraphe est envisageable dans ce cas ? La réponse est non.

Il nous faudra mobiliser le langage macro parce que celui-ci offre notamment la possibilité de réaliser des tâches similaires avec des valeurs modulables pour certains éléments : options, noms de tables, de bibliothèques, de variables…

Ce chapitre se propose de vous initier au langage macro de SAS. Nous exposerons dans la section 10.1 les concepts du langage, puis consacrerons la section 10.2 aux macro-variables. Nous examinerons les liens entre macro-variables et langage SAS dans la section 10.3 et traiterons dans la section 10.4 des macro-fonctions. La section 10.5 vous proposera deux exemples. Le premier montre comment construire un rapport pré-paramétré au moyen du langage macro. Le second vous montre que le langage macro permet aussi d'importantes économies de ressources. Nous consacrerons la section 10.6 aux macro-programmes, puis verrons, dans la section 10.7, comment les conserver entre deux sessions SAS.

10.1 Les concepts du langage macro

Le langage macro doit être compris comme à part, différent du langage SAS étudié jusqu'à maintenant. Il s'intègre cependant dans des programmes fonctionnant avec les outils du langage SAS : le langage macro ne peut rien produire[1] s'il n'est pas associé à des étapes DATA ou à des PROC.

Ce langage fait appel à quatre éléments : les **macro-variables**, les **macro-fonctions**, les **macro-instructions** et les **macro-programmes**. Hormis les macro-variables, les noms de ces éléments commencent tous par le signe %.

Les **macro-fonctions** ont au moins un argument et renvoient un résultat :

```
%PUT %EVAL(2+2) ;
```

Dans cette instruction, %EVAL est une macro-fonction qui demande de considérer la chaîne de caractères 2+2 comme quelque chose à évaluer (cela fait 4). %PUT est une **macro-instruction** : elle ordonne la réalisation d'une tâche. Dans le cas présent, %PUT indique à SAS qu'il doit écrire ce qui suit dans la fenêtre *Journal*.

Il existe deux manières d'exploiter le langage macro : en code ouvert ou à l'intérieur d'un macro-programme. L'instruction %PUT %EVAL(2+2) peut être exécutée seule, en dehors de toute autre instruction : il s'agit d'une **programmation en code ouvert**.

Un macro-programme comprend deux phases : la phase de **compilation** et la phase d'**exécution**. Un macro-programme débute par une macro-instruction %MACRO et se termine par %MEND. Voici votre premier macro-programme :

---

1. Sauf des sorties dans votre fenêtre Journal.

```
%MACRO test;
%PUT %EVAL(2+2);
%MEND test;
```

Nous créons ici un macro-programme appelé TEST. Si vous soumettez ces trois lignes à SAS, vous constaterez qu'il ne se passe pas grand-chose dans votre fenêtre *Journal*. Le macro-programme a cependant été compilé ; vous l'exécuterez ensuite quand bon vous semblera, au moins pendant la durée de votre session SAS.

```
%test
%test %test
%test
```

Ces quatre demandes d'exécution conduiront à présenter quatre fois le résultat de 2+2 dans la fenêtre *Journal*.

Si vous êtes en code ouvert ou si vous rédigez un macro-programme, vos instructions doivent se terminer par un point-virgule[2]. Ce n'est en revanche pas nécessaire pour les demandes d'exécution d'un macro-programme.

Que ce soit dans les macro-programmes ou dans la programmation en code ouvert, vous aurez besoin de macro-instructions et de macro-fonctions qui auront généralement comme arguments des **macro-variables**. La valeur d'une macro-variable est stockée sous la forme d'une chaîne de caractères. Si vous appelez votre macro-variable, SAS vous renvoie la chaîne associée.

```
%LET TOTO=bonjour;
%PUT le texte stocké dans ma première macro-variable est &TOTO;
```

La macro-instruction %LET indique à SAS que le texte qui suit est le nom d'une macro-variable dont il trouvera, après le signe égal, la valeur à lui donner. %LET crée donc ici une macro-variable TOTO qui a pour valeur la chaîne de caractères bonjour. Pour appeler ensuite une macro-variable, vous utilisez le caractère &.

La seconde instruction affiche le texte suivant dans votre fenêtre *Journal* :

```
le texte stocké dans ma première macro-variable est bonjour
```

D'un point de vue physique, les macro-variables sont stockées, pendant la durée de votre session SAS, dans la table MACROS présente dans la bibliothèque DICTIONARY et consultable uniquement au moyen de PROC SQL (voir section 9.7.2). Cette table dictionnaire dispose bien entendu d'une vue SASHELP (voir section 5.1.2.b) : la vue VMACRO. Pour accéder au contenu de cette dernière afin de voir quelles valeurs sont associées aux macro-variables, avec SAS 9.4, ouvrez l'onglet *Explorateur*, BIBLIOTHEQUES, puis SASHELP et, enfin, VMACRO.

---

2. Il existe cependant des exceptions à cette règle.

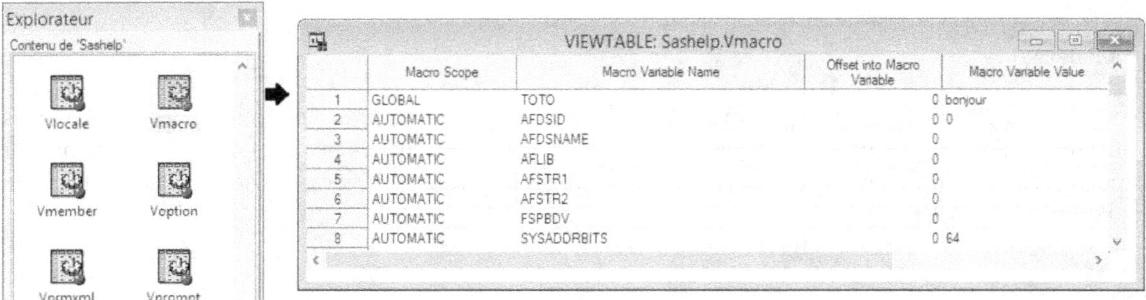

Figure 10–1 SAS 9.4 : vue VMACRO – Fenêtre VIEWTABLE

La première observation de VMACRO vous présente la macro-variable TOTO que nous venons de définir. Vous constatez également la présence de macro-variables automatiques, que nous examinerons dans la section 10.2.3.

Les macro-variables pourront servir à l'intérieur de la programmation SAS si elles ont été définies au préalable. Les résultats des programmes 10-1, 10-2 et 10-3 sont équivalents. Si le premier a uniquement recours à la programmation SAS, le deuxième utilise des macro-instructions en code ouvert et le troisième présente un macro-programme.

Programme 10-1	Programme 10-2	Programme 10-3

```
PROC PRINT DATA=test1;
   VAR x1 x2;
   WHERE annee=2014;
RUN;
```

```
%LET tab=test1;
%LET var=x1 x2;
%LET an=2014;

PROC PRINT DATA=&tab;
   VAR &var;
   WHERE annee=&an;
RUN;
```

```
%MACRO print(tab,var,an);
   PROC PRINT DATA=&tab;
      VAR &VAR;
      WHERE annee=&an;
   RUN;
%MEND print;

%print (test1,x1 x2,2014)
```

Il est très important de comprendre que SAS traite en priorité les éléments du langage macro. Prenons en exemple le programme 10-2 : les instructions de définition des macro-variables sont traitées par le compilateur de langage macro. Vient ensuite le PROC PRINT, qui contient à la fois du langage SAS et des appels à des macro-variables. Au cours de la phase de compilation de cette partie du programme, le compilateur de langage SAS et le compilateur de langage macro vont donc devoir interagir et la priorité sera donnée au compilateur de langage macro : les éléments macro sont résolus en premier et SAS remplace les appels aux macro-variables (&) par les valeurs stockées. Le programme finalement obtenu par le compilateur de langage SAS ne contient donc que des instructions du langage Base SAS. La figure 10-2, le programme et le résultat qu'il permet, doit vous aider à comprendre la priorité donnée au compilateur macro sur celui du langage SAS.

Le programme comprend trois étapes distinctes exécutées dans l'ordre indiqué à gauche de la figure 10-2.

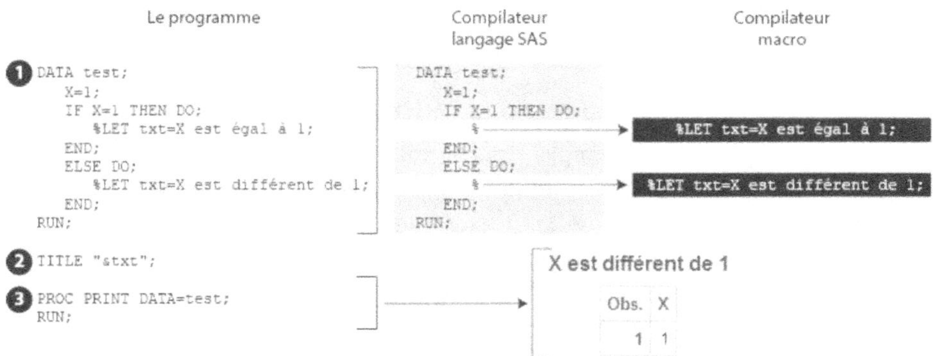

Figure 10–2 Compilateur de langage SAS et compilateur macro

Pour comprendre comment les choses se passent, nous devons approfondir ce que nous avons vu du fonctionnement de SAS dans la section 3.1, à savoir préciser la façon dont est compilé un programme. La section 3.1 vous a fait comprendre que les instructions qui composent un programme sont examinées les unes après les autres. Nous considérons ici le terme « instruction » au sens large : il désigne tout ce qui se trouve entre deux points-virgules. Un scanner lexical analyse chaque instruction pour la segmenter en *tokens* (ou jetons). Le compilateur (macro ou langage SAS) qui traitera l'instruction ou un élément de l'instruction est déterminé en fonction de la nature des tokens détectés, lesquels sont de quatre types :

- des chaînes de caractères entre quotes : `"abc" 'titre de ma sortie'` ;
- des nombres : `23 -12 8E3 '01APR14'd 56.7` ;
- des noms (variables, instructions, FORMAT, INFORMAT) : `VAR _N_ x2 NUMX7.2 PRINT` ;
- des caractères spéciaux : `* / + - ** ; $ ( ) . & %`.

SAS arrête la saisie d'un token lorsqu'il rencontre un espace, un caractère spécial, la quote fermante, etc. Lorsqu'il rencontre un point-virgule, SAS sait qu'il dispose d'une instruction : celle-ci est transformée en langage machine et stockée dans le compilateur approprié. SAS débute alors la segmentation *(tokenization)* de l'instruction suivante. Lorsque le scanner lexical détecte un appel à une nouvelle étape (PROC, DATA) ou RUN;, l'ensemble du programme qui précède, qui est transformé en langage machine dans le compilateur, est compilé. SAS passe ensuite à l'exécution du programme.

Les caractères spéciaux & et % indiquent des tokens qui doivent être dirigés vers le compilateur macro. Lorsqu'ils sont repérés, **SAS active immédiatement le compilateur macro** pour exécuter ces tâches ; ce qui se trouve dans le compilateur du langage SAS est stocké en attendant que le compilateur macro ait fini son traitement.

Soit par exemple l'instruction suivante :

```
%LET txt=X est égal à 1;
```

Comme elle commence par le signe %, elle est directement envoyée vers le compilateur macro : une macro-variable ayant pour valeur `X est égal à 1` est créée.

Soit l'instruction suivante :

```
TITLE "&txt";
```

TITLE est envoyé vers le compilateur de langage SAS, mais le caractère & indique que le compilateur macro doit être activé. TXT est alors remplacé par sa valeur, laquelle est envoyée dans le compilateur de langage SAS sous la forme d'une chaîne de caractères entre quotes, qui donnera à SAS le titre à présenter lors de la prochaine sortie.

Regardez de nouveau la figure 10-2. Vous comprenez à présent que la compilation de l'étape DATA va être interrompue deux fois. La colonne « Compilateur langage SAS » présente le programme qui va être réellement compilé. Il est parfaitement équivalent au programme suivant :

```
DATA test;
    X=1;
RUN;
```

Les instructions IF/THEN DO/ELSE DO n'ont strictement aucun effet et peuvent être résumées, aux yeux du compilateur de langage SAS, de la manière suivante : si X vaut 1, alors on ne fait rien ; si ce n'est pas le cas, alors on ne fait rien non plus.

Dans la colonne la plus à droite, nous observons les instructions traitées par le compilateur macro. Elles donnent chacune une valeur à la macro-variable TXT ; avant même la fin de la compilation du programme par le compilateur de langage SAS, la macro-variable TXT a déjà pour valeur X est différent de 1. La phase d'exécution du programme ne modifiera pas, parce qu'elle ne le peut pas, la valeur de cette macro-variable.

Apprendre le langage macro de SAS, ce n'est pas simplement assimiler quelques instructions supplémentaires, c'est aussi comprendre comment faire interagir deux langages distincts afin de mettre en place une programmation adaptée à ce que vous souhaitez obtenir.

10.2 Les macro-variables

L'objet de cette section est d'approfondir notre connaissance des macro-variables, notamment des règles qui permettent d'accéder à leurs valeurs, des différents types de macro-variables et des moyens dont vous disposez pour les effacer. Cette section ne traite que de concepts propres au macro-langage de SAS. Nous aborderons, dans la section 10.3, les outils de la programmation SAS qui font le lien entre le langage SAS et le langage macro.

10.2.1 Les principes des macro-variables

Les noms de vos macro-variables doivent impérativement commencer par une lettre ou par un tiret bas. N'importe quelle lettre ou chiffre peut suivre ce caractère. La casse n'a aucune importance (les noms toto ou TOTO sont parfaitement équivalents). La longueur maximale autorisée pour le nom d'une macro-variable est de 32 caractères.

Dans une macro-variable, vous stockez une chaîne de caractères (jusqu'à 65 534 depuis la version 9 de SAS) qui représente un nombre, une opération, une date, un mot voire plusieurs, un programme…

Cette chaîne peut contenir n'importe quels caractères. Certains, comme le signe %, la virgule, le point-virgule et l'apostrophe (ou une simple quote) risquent cependant de poser problème, comme nous le verrons dans la section 10.4.2. La casse du contenu est conservée (ainsi, la valeur toto n'est pas équivalente à ToTo). Exécutez maintenant le programme 10-4.

Programme 10-4	**Résultat 10-1 (fenêtre Journal)**

```
%LET x1=a;
%LET x1=     Jean    Dupont     ;
%LET x2="master 1 ESA";
%LET x3=15/04/2018;
%LET x4=2+2;

%PUT /&x1/ &x2 &x3 &x4;
```

```
15    %LET x1=a;
16    %LET x1=     Jean    Dupont     ;
17    %LET x2="master 1 ESA";
18    %LET x3=15/04/2018;
19    %LET x4=2+2;
20
21    %PUT /&x1/ &x2 &x3 &x4;
/Jean    Dupont/ "master 1 ESA" 15/04/2018 2+2
```

La longueur d'une macro-variable n'est pas fixée définitivement : si X1 vaut a dans un premier temps, la seconde instruction %LET en remplace la valeur sans aucune difficulté. Si vous utilisez l'instruction %LET, les espaces qui encadrent la valeur d'une macro-variable ne sont pas stockés dans celle-ci ; ceux présentés entre deux éléments de texte sont quant à eux conservés. Le guillemet est un caractère comme un autre, il est donc stocké dans la macro-variable[3]. 2+2 ne donnent pas 4 ; 15/04/2018 est stocké sous cette forme dans la macro-variable X3.

%PUT ne permet aucune mise en forme dans la fenêtre *Journal* : la barre oblique, comme tous les caractères, est renvoyée telle quelle. Si vous saisissez plusieurs espaces entre deux appels de macro-variables, la fenêtre *Journal* les affiche.

10.2.2 Accéder à la valeur d'une macro-variable

L'accès à la valeur d'une macro-variable obéit à six règles :

1 ¯ovariable fait ressortir la valeur stockée dans la macro-variable.

2 ¯ovariable. (veillez à noter le point) fait ressortir la valeur stockée dans la macro-variable.

Le signe & indique au compilateur macro que le nom de la macro-variable va commencer. Le point est optionnel : il précise à SAS que le nom de la macro-variable est terminé.

3 Si votre texte ne contient ni & ni % collé à un autre caractère, il est restitué tel quel par le compilateur macro :

```
%PUT bonjour &TOTO;
```

Dans la fenêtre *Journal*, l'instruction écrira le texte bonjour suivi de la valeur stockée dans la macro-variable TOTO.

---

3. Attention, dans notre cas, les guillemets ne posent pas de difficultés car ils apparaissent par paires. Vous rencontrerez des difficultés si vous tentez de saisir une chaîne de caractères contenant un nombre impair de guillemets (voir section 10.4.2).

4 Chaque groupe de && sera remplacé par un seul & dans la lecture suivante de l'expression.

```
%PUT bonjour &&TOTO;
```

donnera le même résultat que précédemment, mais la résolution de l'expression `&&TOTO` nécessitera deux passages par le compilateur macro : au premier, il y a transformation de `&&TOTO` en `&TOTO` et, au second, il y a résolution de `&TOTO` (nous en verrons l'intérêt ci-après).

5 Le compilateur macro fait autant de lectures que nécessaire pour éliminer tous les & dans l'expression qu'il doit traiter avant d'exécuter les macro-instructions.

6 Les expressions placées entre guillemets simples sont renvoyées telles quelles.

```
TITLE 'Bonjour &TOTO';
```

donnera comme titre à votre sortie : `Bonjour &TOTO` alors que :

```
TITLE "Bonjour &TOTO";
```

donnera comme titre à votre sortie : `Bonjour valeur de la macro-variable toto`

Prises isolément, ces règles ne semblent pas extraordinaires, mais en les combinant, vous obtiendrez des résultats intéressants (voire inattendus, si vous n'avez pas bien compris).

Programme 10-5	**Résultat 10-2**

```
%LET bibli=lib;
%LET nombase=test;
%LET nombase1=toto;
%LET num=1;
%LET a=b;
%LET b=c;
%LET c=d;
```

Si vous appelez	vous obtiendrez
&nombase	-> test
&nombase.	-> test
&nombase1	-> toto
&nombase.1	-> test1
&bibli&nombase	-> libtest
&bibli.&nombase	-> libtest
&bibli..&nombase	-> lib.test
&&nombase&num	-> toto

Le dernier exemple mérite une explication : lors d'un premier passage dans le compilateur macro, `&&NOMBASE&NUM` devient `&NOMBASE1`, puis le second passage donne le résultat `toto`.

Les macro-variables A, B et C vont nous aider à mieux comprendre la 4e règle :

Si vous appelez	vous obtiendrez
&a	-> b
&&&a	-> c
&&&&&&&a	-> d

Figure 10–3
Résolution par le compilateur
macro de &&&&&&&a

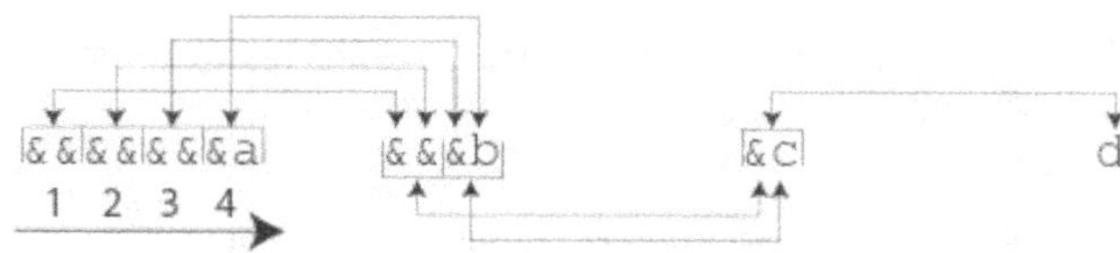

La résolution de l'expression &&&&&&&a impose trois passages par le compilateur macro. L'expression est lue de gauche à droite et chaque groupe de && est remplacé par un seul &. &a, puis &b et &c sont résolues et, in fine, vous obtenez la valeur d.

Ce dernier exemple vous aide à mieux comprendre les règles qui guident la résolution des macro-variables, mais vous aurez rarement besoin de plus de trois signes & consécutifs dans vos macro-programmes.

Activez l'option globale SYMBOLGEN pour visualiser comment le compilateur résout vos macro-variables (NOSYMBOLGEN par défaut) :

```
OPTIONS SYMBOLGEN;
```

Ensuite, demandez l'édition, dans la fenêtre *Journal*, des appels présentés pour voir comment le compilateur macro les résout.

Exercice 10.1 – Sans utiliser SAS, indiquez comment sont résolus les appels suivants : &&a &&&a &&&&a &&&&&a &&&&&&a &&&&&&&&a.

10.2.3 Les macro-variables automatiques

Il existe un certain nombre de macro-variables automatiques. De façon générale, pour connaître les noms et les valeurs de toutes les macro-variables à votre disposition, consultez la vue VMACRO de la bibliothèque SASHELP ou la table MACROS de la bibliothèque DICTIONARY.

Programme 10-6

```
PROC PRINT DATA=sashelp.vmacro LABEL;
   VAR scope name value;
RUN;
PROC SQL;
   SELECT scope,name,value
     FROM dictionary.macros;
QUIT;
```

Il est également possible de voir les valeurs prises par les macro-variables, ainsi que leur nom, en exécutant la commande suivante :

```
%PUT _ALL_;
```

Vous remarquerez que, avec cette dernière instruction, deux types de macro-variables apparaissent : les GLOBAL sont celles que vous avez créées, les AUTOMATIC sont créées par SAS.

Pour afficher uniquement les macro-variables créées :

```
%PUT _USER_;
%PUT _GLOBAL_;
```

Pour afficher uniquement les macro-variables automatiques :

```
%PUT _AUTOMATIC_;
```

Les macro-variables _USER_ sont de deux types : GLOBAL et LOCAL (voir section 10.6.3).

Les macro-variables automatiques se répartissent elles aussi en deux groupes : celles à valeurs fixes et celles susceptibles d'évoluer au cours d'une session SAS. Il existe une soixantaine de variables automatiques[4]. Nous en présentons quelques-unes dans le tableau 10-1.

Tableau 10–1 Quelques macro-variables automatiques

Nom de la macro-variable	Valeur
Valeur fixe	
SYSDATE	Date du jour où a commencé votre session SAS (DATE7.)
SYSDATE9	Date du jour où a commencé votre session SAS (DATE9.)
SYSDAY	Nom en toutes lettres et en anglais du jour où a commencé votre session SAS
SYSTIME	Heure d'ouverture de votre session SAS
SYSENV	FORE (exécution interactive) ou BACK (non interactive ou exécution batch)
SYSSCP	Environnement système (WIN, OpenVMS, HP 300…)
SYSVER	Version de SAS utilisée (…9.2, 9.3, 9.4…)
SYSVLONG	Version de SAS utilisée – référence complète avec date de la version (9.04.01M5P091317)
Valeur évolutive	
SYSLAST	Dernière table créée dans la forme BIBLIOTHEQUE.TABLE
SYSDSN	Dernière table créée dans la forme BIBLIOTHEQUE TABLE
SYSERR	Mise à jour après chaque étape DATA ou PROC exécutée : 0 si OK, 4 si WARNING dans la fenêtre _Journal_, 5 si message ERROR dans la fenêtre _Journal_
SYSWARNINGTEXT	Texte du dernier message d'avertissement (WARNING) envoyé dans la fenêtre _Journal_
SYSERRORTEXT	Texte du dernier message d'erreur (ERROR) envoyé dans la fenêtre _Journal_

Les macro-variables SYSERR, SYSWARNINGTEXT et SYSERRORTEXT vous seront particulièrement utiles en cas d'erreur car, en fonction des valeurs qu'elles prennent, vous pourrez arrêter votre programme à l'endroit exact du problème.

Dans la section 10.6.1, nous vous proposons un premier macro-programme très simple qui mobilisera la macro-variable automatique SYSLAST.

---

4. Les variables automatiques à votre disposition dépendent de votre installation du progiciel. Pour une liste complète, voir l'aide SAS, entrée _Automatic Macro Variables_.

Exercice 10.2 – Réalisez un PROC PRINT sur la table de votre choix. Rédigez auparavant des instructions globales TITLE ou FOOTNOTE affichant les informations suivantes : la date, le jour et l'heure de démarrage de votre session SAS, le système d'exploitation de votre ordinateur, le nom de la table produite avec sa bibliothèque, la version de SAS que vous utilisez.

10.2.4 Supprimer des macro-variables

La suppression des macro-variables se fait au moyen de %SYMDEL. Vous ne pouvez effacer que les macro-variables que vous avez définies (_USER_).

```
%SYMDEL macrovariable1 macrovariable2…;
```

Les instructions suivantes ne sont pas autorisées puisque les listes de macro-variables **n'existent pas** :

```
%SYMDEL _ALL_;
%SYMDEL MV1-MV9;
%SYMDEL MV:;
```

Le macro-programme[5] suivant supprime toutes les macro-variables construites :

Programme 10-7

```
%MACRO delmac;
    DATA macs;
        SET sashelp.vmacro;
    RUN;
    DATA _NULL_;
        SET macs;
        IF scope='GLOBAL' THEN CALL EXECUTE('%SYMDEL '||TRIM(LEFT(name))||';');
    RUN;
%MEND;
%delmac
```

Ce macro-programme appelé DELMAC, dont nous nous servirons régulièrement dans la suite de ce chapitre, demande la création d'une table MACS, copie de la vue VMACRO, qui contient des détails sur l'ensemble des macro-variables à votre disposition.

Sur cette table, nous indiquons que, pour les macro-variables de type GLOBAL, nous souhaitons exécuter la commande suivante :

```
CALL EXECUTE('%SYMDEL '||TRIM(LEFT(name))||';')
```

CALL EXECUTE est une routine qui permet de profiter des outils du langage macro à l'intérieur d'une étape DATA[6]. Ici, lorsque la macro-variable est globale, SAS en prend le nom, l'aligne à gauche (LEFT) et efface les espaces qui pourraient apparaître à droite (TRIM) : nous réalisons donc une

---

5. Ce macro-programme est présenté dans diverses documentations et lettres d'information SAS.
6. Nous ne développerons pas cette routine dans le présent ouvrage. Voir section 3.2.4 pour une présentation générale des routines.

concaténation pour former la chaîne `%SYMDEL MV;`. CALL EXECUTE permet donc que cette instruction appartenant au langage macro soit exécutée au sein de votre étape DATA. Ce fonctionnement est nécessaire puisque les informations utiles au langage macro se trouvent dans une table dont la manipulation est régie par le langage SAS.

10.3 Macro-variables et langage SAS

Jusqu'à présent, nous avons construit des macro-variables avec %LET, ce qui nous contraint à écrire dans notre éditeur à la fois leur nom et leur valeur. Nous allons voir dans cette section qu'il est possible de leur donner des valeurs correspondant à des modalités de variables présentes dans des tables SAS. Pour ce faire, vous avez, d'une part, deux routines du langage SAS (CALL SYMPUT et CALL SYMPUTX, voir section 10.3.1) et, d'autre part, PROC SQL (voir section 10.3.2). Les outils présentés dans la section 10.3.3 serviront à parcourir le chemin inverse, en donnant des modalités à des variables à partir de valeurs stockées dans des macro-variables.

10.3.1 Les routines CALL SYMPUT et CALL SYMPUTX

Dans le langage SAS, c'est au moyen de **routines** que, partant d'une étape DATA, vous allez vers les macro-variables : CALL SYMDEL efface des macro-variables, CALL EXECUTE exécute des macro-programmes ou des macro-instructions, CALL SYMPUT et CALL SYMPUTX créent des macro-variables auxquelles vous affectez des valeurs qui sont, pour le moment, modalités d'une variable présente dans une table SAS.

Il y a trois façons différentes d'utiliser CALL SYMPUT et CALL SYMPUTX. Dans la version la plus simple, vous affectez à une macro-variable la valeur prise par une variable de votre table.

```
CALL SYMPUTX ("nom de la MV", valeur de la MV);
```

Le nom de la macro-variable doit impérativement apparaître entre quotes (simples ou doubles).

Le second argument de cette instruction peut être :
- une valeur : `CALL SYMPUTX("test",4);`
- une variable : `CALL SYMPUTX ("test",X);`
- une transformation de votre variable (ou de vos variables) :
  `CALL SYMPUTX("test",X*RANNOR(234)).`

Le programme 10-8 construit la table ETUMAC, utilisée dans cette section, et vous propose une première application[7]:

---

7. Dans de nombreux programmes de ce chapitre, nous demanderons l'exécution préalable du macro-programme DELMAC (voir programme 10-7) afin que seules les macro-variables créées par les programmes étudiés soient présentées dans la fenêtre Journal à l'issue de l'instruction `%PUT _USER_`.

Programme 10-8

```
DATA etumac;
INPUT prenom $ note1 note2 note3;
CARDS;
Max     10 11 12
Mélanie 11 14 17
Berthe   6  8 10
Haroun  17 13 11
Musa    13 12 11
;
%delmac
DATA _NULL_;
   SET etumac;
   CALL SYMPUT ("MV1",prenom);
   CALL SYMPUT ("MV2",note1);
   CALL SYMPUTX ("MV3",prenom);
   CALL SYMPUTX ("MV4",note1);
   CALL SYMPUTX ("MV5",MEAN(OF note:));
   IF prenom='Haroun' THEN
      CALL SYMPUTX ("MV6",MEAN(OF note:));
RUN;
%PUT _USER_;
%PUT [&MV1];
%PUT [&MV1.&MV2];
%PUT [&MV3.&MV4];
```

Résultat 10-3 (fenêtre Journal)

```
2156   %PUT _USER_;
GLOBAL MV1 Musa
GLOBAL MV2                13
GLOBAL MV3 Musa
GLOBAL MV4 13
GLOBAL MV5 12
GLOBAL MV6 13.666666667
2157   %PUT [&MV1];
[Musa    ]
2158   %PUT [&MV1.&MV2];
[Musa               13]
2159   %PUT [&MV3.&MV4];
[Musa13]
```

Après la phase de création de la table, le programme 10-8 utilise une instruction DATA _NULL_ puisque nous n'apportons aucune modification à la table ETUMAC et que nous souhaitons utiliser une instruction appartenant à l'étape DATA pour peupler des macro-variables.

Le résultat 10-3 vous indique déjà que, lors d'une utilisation non conditionnée, **c'est la dernière observation** de la table ETUMAC qui voit ses modalités reprises en valeurs des macro-variables créées ; en effet, SAS a appliqué votre instruction à toutes les observations, les unes après les autres. MV1 et MV3 ont donc pour valeur MUSA ; MV2 et MV4 ont pour valeur 13.

Vous pouvez bien entendu demander une application conditionnée de CALL SYMPUT ou CALL SYMPUTX : MV6 contient la moyenne des notes obtenues par Haroun. Cette dernière est calculée par la fonction MEAN, en second argument de CALL SYMPUTX.

Après l'instruction %PUT _USER_, nous présentons trois macro-instructions %PUT dans lesquelles nous plaçons, entre crochets, les appels aux macro-variables, ce qui montre les différences entre CALL SYMPUT et CALL SYMPUTX. Vous comprendrez ainsi également que des modalités de variables, pour devenir valeurs de macro-variables, **doivent être converties**.

Cette conversion au moyen de CALL SYMPUT conduit à placer la valeur Musa à gauche d'un champ de huit caractères, 8 étant la longueur de la variable caractère X dans la table ETUMAC. En ce qui concerne les modalités numériques, la conversion passe par l'application d'un FORMAT BEST12. La valeur 13 va alors être alignée à droite d'un champ de 12 caractères.

La conversion effectuée par CALL SYMPUT soulève parfois des difficultés si vous devez utiliser les valeurs de vos macro-variables dans un titre ou combiner les deux macro-variables construites ainsi pour obtenir la valeur Musa13, comme vous le montre le résultat ci-après :

```
[&MV1.&MV2];
[Musa           13]
```

La routine CALL SYMPUTX peut alors être mobilisée : en effet, elle demande, en plus des conversions de modalités de variables en valeurs de macro-variables, la suppression des espaces à droite et à gauche.

Cependant, que ce soit avec l'une ou l'autre routine, les modalités numériques d'une variable SAS transformées en valeurs de macro-variables ne pourront pas être présentées sur plus de 12 caractères[8].

Si le premier argument de CALL SYMPUT ou CALL SYMPUTX est une chaîne de caractères entre quotes, il ne sera possible de créer qu'une seule macro-variable. En spécifiant autrement ce premier argument, vous avez cependant la possibilité d'en créer plusieurs.

Le programme 10-9 présente la deuxième utilisation possible de CALL SYMPUT et CALL SYMPUTX.

Programme 10-9

```
%delmac
DATA _NULL_;
   SET etumac;
   CALL SYMPUTX(COMPRESS("etu"!!_N_),prenom);
RUN;
```

L'instruction crée ici autant de macro-variables qu'il existe d'observations dans la table de départ. ETU1 aura pour valeur Max, ETU2, Mélanie, etc. La fonction COMPRESS retire les espaces qui apparaissent au moment de la concaténation de la chaîne de caractères etu avec _N_, variable automatique numérique.

En second argument, vous précisez une nouvelle fois des valeurs, des variables ou des transformations de variables présentes dans votre table.

Programme 10-10	**Résultat 10-4 (fenêtre Journal)**

<pre>%delmac
DATA _NULL_;
   SET etumac END=last;
   CALL SYMPUTX(COMPRESS("etu"||_N_),MEAN(OF note:));
   IF LAST THEN CALL SYMPUTX("nvar",_n_);
RUN;
%PUT _USER_;</pre>
	<pre>57 %PUT _USER_;
	GLOBAL ETU1 11
	GLOBAL ETU2 14
	GLOBAL ETU3 8
	GLOBAL ETU4 13.666666667
	GLOBAL ETU5 12
	GLOBAL NVAR 5</pre>

Le programme 10-10 crée cinq macro-variables, ETU1 à ETU5, qui ont pour valeur les moyennes de chaque étudiant. Vous aurez très souvent besoin de connaître le nombre de macro-variables créées avec ce type de programmation. Nous mobilisons l'option END= de l'instruction SET pour stocker ce

---

8. Si votre chiffre est « trop grand », le FORMAT BEST12. demande la présentation de la modalité en notation scientifique.

nombre dans une macro-variable NVAR au moyen d'un nouveau CALL SYMPUTX, uniquement exécuté sur la dernière observation de la table.

En premier argument de CALL SYMPUT et CALL SYMPUTX, vous pouvez aussi donner le nom d'une variable présente dans votre table SAS. Il s'agit là de la troisième utilisation possible de ces routines. La structure de votre instruction sera alors la suivante : CALL SYMPUTX(VAR1,VAR2).

Programme 10-11	Résultat 10-5 (fenêtre Journal)

```
%delmac
DATA _NULL_;
    SET etumac;
    CALL SYMPUTX(prenom,MEAN(OF note:));
RUN;
%PUT _USER_;
```

```
65    %PUT _USER_;
GLOBAL BERTHE 8
GLOBAL HAROUN 13.666666667
GLOBAL MAX 11
GLOBAL MUSA 12
GLOBAL MÉLANIE 14
```

Le programme 10-11 crée cinq macro-variables avec pour noms les modalités de PRENOM et pour valeurs les moyennes respectives de chacun des étudiants.

Ce type de programmation crée autant de macro-variables qu'il existe de modalités à la variable PRENOM. Le premier argument de la routine **doit être une variable caractère** et ses modalités doivent commencer par une lettre ou un tiret bas, puisqu'elles vont devenir des noms de macro-variables.

Nous vous recommandons d'utiliser ici CALL SYMPUTX plutôt que CALL SYMPUT : si le premier argument de la routine est une variable présente dans une table SAS, CALL SYMPUTX, en plus des transformations indiquées précédemment, supprime aussi les espaces à gauche et à droite des modalités de cette variable. Ce n'est pas le cas de CALL SYMPUT qui, si la modalité de la variable caractère contient des espaces à gauche, ne crée pas vos macro-variables et renvoie le message suivant dans le journal :

```
ERROR: Symbolic variable name     A must begin with a letter or underscore.
```

Exercice 10.3 – À partir des données de la table ETUMAC, créez deux macro-variables donnant le nom des étudiants qui présentent les modalités de NOTE1 la plus élevée et la plus faible ; deux autres macro-variables devront reprendre ces notes. Vous allez certainement avoir besoin des options MAXID et MINID de l'instruction OUTPUT de PROC MEANS…

10.3.2 La création de macro-variables avec PROC SQL

PROC SQL, traité dans le chapitre 9, permet aussi de donner des valeurs à une macro-variable ou à un ensemble de macro-variables. Les possibilités offertes sont particulièrement intéressantes.

Le programme 10-12 crée sept macro-variables. Nous mobilisons l'option NOPRINT de PROC SQL pour que les rapports demandés par l'instruction SELECT ne soient pas produits.

Programme 10-12

```
%delmac
PROC SQL NOPRINT;
   SELECT note1                     INTO :mv1              FROM etumac;
   SELECT prenom, note1             INTO :mv2              FROM etumac;
   SELECT prenom, note1             INTO :mv3,:mv4,:mv5    FROM etumac;
   SELECT MEAN(note1),MEAN(note2) INTO :mv6,:mv7 TRIMMED FROM etumac;
QUIT;
%PUT [&mv1] [&mv2] [&mv3] [&mv4] [&mv5] [&mv6] [&mv7];
```

Résultat 10-6[9] (fenêtre Journal)

```
WARNING: Apparent symbolic reference MV5 not resolved.
76 %PUT [&mv1]     [&mv2]     [&mv3]     [&mv4] [&mv5]    [&mv6] [&mv7];
   [      10] [Max      ] [Max      ] [      10] [&mv5] [   11.4] [11.6]
```

La création de macro-variables par PROC SQL s'effectue au moyen de la clause INTO, à placer immédiatement après SELECT. À la suite d'INTO, vous devez indiquer les noms des macro-variables à créer, précédés de « : » et séparés par des virgules.

C'est votre instruction SELECT, comprenant toutes ses clauses (FROM, WHERE, GROUP BY, HAVING, ORDER BY), qui détermine ce qui devra être placé dans les macro-variables dont les noms sont indiqués après la clause INTO.

```
SELECT note1 INTO :mv1 FROM etumac;
```

Si le résultat de votre requête comprend plusieurs lignes, c'est ce que vous observerez sur **la première ligne** qui sera stocké dans la macro-variable. MV1 vaut 10 : il s'agit de la valeur de NOTE1 pour la première ligne de la table (Max).

```
SELECT prenom, note1 INTO :mv2 FROM etumac;
```

Si vous créez moins de macro-variables qu'il n'y a de colonnes dans votre résultat, vous observerez le message suivant dans votre journal :

```
WARNING: INTO clause specifies fewer host variables than columns listed in
         the SELECT clause.
```

La macro-variable MV2 est tout de même créée et a pour valeur Max, soit celle de PRENOM pour la première ligne de la table.

```
SELECT prenom, note1 INTO :mv3,:mv4,:mv5 FROM etumac;
```

---

9. Ce résultat ainsi que le 10-7 et le 10-8 ont été mis en forme pour vous en faciliter la lecture.

Si, a contrario, vous demandez plus de macro-variables que le nombre de colonnes spécifié par SELECT, celles en trop ne sont pas construites et vous lisez le message suivant dans le journal :

```
WARNING: INTO clause specifies more host variables than columns listed in
         the SELECT clause.  Surplus host variables will not be set.
```

Comme l'indique ce message, et comme vous le confirme le résultat 10-6, la macro-variable MV5 n'a pas été créée, mais les autres l'ont été : MV3 a pour valeur Max et MV4 10 (valeur de NOTE1 pour la première ligne de la table).

```
SELECT MEAN(note1),MEAN(note2) INTO :mv6,:mv7 TRIMMED FROM etumac;
```

Les macro-variables MV6 et MV7 contiennent ainsi les moyennes de NOTE1 et NOTE2, soit respectivement 11.4 et 11.6.

Le résultat 10-6 montre aussi que les valeurs des macro-variables créées contiennent des espaces. Si vous devez construire des macro-variables avec cette syntaxe et si vous souhaitez retirer ces espaces, ajoutez le mot-clé TRIMMED[10]. Son action ne s'applique ici qu'à la dernière macro-variable créée. Voici la clause INTO à utiliser si vous souhaitez le même résultat sur MV6 :

```
INTO :mv6 TRIMMED,:mv7 TRIMMED
```

Plutôt que de placer dans des macro-variables ce que vous observez sur une ligne de votre résultat, vous pourriez souhaiter y placer ce que vous observez dans **une colonne**. Comme vous le montre le programme 10-13, c'est tout à fait possible :

Programme 10-13

```
%delmac
PROC SQL NOPRINT;
   SELECT note1 INTO :mv1-:mv5 FROM etumac;
   SELECT note2 INTO :mvv1-:mvv999999999 FROM etumac;
   %LET sauve=&sqlobs;
   SELECT prenom, MEAN(note1,note2,note3) INTO :p1-:p4 ,:mg1-:mg4 FROM etumac;
QUIT;

%PUT [&mv1] [&mv2] [&mv3] [&mv4] [&mv5];
%PUT [&mvv1] [&mvv2] [&mvv3] [&mvv4] [&mvv5] [&mvv6];
%PUT voici la valeur de la macro-variable SAUVE : &sauve;
%PUT La valeur stockée dans la macro-variable SQLOBS est : &SQLOBS;
%PUT &p1 a obtenu une moyenne de [&mg1];
%PUT &p4 a obtenu une moyenne de [&mg4];
```

Résultat 10-7 (fenêtre Journal)

```
90    %PUT [&mv1] [&mv2] [&mv3] [&mv4] [&mv5];
            [10]    [11]    [6]    [17]    [13]
```

10. Uniquement avec SAS 9.3 et versions ultérieures.

```
91    %PUT [&mvv1] [&mvv2] [&mvv3] [&mvv4] [&mvv5] [&mvv6];
WARNING: Apparent symbolic reference MVV6 not resolved.
            [11]     [14]      [8]      [13]     [12] [&mvv6]

92    %PUT voici la valeur de la macro-variable SAUVE : &sauve;
voici la valeur de la macro-variable SAUVE : 5

93    %PUT La valeur stockée dans la macro-variable SQLOBS est : &SQLOBS;
La valeur stockée dans la macro-variable SQLOBS est : 4

94    %PUT &p1 a obtenu une moyenne de [&mg1];
Max a obtenu une moyenne de [11]

95    %PUT &p4 a obtenu une moyenne de [&mg4];
Haroun a obtenu une moyenne de [13.66667]
```

Pour placer les valeurs prises par une colonne dans une série de macro-variables, vous utiliserez la syntaxe suivante pour la clause INTO :

```
INTO :mv1-:mv5
```

La syntaxe doit vous faire penser à des listes de variables, mais n'en tirez pas de conclusions hâtives : les listes de macro-variables n'existent pas, seule la programmation SQL autorise ce type de syntaxe. À la lecture du résultat 10-7, vous constatez que les modalités de NOTE1 sont bien à présent valeurs des macro-variables MV1 à MV5.

Ce type de programmation supprime les espaces à droite ou à gauche dans les valeurs des macro-variables. Le résultat est donc parfaitement identique à celui qu'on aurait pu obtenir au moyen d'une étape DATA mobilisant CALL SYMPUTX de la manière suivante :

```
CALL SYMPUTX(COMPRESS('mv'||_N_),note1);
```

Pour conserver les espaces, utilisez le mot-clé NOTRIM :

```
INTO :mv1-:mv5 NOTRIM
```

Dans certaines circonstances, vous rencontrerez des difficultés pour préciser le nombre de macro-variables à créer. Comme indiqué à la suite du programme 10-12, ce n'est pas bien grave puisque les macro-variables surnuméraires ne sont en fait pas construites. La clause INTO suivante est donc parfaitement valide :

```
INTO :mvv1-:mvv999999999
```

Elle ne retourne même aucun avertissement dans la fenêtre *Journal*. Lorsque vous spécifiez « trop » de macro-variables, vous connaîtrez leur véritable nombre avec la valeur de macro-variable automatique SQLOBS. Attention : cette macro-variable, qui mesure généralement le nombre de lignes requêtées par l'instruction SELECT, est actualisée à chaque requête SQL[11]. Nous « sauvons » ce nombre de macro-variables créées au moyen de la macro-instruction suivante :

```
%LET sauve=&sqlobs;
```

Vous devez ici comprendre que les macro-variables créées par une requête SQL sont mobilisables sitôt après l'exécution de cette dernière. Dans le résultat 10-7, vous constatez que nous faisons appel, une nouvelle fois, à la macro-variable SQLOBS. Celle-ci a pour valeur 4, soit le nombre de macro-variables créées par la **dernière instruction SELECT**.

Enfin, cette dernière instruction SELECT montre comment créer plusieurs séries de macro-variables. La clause INTO devient la suivante :

```
INTO :p1-:p4 ,:mg1-:mg4
```

Une valeur numérique doit faire l'objet d'**une conversion** avant d'être placée dans une macro-variable. Dans la section 10.3.1, nous avons précisé que, dans une étape DATA, cette conversion s'effectue au moyen du FORMAT BEST12.. Dans PROC SQL, c'est le FORMAT BEST8. qui s'en charge. Il est important de bien comprendre cette notion de conversion : n'oubliez pas qu'une macro-variable contient une chaîne de caractères et que, avec PROC SQL, une valeur numérique ne pourra jamais être présentée dans une macro-variable avec plus de huit caractères (ce qui posera forcément des difficultés si vous mobilisez des valeurs de macro-variables dans des calculs qui demandent un minimum de précision).

Vous pouvez mobiliser PROC SQL pour construire un dernier type de macro-variable, par exemple si vous souhaitez enregistrer les valeurs de PRENOM non pas dans une série, mais dans une macro-variable unique.

Programme 10-14

```
PROC SQL NOPRINT;
    SELECT prenom        INTO :liste1        SEPARATED BY ' '   FROM etumac;
    SELECT prenom        INTO :liste2        SEPARATED BY ' , ' FROM etumac;
    SELECT prenom, note1 INTO :liste3,:listen1 SEPARATED BY ' , ' FROM etumac;
    SELECT prenom, note1 INTO :liste4        SEPARATED BY ' , ' ,
                              :listen2        SEPARATED BY ' , ' FROM etumac;
QUIT;
%PUT &liste1;
%PUT &liste2;
%PUT &liste3;
%PUT &listen1;
%PUT &liste4;
%PUT &listen2;
```

Résultat 10-8 (fenêtre Journal)

```
54    %PUT &liste1;
      Max Mélanie Berthe Haroun Musa
```

11. Pour plus de renseignements sur la macro-variable automatique SQLOBS, consultez l'aide SAS, entrée *SQLOBS Macro Variable*.

```
55   %PUT &liste2;
         Max , Mélanie , Berthe , Haroun , Musa
56   %PUT &liste3;
         Max
57   %PUT &listen1;
         10 , 11 , 6 , 17 , 13
58   %PUT &liste4;
         Max , Mélanie , Berthe , Haroun , Musa
59   %PUT &listen2;
         10 , 11 , 6 , 17 , 13
```

C'est l'ajout de SEPARATED BY suivi d'un séparateur précisé entre quotes qui permet la création de ce type de macro-variable. Le séparateur peut être un simple espace (' ') ou une chaîne de caractères (' , ').

Si vous souhaitez créer deux listes au moyen d'une unique requête, la clause INTO suivante n'est pas correcte :

```
INTO :liste3,:listen1 SEPARATED BY ' , '
```

Vous retrouvez dans LISTE3 la valeur de PRENOM pour la première ligne. Pour obtenir le résultat souhaité, votre clause INTO doit avoir la forme suivante :

```
INTO :liste4 SEPARATED BY ' , ' , :listen2 SEPARATED BY ' , '
```

Lorsque vous construisez des macro-variables de ce type, les espaces à droite et à gauche des valeurs sont retirés. Utilisez le mot-clé NOTRIM pour les conserver.

Exercice 10.4 – À partir des données de la table ETUMAC, créez deux macro-variables donnant le nom des personnes qui ont respectivement la meilleure et la plus mauvaise NOTE1. Deux autres macro-variables devront reprendre ces notes. Cet exercice doit vous rappeler quelque chose…

Exercice 10.5 – Avec PROC SQL, vous pouvez placer, dans une macro-variable unique, les valeurs d'une colonne séparées par des virgules (voir la macro-variable LISTE2). Obtenez le même résultat avec une étape DATA.

Exercice 10.6 – Les macro-variables LISTE2 et LISTE4 présentent les modalités de la variable PRENOM séparées par des virgules. Créez une macro-variable LISTEQ dans laquelle les prénoms seront placés entre quotes et séparés par des virgules. Vous devez obtenir le résultat suivant :

```
"Max", "Mélanie", "Berthe", "Haroun", "Musa"
```

10.3.3 Utiliser vos macro-variables dans une étape DATA

La section précédente vous a montré comment transformer, au moyen de **routines** ou de PROC SQL, une modalité de variable présente dans une table SAS en valeur d'une macro-variable. Cette section vous montre comment réaliser l'inverse et, principalement, comment utiliser des valeurs de macro-variables pour qu'elles deviennent modalités de variables présentes dans une table SAS. Cette démarche s'effectue grâce à des **fonctions**. Le langage SAS présente six fonctions qui admettent en argument le nom d'une macro-variable, dont RESOLVE, SYMGET et SYMGETN, objets de la présente section[12].

---

12. Les trois autres fonctions sont SYMEXIST, SYMGLOBAL et SYMLOCAL. Elles vérifient respectivement si une macro-variable existe quel que soit le niveau (SYMEXIST), au niveau global (SYMGLOBAL) ou au niveau local (SYMLOCAL). Nous ne les développerons pas dans le présent ouvrage.

De façon générale, si une macro-variable a été définie **avant l'étape DATA,** vous pouvez vous en servir dans cette dernière.

Programme 10-15	Programme 10-16	Résultat 10-9

Programme 10-15

```
%LET mv=x1;
DATA test;
   &mv=5;
   x2=&mv*2;
   x3="&mv";
RUN;
```

Programme 10-16

```
DATA test;
   x1=5;
   x2=x1*2;
   x3="x1";
RUN;
```

Résultat 10-9

Obs.	x1	x2	x3
1	5	10	x1

Nous vous rappelons que, lorsque vous soumettez le programme 10-15, au cours de la phase de compilation, les références macro sont traitées en priorité sur le langage SAS et que, par conséquent, le code compilé est en fait le programme 10-16. Une même valeur de macro-variable (en l'occurrence X1), puisqu'il ne s'agit que de texte, peut devenir nom d'une variable à créer, nom d'une variable servant à la construction d'une autre, ou modalité d'une variable caractère si l'appel à la macro-variable est présenté entre quotes doubles.

Nous avons vu que CALL SYMPUT et CALL SYMPUTX construisent des macro-variables à l'intérieur d'une étape DATA. Attention : dans ce cas, ces dernières ne peuvent être utilisées qu'après le RUN.

Programme 10-17

```
DATA etumac2;
   SET etumac;
   CALL SYMPUTX(COMPRESS("etu"!!_N_),prenom);
   etu1="&etu1";
RUN;
```

Si vous exécutez le programme 10-17, vous obtiendrez le message suivant[13] dans votre journal et la variable ETU1 aura `&etu1` pour modalité, quelle que soit l'observation :

```
73    DATA etumac2;
74       SET etumac;
75       CALL SYMPUTX(COMPRESS("etu"!!_N_),prenom);
76       etu1="&etu1";
WARNING: Apparent symbolic reference ETU1 not resolved.
77    RUN;
```

Vous obtenez ce résultat parce que SAS tente, au cours de la phase de compilation, de trouver la valeur d'une macro-variable qui ne sera définie que lors de la phase d'exécution du programme.

Pour utiliser la valeur captée dans la macro-variable au sein de la même étape DATA, vous devez au préalable passer par la fonction RESOLVE. Cette fonction demande à SAS de résoudre l'appel à la macro-variable non pas lors de la compilation mais lors de l'exécution. Attention cependant : vous êtes toujours dans une étape DATA et il est impossible d'obtenir, pour la première observation, en modalité d'une variable, le texte stocké dans une macro-variable définie sur une observation traitée ensuite dans le PDV.

---

13. Si vous n'obtenez pas ce message et si le programme semble avoir été exécuté correctement, c'est que vous n'avez pas demandé l'exécution du macro-programme DELMAC (programme 10-7) et que la macro-variable ETU1 a été définie avant l'exécution du programme 10-17.

Programme 10-18

```
%delmac
DATA etumac2;
    SET etumac;
    CALL SYMPUT(COMPRESS("etu"||_N_),prenom);
    etu1=RESOLVE('&etu1');
    etu4=RESOLVE('&etu4');
RUN;
```

Résultat 10-10

Obs.	prenom	note1	note2	note3	etu1	etu4
1	Max	10	11	12	Max	&etu4
2	Mélanie	11	14	17	Max	&etu4
3	Berthe	6	8	10	Max	&etu4
4	Haroun	17	13	11	Max	Haroun
5	Musa	13	12	11	Max	Haroun

En argument de la fonction RESOLVE, vous devez indiquer le nom d'une macro-variable précédée de **& entre quotes simples**. Si vous utilisez des quotes doubles, le compilateur macro tentera de résoudre les macro-variables au moment de la compilation de l'étape DATA.

En ce qui concerne les macro-variables construites au moyen de PROC SQL, vous pouvez en disposer sitôt la requête exécutée, comme vous le montre le programme 10-19. Dans ce dernier, une première requête construit une macro-variable NOBS qui a pour valeur le nombre d'observations de la table. La requête suivante mobilise NOBS pour créer les macro-variables ETU1 à ETU5.

Programme 10-19

```
%delmac
PROC SQL NOPRINT;
    SELECT COUNT(*) INTO :nobs TRIMMED FROM etumac;
    SELECT prenom INTO :etu1-:etu&nobs FROM etumac;
QUIT;
```

Afin de donner des modalités aux variables d'une table SAS à partir de macro-variables définies au préalable, vous disposez d'une seconde fonction : SYMGET. Au cours d'une étape DATA, elle « détricote » ce que les routines CALL SYMPUT et CALL SYMPUTX ont créé.

Il existe trois façons de mobiliser SYMGET :

- `Z=SYMGET("nom")` : dans ce cas, la variable Z aura comme modalité la valeur stockée dans la macro-variable NOM. Cette programmation est équivalente à `Z="&nom"`. Le nom de la macro-variable doit être précisé entre quotes doubles, sans signe &.

- `Z=SYMGET(X1)` : ici, X1 est une variable caractère qui a pour modalités les noms des macro-variables définies au préalable. La nouvelle variable Z aura pour modalités les valeurs stockées dans ces macro-variables. On « détricote » ici ce que l'on a pu construire avec un `CALL SYMPUT (X1,X2)`.

- `Z=SYMGET(COMPRESS('nom'!!X))` : il existe a priori un ensemble de macro-variables dont le nom commence par NOM. X est soit une variable, soit _N_. Vous récupérez ici, en modalités de variable, des valeurs de macro-variables créées, par exemple, par une instruction `CALL SYMPUT (COMPRESS('nom'!!_N_), Y)`.

Le programme 10-20 propose une illustration du fonctionnement de SYMGET et expose la fonction SYMGETN.

Programme 10-20

```
%delmac
DATA _NULL_;
   SET etumac END=last;
   CALL SYMPUTX(COMPRESS("etu"||_N_),prenom);
   CALL SYMPUTX(prenom, note1);
   IF last THEN CALL SYMPUT("nobs",_N_);
RUN;

DATA etumac2(DROP=i);
   LENGTH prenom $ 10;
   DO i=SYMGET("nobs") TO 1 BY -1;
      prenom=SYMGET(COMPRESS("etu"||i));
      note1=SYMGETN(prenom);
      OUTPUT;
   END;
RUN;
```

Résultat 10-11

Obs.	prenom	note1
1	Musa	13
2	Haroun	17
3	Berthe	6
4	Mélanie	11
5	Max	10

Ce programme crée une nouvelle table reprenant les PRENOM et NOTE1 de nos étudiants et les présentant dans l'ordre inverse de celui de la table ETUMAC. Vous trouverez un second exemple d'application de SYMGET dans la section 10.5.2, consacrée aux économies de ressources rendues possibles par l'utilisation du macro-langage de SAS.

Si vous utilisez la fonction SYMGET pour créer une variable, comme dans l'instruction suivante :

```
prenom=SYMGET(COMPRESS("etu"||i));
```

Sans instruction LENGTH préalable, la variable caractère créée est de longueur 200.

Si les valeurs de vos macro-variables sont des nombres et si vous souhaitez créer une variable numérique, utilisez la fonction SYMGETN.

10.4 Les macro-fonctions

Nous allons évoquer dans cette section les macro-fonctions propres au langage macro. Elles sont principalement de trois types : les macro-fonctions d'évaluation d'expressions ou de conditions, les macro-fonctions de *quoting* et les macro-fonctions de manipulation des valeurs des macro-variables.

10.4.1 Les macro-fonctions d'évaluation

- **%SYSEVALF** – Force le compilateur macro à réaliser des opérations arithmétiques (+-×/) ou à évaluer des expressions logiques.

Programme 10-21

```
%LET toto=2.1+2;
%PUT &toto;                    * et vous observerez 2.1+2;
%PUT %SYSEVALF(&toto);         * pour obtenir 4.1;
%PUT %SYSEVALF((&toto+1)/3);   * pour obtenir 1.7;
```

Vous pouvez ajouter à %SYSEVALF un argument commandant une conversion, dont voici les valeurs possibles :

- **INTEGER** – Pour obtenir la partie entière. `%PUT %SYSEVALF(2/3, INTEGER)` donne `0`.
- **FLOOR** – Pour obtenir l'entier immédiatement inférieur ou égal à l'évaluation de l'expression.
- **CEIL** – Pour obtenir l'entier immédiatement supérieur ou égal à l'évaluation de l'expression.
- **BOOLEAN** – Donne `0` si le résultat est nul ou manquant, `1` sinon.

Le programme 10-22 propose un exemple d'utilisation de l'argument BOOLEAN, qui sert essentiellement à l'évaluation d'expressions logiques.

Programme 10-22

```
%LET X=5;
%LET resultat1=%SYSEVALF(&x>0,BOOLEAN);
%LET metal=argent;
%LET resultat2=%SYSEVALF(&metal EQ argent,BOOLEAN);
%LET resultat3=%SYSEVALF(&metal EQ Argent,BOOLEAN);
%PUT &resultat1 &resultat2 &resultat3;
```

Vous obtiendrez respectivement `1`, `1` et `0`. 5 est effectivement supérieur à 0 et la valeur de la macro-variable est effectivement `argent`, mais pas `Argent`.

- **%EVAL** – Effectue des évaluations **sans virgule flottante**.

  La fonction %EVAL ne doit mobiliser **que des entiers** – elle sert à évaluer des opérations arithmétiques ou des conditions logiques.

Programme 10-23

```
%PUT %SYSEVALF(2/3);
%PUT %EVAL(2/3);
%PUT %EVAL(6+2);
%PUT %EVAL(2+3=5);
%PUT %EVAL(2+3>10);
%PUT %EVAL(1+1.1);
```

Vous obtiendrez respectivement 0.66666, 0 (seule la partie entière est conservée), 8, 1 (puisque 2 + 3 = 5) et 0 (puisque 2 + 3 < 10). La dernière instruction, qui cite un nombre décimal, produit une erreur. Vous lisez en effet le message suivant dans la fenêtre *Journal* :

```
ERROR: A character operand was found in the %EVAL function or %IF condition
       where a numeric operand is required. The condition was: 1+1.1
```

10.4.2 Les macro-fonctions de quoting

Soit le programme 10-24, que nous fournissons à titre d'exemple. Ne l'exécutez pas !

Programme 10-24

```
%LET toto=c'est formidable;
%PUT &toto;
```

Si, malgré notre conseil, vous exécutez ce programme, vous constatez qu'il ne se passe rien (mais SAS semble bloqué). Vous noterez aussi que, même si vous ne l'exécutez pas, l'instruction %PUT ne semble plus être comprise par l'éditeur SAS (elle reste en noir dans votre fenêtre *Éditeur*).

D'où vient le problème ? Du simple fait que l'apostrophe est ici considérée comme une quote ouvrante par le langage SAS et que, par conséquent, le point-virgule normalement censé clore l'instruction %LET n'est pas interprété comme tel, mais comme un élément du texte qui a débuté juste après la quote ouvrante (l'apostrophe). Si, malgré notre conseil, vous avez demandé l'exécution du programme 10-24, demandez maintenant l'exécution de l'instruction suivante :

```
'; %PUT &toto;
```

Vous obtiendrez le message suivant dans la fenêtre *Journal* :

```
c'est formidable;%PUT &toto;'
```

Les problèmes d'apostrophe peuvent bloquer le compilateur macro et donc SAS. Si SAS ne semble plus répondre, débloquez-le en soumettant la ligne suivante, plusieurs fois au besoin :

```
*'; *"; *); */; %MEND; RUN;
```

jusqu'à ce que le message ci-après apparaisse dans votre fenêtre *Journal* :

```
ERROR: No matching %MACRO statement for this %MEND statement.
```

Vous pouvez stocker du texte dans une macro-variable, mais certains caractères causent des difficultés et nous avons soigneusement évité de les utiliser jusqu'à maintenant. Dans le programme 10-24, l'apostrophe est problématique. Vous comprendrez aisément que les points-virgules, les virgules (parce qu'elles séparent les arguments d'une fonction), les signes &, %, etc., causeront des problèmes dans certaines circonstances. SAS peut en effet avoir des difficultés à distinguer ce qui appartient au langage SAS et ce qui appartient au langage macro. Il convient alors de « masquer » certains caractères qui ne doivent pas être interprétés par le compilateur macro : c'est l'objet des macro-fonctions de *quoting*.

Cette notion existe aussi dans le langage SAS : lorsque vous placez un texte entre quotes, vous demandez en effet au progiciel de considérer la chaîne de caractères telle quelle, sans tenter de la comprendre comme une instruction ou un nom de variable. Cela dit, il est extrêmement difficile de savoir si l'on doit employer ou non une fonction de quoting. Dans cette section, nous souhaitons surtout vous donner quelques conseils et en premier lieu celui-ci : **ne quotez pas systématiquement tout élément de texte et n'utilisez les fonctions de *quoting* que lorsque vous avez manifestement un problème !**

Les choses sont compliquées par le fait qu'il existe plusieurs fonctions de *quoting*, qu'elles sont utilisées indifféremment par certains articles et manuels et qu'un même texte doit, dans certaines circonstances, être quoté alors que c'est parfaitement inutile dans d'autres circonstances.

En bref, il existe trois types de caractères délicats et les problèmes peuvent apparaître **en code ouvert** ou, dans le cas d'un macro-programme, **au moment de la compilation** ou **de l'exécution**. Le tableau 10-2 présente les différents types de caractères ainsi que les fonctions à utiliser selon le cadre dans lequel vous vous trouvez.

Tableau 10–2 Types de caractères et fonctions de *quoting*

	TYPE I			TYPE II	TYPE III
	Opérateurs	**Mnémoniques**	**Divers**	**Caractères non appairés**[a]	**Appel macro**
Caractères	+ - * / > = ¬ ∧ | ~	AND OR NOT EQ NE LE LT GE GT IN	espace , ; "" '' ( ) #	" ' ( )	& %
Macro-programme : compilation	%STR			%STR	%NRSTR
Macro-programme : exécution	%BQUOTE			%BQUOTE	%NRBQUOTE
Code ouvert	%STR (ou %BQUOTE)			%STR (ou %BQUOTE)	%NRSTR

a. Il s'agit ici de caractères normalement présentés par paire. Le programme 10-24 pose un problème parce que l'apostrophe (quote ouvrante) n'est pas appairée.

Si votre texte contient des caractères de plusieurs types et si votre programme ne fonctionne pas, c'est le type le plus élevé que vous devez considérer pour déterminer la fonction à utiliser.

En code ouvert, vous emploierez %STR, %BQUOTE et %NRSTR. Les programmes 10-25 et 10-26 vous en présentent les caractéristiques.

Programme 10-25

```
%LET test1=%STR(  ab"c"de);
%LET test2=%STR(ab"cde  );
%LET test3=%NRSTR(j%'aime A&M records);
%PUT [&test1] [&test2] &test3;
```

Programme 10-26

```
%LET test1=%BQUOTE(  ab"c"de);
%LET test2=%BQUOTE(ab"cde  );
%PUT [&test1] [&test2];
```

Dans les deux cas, vous obtiendrez pour TEST1 et TEST2 le résultat suivant :

```
[  ab"c"de] [ab"cde  ]
```

Les fonctions %STR et %BQUOTE ne suppriment pas les espaces à droite et à gauche. Avec %STR et %NRSTR, si vous avez un caractère spécial non appairé (type II), vous devez le faire précéder du signe %. Ce n'est pas nécessaire avec %BQUOTE. Si, en code ouvert, vous souhaitez stocker un caractère de type III (% &) et si celui-ci doit être quoté, vous devez utiliser %NRSTR. TEST3 a pour valeur :

```
j'aime A&M records
```

Si le & n'est pas masqué, vous obtenez le message suivant dans votre journal :

```
WARNING: Apparent symbolic reference M not resolved.
```

Si le problème apparaît **dans vos macro-programmes**, déterminez à quel stade il est apparu. Si c'est lors de la phase de compilation, exploitez les fonctions %STR ou %NRSTR. Si c'est dans la phase d'exécution, utilisez les fonctions %BQUOTE et %NRBQUOTE (programmes 10-27 et 10-28).

Programme 10-27

```
DATA table;
   x=1;
RUN;

%MACRO test;
   %LET ti=%STR(j%'ai compris !);
   TITLE "&ti";
   PROC PRINT DATA=table;
   RUN;
%MEND;
```

```
%test
```

Programme 10-28

```
%MACRO test2(ti);
   TITLE "&ti";
   PROC PRINT DATA=table;
   RUN;
%MEND;

%test2(%NRBQUOTE(j'aime A&M records))
%test2(+ - * / < > = ¬ ^ | ~)
%test2(AND OR NOT EQ NE LE LT GE GT IN)
```

Dans le programme 10-27, c'est lors de la phase de compilation que le problème apparaît : l'apostrophe présente dans la valeur de la macro-variable TI (`j'ai compris`) n'est pas appairée. Pour la masquer, vous devez utiliser la fonction %STR et faire précéder votre apostrophe du signe %. La fonction %BQUOTE ne peut pas ici être utilisée pour régler un problème de quoting.

Dans le programme 10-28, la compilation du macro-programme ne pose pas de difficulté puisqu'aucun caractère problématique n'apparaît. C'est la valeur particulière que nous donnons à la macro-variable TI, paramètre du macro-programme, qui va créer un problème au moment de l'exécution :

```
%test2(%NRBQUOTE(j'aime A&M records))
```

Un caractère de type II (l'apostrophe) et un autre de type III (&) apparaissent dans la chaîne de caractères : c'est donc la fonction NRBQUOTE qui doit être exploitée. Dans le programme 10-28, les deux dernières exécutions du macro-programme montrent que, dans notre cas, les opérateurs ou les mnémoniques n'ont aucunement besoin d'être masqués.

Il existe enfin deux autres fonctions[14] :

- **%UNQUOTE** – retire les quotes des valeurs d'une macro-variable *quotée* (quelle que soit la fonction utilisée).
- **%SUPERQ** – Avec des caractères de type III, empêche toute résolution lors de la compilation ou de l'exécution. Les macro-variables citées par cette instruction ne doivent pas être précédées du signe &. Vous utiliserez très rarement cette fonction : elle évite essentiellement d'afficher un ensemble de messages d'avertissement.

---

14. L'aide SAS présente aussi les fonctions %QUOTE et %NRQUOTE, mais elles ne sont quasiment plus utilisées.

Il existe de très nombreux articles relatifs à ce sujet. Si vous souhaitez des informations supplémentaires, nous vous conseillons l'article suivant pour ce qui concerne la résolution pratique de ces problèmes :

PATTERSON, Brian et REMIGIO, Mylene, « Don't %QUOTE() me on this : a practical guide to macro quoting functions », *Proceedings of the SAS Global Forum Conference*, 2007
http://www2.sas.com/proceedings/forum2007/152-2007.pdf

L'article ci-après explique assez clairement pourquoi surviennent ces problèmes et vous convaincra que le sujet est extrêmement complexe :

WHITLOCK, Ian, « A serious look macro quoting », *Proceedings of the SAS Global Forum Conference*, 2010
http://support.sas.com/resources/papers/proceedings10/029-2010.pdf

10.4.3 Les outils de manipulation des valeurs de macro-variables

Pour manipuler les valeurs des macro-variables, vous disposez de deux ensembles d'outils : les macro-fonctions et les macro-programmes AUTOCALL. C'est aussi au cours de ces manipulations que vous rencontrerez quelquefois des problèmes de quoting (voir section 10.4.3.d).

a. La macro-fonction %SYSFUNC

La macro-fonction %SYSFUNC mérite une attention particulière : elle émule en effet de très nombreuses fonctions du langage SAS afin, par exemple, de modifier la valeur d'une macro-variable.

Sa syntaxe est la suivante :

```
%SYSFUNC(FONCTION_SAS( )<,FORMAT>)
```

Vous devez impérativement préciser une fonction SAS en premier argument, uniquement une fonction SAS. La syntaxe suivante est absolument impossible :

```
%SYSFUNC(FONCTION_SAS( )+15)
```

Vous pouvez employer aussi bien des fonctions sur chaînes de caractères que des fonctions dédiées aux variables numériques. L'option FORMAT applique un FORMAT particulier à votre résultat.

Programme 10-29	Résultat 10-12 (fenêtre Journal)

<pre>%LET toto=bonjour;
%LET toto2=%SYSFUNC(UPCASE(&toto));
%PUT &toto2;
%LET toto3=%SYSFUNC(LENGTH(&toto));
%PUT &toto3;
%LET datefra=%SYSFUNC(TODAY(),FRADFWKX.);
%PUT &datefra;</pre>
	<pre>115 %PUT &toto2;
	BONJOUR
	116 %LET toto3=%SYSFUNC(LENGTH(&toto));
	117 %PUT &toto3;
	7
	118 %LET datefra=%SYSFUNC(TODAY(),FRADFWKX.);
	119 %PUT &datefra;
	Samedi 28 avril 2018</pre>

Lorsque vous citez une fonction admettant un argument, vous ne devez pas utiliser de quotes, contrairement à une étape DATA. Ainsi en est-il de l'argument des fonctions LENGTH et UPCASE dans le programme 10-29. Le programme suivant respecte aussi cette règle (fonction RAND). Il montre également comment mobiliser plusieurs fonctions du langage Base SAS pour construire une macro-variable qui aura pour valeur un chiffre tiré au hasard entre 1 et 1000.

Programme 10-30

```
%LET etape1=%SYSFUNC(RAND(uniform));
%LET etape2=%SYSEVALF(%SYSFUNC(RAND(uniform))*1000);
%LET etape3=%SYSFUNC(CEIL(%SYSEVALF(%SYSFUNC(RAND(uniform))*1000)));
```

Nous procédons par étapes afin de vous aider à mieux comprendre. Pour tirer un nombre au hasard, nous utilisons %SYSFUNC et la fonction RAND. Pour le multiplier par 1000, nous faisons appel à la macro-fonction %SYSEVALF, puis nous obtenons l'entier immédiatement supérieur avec %SYS-FUNC et CEIL. Une telle construction, bien que valide, semble compliquée ; lorsque plusieurs fonctions Base SAS sont à mobiliser, nous vous invitons plutôt à passer par une étape DATA _NULL_, peut-être plus simple à rédiger (voir programme 10-31).

Programme 10-31

```
DATA _NULL_;
  CALL SYMPUTX("nombre",CEIL(RAND('uniform')*1000));
RUN;
```

Certaines fonctions propres au langage DATA ne peuvent pas être émulées par %SYSFUNC : DIF, DIM, HBOUND, IORCMSG, INPUT, LAG, LBOUND, MISSING, PUT, RESOLVE, SYMGET et, en général, toutes les fonctions qui apportent des informations sur les variables (VNAME ou VLABEL par exemple).

Il existe toutefois des équivalents aux fonctions PUT et INPUT : PUTN (numérique), PUTC (caractère), INPUTN et INPUTC, qui fonctionnent sur le même principe (voir section 3.2.6). C'est la nature du FORMAT (PUTN et PUTC) ou de l'INFORMAT (INPUTN et INPUTC) qui vous précise à quelle fonction recourir.

b. Les macro-fonctions

Vous disposez très exactement de cinq autres macro-fonctions :

- **%INDEX** – Indique la position d'un caractère ou d'une sous-chaîne dans une chaîne de caractères.

```
%LET toto=bonjour;
%PUT utilisation fonction INDEX = %INDEX(&toto,j);
```

La lettre « j » est la quatrième du mot « bonjour ».

```
utilisation fonction INDEX = 4
```

Attention, si vous recherchez la lettre « o », %INDEX vous renvoie la position du premier rencontré (soit 2).

- **%LENGTH** – Donne le nombre de caractères d'une chaîne.

```
%PUT utilisation fonction LENGTH = %LENGTH(&toto);
```

Dans votre fenêtre *Journal*, vous obtenez le nombre de caractères du mot « bonjour », soit 7.

- **%SCAN** – Reproduit le xe mot d'une chaîne de caractères.

```
%LET toto=un texte avec plusieurs mots;
%PUT utilisation fonction SCAN = %SCAN(&toto,4);
```

Vous obtenez dans votre fenêtre *Journal* le quatrième mot de la chaîne, soit « plusieurs ». Par défaut, les caractères suivants sont considérés comme séparateurs de mots :

```
espace ! $ % & ( ) * + , - . / ; < ^|
```

Vous avez la possibilité de préciser les séparateurs de mots comme 3e argument de la fonction SCAN.

```
%LET test= lib.toto1 lab.titi2;
%PUT %SCAN(&test,2,'.');
%PUT %SCAN(&test,2,' .');
```

Vous obtenez respectivement `toto1 lab` (seul le point est séparateur) et `toto1` (l'espace et le point sont séparateurs). Vous avez aussi la possibilité d'ajouter un modifieur en 4e argument de la macro-fonction. 21 modifieurs sont disponibles, parmi lesquels B, pour scanner de la droite vers la gauche et D pour ajouter les chiffres à la liste des délimiteurs spécifiés en 3e argument.

```
%PUT %SCAN(&test,2,' .',b);
%PUT %SCAN(&test,1,' .',bd);
```

Vous obtenez respectivement `lab` et `titi`. Pour une liste complète des modifieurs, voyez l'aide SAS, entrée *%SCAN and %QSCAN Functions*.

- **%SUBSTR** – Équivalent de la fonction SUBSTR « à droite » de l'étape DATA (voir section 3.2.7).

```
%LET toto=un texte avec plusieurs mots;
%PUT utilisation fonction SUBSTR = %SUBSTR(&toto,4,10);
```

Vous obtenez dans votre fenêtre *Journal* une chaîne de dix caractères à partir du 4e, soit « texte avec ».

- **%UPCASE** – Transforme les minuscules en majuscules.

```
%LET toto=un texte avec plusieurs mots;
%PUT utilisation fonction UPCASE = %UPCASE(&toto);
```

La fenêtre *Journal* affiche le résultat suivant :

```
utilisation fonction UPCASE = UN TEXTE AVEC PLUSIEURS MOTS
```

Les macro-fonctions %SCAN, %SUBSTR et %UPCASE disposent de versions %QSCAN, %QSUBSTR et %QUPCASE à utiliser si le résultat obtenu contient des caractères spéciaux ou des mnémoniques qu'il convient de masquer. Nous reviendrons sur ce point dans la section 10.4.3.d.

c. Les macro-programmes AUTOCALL

Pour manipuler les valeurs de macro-variables, en plus des cinq fonctions présentées dans la section précédente, vous disposez de très nombreux macro-programmes utilisables comme des macro-fonctions. Prenons un exemple :

- **%LEFT** – Supprime les espaces à gauche dans l'argument.

  %LEFT est un macro-programme AUTOCALL, compilé automatiquement quand vous y faites référence dans vos codes et que vous utilisez donc comme une macro-fonction. Nous verrons dans la section 10.7.3 comment consulter le macro-programme « derrière » %LEFT.

Les macros AUTOCALL livrées avec SAS sont très nombreuses et dépendent de votre installation. Certaines d'entre elles sont cependant presque systématiquement présentes :

- **%QLEFT** – Supprime les espaces à gauche et masque les caractères spéciaux de type I.
- **%LOWCASE** – Convertit les lettres majuscules en minuscules.
- **%QLOWCASE** – Convertit les lettres majuscules en minuscules et masque les caractères spéciaux de type I.
- **%TRIM** – Supprime les espaces à droite et à gauche dans l'argument (**%QTRIM** existe aussi).
- **%CMPRES** – Supprime les espaces à droite et à gauche et remplace les espaces consécutifs entre deux caractères par un seul (**%QCMPRES** existe aussi).
- **%DATATYP** – Retourne NUMERIC ou CHAR en fonction de la nature de l'argument.

d. Les problèmes de quoting lors de la manipulation des valeurs de macro-variables

L'objectif de cette section est d'expliquer l'action des fonctions et macro-programmes dont le nom commence par %Q : %QSCAN, QSUBSTR, %QLEFT, %QLOWCASE…

Prenons un exemple simple : nous souhaitons afficher dans le journal la date du jour, en tchèque, présentée au moyen du FORMAT CSYDFWKX.. Votre première instruction %PUT a la forme suivante :

```
%PUT %STR(Aujourd%'hui, nous sommes le %SYSFUNC(TODAY(),CSYDFWKX.));
```

Nous utilisons la fonction %STR en raison de l'apostrophe. Il faut en effet masquer cette dernière et empêcher SAS de l'interpréter comme une quote ouvrante. Le résultat est le suivant et il ne vous satisfait pas :

```
Aujourd'hui, nous sommes le    pátek, 6 duben 2018
```

Trois espaces apparaissent en effet entre `le` et `pátek` (qui signifie vendredi). Vous vous dites qu'en utilisant %LEFT, vous devez pouvoir retirer les espaces surnuméraires. Vous écrivez alors cette nouvelle instruction %PUT :

```
%PUT %STR(Aujourd%'hui, nous sommes le %LEFT(%SYSFUNC(TODAY(),CSYDFWKX.)));
```

Vous soumettez cette instruction et observez votre journal. Le message d'erreur suivant vous y attend…

```
ERROR: More positional parameters found than defined.
```

Nous rencontrons ici un problème de *quoting*. Pour le comprendre, il suffit de remplacer %SYSFUNC par son résultat :

```
%PUT %STR(Aujourd%'hui, nous sommes le %LEFT(pátek, 6 duben 2018));
```

%LEFT est un macro-programme. Nous verrons dans la section 10.6.4 que ceux-ci peuvent être paramétrés et que les paramètres sont à présenter entre parenthèses et séparés par des virgules. Aux yeux du compilateur macro, vous donnez à %LEFT deux paramètres : `pátek` et `6 duben 2018`. Comme il n'en admet qu'un, vous obtenez une erreur.

Pour régler ce problème, il faut masquer cette virgule pour éviter qu'elle ne soit interprétée comme un séparateur de paramètres. Cela doit intervenir avant l'application de %LEFT ; il faut par conséquent utiliser %QSYSFUNC.

%QSYSFUNC (et, plus généralement, toutes les fonctions %Qxxx) présente les mêmes fonctionnalités que %SYSFUNC, à la différence près suivante : les caractères de type I qui risquent d'apparaître **dans le résultat** sont systématiquement *quotés*. Pour obtenir le résultat souhaité, votre instruction %PUT doit donc être comme suit :

```
%PUT %STR(Aujourd%'hui, nous sommes le %LEFT(%QSYSFUNC(TODAY(),CSYDFWKX.)));
```

Ⓐ 10.5 Premiers exemples sans macro-programme

Avant de nous intéresser aux macro-programmes, nous allons mettre en pratique les diverses instructions vues jusqu'à maintenant. Les deux exemples proposés sont construits à partir de la table PRAGUE (normalement présente dans votre bibliothèque WORK si vous avez exécuté le programme 6-1).

Cette table vous donne les températures moyennes journalières observées à Prague entre le 1er janvier 1775 et le 31 décembre 2017. Elle a été construite à partir d'un des 3 939 fichiers TXT utilisés au cours du chapitre 11 de cet ouvrage[15].

---

15. Source : Klein Tank, A. M. G. et al., « Daily dataset of 20th-century surface air temperature and precipitation series for the european climate assessment », Int. J. of Climatol., vol. 22, n° 12, 1441-1453, 2002, http://www.ecad.eu/

10.5.1 Construire des rapports pré-paramétrés avec le macro-langage

Notre objectif est de construire un graphique qui, pour une année donnée, indique les températures moyennes mensuelles observées à Prague. Nous souhaitons, de plus, indiquer par des lignes horizontales les températures journalières minimale et maximale observées pour l'année considérée, ainsi que les dates auxquelles elles ont été relevées.

En guise d'exercice, vous pouvez déjà construire ce graphique pour une année donnée, sans faire appel au macro-langage. Vous constatez très certainement que vous devez entrer certaines informations « à la main » (températures minimale et maximale, dates auxquelles elles ont été observées), après en avoir observé les valeurs dans la fenêtre *Results Viewer*. Si vous devez ensuite représenter une autre année, il vous faut quasiment réécrire votre code.

Le programme 10-32 construit ce graphique pour l'année 1805. En modifiant simplement la valeur de la macro-variable ANNEE, vous construisez immédiatement un nouveau graphique.

Programme 10-32

```
%LET annee=1805;
*** ne plus rien modifier sous cette ligne;
OPTIONS SYMBOLGEN;
PROC SQL NOPRINT;
   SELECT date FORMAT=NLDATEMD.,temp
      INTO :mindate,:min
      FROM prague
      WHERE YEAR(date)=&annee AND temp IS NOT MISSING
      ORDER BY temp;
   SELECT date FORMAT=NLDATEMD.,temp
      INTO :maxdate ,:max
      FROM prague
      WHERE YEAR(date)=&annee
      ORDER BY temp DESC;
QUIT;

TITLE "Température moyenne mensuelle pour l'année &annee";
PROC SGPLOT DATA=prague;
   WHERE YEAR(date)=&annee;
   VLINE date / RESPONSE=temp STAT=mean MARKERS;
   FORMAT date FRADFMN3.;
   REFLINE &min &max / AXIS=y LABEL=("&mindate" "&maxdate");
   YAXIS MIN=%SYSEVALF(&min,floor) MAX=%SYSEVALF(&max,ceil)
         LABEL="Température moyenne";
   XAXIS DISPLAY=(NOLABEL);
RUN;
```

L'option globale SYMBOLGEN (voir section 10.2.2) est activée afin de vérifier les résolutions des macro-variables dans la fenêtre *Journal*.

Avec PROC SQL et deux requêtes, nous avons créé quatre macro-variables contenant les températures minimale et maximale observées durant l'année analysée, ainsi que les dates auxquelles elles ont été relevées.

Les requêtes sont exécutées sur l'ensemble des températures non manquantes d'une année, que nous trions (ORDER BY). La première requête (resp. seconde) offrira donc en première ligne la température la plus basse (resp. la plus haute). Rappelez-vous que, lorsque l'on construit des macro-variables avec PROC SQL et une clause INTO comme la suivante :

```
INTO :mindate,:min
```

Ce sont les modalités placées **sur la première ligne du résultat** qui seront transformées en valeurs des macro-variables créées. Vous obtiendrez les quatre mêmes macro-variables avec le programme 10-33 qui ne mobilise pas PROC SQL.

Programme 10-33

```
PROC MEANS DATA=prague NOPRINT;
   WHERE YEAR(date)=&annee AND temp IS NOT MISSING;
   ID date;
   VAR TEMP;
   OUTPUT OUT=temp MIN=min MAX=max
                   MAXID=maxdate MINID=mindate;
RUN;
DATA _NULL_;
   SET temp;
   CALL SYMPUTX("min",min);
   CALL SYMPUTX("max",max);
   CALL SYMPUTX("mindate",PUT(mindate,NLDATEMD.));
   CALL SYMPUTX("maxdate",PUT(maxdate,NLDATEMD.));
RUN;
```

Le programme mobilise les cinq macro-variables à notre disposition et construit le graphique souhaité[16]. Une nouvelle fois, si vous souhaitez un nouveau graphique pour une autre année, il suffit de modifier la valeur de la macro-variable ANNEE.

Si vous avez rédigé un programme qui ne fait pas appel à la macro-programmation, vous devez déjà vous dire que cette dernière vous permet d'économiser du temps. Nous allons confirmer dans la section suivante que, de façon plus générale, la macro-programmation économise vos ressources.

10.5.2 Économiser vos ressources grâce au macro-langage

Outre le paramétrage de vos sorties, le langage macro fournit des résultats qui, s'ils étaient produits uniquement avec les outils du langage SAS, mobiliseraient des ressources importantes.

Avec le langage SAS, deux étapes risquent de causer des difficultés lorsque vos tables contiennent un très grand nombre d'observations : les tris et les fusions. Si vous avez regardé attentivement la table PRAGUE, vous avez dû constater que certaines températures étaient en valeur manquante. C'est leur

---

16. Le programme qui crée le graphique ne doit normalement pas vous poser de difficultés, sauf peut-être pour ce qui est de l'instruction YAXIS. Si vous demandez des lignes au moyen de REFLINE, en dehors des valeurs d'axe prédéterminées par l'instruction graphique, elles ne s'affichent pas. On peut alors soit forcer des valeurs d'axe minimale et maximale qui autoriseront l'affichage des lignes, soit, plus simplement, utiliser l'option NOCLIP de REFLINE... L'instruction graphique VLINE est utilisée, mais n'est pas présentée dans le chapitre 7, ce qui ne doit vous poser aucun problème si vous avez compris l'instruction graphique VBAR.

présence qui nous a contraints à spécifier de la façon suivante, dans le programme 10-32, la clause WHERE de notre première requête :

```
WHERE YEAR(date)=&annee AND temp IS NOT MISSING
```

Les valeurs manquantes sont inférieures à tout. Sans leur exclusion, le graphique demandé risque de ne pas être construit puisque vous ne pouvez pas citer après l'instruction REFLINE la valeur manquante.

Nous allons corriger ces valeurs manquantes en leur substituant la température médiane de leur jour julien : si la température manquante est celle d'un 23 février (jour julien 54), nous la remplaçons par la médiane des températures observées ce même jour[17].

Exercice 10.7 (révisions)

1. *Au moyen du langage Base SAS, créer une table PRAGUE2 dans laquelle les valeurs manquantes auront été remplacées par la médiane des températures observées ce même jour julien. La table PRAGUE2 finale doit être triée dans l'ordre chronologique.*

2. *Construisez cette même table au moyen de PROC SQL.*

Au terme de cet exercice, vous arriverez très certainement à la conclusion qu'il nécessite beaucoup de ressources : de nombreuses étapes successives sont nécessaires pour répondre à la question 1 et, si vous mettez un peu de temps à répondre aux deux questions posées, dites-vous que votre temps de programmeur est aussi une ressource qu'il faut économiser…

Pour réaliser la même tâche, nous allons mobiliser les outils du macro-langage. Notre programme comprend peu d'étapes (un PROC MEANS, deux étapes DATA, dont une DATA _NULL_), ce qui implique une économie de ressources. Il est aussi assez court.

Programme 10-34

```
PROC MEANS DATA=prague NOPRINT;
   CLASS date;
   WAYS 1;
   VAR temp;
   FORMAT date JULDAY3.;
   OUTPUT OUT=medii MEDIAN=med;
RUN;

DATA _NULL_;
  SET medii;
  CALL SYMPUT(COMPRESS('medj'||_N_),med);
RUN;

DATA prague2;
   SET prague;
   IF MISSING(temp)=1 THEN
      temp=SYMGETN(COMPRESS('medj'||PUT(date,JULDAY3.)));
RUN;
```

---

17. Le fait que le jour julien 365 ne corresponde pas forcément au 31 décembre d'une année, puisque les années bissextiles comptent 366 jours, n'a pas vraiment d'importance ici.

Avec PROC MEANS, nous construisons la table de résultats dans laquelle seront listées les 366 médianes par jour julien d'une année. Nous utilisons DATE en variable de classification et lui imposons pour cela un FORMAT JULDAY3.. WAYS 1 nous évite de calculer la médiane tous jours juliens confondus et, donc, sur les plus de 88 000 observations de la table. Dans la table de résultats, les observations sont triées par jour julien dans un ordre croissant.

Au cours de l'étape DATA _NULL_, nous construisons 366 macro-variables contenant nos médianes ; MEDJ1 a donc comme valeur la médiane des températures observées un 1er janvier.

Au cours de l'étape DATA qui construit la table PRAGUE2, les valeurs manquantes sont remplacées par les médianes. Avec la fonction COMPRESS, nous concaténons la chaîne de caractères MEDJ au jour julien de la date de l'observation. La date est convertie en jour julien par la fonction PUT et le FORMAT JULDAY3.. On dispose alors du nom de la macro-variable à mobiliser dont on va récupérer la valeur avec SYMGETN.

Ce programme reste relativement simple et il ne fait que mobiliser les outils présentés au cours des sections précédentes. Il doit cependant vous faire comprendre le parti que vous tirerez à employer le langage macro.

Nous n'avons jusqu'ici évoqué que les outils de la programmation macro en code ouvert. Nous pouvons à présent traiter des macro-programmes.

10.6 Les macro-programmes

Après une première section dans laquelle nous préciserons les principes d'un macro-programme, nous examinerons ceux qui doivent vous guider lorsque vous construirez votre propre macro-programme. Nous préciserons ensuite les différences entre environnement local et environnement global, puis traiterons du paramétrage des macro-programmes. Nous présenterons un ensemble de macro-instructions que vous mobiliserez dans vos codes et vous proposerons pour finir un exercice récapitulatif.

10.6.1 Les principes des macro-programmes

Comme nous l'avons vu à la section 10.1, un macro-programme comprend deux phases : compilation et exécution.

Programme 10-35

```
%MACRO mp1;
   %* mes commentaires;
   TITLE "dernière table construite : &syslast";
   PROC PRINT DATA=&syslast(OBS=5);
   RUN;
%MEND mp1;
%mp1
```

La première instruction demande la création d'un macro-programme que nous appelons MP1. Le programme est en fait très simple : il commande l'impression des cinq premières observations de la dernière table construite. Le titre en affiche le nom, obtenu via la macro-variable automatique

SYSLAST (voir section 10.2.3). Nous ajoutons un commentaire grâce à la macro-instruction %*. Vous pouvez également le faire avec /*, mais **vous ne devez en aucun cas écrire des commentaires ou masquer une partie de vos programmes avec le signe habituel** * : dans les macro-programmes, les textes qui suivent * sont en effet segmentés en *tokens* et interprétés comme des instructions.

%MEND MP1; indique la fin du macro-programme et ordonne sa compilation s'il est soumis. Le rappel du nom MP1 n'est pas obligatoire ici ; il est utile uniquement si vous imbriquez des macro-programmes (ce n'est pas du tout conseillé). L'exécution des instructions %MACRO à %MEND permet la compilation du macro-programme.

L'instruction %MP1 commandera l'exécution du macro-programme. Vous remarquerez l'absence de point-virgule ; en effet, le point-virgule ou RUN ne sont pas nécessaires – un point-virgule crée même des difficultés dans certains cas.

Comme pour les macro-variables, la casse n'a pas d'importance. Vous pouvez donner n'importe quel nom à votre macro-programme à condition qu'il n'excède pas 32 caractères et qu'il débute par une lettre ou un tiret bas. Vous combinez ensuite toute lettre, tout chiffre et tiret bas. Attention, les noms listés dans le tableau 10-3[18] sont réservés.

Tableau 10–3 Les noms réservés

ABEND	ABORT	ACT	ACTIVATE	BQUOTE	BY	CLEAR	CLOSE	CMS
COMANDR	COPY	DEACT	DEL	DELETE	DISPLAY	DMIDSPLY	DMISPLIT	DO
EDIT	ELSE	END	EVAL	FILE	GLOBAL	GO	GOTO	IF
INC	INCLUDE	INDEX	INFILE	INPUT	KCMPRES	KINDEX	KLEFT	KLENGTH
KSCAN	KSUBSTR	KTRIM	KUPCASE	LENGTH	LET	LIST	LISTM	LOCAL
MACRO	MEND	METASYM	NRBQUOTE	NRQUOTE	NRSTR	ON	OPEN	PAUSE
PUT	QKCMPRES	QKLEFT	QKSCAN	QKSUBSTR	QKTRIM	QKUPCASE	QSCAN	QSUBSTR
QSYSFUNC	QUOTE	QUPCASE	RESOLVE	RETURN	RUN	SAVE	SCAN	STOP
STR	SUBSTR	SUPERQ	SYMDEL	SYMEXIST	SYMGLOBL	SYMLOCAL	SYSCALL	SYSEVALF
SYSEXEC	SYSFUNC	SYSGET	SYSRPUT	THEN	TO	TSO	UNQUOTE	UNSTR
UNTIL	UPCASE	WHILE	WINDOW					

10.6.2 Construire ses macro-programmes

Construire un macro-programme est une tâche délicate, essentiellement parce que, par défaut, la fenêtre *Journal* ne vous renseigne pas beaucoup sur les raisons expliquant le dysfonctionnement de celui-ci. Avant d'examiner dans cette section les divers outils qui aident à comprendre pourquoi un macro-programme ne fonctionne pas, voyons quelques conseils.

---

18. Les noms répertoriés dans le tableau 10-3 sont des noms « interdits » ; évitez aussi de nommer vos macro-variables avec des noms donnés à des fonctions ou instructions SAS.

Il est impératif, lorsque vous rédigez un macro-programme, d'agir avec ordre et méthode. On ne débute pas avec l'instruction suivante :

```
%MACRO monpremiermacroprogramme;
```

Dans un premier temps, écrivez votre programme (ou un extrait) uniquement avec le langage SAS et vérifiez qu'il fonctionne. Puis ajoutez pas à pas les éléments de macro-programmation en code ouvert, en vérifiant à chaque fois que votre programme continue de fonctionner. Vous éviterez ainsi les phénomènes d'erreurs qui se masquent les unes les autres.

Nous verrons que certaines instructions ne sont exploitables qu'à l'intérieur d'un macro-programme (par exemple les boucles %DO). Dans ce cas, pour rester en code ouvert, contournez le problème : donnez une valeur à la macro-variable que vous allez incrémenter avec votre boucle %DO, afin de vérifier que votre programme fonctionne au moins pour cette valeur. Finalisez enfin votre macro-programme en ajoutant les instructions %MACRO et %MEND.

Au cours de la rédaction de votre macro-programme, la lecture du journal vous sera d'une grande aide si vous mobilisez quelques options globales. N'oubliez pas néanmoins de lire votre fenêtre *Journal* en commençant par le haut. Dans le cadre de la programmation macro, vos problèmes deviendront vite inextricables si vous voulez aller trop vite.

Nous avons vu que, en code ouvert, vous pouviez faire appel à l'option globale SYMBOLGEN (voir section 10.2.2). Si vous demandez la compilation puis l'exécution d'un macro-programme et si vous n'obtenez pas le résultat souhaité, pensez aussi aux options globales suivantes :

```
OPTIONS MCOMPILENOTE=ALL/NOAUTOCALL/NONE;
```

NONE est la valeur par défaut ; choisissez ALL ou NOAUTOCALL. Cette option globale produit dans la fenêtre *Journal* une note qui révèle si le macro-programme a pu être compilé ou pas. Certaines erreurs dans le langage SAS ou dans la syntaxe de certaines macro-instructions n'empêchent cependant pas la compilation.

```
OPTIONS MPRINT / NOMPRINT;
```

NOMPRINT est l'option globale par défaut. En activant MPRINT, quand vous demanderez l'exécution de votre macro-programme, la fenêtre *Journal* affichera le texte envoyé au compilateur du langage SAS une fois que toutes les instructions du langage macro auront été résolues.

```
OPTIONS MLOGIC /NOMLOGIC;
```

NOMLOGIC est l'option globale par défaut. Si vous activez MLOGIC, la fenêtre *Journal* présente des messages indiquant les actions des macro-instructions au moment de l'exécution de votre macro-programme. Vous aurez notamment des informations concernant :

- les valeurs des paramètres du macro-programme ;
- les expressions évaluées dans les instructions %IF et si elles sont vraies ou fausses ;
- le déroulement des boucles %DO.

Si les commentaires créés dans votre fenêtre *Journal* par l'option globale MPRINT sont trop importants, redirigez-les vers un fichier texte que vous pourrez consulter ensuite. Vous devez dans ce cas utiliser l'option globale MFILE de la manière suivante :

```
FILENAME MPRINT 'C:/intro_SAS/aide_debug.sas';
OPTIONS MPRINT MFILE;
```

Toutes les options globales présentées ici ajoutent de très nombreux messages à votre fenêtre *Journal*
qui sera très rapidement remplie. Elles ne doivent être utilisées que dans la phase de développement.

Pour plus d'informations sur le débogage des macro-programmes, consultez l'article suivant :

DELANEY, Kevin P. et CARPENTER, Arthur L., « SAS® macro : symbols of frustration? %Let us help ! A guide to debugging
macros », *Proceedings of the 29*th *SAS Users Group International Forum*, 2004, 128-29
www2.sas.com/proceedings/sugi29/128-29.pdf

10.6.3 Environnement local ou global

Les macro-variables créées à l'intérieur d'un macro-programme sont par défaut de type local : elles
n'existent qu'au cours de l'exécution du macro-programme et vous n'y aurez plus accès après. Les
macro-variables créées en dehors des macro-programmes (donc en code ouvert) sont de type global.

Deux macro-variables portant le même nom peuvent donc exister simultanément si l'une est locale et
l'autre globale. Par défaut, lorsque, à l'intérieur d'un macro-programme, **vous modifiez la valeur d'une
macro-variable,** si elle existe déjà et est locale, alors c'est cette valeur qui est modifiée. Si elle n'existe
pas au niveau local mais au niveau global, c'est la macro-variable globale qui voit sa valeur modifiée.
Enfin, si la macro-variable n'existe pas, elle sera créée **au niveau local.**

Programme 10-36	Résultat 10-13 (fenêtre Journal)[19]

```
%delmac
%LET mc1=a;
%LET mc2=b;
%MACRO test_lg;
    %LOCAL mc1;
    %LET mc3=c;
    %LET mc2=d;
    %LET mc3=e;
    %LET mc4=f;
    %LET mc1=g;
    %PUT _USER_;
%MEND test_lg;
%test_lg
%PUT _USER_;
```

```
135  %test_lg
TEST_LG MC1 g
TEST_LG MC3 e
TEST_LG MC4 f
GLOBAL MC1 a
GLOBAL MC2 d
136  %PUT _USER_;
GLOBAL MC1 a
GLOBAL MC2 d
```

MC3 et MC4 ne sont pas disponibles au niveau global après l'exécution du macro-programme. Les
macro-variables globales restent disponibles et la valeur de MC2 a été modifiée par l'exécution du

---

19. Si vous exécutez le programme 10-36, il est possible que vous observiez d'autres macro-variables globales (SYS_SQL_IP_ALL et
    SYS_SQL_IP_STMT). Celles-ci ont été créées automatiquement lors de notre usage de la procédure PROC SQL (voir
    section 10.3.2) et ne peuvent pas être effacées par le macro-programme DELMAC.

macro-programme. La valeur de MC1 n'a pas été changée : au moment de l'exécution, une macro-variable MC1 locale, créée au moyen de %LOCAL MC1, existait en même temps que la globale.

Vous devez comprendre ici que c'est l'instruction %LOCAL placée au sein du macro-programme qui permet l'existence simultanée de deux macros-variables de même nom.

Maintenant, **si vous appelez une macro-variable** au sein d'un macro-programme et si elle existe au niveau local, c'est la valeur locale qui apparaîtra. Si elle n'existe pas au niveau local mais au niveau global, c'est cette valeur qui apparaîtra. Enfin, si elle n'existe à aucun des deux niveaux, la fenêtre *Journal* affichera un message d'erreur vous indiquant que la macro-variable n'existe pas.

L'instruction %GLOBAL[20] spécifie le nom d'une macro-variable peuplée à l'intérieur d'un macro-programme et que vous souhaitez pouvoir utiliser après l'exécution de ce dernier. Attention, si la macro-variable a déjà été créée, il est impossible de la convertir de locale à globale.

Programme 10-37	**Résultat 10-14 (fenêtre Journal)**

```
%delmac                        153  %test_lg2
%LET mc1=a;                    ERROR: Attempt to %GLOBAL a name (MC4)
%LET mc2=b;                           which exists in a local environment.
%MACRO test_lg2;               TEST_LG2 MC2 bbbb
   %LOCAL mc2;                 TEST_LG2 MC4 dddd
   %GLOBAL mc3;               GLOBAL MC1 a
   %LET mc2=bbbb;             GLOBAL MC2 b
   %LET mc3=cccc;             GLOBAL MC3 cccc
   %LET mc4=dddd;             154  %PUT _USER_;
   %GLOBAL mc4;               GLOBAL MC1 a
   %PUT _USER_;               GLOBAL MC2 b
%MEND test_lg2;               GLOBAL MC3 cccc
%test_lg2
%PUT _USER_;
```

Lorsque vous rédigerez plusieurs macro-programmes qui se suivront, si vous devez reprendre la valeur d'une macro-variable déterminée dans un précédent, définissez-la au plus tôt, à l'intérieur de votre premier macro-programme, comme globale.

10.6.4 Le paramétrage des macro-programmes

La syntaxe complète de l'instruction %MACRO est la suivante :

```
%MACRO programme <(liste de paramètres)></ option(s)>;
    <texte>
%MEND <programme>;
```

Il existe plusieurs façons de paramétrer un macro-programme : par le biais de paramètres positionnels ou avec des mots-clés[21].

---

20. Vous pouvez exploiter la macro-instruction %GLOBAL en code ouvert, contrairement à %LOCAL, qui ne peut être spécifiée qu'au sein d'un macro-programme (voir section 10.6.5).

21. Nous n'évoquerons pas l'option PARMBUFF de l'instruction %MACRO dans le présent ouvrage. Cette option permet de créer des macro-programmes qui acceptent un nombre variable de paramètres.

a. Le paramétrage positionnel

En adoptant le paramétrage **positionnel,** vous indiquez entre parenthèses, à la suite du nom du macro-programme, une liste de paramètres à utiliser. Dans le corps du programme, vous utilisez ces paramètres comme des macro-variables. À titre d'illustration, nous reprenons le programme 10-32 que nous modifions légèrement pour créer un macro-programme.

Programme 10-38

```
%MACRO prague(annee,couleur,taille);
   PROC SQL NOPRINT;
      SELECT date FORMAT=NLDATEMD.,temp
         INTO :mindate,:min
         FROM prague
         WHERE YEAR(date)=&annee AND temp IS NOT MISSING
         ORDER BY temp;
      SELECT date FORMAT=NLDATEMD.,temp
         INTO :maxdate ,:max
         FROM prague
         WHERE YEAR(date)=&annee
         ORDER BY temp DESC;
   QUIT;

   TITLE "Température moyenne mensuelle pour l'année &annee";
   PROC SGPLOT DATA=prague;
      WHERE year(date)=&annee;
      VLINE date / RESPONSE=temp STAT=mean MARKERS
                  MARKERATTRS=(COLOR=&couleur SIZE=&taille
                               SYMBOL=circlefilled);
      FORMAT date FRADFMN3.;
      REFLINE &min &max / AXIS=y LABEL=("&mindate" "&maxdate");
      YAXIS MIN=%SYSEVALF(&min,floor) MAX=%SYSEVALF(&max,ceil)
            LABEL="Température moyenne";
      XAXIS DISPLAY=(NOLABEL);
   RUN;
%MEND prague;
```

Dans l'instruction VLINE de PROC SGPLOT, nous avons ajouté une option MARKERATTRS=(). Les valeurs des sous-options COLOR= et SIZE= devront être renseignées au moyen des paramètres COULEUR et TAILLE.

Une fois votre macro-programme compilé, vous devez demander son exécution en précisant les valeurs des paramètres.

```
%prague(1799,red,15);
%prague(1968,lightblue,10);
%prague(1832,CX654321,10);
```

L'ordre dans lequel vous notez les valeurs doit être identique à celui dans lequel vous avez présenté les paramètres lors de la compilation du macro-programme. Si un paramètre peut rester vide (ce n'est pas le cas avec le macro-programme PRAGUE), la virgule qui le précède et/ou le suit doit impérativement apparaître.

b. Le paramétrage par mots-clés

Vous avez aussi la possibilité de paramétrer vos macro-programmes au moyen de **mots-clés**. Lorsque vous lancerez l'exécution, si vous ne déclarez pas de valeur aux mots-clés, SAS appliquera celles déclarées par défaut lors de la rédaction du macro-programme. Reprenez le programme 10-38 et remplacez l'instruction %MACRO par l'instruction suivante :

Programme 10-39

```
%MACRO prague(annee=2013,couleur=red,taille=10);
```

Les demandes d'exécution suivantes seront parfaitement réalisées[22] :

```
%prague ()
%prague (annee=1865)
%prague (annee=1927,taille=12)
```

Ici, comme vous rappelez les noms des mots-clés accompagnés des valeurs, leur ordre n'a pas d'importance. Si un mot-clé n'est pas précisé, c'est la valeur fixée lors de la compilation du macro-programme qui est utilisée par défaut. **Attention** : vous ne pouvez pas écrire vos demandes d'exécution de la façon suivante :

```
%prague (annee=1865,black)
```

Vous obtiendrez en effet le message d'erreur suivant dans votre journal :

```
ERROR: All positional parameters must precede keyword parameters.
```

Si votre demande d'exécution prend la forme suivante :

```
%prague (1865)
```

Vous obtiendrez là aussi un message d'erreur, différent du précédent :

```
ERROR: More positional parameters found than defined.
```

Pour comprendre ces erreurs, vous devez savoir que vous avez aussi la possibilité d'effectuer un **paramétrage mixte** exploitant à la fois le positionnel et les mots-clés. Attention cependant : placez bien les paramètres positionnels **avant** les mots-clés. Votre instruction %MACRO devient alors :

Programme 10-40

```
%MACRO prague(annee,couleur=red,taille=10);
```

---

22. Une simple instruction %PRAGUE ne permet pas d'exécuter le macro-programme. Celui-ci est en effet paramétré et SAS attend les parenthèses.

Sans paramétrage mixte, « 1865 » est considéré comme un paramètre positionnel dont SAS ne sait que faire. La demande d'exécution suivante :

```
%prague (annee=1865,black)
```

ne fonctionne pas parce que le second paramètre ne contient pas de signe égal : aux yeux de SAS, c'est donc un paramètre positionnel et celui-ci doit être placé AVANT les mots-clés.

10.6.5 Les macro-instructions propres aux macro-programmes

Nous avons déjà évoqué un ensemble de macro-instructions auxquelles vous pouvez recourir en code ouvert : %LET, %PUT, %SYMDEL, %MACRO, %*, %GLOBAL[23]. Si celles-ci sont exploitables dans les macro-programmes, d'autres existent qui ne le sont qu'à l'intérieur de ces derniers. Or, ce sont essentiellement ces macro-instructions qui rendent intéressante l'utilisation de macro-programmes. Grâce à elles, vous pourrez mettre en place des traitements conditionnels et des traitements multiples sur table(s).

Il existe douze macro-instructions propres aux macro-programmes. Nous avons déjà évoqué %LOCAL et %MEND et nous en étudierons six autres dans les sections qui suivent : %DO, %DO itératif, %DO %UNTIL, %DO %WHILE, %END et %IF-%THEN-%ELSE[24].

a. Les constructions conditionnelles : %IF

À l'intérieur d'un macro-programme, le traitement sera différent selon qu'une condition est respectée ou non. Cette macro-instruction est tout à fait comparable à ce que vous faites dans une étape DATA avec l'instruction IF. La syntaxe est ici la suivante :

```
%IF condition %THEN %DO;
    lot d'instructions 1…;
%END;

%ELSE %DO;
    lot d'instructions 2…;
%END;
```

On peut s'attendre à ce que les instructions à exécuter en cas de respect de la condition (ou en cas de non-respect) soient multiples, ce qui explique pourquoi vous associerez très souvent un %IF avec %DO/%END. L'utilisation de %IF présente une autre caractéristique très intéressante : les conditions spécifiées sont systématiquement évaluées au moyen de la fonction %EVAL.

---

23. Il existe d'autres instructions possibles à la fois en code ouvert et au sein des macro-programmes. Pour une liste complète des macro-instructions offertes, voir l'aide SAS, entrée *Macro Statements*.

24. %GOTO et %LABEL:, %RETURN et %ABORT ne seront pas abordées dans cet ouvrage.

Programme 10-41

```
%LET a=2+2;
%LET b=3;
%LET c=1;
%MACRO test;
   %IF &a+&b+&c=8 %THEN %PUT &a+&b+&c=8;
   %IF &a=&b+&c %THEN %PUT &a=&b+&c;
   %IF &b %THEN %PUT ???;
   %IF &a+0.1=4.1 %THEN %PUT bravo;
%MEND;
%test
```

Résultat 10-15 (fenêtre Journal)

```
166    %test
2+2+3+1=8
2+2=3+1
???
ERROR: A character operand was found in the
%EVAL function or %IF condition
            where a numeric operand is required.
The condition was: &a+0.1=4.1
ERROR: The macro TEST will stop executing.
```

Comme le montre le résultat 10-15, les conditions &a+&b+&c=8 et &a=&b+&c sont évaluées et, comme elles sont justes, on observe les deux messages demandés par %PUT. En l'absence de signe = derrière (&b), ce qui suit %IF reste considéré comme une condition, mais **celle-ci sera toujours vraie sauf si la macro-variable b vaut** 0.

Comme %EVAL ne peut manipuler que des entiers (voir section 10.4.1), la dernière condition génère une erreur de syntaxe. Vous devez dans ce cas faire appel à la fonction %SYSEVALF :

```
%IF %SYSEVALF(&a+0.1)=4.1 %THEN %PUT bravo;
%IF %SYSEVALF(&a+0.1=4.1) %THEN %PUT bravo;
```

Pour définir vos conditions, vous disposez d'un nombre important d'opérateurs, très proches de ceux employés dans le langage SAS (voir le tableau 10-4, issu de l'aide SAS).

Tableau 10–4 Les opérateurs

Opérateur	Mnémonique	Priorité	Définition	Exemple
**		1	Puissance	A**B
+		2	Préfixe positif	+(A+B)
-		2	Préfixe négatif	-(A+B)
¬ ^ ~	NOT	3	Non logique	NOT A
*		4	Multiplication	A*B
/		4	Division	A/B
+		5	Addition	A+B
-		5	Soustraction	A-B
<	LT	6	Strictement inférieur	A<B
<=	LE	6	Inférieur ou égal	A<=B
=	EQ	6	Égal	A=B
#	IN	6	Égal à un élément de la liste[a]	A#B C D E

Tableau 10–4 Les opérateurs (suite)

Opérateur	Mnémonique	Priorité	Définition	Exemple
¬= ^= ~=	NE	6	Non égal à	A NE B
>	GT	6	Strictement supérieur à	A>B
>=	GE	6	Supérieur ou égal	A>=B
&	AND	7	ET logique	A=B & C=D
|	OR	8	OU logique	A=B | C=D

a. Pour utiliser l'opérateur IN ou #, vous devez au préalable activer l'option globale MINOPERATOR.

b. Les boucles %DO

Une macro-instruction particulièrement intéressante pour l'écriture des macro-programmes est la boucle %DO. Sa syntaxe à l'intérieur des macro-programmes est la suivante :

```
%DO i=début %TO fin <%BY pas>;
```

Le pas par défaut est 1.

Programme 10-42

```
%MACRO compte (x,c);
   %LET toto=0;
      %DO i=1 %TO %LENGTH(&x);
         %IF %SUBSTR(&x,&i,1)=&c %THEN %LET toto=%EVAL(&toto+1);
      %END;
   %PUT la chaîne comptait %LENGTH(&x) caractères, il y a &toto caractère(s) &c;
%MEND;
%compte (5118561498651155581,1)
```

Nous demandons ici à SAS de compter le nombre d'occurrences d'un caractère donné dans une chaîne de longueur variable. Vous obtenez dans la fenêtre *Journal* le résultat suivant :

```
la chaîne comptait 18 caractères, il y a 6 caractère(s) 1
```

Les boucles %DO dans les macro-programmes sont particulièrement intéressantes parce qu'elles permettent d'effectuer :

- une tâche plusieurs fois sur une même table ;
- une même tâche sur différentes tables ;
- un ensemble de tâches, plusieurs fois sur différentes tables.

Nous reprenons la table PRAGUE utilisée à la section 10.5 afin de présenter un exemple d'applications. Nous souhaitons maintenant créer 12 graphiques identiques à ceux du programme 10-32 pour les années 1900, 1910, 1920 … 2000 et 2010.

Programme 10-43

```
%MACRO prague2;
    %DO annee=1900 %TO 2010 %BY 10;
        %* insérer ici le programme 10-32 en retirant %LET annee=;
    %END;
%MEND;
%prague2
```

Vous pouvez même paramétrer ce macro-programme au moyen de l'instruction %MACRO suivante :

```
%MACRO prague2 (deb,fin,pas);
```

La boucle %DO devient alors la suivante :

```
%DO annee=&deb %TO &fin %BY &pas;
```

c. %DO %WHILE et %DO %UNTIL

Vous avez la possibilité d'effectuer une tâche jusqu'à ce qu'une certaine condition soit remplie (%DO %UNTIL), ou tant qu'une certaine condition est remplie (%DO %WHILE). Le fonctionnement de ces macro-instructions reste très proche de celui de DO WHILE et DO UNTIL dans l'étape DATA du langage SAS.

Dans le cas des boucles %DO %UNTIL, la condition qui apparaît entre parenthèses est évaluée en bas de la boucle. Le programme sera donc exécuté au moins une fois et jusqu'à ce que la condition soit vraie (par conséquent, vous éviterez les conditions du style « jusqu'à ce que les poules aient des dents »).

Concernant les boucles %DO %WHILE, la condition est évaluée en haut (vous n'êtes donc pas sûr que le code qui suit sera exécuté au moins une fois). Là encore, veillez à ne pas faire entrer SAS dans une boucle infinie (avec des conditions telles que : « tant que les carrés ont quatre coins »).

Le programme 10-44 offre un exemple de fonctionnement d'une boucle %DO %UNTIL. Nous souhaitons obtenir des graphiques pour certaines années dont nous donnerons la liste en paramètres du macro-programme.

Programme 10-44

```
%MACRO prague3 (liste);
    %LET i=1;
    %DO %UNTIL (%SCAN(&liste,&i)= );
        %LET annee=%SCAN(&liste,&i);
            %* insérer ici le programme 10-32 en retirant %LET annee= ;
        %LET i=%EVAL(&i+1);
    %END;
%MEND prague3;
%prague3(1789 1914 1940 1968 2012)
```

Nous débutons le macro-programme en fixant la valeur de I à 1. La condition demande que la boucle tourne jusqu'à ce que le scan de la valeur de la macro-variable LISTE, paramètre du macro-programme, renvoie un vide.

La macro-variable ANNEE est définie (elle est égale à la valeur renvoyée par la fonction %SCAN) : nous obtenons ainsi l'année pour laquelle nous devons produire un graphique. Juste avant l'instruction %END, une fois que le graphique est construit, nous augmentons de 1 la valeur de I. La condition est alors évaluée : si le %SCAN ne renvoie pas un vide, on remonte en haut de la boucle et le graphique relatif à l'année suivante est produit. S'il s'agit là de la dernière année présente dans la liste, après la nouvelle augmentation de I, la condition est évaluée. %SCAN renvoie un résultat vide. On sort alors de la boucle.

10.6.6 Exercice récapitulatif

Exercice 10.8 – Vous trouverez, dans le dossier EXOMAC (présent dans l'archive compressée téléchargée depuis le site compagnon), 12 fichiers TXT appelés DATA1.TXT, DATA2.TXT, etc. Ils reprennent les températures journalières de 12 stations météorologiques situées en France et proviennent des bases de données librement téléchargeables depuis le site http://www.ecad.eu/.

Avant de répondre aux questions posées dans cet exercice, ouvrez un fichier au hasard. Vous ne pourrez répondre à aucune question de cet exercice si vous n'avez pas compris l'organisation des données dans ces fichiers TXT[25].

1. *Rédigez un premier programme qui construit une table SAS au moyen du fichier DATAx.TXT de votre choix. Attention aux valeurs manquantes ! Celles-ci sont en effet codées* -9999 *dans ces fichiers. Il n'est bien entendu pas question de conserver de telles valeurs dans votre table des températures.*

2. *En mobilisant PROC MEANS, produisez ensuite un rapport qui présentera la température moyenne observée l'année de votre naissance. Son titre devra contenir le nom complet de la station météorologique, ainsi que le pays dans lequel elle se situe. Si vous appliquez votre programme sur une table créée avec un autre fichier TXT, c'est bien sûr le nom de cette autre station météorologique qui devra apparaître dans le titre. En pied de page, vous indiquerez le jour et l'heure exacte à laquelle votre tableau est produit.*

3. *À partir de la table créée pour la question 1, rédigez un programme qui enregistre dans deux macro-variables l'année à laquelle débute la saisie des températures et celle de la dernière température enregistrée (attention aux températures en valeur manquante… ; l'année de la dernière température n'est pas forcément l'année de la dernière observation de votre table).*

4. *Transformez les programmes précédents en un macro-programme. Celui-ci doit contenir deux paramètres : le nom du fichier TXT et l'année pour laquelle la moyenne doit être calculée. Si vous modifiez le nom du fichier ou l'année, il faudra qu'un tableau adapté soit produit. En plus du nom de la station météorologique, le titre du tableau devra indiquer l'année pour laquelle la moyenne a été calculée, celle de la température la plus ancienne et celle de la température la plus récente propres au fichier TXT mobilisé.*

5. *Nous rencontrons un problème avec le macro-programme rédigé pour répondre à la question 3 : si, en paramètre de votre programme, vous indiquez une année pour laquelle il n'y a pas de données, aucun rapport n'est évidemment produit… Modifiez votre macro-programme de façon à ce que celui-ci écrive un message dans le journal dans ce cas-là. Bien entendu, si vous indiquez une année pour laquelle vous disposez de données, le tableau devra être produit.*

---

25. Une fois que vous aurez fait l'effort de comprendre l'organisation des données dans ces fichiers TXT, vous pourrez consulter la section 11.2 afin de vérifier que vous en avez bien saisi les caractéristiques essentielles…

Le message à indiquer dans le journal doit être le suivant :

« Désolé : vous demandez une moyenne pour l'année XXXX. Avec les données fournies, je ne peux produire des moyennes annuelles que pour les années allant de YYYY à ZZZZ. »

Bien entendu, XXXX, YYYY et ZZZZ doivent prendre des valeurs adaptées.

6. *Rédigez un macro-programme qui construira **une table** unique avec les données contenues dans tous les fichiers TXT présents dans le dossier EXOMAC. Pour arriver au résultat souhaité, vous aurez très certainement besoin de construire plusieurs tables (disons 12… puisque vous disposez de 12 fichiers TXT…) avant de les réunir en une table unique. Les variables reprenant les séries de températures devront s'appeler T1, T2, T3, etc. Vous leur donnerez un LABEL reprenant le nom de la station météorologique. Une observation doit reprendre les températures observées à une même date sur l'ensemble des stations météorologiques.*

Ⓐ 10.7 Conserver ses macro-programmes

Les macro-programmes que vous écrivez et compilez sont perdus d'une session à l'autre, de la même manière que les tables, si elles appartiennent à la bibliothèque WORK, sont détruites lorsque vous quittez SAS. Cependant, puisqu'il est possible de sauvegarder vos tables d'une session à l'autre, vous devinez qu'il est également possible de conserver vos macro-programmes.

Les macro-programmes que vous soumettez au cours d'une session sont enregistrés sous leur forme compilée dans un catalogue appelé SASMACR, qui se trouve dans la bibliothèque WORK. C'est cet enregistrement sous une forme compilée qui autorise les exécutions au cours de votre session. Avec SAS 9.4, il est très facile d'explorer le contenu de ce catalogue : allez dans l'onglet *Explorateur*, puis ouvrez *Bibliothèques*, *WORK* et double-cliquez sur le catalogue SASMACR.

Figure 10–4

SAS 9.4 : le catalogue WORK.SASMACR

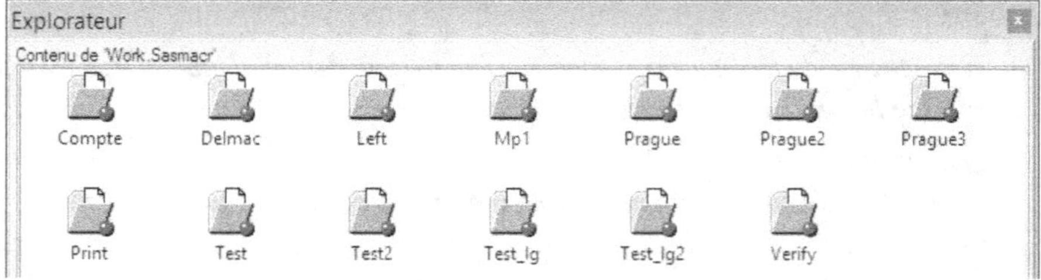

Notez que ce catalogue contient tous les macro-programmes que nous vous avons présentés jusqu'à maintenant, ainsi que deux macro-programmes (LEFT et VERIFY) sur lesquels nous reviendrons dans la section 10.7.3.

Avec SAS EG/Studio/UE, les catalogues n'apparaissent pas lorsque vous explorez le contenu des bibliothèques. Pour explorer le catalogue SASMACR de la bibliothèque WORK, exécutez le programme 10-45.

Programme 10-45

```
PROC CATALOG CATALOG=work.sasmacr ENTRYTYPE=macro;
    CONTENTS;
RUN;
```

En plus des macro-programmes présentés à la figure 10-4, vous en observerez d'autres propres à votre environnement.

Pour sauvegarder vos macro-programmes et les exploiter lors de sessions SAS ultérieures, vous disposez de plusieurs méthodes que nous exposerons dans les sections qui suivent. Elles ont pour objectif de replacer le macro-programme compilé dans le catalogue WORK.SASMACR, afin de permettre à nouveau son exécution. Nous utiliserons dans cette section le macro-programme PRAGUE4 créé par le programme 10-46.

Programme 10-46

```
%MACRO prague4;
    %PUT;
    %PUT %STR(Aujourd%'hui, nous sommes le %LEFT(%QSYSFUNC(Today(),CSYDFWKX.)));
    %PUT;
    %PUT Hezký den !;
    %PUT;
%MEND prague4;
```

Ce macro-programme demande l'affichage d'un message dans le journal : la date en tchèque (voir section 10.4.3.c), ainsi qu'un message souhaitant une bonne journée.

10.7.1 La sauvegarde des macro-programmes dans des fichiers externes

Vous pouvez sauvegarder vos macro-programmes dans des fichiers externes à SAS pour ensuite y faire référence via l'instruction %INCLUDE lors de sessions ultérieures. Pour ce faire, placez le programme 10-46 dans une nouvelle fenêtre *Éditeur* et demandez son enregistrement. **Aucune demande d'exécution ne doit être incluse dans le programme que vous sauvegardez.** Au cours de la session suivante, vous devrez saisir l'instruction suivante :

```
%INCLUDE "C:/intro_sas/macros/prague4.sas" / SOURCE2;
```

L'option SOURCE2 n'est pas obligatoire, mais présente dans le journal le programme qui recrée le macro-programme PRAGUE4 dans sa forme compilée. Votre fenêtre *Journal* affiche les commentaires repris dans le résultat 10-16.

Résultat 10-16 (fenêtre Journal)

```
NOTE: Le fichier %INCLUDE (niveau 1) C:/intro_sas/macros/prague4.sas
      est le fichier C:\intro_sas\macros\prague4.sas.
44   +%MACRO prague4;
45   +%PUT;
46   +%PUT %STR(Aujourd%'hui, nous sommes le %LEFT(%QSYSFUNC(Today(),CSYDFWKX.)));
47   +%PUT;
48   +%PUT Hezký den !;
49   +%PUT;
50   +%MEND prague4;
NOTE: Fin de %INCLUDE (niveau 1).
```

Le macro-programme est donc automatiquement compilé et vous pouvez dès lors demander de nouvelles exécutions. Pour l'utiliser de session en session, placez l'instruction %INCLUDE dans votre fichier AUTOEXEC.SAS (voir section 5.6.5).

10.7.2 L'enregistrement des macro-programmes dans un fichier CATALOG

La méthode exposée dans cette section est propre à SAS 9.4.

Une deuxième façon de conserver un macro-programme est de demander son enregistrement en tant qu'**entrée dans un catalogue**. Si vous en sauvegardez plusieurs, ils doivent tous avoir leur propre entrée. Nous vous conseillons de donner à cette entrée le même nom que celui de votre macro-programme, mais ce n'est pas obligatoire. Pour enregistrer, la fenêtre *Éditeur* doit être active et ne présenter que votre macro-programme, sans demande d'exécution. Alors, avec SAS 9.4 :

* Ouvrez le menu *Fichier* et sélectionnez *Enregistrer sous Objet*.
* Sélectionnez la bibliothèque SASUSER (ou une autre bibliothèque permanente).
* Si le catalogue MESMACROS[26] n'existe pas, créez-le à l'aide du bouton *Créer un nouveau catalogue*.
* Double-cliquez sur le catalogue MESMACROS.
* Indiquez PRAGUE4 comme nom de l'entrée dans le catalogue (vérifiez que la dernière ligne en bas de la fenêtre indique bien *SOURCE entry (SOURCE)*).

Votre macro-programme est dès lors sauvegardé. Si vous souhaitez l'exploiter au cours d'une session ultérieure, vous devrez procéder comme suit :

```
FILENAME recup CATALOG 'sasuser.mesmacros';
%INCLUDE recup(prague4) / SOURCE2;
```

Dans un premier temps, vous créez avec FILENAME une association entre la référence RECUP et le catalogue SASUSER.MESMACROS. Dans un second temps, via une instruction %INCLUDE, vous indiquez que vous souhaitez réactiver le macro-programme PRAGUE4 présent comme entrée du même nom dans le catalogue pointé par RECUP. Si vous exécutez ces instructions, la fenêtre *Journal* affichera de nouveau le résultat 10-16 et vous pourrez demander de nouvelles exécutions de votre macro-programme.

---

26. Vous pouvez nommer ce catalogue comme bon vous semble.

10.7.3 AUTOCALL

Vous pouvez rendre vos macro-programmes accessibles de session en session en tirant parti d'AUTOCALL : il s'agit de définir des emplacements dans lesquels SAS ira chercher automatiquement vos macro-programmes. Dans ce cas, vous n'aurez pas à demander la compilation via %INCLUDE : lorsque vous les appellerez, ils seront compilés automatiquement et enregistrés pour la durée de la session dans votre catalogue WORK.SASMACR.

Vous devez déjà enregistrer, à partir de l'éditeur, le fichier contenant votre macro-programme (sans demande d'exécution) à un emplacement que vous réserverez aux macros AUTOCALL. Le nom de votre fichier doit **impérativement** correspondre à celui de votre macro-programme. Nous avons créé un dossier appelé MPAUTOCALL dans le dossier `C:\intro_SAS` et y avons enregistré le fichier PRAGUE4.SAS.

Pour ensuite exploiter votre macro, vous devez activer deux options globales de SAS : MAUTO SOURCE[27] et SASAUTOS=(). La première vous autorise à utiliser les fonctionnalités offertes par AUTOCALL.

```
OPTIONS MAUTOSOURCE / NOMAUTOSOURCE;
```

Vous ferez appel à NOMAUTOSOURCE si vous ne souhaitez pas recourir aux fonctionnalités offertes par AUTOCALL. Avec l'option globale SASAUTOS=(), vous spécifiez l'emplacement où sont enregistrés les fichiers qui contiennent vos macro-programmes :

```
OPTIONS MAUTOSOURCE SASAUTOS=('C:/intro_SAS/mpautocall', sasautos);
```

L'option SASAUTOS=() demande ici d'ajouter à la liste des emplacements contenant les macro-programmes AUTOCALL livrés avec SAS (mot-clé SASAUTOS), celui qui contient les vôtres. Si vous ne faites que citer votre chemin en argument de l'option SASAUTOS=(), vous ne pourrez plus utiliser les macro-programmes AUTOCALL livrés avec SAS comme %LEFT (utilisé dans notre macro-programme PRAGUE4).

Lorsque vous demanderez l'exécution de votre macro, SAS ira alors automatiquement rechercher dans les emplacements SASAUTOS un fichier portant le même nom que votre macro-programme, compilera le code et l'enregistrera, pour la durée de la session, dans le catalogue WORK.SASMACR.

Avec SAS 9.4, il est très facile d'explorer les emplacements SASAUTOS définis par défaut : il vous suffit, dans l'onglet *Explorateur*, de double-cliquer sur *Raccourcis de fichiers*. Tous les dossiers appelés SASAUTOS qui s'afficheront alors contiennent des macro-programmes AUTOCALL[28] et vous constaterez qu'ils sont extrêmement nombreux.

À partir de SAS EG/Studio, il n'est pas possible d'explorer les dossiers SASAUTOS comme avec SAS 9.4. Vous connaîtrez cependant les chemins de ces dossiers en explorant le fichier de configura-

---

27. Cette option est généralement activée par défaut.

28. Si le dossier *Raccourcis de fichiers* est vide, soumettez l'instruction suivante pour voir les dossiers SASAUTOS :
    `%LET x=%LEFT( abcd);.`

tion SASV9.CFG (voir section 5.6.4). Avec SAS UE, il est impossible d'explorer les dossiers SASAUTOS.

Parmi les macro-programmes AUTOCALL, on trouve LEFT, que nous avons ouvert avec l'éditeur SAS et reproduit dans le programme 10-47.

Programme 10-47

```
%macro left(text);
%*************************************************************************;
%*   MACRO: LEFT                                                        *;
%*                                                                      *;
%*   USAGE: 1) %left(argument)                                          *;
%*                                                                      *;
%*   DESCRIPTION:                                                       *;
%*     This macro returns the argument passed to it without any         *;
%*     leading blanks in an unquoted form. The syntax for its use       *;
%*     is similar to that of native macro functions.                    *;
%*                                                                      *;
%*     Eg. %let macvar=%left(&argtext)                                  *;
%*                                                                      *;
%*   NOTES:                                                             *;
%*     The %VERIFY macro is used to determine the first non-blank       *;
%*     character position.                                             *;
%*************************************************************************;
%local i;
%if %length(&text)=0 %then %let text=%str( );
%let i=%verify(&text,%str( ));
%if &i %then %substr(&text,&i);
%mend;
```

Tous les macro-programmes AUTOCALL livrés avec SAS sont organisés de cette manière : en premier lieu vient un texte expliquant le fonctionnement de la macro, suivi du programme proprement dit. %LEFT fait ainsi appel à %VERIFY, autre macro-programme AUTOCALL. Lors de la section 10.4.3.c, et pour faire suite à notre désir de voir s'afficher la date du jour en tchèque, nous avons fait appel à %LEFT (et donc à %VERIFY) : il est normal de retrouver ces deux macro-programmes sous leur forme compilée dans le catalogue WORK.SASMACR (voir figure 10-4).

Exercice 10.9 – Regardez de nouveau le programme 10-47. Vous constaterez la présence d'une instruction %LOCAL I. Expliquez pourquoi cette instruction est extrêmement importante (relisez au besoin la section 10.6.3).

Exercice 10.10 – Transformez le macro-programme DELMAC (programme 10-7, section 10.2.4) en AUTOCALL. Modifiez votre fichier AUTOEXEC.SAS de façon à ce que ce macro-programme puisse être exécuté de session en session.

10.7.4 Les macro-programmes compilés

SAS vous permet d'enregistrer vos macro-programmes sous leur forme compilée. Privilégiez cette procédure si vous ne souhaitez pas que les utilisateurs de votre macro-programme puissent le modifier. Dans les trois sections précédentes, les programmes qui génèrent les macro-programmes peuvent en effet toujours être consultés (et modifiés), car ils sont nécessaires à la compilation précédant les exécutions.

Vous emploierez deux options globales si vous souhaitez enregistrer vos macro-programmes sous une forme compilée : MSTORED et SASMSTORE=.

```
OPTIONS MSTORED / NOMSTORED;
```

NOMSTORED est la valeur de l'option globale par défaut. Si vous souhaitez pouvoir enregistrer vos macro-programmes sous une forme compilée, vous devez activer cette possibilité via MSTORED.

```
OPTIONS SASMSTORE=votre_bibliothèque;
```

Indiquez ici le nom d'une bibliothèque qui contient (ou contiendra) un fichier catalogue qui doit **obligatoirement** s'appeler SASMACR. Une fois les options globales MSTORED et SASMTORE= activées, pour enregistrer votre macro-programme sous sa forme compilée, vous devez lui ajouter l'option STORE :

```
%MACRO prague4 / STORE DES='texte' SOURCE;
```

L'option DES= (facultative) autorise l'ajout d'un texte (256 caractères au maximum) descriptif de votre macro-programme. Avec l'option facultative SOURCE, vous enregistrez une sauvegarde du programme source[29]. S'il n'existe pas de catalogue SASMACR dans la bibliothèque pointée pas SASMSTORE, il sera automatiquement créé lorsque vous demanderez la compilation de votre macro-programme.

Vous pourrez ensuite consulter ce programme avec l'instruction suivante :

```
%COPY prague4 /SOURCE LIBRARY=votre_bibliothèque;
```

Lors d'une session ultérieure, pour accéder à votre macro-programme sous sa forme compilée, vous devrez :
* à nouveau affecter une bibliothèque à l'emplacement auquel se trouve le catalogue SASMACR ;
* employer les options globales MSTORED et SASMSTORE=votre_bibliothèque.

Vous pourrez alors demander l'exécution de votre macro-programme.

10.7.5 L'ordre d'exécution des macro-programmes

Nous avons vu dans cette section les divers moyens dont vous disposez pour utiliser votre macro-programme d'une session SAS à l'autre. Comme ce dernier peut être sauvegardé à différents endroits, il est important de connaître l'ordre que suit SAS pour le rechercher.

SAS regarde en premier s'il se trouve sous la forme d'une entrée dans le catalogue WORK.SASMACR, puis s'il est présent sous une forme compilée dans un catalogue d'une bibliothèque permanente[30] et enfin s'il est stocké dans un emplacement AUTOCALL. S'il ne le trouve à aucun de ces endroits, la fenêtre *Journal* affichera le message suivant :

---

29. Attention : si vous ne disposez de votre macro-programme que dans sa forme compilée, il vous sera absolument impossible de retrouver le programme source.
30. Uniquement si les options MSTORED et SASMSTORE= ont été activées.

```
1375  %macroquinexistepas
WARNING: Apparent invocation of macro MACROQUINEXISTEPAS not resolved.
```

Enfin, vous aurez noté que la sauvegarde et l'utilisation ultérieure de vos macro-programmes nécessitent le recours à des options globales. Nous vous invitons à les préciser dans votre AUTOEXEC.SAS (voir section 5.6.5) afin d'éviter d'avoir à le faire au début de chaque session.

Ce chapitre doit être considéré comme une simple introduction au langage macro de SAS. De nombreux éléments restent absents de notre exposé et il conviendra d'approfondir vos connaissances par la suite, lorsque vous aurez une bonne maîtrise des concepts de base. Vous consulterez par exemple les ouvrages suivants :

📖 BURLEW, Michelle M., *SAS® macro programming made easy, third edition*, Cary, NC : SAS Institute Inc, 386 pages, ISBN# 978-1-61290-693-5, juin 2014.

📖 CARPENTER, Art, *Carpenter's complete guide to the SAS macro language, third edition*, Cary, NC : SAS Institute Inc, 540 pages, ISBN# 978-1-62959-268-8, août 2016.

📖 VIRGILE, Robert, *SAS macro language magic : discovering advanced techniques*, Cary, NC : SAS Institute Inc, 162 pages, ISBN# 978-1-61290-710-9, août 2013.

11

Un cas pratique

L'objet de ce dernier chapitre est de présenter un cas pratique que nous allons résoudre en mobilisant les nombreuses connaissances apportées dans cet ouvrage.

Nous allons exploiter les outils étudiés aux chapitres 1 et 2 pour créer un certain nombre de tables. Nous construirons de nouvelles variables (chapitre 3) et fusionnerons les tables (chapitre 4). Nous les organiserons (chapitre 5), utiliserons des procédures (chapitre 6) et construirons un graphique (chapitre 7). PROC SQL (chapitre 9) et les outils de la macro-programmation (chapitre 10) seront essentiels à l'ensemble des tâches requises pour ce cas pratique.

Afin de vous montrer que votre découverte de SAS n'est pas encore terminée, nous vous présenterons aussi quelques possibilités qu'offre le progiciel et que nous n'avons pas encore examinées.

11.1 Énoncé du problème

Vous êtes très sensible aux problèmes environnementaux et particulièrement au réchauffement climatique. Vous vous êtes renseigné sur le sujet et, au cours de vos recherches sur Internet, vous avez découvert un très intéressant graphique sur le site de l'EPA *(United States Environment Protection Agency)* :

https://19january2017snapshot.epa.gov/climate-indicators/climate-change-indicators-us-and-global-temperature_.html

Ce graphique mesure le réchauffement climatique sur la période 1901-2015. Chaque année est représentée par une barre dont la hauteur est proportionnelle à la différence entre la température moyenne observée cette année-là et celle constatée sur la période 1901-2000.

Vous vous êtes alors souvenu que, parmi les tables utilisées lors de votre apprentissage de SAS avec cet ouvrage, se trouve la table PRAGUE. Elle contient des données de températures journalières pour la période 1775-2017 et peut certainement vous aider à produire un graphique montrant si, à un niveau local, le réchauffement climatique a eu des conséquences sur les températures enregistrées.

Pour construire ce premier graphique, vous avez repris la table PRAGUE2 issue du programme 10-34 et rédigé le programme suivant :

Programme 11-1

```
PROC MEANS DATA=prague2 NOPRINT;
   CLASS date;
   FORMAT date YEAR4.;
   WAYS 1;
   VAR temp;
   OUTPUT OUT=mprague MEAN=moy_a;
   WHERE YEAR(date)>=1900;
RUN;

PROC SQL NOPRINT;
   SELECT MEAN(temp) INTO :mtemp
      FROM prague
      WHERE 1900<=YEAR(date)<=2000;
QUIT;

DATA mprague2;
   SET mprague;
   ecart=moy_a-&mtemp;
   annee=YEAR(date);
   group=(ecart>0);
   KEEP annee ecart group;
RUN;

DATA _NULL_;
   SET mprague2 END=last;
   compte1+(annee<=2000)*(ecart>0);
   compte2+(annee<=2000)*(ecart<0);
   compte3+(annee>2000)*(ecart>0);
   compte4+(annee>2000)*(ecart<0);
   IF last THEN DO ;
      CALL SYMPUTX("c1",compte1);
      CALL SYMPUTX("c2",compte2);
      CALL SYMPUTX("c3",compte3);
      CALL SYMPUTX("c4",compte4);
   END;
RUN;
```

```
ODS GRAPHICS / RESET BORDER=OFF ;
TITLE "Écart entre la température moyenne observée pour une année";
TITLE2 "et la température moyenne observée sur la période 1900-2000 - Prague.";
FOOTNOTE "L'écart est positif à &c1 reprises et négatif à &c2 reprises entre 1900 et 2000.";
FOOTNOTE2 "Sur la période 2001-2017, l'écart a été positif à &c3 reprises et n'a jamais été
négatif.";
FOOTNOTE3 H=8pt J=left 'Source : Klein Tank, A.M.G., et al., 2002. "Daily dataset of 20th-
century surface air temperature and precipitation series for the European Climate
Assessment", International Journal of Climatology, 22, 1441-1453.';

PROC SGPLOT DATA=mprague2 NOAUTOLEGEND;
   REFLINE 2000 / AXIS=x;
   NEEDLE X=annee Y=ecart / GROUP=group LINEATTRS=(THICKNESS=2pt);
   LABEL ecart="Écart (degrés Celcius)";
   XAXIS DISPLAY=(NOLABEL);
RUN;
```

Ce programme comporte cinq phases. Au cours de la première, grâce à PROC MEANS, vous construisez une table qui contient les températures moyennes annuelles pour la période 1900-2017. Lors de la deuxième phase, avec PROC SQL, vous stockez dans la macro-variable MTEMP la température moyenne observée pour la période 1900-2000. L'étape DATA de la troisième phase construit la variable ECART égale, pour chaque année, à la différence entre la température moyenne observée pour l'année et celle observée pour la période 1900-2000. La quatrième étape, DATA _NULL_, crée quatre macro-variables qui mesurent le nombre de fois où les écarts ont été positifs (resp. négatifs) en fonction des périodes (avant ou après 2000). La cinquième étape est celle de la construction de votre graphique. Vous avez apporté un soin particulier aux instructions globales TITLE et FOOTNOTE afin de le rendre aussi parlant que possible (résultat 11-1).

Résultat 11-1

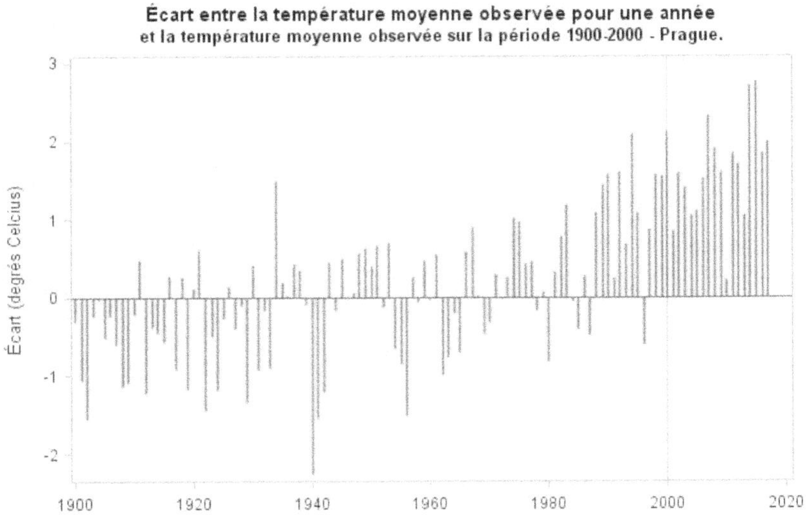

Vous êtes satisfait de votre graphique et le transmettez à un de vos amis que vous savez climato-sceptique. Il regarde votre graphique et vous répond : « Oui, c'est intéressant, mais c'est beaucoup trop local pour être généralisé. Une hirondelle ne fait pas le printemps… Les températures enregistrées à Prague se sont peut-être élevées, mais qu'en est-il dans les autres villes d'Europe ? Il est possible que les données relatives à d'autres stations météorologiques ne montrent pas ce résultat ».

Piqué, vous décidez de mobiliser le plus de données possible afin de voir si, globalement en Europe, cette élévation de la température moyenne peut aussi être mise en évidence.

⊕ 11.2 Les données

Les données utilisées pour construire la table PRAGUE (ainsi que celles mobilisées par l'exercice 10.8) proviennent d'une base de données beaucoup plus vaste, que vous pouvez consulter et télécharger en allant sur le site http://www.ecad.eu/. Vous êtes libre d'utiliser les données proposées sur ce site, à condition d'en citer la source.

En suivant ce lien, vous accédez à une page sur laquelle plusieurs bases de données sont proposées au téléchargement :

http://www.ecad.eu/dailydata/predefinedseries.php

Nous utilisons les données Blended de températures moyennes[1]. Téléchargez maintenant le fichier ZIP en cliquant sur le lien *Daily Mean Temperature TG*. Tous les fichiers de cette archive doivent être décompressés et placés dans le dossier RC11 :

```
C:/intro_SAS/RC11
```

Vous y trouverez plus de 3 900 fichiers (3 939 au moment de la rédaction de ce chapitre). Tous, sauf trois, portent un nom dont la structure est TG_STAID0xxxxx.txt. Les trois derniers fichiers contiennent des données que nous ne mobiliserons pas.

Chaque fichier TXT présente les températures moyennes journalières observées sur une période plus ou moins longue. Les séries les plus anciennes débutent au 1ᵉʳ janvier 1756 (par exemple, TG_STAID000010.txt – Stockholm).

Les fichiers TXT ont tous une structure identique (résultat 11-2).

---

1. Les séries Blended peuvent contenir des données en provenance de plusieurs stations météorologiques peu éloignées, pour constituer une série complète.

Résultat 11-2 (fenêtre FSLIST)

```
       ----|----10---|----20---|----30---|----40---|----50---|----60---|----70---|----80---|----90---|----100--|----110--|-
00001 EUROPEAN CLIMATE ASSESSMENT & DATASET (ECA&D), file created on: 11-03-2018
00002 THESE DATA CAN BE USED FOR NON-COMMERCIAL RESEARCH AND EDUCATION PROVIDED THAT THE FOLLOWING SOURCE IS ACKNOWLEDGED:
00003
00004 Klein Tank, A.M.G. and Coauthors, 2002. Daily dataset of 20th-century surface
00005 air temperature and precipitation series for the European Climate Assessment.
00006 Int. J. of Climatol., 22, 1441-1453.
00007 Data and metadata available at http://www.ecad.eu
00008
00009 FILE FORMAT (MISSING VALUE CODE = -9999):
00010
00011 01-06 STAID: Station identifier
00012 08-13 SOUID: Source identifier
00013 15-22 DATE : Date YYYYMMDD
00014 24-28 TG   : Mean temperature in 0.1 &#176;C
00015 30-34 Q_TG : quality code for TG (0='valid'; 1='suspect'; 9='missing')
00016
00017 This is the blended series of station LINKOEPING-MALMSLAETT, SWEDEN (STAID: 5)
00018 Blended and updated with sources:8909 8910 35825 902562
00019 See files sources.txt and stations.txt for more info.
00020
00021 STAID, SOUID,     DATE,    TG, Q_TG
00022      5,   8909,19310101,     5,    0
00023      5,   8909,19310102,    14,    0
00024      5,   8909,19310103,     2,    0
00025      5,   8909,19310104,   -15,    0
00026      5,   8909,19310105,   -36,    0
00027      5,   8909,19310106,   -49,    0
```

Sur la 17e ligne, on trouve systématiquement le nom de la station météorologique, ainsi que le pays dans lequel celle-ci se situe. Les données proprement dites commencent à la ligne 22 et contiennent cinq informations : l'identifiant de la station, celui de la source, la date du relevé, la température mesurée en dixièmes de degrés et un code indicatif de la qualité de l'observation (0 pour valide, 1 pour suspecte et 9 pour valeur manquante). Les valeurs manquantes des températures sont saisies au moyen de la valeur –9999.

Les programmes que nous proposons dans ce chapitre consistent à sélectionner un ensemble de stations ayant certaines caractéristiques, afin de construire un graphique proche du résultat 11-1. Nous souhaitons cependant généraliser l'approche en calculant, dans un premier temps et pour chaque station météorologique, des écarts entre les températures moyennes annuelles et une température moyenne déterminée sur une période plus longue, comme nous l'avons fait pour les données relatives à Prague. Dans un second temps, nous calculons, pour chaque année, les moyennes des écarts obtenus pour chaque station. Notre graphique représentera ces moyennes d'écarts par année.

11.3 Construire une méta-table

Il n'est absolument pas question de construire une table unique à partir des 3 939 fichiers TXT à notre disposition. Celle-ci contiendrait en effet les 3 939 variables de températures de nos 3 939 stations météorologiques, ce qui serait parfaitement inutile : la donnée la plus ancienne date du 1er janvier 1756 et la plus récente du 28 février 2018 (au moment de la rédaction). Une table contenant les 3 939 séries de températures aurait donc un nombre d'observations égal au nombre de jours qui séparent ces deux dates : 95 752. Nous aurions aussi besoin d'y inclure une variable DATE. La table devrait alors contenir (3 939 + 1) × 95 752 = 337 262 880 modalités.

Ce nombre de modalités pourrait vous sembler élevé, mais il est en réalité « presque » faible par rapport aux tables que gèrent quotidiennement les entreprises qui utilisent SAS. Ce qui nous pose en fait problème, c'est que cette table complète serait dans une très grande proportion remplie de valeurs manquantes puisque les séries ne débutent pas toutes en 1756. On ne compte en réalité « que » 70 708 495 données valides de températures dans nos fichiers.

Afin de réaliser notre graphique, nous avons décidé de construire une méta-table : celle-ci contiendra des informations sur les tables que nous sommes susceptibles de construire grâce aux 3 939 fichiers TXT. Elle contiendra autant de lignes que l'on compte de fichiers. Les variables présentes dans cette table constitueront les informations que nous utiliserons pour sélectionner les fichiers mobilisés ensuite pour construire notre graphique. La méta-table doit contenir les informations suivantes :

- le nom du fichier TXT ;
- le nom de la station météorologique ;
- le pays dans lequel se situe cette station ;
- la date de la première observation ;
- la date de la dernière observation non manquante ;
- le nombre de températures valides depuis 1900 ;
- le nombre de températures suspectes depuis 1900 ;
- le nombre de températures manquantes depuis 1900.

Nous souhaitons bien entendu mettre en place une programmation efficace et rapide pour construire cette méta-table (programme 11-2).

Programme 11-2

```
OPTIONS NONOTES;
%LET debut=%SYSFUNC(TIME());
%LET chemin="C:\intro_SAS\rc11\";
%LET rep=%BQUOTE(")C:\intro_SAS\rc11\*.txt%BQUOTE(");
LIBNAME lib &chemin;
FILENAME liste PIPE "dir &rep  /b /s ";
DATA lib.meta(DROP=q_tg date2);
   INFILE liste TRUNCOVER LRECL=36;
   INPUT fichier $36.;
   LENGTH  txt $ 18 date1 date2 date3 valid suspect miss 4;
   IF FIND(fichier,'TG_STAID')>0 THEN DO;
      INFILE parcours FILEVAR=fichier
                      DLM=", "
                      FIRSTOBS=17
                      END=termine
                      LRECL=120;
      INPUT  @ "station " station & $38. pays :$12.
             ///// @15 date1 YYMMDD8. @;
      txt=SUBSTR(fichier,LENGTH(&chemin)+1,18);
      CALL MISSING(valid,suspect,miss);
      DO UNTIL (termine);
         INPUT @15 date2 YYMMDD8. @34 q_tg $1.;
         IF YEAR(date2)>=1900 THEN DO;
            valid+(q_tg='0');
            suspect+(q_tg='1');
            miss+(q_tg='9');
```

```
            IF q_tg NE '9' THEN date3=date2;
          END;
        END;
        OUTPUT;
    END;
RUN;
OPTIONS NOTES;
%LET fin=%SYSFUNC(TIME());
%LET duree=%SYSEVALF(&fin.-&debut.);
%PUT Durée d'exécution : &duree.;
```

Les plus de 70 millions d'observations contenues dans les 3 939 fichiers TXT sont traitées sur notre ordinateur portable et avec SAS 9.4M5 en moins de 1 minute[2]. Nous n'avons mobilisé aucune option autre que celles présentées par ce programme. Le temps d'exécution a été calculé au moyen des macro-variables DEBUT, FIN, puis DUREE.

Le programme débute par une instruction globale OPTIONS et demande l'application de l'option globale NONOTES : le journal ne présentera ainsi plus aucune note au cours de l'exécution du programme.

Ce dernier présente cependant une structure particulière qu'il nous faut expliquer. L'essentiel du programme se fonde en effet sur l'instruction globale FILENAME et l'utilisation de PIPE, que nous n'avons pas traité au cours du chapitre 2.

Avec PIPE, vous faites appel à un programme extérieur et redirigez son résultat vers SAS. Les instructions qui s'adressent au programme extérieur sont précisées à la suite de PIPE, entre quotes. DIR est une commande DOS qui liste les fichiers contenus dans un répertoire[3]. C'est cette liste de fichiers qui est envoyée à SAS et que nous utilisons avec la première instruction INFILE de l'étape DATA.

Dans la définition de la macro-variable REP, vous noterez que le texte qui précise l'emplacement et le type de fichier à répertorier est encadré par :

```
%BQUOTE(")
```

Nous n'en avons pas besoin ici, mais cet encadrement est obligatoire si le chemin cite des dossiers dont les noms contiennent des espaces (« intro SAS » au lieu de « intro_SAS »).

Lorsque l'étape DATA débute, la première instruction INFILE indique les données extérieures mobilisées pour construire une table SAS – dans notre cas, il s'agit d'un PIPE. L'instruction INPUT qui suit place dans l'INPUT BUFFER le chemin complet vers le premier fichier de la liste :

```
C:\intro_SAS\rc11\TG_STAID000001.txt
```

Cette chaîne contient 36 caractères : la longueur de la variable FICHIER est donc fixée à 36 au moyen de l'INFORMAT $36.. La taille de l'INPUT BUFFER est précisée grâce à l'option LRECL= et est aussi égale à 36.

---

2. Le temps d'exécution de ce programme dépend bien entendu de l'ordinateur que vous utilisez et de votre version de SAS.

3. Si vous souhaitez visualiser la liste de fichiers qui va être envoyée à SAS, démarrer l'application Windows Invite de commandes, puis tapez l'instruction suivante, parfaitement identique à celle envoyée via PIPE : dir C:\intro_SAS\rc11*.txt /b /s. Vous verrez alors défiler sur votre écran tous les fichiers TXT contenus dans le répertoire.

Ce chemin est enregistré dans une variable caractère appelée FICHIER[4] qui n'apparaîtra pas dans la table META créée par le programme, mais que vous pouvez utiliser lors de l'exécution de ce dernier. L'instruction LENGTH qui suit précise la longueur d'un ensemble de variables : nous accordons à chacune d'entre elles la longueur minimale qui va permettre l'enregistrement des modalités. Toutes les variables numériques sont entières et auront des valeurs inférieures à 2 097 152 (voir sections 3.1.3 et 5.5.2.a) : nous demandons donc qu'elles soient enregistrées sur quatre octets. La variable TXT va contenir le nom complet du fichier TXT. TG_STAID0xxxxx.txt contient 18 caractères : nous réservons 18 octets à cette variable[5].

L'instruction IF qui suit vérifie que le nom du fichier contient bien la chaîne de caractères TG_STAID. Si c'est le cas, une nouvelle instruction INFILE intervient.

Le mot qui suit cette nouvelle instruction INFILE n'a aucune importance, bien qu'il soit obligatoire. Nous utilisons ensuite l'option FILEVAR= indiquant à SAS que le nom du fichier qu'il va devoir considérer pour créer une table est pour l'instant modalité d'une variable (il s'agit bien entendu de la variable FICHIER). Nous mobilisons les options END= et DLM= afin de préciser que les séparateurs de champs sont l'espace et la virgule. Via l'option FIRSTOBS=, nous précisons que la 17ᵉ ligne est la première ligne du fichier à considérer. La longueur de l'INPUT BUFFER dans lequel vont transiter les enregistrements des fichiers TXT est fixée à 120[6].

Regardez de nouveau le résultat 11-1. Vous constatez que le nom de la station météorologique, ainsi que celui du pays, apparaît sur la 17ᵉ ligne :

```
This is the blended series of station VAEXJOE, SWEDEN (STAID: 1)
```

Grâce à l'instruction INPUT, nous enregistrons le nom présenté après le mot `station`. L'enregistrement cesse lorsque deux séparateurs de champs sont observés (`&` `$38.`). Vous comprenez maintenant pourquoi nous avons spécifié deux séparateurs de champs au moyen de l'option DLM= : le nom de la station est toujours suivi d'une virgule, puis d'un espace avant que ne commence le champ qui correspond au nom du pays, enregistré dans la variable PAYS.

On saute ensuite cinq enregistrements (/////) pour arriver sur la 22ᵉ ligne du fichier TXT. C'est à partir de là que débutent les données proprement dites.

On demande à SAS de se rendre en 15ᵉ colonne (@15) : il observe alors la première date pour laquelle on dispose de données pour cette station météorologique (variable DATE1). L'option @ (voir section 2.4.3) clôt cette instruction INPUT : nous reprendrons donc la lecture de l'enregistrement présent dans l'INPUT BUFFER grâce à une nouvelle instruction INPUT.

---

4. Attention : si les fichiers TXT ne sont pas enregistrés à l'emplacement que nous vous avons indiqué, vous aurez très certainement à modifier l'INFORMAT spécifié pour la variable FICHIER. Le chemin complet nécessite 36 caractères et c'est pour cette raison que nous avons utilisé l'INFORMAT $36..

5. Vous pouvez encore optimiser ce programme en n'enregistrant que les caractères 10 à 14 du nom du fichier, les caractères 1 à 10 (TG_STAID0) puis 15 à 18 (.txt) étant invariants sur tous les fichiers qui nous intéressent.

6. Même si nous spécifions une option LRECL= pour chaque instruction INFILE, il n'existe en réalité qu'un seul INPUT BUFFER dont la taille est égale à la valeur maximale des valeurs données à LRECL=. En spécifiant deux options LRECL=, dont une inutile, nous souhaitons attirer votre attention sur l'importance que peut avoir la taille de l'INPUT BUFFER dans l'optimisation de vos programmes.

La phase que nous venons de décrire est délicate. Nous vous invitons à prendre votre temps afin de bien la comprendre avant de passer à la suite du programme.

À la suite de l'instruction INPUT, la variable TXT qui contient le nom du fichier de données utilisé est construite. La routine CALL MISSING (voir section 3.2.6) est ensuite appelée pour mettre en valeur manquante les variables VALID, SUSPECT et MISS : comme nous allons le voir, ces variables sont construites au moyen d'incrémentations. Si vous ne les remettez pas en valeur manquante à chaque exécution du programme, l'incrémentation se poursuivra de fichier en fichier.

Intervient ensuite une boucle DO UNTIL qui exécute un ensemble d'instructions jusqu'à ce que SAS arrive à la dernière ligne du fichier TXT.

```
DO UNTIL (termine);
```

TERMINE est le marqueur associé à cette dernière ligne – vous comprenez maintenant la raison de l'option END= utilisée dans la seconde instruction INFILE.

À l'intérieur de la boucle, nous reprenons la lecture des enregistrements au moyen d'une instruction INPUT. Au terme de l'INPUT précédente, nous en étions à la 22e ligne du fichier TXT. Cette instruction se terminait par @ : nous reprenons donc la lecture de cette 22e ligne et demandons au pointeur de se placer en 15e colonne (@15) pour enregistrer la première modalité de DATE2. Nous nous déplaçons ensuite en 34e colonne pour enregistrer, dans une variable caractère de longueur 1, l'information relative à la qualité de la mesure de température.

Cette longueur 1 donnée à la variable Q_TG poursuit notre travail de minimisation de la taille du PDV entamé avec l'instruction LENGTH et de la spécification des INFORMAT des variables caractères « au plus court ».

Les nombres de données valides, suspectes et manquantes sont construits au moyen d'incrémentations à l'intérieur de la boucle DO UNTIL. Il n'y a incrémentation que si l'année d'observation de la température est supérieure à 1900. Voici la forme adoptée pour effectuer ces incrémentations dans le programme :

```
valid+(q_tg='0');
```

La variable DATE3 enregistre la date de la dernière valeur non manquante[7].

Tous les enregistrements du fichier TXT sont ainsi examinés les uns après les autres et on sort de la boucle lorsque la dernière ligne du fichier a été traitée. Nous disposons à ce moment-là, dans le PDV, de toutes les informations souhaitées. L'instruction OUTPUT crée alors l'observation qui, dans la table META, résume les caractéristiques des données propres au premier fichier. SAS remonte ensuite au début du programme (voir section 3.1) et le traitement des enregistrements contenus dans le deuxième fichier peut commencer.

Le résultat 11-3 présente un extrait de la table META.

---

7. Étant donnée la forme prise par notre instruction ici, il est possible que la dernière donnée de température non manquante soit en fait une donnée suspecte (si Q_TG n'est pas égal à 9, il peut être égal à 0 – donnée valide – ou à 1 – donnée suspecte). Il existe en fait très peu de données suspectes et nous avons choisi de ne pas leur accorder ici une attention particulière.

Résultat 11-3 (extrait)

Obs.	txt	date1	date3	valid	suspect	miss	station	pays
1	TG_STAID000001.txt	01/01/1918	30/11/2006	32135	2	4447	VAEXJOE	SWEDEN
2	TG_STAID000002.txt	01/01/1918	05/02/2018	36386	0	198	FALUN	SWEDEN
3	TG_STAID000003.txt	01/01/1918	17/12/2004	31750	0	4834	STENSELE	SWEDEN
4	TG_STAID000004.txt	01/01/1931	28/02/2018	31774	0	62	LINKOEPING	SWEDEN

11.4 Produire le graphique

Nous ne pouvons pas utiliser toutes les données contenues dans les fichiers TXT pour construire notre graphique. En effet, certaines stations météorologiques présentent trop de valeurs manquantes, les enregistrements de températures ne débutent pas tous à la même date et, pour certaines stations, ceux-ci ne sont plus effectués depuis un certain temps.

Les données contenues dans la table META vont nous aider à sélectionner les stations météorologiques à garder. La table nécessaire à la construction du graphique et le graphique lui-même sont produits au moyen d'un macro-programme. Nous y spécifions les conditions d'appartenance aux données traitées par le graphique au moyen de paramètres.

Les conditions vont porter sur deux aspects :

- ADEB : année de début. On ne conserve un fichier TXT que si l'année du début d'observation des températures (DATE1) est inférieure ou égale au paramètre ADEB.
- TXMISS : taux de valeurs manquantes. On sélectionne un fichier particulier si le taux de valeurs manquantes depuis 1900 est inférieur à une certaine valeur.

Un troisième paramètre est ajouté :

- AMOY : les écarts se calculent par rapport à une température moyenne calculée sur la période débutant à l'année spécifiée par ADEB et AMOY (2000 dans le cas du résultat 11-1).

Le graphique construit présente, par année, une moyenne des écarts à la moyenne pour une période allant de ADEB jusqu'à la dernière année pour laquelle on dispose d'une série complète de températures.

Le programme est assez long. Nous l'avons scindé en quatre parties.

Programme 11-3 (1re partie – macro-programme RC)

```
%MACRO rc(adeb=,txmiss=,amoy=);
OPTIONS NONOTES;
ODS _ALL_ CLOSE;

PROC SQL NOPRINT;
    SELECT MDY(12,31,YEAR(MAX(date3+1))-1) INTO :dfin FROM lib.meta;
QUIT;

%GLOBAL nfic ndata;
```

```
DATA _NULL_;
  SET lib.meta(WHERE=(valid/SUM(valid,suspect,miss)>1-&txmiss
                      AND YEAR(date1)<=&adeb
                      AND date3>=&dfin))
              END=last;
  CALL SYMPUTX(COMPRESS("fic"||_n_),txt);
  IF LAST THEN DO ;
     CALL SYMPUTX('nfic',_n_);
     CALL SYMPUTX('ndata',PUT(_n_*(&dfin-MDY(1,1,&adeb)),COMMAX12.0));
  END;
RUN;
```

Nous utilisons à nouveau l'option globale NONOTES[8]. Toutes les destinations ODS sont fermées.

La dernière année présentée sur le graphique doit être complète : on ne la représente pas si on ne dispose de températures que pour quelques mois.

Avec PROC SQL, nous déterminons la date du « dernier » 31 décembre de nos données pour placer cette date dans une macro-variable DFIN. Il nous faut comprendre l'instruction suivante :

```
MDY(12,31,YEAR(MAX(date3+1))-1)
```

Nous sélectionnons dans un premier temps la valeur maximale de DATE3 augmentée de 1. Dans la table META, DATE3 indique, pour chaque fichier, la dernière date d'observation d'une température valide.

Si cette date est le 28 février 2018, en ajoutant un jour, nous obtenons le 1er mars 2018. La fonction YEAR nous donne l'année de cette date (2018). Nous diminuons cette année de 1 pour obtenir 2017 et la fonction MDY (voir section 3.2.5.a) nous fournit la valeur 21 184 qui correspond au 31 décembre 2017.

Cela peut vous sembler compliqué mais une telle forme est nécessaire pour gérer une dernière date d'observation valide correspondant à un 31 décembre.

L'instruction %GLOBAL (voir section 10.6.3) demande que les macro-variables NFIC et NDATA créées soient globales ; elles resteront donc utilisables après l'exécution du macro-programme (nous les utiliserons dans le programme 11-7).

Dans l'étape DATA _NULL_ qui suit, nous déterminons les fichiers TXT à utiliser pour construire le graphique. Les conditions sont spécifiées par une option de table WHERE= appliquée à la table META construite par le programme 11-2. La première condition vérifie que la proportion de températures valides est supérieure à 1 diminué du taux de valeurs manquantes spécifié en paramètre du macro-programme. La deuxième condition vérifie que les données débutent une année inférieure ou égale à l'année spécifiée par ADEB. La troisième condition vérifie que les données de température sont bien renseignées au moins jusqu'au 31 décembre qui précède la dernière mise à jour.

---

8. Vous ne devez mobiliser cette option que lorsque vous êtes certain de la validité de votre programme. Arrivé à ce stade de votre apprentissage de SAS, vous savez que le journal est important et que, si vous ne le lisez pas, il vous est impossible de corriger un programme qui ne fonctionnerait pas comme vous le souhaiteriez.

Nous enregistrons ensuite, dans une série de macro-variables FICxx, les noms des fichiers retenus. NFIC indique le nombre de stations météorologiques mobilisées pour construire notre graphique. Nous enregistrons enfin, dans NDATA, le nombre exact de données de température que nous allons utiliser : nombre de jours entre le 1er janvier de l'année qui débute la période d'observation et le 31 décembre qui précède la dernière mise à jour des données, multiplié par le nombre de stations météorologiques retenues mesuré au moyen de _N_.

Avec la fonction PUT, nous demandons que ce nombre soit présenté avec le FORMAT COMMAX12.0. Les macro-variables construites par cette étape DATA _NULL_ sont utilisées dans la suite du programme, mais aussi pour construire les titres et pieds de page de notre graphique.

Programme 11-4 (2e partie – macro-programme RC)

```
%DO i=1 %TO &nfic;

DATA temp;
   INFILE "c:\intro_sas\rc11\&&fic&i" DSD FIRSTOBS=22 LRECL=120 END=last;
   INPUT @15 date :YYMMDD. temp :10.1;
   IF temp=-999.9 THEN temp=.;
   nmiss+(MISSING(temp))*(&adeb<=YEAR(date)<=YEAR(&dfin));
   IF LAST THEN CALL SYMPUTX("nmiss",nmiss);
   IF &adeb<=YEAR(date)<=YEAR(&dfin);
RUN;

%IF &nmiss > 0 %THEN %DO;
   %PUT on va remplacer : &nmiss valeurs manquantes dans &&fic&i;
   PROC MEANS DATA=temp NOPRINT;
      CLASS date;
      WAYS 1;
      VAR temp;
      FORMAT date JULDAY3.;
      OUTPUT OUT=medii MEDIAN=med;
   RUN;

   DATA _NULL_;
      SET medii;
      CALL SYMPUT(COMPRESS('medj'||_N_),med);
   RUN;

   DATA temp;
      SET temp;
      IF MISSING(temp)=1 THEN
      temp=SYMGET(COMPRESS('medj'||PUT(date,JULDAY3.)));
   RUN;
%END;
```

Une boucle %DO fait varier une macro-variable I de 1 au nombre de fichiers que nous devons utiliser, enregistré précédemment dans la macro-variable NFIC.

L'étape DATA qui suit est réalisée pour chaque fichier TXT. Si la macro-variable I est égale à 1 (premier tour de la boucle %DO), l'instruction INFILE se résout comme suit :

```
INFILE "c:\intro_sas\rc11\&&fic&i" …
INFILE "c:\intro_sas\rc11\&fic1" …
```

Le premier fichier TXT sera alors traité par cette étape DATA. Nous ne conservons que la date et la température qui doit être lue au moyen d'un INFORMAT 10.1 puisque les températures sont mesurées en dixièmes de degré. Si la température lue est égale à −999.9, elle est remplacée par une valeur manquante. Seules les données de température relatives à la période que nous souhaitons représenter sont conservées. Nous comptons le nombre de valeurs manquantes au cours de la période avec l'instruction suivante :

```
nmiss+(MISSING(temp))*(&adeb<=YEAR(date)<=YEAR(&dfin));
```

Nous disposions déjà d'un nombre de valeurs manquantes dans la table META, mais il était calculé à partir de 1900. L'année de début du graphique peut tout à fait être autre et, en le calculant à nouveau, nous nous assurons que la partie du programme qui suit et qui corrige les valeurs manquantes ne sera appliquée qu'aux tables dans lesquelles il existe, à coup sûr, des valeurs manquantes.

Le programme de correction est identique à celui présenté dans la section 10.5.2 : les températures manquantes sont remplacées par la température médiane de leur jour julien. Si correction il y a, vous obtenez dans le journal un message qui vous indique le nombre de valeurs remplacées, ainsi que le nom du fichier TXT à l'origine de la table traitée.

Programme 11-5 (3ᵉ partie – macro-programme RC)

```
PROC SQL NOPRINT;
    SELECT MEAN(temp) INTO :moyp FROM temp WHERE YEAR(date)<=&amoy;
QUIT;

PROC MEANS DATA=temp NOPRINT;
    WAYS 1;
    CLASS date;
    FORMAT date YEAR4.;
    VAR temp;
    OUTPUT OUT=base&i(DROP=_:) MEAN=temp_mean;
RUN;

DATA base&i;
    SET base&i;
    annee=YEAR(date);
    ecart&i=temp_mean-&moyp;
    LABEL ecart&i="&&fic&i";
    KEEP annee ecart&i;
RUN;

%END;
```

```
DATA basegraph;
   MERGE base1-base&nfic;
   BY annee;
   m_ecart=MEAN(OF ecart:);
   group=(m_ecart>0);
RUN;
```

Lorsque débute le programme 11-5, nous disposons d'une table TEMP qui contient l'ensemble des températures moyennes journalières sur la période d'observation d'une station météorologique, sans aucune valeur manquante. Avec PROC SQL, nous stockons dans une macro-variable MOYP la moyenne des températures observées, pour cette station, avant l'année enregistrée dans la macro-variable AMOY qui nous sert de référence.

La procédure PROC MEANS qui suit fournit une table de résultats contenant les températures moyennes de chaque année. L'étape DATA calcule ensuite un écart entre la température moyenne de chaque année et celle observée sur la période de référence. L'instruction LABEL attribue à la variable ECARTxxx un libellé égal au nom du fichier TXT mobilisé. Nous disposons ainsi d'une information sur l'origine des données mobilisées pour calculer chaque variable ECARTxxx.

Le %END clôt la boucle %DO qui débute au programme 11-4. Pour chaque fichier TXT, on dispose donc d'une table BASExxx (xxx allant de 1 à NFIC). On retrouve une variable ANNEE et une variable ECARTxxx dans chacune d'entre elles. Il ne nous reste plus qu'à fusionner les NFIC tables à notre disposition, puis à construire la variable M_ECART, moyenne des NFIC écarts à la moyenne de chaque station météorologique.

La variable GROUP est ensuite construite et vaut 1 si M_ECART est supérieure à 0 et 0 dans le cas contraire.

Nous disposons à ce stade de la table qui va nous permettre de construire notre graphique.

Programme 11-6 (4e partie – macro-programme RC)

```
DATA _NULL_;
   SET basegraph END=last;
   compte1+(annee<=&amoy.)*(m_ecart>0);
   compte2+(annee<=&amoy.)*(m_ecart<0);
   compte3+(annee>&amoy.)*(m_ecart>0);
   compte4+(annee>&amoy.)*(m_ecart<0);
   IF last THEN DO;
      CALL SYMPUTX("c1",compte1);
      CALL SYMPUTX("c2",compte2);
      CALL SYMPUTX("c3",compte3);
      CALL SYMPUTX("c4",compte4);
   END;
RUN;
```

```
TITLE1 "Moyenne des écarts entre la température moyenne d'une année";
TITLE2 "et la moyenne des températures observées sur la période &adeb-&amoy..";
TITLE3 "&ndata données journalières de température en provenance";
TITLE4 "de &nfic stations météorologiques européennes ont été mobilisées pour construire ce
graphique.";
FOOTNOTE "L'écart est positif à &c1 reprises et négatif à &c2 reprises entre &adeb et
&amoy..";

%IF &c4=0 %THEN %DO;
FOOTNOTE2 "Sur la période %SYSEVALF(&amoy+1)-%SYSFUNC(YEAR(&dfin)), l'écart a été positif à
&c3 reprises et n'a jamais été négatif.";
%END;
%ELSE %IF &c4=1 %THEN %DO;
FOOTNOTE2 "Sur la période %SYSEVALF(&amoy+1)-%SYSFUNC(YEAR(&dfin)), l'écart a été positif à
&c3 reprises et n'a été négatif qu'une seule fois.";
%END;
%ELSE %DO;
FOOTNOTE2 "Sur la période %SYSEVALF(&amoy+1)-%SYSFUNC(YEAR(&dfin)), l'écart a été positif à
&c3 reprises et négatif à &c4 reprises.";
%END;

FOOTNOTE3 H=8pt J=left 'Source : Klein Tank, A.M.G., et al., 2002. "Daily dataset of 20th-
century surface air temperature and precipitation series for the European Climate
Assessment", International Journal of Climatology, 22, 1441-1453.';

ODS HTML GPATH="c:/intro_sas/rc11";
ODS GRAPHICS / RESET BORDER=OFF IMAGENAME="demo_r_c";
PROC SGPLOT DATA=basegraph NOAUTOLEGEND;
    REFLINE &amoy / AXIS=x;
    NEEDLE X=annee Y=m_ecart / GROUP=group LINEATTRS=(THICKNESS=2pt);
    LABEL m_ecart="Ecart (degrés Celcius)";
    XAXIS DISPLAY=(NOLABEL);
RUN;

OPTION NOTES;
%MEND;
```

Dans l'étape DATA _NULL_, nous construisons quatre macro-variables dans lesquelles seront stockés les nombres d'écarts positifs et négatifs avant et après l'année stockée dans la macro-variable AMOY.

Les instructions globales TITLE1-TITLE4 mobilisent les macro-variables suivantes : ADEB, AMOY, NDATA et NFIC.

Les macro-variables C1, C2, C3 et C4 sont utilisées dans nos pieds de page. Le deuxième pied de page (FOOTNOTE2) est fonction de la valeur prise par C4. Si elle est égale à 0, le deuxième pied de page se terminera par :

```
...l'écart a été positif à &c3 reprises et n'a jamais été négatif.";
```

Si C4 vaut 1, vous observerez dans le deuxième pied de page le texte suivant :

```
...l'écart a été positif à &c3 reprises et n'a été négatif qu'une seule fois."
```

Enfin, si elle est strictement supérieure à 1, vous aurez le texte suivant :

```
...l'écart a été positif à &c3 reprises et négatif à &c4 reprises.";
```

Le PROC SGPLOT qui réalise le graphique ne pose pas de difficulté et est très proche de celui présenté au programme 11-1. L'option GPATH= d'ODS HTML demande l'enregistrement du graphique produit dans le dossier `C:/intro_sas/rc11`. L'option IMAGENAME= précise le nom du fichier PNG qui va contenir notre graphique.

Il ne nous reste plus qu'à produire un premier graphique au moyen, par exemple, de l'instruction suivante :

```
%rc(adeb=1900,txmiss=0.10,amoy=2000)
```

Nous obtenons alors en quelques secondes le résultat 11-4.

Résultat 11-4

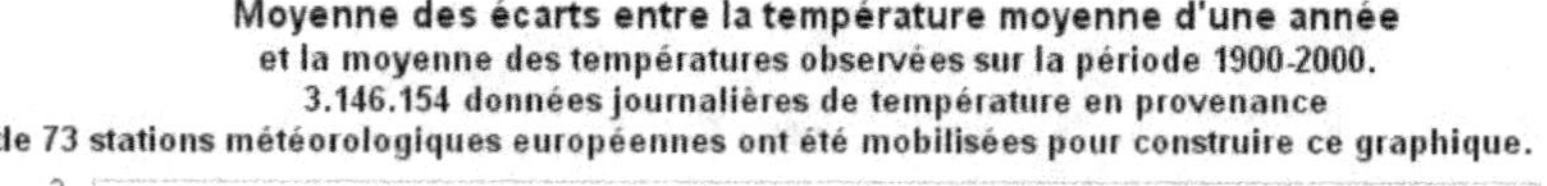
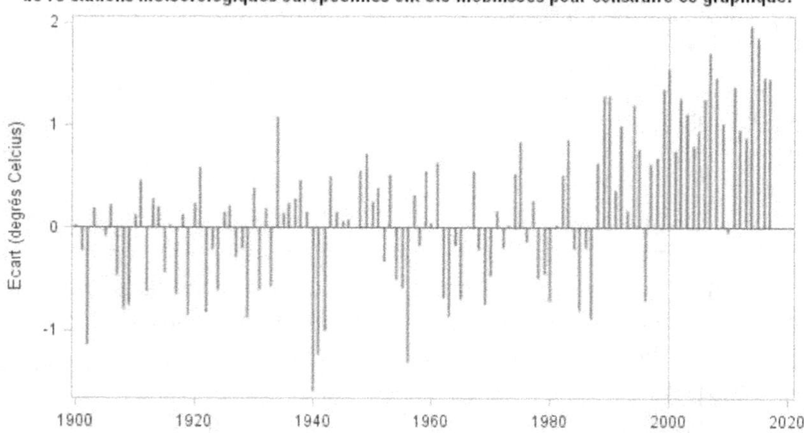

Il ne vous reste plus qu'à transmettre ce graphique à votre ami climato-sceptique.

Vous choisissez de lui envoyer votre graphique par courriel, toujours au moyen de SAS...

Programme 11-7

```
OPTIONS EMAILSYS=smtp EMAILHOST="smtp.xxxxxxxx.xxx";
FILENAME monemail EMAIL
      FROM="sebastien.ringuede@xxxxx.xxx"
      TO="climato-sceptique@xxxxxx.xxx"
      SUBJECT="réchauffement climatique"
      ATTACH="C:\intro_SAS\rc11\demo_r_c.png";
DATA _NULL_;
   FILE monemail;
   PUT "Cher ami"
//"Je t'ai transmis un premier graphique qui montrait la réalité du réchauffement climatique
sur des données relatives à Prague."
/"Tu as refusé d'admettre la réalité de ce réchauffement sous prétexte qu'une hirondelle ne
fait pas le printemps..."
/"Je te transmets un nouveau graphique construit au moyen de &ndata données en provenance de
&nfic stations météorologiques"
/"disséminées dans toute l'Europe. Tu constateras que le résultat vu pour Prague reste
valable...."
//"a+"
//"Sébastien";
RUN;
```

Il vous répondra très certainement, puisqu'il est de mauvaise foi, que l'origine humaine du réchauffement reste à démontrer...

Ce dernier programme (il s'agit du 470e et dernier de cet ouvrage...) vous montre, incidemment, qu'il est possible d'envoyer des courriels avec SAS[9]. Vous devinez donc que ce progiciel présente encore de très nombreuses autres possibilités, ne serait-ce que dans son langage Base dont nous avons exposé dans cet ouvrage les principales caractéristiques...

Votre découverte de SAS ne fait que commencer !

---

9. Voir à ce sujet l'aide SAS, entrée *FILENAME Statement, EMAIL (SMTP) Access Method*.

Annexes

L'aide SAS

Nous indiquons très souvent dans cet ouvrage des liens Internet vers des documents traitant d'un domaine particulier, ainsi que des références aux sections de l'aide SAS à consulter si vous souhaitez approfondir certains points. Apprendre à se servir de SAS, c'est aussi apprendre à se servir de l'aide ; nous vous invitons à la consulter régulièrement, de façon à comprendre son organisation pour ensuite pouvoir vous informer sur les fonctionnalités de SAS que ce livre n'aborde pas.

Avec SAS 9.4, vous y accédez par le bouton 🗔 de la barre d'outils, ou via le site support.sas.com.

Avec SAS Studio/UE, le bouton ⦿ donne accès soit à une aide en ligne propre à cet environnement (*Aide de SAS Studio*), soit à la documentation en ligne sur support.sas.com (*Documentation produits SAS*).

Avec SAS EG, le menu *Aide* ouvre soit une aide en français propre à cet environnement et installée sur votre ordinateur (*Aide de SAS Enterprise Guide*), soit via *SAS sur le WEB* à essentiellement deux types d'aide : une aide en anglais relative à l'environnement SAS EG (*Documentation SAS Entreprise Guide*) et la documentation en ligne (*Documentation Produit SAS*) sur support.sas.com.

N'oubliez pas que, au cours de la rédaction de vos programmes avec SAS EG/Studio/UE, l'auto-complétion vous donne accès à des informations propres à l'instruction ou option que vous êtes en train de saisir.

Avec SAS 9.4, il n'y a pas d'autocomplétion mais, en plaçant votre curseur sur une instruction ou option particulière et en appuyant sur la touche *F1* de votre clavier, vous accèderez directement à la page de l'aide installée sur votre ordinateur et relative à cette instruction ou option.

L'aide 9.4

La figure A-1 reprend l'écran qui s'affiche lorsque vous demandez l'accès à l'aide de SAS 9.4.

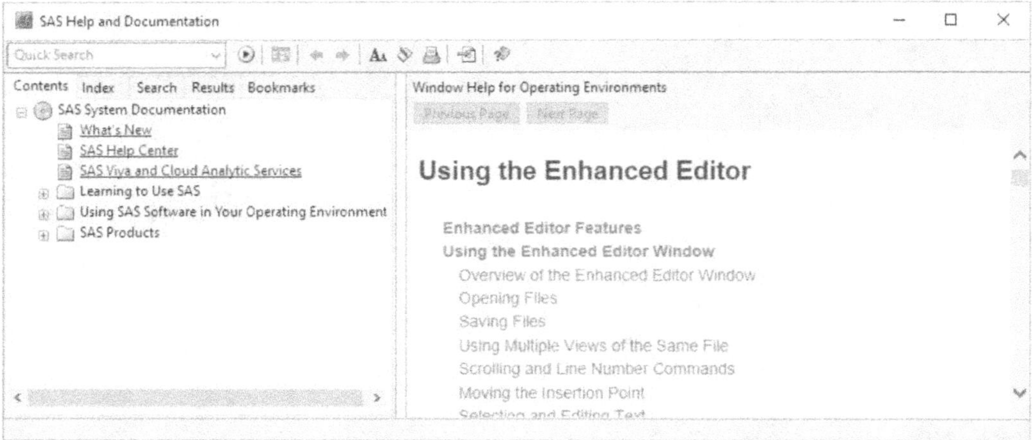

Figure A-1 L'aide SAS 9.4

Dans la fenêtre de gauche, cinq onglets vous sont proposés.

L'onglet *Contents* vous permet d'explorer l'aide comme vous consulteriez un ouvrage. Chaque produit SAS dispose de sa propre aide. En développant le dossier *SAS Products*, vous observez ainsi un ensemble de sous-dossiers. Les sections relatives au contenu de ce livre sont presque exclusivement dans le sous-dossier *Base SAS*.

Imaginons le cas suivant : vous souhaitez accéder à la liste des fonctions sur dates livrées avec SAS : la figure A-2 vous montre le cheminement qui vous y conduira.

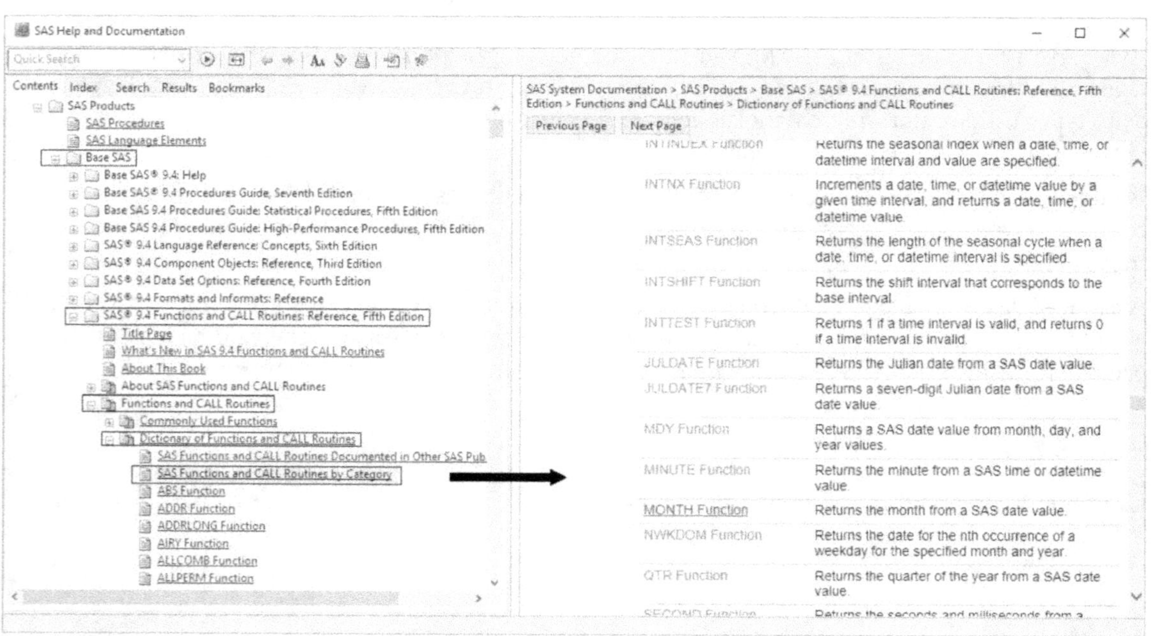

Figure A-2 Cheminement dans l'aide SAS 9.4

L'onglet *Index* offre une recherche par termes. Deux volets vous sont proposés. Le premier limite l'index à un produit. Nous avons ainsi demandé à utiliser l'index du produit *Base SAS*. Par défaut, c'est un index complet (*Syntax Index*), très long et assez délicat à explorer qui s'affiche (figure A-3).

Figure A-3
L'onglet Index de l'aide SAS 9.4

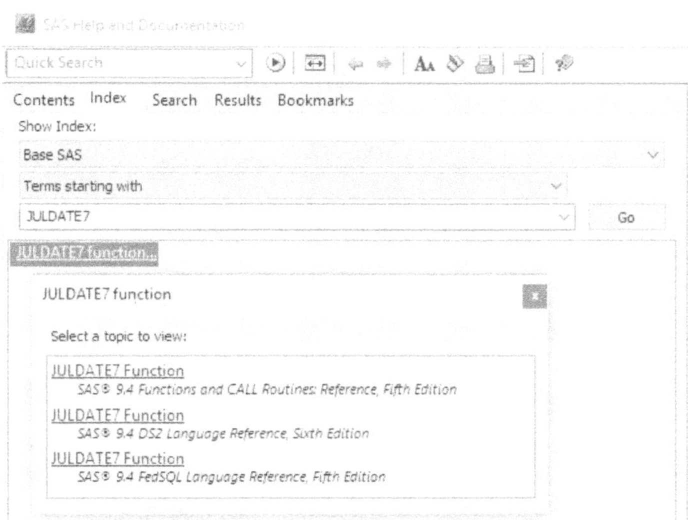

Le second volet propose plusieurs modes d'exploration de l'index :

– *All index terms* : vous naviguez dans l'index afin de trouver le terme recherché.

– *Terms containing* : le volet recherche devient alors actif. À titre d'exemple, tapez « informat » puis cliquez sur *Go* afin de voir toutes les entrées de l'index contenant le mot informat.

– *Terms starting with* : vous trouverez toutes les entrées de l'index qui débutent par le terme saisi dans le volet de recherche.

À la figure A-3, nous avons saisi le terme JULDATE7. Si une même entrée est présente à plusieurs endroits dans l'aide, elle est suivie de trois points. Cliquez alors sur l'entrée pour faire apparaître les différentes possibilités.

Beaucoup d'entrées de l'aide Base SAS sont aussi documentées dans l'aide consacrée à DS2 (langage SAS non exploré dans le présent ouvrage) et dans celle consacrée à FedSQL (seconde implantation de SQL dans SAS, non traitée dans cet ouvrage).

Ne consultez que ce qui concerne Base SAS : les fonctions, FORMAT, INFORMAT… documentés dans les aides DS2 et FedSQL, même s'ils ont le même nom (parce qu'ils effectuent la même tâche), fonctionnent généralement différemment.

Le troisième onglet, *Search*, (figure A-4) propose des recherches plus complètes dans l'aide.

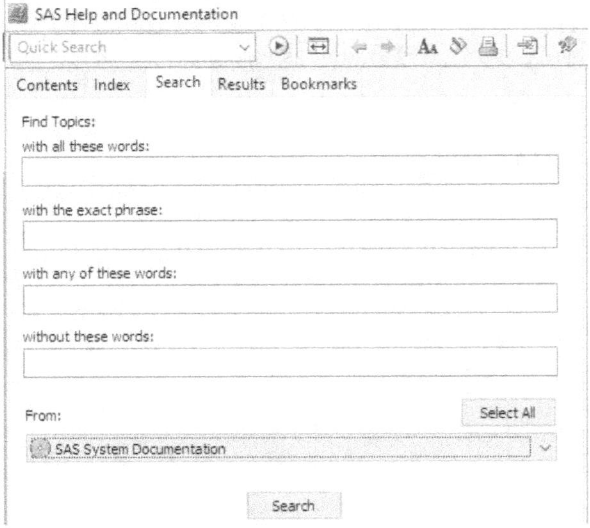

Figure A-4
L'onglet Search
de l'aide SAS 9.4

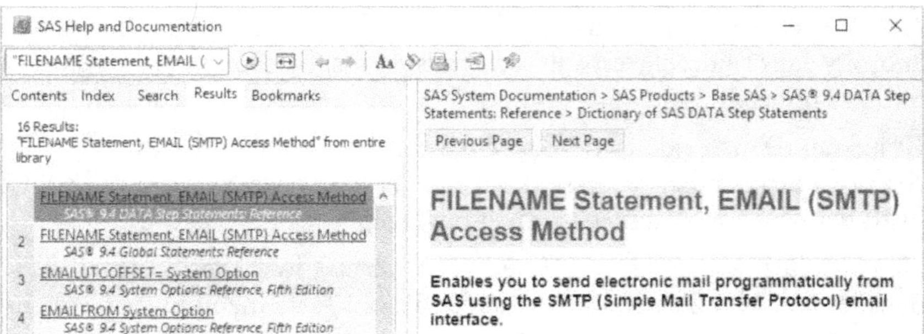

Vous avez la possibilité de rechercher des pages contenant tous les termes (*with all of these words*), une phrase exacte (*with the exact phrase*), n'importe lequel des termes (*with any of these words*), ne contenant pas certains termes (*without these words*). Vous pouvez enfin préciser dans quelle partie de l'aide SAS doit être effectuée votre recherche.

Les pages trouvées sont affichées dans l'onglet *Results*.

Sans passer par cet onglet, vous pouvez aussi lancer des recherches via la fenêtre *Quick Search*. Vous pourrez y retrouver toutes les entrées signalées dans cet ouvrage, en en saisissant exactement l'énoncé encadré de guillemets (figure A-5). La première entrée qui apparaîtra dans la fenêtre *Results* sera presque toujours celle que nous souhaitons vous voir consulter.

Figure A-5
Recherche avec Quick Search
d'une entrée de l'aide signalée
dans l'ouvrage.

Sur le site compagnon de cet ouvrage, vous trouverez les liens vers l'aide en ligne sur support.sas.com pour toutes les entrées signalées.

Enfin, un dernier onglet vous est proposé : *Bookmarks*. Vous avez la possibilité de créer un répertoire des pages de l'aide qui vous intéressent le plus.

Lorsque la page que vous souhaitez ajouter à votre répertoire est active dans la fenêtre de droite, cliquez sur le bouton *Add Bookmark* ✎ .

L'aide en ligne

L'aide de SAS 9.4 installée sur votre ordinateur n'a pas d'équivalent avec SAS Studio/UE/EG. Vous devrez consulter l'aide en ligne, accessible à l'adresse suivante :

https://support.sas.com/documentation/94/

Figure A-6 Page d'accueil documentation

Product Index A-Z donne accès à l'aide de chacun des produits SAS. *Document by Title* vous offre des liens HMTL ou PDF vers l'ensemble des ouvrages qui constituent la documentation SAS. *What's New In SAS* fait le point sur l'ensemble des modifications intervenues entre la version actuelle et la précédente. Vous accèderez à la documentation de toutes les procédures SAS en suivant le lien *SAS Procedures by Name and Product*.

Programming Documentation constitue « la grande porte d'entrée » de la documentation SAS. Dans le menu déroulant à gauche, les différentes parties de l'aide sont organisées en grands chapitres allant du plus général (*Whats's New*, *Syntax Quick Links*, *Data Access*, *Base SAS Procedures* etc.) au plus pointu. Les cadres de la fenêtre de droite proposent des entrées plus détaillées vers telle ou telle partie de l'aide SAS (voir figure A-7).

Figure A-7 L'aide en ligne SAS 9.4

C'est à partir de l'écran reproduit à la figure A-7 que vous allez pouvoir accéder aux documentations relatives aux éléments de langage (options globales, fonctions, FORMAT, INFORMAT, options de table etc.). Cliquez sur *Functions* (cadre *Syntax – Quick Links*) puis, dans le volet de gauche, sur *By Category*. Vous arriverez sur l'écran reproduit à la figure A-8.

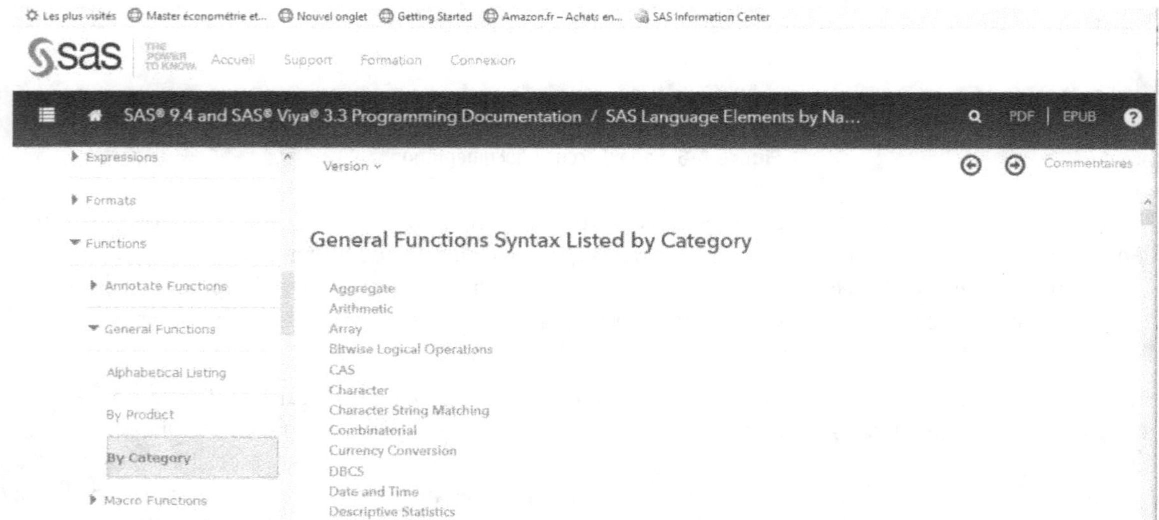

Figure A-8 Aide en ligne : recherche de la liste des fonctions sur variables de date

Dans la fenêtre de droite apparaissent les catégories de fonctions. Vous n'avez plus qu'à cliquer sur *Date and Time*.

Lorsque vous examinez une documentation particulière (*SAS Language Elements by Name, Product and Category* dans le cas de la figure A-8), vous disposez d'un outil de recherche (icône [Q] dans la barre d'outils) pour y lancer des recherches.

À partir de l'écran reproduit à la figure A-7, si vous souhaitez retrouver une entrée de l'aide signalée dans l'ouvrage, il vous suffit de cliquer sur la loupe pour voir apparaitre la fenêtre de recherche, en haut, à droite de l'écran et de citer cette entrée entre guillemets. La recherche ne se fera plus dans une documentation en particulier mais dans l'ensemble des documentations. Vous avez la possibilité de sélectionner la documentation particulière (cadre *Filtrer les résultats*) que vous souhaitez explorer.

Nous avons une nouvelle fois recherché l'entrée *FILENAME Statement, EMAIL (SMTP) Access Method* (figure A-9).

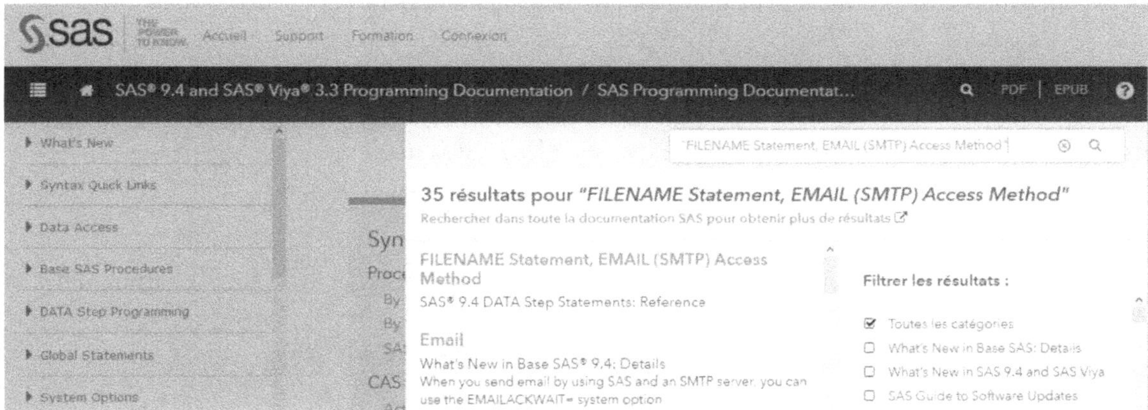

Figure A-9 Une recherche d'entrée dans l'aide en ligne

L'entrée de l'aide que nous vous souhaitons voir consulter appartient à la documentation *SAS® 9.4 DATA Step Statements: References*. À partir de cette page de l'aide, vous avez la possibilité de télécharger la documentation soit en format PDF, soit en format ePub.

La fenêtre dédiée à l'aide en ligne SAS 9.4, reproduite à la figure A-6, présente un dernier lien : *SAS Viya Actions and Actions Sets*. Il s'agit bien entendu du lien qui mène vers l'aide SAS Viya, produit SAS non traité dans cet ouvrage.

SAS : une communauté active d'utilisateurs

Si l'aide SAS doit toujours être votre référence lorsque vous recherchez une information sur une procédure, une instruction ou une option, vous pourriez souhaiter voir d'autres exemples d'application que ceux qui y sont proposés. Il est alors toujours intéressant de voir ce que d'autres utilisateurs font avec SAS et c'est bien souvent à leur contact que l'on apprécie la richesse et les possibilités offertes par telle ou telle fonctionnalité.

Les utilisateurs de SAS forment une communauté très active et il existe de très nombreux groupes d'utilisateurs, essentiellement établis aux États-Unis, au premier rang desquels se trouve SAS Global Forum (anciennement SUGI – *SAS User Group International*) :

https://www.sas.com/en_us/events/sas-global-forum.html

Ce groupe d'utilisateurs organise chaque année une conférence internationale au cours de laquelle des articles d'utilisateurs et de développeurs de SAS illustrant les possibilités de telle ou telle fonctionnalité sont exposés. Ces articles sont ensuite mis en ligne, à la disposition des utilisateurs du monde entier.

Vous pouvez consulter ces articles, ainsi que ceux rédigés dans le cadre de groupes régionaux d'utilisateurs anglophones, à partir du site suivant :

http://www.lexjansen.com/

SAS vous propose aussi un forum de discussion particulièrement riche :

https://communities.sas.com

Ce forum doit être votre référence : ce sont bien souvent les développeurs de SAS et des utilisateurs très expérimentés qui répondent aux utilisateurs de ce forum. Vous y trouverez de très nombreux exemples d'application ainsi que des informations sur les nouveautés.

SAS héberge aussi un ensemble de blogs particulièrement intéressants :

http://blogs.sas.com

Voyez en particulier SAS Users, The DO Loop, Graphically Speaking, The SAS Learning Post et The SAS Dummy.

N'hésitez pas non plus à consulter le forum (francophone) SAS du site Developpez.net :

www.developpez.net/forums/f886/logiciels/solutions-dentreprise/business-intelligence/sas/

N'oubliez pas enfin que le site compagnon de cet ouvrage propose aussi un forum de discussion grâce auquel vous pouvez directement dialoguer avec l'auteur de cet ouvrage : www.sas-sr.com

Bibliographie

BENJAMIN, William E., *Exchanging data between SAS and Microsoft Excel : tips and techniques to transfer and manage data more efficiently*, Cary, NC : SAS Institute Inc., 2015.

BENJAMIN, William E., *Exchanging data from SAS to Excel : the ODS Excel destination*, Cary, NC : SAS Institute Inc., 2017.

BURLEW, Michelle M., *Combining and modifying SAS data sets : examples*, Second edition, Cary, NC : SAS Institute Inc., 2009.

BURLEW, Michelle M., *SAS hash object programming made easy*, Cary, NC : SAS Institute Inc., 2012.

BURLEW, Michelle M., *SAS macro programming made easy*, Third edition, Cary, NC : SAS Institute Inc., 2014.

CARPENTER, Art., *Carpenter's guide to innovative SAS techniques*, Cary, NC : SAS Institute Inc., 2012.

CARPENTER, Art., *Carpenter's complete guide to the SAS macro language*, Third edition, Cary, NC : SAS Institute Inc., 2016.

CODY, Ronald P., *Learning SAS by example : a programmer's guide*, Cary, NC : SAS Institute Inc., 2007.

CODY, Ronald P., *SAS functions by example*, Second edition, Cary, NC : SAS Institute Inc., 2010.

CODY, Ronald P., *Cody's collection of popular SAS programming tasks and how to tackel them*, Cary, NC : SAS Institute Inc., 2012.

CODY, Ronald P., *An introduction to SAS university edition*, Cary, NC : SAS Institute Inc., 2015.

CODY, Ronald P., *Cody's cleaning techniques using SAS*, Third edition, Cary, NC : SAS Institute Inc., 2017.

DELWICHE, Lora D. et SLAUGHTER, Susan J., *The little SAS book : a primer*, Fifth edition, Cary, NC : SAS Institute Inc., 2012.

FINE, Lisa, *PROC REPORT by example : techniques for building professional reports using SAS*, Cary, NC : SAS Institute Inc., 2013.

HAWORTH, Lauren E., ZENDER, Cynthia L. et BURLEW, Michele M., *Output delivery system : the basics and beyond*, Cary, NC : SAS Institute Inc., 2009.

HAWORTH LAKE, Lauren E., MCKNIGHT, Julie, *PROC TABULATE by example*, Second edition, Cary, NC : SAS Institute Inc., 2015.

KIEFER, Manfred, *SAS encoding : understanding the details*, Cary, NC : SAS Institute Inc., 2012.

KUHFELD, Warren, *Statistical graphics in SAS : an introduction to the graph template language and the statistical graphics procedures*, Cary, NC : SAS Institute Inc., 2010.

LAFLER, Kirk, *PROC SQL : beyond the basics using SAS*, Second edition, Cary, NC : SAS Institute Inc., 2013.

MATANGE, Sanjay et HEATH, Dan, *Statistical graphics procedures by examples : effective graphs using SAS*, Cary, NC : SAS Institute Inc., 2011.

MESSINEO, Martha, *Practical an efficient SAS programming : the insider's guide*, Cary, NC : SAS Institute Inc., 2017.

MORGAN, Derek P., *The essential guide to SAS® dates and times*, Cary, NC : SAS Institute Inc., 2014

PRAIRIE, Katherine, *The essential PROC SQL handbook for SAS users*, Cary, NC : SAS Institute Inc., 2005.

RAITHEL, Michael, *The complete guide to SAS indexes*, Cary, NC : SAS Institute Inc., 2006

SAS Institute Inc., 2011, SAS 9.2 online doc
http://support.sas.com/documentation/92/index.html

SAS Institute Inc., 2012, SAS 9.3 online doc
http://support.sas.com/documentation/93/index.html

SAS Institute Inc., 2018, SAS 9.4 online doc
http://support.sas.com/documentation/94/index.html

SAS Institute Inc., *SAS certification prep guide, base programming for SAS® 9*, Fourth edition, Cary, NC : SAS Institute Inc., 2017.

SAS Institute Inc., *SAS certification prep guide, advanced programming for SAS® 9*, Fourth edition, Cary, NC : SAS Institute Inc., 2014.

SAS Institute Inc., *SAS Certified Specialist prep guide: Base Programming Using SAS® 9.4*, Cary, NC : SAS Institute Inc., 2019.

SCHREIER, Howard, *PROC SQL by example : using SQL within SAS*, Cary, NC : SAS Institute Inc., 2008.

WIELKI, André, 2010, *Pratique de SAS Windows v 9.2 – Volume 1*, INED, Document de travail n°192, 2010
http://www.ined.fr/brochure_wielki/sasvolume1

WIELKI, André, 2013, *Pratique de SAS Windows…9.3 – Volume 2*, INED, Document de travail n°193, 2013
http://www.ined.fr/brochure_wielki/sasvolume2

Cette bibliographie ne reprend que les ouvrages généraux consultés lors de la rédaction de cette quatrième édition. Vous trouverez une liste complète des articles cités (ainsi que les liens) sur le site compagnon : www.sas-sr.com.

De très nombreux messages (NOTE, WARNING et ERROR) donnés dans le journal ont été reproduits dans cet ouvrage. Ce second index vous donne accès aux pages auxquels ces messages sont cités. Nous espérons qu'il vous aidera à déboguer rapidement vos programmes puisque la source de ces messages est toujours expliquée dans cet ouvrage.

Composition : Gaël Thomas
Imprimé en Allemagne par BoD
Dépôt légal : mars 2019

Merci d'avoir choisi ce livre Eyrolles. Nous espérons que sa lecture vous a été utile et vous aidera pour mener à bien vos projets.

Nous serions ravis de rester en contact avec vous et de pouvoir vous proposer d'autres idées de livres à découvrir, des nouveautés, des conseils ou des événements avec nos auteurs.

Intéressé(e) ? Inscrivez-vous à notre lettre d'information.

Pour cela, rendez-vous à l'adresse go.eyrolles.com/newsletter ou flashez ce QR code (votre adresse électronique sera à l'usage unique des éditions Eyrolles pour vous envoyer les informations demandées) :

Vous êtes présent(e) sur les réseaux sociaux ? Rejoignez-nous pour suivre d'encore plus près nos actualités :

 Eyrolles Web Dev et Web Design

Merci pour votre confiance.
L'équipe Eyrolles